花溪年鉴 2015

HUAXI YEARBOOK

贵阳市花溪区地方志编纂委员会办公室　编

方志出版社
Publishing House of Local Records

图书在版编目(CIP)数据

花溪年鉴.2015/贵阳市花溪区地方志编纂委员会办公室编.—北京:方志出版社,2015.10

ISBN 978-7-5144-1714-2

Ⅰ.①花… Ⅱ.①花… Ⅲ.①区(城市)—贵阳市—2015—年鉴 Ⅳ.①Z527.31

中国版本图书馆 CIP 数据核字(2015)第 232616 号

花溪年鉴(2015)

编　　者:贵阳市花溪区地方志编纂委员会办公室
责任编辑:何明忠

出 版 人:冀祥德
出 版 者:方 志 出 版 社
地址　北京市朝阳区潘家园东里9号(国家方志馆4层)
邮编　100021
网址　http://www.fzph.org
发　　行:方志出版社发行中心
(010)67110500
经　　销:各地新华书店
装祯设计:成都市标点制版印务有限责任公司
印　　刷:四川墨池印务有限公司

开　　本:889×1194　1/16
印　　张:31.5
字　　数:756千
版　　次:2015年11月第1版　2015年11月第1次印刷
印　　数:0001~1500册

ISBN 978-7-5144-1714-2　定价:268.00元

时政要闻

8 月 15 日，贵州省第九届旅游产业发展大会在青岩召开（区旅游局 供稿）

9月19日，中共中央委员、最高人民法院党组书记、院长周强（前排中）到花溪区人民法院视察，省市领导陪同（傅泊霖 摄）

6月26日，中共贵州省委书记赵克志（右一）到花溪区阳光就业家园燕楼基地调研禁毒工作（黄菖仙 摄）

9 月 23 日，教育部副部长李卫红（右二）到清华中学调研（清华中学 供稿）

9 月 16 日，国家档案局副局长杨继东（左三）到花溪区档案馆视察（刘婷 摄）

6 月 17 日，中共贵州省委副书记李军（前排中）、省委常委、贵阳市委书记陈刚（前排左）、市委副书记、市长刘文新（前排右）到花溪孔学堂视察（董仁海 摄）

9 月 1 日，中共贵州省委常委、贵阳市委书记陈刚（左）和奥运冠军邓亚萍为溪南高中（北京 161 中学分校）揭牌（溪南高中 供稿）

6 月 15 日，中共贵阳市委副书记、市长刘文新（中）到花溪调研（董仁海 摄）

11 月 1 日，中国残联副理事长王新宪（左三）到花溪区福利企业—贵阳广航铸造有限公司调研（区残联 供稿）

11 月 26 日，贵州省民宗委副主任刘晖（左二）到青岩龙井村布依文化展示馆视察（区民宗局 供稿）

花溪区获贵州省县级档案资源数据库建设示范单位，5 月 20 日贵州省档案局副局长归然（左）向副区长禄竹授牌匾（刘婷 摄）

12月2日，中共贵阳市委常委、政法委书记庞鸿（右二）到阳光家园燕楼基地调研（区政法委 供稿）

12月11日，贵阳市委常委、副市长李作勋（左二）到花溪检查创模工作（区生态局 供稿）

7月4日，贵阳市副市长高卫东（右二）在小孟社区慰问困难党员（小孟社区 供稿）

11月6日，区委书记钟汰甬（右三）调研全区环境保护工作（区生态局 供稿）

1月7日，区委书记李泽（右四）、区长向子琨（左三）、副区长杨炜锋（右三）视察花溪消防工作（区消防大队 供稿）

4月18日，区政府区长向子琨（左四）在马铃乡了解农村环境改造受益农户情况（区生态局 供稿）

2月21日，区人大代表在区第十六届人民代表大会第四次会议上投票（区人大办 供稿）

2月17日，区政协九届五次会议开幕，政协主席谌业华作政协常委会工作报告（区政协 供稿）

2月18日，召开第十六届人民代表大会第四次会议，代表审议政府工作报告（区人大 供稿）

11月1日，区人大常委会主任任渝生（前左三）率人大常委视察区民族宗教工作（区人大 供稿）

8月8日，十七届"花溪之夏"艺术节开幕（徐婷 供稿）

12月22日，贵州省档案局档案管理专家李平远（右三）检查青岩小学档案管理工作（青小 供稿）

5月23日，明珠社区成立全省第一家社区统战工作站，市委常委、市委统战部部长帅文（右三）等领导授牌（明珠社区 供稿）

6月4日，区党的群众路线教育实践活动第六督导组召开工作交流会，各单位相互检查档案资料（杨玉屏 摄）

10月16日，徐家冲居委会召开电讯站宿舍院落会议，发动居民参与院落自治（阳光社区 供稿）

2月13日，花溪举办“我们的节日——民族民间歌舞大联欢“活动（区文化馆 供稿）

9月28日，孔学堂开笔礼（董仁海 摄）

区人民检察院获全国检察机关集体一等功（区检察院 供稿）

花溪风光

花溪湿地公园长廊（董仁海　摄）

花溪湖（干亚芳　摄）

花溪十里河滩荷花园（秦刚　摄）

金竹社区阿哈湖
（干亚芳　摄）

花溪公园坝上桥
（秦刚　摄）

花溪公园放鸽桥
（干亚芳　摄）

花溪穆家坝石墩桥
（干亚芳　摄）

青岩摆早村石墩桥
（干亚芳　摄）

青岩北城门
（刘满堂　摄）

花溪湿地公园董家堰河滩（秦刚 摄）

高坡乡云海（金静 摄）

民族风情

高坡乡苗族欢度“四月八”（秦刚 摄）

青岩镇苗族节日“四月八”（秦刚 摄）

2月11日，马铃乡水车坝布依歌会（董仁海 摄）

青岩古镇苗族斗牛（刘满堂 摄）

9月4日，青岩镇龙井村布依老人制作衣服辫子和打草鞋（区民宗局 供稿）

①燕楼苗家女服饰
（秦刚　摄）
②石板镇镇山村布依族寨子
（秦刚 摄）
③花溪大寨村地戏
（秦刚 摄）
④高坡苗乡农户
（干亚芳 摄）
⑤清华中学组队参加 2014 纽约国际合唱节获金奖
（清华中学 供稿）

城乡建设

花溪湿地公园建设项目之一：2014年2月前的十里河滩上水村团寨（董仁海 摄）

4月16日，拆除房屋后的十里河滩上水村团寨（董仁海 摄）

5月15日，浪风关垃圾填埋场抢险施工，安装50米深钢管，引排垃圾深层沼气、甲烷、二噁英等可燃有毒气体以及灌水灭火（区住建局 供稿）

12月，孟关乡孟关大道（孟关乡 供稿）

10月，青岩镇农民新村安置房（区住建局 供稿）

5月，孟关碧桂园小区（干亚芳 摄）

1月，湿地公园孔学堂（董仁海 摄）

花溪湿地公园（王弟煌 作品）

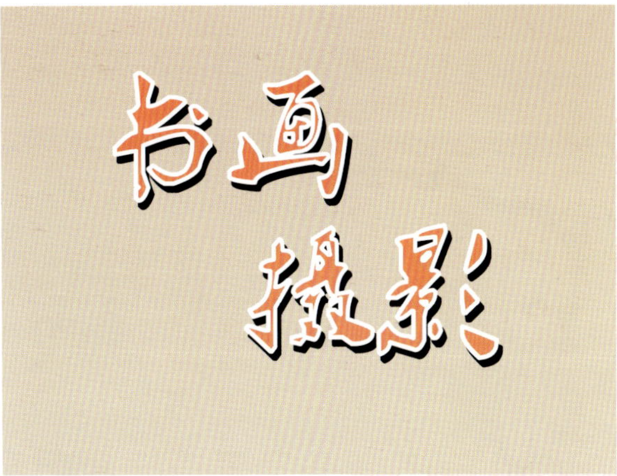

花溪区 2014 年摄影竞赛一等奖《绣娘》（金静 作品）

花溪湿地公园鹪莺（梁国同 作品）

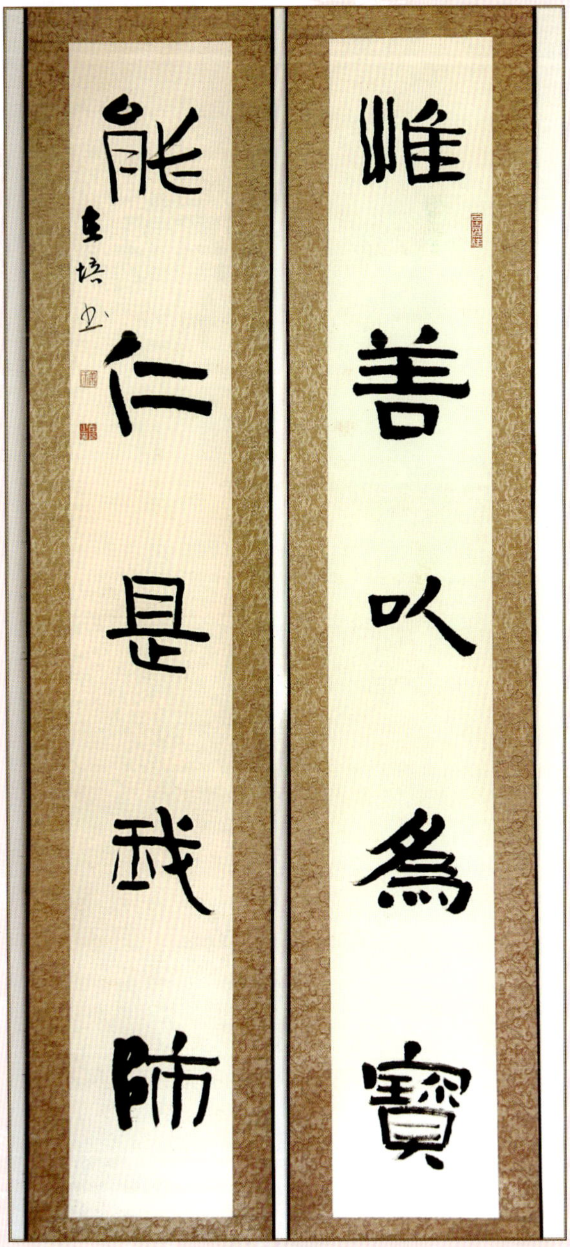

肖在培 作品

马骥 作品

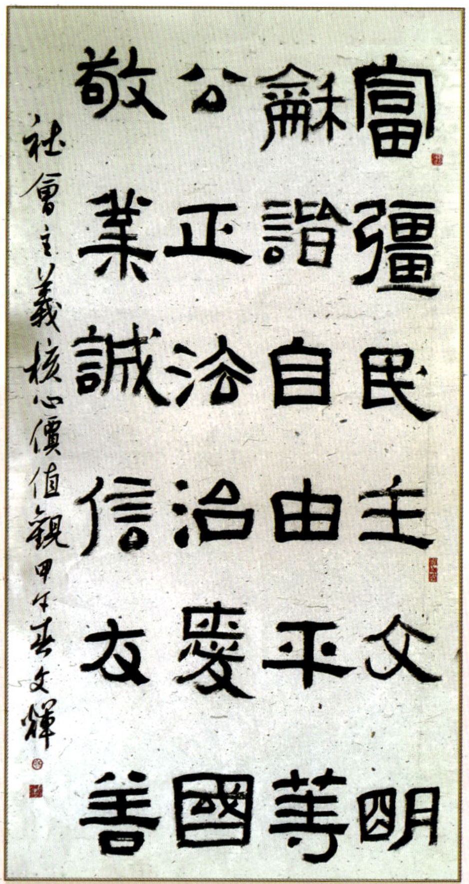

石文辉 作品

杨永军 作品

贵阳市花溪区地方志编纂委员会

花溪区地方志编纂委员会办公室

《花溪年鉴》编辑部

凡　例

一、《花溪年鉴》(2015 版)是记述花溪行政区域内自然、政治、经济、文化、社会等方面情况的年度资料性工具书。由花溪区人民政府主办,花溪区地方志编纂委员会主持编纂,全区各部门、驻区单位、乡镇(社区)供稿,区地方志编纂委员会办公室编辑部编纂出版。

二、本年鉴以邓小平理论、“三个代表”重要思想和科学发展观为指导,旨在全面、系统、客观反应全区各行各业的基本情况和发展变化,为党政领导订计划、作决策提供可靠的参考依据,为社会各界人士、中外投资者了解花溪提供丰富详实的信息,为研究区情和续修《花溪区志》积累资料。

三、资料收录范围:时限为 2014 年 1 月 1 日至 12 月 31 日;地域为贵阳市花溪区,在本行政区划内不属区管,但对本区有直接影响的事物亦在记述之列;某些特殊、重要信息或必须交代的背景在时限上可适当放宽。

四、本年鉴除图片专辑外,设特载、大事记、区情概览、领导人名录、党的群众路线教育实践活动、中共花溪区委、区人大、区政府、区政协、民主党派、群众团体、法治、武装、经济管理、财政·税务、金融、城乡建设、城市管理、生态文明建设、农业、工业、商务、交通·邮政·电信、旅游业、建筑·房地产业、科技·社科、教育、文化·新闻、卫生·体育、精神文明建设、人力资源·社会保障、社会生活、节庆、民族宗教、乡镇、社区、人物、统计资料、附录、索引共 40 个栏目,按栏目、分目、条目 3 个层次编排。

五、所有收录资料均由部门(单位)指定专人撰写,经单位领导审阅签字盖章,具有可靠性和权威性。

六、本年鉴检索方法有目录和索引两种,目录在卷首,索引在卷尾。目录编排到条目;索引采用主题分析法编制,按标引词首字的汉语拼音顺序排列。

花溪一览

（2014 年）

土地面积 964.32 平方公里
常住人口 63.34 万人
户籍人口 49.03 万人
人口自然增长率 6.02‰
乡镇 9 个
社区 18 个
村居委会 174 个
耕地总资源 96013.16 公顷
常用耕地 35333.33 公顷
森林面积 369.54 公顷
森林覆盖率 44.13%
平均海拔 1100 米
年平均气温 15.6℃
年降水量 1387.1 毫米
年日照时数 1229.0 小时
水资源总量 5.053 亿立方米
水资源可利用率 41.9%
大中型水库容量 7590 万立方米
砂石类矿储量 416 万吨
煤矿储量 6581.1 万吨
水利设施供水能力 1.61 亿立方米
粮食产量 45888 吨
油菜籽产量 4061 吨
生产总值 362.52 亿元
人均生产总值 57351 元
社会消费品零售总额 183.95 亿元

国家级历史文化名镇 1 个
省级文保单位 12 个
市级文保单位 15 个
国家级文保单位 2 个
国内旅游人数 1387.3 万人
国内旅游收入 118.42 亿元
普通中学在校生 3.45 万人
小学在校生 4.44 万人
小学学龄儿童入学率 99.05%
电视人口覆盖率 100 %
公共体育场地 8 个
卫生机构床位 3165 张
执业（助理）医师 1074 人
城市园林绿化率 49.53%
人均占有绿地 15.2 平方米
城镇饮用水达到标准合格率 100%
城镇污水处理率 95 %
区花 桃花、玫瑰花
区树 青岩油杉、桂花树
全区金融机构各项储蓄存款金额 578.53 亿元
全区金融机构各项贷款余额 391.62 亿元

外贸进出口总额 37966 万美元
农民人均纯收入 11327 元
城镇居民可支配收入 24374 元
财政总收入 54.18 亿元
财政一般预算收入 12 亿元
公共财政预算支出 52 亿元
内资法人企业 19228 户
注册资金总额 2040027 万元
个体工商户 14099 户
资金总额 78045 万元
农民专业合作社 71 户
注册资本 10149 万元
城镇登记失业率 2.93%
新就业人数 18948 人

目　录

特　载

大事记

区情概览

领导人名录

花溪区党的群众路线教育实践活动

中国共产党花溪区委员会

花溪区人民代表大会及其常务委员会

花溪区人民政府

政协花溪区委员会

民主党派

群众团体

法 治

武　装

经济管理

财政·税务

金 融

城乡建设

城市管理

生态文明建设

农　业

工　业

商　务

交通·邮政·电信

旅游业

建筑·房地产业

科技·社科

教　育

文化·新闻

卫生·体育

精神文明建设

人力资源·社会保障

社会生活

节 庆

民族宗教

乡 镇

社　区

人　物

统计资料

附　录

索　引

特　载

花溪湿地公园南出口(秦刚　摄)

适应新常态　抢抓新机遇　开创新局面 全力推进文化旅游创新区建设、纵深打造花溪发展升级版

——在区委十届六次全体（扩大）会议上的报告

（2015 年 1 月 9 日）

钟汰甬

同志们：

这次全会的主要任务是：深入学习贯彻党的十八届四中全会、中央经济工作会议、省委十一届五次全会、全省经济工作会议以及市委九届四次全会精神，总结区委十届五次全会以来的工作，研究花溪当前面临的新形势，安排部署下一阶段工作，动员全区上下进一步解放思想，大力弘扬改革创新精神，主动适应新常态，积极抢抓新机遇，奋力开创新局面，纵深打造花溪发展升级版。

下面，受区委常委会委托，我向全会作报告。

一、创造新业绩，客观评价区委十届五次全会以来的工作，以更大的信心坚定发展步伐

2014 年，我们认真贯彻落实市委九届三次全会精神，在市委、市政府的正确领导下，稳步推进各项工作，圆满完成了区委十届五次全会确定的目标任务，全区经济社会发展取得了新成绩。主要有：

（一）以党的群众路线教育实践活动为契机，党员干部作风明显转变。根据中央和省、市的统一部署，区委以“转作风、增效能，抓反腐、强基础，办实事、惠民生，树形象、促发展”为总抓手，把“为群众办实事，由群众说党好”作为落脚点，将认真精神贯穿始终，狠刹了“四风”，党员干部作风明显好转，教育实践活动取得了重大成效。把信访维稳作为反“四风”“一号工程”来抓，有效化解了省、市交办督办以及我区自行排查的信访案件共计 351 件，化解、办结率达 100%。全区共协调经费约 1.8 亿元，办实事 912 件，形成了人往基层走、钱往基层投、政策往基层倾斜的良好导向，作风改到了群众的心坎上，广大群众感受到了党的关怀和温暖。我区教育实践活动也得到各界好评。中央活动办梁小强同志对我区教育实践活动给予了充分肯定；在省委第一督导组抽查全市对照检查材料和批评意见工作中，花溪区是全市唯一一次性通过的区（市、县）；《人民日报》《经济日报》《光明日报》、新华网等中央媒体对花溪区“一把手”上党课进行了宣传报道。教育实践活动抓得扎实，推动了花溪区 2014 年同步小康创建各项指标任务顺利完成。

（二）以坚守“两条底线”为原则，经济发展步伐进一步加快。一年来，我们认真学习贯彻落实习近平总书记关于“坚守两条底线”的重要指示精神，坚持把保护好生态与加快经济发展统一起来，经济社会发展呈现出稳中向好、稳中提质的发展态势，各项主要经济指标完成良好。全

年两区（花溪区、经开区）生产总值预计完成362.52亿元，全省排名第五位，全市排名第三位，比上年增长14.8%。规模以上工业总产值预计完成248.8亿元，全省排名第四位，全市排名第一位，比上年增长16.3%。全社会固定资产投资预计完成581亿元，全省排名第五位、全市排名第二位，比上年增长10%。社会消费品零售总额预计完成184.53亿元，全省全市均排第三位，比上年增长11.5%。财政总收入预计完成54.18亿元，比上年增长29.7%；公共财政预算收入预计完成29.46亿元，比上年增长27.2%，全市排名第一位。城镇常住居民人均可支配收入24442元，比上年增长9.5%；农村常住居民人均可支配收入11337元，比上年增长11.6%。全区旅游总收入预计实现118.42亿元，比上年增长20.3%。新增城镇就业人口18948人，比上年增长3.8%。在全省综合实力排名中从2012年的小河区第23位、花溪区第44位上升到今年的第11位。

（三）以“两严一降”“禁毒”等工作为重点，基层社会治理能力进一步提高。紧紧围绕创新社会治理这条主线，不断提高社会治理能力和人民群众满意度、安全感。在夯实基层基础方面：以“三创一强一提升”活动为载体，以社区公益事业项目建设为支撑，不断深化和完善基层基础建设，开展了5个“新型社区·温馨家园”示范社区创建活动。开展“机关党员志愿者服务”活动，不断发挥党员联系社区居民、服务基层群众的作用。完善了区、乡（镇、社区）、村（居）三级群众工作网络，共建立群众工作站27个、群众工作室176个，开展便民利民服务。建立网格888个，筑牢了民生服务网络、基层保障网络、群众教育网络、平安村寨网络。在“两严一降”工作方面：始终保持高压态势打击“两抢一盗”，2014年全区刑事发案3936起，比上年下降20.17%。在“禁毒”工作方面：组织各乡（镇）、社区开展了“向毒品说‘不’，打一场禁毒的人民战争”的禁毒预防教育宣传活动。全区禁毒专职工作人员增加到100名。加大毒品犯罪打击力度，共破获毒品案件78起，抓获毒品犯罪嫌疑人85人，缴获毒品5395.1克，查获吸毒人员400名。

（四）以学前教育、解决用水难等“民生十困”为突破，服务民生能力进一步增强。坚持把解决“民生十困”作为落脚点。在学前教育工作方面：按照“三个硬杠杠”“六项具体任务”的要求，投入幼儿园资金1700万元，新建、改扩建6所公办幼儿园，实施小区配套建设3所，认真抓好无证民办幼儿园清理整顿工作；全区学前一年毛入园率为151.7%，学前三年入园率为112.4%。在解决“用水难”工作方面：系统开展小区、楼宇院落供水系统排查和改造工作。投资6000万元，完成贵阳市花溪区供水改造工程管网建设2.6万米，累计解决“用水难”2300户。在财政投入方面：全年公共预算支出37.85亿元，比上年增长20.53%。

（五）以“双轮驱动、优势互补、深度融合”为战略，两区融合发展推向深入。一是实现了工作机制的融合。制定和实施了《经开区、花溪区联席会议制度》《经开区、花溪区“三重工作”联合督办督查和考核问责办法（试行）》等17个工作制度，统筹协调解决经济和社会发展中的重大问题。二是实现了发展规划的融合。制定了《花溪（经开）发展战略规划》，统筹考虑城市规划、土地规划、林地规划、生态规划以及产业规划，推动产业发展、基础设施、公共服务合理布局和产业园区集中化发展。三是实现了产业发展逐步融合。围绕两区产业发展现状和布局，推进招商引资的资源共享和优势互补。传化物流公路港建设成为两区产业融合发展的典范项目。

（六）以重要活动、重大工程、重点项目等为抓手，项目建设进一步加速。在重大活动方面：抓住贵阳市举办第九届贵州省旅发大会的机遇，实施了系列景区提升工程和环境提升项目共计48个，总投资49.5亿元。在重大工程、重点项目方面：2014年我区实施的省重大工程、重点项目共15个，累计完成投资145.26亿元，为全年投资目标的124.15%。在“5个100”工程方面：在2014年全省“5个100工程”建设评比中，小孟工业园位列全省“100个产业园区成长工程”第一位，“青岩风景区”项目位列全省“100个旅游风景区十佳景区”第一位，经开区万科大都会列全省“100个城市综合体样板示范区”第二位。

（七）以凝聚强大正能量为方向，民主政治建设进一步加强。高度重视人大、政协、统战工作，不断促进民主政治建设。一是支持区人大依法行使监督职权。一年来，支持区人大听取和审议“一府两院”专项工作报告18个，开展专题视察6次，通过相关制度4个，形成决议7个。二是支持政协依照章程认真履职。一年来，支持区政协开展专项视察活动11次，形成视察报告8份，提出工作建议60余条，为区委科学决策、民主决策提供了参考。三是加强同各民主党派、工商联的团结合作。成立了全省第一家社区统战工作站——明珠社区统战工作站。制定了《进一步加强民主党派干部队伍建设的工作方案》，加强统战队伍培训工作。支持各民主党派、工商联、无党派人士，围绕我区经济社会发展的热点、难点问题进行专题调研，建言献策。进一步发挥和谐促进会作用，化解社会矛盾。切实抓好民族宗教工作，进一步维护了社会和谐稳定。

（八）以文化旅游创新区建设为契机，全区干事创业氛围进一步浓厚。在规划工作方面：联合市规划设计院、中国美术学院等4家设计单位，以“两路六区域”为重点，组建10个规划小组，初步完成了《花溪文化旅游创新区景观规划》《花溪大道沿线绿化提升方案》等6个重点区域的规划设计，编制完成《青岩古镇创建国家5A级景区实施方案》；启动《花溪文化旅游创新区旅游提升专项规划》《花溪区水资源综合规划》等重要规划编制工作。在项目建设方面：2014年已开工路网建设、区域整治、生态建设、文化旅游等四类项目共计32个。在文明单位创建方面：扎实推进文明城区、文明社区、文明单位创建活动。花溪区荣获2014年度“省级文明城区”，青岩镇荣获“省级文明乡镇”，青岩龙井村、马铃谷中村获得“省级文明村”称号；区委宣传部、明珠社区、阳光社区、花溪农商行等7家单位获得“省级文明单位”称号；黔江、航天、清浦、溪北、清溪五个社区，荣获“贵阳市文明社区”称号。

同志们，今年以来，面对错综复杂的宏观形势，我们始终坚持“稳中求进、好中求快”的总基调，统筹抓好稳增长、调结构、促转型、惠民生等各项工作，取得了可喜的成绩，花溪区多项主要经济指标在全市乃至全省名列前茅。这些成绩的取得，是花溪63万干部群众艰苦奋斗、顽强拼搏、共同努力的结果。在此，我代表区委、区人大、区政府、区政协对广大干部群众表示崇高的敬意！向长期关注、关心和支持花溪发展的社会各界表示衷心的感谢！

在肯定成绩的同时，我们也清醒地看到存在的问题与不足。主要表现在以下几个方面：一是发展思路不够清晰。比如，在全省后发赶超、全市打造贵阳发展升级版的大局中，花溪究竟应该扮演一个什么样的角色，如何把花溪旅游文化创新区建设好，我们思考得还不够深不够透。二是在整体规划上缺乏思考。比如，目前花溪路网建设与花溪的发展不相适应，特别是东西走向的干道严重短缺，系统性规划思考少。三是在环境整治和城市管理上缺乏创新。比如，城市环境卫生管理机制不健全，缺乏现代城市管理创新思维和手段，“脏、乱、差”现象严重，突出表现在

“两路六区域”，与花溪“高原明珠”的美誉不相符。四是在创造性的开展工作方面能力不足。比如，在产业发展过程中缺乏创新，导致一些工作推进慢、推进不力等等。

二、适应新常态，准确把握花溪当前和今后一个时期面临的新形势和新任务，以更大的手笔谋划发展升级版

花溪发展存在以上诸多问题，要求我们只有进一步认识面临的新形势、新任务，主动适应新常态，把握新机遇，迎接新挑战，才能以更大的信心谋划花溪发展升级版。

——新常态怎么看?

习近平总书记从九个方面，赵克志书记从四个方面，陈刚书记从六个方面阐述了贵阳市发展的新常态。结合花溪实际，我们研判认为：进入新常态，尽管花溪区同全国全省全市一样，经济下行压力将会加大，但是只要善于捕捉新机遇，从经济发展新常态中赢得发展的主动权、取得新的业绩仍是大有可为的。

第一，紧紧抓住中央和省、市宏观政策的新机遇。从中央来看，今年国家将继续实施积极的财政政策和稳健的货币政策，这为我们应对挑战提供了战略缓冲；从全省来看，推进产业转型升级、城镇化和生态文明建设，将对我区发展产生拉动效应；从全市来看，九届四次全会提出了全面打造贵阳发展升级版，将进一步为花溪发展带来更大的政策红利。我们必须积极主动争取，努力使中央和省、市政策红利在我区的叠加效用最大化。

第二，紧紧抓住贵阳市支持花溪建设文化旅游创新区的新机遇。今年是建设文化旅游创新区的开局之年，必须紧紧扭住38条政策意见，加快推进各项任务实施，把政策转化为实在，使我们的基础设施更加优化、环境整治更加有效、生态建设更加优美、产业更加壮大、竞争优势更加明显、群众生活更加美好。

第三，紧紧抓住生态环境后发优势带来的新机遇。我区生态优美，气候宜人，再加上文化旅游创新区建设和大学城的人才优势以及历史文化的厚重感，越来越多的企业特别是高端服务业的企业将会选择在花溪落户。这为我们推动绿色经济发展，创造新的经济增长点提供了良好的机遇。

第四，紧紧抓住区位优势带来的新机遇。贵广高铁的开通，贵阳轻轨、环城铁路等重大基础设施的建设以及贵安新区、双龙临空经济区的崛起，使花溪由贵阳市南端最偏远的郊区迅速演变成为贵阳市南部最重要的门户、桥头堡和枢纽。这为花溪区域经济发展搭上对外开放的快车迎来了新的机遇。

综合以上的分析，我们认为花溪已经进入了两大新常态：一是坚持“一区四化”，加快推进文化旅游创新区建设，实现转型升级、跨越发展成为新常态；二是坚守生态与发展两条底线，打造“大花园”、建设“大溪流”，推进花园城市建设成为新常态。

——新常态下有新任务

省委省府高度重视花溪区的发展，多次就花溪创建文化旅游创新区作出重要指示。克志书记在2014年9月17日听取花溪区城市发展定位规划汇报时指出，“……花溪区做文化旅游创新区。你就是个大自然：有花有溪，工业不是你要做的主要东西，应该搞旅游、文化创意，好好做做山、水的文章……集中精力打造文化旅游创新区”。敏尔省长也指出：花溪要“进一步完善功能定位，要打造大花园、大溪流，要有花、有溪……”。

2014年10月30日，贵阳市委、市政府专门召开了支持花溪建设文化旅游创新区动员大会，出台了38条支持意见。陈刚书记作了重要讲话，明确了花溪区以建设文化旅游创新区为目标、以“大花园、大溪流”为主要特色，按照“园区高端化、市区园林化、农村特色化、景区生态化”的理念，大力实施区域整治、景观提升、生态环境保护、基础设施建设、立面整治、文化旅游提升、城市管理提升等七大工程，实现一年有明显变化、三年初见成效，到2020年成为生态优势凸显、文化事业繁荣、旅游产业发达、经济实力较强、城乡环境优美、人民生活殷实的文化旅游创新区。

2014年11月13日，市人大代表花溪代表组在实地视察花溪文化旅游创新区项目建设、听取花溪有关规划建设情况汇报后，一致认为文化旅游创新区的建设符合民意、顺乎民心，将有利于改善贵州、贵阳的对外窗口形象，大力提高贵阳市民的幸福指数。

加快推进文化旅游创新区建设、纵深打造花溪发展升级版，是当前和今后一个时期花溪区发展的“重头戏”和“总任务”。我们必须站在战略的高度，充分认识到这是加快花溪发展的必然选择，是回应人民群众的热切期盼，必须顺势而为，强力推进，努力把文化旅游创新区、花溪发展升级版的美好蓝图变成美好现实。

——新常态下有新思路

2015年工作总体思路：以邓小平理论、“三个代表”重要思想和科学发展观为指导，深入学习习近平总书记系列重要讲话精神，贯彻落实十八届四中全会和省委十一届五次全会以及市委九届四次全会精神，主动适应新常态，积极抢抓新机遇，牢牢守住“经济发展”和“生态改善”两条底线，强化“三找”和“三抓”，大力推进“六大计划”，坚持“一区四化”，加快推进文化旅游创新区建设，打造“大花园”、建设“大溪流”，纵深打造花溪发展升级版。

——新常态下有新要求

实现以上工作任务，关键是要坚持稳中求进的工作总基调。在这里，着重强调三点要求：

一是要坚持一个目标。即：坚持“一区四化”定位不动摇，建成文化旅游创新区是花溪区的城市定位，园区高端化、市区园林化、农村特色化、景区生态化是花溪区的发展目标。抓住建设文化旅游创新区这个机遇期，就找准了花溪区长远发展的战略定位，找准了推进这个战略定位的实施方向和重要抓手，就能实现纵深打造花溪发展升级版。

二是要增强三种意识。一要增强机遇意识：紧紧扭住文化旅游创新区建设这个载体不放松，把建设文化旅游创新区作为花溪发展升级版的重大机遇；二要增强大局意识：全区的中心工作就是紧紧围绕文化旅游创新区建设、纵深打造花溪发展升级版，必须统一思想，这就是大局；三要增强实干意识：“实干兴区，空谈误区”，建设文化旅游创新区、实现花溪发展升级版必须要埋头苦干、真抓实干。

三是要提高四种能力。政策制定以后，干部就是决定因素。要切实提高四种能力：①统筹的能力——领导力，提高总揽全局、统筹规划、协调发展、兼顾各方的能力，使各项工作分主次、有轻重、按秩序地展开，变被动为主动，实现又好又快发展；②干事的能力——执行力，既要保证日常工作顺利开展，又能灵活处理突变事情；③想事的能力——创新力，文化旅游创新区建设、花溪发展升级版是个新事物，必须解放思想，改革创新，开放开发，既要着眼大局更要放眼长远，想法和效果要经得起时间的检验；④协作的能力——凝聚力，围绕我们的目标，团结一切可以团结的力量，实现既定目标。

三、抢抓新机遇，加快推进今年及今后一个时期任务实施，以更大的决心建设文化旅游创新区

今天的花溪比历史上任何时候都要显得自豪，经过历届班子的不懈努力，终于找准了建设文化旅游创新区这个战略定位，这是一个全新的开始，是花溪转型升级的重要契机，也是实现花

溪发展升级版的重要路径。今年是建设文化旅游创新区开局之年，我们必须举全区之力打好开局之役。

对今年的工作任务，强调五个方面：

第一，抓好龙头，高度重视发展战略研究。战略是大方向，事关全局性工作，必须认真研究，切实找到实现花溪后发赶超的决定性发展战略。一是要着眼长远来谋划。花溪定位为建设文化旅游创新区，我们不能是简单的理解为改善花溪现阶段无序、凌乱的城市形象，而是要站在全省的高度来看待，从时间跨度上来看，至少要放眼十年。因为从全省的发展态势来看，未来五年我们实现小康社会目标后，其转型发展很可能就是我们现在正在从事的文化旅游创新区建设这个方向，因此，我们现在必须解决好文化旅游创新区发展的大方向到底是什么？解决好这个问题，就能实现花溪更长远的发展，赢得未来。二是战略举措是什么。必须承认，目前文化旅游创新区建设包括三年行动计划，都只是一个短期的行为，还存在许多不足。比如，行动计划中就没有人才项目。三年的时间里，如果我们不把人才这个关键因素解决，我们等到三年后再来解决就来不及了，就失去了战略时机，创新如何才能实现？创新区如何才能建成？我们不能空喊口号！还有我们的产业发展战略，这可是关系花溪群众生计的大问题，关乎社会稳定的大问题，必须找到产业持续发展壮大的战略路径。因此，全区的干部要真正开动脑子，认真加以研究。

第二，完善规划，切实做好顶层规划设计。建设文化旅游创新区核心要扣准“一区四化”，切实加强规划工作，做好顶层设计。规划工作是城市发展的灵魂，关系到城市可持续发展，尤其是对花溪这样生态脆弱的地方，必须把规划工作做在前面，使我们的规划更符合花溪特点、更具前瞻性、更具科学性。一是要进一步完善空间规划和风貌设计。围绕花溪区、经开区深度融合、一体化发展需要和大花溪区地形地貌及城市用地分布特征来做规划，统筹考虑两区的自然生态轴（包括生态保护带、生态景观带、生态休闲带等）、城市组团以及路网规划的布局，形成双轮驱动、优势互补、深度融合、协调发展的态势，同时要注重研究花溪城市风貌。二是要进一步完善产业规划。要着手引进高资质、有实力的策划机构对花溪区和经开区产业进行整体谋划，深入研究产业怎么发展、怎么建设、怎么配套、怎么服务等一系列问题。

第三，用足政策，最大限度释放政策红利。政策是导向、是力量。首先，我们要认真研究政策。特别是市委、市政府专门出台支持花溪建设文化旅游创新区的意见，这38条意见可是真正的干货，是真金白银，是我们建设文化旅游创新区的保障。党员干部首先是领导干部要带头研究政策，知道有哪些政策支持，知道哪些政策可以叠加利用。其次，什么是政策。是不是只有这38条意见是政策呢？当然不是。一方面，给我们的38条意见一定要用到100%，释放最大的政策红利。另一方面，“法无禁止即可为”。没有禁止的都是政策，只要有利于文化旅游创新区建设的、只要法律没有禁止的，我们都可以做，都可以利用。建设文化旅游创新区是不是只有市里头这个38条意见？也不是。比如，陈刚书记在动员大会上要求“全市各级各部门必须讲政治、顾大局……加大支持力度，做到动感情、动脑筋、动真情，真支持、真服务、真帮扶，全力以赴推进建设。”这也是政策。涉及到的政策支持还可以向上找，比如，“国发2号”文件首次提出将贵州建设成文化旅游发展创新区，我们是不是也可以在这上面做做文章？再比如，如何运用国家给予经开区的政策，等等。第三，要积极争取支持与创新政策相统一。建设文化旅游创新区，三年需要投入近600亿，涉及129个大项目，还有许多意想不到的困难。因此，我们需要学会积极争取与自我创新，一方面，向上要积极争取更多的支持，切实减轻建设文化旅游创新区资金的压力。另一方面，要开动脑筋，进一步解放思想，在新的领域、新的层面加快政策创新，大胆进行实践探索，力争在实物化、项目化落实上创新突破，力争在争取中央支持、争取“政策红利”上创新突破。

第四，落实项目，扎实推进建设进度。按照市委市政府下发的三年“行动计划”，今年和去年有七大类项目建设、共计92个子项目，涉及投资近400亿元。落实的好坏，直接关系到花溪未来的发展。因此，必须扎实抓好项目进度，确保文化旅游创新区建设“实现一年内城乡环境取得明显变化”的目标。一是要加强领导，发挥统筹协调作用。指挥部根据建设的需要，要增强担当意识，发挥好统筹协调的作用，确保市委市政府和区委区政府的决策部署落到实处。二是要进一步理清项目，建立责任分解台账。对照“行动计划”，认真梳理项目，理清在建项目、已批项目、待批项目，制定推进项目工作实施方案以及加快项目建设进度的各项措施，把项目层层分解到部门、分解到人。三是要加强项目管理，健全长效监管机制。在抓好项目推进的同时，加大项目监管力度，开展日常跟踪督查，及时掌握各个项目建设进展情况，形成项目每周报告制度，加大对项目推进工作中存在的问题研究力度。同时，要规范管理，提高项目建设质量。四是要建立健全考核机制，发挥示范引领作用。认真开展“项目促进月”活动，强化措施，加强对项目推进综合考核，严格奖惩，在考核中发现干部、提拔干部、淘汰干部，形成赏罚分明的工作机制。

第五，突破难点，加大环境综合整治力度。突破难点，主要是两个方面：一是加大力度解决拆违控违难的问题。三年“行动计划”明确提出，2015年要实现违法建筑“零增长”的管控任务以及要拆除积存违章建筑的目标，这是今年的最大难题之一。只有坚持法治思维和法治方式，以铁的手腕、铁的纪律、铁的执行，把花溪区作为深入开展违法“种房”三禁止专项活动的重点区域进行监管，从“拆房”向“查人”再向“追责”推进，才能切实解决违章建筑泛滥的问题，切实改变花溪“乱搭乱建”的无序状态。二是加大力度解决重点区域环境卫生问题。坚持“一个区域、一套班子、一支队伍、一个规划、一套机制”的工作思路，突出重点、注重实效、分步统筹，首先是全力以赴、高效的推进花溪迎宾馆等“两路六区域”的综合整治。其次，向周边延伸，坚持“硬骨头”一块一块的啃，切实改善城市环境，切实改变花溪形象。

四、开创新局面，大力实施“六大计划”，站在更高的起点纵深打造花溪发展升级版

为贯彻落实好市委九届四次全会精神，实现花溪发展升级版，结合花溪区的实际情况，我们决定在全区大力实施“六大计划”，统领经济社会发展各项工作，以加快发展步伐。

（一）实施生态立区计划，不断提升花园城市品位

实施生态立区计划，就是进一步凸显花溪的生态特色，做足山水、民族风情、田园风光几篇文章，以打造“大花园”“大溪流”和“一区四化”为核心提升城市品位，为人民群众创造宜居宜业的生活环境，推进花溪生态升级版。

一是加强生态保护和治理。巩固花溪“创模”“创卫”成果，大力实施生态建设工程。集中力量治理工业废气、餐饮油烟等空气污染，全面改善空气质量。加大饮用水源地的保护力度，严格执行环保法律法规，继续深入村寨，积极宣传保护和治理阿哈水库、松柏山水库、花溪水库的重要性、紧迫性，加大对饮用水源一级保护区和二级保护区的环境整治力度。大力实施退耕还林、天然林保护、石漠化综合治理等重点工程，

构筑生态屏障和绿色走廊。强化城市噪声环境管理，提高居民生活质量。进一步规范辖区内固、危废物的管理。加强乡村小城镇环境改善提升，建设环境优美乡村。大力支持青年志愿者环境保护志愿公益活动，切实提高花溪干部群众生态环保素质。重点整治背街小巷、居民院落、城乡结合部等区域，特别是“两路六区域”“脏、乱、差”现象，营造干净、亮丽花溪新形象。

二是大力推进组团建设。根据花溪区地形地貌及城市用地分布特征，大力推进建设孟关组团、金竹组团、青岩组团及石板—天河潭组团，引导人口向周边区域流动。同时，不断增强新建组团教育、医疗、交通等公共服务能力，不断完善组团城市功能。

三是大力推进花园城市建设。依托花溪河、天河潭、青岩古镇、大成山等花溪山水特色、田园风光和环境优美的特征，加快建设集森林公园、湿地公园、山体公园、社区公园、文化娱乐公园等为一体的、独具花溪特色的城市公园体系，形成城在园中、园在城中，打造看得见山、望得见水、记得住乡愁的花园城市形象。

（二）实施富民安区计划，不断壮大经济实力

实施富民安区计划，就是以培育发展花溪高端文化创意产业、旅游业等，使其成为花溪的主导产业，不断壮大产业经济实力和综合经济实力，以产业发展带动就业增加，不断提高城乡居民收入，使人民群众安居乐业。

一是打造文化旅游精品。按照文化旅游创新区的发展定位，大力培育和发展文化旅游业、高端服务业和现代都市观光农业。以青岩古镇、天河潭及湿地公园（孔学堂）、花溪公园景区为核心，创建国家5A级旅游景区，对景区的旅游、文化、景观、商业等配套设施进行全面改造提升，打造成享誉海内外的旅游文化名城。

二是丰富文化旅游业态。大力运用大数据发展文化创意、文化旅游、现代传媒、动漫影视、教育培训和休闲体育等文化产业，培育一批具有地域优势的文化产业基地，打造特色文化产业集群。围绕“农村特色化”，把山水田园风光与传统农耕文化、民族文化、生态文化结合起来，将现代都市农业与文化旅游、美丽乡村建设有机融合，着力打造特色鲜明的乡村旅游。

三是开发文化旅游商品。挖掘历史文化、儒家文化、民俗文化、生态文化、饮食文化等，提升旅游商品创意水平。依托燕楼产业园，规划建设旅游商品加工及文化创意研发区。将蜡染、银饰、苗绣等为代表的苗族手工艺品系列，原木工艺品、根雕、竹制品等为代表的民族工艺融入旅游商品开发。

（三）实施创新兴区计划，不断增强核心竞争力

实施创新兴区计划，就是将创新驱动放在经济社会发展的核心位置，构筑创新平台，打造人才高地，增强核心竞争力，使创新要素在经济社会发展中发挥强劲的引领和带动作用。

一是构建创新体系。充分挖掘发展比较优势，积极培育更具发展前景的文化旅游产业、创新创意产业，加强与中关村贵阳科技园、贵州大学科技园等科研院所合作，充分利用贵州大学、花溪大学城、孔学堂等优势资源，嫁接中关村政策资源，实施“校地联动”，构建以企业为主体、市场为导向、产学研相结合的技术创新体系。

二是强化人才体系建设。打造人才高地，把高端人才作为转型升级的核心因素，人才资源优先开发，人才结构优先调整，人才投资优先保证，人才制度优先创新，大力引进高端人才，深入实施“人才强区”工程，重点招引一批“两院”院士、国务院特殊津贴专家、省级以上突出贡献中青年专家、著名院校优秀博士，打造全省极具竞争力的“人才强区”。

三是建设科技创业服务中心。培育和引进一

批孵化器，鼓励和营造创新创业环境，为青年提供创新创业平台。积极引进孵化一批具有自主知识产权、发展前景广阔的科技型创意型企业。鼓励企业与高等院校、科研院所共建校企联盟和研发中心，不断提高联合开发、协同创新能力。

四是推进“智慧花溪”建设。大力推进以物联网、云计算、移动互联和大数据等新兴热点技术为核心的信息化建设，作为经济转型、产业升级、城市提升的新引擎，促进信息技术与其他资源要素优化配置，促使城市更加智慧的运行，使花溪在后信息化时代实现后发赶超，实现城市生产、生活方式的变革、提升和完善，提高人民群众生活幸福指数。

（四）实施开放活区计划，不断增强发展升级后劲

实施开放活区计划，就是要坚持把扩大开放与深化改革、创新驱动相统一，宽领域扩大开放，深层次推进改革，高起点创新驱动，搭建区域合作、对外开放的新平台，营造更加有利于发展的开放环境，大力发展开放型经济，进一步增强经济发展的外向带动力，助推花溪发展升级。

一是要深化区域合作。按照“双轮驱动、优势互补、深度融合”的方向，进一步加快花溪区与贵阳经济技术开发区深度融合发展的步伐，促进两区在产业发展、招商引资、干部交流等方面取得更大的突破；加强与贵安新区融合发展，探索更加有利于两区发展的合作方式，实现两区融合发展；加强与双龙临空港经济区在物流港建设、高端服务业、总部经济及综合服务等方面的交流合作；坚持积极走出去战略。一方面，要瞄准前沿，把眼光投向全国，特别是积极融入“一路一带”经济圈，加强与北上广、长三角、珠三角等发达地区的交流合作。另一方面，要放眼世界，充分利用生态文明贵阳国际论坛等平台，加强国际合作，加快花溪开放步伐。

二是营造开放公平的制度环境。按照省市有关要求，紧密结合当前花溪区文化旅游创新区建设的实际，加快完善落实“权力清单”“责任清单”“负面清单”等，简政放权，进一步激发市场活力。推进投资主体多元化，鼓励更多的市场资本进入花溪开发建设，特别是引导市场资本进入基础设施、水利工程、保障性住房、棚户区改造等，进一步完善投资环境，营造更加公平合理的市场规则，使花溪成为全省投资创业环境最优的区（市）县之一。

三是要强化开放平台打造。经开区要加快形成大数据产业、高端装备制造业、新医药和健康产业集群，力争2017年成为全省首个千亿级产业园区，成为带动花溪转型升级的“发动机”和“助推器”，引领开放开发。加大力度支持孟关贵州汽车城汽车超市城市综合体建设，科学规划、合理布局，形成更利于人口的集聚和市场的形成，做到有城有市，城与市的联动融合。

（五）实施法治护区计划，不断提升人民群众安全感

实施法治护区计划，就是认真贯彻落实依法治国的基本方略，促进依法执政、严格执法、公正司法、全民守法，运用法治思维和法治方式推进花溪经济社会发展，实现政治清明、社会公正、人与人和谐相处，建设平安花溪。

一是加强“两严一降”、禁毒等重点工作。创新工作方式，加强责任督察督办，健全工作机制，加强宣传教育，加大力度打击“两抢一盗”、打击毒品犯罪，始终保持对刑事犯罪的高压态势，严控刑事案发率，切实保障人民群众的生命和财产安全，建立健全基层社会治安防控体系，使人民群众安全感常年保持在95%以上，把花溪建成“安全市区”。

二是加强推进依法治区工作。加强法治宣传教育。把每年的11月作为我区法治宣传月，搭建法治宣传有效载体，营造法治教育的良好社会氛围，使人民群众和广大党员干部知法懂法守法

用法；加强法治政府建设。把依法行政作为一项重要的指标纳入绩效考核，促进法治政府建设迈上新台阶，走在全市法治政府建设前列；加强司法公正，切实维护好人民群众的合法利益，切实提高司法权威，切实彰显社会公平正义；加强司法体制改革试点工作，把中央和省市的有关要求和花溪区的实际结合起来，大胆探索有利于进一步提高司法工作的运行机制，切实改进司法工作中存在的问题，切实为建设文化旅游创新区保驾护航。

三是加强基层社会管理。继续深化“三创一强一提升”和社区公益事业项目建设，创建“新型社区・温馨家园”。强化社会协同，加强和培育社会组织。进一步改善民生，着力解决“民生十困”。加大对村（居）委会管理力度，筑牢基层基础。加快区级公共服务管理系统平台建设，加大基层社会管理财政投入，创新有效预防和化解社会矛盾的工作机制，维护社会和谐稳定。

（六）实施人文优区计划，不断创造优良发展软环境

实施人文优区计划，就是通过大力弘扬社会主义核心价值观，构建更加优质的公共文化服务保障体系，不断满足人民群众精神食粮的需求，提高人民群众的思想道德素质和文化水平，营造良好的人文社会环境，创造优良的发展软环境。

一是大力弘扬社会主义核心价值观。贯彻落实《公民道德建设实施纲要》，结合“创文”工作，进一步创新载体、平台和形式，加强宣传，加强引导，推出典型，推动我区社会主义核心价值观的大众化、长效化，唱响主旋律，打造主阵地，使人民群众的社会公德、职业道德、家庭美德和个人品德进一步提升，打造崇尚文明、弘扬先进新花溪形象。

二是健全公共文化服务体系。加强公共文化服务的财政支持力度，办好学前教育、中学教育和职业教育等基础教育，提高教育质量，切实满足人民群众对优质教育资源的需要。加快文化广场、电影院、科技馆、博物馆、图书馆等文化设施建设，进一步加强花溪公园、十里河滩、天河潭、青岩古镇的环境改造、景观提升和服务水平，为人民群众提供更高质量的休闲文化娱乐场所，满足人民群众对文化资源的多元化需求。

三是做好文化传承与创新工作。加快以阳明文化、孔学堂文化等为代表的文化产业建设，搭建文化交流、传播平台，不断提升花溪的文化品牌。加快整理挖掘以青岩古镇、久安等为代表的古镇文化、茶文化、民族文化、历史文化、名人文化等，加深花溪文化底蕴，增强“高原明珠”的魅力。高度重视以贵州大学、大学城为代表的现代新型文化社区建设，丰富花溪文化的内涵，拓展花溪文化的外延，进一步提高“高原明珠”美誉度。

五、凝聚新力量，为打造花溪发展升级版提供强有力的保障，以更大的力度全面推进党的建设新的伟大工程

当前，世情、国情、区情都发生了深刻的变化，我们必须全面推进党的建设新的伟大工程，促进党的思想、组织、作风和反腐倡廉建设，为建设文化旅游创新区、打造花溪发展升级版提供根本保证。

（一）进一步巩固教育实践活动成果

在新的起点上，我们必须坚持从严治党，把作风建设不断引向深入，形成常态化、常抓不懈、保持长效，进一步巩固教育实践活动成果。

一要坚持不懈地抓好学习教育。把学习习近平总书记系列重要讲话作为首要政治任务，突出抓好理想信念教育，抓好群众观点、宗旨意识的教育，抓好党性党纪党风教育和道德规范教育，引导全区党员干部进一步牢固树立为民务实清廉的价值追求，进一步坚定中国特色社会主义道路自信、理论自信、制度自信。

二要切实抓好各项整改落实。按照中央和省

市教育实践活动整改要求，特别是要按照区委整改方案“7＋4＋3”的要求，进一步抓好整改。对整改方案确定的各项整改任务，要落实责任领导、责任部门、完成进度和时限，一项一项抓好落实；对群众反映强烈的突出问题，要一个一个跟踪解决，锲而不舍、一抓到底，绝不回避群众的期许；认真开展“回头看”，跟踪督导问效，务求逐项逐条兑现。

三要进一步做好巩固提升工作。牢固树立持续整改、长期整改的思想，坚持常委班子带头，坚持问题导向，坚持上下联动，严守党的政治纪律和政治规矩，坚持“三会一课”“党员民主评议”等制度，深入开展“三严三实”专题学习和教育，认真扎实开展“回头看”，深入开展机关作风和行风评议监督工作，定期公开后续整改的进展情况，持续强化机关干部“五病”“六风”的整顿，严格执行“十严禁”“十不准”，以保持高压态势坚决防止“四风”反弹。

四要突出“三找”和“三抓”。突出问题导向，紧紧围绕花溪经济社会发展存在的重大问题，特别去年10月30日陈刚书记在花溪文化旅游创新区动员大会上指出花溪发展存在思路不清晰、规划不合理、要素不充分、管理不精细等问题，紧紧围绕群众的期待、上级的要求以及后发赶超的现实需要等找问题、找差距、找目标，抓统筹、抓落实、抓提升。

（二）进一步加强组织建设

当前，花溪正全力推进文化旅游创新区建设，关键在于党组织，关键在于依靠党员干部发挥战斗堡垒和先锋模范作用。

一要强化政治纪律。全区各级党组织要时刻与党中央和省委市委保持高度一致，杜绝搞上有政策、下有对策，有令不行、有禁不止的行为；严格执行组织纪律、财经纪律、工作纪律和生活纪律，切实遵守党内各项规章制度；决不允许搞个人主义、山头主义，一切行动要服从组织安排，服务工作大局。

二要建强基层组织。全面落实农村“一定三有”和社区“三有一化”政策，在园区探索建立“党群服务中心”，切实将人财物向基层倾斜。进一步整顿“软弱涣散”基层党组织，抓好带头人队伍，发挥基层组织的战斗堡垒作用。围绕集体经济发展壮大选优配强基层党组织书记，充分利用高校、企业和本乡本土等人才资源，实施乡村两级“发展顾问计划”，逐步推行“村干事”工作机制。严把党员入口关，认真开展不合格党员处置工作，确保党员队伍“控量提质”。以“党建强”推动“发展强”，培育选树一批“立得住、叫得响”的示范典型。

三要加强队伍建设。按照“信念坚定、为民服务、勤政务实、敢于担当、清正廉洁”的好干部标准，选好班子建强队伍，进一步彰显“重一线、重基层、重实绩”的鲜明导向，注重把谋划发展有钻劲、推动发展有本领、创新发展有办法的干部选出来、用起来，真正让能干事者有机会、干成事者有舞台，不让老实人吃亏，不让投机者得利。引导更多的优秀干部投身到经济发展主阵地、项目建设最前沿、民生改善第一线，经受基层锻炼，丰富阅历经历，提升实践能力。

（三）进一步加强党风廉政建设

落实好党委主体责任和纪委监督责任关键看行动、根本在担当。我们必须旗帜鲜明地加强党风廉政建设和反腐败工作，为加快建设文化旅游创新区提供了坚强有力的纪律保障。

一要落实党风廉政建设主体责任。认真学习领会“落实党风廉政建设责任制，党委负主体责任，纪委负监督责任”的有关要求，抓好“两个责任”的落实，把落实党风廉政建设主体责任纳入全区工作整体布局中，各级党委（党组）始终要坚持把党风廉政建设作为“一把手”工程来抓，切实发挥“一把手”表率先锋作用，牢固树立“不抓党风廉政建设就是严重失职”的意识，统一部署执行、统一组织落实，做到党风廉政建设有制度、有检查、有落实、有反馈。班子成员要严格履行“一岗双责”，把党风廉政建设要求融入到分管工作中，做到权力运行到哪里，党风廉政建设的职责就延伸到哪里，责任就担当到哪里。

二要狠抓反腐倡廉工作。贯彻落实中央惩治和预防腐败体系五年工作规划，进一步加强反腐倡廉教育、监控、预防、纠风和惩治腐败“五大机制”建设，力求以制度管权、管事、管人。坚持有案必查、有腐必惩，严肃查处滥用职权、贪污贿赂、失职渎职案件，严肃查处群体性事件和重大责任事故背后的腐败案件，严肃查处发生在群众身边、与民争利、侵害群众利益的案件，以反腐倡廉建设的实际成效和为民务实清廉的良好形象，赢得人民群众的支持和信赖。结合当前工作实际，要严肃处理“吃、拿、卡、要”和不作为、慢作为、乱作为等现象，要严查严惩党员干部违法“种房”、套取国家征拆资金等行为。

（四）进一步加强宣传思想工作

习近平总书记指出，“坚持团结稳定鼓劲、正面宣传为主，是宣传思想工作必须遵循的重要方针……必须坚持巩固壮大主流思想舆论，弘扬主旋律，传播正能量，激发全社会团结奋进的强大力量。”我们必须坚持把宣传思想文化工作放在十分重要的位置，与经济建设进行统一谋划、同步安排。

一是把握重点。把九届四次全会精神作为今年宣传思想工作的首要任务，有针对性地回答社会关注的焦点问题、干部群众的深层次思想问题，更好地析事明理、解疑释惑。要把九届四次全会工作重点特别是“六大工程”的重大意义放在宣传工作的突出位置，形成正确的舆论导向。

二是弘扬正能量。注重发挥宣传思想文化工作思想引领、舆论推动、精神激励和文化支撑的作用，充分发挥正面宣传鼓舞人、激励人的作用，弘扬主旋律，传播正能量。积极开拓创新，加强阵地建设。要加强舆情导控，关注舆论热点，正确引导舆论，为全区改革、发展、稳定营造良好氛围。要以建设社会主义核心价值体系为根本，大力颂扬团结拼搏、艰苦奋斗、干事创业、为民服务的好典型、好榜样。

同志们，推进花溪文化旅游创新区建设是我们的庄严历史使命，省委、省政府和市委、市政府对我们寄予厚望，花溪 63 万人民群众对我们寄予厚望，我们必须深入贯彻落实党的十八届四中全会和省、市全会精神，在市委、市政府的正确领导下，振奋精神，团结一心，攻坚克难，为纵深打造花溪发展升级版而努力奋斗！

政府工作报告

在贵阳市花溪区第十六届人民代表大会第五次会议上

(2015年2月11日)

向子琨

各位代表:

现在,我代表花溪区人民政府,向大会报告政府工作,请予审议,并请区政协各位委员、列席人员提出意见。

一、2014年工作回顾

过去一年,我们在市委、市政府和区委的坚强领导下,在区人大、区政协的监督支持下,认真贯彻落实中央、省委、市委和区委各项决策部署,坚守发展和生态两条底线,紧紧围绕全面建成小康社会的目标要求,积极抢抓机遇,奋力克难攻坚,经济社会发展全面提升,各项工作取得新业绩。

一年来,我们始终保持经济稳中快进,产业结构趋于优化。全年实现生产总值362.52亿元,比上年增长14.8%。全社会固定资产投资完成581.54亿元,比上年增长10.1%。区域规模以上工业增加值完成243.66亿元,比上年增长17.2%(其中,花溪片区32.91亿元、比上年增长16.5%;经开片区210.75亿元、比上年增长17.3%)。财政总收入完成54.18亿元,比上年增长29.7%(其中,花溪片区26.59亿元、比上年增长40.1%;经开片区27.59亿元、比上年增长21.1%);公共财政预算收入完成29.46亿元,比上年增长27.2%(其中,花溪片区15.29亿元、比上年增长36.1%;经开片区14.17亿元、比上年增长18.8%)。招商引资引进省外到位资金368.5亿元,比上年增长36.2%(其中,花溪片区133.9亿元、比上年增长43.5%;经开片区234.6亿元、比上年增长32.3%)。社会消费品零售总额完成183.95亿元,比上年增长11.1%。城镇常住居民人均可支配收入24374元,比上年增长9.2%。农村常住居民人均可支配收入11327元,比上年增长11.5%。从产业结构看,三次产业结构比例为4.1∶54.3∶41.6。从投资结构看,全社会固定资产中,产业投资占比39.3%、基础投资占比60.7%、民生及公共投资占比55.5%。

一年来,我们始终坚守两条底线,产业转型取得突破。一是现代服务业加速发展。成功举办第九届省旅发大会,实施了田园南路和青岩北部环线、北门旅游综合体、南门文化旅游产业区等项目48个,完成投资额49.5亿元。加快推进天河潭旅游综合体和十里河滩湿地公园景区、孔学堂二期建设。经贵州省旅游景区质量等级评定委员会评定湿地公园景区(孔学堂)获得国家4A级旅游景区称号。加快推进以青岩古镇为核心,联动湿地公园、孔学堂的国家5A级旅游景区创建。全年旅游接待人数1387.3万人次，比上年增长20.6%，实现旅游总收入118.42亿元，比上年增长20.3%。加快推进孟关国际汽贸城、孟关汽配城物流信息平台建设，启动全省首个无水港——西南商谷·贵州孟关国际物流城建设。二是新型工业化稳步推进。加快推进泰邦生物科技园、燕楼循环工业园区建设，完成贵阳三圣特种建材基地项目、贵州泰邦生物制品公司新GMP生产线。大力发展生态能源，完成花溪云顶风电场二期项目。培育贵州星天电线电缆有限公司、贵州泰邦生物制品有限公司2家高新技术企业。加强对高耗能、高污染企业的监管力度。全年园区工业总产值70亿元，固定资产投入62亿元，新建标准化厂房5.18万平方米，新入园企业15家。三是生态农业发展提速。加快推进久安茶产业园、黔陶生态蔬菜现代高效农业园、马铃生态农业产业园、青岩特色农业产业园等建设。不断完善农业农村基础设施和农业产业化体系。申报省级农业产业化龙头企业3家，培育扶持农产品加工企业7家、农业专业合作社14家、家庭农场15家，农业增加值实现14.88亿元，增长6.6%，其中现代农业占比达30.5%。

一年来，我们始终坚持城乡统筹发展，基本实现全面小康。一是基础设施建设加快。基本完成花溪公园大门地下通道建设及清溪路、明珠大道等城市片区道路升级改造。完成孟关老富源路、杨孟二路、汽贸城红星路延伸段道路等路网建设。实施高坡至甲定道路改造工程。大力开展村容村貌、整脏治乱、节能减排、生态建设“四项整治”，改善城乡环境，基本实现了“乡乡通油路、村村通公路”目标。二是城镇建设成效显著。加快实施万达棚户区、云上棚户区、洛平新城棚户区等10个棚改工程。推进青岩镇省级示范小城镇、石板镇市级示范小城镇和孟关乡区级示范小城镇建设，完成投资额42.68亿元。全区共成交商品房3595套，成交套数增长108.04%，成交金额33.67亿元。加快推进“四在农家·美丽乡村”六项行动计划，完成投资5062.78万元。实施农村危房改造200户，建成小康房500户。三是实现全面小康达标。我们举全区之力开展全面小康建设工作，根据同步小康创建达标县认定办法，2013年花溪区以县为单位开展全面建设小康社会统计监测实现程度达96.4%，省全面小康办认定花溪区为2013年度贵州省同步小康创建达标区（县）。

一年来，我们始终坚持开放创新，改革发展活力增强。一是以开放促招商。坚持抓好重点产业招商、重大项目建设及项目跟踪服务工作，引进实施浙江传化物流公路港项目、泰坦集团花溪智慧旅游项目、北环卫集团环卫服务外包产业发展项目等重点工程项目。积极参加北京？贵阳区域合作创新驱动活动，开展京？筑合作系列活动4次，共签约项目16个，总投资85.6亿元，已开工项目13个。在北京、上海、南京、深圳、重庆等地开展自主招商推介活动3次，共签约项目4个，总投资14.1亿元，项目已全部开工建设。邀请80余家企业赴花溪投资考察60余次，洽谈项目37个。二是以合作促共赢。编制完成《花溪（经开区）发展战略规划》和《贵阳市花溪区产业布局规划方案（2013－2020年）》，按照“一体、两核、三带、四组团、十园区”的产业空间布局，进一步优化大花溪产业发展格局。花溪区、经开区实施“双轮驱动、优势互补、深度融合”战略，打造全市经济发展的主引擎。加强与贵安新区、双龙临空经济区以及龙里、惠水、长顺等周边区域合作力度。加快完善物流市场、物联网配套建设，着力构建花溪与周边区域大商贸、大物流体系，实现资源共享、合作共赢。三是以改革促发展。积极落实小微企业减免所得税、免征增值税、营业税等优惠政策，全区共减免企业77户，奖励141户、73万元。简化审批程序，鼓励居民多元化发展小微企业，充分享受“三个20万”扶持微型企业的优惠政策。全年工商注册登记1202户，比上年增长52%。四是以创新强活力。鼓励企业自主创新，帮助小微企业实现产业升级，全年共补助资金164.05万元，安排支持企业科技创新研发资金955.12万元，争取企业技改、贴息、项目资金535万元。申报贵阳市工程技术研究中心企业10家，申报高新技术企业3家。

一年来，我们始终加强环境保护，生态建设成效显著。一是在“治水”方面。以“十里河滩”、花溪水库、阿哈水库、松柏山水库流域等水源保护区的综合整治为重点，大力实施“治水”工程，地表水达标率、集中式饮用水达标率均为100%。实施花溪河环境综合整治及清淤工程，完成石板井六组、董家堰村麦达、麦翁寨污水收集管网等建设。加强阿哈水库保护区内石板、麦坪、久安三个乡镇村寨生活垃圾收集、清运系统建设。二是在“治气”方面。大力实施清洁能源工程，新建商品房统一安装清洁燃气，城市片区新建建筑气化率为100%。大力倡导使用环保节能设备，加大节能降耗技术改造，淘汰高耗煤电设施设备。开展扬尘治理专项行动，加强对建筑工地、建筑材料及渣土运输的监管。对重点工业企业实行一源一档管理，督促企业完善相关环保设施，确保污染物稳定达标排放。环境空气质量指数（AQI）优良率85.6%，环境空气污染指数（API）优良率98.1%。三是在“控污”方面。大力实施村寨环境综合整治工程，实现阿哈水库、花溪水库周边垃圾处理设施全覆盖。青岩、石板污水处理厂正常投入使用。浪风关垃圾堆放场得到有效治理。启动农村环境综合整治项目等。四是在“增绿”方面。实施“绿地保护计划”，新增绿地4.6万平方米。落实天保工程森林管护60万亩，石漠化综合治理营造林2.2万亩。全区森林覆盖率达44.13%，建成区绿化覆盖率达49.53%，人均公共绿地面积15.2平方米。

一年来，我们始终狠抓发展机遇，起步建设文化旅游创新区。一是坚持规划先行。按照市委、市政府《关于支持花溪建设文化旅游创新区的意见》，启动编制花溪区总体规划、总体城市设计导则及迎宾馆片区、大学城周边、甲秀南路等“两路六区域”详细城市设计，并启动了《花溪文化旅游创新区空间发展战略规划研究》。编制青岩镇水系景观规划、花溪湖规划及水源工程项目实施方案、花溪河保护和污染防治规划方案、十里河滩国家湿地公园、天河潭等景区景点提升方案。加强文化旅游创新区建设的顶层设计。二是实施项目带动。根据《支持花溪建设文化旅游创新区三年行动计划》，开工路网建设、区域整治、生态建设、文化旅游四个方面的32个项目。其中，启动孟溪路、花桐路、大职路、印象路等道路建设项目12个；启动田园南路地块、奶牛场地块、大寨、云上（上寨、下寨）、十和田、董家堰（一、二组）、花溪山庄等土地整治开发项目16个；启动花溪城市生活垃圾综合处理工程项目、红岩水库等生态建设项目2个；启动党校新校区等文化旅游项目2个。三是加强城市管理。加强城市景观绿化、污染防治、环境卫生等基础设施建设。采取市场化运作方式与京溪公司合作，启动中心城区和青岩、孟关、石板部分区域环卫工作社会化服务。开展“控违拆违”攻坚战，建立“市区联动、以区为主”的工作机制，形成区、乡（镇、社区）、村（居）三级违法建筑防控体系，组建应急队伍，开展控违巡查。全年拆除违法建筑1424户共47.13万平方米，仅文化旅游创新区建设启动后就拆除违法建筑744户共31.2万平方米。四是提供资金保障。拓宽融资渠道，整合资源实行项目“打捆”，充分利用市、区两级融资平台，为文化旅游创新区建设项目提供资金保障。

一年来，我们始终坚持以人为本，提升群众

幸福指数。加大对教育、社会保障、医疗卫生、公共安全等民生方面的投入力度，切实解决“民生十困”。一是教育事业发展提升。实行“控辍保学”工作一级考核联动机制，全区小学毛入学率为150.1%，初中毛入学率为128.4%，小学辍学率为－0.47%，初中辍学率为0.43%，9年义务教育巩固率为96.72%。改善学校办学条件，新建和改扩建公办幼儿园6所，实现每个乡（镇、社区）都有一所公办或普惠性幼儿园，新增学前教育学位1440个，新增学前教育建筑面积1.27万平方米。北京161中学贵阳分校（溪南高中）建成并投入使用。引进北京中关村三小分别与花溪二小保利溪湖校区和经开区第一实验学校万科校区合作办学。二是就业创业水平提升。城镇新增就业18948人，城镇登记失业率为2.73%，失业人员实现再就业3906人，农村劳动力转移就业3454人，职业技能培训3623人。乡（镇）劳动和社会保障所、社区服务中心、居委会（村）劳动保障工作服务站就业服务信息网联网率达82.68%。三是社会保障能力提升。社会保险覆盖率达90.8%，新农合参保率达98.63%；基本竣工公租房608套，发放公租房租赁补贴3383户、519.96万元。四是卫生计生服务质量提升。打造贵州省首家基于数字病理的远程服务平台，建成北京301医院病理远程平台贵阳分中心，引进慈铭健康体检管理集团股份有限公司在花溪设置体检分中心。开展“规范药房”标准化建设，达标验收95家。实现计生“双降”目标，出生率为8.44‰，自然增长率为3.04‰，符合政策生育率为98.68%。兑现奖励扶助资金1236万元。五是社会秩序和谐稳定。深入开展“两严一降”专项行动，开展“向毒品说‘不’，打一场禁毒的人民战争”禁毒工作。全区刑事发案3936起，比上年下降20.17%。安全生产事故起数和死亡人数继续实现“双降”。认真落实信访维稳“一号工程”，化解省、市交办督办及自行排查的信访案件351件，化解（办结）率100%。创建黔江、清浦、航天、溪北、清溪5个“新型社区·温馨家园”。

过去一年，我们成功应对了“7·16”特大洪水等自然灾害和突发事件，向城市“用水难”宣战，解决“用水难”2300户，集中办成一批民生实事，完成了区直部门机构改革工作。同时，在国防、双拥、人防、国家安全、司法行政、民政事务、民族宗教、移民、史志、档案、侨务、对台、气象、老龄、工青妇、关心下一代、慈善、残疾人、红十字、爱国卫生等工作方面全面发展。

过去一年，我们扎实开展党的群众路线教育实践活动，严厉整治“四风”突出问题，切实加强政府自身建设，在改进作风中提高行政效能，在履职尽责中塑造政府形象。党政纪立案37件，涉案人员43人。公开部门预算和“三公”经费预算，压缩行政经费8%用于教育。坚持依法行政，自觉接受监督，办理人大代表建议123件、政协委员提案50件，办结率100%，满意率98.37%。依法办理各类行政复议27件。

各位代表，过去一年的成绩来之不易，这是市委、市政府和区委坚强领导的结果，是区人大、区政协有效监督、全程参与的结果，是全区干部群众团结奋斗的结果。在此，我代表区人民政府，向全区各族人民，向各位人大代表和政协委员，向各民主党派、工商联、无党派人士、各人民团体和各界人士，向驻区中央及省、市单位和驻军，以及所有关心、支持花溪建设发展的各位老领导、老同志和各界朋友，表示衷心的感谢，并致以崇高的敬意！

我们在充分肯定成绩的同时，也要清醒地看到存在的问题和不足。主要表现在：一是在经济预判方面，对全区经济形势预判不充分，产业发展仍不均衡，虽然在2014年全省经济发展综合测评预排名中列第11位，但部分指标未达到年初市里下达的力争目标。二是在产业转型方面，对如何着眼全省和全市大局，发挥自身资源优势不够，旅游文化产业培育不足，新兴产业发展动力不强，产业转型升级步伐亟需加快。三是在城市规划方面，在区划调整后，我区总规和控规不符合发展需求，基础设施规划滞后，空间布局不科学，城市概念规划空缺。四是在城市管理方面，重城市建设、轻城市管理，基础设施不完善、路网结构不合理、管理体系不健全，一些地方“脏、乱、差、堵”现象仍较严重。五是在城乡统筹方面，仍然存在“重城市、轻农村”的情况，城乡基础设施建设投入不均衡，城乡二元结构矛盾还未得到根本化解。六是在政府自身建设方面，我们还存在许多薄弱环节，统筹力、执行力、落实力有待进一步提高。对这些问题，我们要采取更加有效的办法、更加有力的措施，以更加扎实的作风切实加以解决。

二、2015 年工作安排

今年是全面完成“十二五”规划的收官之年，是全面深化改革的关键之年，是全面推进依法治国的开局之年，也是全面加快花溪文化旅游创新区建设的发力之年。在经济发展进入新常态背景下，我们既迎来省市支持花溪文化旅游创新区建设，周边交通条件改善、区域合作加强等新机遇，又面临经济新常态的“三期叠加”、开放竞争、创新争先、城市治理等新挑战，我们花溪作为贵阳举全市之力打造的文化旅游创新区，必须乘势而上、主动作为把花溪建设成为全市、全省乃至全国文化旅游创新发展的先行区、示范区。

今年政府工作的总体要求是：以邓小平理论、“三个代表”重要思想、科学发展观为指导，认真贯彻落实党的十八大、十八届三中、四中全会和习近平总书记系列重要讲话，中央经济工作会议精神，省委十一届五次全会、全省经济工作会议精神，市委九届四次全会，区委十届六次全会精神，在区委的坚强领导下，坚守生态和发展“两条底线”，把握主基调，实施主战略，以市委九届四次全会提出的“六大工程”和区委提出的“六大计划”为统揽，紧紧围绕建设文化旅游创新区和园区高端化、城区园林化、农村特色化、景区生态化的战略定位和发展目标，把转方式、调结构、保生态、促发展放到更加重要位置，提高经济增长质量和效益，全力打造花溪发展升级版。

全区经济社会发展的主要预期目标是：生产总值确保增长 14%，力争增长 15%。固定资产投资（按 50 万口径计算）确保增长 20%，力争增长 25%。规模以上工业增加值（500 万元口径）确保增长 15%、力争增长 16%（其中，花溪片区确保增长 13%、力争增长 14%；经开片区确保增长 15.5%，力争增长 16.5%）。社会消费品零售总额确保增长 13%，力争增长 14%。财政总收入确保增长 13%，力争增长 15%（其中，花溪片区确保增长 14%，力争增长 16%；经开片区确保增长 12%，力争增长 14%）；公共财政预算收入确保增长 14%，力争增长 16%（花溪片区、经开片区均确保增长 14%，力争增长 16%）。城镇常住居民人均可支配收入确保增长 10%，力争增长 11%；农村常住居民人均可支配收入确保增长 13%，力争增长 14%。招商引资实际到位资金确保增长 20%，力争增长 25%（花溪片区、经开片区均确保增长 20%，力争增长 25%）。旅游总收入确保增长 20%，力争增长 25%。居民消费价格指数控制在省调目标范围以内，综合能耗、主要污染物排放总量控制在市下达目标范围以内，空气质量优良率保持在 85% 以上。

各位代表，我们确定以上的目标，主要基于花溪仍处于机遇大于挑战的发展机遇期。从国家层面看，中央经济工作会议提出坚持以提高经济发展质量和效益为中心，把转方式调结构放到更加重要位置，国发2号文件将贵州建设文化旅游发展创新区纳入国家层面，我省文化旅游业发展必将迎来融合发展、转型发展、跨越发展的新机遇。从省市层面看，省委、省政府提出建设花溪文化旅游创新区，市委、市政府出台《关于支持花溪建设文化旅游创新区的意见》，明确了38条支持花溪文化旅游创新区建设的政策措施。从花溪区位看，贵安新区、双龙临空经济区等新兴城市的崛起以及贵广高铁的开通，贵阳轻轨、环城铁路等重大生产力的布局，已使花溪成为贵阳南部重要门户和枢纽。只要我们积极抓住文化旅游创新区建设的历史性机遇，全力应对各种挑战和困难，就有条件、有能力实现弯道超车，实现花溪经济社会又好又快的跨越发展。

2015年重点安排的惠民实事。花溪片区：(1) 实施花溪区老旧居民小区改造升级“三年千院”项目；(2) 完成花溪急救中心建设；(3) 在高坡、青岩、麦坪等乡镇新建、改造山塘、渠道、水池、泵站、拦水堰等五小农田水利设施；(4) 完成1个学前教育学校和1个城镇义务教育学校建设；(5) 完成印象路、花桐路两条东西向城市道路建设，新增开通花溪至小河10路公交车；(6) 完成2014年岩溶地区石漠化综合治理及巩固退耕还林成果专项资金建设项目；(7) 完成一批农村公益事业“一事一议”建设项目；(8) 完成花溪“平安在线”网络视频监控平台建设。经开片区：(1) 完成老旧居民小区改造升级“三年千院”行动计划项目；(2) 完成建设1000部视频摄像头和“智能视频”平台项目；(3) 完成3座公厕建设；(4) 新建3条道路建设工程，改造3条道路工程；(5) 完成3座人行天桥建设； (6) 解决两个小区供水难问题；(7) 完成两个休闲广场的改造建设； (8) 实施5处地质灾害隐患点的治理。

各位代表，围绕今年的目标任务，我们将坚持又好又快发展不犹豫，坚持开放创新不动摇，坚持为民务实不放松，打造“大花园”、建设“大溪流”，强化“一区四化”定位，按照区委提出“六大计划”的总体要求，重点抓好五个方面的工作。

（一）围绕“一区四化”目标，加速打造花溪发展升级版。“一区四化”既是打造花溪发展升级版的核心，也是解决花溪城市内部二元结构矛盾、城乡二元结构矛盾的路径和方向。我们要紧扣“一区四化”的战略目标，加快城乡统筹建设，不断提升城乡一体化发展水平。

一是加快规划园区建设，推进园区高端化。着力抓规划编制，根据新修编的《贵阳市花溪区总体规划》，完善花溪产业园规划和《中关村贵阳科技园——经开园区燕楼产业园布局暨燕楼集镇控制性详细规划》《孟关现代商贸物流园规划》等；完成《石板示范性小城镇控制性详细规划》的编制评审。着力抓基础设施建设，启动燕楼污水处理厂和花燕路的改造建设以及启动龙燕路2期建设、谷槐路延伸段等园区路网建设，力争实施燕楼园区二期标准化厂房、科技孵化中心、园区规划展示中心建设，逐步完善园区配套设施，加强承载能力，增强招商引企入园的吸引力。建设绿色生态、环境友好、科技创新型的产业园区。着力抓高端产业，以新型建材、机电装备制造、特色食品等为产业核心，支持尧柏水泥、贵阳三圣特种建材等产业发展，大力发展大数据、大健康、新医药等高端产业，积极承接中关村贵阳科技园经开区配套产业，加快推进园区向高端化方向发展。力争全年园区工业总产值突破80亿元，新入园规模以上企业15家。

二是加快提高城市品位，推进城区园林化。对中心城区和“两路六区域”严格控制城市建筑“红线”、生态保护“绿线”，加大对城区主干道、街路和小区庭院的植绿种绿。完成城区绿化建设43.5万平方米，新增城市绿地6万平方米，建成区人均绿地面积达16平方米。以花溪大道、甲秀南路沿线两侧和花溪湖建设为重点，以道路节点、公园、广场景观为亮点，加强绿化美化工作。启动创建国家园林城区工作，按照统一规划对街区配置相应风格的绿化，使绿化与街景成为有机统一整体，形成园在城中、城在园中的优良环境。大力开展生态文明“八进”活动和生态文明绿色社区创建，大力支持青年志愿者环境保护志愿公益活动，切实提高干部群众生态环保素质，确保全区80%的社区、85%的学校和50%的机关、家庭、医院、企业、村寨、小城镇、工业园区达到生态文明标准。

三是加快统筹农村发展，推进农村特色化。全面推进“美丽乡村”、特色民族文化村寨建设，重点建设青岩镇龙井、山王庙和石板镇镇山、高坡乡扰绕、黔陶乡小马场、马铃乡水车坝、久安乡牛昌坝等一批民族村寨。加强农村建筑风貌管控，做好传统村落和传统民居保护工作。实施以农村环境连片整治、农村面源污染治理、小流域生态综合治理等工程，整体上优化农村生态环境、美化农村田园景观。继续实施退耕还林、天然林保护、石漠化治理植被恢复等林业重点工程，完善生态公益林补偿机制，落实森林资源管护，森林覆盖率达45%。传承苗族“四月八”、布依族“六月六”等民俗文化活动，丰富和繁荣少数民族优秀传统文化。充分发挥民族民俗文化资源优势，大力发展与乡村旅游业相适应的现代都市农业、观光休闲农业，丰富现代乡村旅游业态，积极发展与市场需求相衔接的农业产业化经营，实现农民生活美、乡村生态美，农业生产效益不断提高。

四是加快提升景区水平，实现景区生态化。以创建国家5A级旅游景区为目标，打造南门文化旅游产业区，形成青岩古镇南北联动发展的重要纽带。串联现状山体、水系、田园、林地、道路、村庄，形成慢行系统网络，带动周边村寨发展旅游，形成山、水、城融为一体的高品位发展格局，实现第九届省旅发大会确定的景区提升目标。加强对孔学堂的绿化美化，对天河潭、湿地公园、花溪公园、黄金大道等旅游景区景点有计划地进行提升，突出山清水秀、天蓝地绿的自然风光，成为生态优良、景观优美的生态型园林式景区。力争2015年成功创建青岩古镇—十里河滩国家5A级旅游景区，为2017年创建国家级旅游度假区奠定基础。

（二）实施“七大工程”项目，加速建设文化旅游创新区。落实好《花溪建设文化旅游创新区三年行动计划》，是实现花溪文化旅游创新区建设目标的关键。我们要举全区之力加速推进“七大工程”项目，重点整治“两路六区域”，全面提升城市规划建设管理水平。

一是实施重点区域整治工程，塑造城市环境新形象。坚持“一个区域、一套班子、一支队伍、一个规划、一套机制”的工作机制，继续强力推进2014年启动的大寨区域、奶牛场片区、凤鸣商务中心区域、尖山区域、田园南路地块、董家堰（一、二组）、花溪山庄地块等区域整治项目建设。启动马路寨区域、大塘坡区域、赵家山区域、万达片区等区域整治项目14个，力争完成投资70亿元以上。围绕城市功能分区，加快“疏老城、建新城”建设，大力推进棚户区、城中村改造。

二是实施景观提升工程，创造城市特色景观新亮点。突出“花”的主题，以“六区域”整治为突破口，启动花溪大道、甲秀南路沿线和花溪迎宾馆区域、黄金大道、天河潭片区绿化提升项目。实施花溪区夜景亮丽工程。突出“溪”的主题，以青岩古镇区域水系景观规划建设为重点，围绕青岩玉带河北段、西门河串联古镇外围水系，打造古镇主要旅游线路水景观。在青岩古镇南门、北门配置水系景观湖。启动栗木水库建设，为青岩水景观用水提供保障。

三是实施生态环境保护工程，构建生态环境

新体系。继续大力实施“蓝天保护”“碧水保护”“绿地保护”计划，开展全区环境保护大检查和环境污染综合防治攻坚战，以治理PM2.5为重点，重点治理扬尘污染、道路空气污染、企业空气污染、焚烧污染、餐饮油烟污染，大力推广绿色交通，倡导低碳出行。启动建设花溪车站和加气站。划定花溪河水源保护红线，加强花溪河的水生态环境综合治理，提升花溪河“十里河滩明如镜”的水生态环境。实施花溪城区水体规划建设项目、碧云窝水厂扩建工程、红枫湖水库与花溪水库连通工程建设等生态环境保护项目。启动环卫服务外包及环卫产业发展项目、桐木岭垃圾二级转运站建设、生活垃圾中转体系建设和贵阳城发久安生态文化园、马铃乡沿河现代农业生态示范园建设等项目。

四是实施路网建设工程，形成文化旅游城市新交通。围绕文化旅游创新区的规划建设，加快推进孟溪路、花桐路、印象路、大职路、青岩龙井至燕楼道路、燕楼谷蒙至槐舟道路和贵安大道至南环线联络线项目建设。启动实施航天路、环城高速花溪互通立交、环城高速久安互通服务区、环城高速孟关服务区、环城高速孟关互通配套项目、大学城与花溪联络线等项目。完成花石线提等改造工程、“7+2”同心扶贫项目的高坡石门至高坡中学道路维修改造工程、马铃乡集镇道路“白改黑”项目，逐步形成城乡交通路网大循环、微循环。

五是实施文化旅游提升工程，构筑文旅融合新高地。突出“文化、古镇、湿地、山水”主题，编制完成《花溪文化旅游创新区旅游提升专项规划》，在实施孔学堂、十里河滩湿地公园和青岩古镇、天河潭创5A级旅游景区提升项目的同时，启动贵州花溪旅游集散中心、花溪文化体育运动休闲基地、风情小镇建设项目、高坡旅游基础设施配套建设项目等。建成周渔璜·周钟瑄文化交流中心，完成区委党校新建项目。完善旅游文化配套设施，促进文化与旅游融合发展。

六是实施立面整治工程，展示花溪地域特色新风貌。重点对“两路六区域”范围内需要逐步进行整体改造的区域集镇、村寨构筑物先进行立面整治，促进花溪在建筑风格上与贵安新区整体衔接、融合，提升城市整体形象。实施甲秀南路、花溪大道沿线、中心城区十字街、溪北社区上水老街、青岩镇龙井、石板镇天河潭周边、孟关区域及久安生态园区域等风貌提升项目，在花溪大道沿线、十里河滩湿地公园（孔学堂）突出汉唐风格，在青岩区域突出明清风格，在中心城区突出园林风格。

七是实施城市管理提升工程，提高长效管理新水平。在巩固扩大“创文”“创卫”成果的基础上，扎实推进“创模”工作。全年拆除50万平方米存量违章建筑，实现违法建筑“零增长”的管控目标。积极探索城市综合管理体系改革模式，引入北京环卫集团，实现环卫工作社会化管理。加强交通秩序管理，不断完善城市交通管理机制。加大市政配套设施设备投入力度，建立完善城市管理规范体系、运行流程。抓住贵阳市创建国家智慧城市试点的机遇，统筹推进智慧城管、智慧社区、智慧交通等示范应用，提升城市管理的常态化、精细化、智能化水平。

（三）抓好“四大产业”发展，加速构建重点产业新格局。产业是经济发展的驱动器。我们要主动适应经济发展新常态，把转方式、调结构放到更加重要位置，继续强力推进“5个100”工程，着力打造以文化旅游、现代服务业、大数据产业、现代都市农业四轮并进的花溪“经济动车”。

一是大力发展文化旅游业，打造文化旅游新业态。充分挖掘利用花溪独具特色的旅游文化资源，实现文化与旅游的有机融合，把文化旅游资源优势转变为经济发展优势，把“人气”变为“财气”。以实施文化旅游提升工程为载体，充分挖掘各旅游景区的文化内涵，丰富旅游文化业态。建成青岩前街古建筑街区、文化旅游科技创意街区、凡·状元别院精品商务酒店等，力争建成五星级酒店1－2家，引进2－5家优秀文化旅游企业。以“花溪之夏”艺术节为载体，整合区域内历史文化、民族文化、高校文化等资源，着力文化产品开发、市场销售和产业培育。实现旅游总收入、旅游接待总人数增长20%以上，文化产业增加值占服务业增加值的比重达5%以上。

二是大力发展现代服务业，打造新兴经济增长极。依托十里河滩—孔学堂旅游人文资源，规划布局旅游电子商务、移动金融、康体养老、文化养生、休闲避暑、会展商务等产业业态，打造花溪大道商业经济走廊。衔接贵安新区发展，结合大学城消费和大学生就业、创业发展，打造溪南新区现代商圈。在新区以南规划建设集金融贸易、楼宇经济、总部经济、高端精品商业、信息产业等业态为一体的文化旅游核心商圈。加速打造孟关汽车文化旅游消费带，加快推进“无水港”、贵阳传化智能公路港等重点项目建设，把孟关现代商贸物流园打造成集现代物流、汽车交易、电子商务、金融服务等多功能于一体的国际商贸物流园。围绕“两路六区域”的整治提升改造，有序布局现代服务产业及商业设施。力争全年社会消费品零售总额突破200亿元。

三是大力发展大数据产业，打造新型工业化集群。重点建设“大数据软件与服务产业园”“智慧旅游产业园”等大数据产业基地和政务、在线教育等云数据中心，形成“2＋2＋N”的大数据产业发展格局。鼓励电子信息企业加快技术改造，引进先进技术和先进装备，加快提升生产工艺和装备水平。依托已搬迁的花溪大道汽车走廊，实施业态调整，建设约30万平方米的大数据产业基地。聚集资源要素，逐步发展云计算产业、数据挖掘、分析应用，形成大数据产业集群。积极培养和引进应用型和复合型的电子信息技术人才，为大数据产业发展提供人才支撑和智力保障。力争大数据产业规模达到10亿元。

四是大力发展观光型农业，打造现代农业新品牌。以高效农业园区、“美丽乡村·幸福家园”建设为载体，着力打造“一圈、两带、多园多村”的特色农业文化旅游构架。发展以特色农家美食与生态景观农业为依托的休闲观光农业，以旅游观光、农事体验、休闲娱乐、文化传承为主题的休闲农业产业，重点建设久安古茶生态观光园、青岩龙井农业科普示范园、黔陶老榜河休闲园和马场香葱种植体验园、高坡田园观光摄影基地、马铃乡谷中冷水鱼观光园等农业生态园。力争建成一条展示农耕文化、田园风光的特色农业生态观光游览线。积极培育引进一批特色农产品加工龙头企业，产业化经营带动农民发展生产、增加收入。现代农业增加值增长13%，占一产增加值比重30%以上。

（四）实施“创新驱动”战略，加速形成转型发展新动力。经济发展进入新常态，资源环境约束趋紧，传统比较优势减弱。我们要实现花溪文化旅游创新区建设的战略目标，只能依靠改革推动、开放带动、创新驱动。这是我们必须始终坚持的关键一招。

一是着力平台创新。坚持以花溪文化旅游创新区建设为统揽，深化花溪区与经开区融合发展；积极主动加强与贵安新区、双龙临空经济区互联互通、优势互补、资源共享，统筹区域规划建设，加速区域协同发展，着力打造开放型经济“新载体”。不断拓展发展空间，提升城市品位，加快推动产业转型升级，努力把花溪打造成为贵阳经济加速发展“新引擎”、全省文化旅游创新区建设“新高地”。实施“校地联动”，充分利用贵州大学贵阳创新驱动发展战略研究院、花溪大学城科技人才资源优势，积极构建“智力平台”。依托孟关国际汽贸城、汽车用品装饰城等，力争举办贵阳国家汽车文化节暨汽配装饰博览会等1－2个中小型会展，加快促进会展经济发展。

二是着力机制创新。加快完善花溪文化旅游创新区建设指挥部工作机制、工作流程、工作制度，建立重大项目储备、推进、建设的滚动开发机制，编制重点项目推进时序表，规范项目前期手续办理程序，保障项目建设推进速度。加强项目统筹，建成一批、推进一批、储备一批，形成项目推进梯次规模。积极探索政府与社会资本合作（PPP）模式，通过特许经营、政府购买服务等方式拉动社会投资。建立完善考核激励机制，把每一项政策措施落实责任到单位、分解到个人，明确完成时限。大力支持企业科技创新，促进企业科技成果转化，实施创新型企业培育工程，力争申报市级工程技术研究中心5家、高新技术企业3家。

三是着力招商引智。围绕北京·贵阳创新驱动区域合作系列活动，做好活动中接洽企业、专家、人才等回访联系工作。拓展人才、智力、项目引进渠道，建立投资人信息网，发挥现有企业的招商潜力，鼓励和引导企业以优质产业和优势项目对外招商。围绕现代高端服务业、大数据、高效生态农业、电子信息等优势产业，开展"小分队、点对点、以商招商"等招商引资活动，重点向长三角、珠三角和北京中关村科技园等沿海发达地区、外资企业聚集地区，大力推介花溪区投资环境，吸引外来投资。力争引进投资额1000万元以上的项目20个，实际利用外资力争突破9000万美元，省外实际到位资金增长20%，总量突破162亿元，其中产业项目占50%以上。

四是着力深化改革。改革是推动发展的制胜法宝。我们要抓紧制定公布政府"权力清单""负面清单""责任清单"，统筹抓好"接、放、管"工作，全力打通"中梗阻"和"最后一公里"。全面落实国家财税体制改革总体方案，严格执行新《预算法》，构建跨年度预算平衡机制，完善预算管理制度。全面推进"营改增"，完善地方税收征管体系。逐步推进农房规划建设审批权限依法委托到乡镇实施。积极稳妥推进乡镇卫生计生系统机构改革，完成公务用车制度改革，落实好城乡建设、生态建设、民生保障等各个领域的改革工作。

（五）破解"民生十困"难题，加速提升市民群众幸福感。保障和改善社会民生是政府一切工作的出发点和落脚点。我们必须把民生放在更加突出的位置，时刻把民生放在心上、抓在手上，重点围绕破解"民生十困"，扎实办好"民生实事"，加大投入，强化措施，切实提高群众生活幸福指数。

一是更加重视教育事业，促进教育均衡发展。按照"广覆盖、保基本"的原则，继续实施学前教育三年提升行动，加大公益性幼儿园建设，新建改扩建4所公办幼儿园，认定6所普惠性民办幼儿园，完成小区配套幼儿园的清理整顿工作。继续推进"中心校—村级学校分层同步管理"改革试验工作，发挥优质学校办学示范辐射作用，建立完善城区优质学校与边远学校资源共享互动机制，促进义务教育均衡发展。农村小学寄宿率达30%，初中寄宿率达70%。加大开放办学合作力度，总结和提升与北京优质学校合作办学机制及成果。加快推进清华中学小孟分校建设。继续推进"9+3"教育行动计划。学前教育三年毛入园率达88%，义务教育巩固率达95%，高中阶段毛入学率达90%，力争基本普及十五年教育。

二是更加重视医疗卫生，解决看病难看病贵。统筹推进医疗保障、医疗服务、公共卫生等综合改革，巩固和完善新型农村合作医疗制度，加快健全重特大疾病医疗保险和救助制度，切实发挥助困兜底作用。加大全科医生队伍建设力度，力争每个乡镇卫生院有1名全科医生。强化公共卫生服务能力建设，提高基本公共卫生服务均等化水平。建立社区卫生信息网络，以居委会为单位，家庭及个人档案建档率和管理率达95%以上。完成黔江社区卫生服务中心、燕楼卫生院建设。实施国家妇幼健康优质服务示范工程。进一步落实好一方是独生子女夫妇可生育两个孩子政策。深化计生“三结合”帮扶，使广大计生家庭得到更多的关爱和帮助。

三是更加重视劳动就业，提高就业收入水平。进一步优化大众创业、基层就业和社会保障公共服务平台，促进高校毕业生、城乡适龄青年、就业困难群体实现充分就业。落实“3个20万”延伸行动计划等创业扶持政策，促进创业带动就业，建设创业孵化园示范基地1个。以高校毕业生、返乡农民工、退役军人、城镇失业人员和被征地农民为重点，抓好技能培训和就业扶持工作，提高劳动技能，增加就业收入，力争在民族乡至少创建1个培训基地。继续做好统筹城乡就业，重点做好辖区企业招工服务，扩大城镇新增就业，力争完成新增就业1.96万人，农村劳动力转移就业2986人，新增创业实体4431户，城镇登记失业率控制在4%以内，保持“零就业家庭动态”为零。

四是更加重视社会民生，完善社会保障体系。继续推进社会保障扩面提标，城乡最低生活保障标准提高10%以上。完善重点优抚对象医疗救助保障体系，推进城乡养老事业发展，每千名老年人拥有养老床位数达到30张以上，城镇职工基本养老保险达到8.79万人，城乡居民基本养老保险达8.17万人。开展农村“便民利民服务站”试点工作。推进农产品“保供稳价”体系建设，优化农产品批发市场和流通网点布局。关注农民特殊原因返贫问题，对征地涉及的拆迁农民住房进行优先安置，优先落实各项保障政策。

五是更加重视文体事业，促进文化繁荣发展。充分利用孔学堂、花溪大学城和高校文化资源优势，大力弘扬“知行合一、协力争先”的贵阳城市精神。加强文化广场、电影院、科技馆、博物馆等文化设施建设。充分发挥乡镇综合文化站、农家书屋作用，加大村级农体工程建设力度，创建国家公共文化服务示范区。深入开展“三下乡”、电影“五进”“文化服务流动大篷车”等群众性文化活动，满足市民群众多样化文化需求。加大“扫黄打非”力度，加强文化市场监管。全力承办好贵阳国际马拉松重大赛事。

六是更加重视平安创建，维护社会和谐稳定。深入开展“两严一降”，以降发案为抓手，加强重点地区排查整治，促进辖区群众安全感的提升，实现辖区刑事发案下降。进一步提高“两严一降”工作知晓率、满意度，力争在全市排位中靠前。巩固提升“以房管人”“以证管人”“以业管人”的流动人口管理服务工作水平。充分发挥村（居）委会在群防群治中的主导作用，实施网格化管理，加强硬件投入和软件建设，筑牢“网底”。深入开展“向毒品说‘不’，打一场禁毒的人民战争”攻坚战，巩固（创建）“无毒害”工作。加强安全生产和应急管理，维护社会和谐稳定健康发展。抓好国防、双拥、统计、档案、科普、慈善、保密、消防、气象等工作，支持工会、共青团、妇联等群团组织开展工作。

三、坚持依法行政，全面推进政府自身建设

进一步巩固和拓展党的群众路线教育实践活动成果，紧紧围绕依法治区，深入推进依法行政，大力推动“法治花溪”建设，积极营造法治社会新风尚，努力建设组织放心信任、人民满意信赖的政府。

一是牢固树立依法行政理念，建设法治政府。我们要增强法治为民的意识，自觉运用法治思维和法治方式忠实履行宪法和法律赋予的职责，把政府工作全面纳入法制轨道。要对法律怀有敬畏之心，牢记法律红线不可逾越、法律底线不可触碰，带头遵守法律、带头依法办事。坚持“法定职责必须为、法无授权不可为”的原则，推进政府机构、职能、权限、程序、责任法定化，进一步完善政府重大事项科学决策机制，坚持政府法律顾问制度、决策跟踪反馈和纠错问责制度。自觉接受人大法律监督、政协民主监督、群众社会监督和新闻舆论监督，加强财政、审计、监察等政府内部监督，确保行政权力在阳光下运行。加强民生特派组监督工作，确保惠民政策落实到位。严格执行政府预决算制度，进一步完善政务公开制度，深化细化预算决算公开，提高政府工作的透明度、公信力。

二是切实提高为民服务能力，建设服务政府。只有牢固树立全心全意为人民服务的宗旨意识，才能自觉提高为民服务的能力，严守党的政治纪律和政治规矩。我们要严格执行中央八项规定、省委十项规定和市委 29 条实施细则，按照“抓常、抓细、抓长”的要求，深入推进作风建设常态化。面对省市支持花溪建设文化旅游创新区的历史性机遇，要以只争朝夕、时不我待的拼搏精神，求真务实，脚踏实地，敢于担当，把心思放在务实上，把精力花在落实上，紧盯目标、紧盯政策、紧盯项目，一件一件抓落实，用事实说话，靠作风吃饭，用我们的辛苦指数换取人民群众的幸福指数。

三是坚持廉洁自律履职底线，建设廉洁政府。党风廉政建设和反腐败斗争永远在路上。我们要全面落实廉政建设责任制，认真执行廉政建设各项规定，实行领导干部述职述廉制度，健全重大事项报告制度、质询制度和民主评议制度，从严治政，严管队伍，坚持对腐败现象零容忍。加强廉政风险防控和预防腐败体系建设，加强政府制度建设，着力从源头上防治腐败。坚持纠正“四风”和树立新风并举，厉行勤俭节约，反对铺张浪费，继续压缩和公开“三公”经费。严肃查处各类违法违纪案件，坚决纠正损害群众利益的不正之风，促进干部清正、政府清廉、政治清明，以廉洁的政府形象取信于民，营造风清气正的良好政治生态环境。

各位代表，把握新机遇，肩负新重任！花溪建设“一区四化”的号角已经吹响！让我们紧密团结在以习近平同志为总书记的党中央周围，在省委、省政府和市委、市政府及区委的坚强领导下，团结依靠全区各族人民，振奋精神，团结一心，攻坚克难，为把花溪建设成为经济实力较强、生态优势凸显、文化事业繁荣、旅游产业发达、城乡环境优美、人民生活殷实的文化旅游创新区而努力奋斗！

花溪区人大常委会工作报告

在花溪区第十六届人民代表大会第五次会议上

（2015 年 2 月 12 日）

花溪区人大常委会主任　任渝生

各位代表：

我受区人大常委会的委托，向大会报告工作，请予审议，并请列席会议的同志提出意见。

过去一年的工作回顾

过去的一年，在区委的领导下，在市人大常委会的指导下，在区“一府两院”的密切配合下，花溪区人大常委会认真贯彻落实党的十八届三中、四中全会精神和习近平总书记系列重要讲话精神，紧扣“经济发展与生态改善‘双赢’”目标，围绕区委十届五次全会提出的总目标、总战略和总体工作部署以及“一府两院”的工作重点，认真履行法律赋予的职责，较好地完成了全年的各项工作任务，为全区经济社会又好又快发展、为全区民生的改善与提高作出了应有的贡献。

一年来，区委对人大工作给予了高度重视，加强了对人大工作的领导，先后组织召开了庆祝全国人民代表大会成立 60 周年座谈会、全区人大工作会议，区委书记钟汰甬同志分别作了重要讲话，对人大工作提出了新要求、新任务。对人大代表、人大工作者给予了充分的信任和关心。

一年来，我们共召开常委会会议 10 次、主任会议 18 次，听取和审议“一府两院”专项工作报告 18 个，开展专题视察 12 次，通过相关制度 4 个，形成决议 7 个。

一、突出重点，注重实效，着力做好监督工作

围绕区委总体工作部署，把监督重点放在经济发展、生态保护、民生改善和社会稳定等重大问题上，综合运用多种监督方式，着力助推全区科学发展、和谐发展、跨越发展。

紧扣发展主题，强化经济工作监督。区人大常委会围绕区委“六大战略”的实施，听取和审议了有关工作报告：一是区人民政府关于 2013 年区本级综合财政决算报告；二是 2013 年度区本级综合财政预算执行情况和其他财政收支情况的审计工作报告；三是 2014 年上半年国民经济和社会发展计划执行情况的报告；四是 2014 年上半年区本级综合财政预算执行情况的报告；五是 2014 年 1 至 10 月预算执行情况和区本级综合财政预算调整草案的报告，审查并批准了区本级综合财政预算调整草案报告。针对上述各项报告，我们分别向区人民政府提出了：要重视和加快引进高新技术企业，注重可持续发展和增加就

业；科学分配财政支出，提高资金使用效率，缓解财政困难等建议。特别要向全体代表报告的是：常委会还听取了本届人大一次会议以来区人民政府提请人大常委会审议通过的贷款资金到位、使用及归还情况的报告，由此向区人民政府提出了优化使用贷款资金，合理安排还款计划等建议。

聚焦社会热点，强化民生工作监督。常委会密切关注民生，始终把人民群众关注的执点、难点问题作为监督的重点，切实维护人民群众的根本利益。一是听取了区人民政府关于劳动就业及就业培训“9+3”工作情况的报告、社会保障和养老保险工作情况报告、全面建成小康社会工作情况的报告。由此向区人民政府建议进一步加大《中华人民共和国就业促进法》的宣传力度，增强技能培训的针对性，完善促进就业配套措施等。二是组织常委会组成人员实地视察了5个“美丽乡村，幸福家园”村寨建设情况；久安乡省级高效茶叶农业园、黔陶乡市级高效蔬菜农业园建设情况和区人民政府“八件实事”办理情况。三是以主任会议的形式视察了溪南高中（北京161中学花溪分校）后续建设和我区农村寄宿制中小学建设情况，倾听了农村基层教育工作者及老师们的心声。由此向区人民政府建议要将重视变为行动，将行动变为成果，将成果变为农村教师爱岗敬业的积极性，务实地落实区委、区政府的既定教育工作目标。四是常委会本着“承担经济社会发展中心任务较多、承办人大代表批评建议较多、与群众生产生活息息相关的部门”的原则，组织开展了对区交通运输局、区民政局的工作评议。通过开展工作评议，使被评议部门对为人民服务的根本职责有了更明确的认知，依法履职、严格执法的意识更趋牢固，为人民办实事、办好事的主动性更加浓烈。由于我们客观、公正和真诚，使被评议部门对人大的监督给予了积极地配合和认真的对待，对人大提出的问题，两个部门都及时进行了整改和实事求是的回应。在随后的常委会投票表决中，对这两个部门都给予“优秀”的评价。

关注社会和谐，强化法治工作监督。区人大常委会把维护社会和谐稳定作为重要职责，不断加大对政府依法行政、严格执法和“两院”公正司法的工作监督，着力促进社会和谐发展。一是突出依法行政，杜绝“乱作为”的问题；突出严格执法，解决“不作为”的问题。为此，听取了区人民政府贯彻执行《中华人民共和国禁毒法》《贵州省禁毒条例》《中华人民共和国义务教育法》情况的报告，建议政府不断增强依法行政的自觉性和严格执法的责任感，努力建设法治政府。二是突出公正司法。听取区法院执行工作、区检察院查办和预防职务犯罪等工作情况的汇报。提出要完善执行工作长效机制，务实解决执行难问题；要充分发挥预防职能作用，做到防线前移，警钟常鸣。保持惩治腐败的高压态势等意见建议。同时，常委会对我区“两院”被上级部门列为全省司法改革试点单位给予积极的支持和配合。三是关注社会和谐。我们对“两严一降”和“阳光家园”建设给予高度关注，深入群众、深入基层，听取呼声，收集建议，提出了加大面上布控、提高见警率的建议；视察了“阳光就业家园燕楼基地”，对我区的禁毒工作给予了充分认可，建议继续探索、创新、再获新成果。四是积极化解矛盾。常委会主任、副主任按照区委的要求积极参加“大接访”活动，认真倾听群众的诉求，为群众排忧解难；党的十八届四中全会期间，一位副主任还担任了花溪驻京工作组组长，妥善处理了有关事宜，得到了区委的肯定和表扬。五是维护民族团结。常委会深入高坡、青岩等地视察了我区民族宗教工作，通过听汇报、实地看，对区人民政府依法维护少数民族、宗教界人士和信教群众合法权益等民族宗教工作给予了肯定。建议区人民政府再接再厉，将民族宗教工作融入到全区的大局中去，为发展服务。

紧盯生态建设，强化“创模”工作监督。常委会按照坚守“两条底线”的要求，一是积极开展《贵阳市建设生态文明城市条例》宣传活动，大力营造建设生态文明城市氛围。二是实地查看了花溪医院污水处理站、青岩污水处理厂建设工地、黔陶赵司河河段治理工程建设的情况。三是听取和审议了区人民政府关于《我区创建国家环境保护模范城市工作情况报告》。四是为推进旅发大会的筹备工作，我们先后4次组织常委会组成人员、小河片区区人大代表、市人大代表花溪代表组等分阶段对青岩古镇提升改造及省旅发大会相关筹备工作进行视察，为筹备工作鼓与呼。五是分别到孟关、麦坪、久安等乡实地检查了区人民政府执行《花溪区人大常委会关于进一步加强森林资源管护严格控制砍伐火烧迹地林木的决定》的情况，向区人民政府提出了加强森林资源管护，认真核实我区森林覆盖率等建议。六是对全区广大市民关注的养牛大沟、洛平大沟水质变劣的情况进行多次询问和巡查。目前，政府正在对两条大沟出现的问题进行积极的整改。我们将持续关注。

二、支持政府，不负信任，及时作出重要决定

常委会坚持重大事项集体研究、集体决定的原则，认真履行宪法和法律赋予的职权。紧紧围绕事关全区改革发展稳定的重大事项、主要任务及具有全局性、根本性、普遍性、人民群众普遍关心的重大问题，及时决定重大事项。

一是为支持全区经济发展，常委会听取和审议了《区人民政府关于南环地产公司延期贵阳银行花溪支行1.6亿元国宾大道贷款列入区本级综合财政预算的报告》，并表决通过了关于批准该报告的决议。二是大力助推文化旅游创新区建设，听取和审议了《区人民政府关于提请审议将花溪文化旅游创新区项目建设贷款和融资列入区本级综合财政预算归还的报告》，并表决通过了关于批准该报告的决议。

三、彰显神圣，弘扬法治，依法行使任免职权

我们始终坚持党的领导，人民当家作主和依法办事的有机统一；坚持党管干部的原则；坚持服从并接受党的领导，尊重人民的意愿，严格按法定程序办事；坚持拟任命人员任前法律知识考试和陈述供职报告制度；坚持在颁发任命证书的同时，赠阅《中华人民共和国宪法》和《监督法》，促使被任命人员增强法治意识、民本意识和自觉接受监督的意识，让被任命人员切身感受到法治的神圣、法治的庄严。一年来，常委会依法任免国家机关工作人员90人，成功补选3名贵阳市十三届人大代表。

四、夯实基础，搭建平台，充分发挥代表作用

区人大常委会根据新形势、新任务的要求，不断改进和加强同代表的联系，努力为代表履职创造条件，不断丰富代表活动形式，加强对代表的管理和督促，充分发挥代表的桥梁纽带作用，使代表工作更加富有成效。

加强学习培训，提高代表综合素质。常委会坚持代表培训不放松，通过专题讲座、集中培训、以会代训、边活动边学习等方式抓好人大代表的培训工作。除了组织人大代表、人大工作者参加省、市人大举办的专题培训班外，2014年我们根据履职需要共举办了2期区人大代表专题培训班，培训代表132人。另外，应乡（镇）人大的要求，我们还首次举办了一期乡（镇）人大代表培训班，培训代表101人，这一创新得到了乡（镇）人大代表的热烈欢迎和充分肯定。

发挥代表作用，拓宽代表履职渠道。一是常委会表决通过了《花溪区人民代表大会代表联系选民制度》《花溪区人民代表大会常务委员会组成人员联系代表制度》，从制度上规范了常委会

组成人员与代表之间、代表与选民之间的联系。二是邀请代表列席区人大常委会，做到上情下达，下情上达，较好地发挥了代表的桥梁纽带作用。三是制作区人大代表公示栏，将人大代表基本信息、联系方式等公布于众，方便群众求诉不难，民意渠道畅通不阻。四是我们组织编写了9名省、市、区优秀代表的履职风采，加强对人大代表履职宣传，促进代表积极履职。

强化代表管理，增强代表履职责任。一是常委会表决通过了《花溪区人民代表大会代表向选民述职制度》，并在马铃乡、黔陶乡、明珠社区、兴隆社区开展了区人大代表向选区选民述职试点工作，这在花溪区是首次。通过述职、问答、测评等环节，“人民选我当代表，我当代表为人民”的理念得到宣扬，代表主动联系选民，为选民服务，自觉接受选民监督的意识明显增强。二是认真落实《花溪区第十六届人大代表履职考核办法》。三是常委会结合实际修订了《花溪区人民代表大会常务委员会关于区人大代表辞职的规定》，努力探索人大代表退出机制，使代表履职既有动力、又有压力，使命感和责任心得到增强。

加强建议督办，激发代表履职热情。区十六届人大四次会议期间，共收到人大代表建议、批评和意见120件。大会闭幕后，我们及时将代表建议、批评和意见分类整理，与政府召开交办会，明确了承办单位、督促单位和督办责任人，并筛选出常委会督办件4件，主任督办件16件，工委主任督办件14件。截至目前，建议已全部办理答复完毕，办复率100%。其中，非常满意的16件，占办理总数的13.5%；满意的95件，占办理总数的79.1%；基本满意、较满意的7件，占办理总数的5.8%；不满意2件（第11号《关于解决石板镇天河潭景区与周边土地纠纷的建议》、第117号《关于有条件接受贵安新区农村子女到花溪区的初、高中入学的建议》），占办理总数的1.6%，满意率为98%。为拓宽民意渠道，我们新制定了《花溪区第十六届人大代表闭会期间建议、批评和意见转办工作的规定》，使群众的意愿、呼声、代表的批评、意见和建议随时都能畅通地送达政府，加强了政府与群众的联系。

五、围绕中心，积极作为，全力助推科学发展

区人大常委会在重点项目建设、违法建筑巡查、“碧水蓝天”行动、专题调研等工作中，求真务实、积极作为，有效推动了相关工作顺利开展。

在重点项目建设方面：按区委的安排，常委会各位副主任分别参加了孟溪大道、田园南路、市域快铁、中缅油气管道建设；贵安新区骨干路网征地拆迁（花溪境内）；大学城周边区域整治；贵阳中医学院花溪分院建设征地；花溪十里河滩提升改造二、三期建设；洛平新城后续征地拆迁；董家堰一、二组区域整治；孟关两港一中心、汽贸城二期建设；青岩古镇提升改造后续工程等项目，各位副主任在做好人大工作的同时，也将智慧和力量奉献给了花溪重点项目建设，也将汗水洒在了文化旅游创新区建设的工地上。

在违法建筑巡查方面：区人大机关组成四个巡查组，分别对区委安排的燕楼、马铃等乡镇、社区进行巡查，并将巡查情况及时反馈乡镇、社区，为有效遏制违法建筑的出现尽了一份力。我们还向全区人大代表发出了不参与违法建筑的倡议书。

在“蓝天碧水”行动方面：区人大常委会组织部分区人大代表，定期对花溪河、小黄河、辖区内重点企业进行巡查，将巡查情况反馈区生态局，有力助推了生态文明示范区的建设。

在专题调研工作方面：按照钟汰甬书记对人大工作的要求，区人大组成了4个调研小组，分别对我区文化提升、旅游发展、城市管理、城区

居民燃烧原煤取暖情况等进行调研，目前已制定了调研工作方案和调研提纲，力争在今年3月，提出比较系统、有积极意义和参考价值的调研成果，为区委和政府决策当好参谋助手。

六、加强学习，改进作风，不断提高履职水平

区人大常委会主动适应新形势、新任务的要求，坚持把加强自身建设作为一项重要任务来抓，按照"为民、务实、清廉"的要求，以建设与时俱进的学习型、促进发展的服务型、依法行权的效能型、以人为本的和谐型机关为目标，认真开展党的群众路线教育实践活动，切实提高依法履职的能力和水平。

聚焦"四风"问题，推进机关作风建设。在区委的统一部署下，在市委第五督导组的具体指导帮助下，按照"照镜子、正衣冠、洗洗澡、治治病"的总要求，围绕"为民、务实、清廉"的主题，聚焦"四风"突出问题，紧密联系工作实际，扎扎实实开展群众路线教育实践活动。我们通过"坐下谈、上门听、面对面"全方位征求意见，深刻查摆，以揭短亮丑、刮骨疗伤的勇气召开专题民主生活会，提出了14项整改落实措施，内容涉及服务态度、服务方法、服务效率等，确保整改成效"不空""不偏""不虚"。通过开展群众路线教育实践活动，区人大机关干部的"四风"问题得到明显解决，为民、务实、清廉已日渐成风，依法履职能力明显提升。

创新学习方式，推进素质能力建设。区人大常委会始终把学习放在重要位置，在学习方式上，采取常委会主任、副主任及机关委室主任轮流导读的方式。在学习内容上，一是学习党的十八大、十八届三中、四中全会精神和习近平总书记系列重要讲话精神、学习省委、市委及区委的重要文件精神，以明确方向。二是学习宪法、代表法、监督法等法律法规，熟知人大工作程序，以增强履职能力。通过学习，人大常委会及机关干部始终与党中央保持高度一致，与区委同频共振，做到了方向不偏、道路不岔，还能用新的理论、新的思想谋划人大工作，有效促进了人大工作的开展。

完善制度体系，推进履职机制建设。为进一步增强各项工作制度的科学性、实用性和实效性，在党的群众路线教育实践活动建章立制环节，我们修订和完善了8项制度，新制定了《花溪区人大代表列席常委会会议、参加常委会视察检查活动制度》《花溪区第十六届人大代表闭会期间建议、批评和意见转办工作规定》《花溪区人大常委会办公室接待工作制度》《花溪区人大机关干部职工出差管理规定》等4项制度，内容涉及加强班子建设、强化为人民服务、严格制度规范等方面，逐步形成科学、规范、高效的工作运行机制，为区人大常委会依法履行职责提供了切实可行的保障。

强化工委职能，推进机关各项工作。区人大各工作委员会紧紧围绕区人大及其常委会的中心任务，发挥实践经验丰富，社会阅历较长，工作关系广泛，区情知晓丰厚的特点，结合岗位职责积极开展调查研究，细心拟订工作方案，认真审议相关报告，真诚建言献策，相互支持补位，主动与有关方面沟通协调，在增强监督实效、发挥代表作用、开展对外交往等方面做了大量有实际意义的工作。

各位代表，回顾过去的一年，我们真切地感受到：区人大常委会的工作能够取得一定成绩，主要得益于区委的正确领导和对人大工作的高度重视，得益于"一府两院"和广大人民群众的大力支持，得益于全体人大代表和人大工作者的共同努力。在此，我代表区人大常委会向所有关心、支持、帮助人大工作的同志们、朋友们，表示崇高的敬意和衷心的感谢！

回顾过去的一年，我们清醒地认识到：区人大常委会的工作与宪法和法律赋予的职责相比，

与党和人民群众的期望相比，还存在差距，主要是：面对新形势，在探索人大工作的新路子、新方法上做得仍然不够；闭会期间发挥代表作用的途径和方式尚需进一步探索等等。这些都需要在今后工作中不断加以探索、改进和完善。

回顾过去的一年，我们深刻的体会到：只有自觉依靠和坚持党的领导，人大工作才能始终保持正确的方向；只有把服务全区工作大局、助推经济社会发展作为工作重点，人大才能有所作为；只有密切联系代表，依靠代表，以代表为主体积极开展活动，人大工作才能真正体现人民群众根本利益；只有坚持与时俱进，勇于开拓创新，人大工作才能不断完善，不断向前发展。

2015 年的工作任务

各位代表，省委、省政府，市委、市政府高度重视花溪的发展，市委、市政府出台了关于支持花溪创建文化旅游创新区的意见，我们将按照区委的要求，抢抓机遇，攻坚克难，扎实工作，主动适应新常态，奋力开创花溪人大工作新局面。今年区人大常委会工作总的指导思想是：认真学习贯彻落实党的十八届四中全会、省委十一届五次全会、市委九届四次全会及区委十届六次全会精神，在区委的坚强领导下，以“一区四化”为主线，以区委提出的“六大计划”为重点，按照人大的职责，在全面推进依法治区、有效履行监督职能、提高代表履职能力、加强机关自身建设上迈出新步伐，为加快文化旅游创新区的建设积极作为。

一、更加注重服务大局，努力在助推“一区四化”上体现新作为

紧紧围绕经济建设这个中心，严守两条底线，突出工作重点，充分发挥决策保障、监督促进作用，力求在服务中心、促进发展和保护生态上作出新的贡献。一要按照区委的总体部署，及时决定重大事项。不因人大工作的迟缓而影响大局、影响发展。二要继续支持常委会副主任参与重点工程、重点项目建设。三要认真监督和支持区人民政府抓好区委十届六次全会精神的落实。四要着重关注经济运行质量和重大项目建设的进展；关注财政计划和预算执行情况、加强对计划和预算的审查监督。五要重视改善民生，加大对“用水难、就业难、上学难和上好学难、看病难、养老难、治安差、住房难、出行难、买菜难、公共活动空间少”等“十困”民生问题的监督、检查，有计划地听取专项工作汇报，提出建议意见。六要加大对环境保护的监督。除了积极参加“碧水蓝天行动”外，还要适时关注区人民政府在“治水”“治气”“控污”“增绿”等环境保护方面的工作，通过视察、调研、听取专项工作报告等形式，助推“创模”工作。

二、更加注重监督实效，努力在促进依法治区上取得新成效

党的十八届四中全会作出了全面推进依法治国的重要决定。面对新形势、新任务，区人大常委要适应新常态、探索新机制、开创新局面。一要依法履职，率先垂范。在决定重大事项、进行人事任免、开展监督工作时都必须于法有据，依法办事。二要大力开展法治宣传，增强广大干部群众的法律意识。三要加强对依法行政、严格执法工作的监督，进一步提高行政人员依法决策、依法行政水平。四要听取审议“两院”工作报告，促进司法公正，维护公平正义；继续关注和支持“两院”司法体制改革试点工作。五要正确处理好与“一府两院”的关系，坚持监督与支持的辩证统一，在区委的领导下，与“一府两院”同频共振，同向而行。少些批评，多些提醒；少些指责，多些建议；少些埋怨，多些鼓励。坚决做到“尽职不越位，决定不指挥，监督不代替”，尽力推进政府依法行政，严格执法，“两院”公正司法。

三、更加注重履职保障，努力在发挥代表作用上探索新方式

人大代表是人大工作的主体，是国家权力机关联系人民群众的桥梁和纽带。一要加强代表的学习、培训，拓宽代表的视野，提升代表履职能力。二要为代表搭建履职平台，组织开展好闭会期间的代表组活动，把闭会期间服务代表的工作做细做实，让代表知政知情。三要做好代表议案建议办理工作，加强议案和重点建议协调和督办。四要加强人大代表与人民群众的联系。继续组织实施好《花溪区人大常委会组成人员联系代表制度》《花溪区第十六届人大代表向选民述职制度》《花溪区人大代表联系选民制度》《花溪区人大代表列席常委会会议、参加常委会视察检查活动制度》。五要积极探索政府有关部门向全体代表报告代表批评建议和意见办理情况等工作机制，切实通过代表问政于民、问需于民、问计于民。

四、更加注重能力建设，努力在加强自身建设上实现新提高

党的群众路线教育实践活动永远在路上，我们要按照建设学习型、服务型、效能型、创新型、和谐型机关的要求，大力加强思想、组织、作风和制度建设，不断提高机关服务水平和履职能力。一要加强思想政治建设，深入学习习近平总书记系列讲话精神和党的十八大、十八届三中、四中全会及省市区有关会议精神，确保党的路线方针政策及省委、市委、区委重大决策部署在人大工作中得到全面落实。二要加强作风建设，认真落实中央和省委关于改进工作作风、密切联系群众的各项规定，把党的群众路线教育实践活动深入持久地开展下去，始终保持永远在路上的奋进状态，树立地方国家权力机关的良好形象。三要加强组织建设，进一步优化区人大常委会、办公室、各工作委会组成人员的知识和年龄结构，科学确定工作分工和责任担当，增强依法履职能力。四要加强制度建设，与时俱进，不断完善工作运行机制和制度建设，提高工作效率，使全区人大工作在法治思维的引导下登上花溪发展升级版的快车。

各位代表！让我们高举中国特色社会主义伟大旗帜，全面学习贯彻落实党的十八大、十八届三中、四中全会精神和习近平总书记系列重要讲话精神，在中共花溪区委的坚强领导下，认真履行宪法和法律赋予的职责，解放思想，抢抓机遇，开拓创新，科学务实，积极作为，为我区早日实现“一区四化”而努力奋斗！

政协花溪区第九届委员会常务委员会工作报告

（2015 年 2 月 10 日）

谌业华

各位委员：

我受政协花溪区第九届委员会常务委员会委托，向大会报告工作，请予审议，并请列席会议的同志提出意见。

2014 年工作回顾

刚刚过去的 2014 年，是全区各项工作推陈出新，继往开来的一年，也是政协工作承前启后，积极有为的一年，区政协在中共花溪区委的领导下和贵阳市政协的指导下，认真学习贯彻党的十八大精神和十八届三中、四中全会精神，充分发挥人民政协协商民主重要渠道作用，广泛团结社会各界人士，认真履行政治协商，民主监督，参政议政职能，紧紧围绕“坚持一条主线，突出两大主题，提高三化水平，夯实四大平台，加强五项建设”的工作要求，群策群力，积极探索和实践协商民主广泛多层次开展，为我区经济社会和谐健康发展作出了积极贡献。

一、坚持“一条主线”

坚持“一条主线”，即坚持中国共产党的领导。人民政协是中国共产党领导的多党合作和政治协商的重要机构，只有坚持和依靠党委的领导，才能正确地履行职能，更好地服从和服务于党委的中心工作，在政治生活中发挥重要的作用。钟汰甬书记在政协花溪区第九届委员会第四次全体会议和花溪区庆祝中国人民政治协商会议成立 65 周年大会上发表重要讲话，就区政协履行政治协商、民主监督、参政议政的意义、内容、形式、实施程序及保障措施等提出了明确要求，为区政协工作指明了政治方向，为区政协工作再上新台阶打下了坚实基础。区政协把贯彻落实好区委重要指示精神作为首要的政治任务，组织召开主席会、常委会及委员专题培训，把区委的声音传达到广大政协委员和机关干部中，努力把区委的主张化为政治协商、民主监督、参政议政的共识，紧紧围绕中心、服务大局。重大问题和重大事项、组织重大活动和重要会议，政协党组都及时向区委请示汇报，听取区委对政协工作的意见，得到区委对政协工作的支持。

党的群众路线教育实践活动开展以来，区政协作为第二批活动单位，在中共花溪区委的统一部署下，在市委第五督导组的具体指导帮助下，按照“照镜子、正衣冠、洗洗澡、治治病”的总要求，对照习近平总书记“三严三实”和省委赵克志书记提出的“六个查一查、八个照一照、四个剖一剖”的要求，紧紧围绕为民务实清廉的主题，聚焦“四风”问题，紧密联系工作实际，扎扎实实完成了“学习教育、听取意见；查摆问题、开展批评与自我批评；整改落实、建章立制”几个环节的工作任务，立足于不同阶段的不同特点，创造性地开展工作，使整个活动“规定动作做到位、自选动作有特色”。把教育实践与政协工作有机结合起来，推动活动成果转化为直接联系服务群众的实际行动，活动中政协党组党员领导干部与6户困难家庭结成帮扶对子，协调筹集帮扶资金50万元，为基层群众办实事好事10余件；寓教育于实践中，通过实践不断深化教育，政协机关党员干部受到了一次深刻的马克思主义群众观点的教育。

实践证明：只有坚持党对政协的领导，才能使政协工作保持正确的政治方向，为有效地履行政协职能提供有力的组织保障。

二、突出“两大主题”

突出“两大主题”，即突出团结和民主两大主题。花溪区政协始终坚持高举团结、民主两大旗帜，巩固和发展最广泛的爱国统一战线，使政协大团结、大联合优势得到进一步的发挥。各民主党派、人民团体、工商联和社会各界人士参加调研、视察、协商等活动，积极反映他们的意见建议，通过撰写提案，反映社情民意，开展监督活动。

区政协领导班子成员在认真履行政协工作的同时，积极参加县级领导干部大接访，为区委、区政府排忧解难；积极参加县级领导干部联系乡（镇）、社区工作，为村级组织建设和经济发展献计出力；积极跟进全区重点项目建设，为推进我区重点项目建设建言献策。政协主席、各位副主席分别担任重点项目指挥部的指挥长或副指挥长，直接参与重点项目的组织实施，为推进重点项目建设发挥应有的作用。积极开展社会治安综合治理，落实“两严一降”治安防控措施，完成县级领导包案任务，为促进我区经济社会发展，维护社会稳定作出了应有贡献。

谌业华同志担任石板镇区域整治指挥部指挥长，统筹协调指挥部各项工作；牵头组织周钟瑄文化交流中心项目建设。孙剑同志和民建花溪总支继续做好10名大、中学生帮扶工作。李瑾同志协调区水利、交通、民政、文广、农业等部门拟定发展目标，帮助关口村发展生产；担任天河潭景区及周边区域整治指挥部副指挥长。李莎同志积极参加“7+2同心扶贫工程”，协调筹集资金，帮助扰绕村、五寨村、批林村发展生产；协调民革贵阳市委到我区开展挚爱风范·情系贫困母亲活动。何勇同志担任天河潭景区及周边区域整治指挥部指挥长工作，协调的南环线与贵安大道联络线项目（已建成通车）。吴同恒同志担任石板镇区域整治指挥部、天河潭景区及周边区域整治指挥部副指挥长工作。邹吉鸿同志担任花溪久安现代高效茶叶示范园区工作领导小组常务副组长，高坡、马铃两乡“7+2同心扶贫开发工程”指挥部指挥长，花溪文化旅游创新区中心城区指挥部常务副指长等工作。

三、提高“三化”水平

提高“三化”水平，即提高人民政协协商民主制度化、规范化、程序化水平。

区政协认真学习贯彻中共十八大关于健全协商民主制度，充分发挥政协在协商民主建设中的重要渠道作用的有关精神，紧紧围绕区委、区政府中心工作和重大决策开展广泛多层次协商，扎实推进协商民主的制度化、规范化、程序化建设，在协商前深入调查、掌握实情，协商中集思广益、畅所欲言，协商后跟踪反馈、抓好落实。2014年，区政协共召开1次全体会议，7次常务委员会会议，17次主席会议，17次专题协商会议，10次专委（办）对口协商会议。协商内容涵盖了全区社会、经济、文化、教育、生态文明等领域。

区政协紧紧围绕区委、区政府中心工作精心选择视察视察题目，就各乡（镇）、社区、区属各部门贯彻落实区委、区政府决策部署情况开展视察活动，区政协共组织委员开展视察活动11次，提出工作建议50余条。积极配合省、市政协开展了多次视察活动。委员的视察调研活动得到区委、区政府及各乡（镇）、社区、区属各部门大力支持，促进了重点工作的完成和民生问题的有效解决。

区政协组织9个委员小组分别到久安、马铃、青岩、高坡、燕楼、金竹社区、经开区等开展了11次小组活动，围绕我区打造汽车文化产业走廊、职业教育发展、茶产业发展、农业产业调整、新型农村合作医疗、古镇旅游业发展及大兴国寺建设、民族村寨保护与开发等重点领域、重大项目，提出了50余条建议。充分发挥政协委员参政议政，建言献策的主体作用。

积极配合市政协开展“7+2同心扶贫工程”相关工作，协调各方帮扶资金230余万元，同时还积极开展帮村扶贫、支教助学、节日慰问等社会服务工作。

为使协商民主的制度化、规范化、程序化工作有效推进，区政协认真制定和完善《政协花溪区委员会全体会议工作规则》《政协花溪区委员会常务委员会工作规则》《政协花溪区委员会主席会议工作规则》《政协花溪区委员会专门委员会工作规则》等十六项工作制度和规定，从制度上、组织上为协商民主工作的开展提供有力保障。

四、夯实“四大平台”

夯实“四大平台”，即夯实提案办理协商、专题协商、界别协商、对口协商四大平台。

积极开展提案办理协商，助推文化旅游创新区建设。政协九届四次全会共收到委员提案51件，经审查立案50件，其中4件作为2014年的主席会议重点督办提案，5件作为2014年各专委会跟踪督办提案。经各提案承办单位的大力支持和共同努力，所有提案于2014年11月全部办理答复完毕，办复率100%。在反馈的50件提案征求意见中，非常满意的5件，占10%，满意的41件，占82%，没有不满意件。

委员提出的第34号提案《借旅发大会东风，推动我区文化旅游融合发展》。区政府高度重视，借省第九届旅发大会的主会场设在青岩镇的东风，我区新建和改造总长约23公里的5条道路，同步实施贵安大道至南环线联络线工程建设，重点打造青岩旅游项目。又如：委员提出的第45号提案《加强对母亲河的管理，提升沿河居民的环保意识》，承办单位经开区生态局、建管局认真办理；采取印制宣传册及在管委会门户网站上宣传等方式，加大宣传力度，提高市民的环保意识，同时制订了花溪河巡查制度，加强河道保洁工作，逐步完善措施，让沿河两岸地绿水清。

积极开展专题协商，助推两区深度融合。区政协紧紧围绕“两区深度融合”开展专题协商，分别组成由政协副主席为组长的两个调研小组，到经开片区花溪片区各部门、乡（镇）、社区、村居召开专题座谈会，全面了解两区深度融合，群众在民生方面的急、难问题和群众反映强烈的热点问题，经过专题协商，形成了《花溪区经开区深度融合，服务民生专题调研工作报告》，区委书记钟汰甬批示：“这个报告很好，请两区领导阅。并请区委办、经开区党政办就存在问题一一梳理，专题研究解决办法和程序。结果报我，本月内完成。”

积极开展界别协商，提升议政建言水平。为不断拓展协商民主的包容性，区政协以《大会发言材料》为载体，引导委员代言界别群众，反映群众诉求，在界别协商广度上下功夫。区政协全会期间，各界别委员、各民主党派根据我区经济社会发展的重大问题和人民群众普遍关注的热点难点问题，在深入基层、深入群众调查研究的基础上，结合实际向大会提交发言材料15篇，提出工作建议70余条，内容涵盖全区经济建设、社会建设、文化建设和生态文明建设等方面，区政协认真梳理汇总，汇编成《大会发言材料》呈送区委、区政府，同时，邀请区委、区政府相关领导以及区直相关部门、各乡（镇）、社区负责人参加大会发言，认真听取各界别委员、各民主党派提出的工作建议。区委钟汰甬书记认真看完了《大会发言材料》并作出重要批示：“很好！这些发言材料都是与民生密切相关的事情，请政府相关职能部门认真研究、吸纳，采取措施推动各自工作的发展”。

积极开展对口协商，推进平安花溪建设。针对花溪区社会治安综合治理工作形势严峻、人民群众安全感偏低这一情况，花溪区政协加强与区委政法委的对口协商，在广泛深入各乡（镇）、社区、村（居委会）、学校、企业、楼群院落走访调研的基础上，向区委、区政府报送《关于花溪区社会治安综合治理工作的调研报告》，提出“坚持打防结合，遏制刑事案件高发势头；坚持内外结合，压缩城乡结合部犯罪空间；坚持专群结合，打造群防群治网络体系；坚持人防物防技防结合，织牢治安防范网络；坚持点线面相结合的宣传策略，提升群众治安防范意识”等5条工作建议，区委、区政府在制定《关于加快推进“平安花溪”创建的实施意见》中采纳。

五、加强“五项建设”

加强“五项建设”，即加强政协常委会建设、加强政协委员队伍建设、加强政协专门委员会建设、加强政协机关建设、加强协商民主文化建设，提高协商能力和水平。

加强政协常委会建设。按照建设学习型、服务性、廉洁型政协的要求，区政协常委会委员带头学习政协理论和业务知识，提高综合素养，带头认真履行职责，带头加强团结，带头做好本职工作，带头遵纪守法、廉洁奉公。同时，制定出台了《政协花溪区委员会常务委员会工作规则》，为提高常委会会议质量提供了制度保证。

加强政协委员队伍建设。完善《花溪区政协委员履职管理暂行办法》，进一步增强政协委员的政治意识、大局意识、团结意识、责任意识、自律意识，努力提高政协委员政治协商、民主监督、参政议政的能力和水平。为提升新形势下委员履职能力，2014年10月，区政协在贵州省社会主义学院举办了一期政协委员培训班，138名政协委员参加培训；聘请省内著名专家学者对委员的提案撰写、如何当好政协委员、贵州省情、协商民主相关知识，学习把握同心思想，推进中国特色社会主义建设等方面知识，从理论高度到实践经验进行了专题培训，培训效果明显，得到参训委员的一致好评。

加强政协专门委员会建设。准确把握区委的总体部署，及时了解全区经济社会发展的进程，把区委、区政府工作的重点和群众普遍关心的热点难点问题作为政协积极建言献策的重要内容。一年来，区政协各专委会紧紧围绕区委、区政府中心工作精心选择视察、调研题目，组织开展了对奇瑞汽车生产线的视察等12次委员视察活动和关于我区社会治安综合治理等7次专题调研活动，完成了15篇较高质量、有一定影响、可操作性强的视察、调研报告。比如：对《关于花溪区城市管理及综合执法工作情况的调研报告》，区委书记钟汰甬同志批示：“这个报告很好，请政府专题研究后上一次常委会。”为区委、区政府科学民主决策提供了参考，为建设“高原明珠、灵秀花溪”作出了应有的贡献。

加强政协机关建设。从加强机关的思想建设、组织建设、作风建设和制度建设入手，不断增强政协机关的凝聚力和战斗力。要求全体机关干部在思想上尊重群众，感情上贴近群众，行动上深入群众，积极协助党委、政府多做顺应民意、化解民忧、为民谋利的实事好事。同时，建立机关工作目标责任考核、工作督查等制度，努力营造政协机关团结、民主、精干、高效、和谐的良好氛围。

按照市委组织部、区委组织部的安排，区政协机关对青岩镇摆早村、谷通村、北街村持继开展“部门帮乡、支部结对、干部驻村”工作，派出三名干部驻村挂任支部副书记或村主任助理。协调各种资金18万元，帮助发展村集体经济；积极化解矛盾纠纷，实现“解决一件事，温暖一家人，带动一片人”的目标。政协驻村干部表现突出，分别受到市、区表彰。

加强协商民主文化建设。大力倡导为人民群众说实话、讲真话，结合认真践行社会主义核心价值观，积极培育中国特色的协商民主文化，加大人民政协工作宣传力度，在全社会形成协商民主的良好氛围。区政协组织开展对我区城市建设方面有关文史资料的收集、征集，所采写的九篇稿件中，《花溪城镇建设今昔观》《花溪消失的三栋名建筑》《一个永远忘不掉的校园规划》《我目睹花溪镇街道60年变迁》等文章被市政协《城市建设发展历程》一书采用。编辑花溪文史资料第十五集《花溪工业、商业、交通发展见闻》一书，第十七期《委员学习手册》，编发《花溪政协简讯》共44期。为进一步宣传花溪，让更多的群众了解花溪作出了努力。

2014年，政协为花溪区经济社会发展、保障和改善民生、维护社会和谐稳定等方面做了大量卓有成效的工作，但我们的工作还存在着不足。主要是：民主监督的形式有待进一步拓展；提案办理的质量有待进一步提高；建言献策的质量和水平有待进一步提升；视察调研的力度有待进一步加大；委员的培训和管理力度有待进一步加强；委员创造性能动性发挥上有待进一步突破；我们将在今后的工作中认真加以改进。

2015年工作思路

2015年是我区全面建设文化旅游创新区关键之年。中共花溪区委十届六次全会明确了我区当前和今后一段时期的奋斗目标。以邓小平理论、“三个代表”重要思想和科学发展观为指导，深入学习习近平总书记系列讲话精神，贯彻落实十八届四中全会和省委十一届五次全会以及市九届四次全会精神，坚持团结和民主两大主题，认真履行政治协商、民主监督、参政议政职能，更加主动自觉地服务经济发展，促进会社和谐，为全面建设文化旅游创新区凝聚最广泛的智慧和力量。重点抓好以下工作。

一、深入学习全会精神统一思想和行动。

学习贯彻党的十八届四中全会、省委十一届五次全会、市委九届四次全会和区委十届六次全会精神，是当前和今后一个时期政协工作的一项重要任务。我们要结合习近平总书记在庆祝人民政协成立65周年大会的重要讲话精神，采取党组中心学习组、常委会议、主席会议学习等多种形式，并围绕区委、区政府的中心工作，举办相关专题讲座、培训班及研讨会，把学习引向深入。要进一步建立健全学习制度，切实加强学习的计划性和针对性，推动学习制度化、经常化和规范化方向发展，打造学习型政协组织。通过学习，切实把政协委员的思想行动统一到中央、省、市、区委的决策部署上来，不断推进制度创新和工作创新，形成助推文化旅游创新区建设的强大合力。

二、积极推进协商民主制度建设

党的十八大提出了健全社会主义协商民主制度的新要求，强调要充分发挥人民政协作为协商民主重要渠道作用。在今后的工作中，区政协要更加注重制度建设，对协商民主的制度作深入的探讨和发展，紧紧围绕经济社会发展重大问题和涉及群众切身利益的实际问题，深入开展各种形式的协商活动，广纳群言、广集民智，增进共识、增强合力。区政协要进一步发挥人民政协作为协商民主重要渠道作用，搭建协商平台，丰富协商形式，拓宽协商渠道，完善协商制度，努力提高协商的质量和实效，推进协商民主制度化、规范化、程序化发展，为全区经济、文化、社会、生态文明建设献计出力。

紧紧围绕经济社会发展重大问题和涉及群众切身利益的实际问题，深入开展各种形式的协商活动，为大力推进“六大计划”“一区四化”提出有建设性的工作建议，为区委、区政府提供决策参考；积极参加全区重点工作，主动为区委、区政府排忧解难；强化提案办理工作，积极反映社情民意，为区委、区政府科学民主决策献计出力；坚持做好县级领导干部大接访，倾听群众呼声，疏解群众情绪，维护群众利益；深入推进县级领导干部联系乡（镇、社区）活动，帮助基层和群众解决实际困难；扎实做好县级领导平安创建联系乡（镇、社区）包保活动，为做好社会治安综合治理工作建言献策；为深入推进法制护区计划实施，促进依法执政、严格执法、公正司法、全民守法，运用法制思维和法治方法推进花溪经济社会发展。

三、紧紧围绕区委工作目标做好政协工作

区委、区政府就2015年我区文化旅游创新区建设作出了全面部署，时间紧迫，任务繁重，人民政协责无旁贷，一定积极响应，同心协力，做好工作。

加强协商民主，推进文化旅游创新区建设。建设文化旅游创新区是区委、区政府的第一要务，助推建设文化旅游创新区是政协工作的第一职责。区政协要充分发挥人才智力优势，围绕大局，把政治协商的着力点放在谋划重大问题上，把民主监督的落脚点放在优化发展环境上，把参政议政的切入点放在研究发展对策上。广泛联系社会各界人士，在更大范围内凝聚建设文化旅游创新区的强大力量。

加强民主监督，提高科学管理水平。贯彻落实《中共中央关于加强人民政协工作的意见》，建立健全民主监督的长效机制，规范民主监督程序，提高民主监督实效。探索从政协委员中选聘民主监督员，组建民主监督小组，选择全区经济社会发展的重大问题和涉及群众切身利益的实际问题，组织开展专项民主监督活动，把履行政协民主监督职能与践行群众路线相结合，组织动员广大委员深入基层、深入群众，掌握实情，反映诉求，不断提高政协科学管理水平。

加强参政议政，助推全区经济建设。政协由多个界别组成，代表性强、联系面广。各界委员能从不同角度、不同渠道了解经济社会发展的状况，反映人民群众的呼声和意愿，这是政协工作的最大优势。区政协要加强与社会各界的广泛联系，多做统一思想、增进了解、凝聚人心的工作，多做化解矛盾、理顺情绪、排忧解难的工作，真正把上上下下的注意力集中到聚精会神搞建设、一心一意谋发展上来，真正把方方面面的智慧和力量凝聚到加快推进建成文化旅游创新区上来。

加强自身建设，更好地服务政协委员。按照区委要求，积极组织政协委员通过调研、视察、提案等方式加强对党政机关厉行节约反对浪费工作的监督。加强自身建设，组织和推动委员、政协机关工作者自觉加强学习，在政协机关中牢固树立“发扬民主、增进团结、服务大局、有所作为”的观念，不断创新工作机制和工作方法，进一步拓展政治协商的新领域、探索民主监督的新形式、创造参政议政的新途径。

四、努力探索新途径实现新跨越

协商民主要有新加强。要积极推进事前事中协商。政协办公室要加强与区委办、政府办等部门的沟通联系，争取一起制定一个规则，就政协

每年和党政部门开展协商活动的议题、程序、成果运用等作出明确规范。政协每年的重点协商议题应提前告知各位政协委员，由政协委员根据自身实际报名参会和发言，形成双向互动的发言遴选机制。同时，政协的调研视察活动要与重点协商议题结合起来，以深入调研提高协商质量，以有效协商转化调研成果，实现调研与协商互促共进。

民主监督要有新突破。政协每年举办两到三次监督性较强的协商议政活动，每年都应至少开展一次具有监督性的视察或调研活动，并形成报告。同时，加大对有深度并具监督性和批评性意见建议的新闻报道力度，使全社会更加了解政协的民主监督工作。

制度建设要有新进展。在已经制定的十六项制度的执行中，不断完善和修订，使制度更符合区政协工作实际。同时探索新的制度建设工作。

学习成效要有新提高。政协的学习培训不是教科书式的枯燥说教，更多是知情式、知识性的学习，以帮助委员更好知情明政。2015 年区政协要借助全国、省、市政协的培训基地，加大对委员的培训力度。发扬政协委员“自我学习、自我教育、自我提高”传统，多就学习内容提出建议，提高学习的效果。

成果转化要有新举措。政协参政议政提出的意见和建议不是强制性的，不能硬性要求有关方面必须采纳。履职成果除了转化为党委政府决策举措之外，更重要的是转化为社会共识，也就是通过“立论”增强话语权和影响力。

各位委员、同志们，立足新起点，谋求新跨越，人民政协使命光荣，大有可为；政协委员重任在肩，大有作为。让我们在中共花溪区委的领导和市政协的指导下，继承和发扬人民政协的优良传统，同心同德，群策群力，为助推文化旅游创新区建设而努力工作。

（责任编辑　杨琴）

花溪黄金大道（干亚芳　摄）

大事记

花溪大桥旁牛角岛河畔(秦刚　摄)

1月

1日

△贵阳市第29届暨花溪区第22届冬泳表演赛在花溪平桥举行。全市各区（市、县）11支队伍共400余人参加了表演赛，花溪区共有3支队伍106人参加。区领导向子琨、吕念东及市体育局主要领导出席并观看了当天的表演赛。

△花溪区第三届中青年书画作品邀请展在阳光社区中天楠苑展出，58名中青年书画爱好者创作83幅作品，题材广泛，表现层次丰富。

3日

△中共花溪区委召开十届第87次常委会，传达学习贯彻落实《中共贵州省委办公厅 贵州省人民政府办公厅关于严格公务接待、严禁公款吃喝的通知》和《关于务实节约做好元旦春节期间有关工作的通知》精神，学习市委九届三次全会精神。区人大副主任、区政府副区长、区政协副主席及其他副县级以上干部列席。

6日

△贵阳市创模宣传督导组到花溪区督查“创模”宣传工作。

△花溪区召开党的群众路线教育碰头会，部署第二批党的群众路线教育实践活动。

7日

△中共花溪区委召开十届五次全体（扩大）会议，贯彻落实党的十八大、十八届三中全会和省委、市委全会精神，总结2013年工作，安排部署2014年各项工作。

△花溪区召开2013年度“一报告两评议”工作暨人才工作述职会议，对2013年干部选拔任用和人才工作进行民主评议。

8日

△花溪区召开乡镇、社区人大工作会议，传达《花溪区第十六届人大代表履职考核办法（试行）》，通报2013年人大工作开展情况，安排部署2014年全区人大工作。

△花溪区领导李泽、张朝洲率区农业、国土、生态等部门主要负责人调研黔陶乡万亩生态茶园项目。

9日

△花溪区举行创业经验交流会，124名农民工返乡创业典型代表，获得创业扶持奖励资金37.4万元。

△花溪区安监局、交通局、运政局、交警支队联合开展道路交通安全大检查，确保春运安全畅通。

10日

△为保护好阿哈水库饮用水源，花溪区争取上级环保资金700万元，建设久安乡、石板镇、麦坪乡三个乡镇村寨整治垃圾收集、清运系统，并投入使用。

△贵州省禁毒委副主任、公安厅副厅长赵翔率省公安厅禁毒总队总队长文发祥等领导到花溪阳光就业家园燕楼基地进行调研。

12日

△共青团花溪区委共组织55名青年到孔学堂参加团省委、省文明办、省青年联合会举办的“贵州青年说——孔学堂新婚礼”主题微博沙龙活动。

14日

△花溪区十六届人大常委会第18次会议召开。会议决定花溪区第十六届人民代表大会第四次会议于2014年2月18日在省青少年活动中心召开。

15日

△花溪区政府组织全区各单位收看全国安全生产电视电话会议。

△贵阳市委讲师团到花溪宣讲市委九届三次

全会精神。

16日

△由贵阳市精神文明建设指导委员会主办，20余家市、区直属单位承办的贵阳市2014年文化、科技、卫生“三下乡”集中示范活动暨“我们的中国梦”文化进万家活动在马铃乡开幕，标志着该项活动在全市正式启动。市领导兰义彤，区领导吕念东、禄竹出席活动。

△花溪区领导李泽、张潮州率区农业、水利、国土、生态等部门负责人到久安乡调研现代高效茶叶示范园区建设情况。

△花溪区交通局召开春运工作动员会，部署春运工作。

17日

△花溪区召开“两严一降”推进大会，贯彻落实省委常委、市委书记陈刚要求，安排部署2014年“两严一降”工作。区领导李泽、宋力、杨炜锋、张宝祎 、黄卫、李瑾，区人民检察院检察长王筑生出席会议。

△政协花溪区第九届委员会第十一次常委会议召开。会议协商讨论关于召开政协花溪区第九届委员会第四次会议相关事宜等。

17日至23日

△在新春佳节来临之际，贵阳市人大常委会副主任陈长发及市政法系统相关负责人，花溪区四大班子领导深入基层开展慰问活动，向全区老干部老党员、各行各业干部职工、计生户、困难群众带去新春佳节的祝福，把党和政府的关怀和温暖送到基层。

20日

△花溪区公安分局组织治安大队、巡警、刑侦、派出所民警120余人，对全区赌博活动进行打击，查处设置赌博机场所9家，捣毁赌博窝点2个，收缴赌博机44台，收缴赌资2万余元，抓获违法嫌疑人11人，行政拘留10人。

△花溪区召开会议，动员无党派人士投身坚持和发展中国特色社会主义学习实践活动，积极参政议政，服务全区经济社会发展。

29日

△花溪区委召开领导干部会，新任区委书记钟汰甬作就职演说。区领导向子琨、任渝生、宋力、成先勇、张虎、杨炜锋、吕念东、陈龚卒等副县级以上领导和各部门、各乡镇、社区服务中心主要负责人参加会议。

△中共花溪区委十届第89次常委扩大会议召开，会议传达贯彻中央、省、市有关会议精神，就如何实现花溪区经济社会跨越式发展，开展好党的群众路线教育实践活动，确保群众过一个平安幸福的春节等工作进行研究部署。

2月

3日

△贵阳国家经济技术开发区党工委书记、管委会主任、花溪区委书记钟汰甬，区委常委、常务副区长杨炜锋率队到青岩古镇、花溪公园、花溪国家城市湿地公园调研花溪重点项目建设情况。区领导孙昕、张宝祎 、花溪国家城市湿地公园管理处处长李宝军参加调研活动。

6日

△花溪区1月份财政总收入完成27637.9万元，比上年增长45.14%，公共财政预算收入完成15862.9万元，比上年增长36.98%，顺利实现“开门红”。

7日

△中共花溪区委十届第90次常委扩大会议召开，会议传达学习市委常委会议和省委常委、市委书记陈刚讲话精神，安排部署近期工作。

9日

△第九届全省旅游产业发展大会筹备工作现

场推进会在花溪区召开。会议要求，要全力以赴推进筹备工作，办好"升级版"旅发大会。市领导刘文新、陈少荣、王玉祥、安九雄，区领导钟汰甬、向子琨、杨炜锋、吕念东、孙昕、张朝洲、禄竹、赵代刚参加会议。

12日

△贵阳国家经济技术开发区党工委书记、管委会主任、花溪区委书记钟汰甬到青岩镇和燕楼乡调研基本情况、机构编制情况、经济社会发展状况和下一步工作打算。

△贵州省副省长蒙启良到青岩镇调研第九届旅发大会青岩主会场建设情况。

14日

△贵阳市副市长刘玉海一行到久安乡和马铃乡开展调研现代高效茶叶示范园区和花溪区"菜篮子"保供基地建设情况。

△花溪区召开党的群众路线教育实践活动工作会议，学习贯彻中央、省委党的群众路线教育实践活动第一批总结暨第二批部署会议精神和市委党的群众路线教育实践活动会议精神，对"两区"开展教育实践活动作动员部署。

15日

△贵阳国家经济技术开发区党工委书记、管委会主任、花溪区委书记、省旅发会主会场建设现场指挥部指挥长钟汰甬，区委副书记、区长向子琨，贵阳市旅游产业发展委员会主任、省旅发会主会场建设现场指挥部副指挥长唐矛，率市、区相关部门负责人到青岩镇就推进青岩古镇改造提升工作现场办公。

17日至20日

△政协花溪区九届四次会议在区行政中心礼堂隆重召开。294名政协委员履行政治协商、民主监督、参政议政的职能，讨论《政协常委会工作报告》《花溪区人民政府工作报告》及其他报告。

18日至20日

△花溪区第十六届人民代表大会第四次会议在贵州省青少年活动中心举行。会议审议并表决通过《花溪区人民政府工作报告》《区人大常委会工作报告》等有关决议草案。补选吴治岑、张贵昇为区人大常委会副主任。

20日

△花溪区领导钟汰甬、杨炜锋、吕念东、赵代刚到区城管局调研城市景观提升工作。

23日

△花溪区委副书记、区长向子琨，贵阳国家经济技术开发区管委会副主任黄成虹，区政协副主席秦永康率区相关部门主要负责人赴北京环卫集团考察。

25日

△花溪区委召开十届第93次常委会议，要求全区要扎实开展党的群众路线教育实践活动，务求取得实效。

28日

△花溪区召开组织工作会，总结2013年组织工作经验和不足，安排部署2014年组织工作。

3月

1日

△由贵州省人民政府主办，北京市科委、中关村科技园区管委会、贵阳市人民政府、贵安新区管委会承办的"贵州·北京大数据产业发展推介会"在北京中关村举行。贵阳国家经济技术开发区党工委书记、管委会主任、花溪区委书记钟汰甬，管委会副主任、区委副书记、区政府区长向子琨带着推介项目中关村移动互联网产业联盟试点示范基地建设项目、智能车联网产业园、北京航空航天大学贵阳技术转移中心及科技孵化项目等6个项目参加签约，产业涉及关联带动类、

云应用与服务类、端产品制造类等大数据产业，资金60余亿元。

2日

△“贵阳·花溪招商引资推介会在北京举行，来自各行业的百余名企业家纷纷前来参加推介会，深入了解花溪区得天独厚的投资优势。贵阳驻京区域合作委员会书记丁海及经开区、花溪区领导钟汰甬、向子琨、黄成虹、陈勇、秦永康参加推介会。

4日

△贵阳市委常委、宣传部长兰义彤一行到花溪区调研党的群众路线教育实践活动开展情况。

5日

△贵阳警备区司令员沙劲松到区人武部宣布，增补花溪区委书记钟汰甬为中共花溪区人民武装部委员会第一书记。

△党的群众路线教育实践活动省委第一督导组组长张国新率队，对花溪区教育实践活动开展情况进行督导。市委第五督导组组长徐小贵，区领导钟汰甬、向子琨、张江华、张虎，区人民法院院长吴莎、区人民检察院检察长王筑生出席当天督导工作会议。

6日

△贵阳国家经济技术开发区党工委书记、管委会主任、花溪区委书记钟汰甬率花溪区四大班子、经开区工管委班子成员及其他副县级以上党员领导干部赴乡（镇）、企业开展实地调研，与基层群众和企业面对面交流，倾听群众呼声，帮助解决实际问题。

12日

△贵阳市委常委、宣传部长兰义彤到花溪区马铃乡调研，区领导钟汰甬、张江华、孙昕参加。

△贵阳市人大副主任吴应涛到黔陶乡调研，区人大主任任瑜生、副主任吴治岑陪同。

14日

△贵阳市政府原副市长、市委第五督导组第一组长罗筑云，市教育局原党委书记、市委第五督导组组长徐小贵率队到花溪区督导党的群众路线教育实践活动开展情况，听取工作情况汇报并提出新要求。

16日

△贵阳市委副书记、市长刘文新实地调研国际中华文华研修园项目及花溪十里河滩国家城市湿地公园改造提升工程建设情况，强调要按照打造“传世精品”的要求，高标准建设人文与自然相融的公共文化服务平台。

17日

△区委召开十届第94次常委会议。要求，要扎实开展党的群众路线教育实践活动；要理清发展思路，做好发展规划，谋划好产业布局；要加快推进十里河滩、青岩古镇等重点项目建设，协调推进各房地产项目进展，促进教育事业发展，提升空气质量，守住发展和生态两条底线。

18日

△贵阳市政府副市长王玉祥、刘玉海实地调研青岩古镇主会场建设及田园风光规划情况。

△花溪区召开2014年第二季度高层次人才座谈会，表彰奖励2013年评选出的30名优秀人才。

20日

△花溪区委常委、经开区党工委召开全体（扩大）会议。要求扎实开展党的群众路线教育实践活动，要改进信访工作。抓住孔学堂发展的契机，加强十里河滩湿地公园及孔学堂周边环境的管理，实现整个公园及周边综合管理服务水平的提高。

△贵阳国家经济技术开发区党工委书记、管委会主任、花溪区委书记钟汰甬亲自授课，对全区各直属部门主要领导，经开区部门主要领导，乡（镇）、社区党委书记，各村（居）党组织书记进行党的群众路线教育实践活动专题培训。

21 日

△贵阳国家经济技术开发区党工委书记、管委会主任、花溪区委书记钟汰甬，区委副书记、区政府区长向子琨率队参加在深圳举行的贵阳·深圳大数据和文化旅游产业发展推介会。推介会上，花溪区与中投万宜有限公司就花溪湿地旅游休闲配套建设项目签订投资协议。

23 日

△贵阳市委常委、常务副市长陈少荣，市政府副秘书长邹杰率队到青岩古镇调研第九届贵州旅游产业发展大会筹备情况。

25 日

△贵阳市人大常委会副主任龙永平率市民宗部门主要负责人到花溪区调研大兴国寺建设情况。

△花溪区、经开区召开迎接市“创模”省级预评估和推进城市环境综合提升工作安排部署动员大会。花溪区领导钟汰甬、向子琨、杨炜锋、张宝祎、张朝洲、赵代刚、禄竹、李保军，经开区领导刘军出席会议。

27 日—31 日

△孟关国际汽车贸易城开展为期 5 天的首届购车狂欢季，销售各类品牌轿车 2521 辆，销售成交额达 3.28 亿元。

4 月

1 日

△由花溪区工商联、总工会、文体广播电视局联合主办的第三届“工商联杯”篮球赛开幕。贵阳市总工会副主席赵凯，区委常委、宣传部、统战部部长吕念东，区人大常委会副主任张宝祎出席开幕活动。

△贵阳市委常委、常务副市长陈少荣率市生态委、市督办督查局和市住建、城管等部门负责人到花溪区检查扬尘污染集中整治情况。花溪区委副书记、区长向子琨和区生态、住建、城管等部门负责人参加。

△贵阳市人大常委会副主任龙永平、李泽一行专项评议组到花溪区调研森林资源保护情况。区人大常委会副主任张吉林、孙昕，区政府副区长梅林参加。

2 日

△花溪区委常委、经开区党工委召开全体（扩大）会议。会议要求，花溪区、经开区各级各部门要把发展作为第一要务，加大招商引资工作力度。扎实开展好党的群众路线教育实践活动，严格按照要求开展好形式多样的学习活动，促进党员干部树立为人民服务的理念。

△花溪区召开 2014 年妇女儿童工作委员会全委会，传达省、市妇女儿童工委全委（扩大）会议精神，总结全区 2013 年妇女儿童工作，对 2014 年妇女、儿童工作进行安排部署。区政府副区长禄竹出席会议。

3 日

△花溪区十六届人大四次会议人大代表 120 件批评建议、意见，以及区政协委员 50 件提案，交由政府各部门单位承办，双方签订交办书。

4 日

△戴安澜将军的女儿戴藩篱和家人在区委常委、宣传部长、统战部长吕念东和全区各界数百名师生及群众的陪同下为戴安澜将军扫墓。

8 日

△花溪区召开 2014 年人口和计划生育工作会，贯彻落实中央、省、市人口计生工作会议精神，全面总结 2013 年花溪区人口计生工作，安排部署 2014 年工作。区领导钟汰甬、向子琨、任渝生、谌业华、王小兵、禄竹、邹吉鸿出席会议。

9 日

△国务院副总理马凯一行视察花溪农村商业

银行。中共中央政治局委员、国务院副总理、国务院安全生产委员会主任马凯，工业和信息化部部长苗圩，中国银监会副主席周慕冰等一行在中共贵州省委常委、常务副省长谌贻琴，中共贵州省委常委、省委秘书长廖国勋，中共贵州省委常委、贵阳市委书记陈刚等省、市领导的陪同下到花溪农村商业银行平桥支行、小微金融服务中心视察，调研花溪农商行支持“三农”、小微企业发展情况。

△贵州省人民检察院党组书记、检察长袁本朴到区检察院调研。市人民检察院党组书记、检察长陈雪梅，区领导钟汰甬、宋力、张贵昇、李瑾参加调研。

△花溪区召开教育发展大会，贯彻落实全市教育发展大会精神，安排部署全区教育工作。区领导钟汰甬、向子琨、任渝生、谌业华、张江华、王小兵、禄竹、吴同恒、王超出席会议。市教育局局长赵福蕖应邀出席会议。会上，各乡(镇)、社区及相关职能部门代表签订2014年教育目标责任书。

10日

△贵阳市政府副市长王玉祥到青岩镇调研第九届省旅发大会筹备情况。区领导钟汰甬、向子琨、杨炜锋参加调研。

11日

△4月11日，参加全国禁吸禁种工作暨禁种铲毒管理系统培训会的各省、市自治区公安厅(局)禁毒总队总队长一行50余人，国家禁毒办副主任、公安部禁毒局副局长陈绪富到花溪区阳光就业家园燕楼基地调研。

△贵阳国家经济技术开发区党工委书记、管委会主任、花溪区委书记钟汰甬，区政府副区长禄竹及区直相关部门负责人到溪南高中建设现场，实地调研溪南高中的建设情况。

12日

△花溪区、经开区组织召开党的群众路线教育实践活动工作推进会。

14日

△人民日报头版刊发《贵州推动一把手敢担当负总责带好头 不做甩手掌柜 不搞遥控指挥》，把花溪的“一把手”讲党课作为亮点进行了报道。新华网、经济日报、光明日报、贵州日报、贵阳日报等中央、省、市媒体也对花溪区“一把手”讲党课进行了报道。

15日

△花溪区委召开十届第98次常委会议，会议要求，党的群众路线教育实践活动要做到工作、活动两不误，要把学习弘扬焦裕禄精神贯穿始终，严格执行中央、省、市委各项制度规定，聚焦解决“四风”问题，集中整治突出问题，推动各项工作落到实处。

△花溪区召开第十六届人民政府第18次常务会议，会议贯彻落实国务院、省、市政府廉政工作会议精神，总结回顾2013年全区廉政建设和反腐败工作，安排部署2014年党风廉政工作。

16日

△花溪区政府与北京环卫集团、中电新能源公司举行项目签约仪式。区领导钟汰甬、向子琨、任渝生、张朝洲、禄竹、管路、秦永康，北京环卫集团和中电新能源公司领导出席项目签约仪式。双方就合作建设贵阳市花溪区城市生活垃圾综合处理工程项目，包含新能源发电厂、配套进厂道路和供水工程等达成协议。

△福建海峡两岸茶叶交流协会会长张家坤一行考察久安现代高效茶叶示范园区。贵州省政府副秘书长、省茶产业发展联席会议办公室主任张家团，贵阳市政府副市长刘玉海，花溪区政府副区长张潮州，区政协副主席李瑾参加考察。

△花溪区政协主席谌业华，副主席孙剑、李莎、邹吉鸿及政协各专委负责人、专委会委员视察区档案馆建成搬迁及相关工作。

18日

△花溪区委副书记、区政府区长向子琨到联系点马铃乡，走访困难群众，与基层党员干部、村民代表座谈，听取基层意见和建议，了解乡、村发展思路，实地调研指导党的群众路线教育实践活动。

△花溪区外宣网站“花溪宣传网”正式开通。区委常委、宣传部长、统战部长吕念东出席开通仪式并点击网站开通。网站共分为八个板块，包括新闻中心、印象花溪、灵秀花溪、产业发展、招商信息、互动交流、专题展示和高原电子报。

18 日至 19 日

△花溪区政府党组成员、区工业园区办常务副主任管路率区发改、城管、生态局和相关乡镇负责人先后到广东佛山和海南海口，实地调研两地的新能源发电企业。

20 日

△贵阳市委副书记、市长刘文新，市委常委、副市长李作勋，副市长吴军，市政府秘书长安九熊、副秘书长熊国玺率市规划、住建、农委等部门主要负责人调研十里河滩湿地公园二期工程及中华文化研修园建设。花溪区领导钟汰甬、向子琨、张宝祎、赵代刚，湿地公园管理处处长李保军参加调研。

21 日

△花溪区领导钟汰甬、孙昕、禄竹、管路率区城管、国土、住建、生态等部门主要负责人调研燕楼工业园区和生活垃圾焚烧发电厂项目推进情况。

20 日至 21 日

△环保部西南环境保护督查中心副主任郭伊均率督查组，在省环保厅、市生态委相关领导和区领导向子琨、张朝洲、禄竹、吴同恒等的陪同下，检查指导花溪区生态文明建设和环境保护工作。

22 日

△花溪区委召开各乡（镇）、社区党政主要领导、分管领导、村（居）支部书记、主任，各部门负责人、各派出所所长参加的全区流动人口“三管”工作安排会。

24 日

△贵阳市委常委、纪委书记，市重大项目和重点企业第六服务工作队队长张平到贵阳国际汽贸城，调研汽车超市城市综合体建设。花溪区人大常委会副主任王小兵、区政府副区长赵代刚陪同。

△花溪区环境信息中心标准化建设通过省市环境信息中心综合验收组的验收。

25 日

△花溪区开展《贵阳市建设生态文明城市条例》宣传日活动，以强化对《条例》的落实和执行，营造全区人民齐心共建生态文明的氛围。

28 日

△花溪区委书记、经开区党工委书记召开 2013 年度党建工作专项述职评议会，钟汰甬就履行职责抓基层党建工作情况进行述职。

△花溪区委常委、经开区党工委召开全体（扩大）会议。要求各部门各单位要高度重视经济工作，狠抓重大工程及重点项目的落地工作，确保“五一”小长假水、电、气等物资供应；要加大“两严一降”工作；各级党员干部要严格执行中央、省、市各项纪律规定，营造风清气正的节日氛围。

△花溪区政府党组书记 2013 年度党建工作专项述职评议会召开。会上，区委副书记、区政府区长、政府党组书记向子琨就履行政府党建工作第一责任人职责情况作述职。

29 日

△贵阳市委副书记、市长刘文新，副市长王玉祥，市政府秘书长安九熊、副秘书长熊国玺率市督办督查、旅发、生态等部门主要负责人调研第九届省旅发大会青岩镇筹备情况。

30 日

△花溪区召开违法“种房”“三禁止”专项

行动工作专题会议，落实党员干部、国家工作人员是否参与。区领导钟汰甬、向子琨、宋力、汤慧勇、吴同恒，经开区领导罗亮、刘军、陈云贵，区检察院检察长王筑生出席会议。

△贵阳市各民主党派、工商联在花溪召开“7 +2 同心扶贫工程”启动大会。“7 +2 同心扶贫工程”将历时两年，总体目标是实现花溪区 2 个贫困乡、18 个贫困村整体脱贫，帮助农村扶贫开发对象全面脱贫摘帽。

5 月

4 日

△贵阳孔学堂举行 500 多名 18 岁男女学生“成人礼”。贵州省委副书记李军，贵阳市领导王保建、兰义彤、毛有碧出席。

6 日

△花溪区委副书记 、区长向子琨，副区长禄竹带领区政府办、区投资促进局、贵州商储胜记仓物流有限公司相关负责人到广西钦州市考察，就贵州孟关国际物流港（两港一中心）无水港项目建设相关合作事宜进行深入交流。

△贵州省委政研室副主任、省小康办副主任王瑞军率省委政研室调研组到花溪区调研同步小康创建工作。区领导钟汰甬、张江华、张朝洲参加。

8 日

△2014 年大学生征兵工作启动仪式在贵州大学举行，来自贵州省军区、省教育厅、贵阳警备区、区人武部的相关负责人及贵州大学 700 余名师生参加启动仪式。

9 日

△贵州省首支生态巡逻队——花溪公安分局生态巡逻队正式成立。这支生态巡逻队将为维护花溪生态环境和治安环境发挥积极作用。

△花溪区委召开十届第 101 次常委会议，对全区当前开展的群众路线教育实践活动等相关工作进行审议和部署。

11 日

△贵阳国家经济技术开发区党工委书记、管委会主任、花溪区委书记钟汰甬，花溪区委副书记、区长向子琨带领花溪区、经开区党政代表团赴高新区、综保区、白云区，实地考察三区综合统筹、协调发展的经验。

13 日

△贵阳市政协主席陈石率队到花溪区高坡乡、马铃乡调研“7 +2 同心扶贫工程”美丽乡村规划建设。陈石对“7 +2 同心扶贫工程”前期所做的工作给予充分肯定。

14 日

△贵阳市人大副主任龙永平率市农委、水利、交通等部门负责人到久安现代高效茶叶示范园区调研，查看园区建设现状，协调解决困难，推进园区建设。当天，龙永平还率市人大常委会第三组执法检查花溪区贯彻落实《贵阳市建设生态文明城市条例》的工作情况。

16 日

△花溪区委召开十届第 102 次常委会议，总结花溪区、经开区开展党的群众路线教育实践活动第一环节以来取得的成绩，并指出不足，传达学习省市领导对活动提出的指示精神。要求，在下一步的教育实践活动中，干部要多下基层、多走访，为民多办实事。针对两区的创模工作，指出要将创模当做一件大事做细做实。

20 日

△花溪区档案馆档案资源数据库工作通过省档案局检查验收。

22 日

△贵阳市政府副市长王玉祥到青岩镇视察第九届省旅发大会筹备情况。花溪区委常委、区政

府常务副区长杨炜锋参加。

△贵阳市政协副主席、民进贵阳市委主委杜正军率民进市委班子成员、部分支部主委和民进会员企业家赴黔陶乡半坡村开展“7+2”同心扶贫。

△贵州省政协副主席、省委第一督导组组长黄康生率督导组督导花溪区、经开区党的群众路线教育实践活动。

23日

△全省第一家社区统战工作站——明珠社区统战工作站成立。贵阳市委常委、统战部部长帅文为明珠社区统战工作站揭牌，区委常委、宣传部长、统战部长吕念东主持挂牌仪式，市委统战部副部长、市工商联党组书记向洋，区政协副主席孙剑出席仪式。

△历时4个月的贵阳市首届生态文明创意作品大赛在花溪区圆满落下帷幕。

25日

△花溪二小管乐团参加深圳2014广东（国际）管乐艺术节暨“非凡杯”深圳龙岗首届交响管乐团队邀请赛，获得大赛金奖。

26日

△贵阳市首场“身边人讲身边事”巡回报告会在花溪区举行。会上，观山湖区碧海社区老党员刘兴顺、开阳县双流镇三合村党支部书记严文富等报告团成员，围绕如何践行群众路线、发挥党员先锋模范作用这一主题，结合具体事例，为花溪区党员干部做报告。

28日

△贵州省大数据产业发展应用研究院、贵州大学数据与信息工程学院揭牌仪式在贵州大学举行。贵州省人大常委会党组书记、副主任龙超云，副省长何力，省政协副主席陈海峰出席。花溪区委副书记、区长向子琨出席揭牌仪式。

△花溪区人大常委会主任任渝生、副主任楚湘黔、张吉林、孙昕、王小兵、吴治岑、张贵及其他区人大常委会组成人员视察花溪城市综合提升工程及青岩基础设施建设提升改造工程建设情况。区委常委、常务副区长杨炜锋参加视察。

△贵州省军区师团干部理论集训队到花溪区观摩城市民兵综合演练活动。

29日

△花溪区召开十六届人民政府第67次区长办公会议。讨论区监察局关于审定《花溪区加强政府系统廉政建设工作实施办法》，要求相关部门展开细致、深入的讨论，严格审核各单位的实施意见，相关部门要做好协调工作，推进全区经济社会发展。

△花溪区挂牌成立4个乡（镇）、社区民生项目监督特派组。

30日

△花溪区委召开十届第103次常委会议。会议要求，各单位要高度重视整脏治乱和创建文明城市工作，谦虚接受党的群众路线教育实践活动监督。

△国家禁毒委副秘书长、公安部禁毒局副巡视员魏晓军率参加东亚次区域谅解备忘录（MOU）签约方高官会议的联合国毒品与犯罪问题办公室亚太地区办公室项目负责人及缅甸、泰国、越南、柬埔寨禁毒执法部门官员等部分国家代表到花溪区阳光就业家园燕楼基地参观考察。

6月

4日

△贵阳国家经济技术开发区党工委书记、管委会主任，花溪区委书记钟汰甬调研花溪公园一号门人行地下通道项目施工情况。

10日

△花溪区、经开区召开“创模”工作会。花溪区领导钟汰甬、向子琨、任渝生、谌业华、宋

力、张江华、汤慧勇、吕念东、黄筱龙、孙昕、吴同恒、周吉鸿、李保军、管路，经开区领导罗亮、刘军、余大林等出席会议。

11日

△中国关心下一代委员会到高坡乡中心完小、高坡中学调研，了解两所学校的现状及发展规划情况。

12日

△中国民主促进会花溪区总支部委员会成立，这是民进贵阳市委成立的第一个总支部。市政协副主席、民进贵阳市委主委杜正军，区政协主席谌业华，区委常委、宣传部长、统战部长吕念东出席成立大会。

13日

△贵阳市委常委、宣传部长兰义彤到马铃乡谷中村调研基层软弱党支部提升工作。区领导钟汰甬、张江华参加调研。

△花溪区委第105次常委会召开，会议要求高标准、严要求、大力度、快节奏推进生态文明贵阳国际论坛年会筹备工作。

14日

△花溪区领导向子琨、张朝洲、禄竹、李保军利用周末时间，对城市综合提升工程实施情况和市容环境卫生秩序整治情况进行督查。

15日

△贵阳市委副书记、市长刘文新到花溪区调研孔学堂中华文化研修园和花溪国家城市湿地公园改造提升项目有关工作。

17日

△花溪区公安分局实弹对抗大比武活动拉开序幕，100名具有持枪资格的民警组成20支参赛队伍参加此次为期四天的比武。

17日至18日

△由环保部专家组成的贵阳市创建国家环境保护模范城市技术评估检查组6个分组到花溪区，对相应的技术指标进行检查，多数指标通过国检。检查组对花溪区在开展国家环境保护模范城市创建工作中所取得的成绩给予充分肯定。

20日

△花溪区2014年全国高考再创佳绩，全区共有3473人参加全国统一高考，获600分以上人数236人，较上年有大幅提升。清华中学何千雨同学以685分勇夺贵州省文科裸分状元，刘培同学以692分获全省理科第七名。

24日

△贵阳国家经济技术开发区党工委书记、管委会主任、花溪区委书记钟汰甬，区委常委、区委组织部长张江华率区农业、水利等部门赴高坡乡石门村调研软弱涣散党支部整顿工作。

25日

△花溪区组织同步小康驻村工作人员赴马铃乡召开驻村工作现场观摩暨经验交流会。

△贵阳国家经济技术开发区党工委书记、管委会主任、花溪区委书记钟太涌率花溪区民政、农业、工业园区办、发改等部门负责人赴燕楼乡，调研阳光就业家园基地和贵州麟山水泥有限责任公司。

26日

△花溪首家与全国同步上映影片的影院——溪城时代国际影城正式投入运营。

△贵州省委书记、省人大常委会主任赵克志，省委副书记、省长陈敏尔一行到花溪阳光就业家园燕楼基地视察。

27日

△花溪区委常委、经开区党工委召开全体（扩大）会议，传达学习2014年全省第二次项目建设现场观摩会议精神，赵克志、陈敏尔到花溪区调研禁毒工作时的重要指示精神和赵克志关于防汛工作的重要批示精神。要求实实在在抓好2014年各项措施的落实，千方百计确保完成和超额完成各项目标任务。

△花溪区创建国家级慢性病综合防控示范区

工作通过省级验收，达到省级创建标准。

30 日

△贵阳国家经济技术开发区党工委书记、管委会主任、花溪区委书记钟汰甬到天河潭景区和青岩镇调研第九届省旅发大会花溪区筹备情况。

7 月

4 日

△贵阳市委常委、宣传部长兰义彤到花溪区调研党的群众路线教育实践活动，指导花溪区委常委、经开区党工委班子查摆问题，开展批评与自我批评。

5 日

△截至 6 月 30 日，花溪区累计完成财政总收入 123614 万元，比上年增长 27.54%；公共财政预算收入 73599 万元，比上年增长 23.45%，完成市下全年确保目标的 54.92%，顺利实现财政收入“双过半”目标。

7 日

△贵阳市政府副市长王玉祥、市政府副秘书长李华检查花溪区城市综合提升及环境卫生情况。

8 日

△贵州省政府副秘书长潘小林带队的省调研组奔赴花溪区，对省长陈敏尔领衔督办的两个建议提案——《关于统筹规划贵阳市城区和贵安新区水资源供给的建议》《关于严格生态保护红线制度，确保生态文明先行区建设的建议》办理情况进行调研。

11 日

△国务院扶贫办主任刘永富率队到花溪农村商业银行调研小额扶贫信用贷款工作。

15 日

△清华中学召开 2014 届高考总结座谈会，对清华中学高考取得的优异成绩的师生进行表彰。出席会议的区领导向子琨、张江华、禄竹分别为清华中学颁发 2014 年高考荣誉奖、为谯晓南老师颁发高考特殊贡献奖，为何千雨等 4 名同学颁发高考优秀学生奖。

16 日

△花溪区召开 2014 年“一号工程”推进会。花溪区领导钟汰甬、向子琨、任渝生、谌业华、宋力、张江华、汤慧勇、杨炜锋、吕念东、陈龑卒，经开区领导罗亮、刘军、余大林出席会议。

△花溪区召开征兵工作会，总结 2013 年征兵工作，就 2014 年征兵工作进行安排部署。区委副书记、区长向子琨，区委常委、区人武部部长黄筱龙，区政府副区长张朝洲，区人武部政委靳东风出席会议。

22 日

△贵阳市政府副市长刘玉海率市农委、水利等部门主要负责人调研久安现代高效茶叶示范园区。

23 日

△花溪区在燕楼乡召开稻水象甲防治现场会，推进全区水稻病虫害防治工作。

△贵州省高级人民法院代理院长孙潮到区法院调研法庭庭审设备配备情况及干警工作情况，实地走访石板法庭，仔细了解乡镇法庭目前的收案情况和人员配置情况等。

25 日

△贵阳市委常委、宣传部长兰义彤到清溪社区桐木岭村，为当天举办的流动道德讲堂宣讲。

29 日

△贵州省政协秘书长李月成一行到花溪区政协调研，区政协主席谌业华，副主席李瑾、孙剑、李莎、何勇、吴同恒、邹吉鸿参加调研。

△花溪区召开十六届人大常委会第 22 次会

议。会议通过了《区人民政府关于2014年上半年国民经济和社会发展计划执行情况》的报告以及《区人民政府关于溪南高中（清华中学分校）申请贷款4500万元》的报告。

30日

△“八一”建军节前夕，区四大班子领导组成慰问组，分赴各驻区部队，向部队官兵送去节日的问候和祝福。

31日

△花溪区召开加强基层党组织建设工作推进会，传达全市整顿软弱涣散基层党组织暨发展村级集体经济工作推进会议精神，安排部署工作。

△花溪二小管乐团赴新加坡参加第四届国际管乐节，荣获银奖殊荣载誉而归。

△全国人大常委会副秘书长、机关党组书记王万宾一行到青岩镇视察调研，省人大常委会党组书记、副主任龙超云、区委书记钟汰涌及区人大常委会主任任渝生及省、市人大、区有关领导陪同调研。

8月

1日

△花溪区委召开十届第112次常委会议，要求加强招商引资工作，把园区建设作为重点工作来抓，制定相关目标、计划，大力引进优质企业，促进全区经济发展。

2日

△农历七夕节，“爱在花溪 相约万科”公益青年交友联谊会在小河万科大都会如期举行。本次联谊会报名人数共有600多人，有200余人来到联谊会现场，活动通过男女相互介绍，抢答问题，进行“sweet home”绘画比拼讲解、自由交流等方式选择心仪的对象，有5对现场牵手成功。

4日

△贵阳市委常委、常务副市长陈少荣，市委常委、副市长李作勋，对十里河滩国家城市湿地公园提升改造工程、孔学堂中华文化研修园建设情况进行实地调研。

△贵阳市委副书记王保建、市政府副市长王玉祥到青岩镇调研第九届省旅发大会筹备工作情况。花溪区领导向子琨、杨炜锋、孙昕参加调研。

△贵阳市委常委、市政法委书记庞鸿到花溪区调研综治、禁毒工作。

6日

△贵州省人大代表、市人大常委会主任李忠，省人大代表、区委副书记、区政府区长向子琨，省人大代表、区人大常委会主任任渝生等在筑省十二届人大代表对青岩古镇升级改造项目进行视察调研。

7日

△经贵州省旅游景区质量等级评定委员会评定，花溪国家城市湿地公园景区（孔学堂）在旅游管理、游览、旅游安全、景区卫生、邮电服务、旅游购物、综合管理与环境保护诸方面，都达到国家4A级旅游景区标准，认定获得国家4A级旅游景区称号。

9日

△第十七届“花溪之夏”艺术节在区行政中心隆重开幕。

11日

△贵州省文明办协调处副处长、省文明城市创建考评工作组副组长李海率省考评组，对花溪区创建省级文明城区工作进行考评验收。

12日

△贵阳市委常委、宣传部长兰义彤到青岩镇视察第九届省旅发大会环境卫生和氛围营造

工作。

13日

△贵州省委常委、省军区司令员王盛槐到区人武部检查指导工作。强调要抓好自身管理和队伍建设，树立良好的军队、军事机关和军人形象。

△由花溪区委宣传部出品、湖南潇湘电影集团、湖南银辉制作有限公司制作的励志微电影《缘来青岩》在青岩古镇万寿宫开机拍摄，为迎接第九届贵州旅游产业发展大会，打造贵州旅游“升级版”献礼。

14日

△贵州道教文化展示活动在青岩镇启动。

15日

△以“开放引领，改革驱动，与时俱进打造贵州旅游发展升级版”为主题的第九届贵州旅游产业发展大会在青岩古镇隆重举行，800多名省内外代表、旅行社、投资商、文化知名人士参加此次盛会。为举办好此次大会，花溪区实施田园南路和青岩北部环线、北门旅游综合体、南门文化旅游产业区48个等项目，建设投资49.5亿元。

18日

△花溪区道德讲堂举办2014年首场“宣传部长上课堂”活动，区委常委、宣传部长、统战部长吕念东向与会者进行道德宣讲。

△2014“青岩古镇杯”全国汽车短道拉力锦标赛（贵阳站）圆满落幕。

19日

△花溪区召开2014全国文明城市常态管理工作推进会，动员全区巩固提升文明城市创建成果。

21日

△北京市朝阳区政协考察团到高坡乡开展扶贫帮困活动，捐赠医疗设备及30万元资金、赠送9万元的儿童药品。

22日

△在2014年“金秋助学”活动助学金发放仪式上，区总工会向辖区70余名考上大学、大专、高中、中专（中职、中技）的困难职工、农民工子女分别发放了1800元、1500元和800元不等的助学金，共计12万余元。

△流行手风琴“世界冠军之夜”音乐会在花溪公园音乐广场成功举办。

28日

△召开花溪区政协第九届委员会第十六次常委会议。会议听取区政府上半年经济运行情况和政法委上半年开展“两严一降”工作情况；听取政协党组专题民主生活会情况以及政协上半年工作情况汇报。

△贵阳市引进的优质教育资源之一北京161中学贵阳分校——花溪溪南高中已完成建设并投入使用。

9月

1日

△花溪溪南高中（北京一六一中学贵阳分校）开学。贵阳国家经济技术开发区党工委书记、管委会主任、花溪区委书记钟汰甬，花溪区委副书记、区长向子琨参加开学典礼。

3日

△花溪区、经开区召开生态文明建设暨“创模”攻坚工作会，贵阳国家经济技术开发区党工委书记、花溪区委书记钟汰甬在会上要求，要高度重视生态文明建设，举全区之力，加大工作力度，完成创建国家环保模范城市工作，促进全区生态文明建设。

△贵阳国家经济技术开发区党工委书记、花溪区委书记钟汰甬主持召开花溪区委常委、经开

区党工委全体（扩大）会议。传达学习中纪委书记王岐山的重要讲话，要求各参学单位纪检机关加大对腐败案件的查处力度，要严厉打击违建行为。同时，要有效保障全区广大居民用水。

4日

△花溪区水利、公安、消防、民政等部门联合，在青岩镇山王庙村小摆托组祥云水湾广场举行山洪灾害应急演练。

9日

△花溪区召开2014年教师表彰大会，隆重庆祝第三十个教师节。钟汰甬、向子琨、任渝生、谌业华、张江华、王小兵、禄竹、吴同恒等区四大班子领导，经开区领导余大林出席会议。

10日

△花溪区召开“一号工程”“两严一降”工作会，安排部署相关工作。区领导钟汰甬、宋力、杨炜锋、吕念东、王小兵、张宝祎、张贵昇、吴同恒，经开区领导刘本立出席会议。

11日

△中共中央政治局常委、全国人大常委会委员长张德江到花溪区青岩镇调研基层人大工作，贵州省委书记赵克志，省长陈敏尔，省委常委、市委书记陈刚等领导同志陪同。

△花溪区组织干部职工集中开展无偿献血活动。活动当天，有141人一次献血200毫升，72人一次献血400毫升，献血总量达57000毫升。

12日

△贵阳市政协主席陈石深入马铃乡调研“7+2同心扶贫工程”实施情况。花溪区领导钟汰甬、谌业华、邹吉鸿等参加调研。

△贵阳市委常委、组织部长刘俊到花溪区调研软弱涣散基层党组织整顿和村级集体经济发展情况。

16日

△花溪区召开纪念全国人民代表大会成立60周年座谈会。

△贵阳市人大副主任蒋纪鸣率市人大调研组及市法制局、规划局、旅发委等部门到花溪区召开座谈会，就青岩历史文化名镇保护管理立法工作开展调研。区人大主任任渝生，副主任楚湘黔、孙昕，区政府副区长张朝洲参加座谈。

17日

△贵阳市委常委、宣传部长兰义彤到花溪区调研指导第三阶段党的群众路线教育实践活动。区领导张江华、杨炜锋参加。

21日

△执行力“沟通面对面”周末版花溪专场进行录制。贵阳国家经济技术开发区党工委书记、花溪区委书记钟汰甬及相关职能部门负责人现场倾听百姓心声，解决群众反映问题。

22日

△教育部副部长、国家语言文字工作委员会主任李卫红调研清华中学语言文字工作。贵州省委教育工委书记、省教育厅厅长霍健康，贵阳市政府副市长、市语委主任毛有碧，花溪区领导钟汰甬、禄竹参加调研。

△花溪区科协牵头，区工信科技局、农业局、卫生局、生态局、气象局、科协、清溪社区服务中心等部门共同在花溪公园1号门广场开展2014年全国科普日宣传活动。

24日

△贵州省委常委、市委书记陈刚主持召开花溪区规划建设管理工作会议，专题研究花溪区规划建设管理工作。贵阳市领导刘文新、李作勋、聂雪松、王玉祥、安九熊，花溪区领导钟汰甬、向子琨、任渝生、谌业华、余大林等出席会议。

△花溪区召开加快建设文化旅游创新区工作专题会，就相关工作进行安排部署，区四大班子领导要求迅速落实省、市领导指示，举全区之力把花溪建设成为特色鲜明、配套完善、环境优美的文化旅游创新区，力争用三年时间使花溪文化旅游创新区建设初见成效。

25 日晚

△第十七届“花溪之夏”艺术节闭幕式暨贵州省第四届大学生艺术展演在花溪公园音乐广场隆重举行。中共贵州省委教育工委副书记李涛，贵州师范大学党委副书记李彦西，贵州民族大学党委副书记刘雷，贵州财经大学副校长徐大佑，贵州师范学院党委副书记严肃，区领导钟汰甬、向子琨、任渝生、宋力、张江华、吕念东、黄筱龙、陈粪卒、靳东风等出席闭幕式。

28 日

△花溪区100余名党员干部前往贵州省博物馆，参观贵州省党的群众路线教育实践活动展览。

△花溪区、经开区召开控违拆违、污染防治工作攻坚大会，贵阳国家经济技术开发区党工委书记、花溪区委书记钟汰甬要求，要以铁的纪律和铁的措施，重拳出击，在确保违法建筑零增长的同时，两年内要“全部消除”违法建筑存量。

29 日

△花溪召开区十六届人大常委会第24次会议。传达学习9月17日省委书记赵克志，省委副书记、省长陈敏尔在考察贵安新区中心区规划建设情况时对花溪区的新要求讲话，通报花溪区、经开区拆违控违、污染防治工作攻坚大会精神，通报对区人大常委会国庆长假相关纪律规定。会议以投票表决方式通过人事任免。

29 日

△由贵阳市委政法委、市综治办举办的“两严一降”先进个人事迹巡回报告会走进花溪区，分享在“两严一降”工作中的有效举措和先进经验。全区各部门干部职工和社区代表约500人到场聆听报告，学习先进经验。

10 月

8 日

△“十一”黄金周期间，花溪区共接待游客6467万人次，与去年同期相比增长28%；实现旅游总收入268442亿元，与上年同期相比增长22%。

△花溪区政协295名委员在贵州省社会主义学院举行为期三天的培训。区政协主席谌业华，副主席李瑾、李莎、何勇、吴同恒、邹吉鸿，秘书长吴硕参加培训。

13 日

△花溪区召开庆祝中国人民政治协调会议成立65周年座谈会。花溪区领导钟汰甬、刘本立、任渝生、谌业华、宋力、孙剑、李莎、秦永康、何勇、吴同恒、邹吉鸿出席会议。

△花溪区召开加快建设文化旅游创新区专题会议，研究讨论文化旅游创新区建设三年行动计划制定工作。

17 日

△10月17日是全国首个“扶贫日”，市政协主席陈石到花溪区调研扶贫开发及美丽乡村建设工作。市政协副主席陈鲁西、夏钢、杜正军，秘书长张年举，区领导谌业华、张江华、张朝洲、邹吉鸿参加调研。

21 日

△花溪区、经开区召开落实党风廉政建设主体责任暨警示教育大会。

22 日

△花溪区召开党的群众路线教育实践活动总结大会，深入学习贯彻中央、省、市教育实践活动总结大会精神，对全区教育实践活动进行总结，就巩固活动成果、持续加强党的作风建设、

细化推进从严治党进行部署。区领导钟汰甬、向子琨、任渝生、谌业华副县级以上领导干部出席会议。

△花溪区召开森林保护“六个严禁”执法专项行动暨森林防火工作会议。

△贵州省委政研室副主任吴吉祥带队到花溪区开展同步小康实地验收。区领导向子琨、郑楠、张江华、张吉林、李莎，区公安局局长胡文院参加验收活动。

24 日

△贵阳市委副书记、市长刘文新到青岩古镇调研，区领导钟汰甬、孙昕、张朝洲、赵代刚参加。

28 日

△花溪区、经开区召开贯彻落实党的十八届四中全会精神大会。

△花溪区 2014 年五人制职工足球赛开赛。

29 日

△花溪区政府召开会议安排部署创模工作。区委副书记、区政府区长向子琨，副区长张朝洲、禄竹、赵代刚、花溪国家城市湿地公园管理处处长李保军、园区办主任管路出席会议。

△花溪区召开禁毒专题工作会，传达贯彻中央省、市相关指示批示精神，安排部署全区禁毒工作。

△花溪区召开政府职能转变和机构改革工作动员大会，传达市、区两级党委和政府对推进政府职能转变和机构改革工作的部署要求。区委副书记、区政府区长向子琨，区委常委、组织部长张江华、副区长张朝洲、禄竹、赵代刚、花溪国家城市湿地公园管理处处长李保军、园区办主任管路出席会议。

30 日

△贵阳市召开支持花溪建设文化旅游创新区动员大会。贵州省委常委、市委书记陈刚出席会议并作重要讲话。市领导刘文新、王保建、陈少荣、刘俊、兰义彤、李作勋、聂雪松、刘玉海、王玉祥、高卫东及花溪区四大班子领导出席会议。

31 日

△花溪区召开会议，对推行建筑领域农民工工资按月支付和实名制管理工作进行安排部署。

11 月

3 日

△由花溪区委宣传部、统战部主办的“与党同心·共筑中国梦”书画摄影展开幕。

△花溪区召开专题会议，部署推进文化旅游创新区建设。花溪区领导钟汰甬、吕念东、张吉林、孙昕、张宝祎、吴治岑、张朝洲、禄竹、李瑾、秦永康、何勇、吴同恒、管路，经开区管委会副主任余大林出席会议。

△花溪区委常委、经开区党工委召开全体（扩大）会议。会议要求，当前一段时期，要把深入学习贯彻落实十八届四中全会和省委十一届五中全会作为一项重要的政治任务抓紧抓好，各相关部门要学习好各项支持政策，争取通过三年的努力，使花溪区文化旅游创新区建设初见成效。

5 日

△贵阳警备区司令员沙劲松到经开区四杨公司调研。区委常委、区人武部部长黄筱龙参加陪同。

△花溪区召开传达学习贯彻中央民族工作会议精神，传达学习习近平和李克强、俞正声等中央领导在中央民族工作会议上的重要讲话精神。筹备召开民族工作会议。

△花溪区、龙里县战略合作有关事宜座谈会在花溪区举行。座谈会上，双方就水库建设、污

水处理、道路建设等问题进行深入磋商，达成基本共识。

7日

△青岩镇中心完小通过贵州省事业单位档案管理工作三星级评估验收，是贵阳市首家通过验收的小学。

11日

△贵州省政协常务副主席孙国强到黔陶乡骑龙村调研周钟瑄、周渔璜历史文化遗址保护工作。花溪区政协主席谌业华、副主席孙剑参加。

△花溪区召开十六届人大常委会第25次会议。与会人员学习十八届四中全会精神，投票表决通过有关人事任免，审议区人大代表的辞职事项，通报常委会组成人员联系基层代表情况。会议听取和审议《区人民政府关于同步建成小康社会工作开展情况的报告》。

12日

△花溪区委召开十届第118次常委会议。听取全区前三季度经济运行情况汇报，安排部署第四季度经济工作，研究社会治理工作相关事宜。

14日

△花溪区2014年中小学生运动会在贵阳市34中隆重开幕，全区58所中小学校912人参加。从此，花溪区中小学生百日冬锻体育活动正式启动。

△花溪区邀请贵阳市委讲师团到花溪区作十八届四中全会精神宣讲报告。

21日

△贵州省政协副主席班程农率队到高坡乡视察民族村寨文化建设，区政协副主席何勇陪同。班程农对高坡乡村寨文化建设和民族文化保护给予高度评价。

△为建立健全突发环境事件应急机制，提高环保部门应付涉及公共危机的突发环境事件能力，维护社会稳定，保障公众生命健康和财产安全，花溪区生态局与花溪水库管理处在花溪水库联合举行“2014年度突发环境事件应急演练”。

△贵阳市政协主席陈石到贵州北极熊实业有限公司调研，帮助企业解决实际困难。贵阳国家经济技术开发区党工委书记、花溪区委书记钟汰甬，花溪区政府党组成员、园区办常务副主任管路参加。

25日

△浙江大学西迁办学旧址在青岩镇龙泉寺挂牌。浙江大学校长林建华、贵州大学校长郑强，区领导钟汰甬、吕念东、孙昕、禄竹出席挂牌仪式。

△贵阳市政协副主席余维祥、刘建军、夏刚率队视察阳光就业家园燕楼基地。花溪区政协主席谌业华、区公安分局局长胡文院参加。

28日

△中国西南汽车市场博览会暨贵州省首届汽配用品交易会在贵阳国际汽配城开幕。中国汽车市场总会秘书长乔永锋，中国汽车配件用品行业联合会副秘书长姚峻，贵州省工商联党委副主席吴维芳，贵阳国家经济技术开发区党工委书记、花溪区委书记钟汰甬，花溪区人大副主任王小兵及省、市、区工商联、投资促进局等部门负责人出席博览会开幕式。

29日

△2014年“贵阳市第三届百姓健康舞展演赛”总决赛在筑城广场举行。花溪区兴隆和阳光社区两只舞蹈队喜获三等奖。

12月

2日

△花溪区在黔陶乡骑龙村举行“周钟瑄文化交流中心”开工仪式，区政协主席谌业华、区政

府副区长禄竹、区政协副主席孙剑参加开工仪式。

3日

花溪区区委常委、经开区党工委召开全体（扩大）会议。要求，举全区之力，确保圆满完成12月中旬国家创模验收。区委常委张江华、汤慧勇、杨炜锋、吕念东、黄筱龙、陈龚卒，经开区党工委委员陈云贵、罗亮、郑楠、黄成虹出席会议。

4日

△花溪区禁毒委结合“两严一降、平安花溪”建设工作实际，在全区各社区建立花溪阳光妈妈志愿者协会分会，协助做好辖区禁毒宣传、帮教工作。区禁毒委为18个社区授予“花溪阳光妈妈志愿协会分会”牌匾。

△花溪区组织开展国家宪法日暨全国法制宣传日宣传活动，通过文艺表演、互动答题等老百姓喜闻乐见的形式宣传宪法等法律知识。区领导任渝生、宋力、吕念东、陈龚卒、张贵昇出席宣传活动。

△花溪区今冬明春水利建设启动会在黔陶乡马场村召开。区委常委、人武部部长黄筱龙，区政府副区长秦永康出席启动会。

△花溪区新闻信息中心——贵州广播电视台五频道“媒体工作室”签约暨挂牌仪式在花溪区举行。

5日

△贵阳市2014年军警民联合防空防灾应急救援演练暨人防知识师资培训活动在溪南高中举行。贵阳警备区政委杜序良、参谋长余建国，市人防办主任张彪，区委常委、区人武部部长黄筱龙，区委常委、区政府副区长陈龚卒出席演练活动。

△“青春微视·灵秀花溪”花溪区首届青年微视频创作大赛颁奖暨交流会召开。10部微视频作品脱颖而出，分获各类奖项。

8日

△“碧水蓝天”志愿服务行动在花溪公园1号门广场举行启动仪式。贵阳市委常委、宣传部长兰义彤，贵阳国家经济技术开发区党工委书记、区委书记钟汰甬，区政协主席谌业华，贵阳市国家经济技术开发区党工委委员、管委会副主任陈云贵，区委常委、宣传部长吕念东，区政府副区长马彪出席启动仪式。

11日

△花溪区召开安全生产工作专题会，对全区安全生产工作进行再安排、再部署。区委副书记、区政府区长向子琨，副区长秦永康出席会议。

12日

△贵州省高速公路抗凝保畅应急演练在贵阳环城高速西南环线上行41至45公里处举行。

△由浙江大学区域与城市规划系副主任王纪武、浙江大学经济与文化研究中心主任何春晖、浙江省住建厅科技委城乡规划专业委员会委员李子松、杭州市规划设计研究院总工程师汤海孺组成的专家组到花溪，通过实地调研和座谈研讨，支招花溪区文化旅游创新区发展规划。

13日

△钟汰甬、向子琨、谌业华等领导和区属部门机关干部、青年志愿者一起走上街头开展市容环境卫生大扫除活动。

15日

△奇瑞万达贵州客车股份有限公司向区教育系统捐赠汽车，以实际行动支持花溪区教育事业。捐赠仪式由花溪区政府副区长禄竹主持，区领导钟汰甬、杨继、王小兵、吴同恒出席捐赠仪式。此次捐赠的汽车为五辆中型客车及两辆HS商务车，总价值103万元。惠及久安小学、燕楼小学、高坡中学、花溪一小等地势偏远的小学，帮助解决部分师生出行困难。

16日

△贵阳市政协 7 +2 同心扶贫工程走进高坡乡，为村民送去过冬物资。市政协副主席、民革贵阳市委主委殷勤，区政协副主席李莎出席捐赠仪式。

17 日

△花溪区对在“明礼知耻·崇德向善”主题实践活动中，涌现出的“最美家庭、慈母之星、孝女之星、贤惠之星、四星级生态文明家庭、五星级生态文明家庭”进行表彰。

18 日

△花溪区首次开展人大代表向选民述职活动。区人大代表杜凤琴、杨健、杨明等 3 人分别向朝阳、溪北、贵州大学选区做述职。区人大常委会主任任渝生、副主任吴治岑出席述职报告会。

22 日

△花溪区创建社会主义新农村建设档案工作示范县顺利通过省级验收，成为全市 2014 年首家通过此项验收的示范区。

23 日

△花溪区委常委、经开区党工委召开全体（扩大）会议。会议要求，要认真贯彻落实中央、省、市各级会议精神，认真总结全区 2014 年工作，提前谋划下年工作；要树立安全生产意识；要树立正确的用人观，营造风清气正的选人用人环境。

△贵阳市委常委、市委组织部部长、市委党校校长刘俊到花溪区调研县级党校体制升格评估工作。贵阳国家经济技术开发区党工委书记、花溪区委书记钟汰甬，区委常委、组织部长、区党校校长张江华，区人大副主任张吉林，区党校常务副校长杨桂林参加调研。

24 日

△中共花溪区委党校体制升格工作通过省评审专家组评估验收。

30 日

△花溪区召开十六届人大常委会第 28 次会议。会议传达学习市委市政府关于支持花溪建设文化旅游创新区的文件精神；听取区民政局、交通局工作评议的整改落实情况汇报，对两家单位的工作评议开展情况发表审议意见，无记名投票进行表决，会议还审议通过有关区人大代表的辞职事项等。

30 日

△贵阳市委副书记、市长刘文新，市委常委、市政府副市长安作勋，市政府秘书长安九熊一行到地利农产品物流园调研农副产品保供稳价工作。经开区党工委书记、花溪区委书记钟汰甬，区政府副区长秦永康，区政协副主席、石板镇党委书记吴同恒，区政府党组成员、区公安分局局长胡文院参加调研。

30 日

△花溪区委常委、经开区党工委召开全体（扩大）会议。贯彻学习市委九届四次全会精神，安排部署 2015 年元旦春节期间各项工作。

31 日

△花溪区解决“民生十困”之一的首批供水改造项目——园亭山小区和羊场坝小区的箱式叠压保压设备建设已完工并投入使用。

（责任编辑　刘婷）

区情概览

高坡乡云顶草场(区旅游局供稿)

地理概况

【建置沿革】 今花溪区境，西周至春秋时期属牂牁国，秦代属且兰县，汉代属牂牁郡，东晋属晋乐县，唐宋属矩州，元代属八番宣慰司、顺元路军民宣慰司、中曹百纳等处长官司。明洪武四年（1371 年）置贵州宣慰使司，由安、宋两氏分任正、副使，今花溪区境属宋氏（副司）统领，后隶属贵州卫、贵阳府。万历十四年（1586 年）置新贵县，花溪区境属新贵县，隶贵阳府。清康熙二十六年（1687 年）置贵筑县，县署驻贵阳城西南隅，新贵县原辖地全归贵筑县。

民国 3 年（1914 年），废贵阳府，置贵阳县，贵筑县署移至息烽城，更名息烽县，花溪改属贵阳县。民国 30 年（1941 年），贵阳设市，市郊置贵筑县，县治于民国 31 年（1942 年）7 月从市府路移至花溪河北岸蟠龙山南麓，辖今花溪区、白云区、乌当区及观山湖区部分，贵筑县县治花溪一直延续到 1958 年 2 月。

1949 年 11 月，贵筑县隶属贵阳专署，1952 年 7 月，贵阳专署由花溪迁贵定县城。贵筑县隶属于贵定专署。1956 年贵定专署撤销，置安顺专署，贵筑县隶属安顺专署，县辖 7 个区 40 个乡镇。

1958 年 2 月，贵筑县撤销，所辖区乡镇全部划归贵阳市，以原市郊的黔滇、黔桂公路分界，公路以南置花溪区，以北置乌当区。花溪区辖 2 镇 23 乡，7 月调整为两镇 13 乡，9 月两镇 13 乡组建为 12 个人民公社，称管理委员会。1959 年 1 月，12 个人民公社先后并为花溪、青岩、石板、孟关 4 个大公社。

1961 年，高坡人民公社由惠水县划回花溪区，4 大人民公社解体，恢复为青岩、燕楼、马铃、石板、湖潮、麦坪、久安、花溪、党武、中曹、孟关、小碧、黔陶 13 个人民公社，青岩镇、花溪镇从人民公社分出恢复镇建制，1966 年 6 月，13 个人民公社 2 个镇分别组成 4 个人民公社联社，即花溪联社、石板联社、青岩联社、小河联社。1966 年 8 月，花溪、乌当两区组建为贵阳市郊区，称郊区人民委员会 。1967 年 2 月，造反派夺权，恢复花溪区、14 个公社 2 个镇建制，称区、公社、镇革命委员会。1981 年至 1984 年，区、公社、镇革命委员会逐步改为区、乡、镇人民政府。

1993 年，花溪区小河镇划归贵阳市小河经济技术开发区管辖。2000 年，花溪区金竹镇划归小河区，花溪区辖 3 镇 11 乡，165 个行政村，19 个居委会。2005 年，花溪区撤部分乡镇建办事处，撤销原花溪镇、花溪乡，建贵筑、溪北、清溪 3 个办事处，至此，花溪区辖 2 镇 10 乡，3 个办事处。同年，花溪区小碧乡划归南明区，花溪区辖 2 镇 9 乡，3 个办事处，151 个行政村。2012 年，撤办事处建新型社区，撤销 3 个办事处建贵筑、清溪、溪北、阳光、明珠 5 个新型社区。同年撤销原小河区、花溪区，两区合并成立新花溪区，新花溪区辖 2 镇 9 乡，18 个社区，151 个村，52 个居委会。

2013 年 12 月，党武乡、湖潮布依族苗族乡由贵安新区托管，花溪区辖 2 镇 7 乡，18 个社区。2014 年 9 月，燕楼、麦坪两乡撤乡建镇，花溪区辖 4 镇 5 乡、18 个社区，122 个村，52 个居委会。

（杨　琴）

【现行政区】 花溪区辖 4 个镇、5 个乡、18 个社区、122 个村、52 个居委会。其中：青岩镇辖 17 个村、2 个居委会；石板镇辖 13 个村、3 个居委会；燕楼镇辖 8 个村；麦坪镇辖 13 个村；孟关苗族布依族乡辖 8 个村、2 个居委会；久安乡辖 7 个村；马铃布依族苗族乡辖 3 个村；黔陶布依族苗族乡辖 7 个村、1 个居委会；高坡苗族乡辖 19 个村；阳光社区辖 8 个居民委员会；明珠社区辖 2 个居民委员会；贵筑社区辖 3 个村、3 个居委会；清溪社区辖 1 个村；溪北社区辖 6 个居委会；花孟社区辖 3 个村；黔江社区辖 4 个居委会；清浦社区辖 3 个居委会；瑞华社区辖 3 个居委会；航天社区辖 3 个居委会；航空社区辖 3 个居委会；平桥社区辖 3 个居委会；金欣社区辖 2 个居委会；黄河社区辖 4 个村；三江社区辖 6 个村；金竹社区辖 3 个村；兴隆社区辖 4 个居委会；小孟社区辖 7 个村。

（杨玉屏）

高坡苗族妇女（区旅游局供稿）

（区民政局）

【新命名地名一览表】

表 1

新命名	新名汉语拼音	地点	邮政编码
明秀商贸城	MING XIU SHANG MAO CHENG	清溪路	550025
险峰苑	XIAN FENG YUAN	田园中路	550025
南乔紫苑	NAN QIAO ZI YUAN	清溪路	550025
城南故事	CHENG NAN GU SHI	甲秀南路	550025
贵阳南收费站	GUI YANG NAN SHOU FEI ZHAN	青岩镇杨眉村	550027
青岩收费站	QING YAN SHOU FEI ZHAN	青岩镇歪脚村	550027
花溪碧桂园	HUA XI BI GUI YUAN	孟关乡沙坡村	550026
贵阳国际孟关汽配城	GUI YANG GUO JI MENG GUAN QI PEI CHENG	孟关乡沙坡村、上板村	550026

【人口与民族】 2014 年，全区常住人口 66.02 万人，流入人口 19.55 万人，流出人口 3.04 万人，全区出生 5460 人，人口出生率 8.44‰，比上年下降 0.14‰，人口自然增长率 3.04‰，比上年下降 0.81‰。全区有汉族、苗族、布依族等 40 个民族。少数民族人口为 15.14 万人（原花溪区少数民族 10.78 万人，原小河区少数民族 4.36 万人），占全区总人口的 31%。从民族成分来看，花溪区世居少数民族主要是苗族、布依族。其中：苗族人口 5.88 万人，占少数民族人口总数的 39%；布依族人口 5.76 万人，占少数民族人口总数的 38%。少数民族人口主要分布在 4 个民族乡，30 个民族村。

（杨玉屏）

【地势地貌】 花溪区位于贵阳市南部，贵州高原中部，地处云贵高原由西向东低山丘陵过渡的斜坡，层状地貌较明显，属贵阳城区向南形成的花溪—中曹—陈亮—孟关—青岩槽谷盆地和白云—花溪—青岩构成的多级台地及岩溶丘洼地地貌。东西两侧山地、丘陵地势较高，海拔1200米以上；中部槽谷盆地地势较低，海拔1100米左右。境内山峰众多，山地性显著，坝地较少。

（陈　毓）

【山峰】　境内山峰众多，1400米以上的山峰有久安乡骄子山（1409米）、孟关乡大湾坡（1409米）、石板镇羊燕大坡（1413米）、燕楼乡大草坡（1529米）、马林乡老线坡（1573米）、高坡乡大洪村瓦窑坝坡（1618米）、高坡乡云顶大坡（1626米）。境内最高峰黔陶乡皇帝坡（1655米）为黔陶乡与高坡乡的界山，南面和东北面有成片松、杉树林，其余为灌木丛，清朝诗人周渔璜墓在主峰北面摆桥山上。

（陈　毓）

【气候】　2014年花溪区全年平均气温15.6℃，较常年偏高0.6℃，其中冬季6.2℃，较常年持平；春季16.0℃，较常年偏高0.7℃；夏季22.9℃，较常年偏高0.3℃；秋季17.3℃，较常年偏高1.5℃；全年极端最高气温33.8℃（7月23日），极端最低气温－3.8℃（2月12日）。年降水量1387.1毫米，较常年偏多25.6%；一日最大降雨量142.3毫米，出现在7月16日；最长连续降水日数20天，降雨量76.2毫米，出现在3月22日—4月10日；最长连续无降水日数14天，出现在2013年12月27日—2014年1月9日。全年日照时数1229.0小时，比常年多4.2%；全年日照百分率28%，其中日照百分率≥60%的天数83天，≤20%的天数199天。全年无霜期302天。

（区气象局）

【水文】　花溪区地处贵阳市城市南片区，为贵阳市唯一跨长江流域和珠江流域的区县，地理位置北纬26°11′~26°43′，东经106°27′~106°52′。总面积964.32平方公里，东部较高，西部、西北部和东南部地势高于中部、南部和北部，中部地势较低；境内最高海拔1655米（黔陶黄帝坡），最低海拔999米（马铃乡翁岭河出口处），一般海拔1100~1250米。地形为中山丘陵为主的丘原地貌。全区有大小溪流47条，河长超过10公里或流域面积大于20平方公里的河流12条，其中花溪河等5条汇入长江水系，青岩河等7条汇入珠江水系。全区共有蓄水工程36处，其中：中型水库2座，小（一）型水库1座，小

7月17日，花溪暴雨后洪水淹没花溪大桥旁牛角岛（杨玉屏 摄）

（二）型水库15座，山塘18座（其中长江流域7座，珠江流域9座），人均水资源量1240立方米/年。中型水库为花溪水库（库容3140万立方米）及阿哈水库（库容4450万立方米），总库容7590万立方米，均为Ⅱ类水质，为贵阳市城区重要的饮用水源地。

（区水务管理局）

国民经济和社会发展综述

2014年，花溪区贯彻落实党的十八大和十八届三中、四中全会、省委第十一届四次全会、市委九届三次和区委十届五次全会精神，坚守发展和生态两条底线，牢牢抓住全面深化改革、贵安新区建设、中关村贵阳科技园规划布局等机遇，全区经济社会发展保持良好发展态势，结构调整步伐加快，经济总量不断壮大，在全省31个经济强县经济发展综合测评排位中，花溪区生产总值、固定资产投资、工业增加值、社会消费品零售总额、旅游总收入等指标绝对数均位列全省经济强县前5位，综合实力排位从2012年的小河区第23位、花溪区第44位上升到2014年的11位，经济发展实现新跨越。

经济社会发展呈现以下特点：

（一）经济运行平稳合理。一是经济保持平稳增长。2014年全区生产总值完成362.52亿元，比上年增长14.8%（其中：第一产业完成14.88亿元，比上年增长6.6%；第二产业完成196.84亿元，比上年增长14.3%；第三产业完成150.8亿元，比上年增长16.3%）。规模以上工业增加值完成243.66亿元，比上年增长17.2%（其中：花溪片区32.91亿元，比上年增长16.5%；经开片区210.75亿元，比上年增长17.3%）。全社会固定资产投资完成581.54亿元，比上年增长10.1%。财政总收入完成54.18亿元，比上年增长29.7%（其中：花溪片区26.59亿元，比上年增长40.1%；经开片区27.59亿元，比上年增长21.1%）。公共财政预算收入完成29.46亿元，比上年增长27.2%，（其中：花溪片区15.29亿元，比上年增长36.1%；经开片区14.17亿元，比上年增长18.8%）。二是投资力度增强。投资继续对经济发展发挥关键作用，纳入省市考核管理的33个重大工程项目，累计完成投资145.26亿元，完成全年目标任务的124.15%。其中：花溪片区15个省重大工程项目已开工在建，累计完成投资75.12亿元，为全年投资目标的153.01%。经开片区18个省重大工程项目，累计完成投资70.14亿元，为全年投资目标的103.28%，投资对经济增长的贡献率达65%。三是物价保持稳定，市场供给充足。全年组织调度屠宰生猪140562头、成品油销售70926吨。开展价格监测工作，重点对辖区内居民基本生活必需品价格进行巡查监控，以中心农贸市场、合力超市等为样本点，动态监测粮、油、副食品等市场价格，实时掌握市场价格变化，全年物价水平控制在2%—3%之间，市场供求总量基本平衡。开展教育、医疗、涉农收费等专项检查活动，高度重视价格举报投诉案件处理，维护市民和消费者基本权益，全年受理群众举报各种价格投诉案件50件，办结率达100%，群众满意率达100%。

（二）结构调整不断优化。一是产业结构不断优化。紧紧围绕延长产业链和打造产业集群项目，着力发展实体经济，推动经济转型升级，三大产业占GDP比重关系优化为4.1∶54.3∶41.6，三大产业贡献率为1.8∶52.4∶45.8。工业经济保持稳定：重点工业产业项目加快推进，贵州省新能源汽车及零部件制造基地、食品安全民品化试剂盒产业基地、贵阳经开区精密机床加工产业、贵阳市嵩山释行燎香港药业有限公司药酒项目、精密机床配套加工产业园、贵州3D打印技术创新中心、智能车联网产业园、贵州三圣特种建材基地、云顶风电场等项目建成并投产。两大园区整体发力，小孟工业园全年完成工业产值500亿元，燕楼产业园全年完成工业产值70亿元，促进了工业经济的平稳增长。新增规模以上工业企业21家，总数达192家，工业经济总量继续保持全市第1位。第三产业发展加快：成功举办全省第九届旅游发展大会，湿地公园景区（孔学堂）创建为国家4A级景区，青岩古镇景区创建国家级5A级景区有序推进。全区旅游接待人数1387.3万人（次）、比上年增长20.6%，实现旅游总收入118.42亿元、比上年增长20.3%。孟关汽贸城共进驻4S店54家，汽车超市共进驻商户233家；全年销售车辆68662台，比上年增长34%；销售额91.54亿元，比上年增长52%；共缴增值税8961万元，比上年增长148%。在贵州格力电器销售有限公司、沃尔玛（贵州）商业零售有限公司、贵州航天工业物资有限公司、贵阳花溪石板飞腾农产品销售有限公司、贵阳星力百货明珠超市有限公司等商贸企业的带动下，全社会消费品零售总额完成183.95亿元，比上年增长11.1%。现代农业特色凸显：以久安现代高效农业园、黔陶茶产业园、马铃生态农业产业园、青岩特色农业产业园等重点现代农业产业园区为牵头载体，园区带动辐射，完善农业农村基础设施和农业产业化体系。家庭农场规模经营逐年增加，生产基地渐成规模，共有家庭农场规模化经营户35户，省级现代农业园区1个，一村一品专业村2个，城郊型农业基地总面积达到10万亩。新增农民专业合作社10个，共有农民专业合作组织71个，辐射带动农户3860户；全区有国家级龙头企业2个、省级龙头企业7个、市级农业龙头企业11家，龙头企业拥有固定资产总值7500多万元，年销售收入1.92亿元，带动农户3450户。实施农业无公害生产和农业标准化生产，无公害农产品认证9个，新建成水果标准化示范区1个。粮经比达到2:8。二是“三农”工作稳步推进。全年完成农业总产值25.78亿元，比上年增长7.5%。完成蔬菜基地建设10万亩，蔬菜播面24.2万亩次，产量30.5万吨，产值达7.8亿元；新增茶叶面积1万亩；新增果树面积1780亩，水果产量0.72万吨；生猪出栏134800头，家禽出栏1205500羽，肉类总产量为13280吨，禽蛋产量2230吨。全区农机总动力23.96万千瓦，机械化程度进一步提升。六个“四在农家·美丽乡村”小康行动建筑计划进展顺利，青岩镇北街村青岩堡、山王庙小摆托、黔陶乡马场村栗木寨、马铃乡马铃村盐井、久安乡久安村牛昌坝5个美丽乡村“提高型”示范点的各项指标已完成。2014年现代生态高效农业示范园区建设初见成效。园区共计投入资金1.34亿元，总产值达1.4亿元，销售收入达1.26亿元。全省率先实施农村土地承包经营权确权登记，完成确权发证27602户，颁证率达99%。扶贫开发工作稳步推进，通过结对帮扶、产业扶贫、项目扶持等，圆满完成10个贫困村减贫摘帽任务，完成贫困人口减贫2585人。推进科技兴农，开展农技普及培训550场次，培训农民1.512万人次。三是区域经济融合发展。推动花溪片区、经开片区深度融合、实现政策嫁接。以规划修编为契机，在城市规划、土地规划、林地规划、生态规划以及产业规划等方面，充分融合合理布局促进招商引资、生态保护、统计核算、利益分成、社会治理、公共服务的顺利发展，实现城市功能资源最优配置和城乡建设一体化发展，提升全区的发展能力。将国家经济技术开发区政策资源嫁接到燕楼产业园，实现产业互补、空间拓展、质量提升。依托科技创新，推进配套产业对接，形成花溪旅游文化、高端装备制造、大数据、新医药大健康四大主导产业体系，将更多的上下游生产企业集合在一起，不断扩大现有产业板块的规模和产值。四是生态建设力度加强。实施“治水”“治气”“控污”和“增绿”工程，确保地表水、集中式饮用水达标率100%，城市新建建筑气化率100%。环境空气质量指数（AQI）优良率85.6%，环境空气污染指数（API）优良率98.1%。全区森林覆盖率44.13%，绿化覆盖率49.53%，人均公共绿地15.2平方米。全年共组织申报节能减排项目11个，总投资42.43亿元，申请国家资金7亿元。加快新能源开发，花溪云顶风电场一、二期项目已并网发电，平山、高粱冲风电场的前期工作已经基本完成。推广农村沼气，提高沼气池使用率，降低报废率，巩固农村沼气建设成果，并争取到省市资金建设2处小型沼气工程；2014年投放清洁能源出租车120辆。强化重点用能单位节能管理，开展万家企业能源管理体系建设任务检查，实行固定资产投资节能评估和审查制度。完成各项节能减排工作目标任务，单位地区生产总值能耗降低率下降4.57%，人均综合能耗、人均综合水耗比上年下降3.2%，单位建设面积能耗比上年下降2.5%。

（三）改革创新成效显著。以改革促发展。实施工商注册登记制度改革，放宽注册资本登记条件，创业成本大幅度降低，有效地激发投资热情，鼓励创业、带动就业，全年工商注册登记1202户，比上年增长52%。落实微型企业优惠政策，助推小微企业加快发展，全区减免微型企业税77户，奖励141户、发放奖金73万元。充分发挥“三个20万”扶持微型企业的优惠政策作用，扶持创建550户小微企业。成功承办全省旅发大会。青岩古镇作为全省旅发大会主会场，在省市大力支持下，以承办本次旅发大会为契机，按照“提高水平、服务全省、带动产业”的要求，结合省旅发大会主会场规划设计，组织实施项目48个，投入资金49.51亿元，其中引入社会资金16.38亿元，所有项目已完成建设，完善古镇基础设施、提升古镇核心区保护、开发与利用，丰富古镇的旅游业态、优化旅游功能。同时，以“玩转花溪”智慧旅游平台开发、青岩古镇智慧景区停车管理系统及智能票务管理系统建设为手段，加大智慧旅游与文化旅游的提升力度，推动花溪打造旅游升级版，提供对外开放的平台。对外引资力度显著增强。全年共引进省外实际到位资金368.5亿元，比上年增长36.2%。直接利用外资14459万美元，比上年增长20.1%。在北京·贵州云计算及大数据合作洽谈会、贵阳·深圳大数据和文化旅游产业发展推介会、京筑创新驱动区域合作等活动中引进花溪智慧旅游、花溪湿地旅游休闲配套、花溪慧谷—大唐高鸿创意网络城、花溪城市广场、智能车联网产业园、中药饮片生产基地及现代化医药物流中心、食品安全民品化试剂盒产业基地、贵州省新能源汽车及零部件制造基地等项目24个，签约金额192.3亿元。创新驱动力增强，科技工作取得新突破，区内高新技术企业共有10个、工程技术研究中心3个、企业技术中心（省级）5个。加大科技投入，全年应用技术研发资金投入2489万元，比上年增长20.7%。鼓励企业自主创新，加快产业升级，补助资金164.05万元，安排支持企业科技创新研发资金955.12万元，争取企业技改、贴息、项目资金535万元。组织申报市级科技项目5项、省级科技项目2项。

（四）城乡统筹协调发展。全面实现小康目标，加快统筹城乡发展。2014年经省全面小康建设工作领导小组认定花溪区为2013年度贵州省同步小康达标县，受到市委、市政府表彰。花溪公园大门地下通道主体完成、湿地公园二期提升改造项目加快推进，城市片区干线道路、高坡至甲定道路完成升级改造，田园南路、青岩主干路网、花溪高校聚集区（思雅路、花燕路）二期工程、孟关老富源路、杨孟二路、汽贸城红星路延伸段道路等建成通车。实施村容村貌、整脏治乱、节能减排、生态建设等四项整治活动，提升城乡环境。万达棚户区、云上棚户区、动力厂棚户区、纺纱厂棚户区改造完成一期工程。青岩污水处理厂、石板污水处理厂建成投产，青岩镇、石板镇、孟关乡三个示范小城镇加快建设。全年建成小康房500户，完成农村危房改造200户。

（五）社会民生不断改善。以人为本，全面推进社会就业、劳动保障、计生卫生、教育、公共文化等社会事业。新增就业18948人，占目标的 100.4%，城镇登记失业率为 2.73%，控制在计划的 4.0% 以内。城乡居民收入稳步提升。全年城镇常住居民人均可支配收入 24374 元，比上年增长 9.2%；农村常住居民人均可支配收入 11327 元，比上年增长 11.5%。社会保障面不断扩大。社会保险覆盖率达 90.8%，新农合参保率达 98.63%。整合区域内教育资源，将学校分为 28 个学区，促进义务教育均衡发展。新建和改扩建 6 所公办幼儿园，新增学前教育 1440 个。引进优质教育资源，北京 161 中学贵阳分校（溪南高中）建成并投入使用，北京中关村三小分别与花溪二小保利溪湖校区和经开区第一实验学校万科校区进行合作办学。全区小学毛入学率为 150.1%，初中毛入学率为 128.4%，9 年义务教育巩固率为 96.72%。打造贵州省首家基于数字病理的远程服务平台，建成北京 301 医院病理远程平台贵阳分中心，引进慈铭健康体检管理集团股份有限公司在花溪设置体检分中心。国家级慢性病综合防控示范区创建工作通过省级评估验收。实现公共卫生服务全覆盖。全区符合政策生育率为 98.68%。完成乡镇综合文化站评估定级工作，全部达到国家定级标准。实现村级农家书屋全覆盖，每个乡镇文化服务中心建设有文化活动室、电子阅览室、文化资源共享室、图书室等。全年化解省、市交办督办及自行排查的信访案件 351 件，化解（办结）率达 100%。成功应对“7·16”特大暴雨等突发事件。全区刑事发案数比上年下降 20.17%。

（邹亚东）

花溪旅游景点简介

【花溪公园】 花溪公园建园历史可追溯到清代。位于花溪区中心，占地 800 余亩，是一座真山真水的自然、生态、人文公园，这里山环水绕、堰塘层叠，园内的平桥、坝上桥、芙蓉洲、松柏园各显风姿，麟山、凤山、龟山、蛇山景色别致，不论是春桃、夏荷、秋桂、冬梅，在这里，总会散发美丽的气息。公园内，清清的流水贯山过崖，越桥壁，形成许多小湍流、小瀑布、小湖潭、小河滩。周恩来、邓颖超夫妇曾在此荡舟，著名作家巴金和萧姗曾在此结为百年之好。黄金大道在花溪公园上游数百米处，在秀丽的花溪河岸上，两排浓密的法国梧桐构成一幅独特的风景。每到秋季，落叶满地，一片金黄，引来游人无数。

花溪国家城市湿地公园（区信息中心供稿）

（区旅游局）

【花溪国家城市湿地公园】 花溪十里河滩于2009年12月经住建部正式批准建成贵州省首个国家城市湿地公园，同时也是西南地区首个国家城市湿地公园。花溪国家城市湿地公园是集生态保护、科普教育、自然野趣和休闲游览于一体的高品质湿地公园。项目总规划建设用地609公顷。于2011年9月3日建成对外开放。2014年8月被评为国家AAAA级旅游景区。

（区旅游局）

【青岩古镇】 青岩镇位于贵阳市南部，是花溪区南部中心集镇，素有“筑南门户”之称，大旅行家徐霞客游历青岩时谓之“南鄙要害”。始建于明洪武十一年，已有637年历史，总面积92.3平方公里，城镇面积达3平方公里。青岩镇在贵州历史上有极其重要的政治经济和军事地位，是贵州省四大历史文化古镇之一。交错密布于古镇的文物景点多达百处，儒家、佛家、道家、天主教、基督教以及革命文化和少数民族文化相互渗透、和谐共存。传承悠久的地方饮食文化如玫瑰糖、卤猪脚、鸡辣角、双花醋、豆制品、水盐菜等民间土特产品随处可见，古镇周边还有青岩油杉林、新哨经果林、杨眉湖、思潜河等优美的自然景观。1991年贵州省政府将青岩古镇列为省级历史文化保护单位；1992年列为贵州省历史文化名镇；2006年被评为全国历史文化名镇；2009年被评为“中华诗词之乡”；2010年被评为中国AAAA级景区；2014年被评为贵州省文明乡镇。

（区旅游局）

【大兴国寺】 原名大兴寺，是见于地方文献的贵阳最早的佛教寺院，建寺距今600余年。大兴国寺旧址在贵阳市中华南路，现已不复存在。今在花溪区青岩镇另辟新址，恢复重建大兴国寺。

（区旅游局）

【天河潭】 天河潭景区位于花溪区石板镇，总面积13.5平方公里，是国家4A级旅游景区，属贵阳八大景之一。天河潭，原名天生桥，因有座由溶岩天然生成的大石桥而得名。桥旁，是一个直径约50米、深70米、“石壁千仞，环绕如城”的大地穴，穴底一泓潭水，碧绿幽深，深不见底，故取名“天河潭”。天河潭山水相连，山中有水，水中有洞，洞中有潭，可谓贵州山水的浓缩精华。

（区旅游局）

【镇山村】 镇山村原是明王朝戍边军队的一个屯军要塞，清代中叶后成为以布依族为主的民间聚居点。镇山村三面环水，景色秀丽，是一座布依族人用石板砌起来的山寨，一层层石板房依山就势而建，靠山面的寨口建有石城墙和城门，村里所有的房顶、场院、围墙、村巷，全用灰白色的石板、石礅铺砌而成，和谐统一，错落有致。

（区旅游局）

【神奇高坡】 高坡，是一块地垒式隆起在海拔1130—1712米高原上的岩地，位于花溪最南端，号称“贵阳屋脊”。这里汇聚高山、峡谷、峰林、瀑布、溶洞、草场等绚丽多姿的地貌景观，体现“雄、奇、险、秀”的风景特色；这里还是贵阳最大的苗族聚居区，每逢民族节日，热闹非凡，可以领略最为浓郁的民族习俗风情。旖旎的风光和古老的民族风情，共同构成高坡独特神奇的景观。

（区旅游局）

【云顶草场】 位于高坡东南约10公里处云顶村境内，地处高坡台地之巅，海拔1616米以上。地势平坦，广阔无垠，人称万亩草场。地上长满各类野草，野兔、山鸡出没其间，是放牧、狩猎、赛马的理想场地，可领略大草原的风姿。

（区旅游局）

鬼架桥（区旅游局供稿）

【甲定洞葬】 位于高坡乡甲定村龙打岩半山腰山洞内。“洞葬”是苗族一种古老的丧葬习俗，每个家族一个洞穴。龙打岩半山腰王姓苗族洞葬是规模最大的洞穴，洞纵深35米，宽10米，高20米，有两处洞口。洞内共葬有大小棺材数十具。

（区旅游局）

【高寨营盘】 原名甲定营盘，位于高坡乡高寨村西南面山上，占地6万平方米，为喀斯特峰林地带，建有内城墙和外城墙，东西有石砌大门出入，地势险峻。山间乡路碑刻和摩崖石刻随处可见，附近的山巅上，还保留着古屯堡14座。

（区旅游局）

【桐埜书屋】 桐埜书屋是周渔璜少年读书处，始建于康熙初年。1992年9月，为恢复周渔璜故居及读书的历史文迹，市、区投资在庙山重建桐埜书屋，1993年建成，1994年8月对外开放，修建后的书屋坐东向西，有朝门、影壁、正房、北厢房、草亭、荷花池和慧泉等。占地面积2万平方米，建筑面积472平方米。正房面阔三间，通面阔14.3米，进深二间，通进深7.37米；北厢房面阔三间，通面阔8.87米，进深一间，通进深4.9米，穿斗式重檐悬山青瓦顶。1987年被列为贵阳市文物保护单位。

（罗　波）

【鬼架桥】 鬼架桥风景区位于黔陶乡谷洒村境内，在两深山之间横亘一座天然石桥，石桥长12米，宽60公分，桥下是300多米深的绝壁峡谷，登桥而望，心惊胆战，颇有“一桥飞架南北，天堑变通途”之雄伟壮观。鬼架桥左侧是一道刀削斧劈的绝壁夹岩，有40多米高的坳口，飞瀑奔泻而下，在潭中激起万朵浪花，气势磅薄，声震山谷。整个景区集险、峻、幽于一体，以奇、秀、美为特色。景区高山林立，河水清澈，植被郁郁葱葱，景色清幽静谧。

根据区委、区政府对花溪区旅游发展规划的要求及相关工作部署，黔陶乡拟将以鬼架桥为中心，利用鬼架桥奇、险、幽、俊、美、秀的资源优势，将鬼架桥的开发与栗木水库、红岩峡谷建设有机结合起来，大力完善基础设施建设，打造探险旅游景区。

（徐家英）

【红岩峡谷】 位于黔陶乡和高坡乡与龙里县交界处，长10余公里。峡谷两侧山峰高耸入云，悬崖峭壁，怪石嶙峋。山上林木苍翠，画眉、八哥、锦鸡等鸟类栖息其间。谷底一条清澈的溪水在树丛和巨石之间流淌，河内有大鲵和游鱼。

（区旅游局）

【燕楼古堡】 位于燕楼乡公牛屯山顶，占地15000平方米。始建于清同治年间。四周为石砌屯墙，高5米至15米不等，南北西三面有通道石门，是花溪保存最完好的营盘。营盘是躲兵防匪，也是屯兵御敌的小型城堡。花溪现存近百座完好程度不同的古营盘。

（区旅游局）

2014 花溪区十大新闻

【花溪区首月财政收入27637.9万元】 花溪区1月财政总收入完成27637.9万元，比上年增长45.14%，公共财政预算收入完成15862.9万元，比上年增长36.98%，顺利实现“开门红”。

2014年，花溪区抓住与经开区优势互补发展、贵安新区快速发展、中关村贵阳科技园建设三大机遇，在“规划布局、产业转型、宜居城镇、生态建设、社会民生”五个方面取得新突破。在2013年全省增比进位预排位中，花溪区生产总值、固定资产投资、工业增加值、公共财政预算收入、旅游总收入、城镇居民人均可支配收入、农民人均纯收入等指标绝对数均位居全省前10位，综合实力得到进一步增强。

（姜　华）

【花溪区创模向全市人民交上合格答卷】 八年多来，花溪区始终高度重视创模工作，尤其是新花溪成立后，成立以区委书记、政府区长为组长的区“创模”工作领导小组，并下设办公室，各级各部门成立相应机构，形成“党政牵头负责，部门分工协作，各级相互联动”的工作机制。根据市下达的各项目标任务，由区委、区政府相关领导对每个指标领题攻坚。经过全区上下不懈的努力，2014年6月和2015年1月21日至23日，经环保部检查验收，花溪区创模26项指标基本完成，圆满完成创模工作任务，向全市人民交上合格的答卷。

（徐小平）

【花溪区成功举办第九届贵州旅游产业发展大会】 8月15日，以“开放引领，改革驱动，与时俱进打造贵州旅游发展升级版”为主题的第九届贵州旅游产业发展大会在青岩古镇隆重举行，800多名省内外代表、旅行社、投资商、文化知名人士参加此次盛会。为举办好此次大会，花溪区实施田园南路和青岩北部环线、北门旅游综合体、南门文化旅游产业区等48个建设项目，投资49.5亿元。

（徐海花　吴　畅　付启杨）

【湿地公园景区（孔学堂）获得国家4A级旅游景区称号】 8月7日，经贵州省旅游景区质量等级评定委员会评定，花溪国家城市湿地公园景区（孔学堂）在旅游管理、游览、旅游安全、景区卫生、邮电服务、旅游购物、综合管理与环境保护诸方面，都达到国家4A级旅游景区标准，评定为国家4A级旅游景区。

（徐小平）

【花溪溪南高中投入使用】 8月28日，作为贵阳市引进的优质教育资源之一的北京161中学贵阳分校——花溪溪南高中已完成建设并投入使用。

溪南高中是由北京161中学、花溪区人民政府、贵阳市教育局共同打造的优质公办高中。学校规划用地面积6.5996公顷，总建筑面积53077平方米，建校投资超过2亿元。学校与北京161中学合作，将通过制定学校发展规划、教育教学管理、教育理念引进、管理干部及优质教师的交流、挂职，学生游学等方式，着力提升花溪区高中教学的质量。

（杨小平　文　林）

3月21日，“一把手”上党课，区委常委、宣传部长、统战部长吕念东讲“我是谁？为了谁？”党课（统战部供稿）

【花溪举全区之力建设文化旅游创新区】　按照市委、市政府《关于支持花溪建设文化旅游创新区的意见》《支持花溪建设文化旅游创新区工作实施方案》，花溪区及时抽调精兵强将建好工作团队，成立建设指挥部，及时制定《花溪建设文化旅游创新区三年行动计划（2015－2017年）》，明确资金投入、土地政策、项目审批、编制政策等五大领域的37条具体措施，确定实施花溪区域整治、生态环境保护、基础设施建设、立面整治、文化旅游景区提升、城市管理水平提升“七大工程”，力争用三年时间使花溪文化旅游创新区建设初见成效。

（戴佳村　孙　操）

【第十七届“花溪之夏”艺术节圆满闭幕】　9月25日晚第十七届“花溪之夏”艺术节圆满闭幕。第十七届“花溪之夏”艺术节从8月持续至9月，历时46天，在一系列精彩纷呈的活动中，通过推介绿色生活的理念，充分展现“高原明珠·灵秀花溪”的无穷魅力，也向更多人展示贵州绚丽多彩的民族风情，彰显花溪区文化发展的盎然生机和光明前景。活动在群众文化中开始，在大学生艺术展演中闭幕，充分展示校地互动、科技文化、人文资源的魅力，突显花溪的青春活力和勃勃生机。

（徐海花　王　玮）

【各级媒体关注花溪区“一把手”讲党课】　4月14日，人民日报头版刊发《贵州推动一把手敢担当负总责带好头 不做甩手掌柜 不搞遥控指挥》，把花溪的“一把手”讲党课作为亮点进行报道。新华网、经济日报、光明日报、贵州日报、贵阳日报等中央、省、市媒体也对花溪区“一把手”讲党课进行报道。

自教育实践活动开展以来，花溪区紧紧围绕“两区深度融合”这一核心，创新工作思路，将区属88家单位的“一把手”逐个“请”上讲台，畅谈自己及所在部门如何以转变工作作风为抓手，以服务民生为着力点，将活动融入到“打造花溪发展升级版”的大局中来思考。

（周颂华　魏　星　徐志宽）

【花溪区创文巩固通过国家测评】　自2011年12月20日贵阳市荣获“全国文明城市”称号以来，作为全市创建文明城市的主战场之一，花溪区坚持劲头不松、力度不减、标准不降，果断以纵深推进省级文明城区建设为抓手，努力拓展创建范围、参与领域和目标层次，持续巩固提升来之不易的文明城市创建成果，将创建工作压力层层传递到社区、村居，加强督导，上下联动、密切配合、形成合力；利用各类媒体广泛宣传，发动群众，营造“人人参与、人人创建”的浓厚氛围，推进巩固工作，于12月通过全国文明城市文明程度指数据测评。

（姜　华　李　翥）

【花溪区基本实现小康达标】　12月22日，省全面小康办根据小康创建达标县认定办法认定，2013年花溪区以县为单位开展全面建设小康社会统计监测实现程度达96.4%，花溪区为2013年度贵州省同步小康创建达标区（县）。

在开展同步小康驻村工作中，花溪区组建16个驻村工作分队和45个驻村工作组，128名驻村干部身穿绿色马甲，深入到农村，用责任促进同步小康社会的发展。这些被老百姓亲切称为“绿马甲”的驻村干部，在驻村工作中走村串户，在房前屋后，田间地头与老百姓“拉家常”，结合花溪的发展定位，为村民理清发展思路、为村民提供政策、法规咨询等服务，改变了过去老百姓对驻村干部“知晓率”不高，驻村干部单位、村里“两头兼顾”“到位率”低的情况，促进同步小康建设。

（姜　华　魏　星　付文芸）

2014年先进集体

全国文明单位　花溪农村商业银行

全国文明接待室　花溪区检察院控告申诉科

全国检察机关集体一等功　花溪区检察院

全国安全银行　花溪农村商业银行

全国科普日优秀特色活动单位　花溪区科协

中国银行业文明规范五星级营业网点暨千佳示范单位　花溪农村商业银行学士路支行

第三次全国经济普查先进单位　花溪区阳光社区服务中心

省级文明城区　花溪区

贵州省文明单位　花溪区国税局、花溪区市场监督管理局、花溪农村商业银行　花溪区阳光社区服务中心

贵州省“五好”基层党组织　花溪区兴隆社区服务中心

贵州省党建工作先进党组　中共花溪区检察院党组

贵州省三八红旗集体　小河巡回法庭

贵州省文明乡镇　花溪区青岩镇

贵州省级文明村　花溪区青岩镇龙井村、马铃乡谷中村

贵州省社会主义新农村建设档案工作示范区　花溪区档案局

贵州省同步小康创建活动示范单位　花溪区明珠社区服务中心

贵州省企业诚信文化体系荣誉成就奖　花溪农村商业银行

贵州省生态文明乡镇　花溪区久安乡、花溪区马铃乡

贵州省级生态村　花溪区久安乡的雪厂村、久安村

中国农业银行贵州省分行十优支行　中国农业银行花溪支行

贵阳市“五好基层党组织”　花溪区阳光社区服务中心、花溪区黔江社区服务中心

贵阳市三级五好基层党组织　中共花溪区石板镇镇山村党支部

贵阳市创建“五好”基层关工委先进集体　花溪区黔江社区服务中心

贵阳市“平安社区”　花溪区明珠社区服务中心

贵阳市“文明社区” 花溪区明珠社区服务中心、花溪区黔江社区服务中心、花溪区航天社区服务中心、花溪区清浦社区服务中心、花溪区溪北社区服务中心、花溪区清溪社区服务中心

贵阳市“绿色社区” 花溪区明珠社区服务中心

贵阳市生态村 花溪区马铃乡的马铃村、谷中村、凯坝村；久安乡的打通村、巩固村、拐耳村、久安村、吴山村、小山村、雪厂村

贵阳市生态文明社区 花溪区明珠社区服务中心、花溪区阳光社区服务中心、花溪区瑞华社区服务中心、花溪区兴隆社区服务中心

贵阳市工人先锋号 花溪区反贪局

贵阳市“守合同、重信用”单位 中国农业银行花溪支行

贵阳市预算执行分析工作评比一等奖 花溪区财政局

贵阳市优秀教研组 清华中学英语教研组、清华中学数学教研组、青岩小学语文教研组、青岩小学数学教研组、青岩小学综合教研组

（杨玉屏）

（责任编辑　罗志慧）

领导人名录

花溪河(秦刚　摄)

本名录收录2014年花溪区党政机关、行政事业单位、区管国有企业的副科级以上班子领导干部，人名后有*的，是2014年中调整免职，其余为年底仍在职。单位后有*的是2014年撤并或更名撤销的。

中共花溪区委员会

书　记：李　泽*　钟汰甬
副书记：向子琨　向　洋*
常　委：宋　力　张江华　张建军*
　　　　成先勇*　张　虎*　汤慧勇
　　　　杨炜锋*　吕念东　洪　兵
　　　　黄筱龙　陈粪卒（挂职）

中共花溪区委员会各工作部门

办公室

主　任：周　印
副主任：张　莉　李　蕾*　蔡　越*
　　　　禹　易　郭　鑫

区委政策研究室

主　任：童建明
副主任：冉婷婷

督办督查局

局　长：李　蕾
副局长：郭荣建　刘洪军

机要局

局　长：赵克忠

保密办

主　任：刘海川

保密局

局　长：刘海川

群众工作委员会

副书记：杨　刚（常务）车　伟*　游廷志*
　　　　李　宏　徐群红　刘显福

群工中心

副主任：车　伟*（常务）　刘华兴（兼）
　　　　王大清（兼）

组织部

部　长：张江华
副部长：赵　蓉*（常务）　方毓琴（兼）
　　　　陈建新　周敔松（兼）
　　　　池晓静　赵明镜
组织员办公室主任：赵明镜*
党的建设办公室副主任：夏曦　何才伟

宣传部

部　长：吕念东
副部长：赵福兰*（常务）　曾臣繁*
　　　　戴佳村　侯　申　蔡　越

文明办

主　任：曾臣繁*（兼）　蔡　越（兼）
副主任：李文义

“整脏治乱”专项行动领导小组办公室

主　任：谢　梅

统战部

部　长：吕念东
副部长：王家才（常务）　陈玉和*
　　　　吴治岑*　蒙秉中

政法委

书　记：宋　力
副书记：李文和（常务）　杨方红
　　　　游廷志*　游　浩　刘显福
纪工委书记：李文和

维稳办

主　任：李文和*　刘显福
副主任：赵　权

综治办

主　任：游廷志*　李文和
副主任：魏惠强

国安办

主　任：游　浩

副主任：安能文

禁毒办

主　任：杨方红

副主任：左丽达

机构编制委员会办公室

主　任：田晓筑

副主任：雷安远*　张路莎

编委督查室机构编制专职督查员：尹　梅

事业单位登记管理局局长：郑金萍

直属机关工作委员会

书　记：周敞松

副书记：杨洪媛　佘云云

纪工委书记：杨洪媛

离退休干部工作局

局　长：陈建新

副局长：高　源　谭永龙*　陈玉和

老年大学

副校长：周国琴（常务）

党史研究室

主　任：郭　涯

副主任：黄依莉

党　校

校　长：张江华

副校长：张庭跃

中共花溪区纪律检查委员会

书　记：张　虎*　汤慧勇

副书记：王培华（常务）　汤　娜

常　委：程家新　任海峰　岳　莉
　　　　王效宙

纪检监察检查室

主　任：周　刚

案件审理室

主　任：徐显奇

信访举报室

主　任：艾凌云

干部管理宣传教育室

主　任：刘　天

第一纪工委

书　记：王效宙

副书记：周　平*　杨菲菲

第二纪工委

书　记：吴　萍

副书记：吴敞文*　赵志刚

第三纪工委

书　记：岳　莉

副书记：唐琳莉　赵　平

第四纪工委

书　记：任海峰

副书记：吴利霞*周　平

花溪区第十六届人大常委会

主　任：任渝生

副主任：楚湘黔　张吉林　孙　昕
　　　　王小兵　张宝祎　吴治岑
　　　　张贵昇

党组书记：任渝生

副书记：张吉林

办公室

主　任：杨晓娟

副主任：周　海　尹　磊*

花溪区第十六届人大常委会各专委

选举任免联络工委

主　任：龙兴灿

内务司法工委

主　任：刘贤忠

财经工委

主　任：甘　露

科教文卫工委

主　任：郭际昕

农经民宗工委

主　任：陈正华

城乡建设与环境资源保护委员会

副主任：肖　莎

花溪区人民政府

区　长：向子琨

副区长：杨炜锋*　洪　兵　禄　竹
赵代刚　马　彪　张朝洲*
秦永康　陈龚卒　田社鸿（挂职）
陈　勇*　梅　林（挂职）*

区长助理：黄　卫*　王良平

党组书记：向子琨

副书记：杨炜锋*　洪　兵

花溪区人民政府各工作部门

办公室

主　任：黄亚军

副主任：安中发*（常务）　池　巍
安雄鹰　成　璟*　彭科芬
罗　充　田　晓　李　斌

纪检组长：田　耘*　马鸿飞

外事侨务办

主　任：黄亚军（兼）

国资办

主　任：黄亚军（兼）

应急办

主　任：黄亚军（兼）

副主任：金邦灿（常务）

国防教育办

主　任：唐世华*　车　伟

信访局

局　长：车　伟*　徐群红

副局长：刘华兴*　王大清　周培涛

法制办

主　任：赵萍萍

区人防办

主　任：张建军*　姚险峰

政务服务中心

主　任：石　雄

副主任：王忠华*　白荣智

国有资产监督管理办公室

副主任：李　斌*（常务）
罗　明（常务）

金融工作办公室

副主任：刘　容

发展和改革局

局　长：曾兴宽*　安中发

副局长：吕文忠*（常务）　徐国霞
李　健

党委书记：吴诚书*　曾兴宽*　安中发

党委副书记：曾兴宽*

纪委书记：吴　萍*　罗呈敏

教育局

局　长：侯　申*　甘　健

副局长：甘　健*（常务）　唐海军
罗维佳

党委书记：侯　申*　甘　健

纪委书记：吴利霞*　周　平

工业信息化科学技术局（知识产权局）*

局　长：王文敬*

副局长：蒋先美*　李　琛*

区生产力促进中心主任：杨　勇*

党委书记：王文敬*

纪委书记：贺承铁*

科学技术局（知识产权局）

局　长：贺　智

副局长：李　琛　王　青

党组书记：贺　智

纪检组长：贺承铁

工业和信息化局

局　长：曾兴宽

副局长：龙玉昆　杨　勇

党委书记：曾兴宽

纪委书记：向　超

旅游局

局　长：刘光强*　王　伟

副局长：王　伟*　王　敏　蒋先美

党组书记：刘光强*　王　伟

纪检组长：唐琳莉

民族事务局（宗教事务局）

局　长：吴治岑*　杨通强

副局长：龙玉昆*　雷　英　夏筑生

党组书记：吴治岑*　杨通强

纪检组长：王兴芬*　周汝阳

监察局

局　长：汤　娜

副局长：任海峰　齐　松

第一监察分局

局　长：王效宙

副局长：周　平*　杨菲菲

第二监察分局

局　长：吴　萍

副局长：吴敢文*　赵志刚

第三监察分局

局　长：岳　莉

副局长：唐琳莉　赵　平

第四监察分局

局　长：任海峰

副局长：吴利霞*　周　平

民政局

局　长：刘元春*　黄兴翠

副局长：雷　兰　龙聚盛*　曾涛峰

党委书记：刘元春*　黄兴翠

纪委书记：万春兰*　杨泽珍

司法局

局　长：王春风

副局长：董仁滨　汤　淼

党组书记：王春风

纪检组长：周琴云*　万春兰

依法治区办公室主任：樊晓文

财政局

局　长：周会智

副局长：叶　刚　罗　倩

党委书记：周会智

纪委书记：童师慧

人力资源和社会保障局

局　长：方毓琴

副局长：雷　进　陈婷婷

党委书记：方毓琴

纪委书记：杨扉扉

生态文明建设局（环保局、林业局）

局　长：姚险峰*　张君发

副局长：邹吉鸿*（常务）　刘荣祥
邵先云　易思宇*
胡万福　徐应周

党委书记：邹吉鸿*　张君发

副书记：姚险峰*

纪委书记：向　超*　谢能红

住房和城乡建设局

局　长：卓　荦

副局长：殷丽霞（常务）　艾　素*
陈勇建

党委书记：卓　荦

副书记：吴敢文*　吴利霞

纪委书记：吴敢文*　吴利霞

房屋征收局局长：谢　冬

总工程师：陈勇建*

交通运输局

局　长：尹文君

副局长：陈家平*（兼）　陈小进
　　　　宋亚菲
党委书记：尹文君
纪委书记：马鸿飞*　骆建伟

农业局（扶贫开发办公室）

局　长：贺　智*　刘光强
副局长：杨万军　罗　军*
　　　　杨条江
党委书记：童建明*　刘光强
副书记：贺　智*
纪委书记：赵　平

水利局*

局　长：邓显飞*　张建军*
副局长：焦明书*　王　贵*
党委书记：邓显飞*　张建军*
纪委书记：王仁桂*　田　耘*

水务管理局（两库一河保护局）

局　长：张建军
副局长：艾　素　焦明书
党委书记：张建军
纪委书记：田　耘

生态工业（石材）园区建设开发办公室

副主任：管　路（常务）　黄昌伟*
　　　　徐国敏

商务局

局　长：班士平
副局长：徐世海　张艳凤*　龙海波
党委书记：班士平
纪委书记：徐园琴

文体广播电视局［新闻出版局（版权局）］

局　长：杨　旭
副局长：曾涛峰*　阮启彬　龙聚盛
党委书记：杨　旭
纪委书记：王　敏

卫生和食品药品监督管理局*

局　长：张丽娜*
副局长：罗呈敏*　李雪斌*
党委书记：张丽娜*
纪委书记：骆建伟*　周琴云*

人口和计划生育局*

局　长：黄兴翠*
副局长：黎昌华（常务）*　唐　鸽*
　　　　姚　军*
党委书记　黄兴翠*
纪委书记：王永龙*

卫生和计划生育局

局　长：张丽娜
副局长：黎昌华　唐　鸽　姚　军
党委书记：张丽娜
纪委书记：周琴云

审计局

局　长：罗　明*　吴　萍
副局长：李　健*　杨　帆　熊玉云
党组书记：罗　明*　吴　萍
纪检组长：周　平*　王仁桂

城市管理局

局　长：王愿坚*　练余天
副局长：孟令宏*　麻　丽*
　　　　刘兴吉　王　贵
党委书记：王愿坚*　吴诚书
纪委书记：贺承铁*　吴啟文

统计局

局　长：练余天*　邓彩红
副局长：刘　利　涂贻荣
　　　　曾文革　邓彩红*
党组书记：邓彩红

安全生产监督管理局

局　长：刘显福*　王文敬
副局长：周文林　徐会全
党组书记：刘显福*　王文敬
纪检组长：谢能红*　王永龙

档案局（档案馆）

局长（馆长、地方志编纂委员会办公室主

任）：杨　忠

副局长（副馆长、地方志编纂委员会办公室副主任）：杨　琴

党组书记：杨　忠

纪检组长：白国忠*

水利水电工程移民局

局　长：王　颖

副局长：何爱国*　左华忠

党组书记：王　颖

纪检组长：赵廷举

爱国卫生运动委员会办公室

主　任：胡　鸿

副主任：张能源

投资促进局

局　长：王定忠*　黄昌伟

副局长：李化隆　赵　欣*　王　斌

党组书记：王定忠*　黄昌伟

纪检组长：赵志刚

供销合作社联合社

主　任：陈华信

副主任：毕　蓉　赵　娟

党委书记：陈华信

纪委书记：杨泽珍*　苏　峰

机关事务局

局　长：王忠华

副局长：黄作云　周前超

新闻信息中心

副主任：戴佳村（兼）　何　东　姜　华

土地矿产资源储备中心

副主任：左华忠*

天河潭风景区管理处

处　长：吴镇地

副处长：余　海*林　华

花溪国家城市湿地公园管理处（花溪公园管理处）

处　长：李保军

副处长：赵黔铭*　徐书培*　王定忠

党委书记：李保军

党委副书记：程华强*　王定忠

纪委书记：程华强*

贵阳城南地产集团有限公司

董事长：梁　晶

总经理：梁　晶*

党委书记：梁　晶

党委副书记：梁　晶*

政协花溪区委员会

主　席：谌业华

副主席：孙　剑　秦永康*　张朝洲　李　莎　李　瑾　何　勇　吴同恒　邹吉鸿

秘书长：吴　硕

副秘书长：车　荣　徐　辉

党组书记：谌业华

副书记：田　健*　李　瑾

办公室主任：吴　硕

政协花溪区委员会各专委

提案法制委员会

主　任：曾少海

经济科技委员会

主　任：田为民

文史宣传学习委员会

主　任：郭　霞

教文卫体委员会

主　任：项彦丽

委员联络办公室

主　任：梁国同

人口资源与环境委员会

主　任：欧阳桂枝

区智力支边办

主　任：蔡　强* 　赵　欣

公检法部门

贵阳市公安局花溪分局

局　长：黄　卫* 　胡文院

副局长：刘冬红（常务）周　勇
　　　　雷　军　吴立新

副政委：宋云喜

党委书记：黄　卫* 　胡文院

纪委书记：李　凌

花溪区人民法院

院　长：吴　莎

副院长：方兴林　王　冰　伍　威

党组书记：吴　莎

纪检组长：郑品超

花溪区人民检察院

检 察 长：王筑生

副检察长：沈重实　范湘丽　周　伦

党组书记：王筑生

纪检组长：罗　康

群众团体

总工会

主　席：张吉林

副主席：廖俊文（常务）　张碧秋*
　　　　周培涛* 　游廷志
　　　　沈新秀

共青团花溪区委

书　记：李　博

副书记：李　茸

妇女联合会

主　席：李德琼

副主席：刘正琴

科学技术协会

主　席：盛亚平

副主席：余开阔

文学艺术界联合会

主　席：刘修华* 　石文辉

副主席：石文辉* 　刘华兴

工商业联合会（花溪区商会）

主　席：蒙秉中* 　李亦然

副主席：王家才（兼）　沈新秀*
　　　　何崇义

秘书长：何崇义

残疾人联合会

理事长：熊　忠

副理事长：徐忠云

红十字会

专职副会长：徐　洋

秘书长：刘建明

计划生育协会

常务副会长：熊　伟

秘书长：秦长芳

（责任编辑　杨　琴）

花溪区党的群众路线教育实践活动

10月22日，花溪区党的群众路线教育实践活动总结大会(区群众路线教育办供稿)

综　述

【概述】　2013年12月成立区委党的群众路线教育实践活动领导小组，抽调23名精兵强将组建活动办；甄选3名经验丰富的副县级老领导和7名正科级在职干部，组建10个督导组，保障活动开展。2014年2月14日教育实践活动启动，全区88家单位、726个党的基层组织、14942名党员参加，实现全区参加教育实践活动的基层党组织和党员“全覆盖”。

活动期间，中央活动办成员梁小强，省委第一督导组第一组长黄康生，省委第一督导组组长张国新，副组长宋强，市委常委、副书记王保健，市委常委、宣传部部长兰义彤，市委第五督导组第一组长罗筑云，市委第五督导组组长朱启樯多次深入花溪实地督促指导，对花溪教育实践活动给予肯定和鼓励，帮助查找薄弱环节，提出指导意见，为全区活动开展把脉导航，推动全区教育实践活动的开展。

（区群众路线教育办）

【群众路线教育实践活动主要经验】　花溪区各级党组织和广大党员干部在活动中主动进入角色，真正把自己摆进去，自觉践行群众路线。一是必须坚持认真精神。坚持认真的态度，抓住关键不撒手，突出重点不放松，使活动取得实实在在的成效。二是必须坚持以上率下。区委常委以身作则，带头建立联系点，重要部署亲自谋划，关键节点亲自把关，班子成员扫清思路障碍；“不松手”“不甩手”，确保活动层层推进，不走过场。三是必须坚持问题导向。把问题导向作为活动开展的“风向标”，不找借口、不做妥协、不回避矛盾，坚持真查真改、立行立改，解决一批群众反映强烈的突出问题。四是必须坚持依靠群众。开门搞活动，广泛听取各方面意见建议，请群众参与、让群众监督、由群众评判，真正接“地气”，使群众切实感受到获得的成效。五是必须坚持互促互赢。把推进群众路线教育实践活动与推动两区深度融合、产业园区建设、解决民生“十困”等中心工作有机结合，安排好时间和精力，既把活动抓出成效，又把活动激发出来的工作热情和进取精神转化为推动改革发展的动力。实现活动和工作“两手抓”“两手硬”，杜绝“两张皮”，获得“双丰收”。

（区群众路线教育办）

4月18日，区人大党的群众路线教育实践活动征求意见座谈会（区人大供稿）

【群众路线教育实践活动成效】　一是接受深刻的思想教育，党员干部的观念得到提升。通过开展教育实践活动，全区党员干部接受了最深刻的思想教育，集体补了精神之“钙”。进一步坚定理想信念，进一步增强了政治意识、责任意识，牢固树立全心全意为人民服务的宗旨意识；广大党员干部鼓足了信心干劲，想干事的欲望强烈了、能干事的能力提升了、干成事的追求执着了。二是刹住“四风”蔓延势头，党员干部的作风得到转变。深入查摆“四风”突出问题，对作风之弊、行为之垢来一次大排查、大检修、大扫除，文件、会议、评比、表彰、庆典大幅精简，空话套话少了，迎来送往少了；领导干部更加注重民声、民意、民智，执行力普遍提升；整治了一批“走读风”“赌博风”“慵懒病”典型，党员干部玩心收敛，进取意识明显增强；清理办公用房、用车、规范领导干部政治、工作、生活待遇，纠正了权力观、名利观；压缩“三公”经费，领导干部公款大吃大喝的现象没有了，滥办酒席风、违法“种房”、公款送月饼、贺卡、节礼和年货等行为得到有效遏制。三是化解一批信访积案，群众反映的问题得到解决。全区自行排查的246件信访案已化解办结243件，共接待群众5618人次，办理实事2301件，解决群众反映问题1653个，构建“横到边、纵到底”的三级群众工作网络体系，解决好联系和服务群众“最后一公里”问题，解民难、排民忧、顺民意。四是办理一批民生实事，广大群众得到实惠。围绕民生，把实事办实、好事办好，让群众看得见、摸得着、感受得到。投入1900多万元，建设“美丽乡村”5个示范点；争取社区公益事业资金1849.06万元，实施51个项目，解决群众身边事；区四大班子协调投入资金838.885万元，办实事116件；全区共协调经费17000万元，办实事912件；各参学单位为全区176个村（居）办理实事452件，实现贵阳市“9月底前在每个村（居）围绕解决民生‘十困’问题至少办成一件实事”的目标。五是提振党员干部的精气神，经济发展得到提速增效。仅16天就完成花溪国家城市湿地公园三期建设项目609户房屋签约，仅30天就拆除房屋20万平方米，创造花溪和谐拆除新记录；2014年，全区（含经开区）完成生产总值362.52亿元，比上年增长14.8%；实现旅游总收入118.42亿元、比上年增长20.3%；规模以上工业增加值完成243.66亿元，比上年增长17.2%；全社会固定资产投资完成581.54亿元，比上年增长10.1%。财政总收入完成54.18亿元，比上年增长29.7%；共引进省外实际到位资金368.5亿元，比上年增长36.2%。

（区群众路线教育办）

部分机关群众路线教育实践活动简述

【区委宣传部开展党的群众路线教育实践活动】 采取集中学、自学、观看影片学、交流讨论学和实地参观学等方式学习。通过召开座谈会、上门请教、深入调研、设立电话专线、开通反映问题邮箱征求各级各部门对宣传部的意见建议77条。班子成员聚焦“四风”问题，进行对照认领和查摆，班子成员按照“三严三实”“六查八照四剖”的要求，撰写对照检查材料。宣传部班子两位副职的个人对照检查材料被省委第一督导组抽查一次性通过。在民主生活会上，班子成员主动揭短亮丑，脱去“隐身衣”、捅破“窗户纸”，做到自我剖析触及灵魂、相互批评动真碰硬。区委宣传部班子以解决“慵懒慢浮贪”、推诿扯皮、工作落实不力、管理不力的问题为重点，制定宣传部“两方案一计划”，明确责任、时限；班子成员认真撰写个人整改清单。宣传部新建制度8个，修订制度8个，废止制度4个。开通“灵秀花溪”手机客户端，增进党和政府与群众的交流和互动；在久安乡久安村牛昌坝、黔陶乡马场村投入10万元，修建文化小广场、小舞台和宣传栏；在航天、黔江、清浦、清溪、溪北5个社区投入25万元，开展居民思想道德、文明社区宣传、社区群众文化活动；做好全国文明城市巩固提升工作，在贵筑、清溪、溪北、明珠、阳光5个社区投入25万元，开展环境卫生和秩序整治、完善小区设施、组织志愿者开展公共文明引导活动；安装40个人民日报电子阅报栏。

（区委宣传部）

【统战部开展党的群众路线教育实践活动】 一是开展集中学习、交流讨论、观看警示教育专题片、参观花溪区反腐倡廉警示教育基地、瓮安事件警示教育基地、省国家安全厅以及观看先进典型人物教育影片等学习活动23次，撰写心得体会14篇，开展“一把手”上党课活动，延伸到领导班子成员，领导带头学，一级带一级。二是对照“四风”查摆问题。班子成员深入青岩镇山王庙村、杨眉村、马铃乡谷中村以及驻区台资企业调研，通过召开各界人士座谈会听取意见，查摆领导班子“四风”方面存在的突出问题15个，班子成员查找“四风”突出问题42个。三是8月25日召开领导班子专题民主生活会，班子成员敢于拿起批评与自我批评的武器，会议有辣味，红脸出汗，达到团结批评团结的目的。四是针对查摆出来的突出问题，明确整改责任人、时限和目标，一把手负总责，班子成员按照分工抓落实。五是清理现有的规章制度，搞好废、改、立工作，新建长效机制5个，修改完善7个，机关作风建设展现新面貌。

（曾　菲）

【区直机关工委开展党的群众路线教育实践活动】

区直机关工委按照中央、省、市、区委的部署，召开11次会议对活动进行安排，组织多种形式的学习共计30次。查找收集领导班子在“四风”方面的问题15条，班子成员问题35条。以整风的精神开展交心谈心活动，召开高质量的民主生活会和专题组织生活会。制定“两方案一计划”，提出26项整改措施、4项专项整治措施和11项制度建设，做到立查立改，全部整改完毕，达到“照镜子、正衣冠、洗洗澡、治治病”的目的。通过教育活动，纠正“四风”问题，出实招、办实事、见实效，投入1.5万元为帮扶村进行综合楼改造、建设“留守儿童乐园”，送党课下村，开展机关志愿服务进村寨活动，工委干部深入基层党组织、帮扶村30天以上，为基层企业和群众办实事、解难事18件。印发文件、简报数比上年减少32.6%，召开会议数比上年减少31.2%，机关公务接待费比上年下降74.35%，公车运行费比上年下降68.2%。

（区直机关工委）

【区农业局开展党的群众路线教育实践活动】

一是上下结合把握尺度。通过“请进来”与“走出去”相结合的方式，邀请服务对象代表、离退休老干部、“两代表一委员”召开座谈会等方式，共向领导党员干部发放学习读本588本、学习资料234份；采取以会代训、集中学习等方式组织党员干部学习培训8场次，800余人次；进行谈心谈话83次，领导干部共深入基层调查研究150余次。二是点面结合拓展广度。通过“一把手”讲党课带动全局科级领导成员、党支部书记和普通党员积极投入到“微型党课”“身边人讲身边事”和“最美共产党员”等一系列活动中。全局共开展4次“微型党课”、1次“身边人讲身边事”和1次“最美共产党员”报告会。三是动静结合寻求高度。党政主要领导共深入基层检查指导工作120余次，领导干部帮助群众解决难题80余个；植保、畜牧等部门为确保农民产量不受影响，田间地头组织群众实用技术培训15期，涉及12个村民小组，420户1300余人。四是表里结合保持热度。通过动态报道、言论报道、专题报道等多种方式，形成全方位、多角度、持续性的宣传报道态势，不断把群众路线教育活动引向深入。编发简报88期、手机报5期、报纸7期、电视台播出3条报道。

（区农业局）

【区卫生系统开展党的群众路线教育实践活动】 一是优化服务流程，缩短等候时间。2014年9月，青岩卫生院率先开通电话预约、网上预约、手机微信预约等预约诊疗服务，要看耳鼻喉科、中医科、妇科、牙科等特色诊室，只要通过手机微信扫描医院二维码即可实现预约诊疗服务。花溪区推行预约诊疗服务、划价收费一站式服务，做到挂号、收费取药服务窗口等候时间小于10分钟，方便病人就医。乡镇卫生院接诊时间由原来的朝九晚五，延长到晚上八点，还设立24小时夜间门诊。二是细化便民措施，满足群众需求。为方便群众看病，花溪卫生系统推行危重患者绿色通道服务、无假日门诊服务、多媒体诊疗费用查询服务、亲情护理服务等多个便民服务措施。全区医院各病房、各临床科室设置便民服务区，为患者提供充电器，针线宝，雨具、纸张、笔墨等，方便患者使用；对新农合病人的重大疾病的高比例补偿报销和门诊大病报销手续，由原来的需要填报纸质申请表，转换成“贵阳市花溪区新型农村合作医疗特殊病种（门诊大病）医疗证”，便于参合村民携带、保管。三是开通危重患者绿色通道。多名患者得到及时救治，“先诊疗，后结算”不仅彰显了医德医风，更是开启整个社会诚信模式的一把钥匙。四是改善服务态度，提速行政审批。在行政审批上，推行“一站式”服务。对办理相关行政许可的经营户实行一次告知制度，印制告知单一次性将需提交材料全部告知，经营户材料准备齐全后，卫生局监督员将第一时间赶赴现场进行现场监督审查，审查合格后即通知政务中心窗口发放卫生许可证，将卫生许可证的办理期限由原先的20个工作日缩短为2~3个工作日，将发证过程中的办事程序、办事依据、办事制度、收费标准以及各种服务承诺都上墙公布。五是改进服务作风，加强医疗质量。完善《首诊负责制》《会诊制度》《医患沟通与知情选择制度》，制定《医疗质量管理和持续改进实施方案》。实行每周处方、病历点评，每周对各科室处方和病历书写情况进行抽查，并在院周会进行通报点评，将抽查情况与科室考核挂钩。通过开展“安康杯”医务人员业务技能竞赛，加强医护人员应急演练。

（区卫生局）

部分乡镇社区群众路线教育实践活动简述

【高坡乡群众路线教育实践活动】 一是紧抓部署，争当思想表率。高坡乡先后组织召开8次班子会议研究部署教育实践活动方案和学习计划、班子集中学习方案、听取意见工作方案等工作。二是自查问题，争当行动表率。一把手在学习中带头讲问题，在深入基层调研中带头听意见，在蹲点驻村调研、大走访中带头找问题，带头听真意见、真听意见。撰写出自查材料，明确整改事项、整改时限、整改措施，为召开专题民主生活会奠定基础，通过座谈、上门访询、院坝拉家常等多种形式换位体验、交流体会、查找问题、解决问题，促进作风养成，以行动做表率查找问题。共征求到意见142条，梳理出5个方面的问题，其中涉及“四风”问题64条。三是真抓落实，争当服务表率。为群众办事开通三条绿色通道（服务群众四个一、两个便民服务窗口、三个集中办事日）。督促整改制定了高坡苗族乡干部请销假制度、加强信息报送制度、严格落实签到管理制度、严格落实工作交办制度、严格落实财务管理制度5项制度。

（高坡乡）

【花孟社区党的群众路线教育实践活动】 社区党委成员分别以党委集中学习和以普通党员身份参与机关支部党员集中学习的形式，累计学习17次54学时。社区主要领导带头撰写学习心得，按照中央“八项规定”、省委“十项规定”市委“二十九条”实施细则及区委相关规定，区委第一督导组反馈的问题，逐一对照检查。党委书记张恩带头撰写个人对照检查材料，十易其稿，班子成员之间互相找问题、提意见，共同提高对照检查材料质量。经过梳理，党委班子共征集到“四风”方面问题13条，党委班子成员个人共征集到“四风”方面问题近60条，切实整改落实。2月以来，共有17人被问责。社区党委修订《花孟社区制度汇编》，其中废除制度1个，修订制度3个，新增制度7个。

（花孟社区）

【小孟社区党的群众路线教育实践活动】 社区党委制定活动方案，实行“一把手”负责和分类指导制，抓好学习教育、听取意见、查摆问题、对照检查材料撰写、召开专题民主生活会、建章立制、整改落实、大走访、为民办实事等各项工作。通过学习，查摆“四风”“基层六风”问题，开展走村入户进企活动，听取意见和建议，社区党委召开专题民主生活会，通过开展批评与自我批评，将“四风”问题作为整改的着力点，结合收集到的民生问题，围绕“建章立制”和“为民办实事”，建立健全社区各项工作制度32项，成立党员志愿者服务队，解决民生“十困”问题，协调各方资金500余万元为老百姓办理一批实事。完善党员教育管理机制，借助“三联”（班子包村、党员联系党小组、职工联系群众），全面工作机制全面贯彻落实党的群众路线。社区党委下派第一书记对软弱涣散党组织付官村、翁岩村进行整顿，村级党组织的执行力和凝聚力得到进一步的提升，战斗堡垒作用凸显，村集体经济发展思路清晰，各项工作制度完备，党员的模范带头作用得到充分发挥。

（小孟社区）

（责任编辑　刘　婷）

中国共产党花溪区委员会

7月19日，区直机关工委组织志愿者到石板镇盖冗村帮扶(区直机关工委供稿)

综　述

【概况】 2014年，区委把“转作风、抓反腐、办实事、树形象”贯穿党的群众路线教育实践活动始终。全区参加党的群众路线教育实践活动单位共88家（党的基层组织726个，党员共计14942名），区委把信访维稳作为反“四风”“一号工程”来抓，有效化解省、市交办督办的信访案件共计351件，化解、办结率达100%。全年共协调经费1.8亿元，办实事912件，形成区委一班人往基层走、钱往基层投、政策往基层倾斜的导向，密切党群关系。中央活动办梁小强对全区教育实践活动给予肯定；在省委第一督导组抽查全市对照检查材料和批评意见工作中，花溪区是全市唯一一次性通过的区（市）县；《人民日报》《光明日报》《经济日报》、新华网等中央媒体对花溪区“一把手”上党课进行宣传报道。

全年两区（花溪区、经开区）生产总值完成362.52亿元，全省排名第五位，全市排名第三位，比上年增长14.8%。规模以上工业总产值完成248.8亿元，全省排名第四位，全市排名第一位，比上年增长16.3%。固定资产投资完成385.98亿元（50万元口径），全省排名第三位、全市排名第二位，比上年增长21.6%。社会消费品零售总额完成184.53亿元，全省全市均排第三位，比上年增长11.5%。财政总收入完成54.18亿元，比上年增长29.7%；公共财政预算收入完成29.46亿元，比上年增长27.2%，全市排名第一位。城镇常住居民人均可支配收入24374元，比上年增长9.2%；农村常住居民人均可支配收入11327元，比上年增长11.5%。全区旅游总收入实现118.42亿元，比上年增长20.3%。新增城镇就业人口18948人，比上年增长3.8%。

围绕创新社会治理主线，提高社会治理能力和人民群众满意度、安全感。推进网格化服务管理，社区、乡（镇）共划分1395个网格。开展“机关党员志愿者服务”活动，发挥党员联系社区居民、服务基层群众的作用。在“两严一降”

燕楼乡阳光家园的咨询康复活动（黄莴仙　摄）

工作中打击“两抢一盗”，2014年全区刑事发案3936起，比上年下降20.17%。组织各乡（镇）、社区开展“向毒品说‘不’，禁毒预防教育宣传活动”。全区禁毒专职工作人员增加到100名。共破获毒品案件179件，缴获毒品37公斤，抓获毒品犯罪嫌疑人215人，查获吸毒人员1078人，强制隔离吸毒人员625人。省委、市委对花溪区开展“阳光妈妈”禁毒志愿者工作给予高度肯定。

坚持把解决“民生十困”作为落脚点，全区

学前教育建筑面积达到11.1万平方米，比上年增长12.9%，投入幼儿园资金1700万元，比上年增长70%，公办幼儿园达到18所，普惠性幼儿园达到22所，已覆盖23个乡镇和社区。投资6000万元，完成全区供水改造工程管网建设2.6万米，累计解决“用水难”2300户。全年民生资金投入公共预算支出37.85亿元，比上年增长20.53%。

以“双轮驱动、优势互补”推动两区融合发展。一是实现工作机制的融合。制定《经开区、花溪区联席会议制度》《经开区、花溪区‘三重工作’联合督办督查和考核问责办法（试行）》等一系列工作制度，统筹协调解决两区经济和社会发展中的重大问题。二是实现产业发展逐步融合。围绕两区产业发展现状和布局，推进招商引资的资源共享和优势互补。传化物流公路港建设成为两区产业融合发展的典范项目。

抓住贵阳市举办第九届贵州省旅发大会的机遇，实施系列景区提升工程和环境提升项目共计48个，总投资49.5亿元。成功举办省旅发大会，得到社会各界的好评。2014年全区实施的省重大工程、重点项目共15个，累计完成投资145.26亿元，为全年投资目标的124.15%。在2014年全省“5个100工程”建设评比中，小孟工业园位列全省“100个产业园区成长工程”第一位，“青岩风景区”项目位列全省“100个旅游风景区十佳景区”第一位。

区委重视人大、政协、统战工作，促进民主政治建设。全年支持区人大听取和审议“一府两院”专项工作报告18个，开展专题视察6次，通过相关制度4个，形成决议7个。支持区政协开展专项视察活动11次，形成视察报告8份，提出工作建议60余条，为区委科学决策、民主决策提供参考。加强同各民主党派、工商联等的团结合作。成立全省第一家社区统战工作站——明珠社区统战工作站。制定《进一步加强民主党派干部队伍建设的工作方案》，加强统战队伍培训工作。支持各民主党派、工商联、无党派人士，围绕区经济社会发展的热点、难点问题进行专题调研，建言献策。发挥和谐促进会作用，化解社会矛盾。

联合贵阳市规划设计院、中国美术学院等4家设计单位，以“两路六区域”为重点，组建10个规划小组，初步完成《花溪文化旅游创新区景观规划》《花溪大道沿线绿化提升方案》等6个重点区域的规划设计，编制完成《青岩古镇创建国家5A级景区实施方案》；启动《花溪文化旅游创新区旅游提升专项规划》《花溪区水资源综合规划》等重要规划编制工作。2014年已开工路网建设、区域整治、生态建设、文化旅游等四类项目共计32个。推进文明城区、文明社区、

12月1日，区档案馆爱国主义教育基地建成，31日区委书记钟汰甬（左二）到基地参观（杨玉屏　摄）

文明单位创建活动。2014年，花溪区获“省级文明城区”，青岩镇获“省级文明乡镇”，青岩镇龙井村、马铃乡谷中村获得“省级文明村”称号；区委宣传部、明珠社区、阳光社区、花溪农商行等7家单位获得“省级文明单位”称号；黔江、航天、清浦、溪北、清溪五个社区，获“贵阳市文明社区”称号。

区委带头履行党风廉政建设责任制，学习贯彻《中国共产党党内监督条例（试行）》和《中国共产党纪律处分条例》，加强思想道德和纪律教育，增强拒腐防变的能力。把领导干部履行党风廉政建设责任制与社会治安综合治理责任制有机结合，做到“一岗双责”。

区委贯彻执行中央“八项规定”、省委“十项规定”、市委29条实施细则以及区委相关规定，深入查找和纠正“四风”方面存在的突出问题，抓好整改落实工作。2014年，区委班子未发生违纪现象。同时，落实干部任免谈话制度，对干部提出廉洁从政的要求。支持纪检监察机关和检察机关按照有关规定，查处违纪、违法、犯罪行为。深入开展专项治理，纠正损害群众利益的不正之风。推进党政领导干部任期经济责任审计工作，多形式多渠道开展反腐倡廉宣传教育，营造良好的社会氛围。

（区委办）

政策研究

【概况】 区委政研室牵头起草区委十届六次全会报告，参与区十六届人大四次会议等重要会议文件、会议简报起草工作，牵头或参与“两区”深度融合等重要课题调研，为区委决策提供服务。全年共承担四十余篇领导重要讲话、重要汇报、报告材料，全区重要会议材料等文稿的起草工作，撰写调研文稿十余篇。完成《中共贵阳市花溪区委关于贯彻落实陈刚书记调研重要指示精神的情况报告》《花溪区茶产业发展调研报告》《第九届省旅发大会花溪区筹备工作情况汇报》《坚守发展和生态两条底线 建设全国生态文明示范区》等领导重要讲话材料的起草工作；完成第九届贵州省旅游产业发展大会等重大会议的相关会务材料、报告的撰写；完成《关于推进花溪区与经开区深度融合工作的调研报告》等报告的收集、整理、编写工作。

（区委政研室）

【提升决策服务水平】 区委政研室围绕全区经济发展情况，深入到乡镇、社区、工业园区、现代农业产业园区，从生态文明建设、产业布局、人才开发等领域开展专题调研。

按照上级要求，从花溪区、经开区两区行政区划、自然资源、经济发展、社会发展、管理体制等方面入手，为实现两区优势互补，开展两区深度融合相关专题调研。

就群众关心的热点、难点问题，深入基层，听取干部、群众的意见，并将群众反映强烈的问题提请区委常委会讨论决定。完成《强力推进美丽乡村建设 分离提升宜居环境》调研报告、《花溪区打造“新型社区·温馨家园”探索社区同步小康创建新途径》重要报告、《花溪区生态文明建设体制机制改革》汇报材料的撰写。全力配合省委省政府、市委市政府领导对花溪区的各项调研工作，“坚持‘大调研’路子”，做好以文辅政、决策服务等各方面工作。

（区委政研室）

督查工作

【概况】 2014年，区督办督查局围绕花溪区、经开区深度融合发展，打造“931”产业集群及空间布局“一体、两核、三带、四组团、十园区”开展督办督查工作。一是组织抓好省第九届旅发大会筹备、城市综合提升和溪南高中开学筹备等省、市、区重点项目的督查督办工作。每月通报一次项目进展情况，每季度定期向区委常委会作专题汇报，同时针对市十件实事、区八件实事项目等进行跟踪督查，全年形成督查通报81期。二是组织做好全区目标管理工作，按照市目标责任书和区委、区政府确定的目标任务，拟订全区各乡（镇）、社区服务中心，各工作部门的目标责任书，组织完成全区年度综合绩效考核。三是组织完成区委、区政府安排的有关中心工作、重要工作事项的督查督办。四是按上级要求负责全区实事项目、目标完成情况、领导督办件及其他工作事项的汇总报送工作。

（区督办督查局）

小康工作

【概况】　花溪区推进以县为单位的同步小康创建活动，全面建设小康实现程度达到96.4%、三项核心指标均为100%，人民群众认可度达80%以上，被省全面小康领导小组认定为2013年度贵州省同步小康创建达标县。2014年，全区上下形成合力，全面小康创建取得阶段性成果。

2014年全区以园区建设为载体，发展壮大区域经济。花溪区已建成久安省级高效茶叶农业园，建好小孟工业园，培育年产值亿元以上的骨干企业，如泰邦生物、普天新能源等；培育以骨干企业为龙头、中小企业为支撑的企业群体。实施文化教育提升攻坚计划。实施“9+3”义务教育及三年免费中等职业教育计划，建立健全“控辍保学”的工作长效机制，实现每个乡镇有一所公办幼儿园，教育供给能力和质量得到较大提升；推进文化惠民工程，实现区有文化馆、图书馆、影剧院，乡（镇）有综合文化站，村（居）有文化活动室，建立健全政府购买公共文化服务和产品的制度，满足城乡居民的多样性精神文化需求。推进基础设施向乡村延伸。2014年，全区新建乡镇等级客运站5个，总投资200万元，建村招呼站150个，总投资300万元，全面实现“村村通客运”目标；实现城市社区每万名居民有1—2名全科医生，农村每个乡镇卫生院至少有1名全科医生；开展“四在农家·美丽乡村”创建活动，支持和引导农村改水、改厨、改厕、改圈，因地制宜建设山水田园村寨和民族特色村寨，全面改善农村生产生活条件。以促进就业为根本，提升城乡居民生活水平。推进全民创业和增岗行动计划，已建立1个创业孵化园区，即青岩堡，1个小企业创业基地，即泰邦生物科技，支持自主创业，保持城镇“零就业”家庭动态为零，农村“零转移就业家庭”动态为零。推进农民增收促进计划，农民转移性和财产性收入逐步增加。创新社会服务管理，健全完善基层民主法制。开展“三创一强一提升”活动，建设群众满意的“新型社区、温馨家园”，实现城乡社区综合服务全覆盖；推行矛盾纠纷排查化解的“一线工作法”，建立重大决策和重大项目社会稳定风险评估机制，预防和化解各类社会矛盾；完善基层民主制度，健全基层党组织领导的基层群众自治机制，开展村（居）务公开民主管理和民主自治村（居）示范建设活动。建立健全党务公开、政务公开、司法公开和各领域办事公开制度，保障人民群众参与监督管理的民主权利。强化舆论宣传引导，力争小康创建家喻户晓。绘制全面小康路线图与时间表，明确同步小康创建宣传口号，以树样板、示范带动的方式推动全面小康创建活动。

（区小康办）

党的建设

【概况】 一是以“双实党建”为总体思路，打造非公党建新格局。建立包括党组织信息库、党员信息库、党支部书记信息库、人才资源信息库的非公党建综合信息库，制定非公企业党组织分类标准。完成花溪区“高原明珠、活动党建”示范带方案，打造贵州十和田、菊林书院、汽车汽配行业商会等党建示范点。其中，贵州十和田党建工作和教育实践活动得到省委第一督导组组长充分肯定。二是抓试点有创新，确保党代表工作出成效。在孟关乡、麦坪乡率先开展党代表常任制试点的基础上，制定《花溪区乡镇党代会年会工作方案》，推动全区乡（镇）召开2014党代表年会，在孟关乡建立“三级网络”党代表工作室试点工作（乡党委成员联系党代表、党代表联系普通党员、党员联系群众的三级网络）。三是完成区党员志愿者服务队的组织与构建。组织召开全区党员志愿者服务工作会议并印发文件，印制党员志愿服务手册5000份，全区各乡（镇）、社区党员志愿者数量达3000余人，由各乡（镇）、社区自行组织开展各类志愿服务，并按照区文明办要求，每月定期推荐报送优秀党组织和志愿者，已累计推荐优秀党组织2个（孟关乡党委、阳光社区党委），优秀志愿者2名2014年区委组织部以“组织者、推动者和参与者”参加全区党的群众路线教育实践全过程。抽调精兵强将组建办公室。

在全区开展“一把手”上党课活动，查找“四风”存在问题。部领导带领全部干部职工集中学习6天，到区党风廉政教育基地开展警示教育。6月开展谈心活动，坚持谈不好继续谈，谈不深多次谈。针对“四风”25种表现，制定《中共花溪区委组织部党的群众路线教育实践活动整改落实责任分解表》。新建6个制度，废止1个制度，修订3个制度。贯彻《条例》精神，全区选优配强提拔科级领导干部34人，交流108人，免职49人。制定《花溪区科级领导班子和区管干部年度考核评价办法（实行）》，对全区86个科级领导班子和616名区管干部进行年度考核，制定《花溪区公务员管理工作手册》，加强公务员管理力度。2014年引进高层次人才23名（博士2名，硕士研究生20名，副高职称1名）。评选高层次人才，并进行奖励。发挥服务型党组织作用，号召党员进社区服务群众。全区开展党建评选活动，评选党建工作先进集体，省、市级“五好基层党组织”，整顿基层软弱涣散党组织。以“八有”标准，合理安排村级组织、活动场所，各村以综合楼为阵地，开展党员承诺、党员亮身份等活动，得到市委组织部的肯定。以“双实党建”为总体思路，打造非公党建新格局。完成3个全媒体站点建设，16个站点远教设备更新。全年举办各类培训班，培训各级干部。办理信访件9件，完成科级领导干部填写《花溪区领导干部离任交接书》。

（区委组织部）

【党员队伍建设】 一是以“控制总量、优化结构、提高质量、发挥作用”为总要求，做到严把关保质量，把各方面先进分子和优秀人才吸收到党内，夯实党的基层战斗堡垒。2014年全区共发展党员200名。二是发挥服务型党组织作用，号召党员进社区服务群众。结合开展市级先进社区党组织创建活动，在党员到社区报到工作中探索出“群众‘点单’，党员‘答题’”的服务群众、联系群众的新方法。2014年，共有3524名党员到社区报到，成立各类特色服务队52支，开展志愿服务活动98次，累计参与服务人数达到7240人次。

（区委组织部）

【干部理论建设】 一是印发《中共贵阳市花溪区

委关于贯彻落实<中共贵阳市委关于贯彻落实2013－2017年贵州省干部教育培训规划的实施意见>的意见》（花党发〔2014〕8号），对干部教育培训工作制定5年规划。二是建设干部教育培训信息化管理系统，建立508名科级干部个人培训电子档案。打造龙井村、小西冲、湿地公园等特色教育培训基地，落实区委党校规划建设。三是实施农村实用人才（农村经纪人）、村集体经济发展、远程教育管理员、教育系统综合能力提升、招商引资与现代服务业发展、党外干部等六大专题培训，全面提升干部综合素质能力。2014年，办专题培训班23期，培训各级干部3800余人次，举办专题讲座3期，共培训各级干部926人次。

（区委组织部）

【基层组织建设】 一是撰写《花溪区第九届村（居）党组织换届选举总结报告》和《行政村合并与农村基层发展问题研究——花溪区马铃乡并村实践引发的思考》两篇调研报告，对花溪区基层党组织建设工作起到一定的指导作用。二是整合第一书记、同步小康驻村工作组及第三批挂帮干部力量，通过“四个明确”的措施，对梳理出的37个软弱涣散党组织（包括35个村支部、2个居委会支部）进行专项整顿。三是打造“绿马甲”驻村干部品牌，投入200余万元做好第三批驻村干部、同步小康驻村和选派第一书记工作。2014年，驻村干部开展各类政策宣讲5000余场次，走访群众7万余人次，送出物资折合人民币50万余元，化解矛盾纠纷300余（件）起，为群众办理实事900余件，协调各类项目资金1400余万元，实施项目140余个。四是开展党建评选活动。2014年，全区共获得“全省机关、企事业党建工作先进党组（党委）”1个、“省级‘五好’基层党组织”4个、“市级‘五好’基层党组织”18个。推选出“模范村（居）集体”表彰对象4个、“模范村（居）党支部书记、主任”表彰对象2名及“离任村（居）党支部书记贡献奖”表彰对象2名，评选6项具有代表性的优秀特色党建工作。五是强化基层组织阵地建设。收集综合楼改造提升工程各阶段的文件、图片、文字等资料，建立规范的建设档案，以“八有”标准，合理安排村级组织活动场所的各功能单元。

（区委组织部）

【领导班子和干部队伍建设】 一是选优配强干部队伍。在政府机构改革中，对干部进行比选、研判，提拔正科级领导干部3人，调整交流41人（其中：正科级领导干部11人、副科级领导干部30人）。重点打造“一把手”干部队伍，调整配备21名部门主要领导（含政府机构改革时选配的11名政府工作部门主要领导）及1名企业主要领导，选拔配备高坡乡、久安乡2名党委书记及麦坪镇政府镇长、小孟社区党委书记、平桥社区服务中心主任，完成5个社区升格后党委书记的规范任职。二是做好人大补选工作。补选产生区人大常委会副主任2名，区政协副主席1名、常委3名。完成全区6个乡（镇）的补选工作任务，共补选产生乡（镇）长2名，乡（镇）人大主席2名，副乡长6名。三是加强乡镇干部队伍建设。组建考察组深入全区乡（镇）开展非领导职务干部的民主推荐和重点考察工作，推荐产生20名比较人选，研究确定12名重点考察对象，经重点考察、档案审核等程序，区委常委会研究任命2名主任科员、4名副主任科员。6人中，年龄最大的53岁，最小的40岁；连续在乡（镇）工作时间最长的30年，最短的14年，选拔一批长期在乡镇工作且表现突出的“老乡镇”典型任科级非领导职务，鼓励乡镇干部扎根基层、服务基层。四是强化干部监督工作。2014年，配合区审计局完成6名乡（镇）、部门主要领导的经济责任审计，对1名原企业负责人进行专项审计。配合市委组织部完成1名县级领导干部的离任交接工作，109名科级领导干部填写《花溪区领导干部离任交接书》。

（区委组织部）

【领导干部任用】 2014年，以《条例》的学习宣传和贯彻落实为主线，加大领导班子和领导干部分析研判力度，选优配强领导班子和领导干部，选拔配备乡（镇）非领导职务干部。2014年，全区共提拔科级干部34人（其中：正科级领导干部14人、副科级领导干部14人，主任科员2人、副主任科员4人），交流108人，免职49人（其中：退休免职33人，调动免职12人，其他免职4人）。

（区委组织部）

【高坡乡公开选拔中层干部】 12月1日，高坡乡召开中层干部竞争上岗演讲大会，公开选拔出8位中层领导干部。乡党委首先制定《高坡乡中层干部竞争上岗工作方案》，对现有中层干部在德、能、勤、绩、廉等方面进行民主测评，将民主测评综合评价靠后的8个岗位作为竞争上岗岗位，通过公开报名、竞职演讲、民主测评、党委会研究决定的方式选拔中层干部。参与选拔的19个竞争者，抽签确定演讲顺序后，就如何履行自己的职责逐个进行演讲，随后进行民主测评，参加测评的人员有全乡副科级以上领导、各部门负责人、一般干部、各村两委负责人。高坡乡干部选拔任用工作引入竞争机制，提高干部任用工作透明度、公信度，增强广大干部干事创业的生机与活力。

（钟光泉）

【远程教育建设】 2014年，完成3个全媒体站点建设和16个普通站点远教设备更新。培育创业带富能手1300余人，创业带富项目100个，农民专业合作社56个，带富村民2万余人。建成党员创业带富市级示范村3个，示范项目2个，示范合作社3个。指导建成金竹美多果蔬、青岩富源果蔬农民专业合作社两个学习培训一体化平台。其中，金竹美多果蔬农民专业合作社在市委组织部、市农委的党员创业带富提升工程考察中，被评为党员创业带富示范合作社及电子商务示范合作社（一类电商合作社）。完成3个市级全媒体站点（青岩镇龙井村、山王庙村、久安乡小山村贵茶公司培训中心）建设、10个党建（远教）示范点创建和16个普通站点远教设备更新。全区148个终端站点，在确保全区43个“影信通”电信宽带站点基础上，协调完成27个站点广电高清电视机顶盒安装，增加10个“影信通”电信宽带站点和25个广电有线宽带站点。将全区有线宽带覆盖率从年初的66.9%，提高到88.51%（比市级要求的75%高出13个百分点），完成全区远教在线巡查系统信息化录入、维护及区级平台建设等工作，共录入站点信息148条，管理员信息157条，辅导队伍信息248条，学用实施项目100条，农业专业合作社基本信息49条。

（区委组织部）

【机关党建基础工作】 组织建设上，所属党组织全部按期进行换届，新任党务工作者共28名，其中女性10名，占35.7%；大专以上学历26人，占92.8%；35岁以下8名，占28.57%。

在队伍管理上，所属党组织均做到每年专题研究机关党的工作1~2次，每年至少开展一次党组织书记述职会。全年表彰百佳效能科室23个、百优服务标兵22名。

在阵地建设上，将工委会议室打造为机关公用活动场地，弥补所属党组织活动阵地不足的问题，创办《花溪机关党建信息汇编》，开辟机关党建、党建风采、机关党员艺苑、学习园地、他山之石等五个栏目，反映机关动态、展现党员风采、推动机关建设，发放到每个党支部，受到广大机关党员的普遍欢迎。

在党员培训上，共举办“年度入党积极分子培训”“党务干部培训班”“普通党员轮训班”“微型党课优秀选手培训”“党员信息管理系统培训”等6期专题培训，开展“坚持党的群众路线，努力做到为民务实清廉”的专题讲座。

在党费使用上，建立党内激励、关怀、帮扶制度，了解党员需要，关注党员发展，出台区直机关党费收缴、使用和管理办法，工委留存党费比例由40%降低到17%左右，主动留利于基层；严格管理党费，全年共使用11.1842万元，各级党组织匹配用于开展党的工作各项经费44.081万元。

（区直机关工委）

【机关党员发展】 实行“双把关、双考核”，一头把住党务干部业务关、一头把住入党积极分子质量关，抓好新形势下的党员发展工作。

一是推行党务干部上岗履职合格证制度，把住党务干部业务关。规定新任的党支部书记或组织委员，在开展发展党员工作前，必须参加党务干部专项能力提升培训班，并经考试合格取得上岗履职合格证后，该支部方可开展发展党员工作。61名党务干部参加培训，59人取得发展党员专项工作上岗履职资格；经验材料被《贵阳组工信息》采用。

二是从入党动机、当前目标任务、党史培训入手，把住入党积极分子质量关。坚持成熟一个发展一个，防止降低标准把不具备党员条件的人吸收到党内。从153名优秀的入党积极分子中，好中选好、优中选优，确定61名发展对象，经预审、公示后履行发展手续。

（区直机关工委）

【开展“七一”系列活动】 一是组织参加“共筑中国梦”最美支部书记、最美共产党员征集展示活动，“喜迎党的93岁诞辰”专题宣传板报展示活动，做好区直机关省级、市级“五好”基层党组织推选工作，唱响主旋律，凝聚正能量。二是以“跨越60年的对话”为主题，在“七一”前夕组织召开新老党员座谈会。特邀党员甘奇、刘志刚两名老同志，代表区直机关72名党龄逾60年以上党员领取“在党60年纪念牌”，并听取他们为新党员上的党性教育课。深入联系帮扶点，走访、慰问农村、企业贫困党员和高龄党员，开展党内关怀行动。三是以“温暖花溪、扮靓花溪”为主题，组织机关党员开展志愿奉献活动。

8月1日，区直机关工委党员志愿者到农村开展法制宣传（区直机关工委供稿）

（区直机关工委）

【打造“四型”党组织】 一是强化学习型党组

织建设，抓理论武装。拓展“微型党课”教育平台，提出微型党课“定、选、讲、论、评、示”六步法；共组织主题为“共产党员的群众观”“共产党员生活观”“身边人讲身边事”“共产党员的人生偶像”“共产党员怎样补钙”“共产党员的执行力”的大型微型党课6期，为花溪群众路线教育实践活动营造良好的氛围。

二是强化服务型党组织建设，切实做好新形势下群众工作。成立区直机关义务宣讲队，为乡镇、社区机关干部、村干部、普通居民、农户500余人上9堂生动的辅导课；6月26日成立机关党员志愿者服务队，12支分队开展巡逻、济孤、保洁等各类志愿服务活动103次，参加服务党员计4550人次，有8000余名群众直接受益。涌现出二十五载如一日铸就警魂、坚守高坡一心为民当楷模“双语民警”杨家发（2014年获得全省“我最喜爱的十佳人民警察”殊荣，被公安部评为“全国公安爱民模范”）和向灾区捐赠两万元、退休四十多年的耄耋老人王启超等先进典型。

三是强化发展型党组织建设，服务全区经济社会发展和生态文明示范区建设。各党组织开展“党员示范岗”活动，区直机关工委深入开展“双百”评选活动，表彰23家“百佳效能科室”及22名“百优服务标兵”，开展“我身边的优秀共产党员”“党徽在岗位闪光”“党员干部公开承诺”和“党员示范岗”等活动，创新活动载体，形成机关党组织和所有党员干部共同参与的生动局面。

四是强化创新型党组织建设，增强机关党建工作的活力。区直机关工委与区文联、区摄协联合开展“最美的瞬间”拍摄活动，党员干部纷纷拿起相机、手机、摄像机，拍摄、记录身边那些在创新工作推动发展、扎根岗位、志愿服务温暖花溪“最美的瞬间”。经过推荐申报、评审等程序，评选出《暴雨来袭》《找到自己在哪儿了吗?》等10个获奖作品。

（区直机关工委）

群众工作

【概况】 4月，区群工委加挂“中共花溪区委社会建设工作委员会”和“花溪区社会建设工作办公室”牌子，并对相关职能职责进行相应调整完善，补充增加社会建设、社会治理、社会发展规律研究、社会组织建设管理及培育、社会工作队伍建设、协助管理干部、统筹协调社会公共服务体制机制建设等方面内容，不断建全群众工作机构，丰富延展社会工作职能职责。

7月29日，区政协主席谌业华（右二）在区县级领导大接访工作中（群工委供稿）

（区群工委）

【公共服务和社会治理】 区群工委按照“党委领导、政府负责、社会协同、公众参与、法治保障”社会治理工作格局，围绕“创新社会治理”

这条主线，搭建“花溪区公共服务管理系统平台”和“政府购买公共服务平台”两个平台、夯实“新型社区·温馨家园”“美丽乡村·和谐家园”“社会建设领域创新项目”三大载体、推进“矛盾大防控”“治安大整治”“社会大协同”“民生大保障”四项重点工作，坚持系统治理、依法治理、综合治理、源头治理，不断提高社会治理创新和做好群众工作的能力和水平。

（区群工委）

【为群众排忧解难】 区群工委以“三创一强一提升”工作为抓手，以“新型社区·温馨家园”公益事业项目建设为支撑，面对面答复群众灯不亮、路不平、水不通等问题，切实有效解决群众热点、难点问题。较为突出的阳光社区华宇小区200余人饮水问题，在开展社区公益事业项目中得到解决，得到群众好评。在2014年的两个批次项目建设中，花溪区共获得环境整治、道路改造、安保设施、文化设施四大类54个项目，涉及12个社区，项目资金概算1800余万元，惠及群众20余万人。

（区群工委）

【建立和完善三级服务网络】 区群工委建立和完善区、乡（镇、社区）、村（居）三级群众工作服务网络，建成群众工作站27个，群众工作室176个。探索建成燕楼镇、孟关乡及阳光社区花溪居委会“一站式”便民利民服务大厅并投入使用，打通服务联系群众“最后一公里”；深化社区建设，巩固提升4个并新增创建4个“新型社区·温馨家园”；全面推进网格化服务管理，完成网格划分，18个社区达到“一格一员”要求；初步构建9个乡（镇）网格化服务管理机制，筑牢群众工作网底；创新社会参与机制，加强社会组织培育及建设力度，搭建社会协同治理平台，建成“花溪区社会组织孵化基地”“花溪区—贵州大学公共管理学院社会工作专业实践基地”，培育区级“枢纽型”社会组织共12家；引导公众参与社会治理，提升社会治理和群众工作满意度。

（区群工委）

宣传工作

【概况】 2014年，区委宣传部一是做好区委中心学习组理论学习的服务工作，制定全区理论学习安排计划，开展学习党的十八大和省委十一届四次全会精神征文活动，编辑出版《理论与宣传》。二是推进主流媒体新闻宣传和对外宣传工作。网络舆情工作进一步加强。三是开展精神文明建设工作，挖掘先进典型，发挥先进典型示范作用，巩固文明城市建设成果，加强宣传力度。在全市率先制定《关于进一步加强志愿服务工作的实施方案》《花溪区志愿者招募注册制度》等制度。发挥“身边人讲身边事”，推动道德讲堂建设。5、6月在阳光社区、孟关汽贸城开展道德讲堂活动，受到中央、省、市媒体的报道。加强未成年人思想道德建设，开展“我的中国梦”等活动。四是开展“多彩贵州文明行动，推进创建环保模范城市”工作，并把工作纳入目标管理和干部政绩考核内容，制定《花溪区2014年多彩贵州文明行动实施方案》和考核、宣传、督查四个方案，联系媒体对全区脏乱差问题曝光30条次。五是加快文化产业步伐，推动全区文化繁荣发展。组织策划第十七届“花溪之夏”艺术节，完成微电影《缘来青岩》的制作拍摄工作。六是开展党的群众路线教育实践活动。

（区委宣传部）

【理论学习】 区委中心组集中学习4次，制定下发《中共花溪区委宣传部关于花溪区2014年党员干部理论学习安排的通知》，对全区理论学习进行部署。邀请省文联主席、省文史馆馆长、著名学者顾久、省农科院院长刘作易、市委政策研究室副主任李勇、市委讲师团党史党建研究室主任史亮围绕2014年热点作专题讲座。开展“全民阅读、书伴一生”党的群众路线教育实践活动系列征文及摄影活动比赛。收到各类征文共计300余篇。在全区7个乡（镇）、18个社区、区教育系统、区公安系统、区卫生计生系统共开展宣讲20余场。编辑出版《理论与宣传》4期。

（区委宣传部）

【创新理论宣传形式】　一是组建花溪区社里乡亲宣讲团。采取“订单式”“互动式”“选学对接”“送需匹配”等方式，开展具有地域特色的、形式多样的理论宣讲活动。二是与贵阳市建设学习型城市领导小组办公室主办的《知行》杂志合作，编辑发行第九届省旅发大会花溪专刊，用文字和图片的形式，将花溪的山、水、历史文化以及现代建设成果展现在人们面前。三是宣传部领导班子成员带队深入青岩镇北街村、南街村、三王庙村、扬眉村等村寨和黄河社区宣讲中国梦、社会主义核心价值观等。

（区委宣传部）

【报刊网络宣传】　报道全区党的群众路线教育实践活动、聚焦“四风”、为民办实事，解决民生“十困”等方面取得的成效，在省市报纸投放专版6个，在中央、省、市的电视、报刊等媒体发稿420余条次。围绕小孟工业园、燕楼循环工业园、孟关汽贸城、中关村贵阳科技园经开分园等开展花溪区的经济建设发展成果、省旅发大会、第十七届花溪之夏艺术节等活动。2014年，共在中央、省、市等媒体发稿972余条次，专版14个，其中，贵州日报49条，贵阳日报花溪专版375条。四是办好《高原明珠》报内刊、花溪远程教育频道《花溪新闻》、手机报、花溪区人民政府公众信息网自办媒体。与贵阳日报传媒集团合作，合办贵阳日报花溪区经开区新闻专版《高原明珠 灵秀花溪》，将花溪区、经开区的重要工作事项、重要活动、经济社会发展的重大成果进行报道，共刊发专版38个。与贵州日报报业集团合作，在《贵州日报》及其子报《西部开发报》上刊发花溪、经开两区深度融合，花溪区提升改造青岩古镇迎接全省旅发会等内容的专题报道共计7个版。与新华社贵州分社共同打造新型宣传平台——手机客户端掌上明珠灵秀花溪。建设开通区委宣传网络平台，并建立相应的管理维护制度，确保区委信息及时发布。完成大型宣传画册城市名片——《溪在花涧 我在溪边》的制作，并将画册发放有关单位，向国内外展示花溪独具一格的风采。制定《花溪区互联网信息应急管理办法》。发挥以互联网舆论导向作用，2014年共编写舆情简报59期，组建网络评论员队伍。围绕志愿服务、道德模范等开展网络志愿传播服务。

（区委宣传部）

【文化产业发展】　举办第十七届“花溪之夏”艺术节开幕式暨“青岩古镇 低碳骑行”手机微摄影大赛系列活动、流行手风琴“世界冠军之夜”音乐会、“群星闪耀”民乐与合唱专场音乐会、第十七届“花溪之夏”艺术节闭幕式暨贵州省第四届大学生艺术展演等活动。按照贵阳市委宣传部的统一安排，邀请湖南银辉影视文化投资有限责任公司共同拍摄微电影《缘来青岩》，并获得东方骨科杯“追逐中国梦·筑梦贵阳”微电影大赛优秀奖。以第六次经济普查为契机，按照属地管理原则，由乡、镇、社区入户登记，部门审核上报，做到应统尽统。2014年，全区文化产业增加值达65935.57万元，占GDP比重为2.4%，文化产业单位数296个，个体户数1140户，从业人员6110人，排名贵阳市第5名。组队参加贵阳市第三届“百姓健康舞”展演比赛，经过初赛、复赛和决赛阳光社区和兴隆社区代表队均获三等奖，花溪区获团体三等奖。完成贵州省文化产业示范基地申报及2014年甲秀文化人才的申报工作；配合中央电视台完成《贵州省茶文化》专题片的取景拍摄工作；协调相关单位协助豪爵公司顺利开展寻找最美丽的地方—花溪站骑行活动。

（区委宣传部）

统战工作

【概况】　区委统战部完成政协委员、政协常委调整增补工作。举办统一战线“与党同心·共筑中国梦”书画摄影展，广泛征集书法、绘画、摄影等艺术作品279件，向群众免费展览。9月，区委组织部、统战部联合举办花溪区副科级以上党外干部、党外科级后备干部、一般党外干部以及各民主党派优秀人士等80人参加培训。制定《花溪区县级党政党员领导干部与党外代表人士联谊交友工作制度》《中共花溪区委统战部领导干部与党外代表人士联谊交友工作制度》《中共花溪区委统战部台资企业联系走访制度》。5月，在明珠社区成立全省首家社区统战工作站，12月，成立阳光社区、清浦社区统战工作站。推动“7+2同心扶贫工程”。协调规划、农业、水利、交通等部门，帮助支持高坡、马铃等5个乡做好农业产业、城镇规划等工作。投入6万元，完成把伙村和谷中村两条道路硬化，走访慰问贫困归侨、侨眷8户。开展计生“三结合”，帮扶燕楼乡同心村计生户20户，协调市委统战部帮扶马铃乡凯坝村计生户10户。

（曾　菲）

春节期间非公经济人士慰问贫困群众（统战部供稿）

【非公经济统一战线】　引导非公经济人士参政议政，2014年提交政协提案12件，完成《花溪区中小微企业技术创新调研报告》等5篇。制定《区委统战部区工商联关于乡（镇、社区）基层工商联（商会）建设工作方案》和《中共花溪区委统战部、花溪区工商联“建百家商会 引千户企业 交千名朋友”工作方案》，并组织实施。筹备成立“花溪区小微企业联合商会”，交朋友110人，行业组织覆盖率已达100%。在区工商联执常委会议上开展以“信念、信任、信心、信誉”为主要内容的非公有制经济人士理想信念教育实践活动，组织学习中央、省、市会议精神。在建党93周年之际，贵州汽车汽配行业商会、贵州星天电线电缆公司开展丰富的纪念活动，并分别向马铃乡谷中村、石板镇次凹村捐赠5万元和10万元。

（韦　倩）

【民族宗教统一战线】　开展建设民族团结进步

繁荣发展示范区工作，抓好青岩龙井、山王庙小摆托、北街青岩堡、黔陶乡老榜河等民族村寨整治，推动民族教育事业发展，联合龙里县、惠水县，就高坡乡等苗族聚居区婚俗中彩礼畸高的问题，协商制定《龙里、惠水、花溪三县（区）民族协商联动工作方案》，得到群众的认可，各级网络媒体作出报道。指导贵州省道协青岩万寿宫做好道教文化展示筹备工作及青岩天主教堂完成精品客栈配套设施建设工作，推进大兴国寺及观音祈福寺的建设工作，加强宗教事务的依法管理。做好辖区内涉疆维吾尔族务工人员的稳控工作，开展抵御渗透工作，配合相关部门开展打邪制非工作，维护社会的稳定。

（刘　亚）

【港澳台与海外统一战线】　协调区政府办、区群工中心、区民政局、清溪社区、清溪派出所、桐木岭村等单位部门帮助亲情老年公寓解决老年人活动场所扩建纠纷和资金拨付等工作；帮助台商唐天雄、詹先生协调办理在阳光社区棉花关农房点开办台湾食品加工厂的相关手续。在春节期间走访慰问归侨侨眷7户，送去慰问金3500元。做好4人贵阳市侨联后备干部个人信息采集工作，建立健全侨联后备干部人才库。组织4名归侨侨眷到市一医免费体检。

（曾　菲　胡　雁）

党史研究

【概况】　区党研室征编出版《中国共产党花溪区组织史资料（第三卷）》678页36万余字，涵盖全区12年314个单位5500人次副科级以上干部任职情况等的工作；编辑出版《青岩往事（花溪党史资料第七辑）》，采集青岩镇历史事件、党史遗迹文字资料30篇12.3万字图片1000余张。完成《贵阳党史》的征稿任务；开展抗战文化史料资料的收集工作，共收集图片127张、文稿13篇，拟写《抗日将领戴安澜将军安葬花溪史略》等史料4篇4000余字；开展花溪区革命遗址动态建档和党史资料的收集，收集照片40张，有价值的党史资料23篇；联合花溪三中、花溪小学3000余名师生开展党史“六进”工作。在区直机关工委、区教育局举办2期入党积极分子培训班上系统讲授中国共产党党史；参与花溪区档案馆爱国主义教育基地展厅主题策划及第一部分“历史上的花溪”资料的收集把关工作；向全区116个机关、乡镇、社区、企事业单位及200多名离退休干部发放地方党史资料及党史期刊共计2718册。

（区党研室）

老干部管理

【概况】　区委离退休干部工作局组织老干部参加区委扩大会、情况通报会、迎春团拜会等区内重大活动；组织实职副县级及以上老干部对花溪区经济社会发展情况进行考察，使老同志了解发展情况；组织老干部开展政治理论学习，让老干部了解党的路线、方针、政策，使其在思想上、政治上、行动上同党中央保持一致；重大节日走访慰问生病的老干部，协助区四大班子领导坚持在春节前夕走访慰问老干部及老干部遗孀；组织开展重阳节座谈会、“八一”建军节对抗战干部的走访慰问等活动；按照政策规定，协调有关部门处理离退休干部逝世的善后事宜，做好遗属工作；对离休干部实行医疗费实报实销制度；按政策标准落实老干部修养费、特需费等经济待遇；按规定组织老干部进行体检；组织老干部开展春游、秋游、新春游艺会、三八节庆祝、身心健康讲座、庆寿等活动；对困难老干部及老干部遗孀进行困难帮扶；通过志愿者活动离退休干部在促进经济发展、维护社会和谐、传承繁荣文化、关心教育下一代等方面发挥作用；以花溪区老年大学为载体，开办太极拳、声乐、绘画、舞蹈等多种学习班级；以老干部活动中心为载体，开展棋牌、健身、声乐、绘画、舞蹈等学习班，使老干部感受晚年愉快。12月，花溪区老年大学被贵州省老教办授予“省级老年大学示范校”荣誉称号，全市仅有3所老年大学获此称号。

2月13日，区委离退休干部工作局组织老干部元宵游艺活动（老干局供稿）

（区委离退休干部工作局）

【重阳节文艺慰问活动】　9月26日，在第二十七个重阳老年节来临之际，区委老干局在林中月酒店为广大离退休老干部举办老年节庆祝活动，共计300余人参加活动。区委常委、组织部长张江华，区委常委常务副区长杨炜锋代表区四大班子出席。杨炜锋向广大老干部通报2014年1－9月花溪区经济和社会发展情况。最后，老干部观看文艺表演。

（区委离退休干部工作局）

保密工作

【概况】　5月29日，召开区委保密委第一次全体（扩大）会议。传达学习赵克志重要批示及中央、省、市保密会议精神；总结2013年全区保密工作，区政府副区长、区委保密委副主任禄竹对2014年全区保密工作提出要求；9月26日，在区委中心组理论学习会上，区委常委、区委组织部长张江华以保密工作为主要内容讲了一堂生动的党课。11月20日，召开区委保密委第二次全体（扩大）会议，全区各部门、各乡（镇）、社区服务中心分管负责人参加会议。会议传达陈刚在调研全市保密工作时的重要讲话精神，通报花溪区前三季度保密工作及第四季度工作安排。区政府副区长、区委保密委副主任禄竹要求各单位认真落实陈刚书记重要讲话精神；10月21日，区委召开常委（扩大）会议，学习传达《中共中央办公厅 国务院办公厅<关于印发手机使用管理规定>》文件精神，要求各参会部门将文件精神传达到每个涉密人员，严格遵守手机使用有关规定；11月24日，贵阳经开区党工委书记、花溪区委书记钟汰甬主持召开区委常委（扩大）会议，传达贯彻省委常委、市委书记陈刚调研全市保密工作的重要讲话精神，要求各级各部门将保密工作与业务工作同研究、同布置、同检查、同落实、同总结，不断提升保密工作水平。

按照《花溪区“十二五”时期保密事业发展规划》《花溪区“六五”保密法制宣传教育规划》，制定《花溪区2014年保密工作计划》，落实保密局保密业务经费和事业经费列入预算，在区委办统一列支。加强对保密法律法规宣传教育，在区党校开设保密教育课，12月在公园大门宣传保密法规，发放资料500余份。指导全区各乡（镇、社区）和各部门完善保密工作制度，签订保密承诺书。

（区国家保密局）

【强化网络保密管理】 完成全区网络核查分类统计工作，对区门户网站实行每周检查制度，对重要涉密单位的涉密计算机进行保密技术检查，加强信息公开保密审查，对区政府门户网站采取每月由区新闻信息中心向保密局报告，落实涉密计算机和涉密移动存储介质“户籍化”，使用台账管理，确保不发生失泄密案件。为提高全区保密干部的业务能力、保密意识，举办培训、讲座共4次，参与培训人数500余人次，参加上级保密培训共3次。2014年，全区征订《保密工作》共计320份。10月对全区各级各部门保密工作规范化管理进行检查。加强对重要会议保密服务工作。为区委全会、区人大会议、区政协会议做好保密服务和保障工作。在会前召集大会工作人员、秘书等上保密教育课，宣讲有关保密法规，提出保密要求，对会场周边环境进行检查，确保无泄密隐患。并在会场安放手机干扰器，维持会场秩序，杜绝泄密事件的发生；对国家秘密载体定点复制单位——贵阳市清华中学印刷厂进行年度审核工作，未发生泄密事件；完成2014年高考听力、高考、中考及花溪区有关招考的保密工作；对各单位上交的废旧文件，严格按照有关文件精神进行处理；要求全区各级各部门将涉密载体统一交回保密局，实行涉密载体统一销毁。2014年，全区未发生失泄密事件。

（区国家保密局）

党　校

【党校建设】 5月，党校新校区选址确定在花溪区花孟社区扬中村陇头。区委、区政府多次召开会议讨论党校新校区建设的实施主体、用地安排、规划设计、资金组织、项目立项等工作。把区委党校建设项目作为花溪文化旅游创新区129个重点工程之一，纳入市委、市政府支持花溪建设文化旅游创新区的意见中三年行动计划重点工程项目。10月29日，区委党校新校区建设工程破土动工。12月18日，贵阳经开区党工委书记、花溪区委书记钟汰甬，区委常委、区委组织部部长、区委党校校长张江华，区人大副主任张吉林带领区委办、区政府办、区国土、规划、住建、花孟社区等相关单位的负责人到区委党校专题调研党校体制评估及新校建设有关工作。12月23日，贵阳市委常委、组织部部长、市委党校校长刘俊带领相关部门负责人到花溪区委党校组织开展专题调研，肯定区委和党校教职工工作，希望把党校办实、办好、办出特色，要求区委党校新校区建设要力争做到“全省一流、全市第一”。

（区委党校）

中共花溪区纪律检查委员会（区监察局）

【第十届纪律检查委员会第四次全会】 会议于2014年2月20日召开，出席会议的区纪委委员35人，列席人员183人。区纪委常委会主持会议。会议学习贯彻党的十八大、十七届中央纪委贯彻党的十八大、十八届三中全会和习近平系列讲话精神，以及十八届中央纪委三次全会、十一届省委四次全会、十一届省纪委三次全会、九届市委三次全会精神、九届市纪委四次全会精神、区委十届四次全会精神，总结2013年全区党风廉政建设和反腐败工作，研究部署2014年工作任务。全会审议通过区委常委、区纪委书记张虎所作的题为《切实转变职能，深化反腐倡廉，为建设高原明珠灵秀花溪提供纪律保障》的工作报告。

区委书记钟汰甬、区人大常委会主任任渝生、区政府区长向子琨、区政协主席谌业华及其他区委常委、区人大、区政府、区政协领导班子成员和其他副县级干部出席会议。区委各部委、区级国家机关各部门、各人民团体、各投融资平台公司党政主要负责人、各乡（镇、社区）党政主要领导、纪委书记、区属各部门纪（工）委书记、纪检组长、区纪委机关各内设机构负责人参加会议。

钟汰甬对2014年全区反腐倡廉工作提出两点意见。一是从打造花溪区发展升级版，奋力走出一条花溪区与经开区“两区”双轮驱动、优势互补、深度融合、同步发展的可持续跨越发展之路的高度，结合开展党的群众路线教育实践活动，强调要把握形势，提高认识，增强党风廉政建设和反腐败斗争的责任感和紧迫感；二是要以开展第二批党的群众路线教育实践活动为契机，把党风廉政建设和反腐败工作推上新台阶。

全会要求，全区纪检监察组织要以开展党的群众路线教育实践活动为契机，以“转作风、抓反腐、办实事、树形象”为总抓手，聚焦中心任务，深化改革创新，进一步严明党的纪律，强化正风肃纪，突出监督检查和查办案件，加强自身建设，提升履职能力，推进党风廉政建设和反腐败工作，为建设“高原明珠灵秀花溪”营造风清气正的政治生态环境。要坚决落实反腐败体制机制创新和制度保障。厘清思路，明确任务，转变职能，突出主业。持之以恒纠正“四风”，零容忍态度惩治腐败。不断加强制度建设，强化对权力运行的制约和监督。推进自身建设，提高纪检监察干部素质。

（区纪委）

【落实党风廉政建设的监督责任】 执行党内监督各项制度，加强对党员领导干部的监督。全年对181名科级领导干部进行集体任前廉政谈话，对6名科级领导进行约谈，对23名科级干部予以诫勉谈话，对工作不力的3名科级干部、5家单位给予全区通报批评。严格执行领导干部述职述廉制度和报告个人有关事项规定，促进领导干部廉洁自律，全区525名实职科级干部进行书面述职，并报告个人有关事项。

（区纪委）

【开展好民生项目监督特派工作】 5月，组建4个民生项目监督特派组、27个民生项目监督特派分组。9月，启动民生项目“百日督查”行动，对2013年以来的城乡低保资金和农村危房改造资金的落实情况进行监督检查，重点查看全区27个乡镇（社区）辖174个村（居）4431户的城乡低保金、587户农村危房改造资金的备案、公示及落实情况。同时把下访作为长期性工作来抓，整合力量，形成区、乡、村三级联动机制。全年全区共发现有关问题960件，办结876件。

（区纪委）

【严查“种房”违纪违规行为】 按照市纪委监察局《关于落实党员干部、国家工作人员参与违法“种房”“三禁止”专项行动方案》，制定《花溪区查处新增违法建筑责任追究办法》，全年共查处党员干部、国家工作人员修建违法建筑案件19件。其中，给予党政纪处分并移送司法（公安）机关5件6人，党政纪处分9件10人，对拆违控违工作履职不到位的4家责任单位和2名责任人分别给予效能告诫。

（区纪委）

【反腐倡廉宣传教育】 落实贵阳市《关于认真学习严格遵守党纪党规党法的实施意见》，结合花溪区实际制定《实施意见》。制定《花溪区2014年反腐倡廉宣传教育工作要点》，在全区80余家单位2000余名干部职工中开展党纪党规党法知识测试，取得良好效果。制作宣传资料、物品73000余件。创作、拍摄廉政微电影《良心》，获市纪委评比优秀奖。将廉政文化融入花溪区2014年“三下乡”“四进社区”暨“我们的中国梦”文化进万家活动，在20个乡（镇、社区）开展文艺表演暨宣传活动，对7000多人次进行廉政文化宣传。设计印制20000份宣传单，到各演出现场发放，并组织区文联的书法家书写100余幅廉政春联发放到群众手中。开展“小手牵大手”廉洁理念带回家活动。组织召开全区落实党风廉政建设主体责任暨警示教育大会。

（区纪委）

【查办违纪违法案件】 严肃查办违纪违法案件，开展“打苍蝇”专项行动，加大查办案件力度，将“小官巨腐”、党员干部参与违法“种房”等作为查处重点，全年党政纪案件立案37件，较上年相比立案数增长67.56%，涉案人员43人（其中，副科级以上干部7人，一般干部8人，其他中共党员28人），大案15件17人，要案5件7人，既是大案又是要案的2件2人，移送司法机关7件7人，移送公安机关2件3人。

（区纪委）

【查处违纪党员干部76人】 执行中央八项规定、省委十项规定、市委二十九条实施细则和市纪委“五大禁令”。针对群众反映强烈的突出问题，抓住重要时间节点，开展监督检查，督促改进工作作风，严肃查处“四风”问题，全年组织开展明查暗访182次，查处违反中央八项规定和市纪委“五大禁令”的党员干部76人。

（区纪委）

【加强纪检干部队伍建设】 以深化“三转”为切入点，切实加强纪检监察队伍自身建设。一是落实“打铁还需自身硬”的要求，组织纪检干部认真学习中央、省、市纪委的纪律要求，从严管理队伍，做到正人先正己。加强纪检干部业务培训力度，全年共培训102人次，提高纪检监察干部综合能力。

二是按照上级纪委“关于各级纪委书记和派驻纪检组长不得在党委（党组）中分管其他业务工作”的要求，对全区各级纪委书记和派驻纪检组长分工情况进行清理，区纪委书记、9个乡（镇）纪委书记和28个部门的纪委书记（纪检组长）共减少业务分工287项。对区内议事协调机构进行清理，保留议事协调机构19个，清理议事协调机构32个。按照“突出主业、增强办案、加强监督、惩防并举”的原则，完成区纪委监察局机关内设机构调整工作。调整后，具有执纪办案职能的内设机构从原先的5个增加到7个，使纪检干部精力真正集中到监督执纪问责上。三是抓好派驻统管工作。制定区级派出纪工委监察分局干部考核细则，派驻部门纪检干部年度考核由区纪委进行统一考核。制定《贵阳市花溪区民生项目监督特派组管理办法（试行）》，加强对民生监督特派组管理。坚持干部多岗位锻炼，提升纪检干部综合能力，充分调动纪检监察干部的积极性，全区纪检监察系统共提拔、交流干部32人。

（区纪委）

（责任编辑　杨　琴）

花溪区人民代表大会及其常务委员会

2月18日，花溪区第十六届人民代表大会第四次会议代表举手表决(区人大供稿)

综　述

【概况】　区第十六届人民代表大会第四次会议于2月18日召开。会议审议区政府、财政、计划和发展、“两院”的报告，区人大常委会审议《区人民政府关于2013年区本级综合财政决算报告》《2013年度区本级综合财政预算执行情况和其他财政收支情况的审计工作报告》《2014年上半年国民经济和社会发展计划执行情况的报告》《2014年上半年区本级综合财政预算执行情况的报告》《2014年1至10月预算执行情况和区本级综合财政预算调整草案的报告》，听取区人民政府贯彻执行《中华人民共和国禁毒法》《贵州省禁毒条例》《中华人民共和国义务教育法》情况的报告，审查并批准区本级综合财政预算调整草案报告。审议区人民政府关于《区创建国家环境保护模范城市工作情况报告》，审议《区人民政府关于南环地产公司延期贵阳银行花溪支行1.6亿元国宾大道贷款列入区本级综合财政预算的报告》，并表决通过。审议《区人民政府关于提请审议将花溪文化旅游创新区项目建设贷款和融资列入区本级综合财政预算归还的报告》，并表决通过。审议区人民政府关于《我区创建国家环境保护模范城市工作情况报告》。

区人大常委会表决通过《花溪区人民代表大会代表联系选民制度》《花溪区人民代表大会常务委员会组成人员联系代表制度》《花溪区人民代表大会代表向选民述职制度》，修订《花溪区人民代表大会常务委员会关于区人大代表辞职的规定》。新制定《花溪区人大代表列席常委会会议、参加常委会视察检查活动制度》《花溪区第十六届人大代表闭会期间建议、批评和意见转办工作规定》《花溪区人大常委会办公室接待工作制度》《花溪区人大机关干部职工出差管理规定》等，逐步形成科学、规范、高效的工作运行机制，为区人大常委会依法履行职责提供切实可行的保障。

区人大常委会实地视察5个“美丽乡村，幸福家园”村寨建设、久安乡省级高效茶叶农业园、黔陶乡市级高效蔬菜农业园建设情况和区人民政府“八件实事”办理情况；视察溪南高中（北京161中学花溪分校）后续建设和区农村寄宿制中小学建设情况；组织对区交通运输局、区民政局的工作评议；视察“阳光就业家园燕楼基地”；深入高坡、青岩等地视察民族宗教工作，建议区政府将民族宗教工作融入到全区的大局中去；先后4次组织常委会组成人员、小河片区区人大代表、市人大代表花溪代表组等分阶段对青岩古镇提升改造及省旅发大会相关筹备工作进行视察。

2月18日，花溪区第十六届人民代表大会第四次会议开幕（区人大供稿）

区人大常委会按照《花

溪区人民代表大会常务委员会任免国家机关工作人员规定》和《花溪区人大常委会拟任命干部任前法律知识测试制度》，2014 年，依法任免国家机关工作人员 90 人，成功补选 3 名贵阳市十三届人大代表。

全年，共举办 2 期区人大代表专题培训班，培训代表 132 人。举办一期乡（镇）人大代表培训班，培训代表 101 人。区人大常委会领导参与区重点项目建设和文化旅游创新区建设，为早日实现“一区四化”贡献力量。全年共接待群众来访 11 人（次），收到群众信件 32 件，转办 32 件，已办结 16 件。全年区人大共召开常委会会议 12 次、主任会议 18 次，听取和审议“一府两院”专项工作报告 18 个，开展专题视察 12 次，通过相关制度 4 个，形成决议 7 个。区人大常委会获得省人大办公厅颁发的“2014 年度《人大论坛》宣传发行工作进步奖”。1 月 6 日，区人大常务委员会议补选向洋、戴一红、陆建辉为贵阳市十三届人大代表。

（区人大办）

【区人大常务委员名录】

主　任：任渝生

副主任：楚湘黔、张吉林、孙昕、王小兵、张宝祎、吴治岑、张贵昇

委　员：杨晓娟、龙兴灿、甘露、刘贤忠、郭际昕、陈正华、赵蓉、李博、曹珺、吉小琴、肖莎、李梅、李德琼、李亦然、毛巨川、仇成英、卢代康、吕瑾、刘秀丽、李海宁、邱建平、孟平红、傅涛、龙文忠

（区人大办）

【区十六届人民代表大会四次会议概况】　花溪区第十六届人民代表大会第四次会议于 2014 年 2 月 18 日在省青少年活动中心召开。出席代表 291 人，列席 78 人，主席团成员 53 人，秘书长张吉林。

大会听取和审议向子琨作的《花溪区人民政府工作报告》，审查和批准《花溪区 2013 年国民经济和社会发展计划执行情况及 2014 年国民经济和社会发展计划草案报告》《花溪区 2013 年综合财政预算执行情况及 2014 年区本级综合财政预算草案报告》。听取和审议任渝生所作的《花溪区人大常委会工作报告》；吴莎作的《花溪区人民法院工作报告》；王筑生作的《花溪区人民检察院工作报告》并通过相应的决议；选举产生两名花溪区第十六届人民代表大会常务委员会副主任。

（区人大办）

人大常委会会议

【第十八次会议】　1 月 14 日，会议表决通过有关人事任免事项；会议决定：花溪区第十六届人民代表大会第四次会议于 2014 年 2 月 18 日在贵州省青少年活动中心召开；审议通过区十六届人大四次会议预备会议日程（草案）、列席人员名单（草案）；初审区十六届人大四次会议议程、日程、主席团和秘书长名单、主席团常务主席名单、执行主席分组名单、副秘书长名单、主席团会议日程、国民经济、社会发展计划和财政预算审查委员会名单、议案审查委员会名单等草案和花溪区人大常委会工作报告；表决通过《花溪区人民代表大会代表联系选民制度（草案）》《花溪区人民代表大会代表向选民述职制度（草案）》《花溪区人民代表大会常务委员会组成人员联系代表制度（草案）》《花溪区人民代表大会常务委员会关于区人大代表辞职的规定（草案）》；审议区人大代表辞职事项，并表决通过张丽娜、杨旭、陈海深、伍军 4 人辞去区十六届人大代表职务。听取和审议《区人民政府关于南环

地产公司延期贵阳银行花溪支行1.6亿元国宾大道贷款列入区本级综合财政预算的报告》，表决通过《关于批准备区人民政府关于南环地产公司延期贵阳银行花溪支行1.6亿元国宾大道贷款列入区本级综合财政预算的报告的决议》。

（区人大办）

【第二十次会议】 4月29日，会议组织学习《中华人民共和国禁毒法》《贵州省禁毒条例》；表决通过有关人事任免事项；听取区人民政府关于贯彻执行《中华人民共和国禁毒法》《贵州省禁毒条例》情况的报告；听取区城管局关于《搬迁桐木岭北侧山头上的垃圾的建议》办理情况的报告、区交通运输局关于《修建花石路的建议》办理情况的报告（常委会督办件）。

（区人大办）

【第二十二次会议】 7月29日，会议学习《中华人民共和国审计法》；会议表决通过有关人事任免事项；听取和审议区人民政府关于《区创建国家环境保护模范城市工作情况报告审议意见》研究处理情况的报告。会议听取区人民法院执行工作开展情况的报告；听取并审议《关于2013年度区本级综合财政预算执行情况和其他财政收支情况的审计工作报告》《区人民政府关于2013年区本级综合财政决算的报告》《区人民政府关于2014年上半年区本级综合财政预算执行情况的报告》和《区人民政府关于2014年上半年国民经济和社会发展计划执行情况的报告》，表决通过《花溪区人大常委会关于批准2013年区本级综合财政决算的决议（草案）》。

（区人大办）

【第二十三次会议】 9月23日，会议通报区人大党组民主生活会情况；学习《中华人民共和国劳动就业法》；听取和审议区人民政府关于贯彻执行《中华人民共和国义务教育法》情况（重点了解教育经费依法增长情况）和青岩镇幼儿园、马铃乡幼儿园、南溪学校、花溪民中、高坡中学标准化运动场建设情况的报告；听取区人民政府关于劳动就业及就业培训“9+3”工作情况的报告；听取区人民政府关于社会保障和养老保险工作情况的报告。

（区人大办）

【第二十五次会议】 11月11日，会议学习《中共中央关于全面推进依法治国若干重大问题的决定》《中共第十八届中央委员会第四次全体会议公报》及省委十一届五次全会精神；表决通过有关人事任命事项；听取并审议《区人民政府关于同步建成小康社会工作开展情况报告》；听取和审议《区人民政府关于花溪区2014年元至10月综合财政预算执行情况及区本级综合财政预算调整（草案）的报告》，并表决通过《关于批准花溪区2014年区本级综合财政预算调整（草案）报告的决议（草案）》；听取《区人民政府关于区十六届人大一次会议以来提请人大常委会审议通过的贷款资金到位、使用及归还情况的报告》；听取《区人民政府关于区十六届人大四次会议代表建议、批评、意见及2014年区人大常委会督办件、主任督办件办理工作情况的报告》；通报常委会组成人员联系基层代表情况；审议市人大代表辞职事项，经过票决，同意郭李辞去市十三届人大代表职务。

（区人大办）

【第二十六次会议】 11月25日，会议传达学习省委组织部《关于对六盘水市经信委原副主任、党组成员王宜明突击调整干部问题的通报》精神、湖南衡阳破坏选举案处理情况及上级要求精神；听取并审议《区人民政府关于提请审议将花溪文化旅游创新区项目建设贷款和融资列入区本级综合财政预算归还的报告》《区人民政府关于提请审议将花溪文化旅游创新区项目建设贷款本息列入区本级综合财政预算归还的报告》，并表决通过《关于批准区人民政府关于提请审议将花溪文化旅游创新区项目建设贷款和融资列入区本级综合财政预算归还的报告的决议（草案）》和《关于批准区人民政府关于提请审议将花溪文化旅游创新区项目建设贷款本息列入区本级综合财政预算归还的报告的决议（草案）》。

（区人大办）

【第二十七次会议】 12 月 5 日，会议书面学习贵阳经济技术开发区党工委书记、花溪区委书记钟汰甬在花溪区人大工作会议上的讲话精神；表决通过区人民政府组成人员辞职事项；表决通过有关人事任命事项；听取和审议《区人民政府关于提请审议将花溪文化旅游创新区项目建设贷款和融资列入区本级综合财政预算归还的报告》，并表决通过《关于批准区人民政府关于提请审议将花溪文化旅游创新区项目建设贷款本息列入区本级综合财政预算归还的报告的决议（草案）》。

8 月 27 日，区人大常委会主任任渝生率人大各工委到浪风关垃圾填埋场现场督查《关于搬迁桐木岭北侧山头上的垃圾场的建议》督办件的落实情况（区人大供稿）

（区人大办）

【第二十八次会议】 12 月 30 日，会议学习《中共贵阳市委贵阳市人民政府关于支持花溪建设文化旅游创新区的意见》；听取和审议《区民政局关于区人大常委会工作评议意见整改落实情况报告》《区交通运输局关于区人大常委会工作评议意见整改落实情况报告》。经过票决，对区民政局评议结果为优秀，对区交通运输局评议结果为优秀；表决通过区人大代表辞职事项；听取区检察院项目建设专项预防工作情况汇报；书面审议区人民政府关于 2013 年度审计问题整改落实情况报告。

（区人大办）

人事任免

【概述】 1 月 14 日，区十六届人大常委会第 18 次会议，决定免去：张建军花溪区人民政府副区长职务；管路花溪区财政局局长职务。决定任命：周会智为花溪区财政局局长。

4 月 29 日，区十六届人大常委会第 20 次会议，决定免去：邓显飞花溪区水利局局长职务；吴治岑花溪区民族事务局（宗教事务局）局长职务。任命：赵庭淞为花溪区人民检察院检察员；何腾飞为花溪区人民检察院检察员。

5 月 28 日，区十六

届人大常委会第21次会议，决定免去：陈勇花溪区人民政府副区长职务。

7月29日，区十六届人大常委会第22次会议，决定免去：练余天花溪区统计局局长职务；王愿坚花溪区城市管理局（城市综合执法局）局长职务。决定任命：陈龚卒为花溪区人民政府副区长（任职期至2015年3月）；练余天为花溪区城市管理局（城市综合执法局）局长；邓彩红为花溪区统计局局长，刘应秋为花溪区人民检察院副检察长、检察委员会委员、检察员（任职期至2015年3月）。

9月29日，区十六届人大常委会第24次会议，决定免去：姚险峰花溪区生态文明建设局（环境保护局、林业绿化局）局长职务。决定任命：杨通强为花溪区民族事务局（宗教事务局）局长；张君发为花溪区生态文明建设局（环境保护局、林业绿化局）局长；张建军为花溪区水利局（两库一河保护局）局长；陈碧为花溪区人民检察院检察员；张志渊为花溪区人民检察院检察员；苏翠萍为花溪区人民检察院检察员；罗康为花溪区人民检察院检察委员会委员；龙应为花溪区人民检察院检察委员会委员；王华玲为花溪区人民检察院检察委员会委员；杭进为花溪区人民检察院检察委员会委员。

11月11日，区十六届人大常委会第25次会议，任命：张然为花溪区人民法院审判员；范征为花溪区人民法院审判员；徐婉琳为花溪区人民法院审判员；李艳阳为花溪区人民法院审判员；魏丽为花溪区人民法院审判员；高洁为花溪区人民法院审判员；王安林为花溪区人民法院审判员。任命冯增才、李隆辉、魏红、祝颖、李卫国、程昭伦、李萍、陈松、康军、李一丁、张艾青、潘善斌、孙韡、傅贤国、张英民、冯斌、邓红、陈恒云、李会、王晓娇、罗永莲、李建英为花溪区人民法院人民陪审员（任期五年）。

12月5日，区十六届人大常委会第27次会议经过表决，同意张朝洲辞去花溪区人民政府副区长职务。决定任命：马彪为花溪区人民政府副区长；秦永康为花溪区人民政府副区长；田社鸿为花溪区人民政府副区长（任职期至2015年10月）；黄亚军为花溪区人民政府办公室（外事侨务办公室、国有资产监督管理办公室）主任；安中发为花溪区发展和改革局局长；甘健为花溪区教育局局长；贺智为花溪区科学技术局（知识产权局）局长；曾兴宽为花溪区工业和信息化局局长；王伟为花溪区旅游局局长；杨通强为花溪区民族事务局（宗教事务局）局长；汤娜为花溪区监察局局长；黄兴翠为花溪区民政局局长；王春风为花溪区司法局局长；周会智为花溪区财政局（农业综合开发办公室）局长；方毓琴为花溪区人力资源和社会保障局局长；张君发为花溪区生态文明建设局（环境保护局、林业绿化局）局长；卓荦为花溪区住房和城乡建设局局长；尹文君为花溪区交通运输局局长；刘光强为花溪区农业局（扶贫开发办公室）局长；张建军为花溪区水务管理局（两库一河保护局）局长；班士平为花溪区商务局（粮食局）局长；张丽娜为花溪区卫生和计划生育局局长；吴萍为花溪区审计局局长；练余天为花溪区城市管理局（城市综合执法局）局长；邓彩红为花溪区统计局局长；杨旭为花溪区文体广电局（新闻出版局、版权局）局长；王文敬为花溪区安全生产监督管理局局长；邓松江为花溪区市场监督局（工商行政管理局、质量技术监督局、食品药品监督管理局）局长；冉依依为花溪区人民法院副院长、审判委员会委员、审判员（任职期至2015年10月）；杨绪、宋丽丽、王凝沙、姬妍、龙江为花溪区人民检察院检察员。

12月30日，区十六届人大常委会第28次会议经过表决，同意张君发、杨通强辞去花溪区第十六届人民代表大会代表职务。

（区人大办）

人大工委工作

【选任联工委】　组织2期区人大代表和1期乡人大代表培训班，全年共计培训代表233人次。召开乡（镇）、社区人大工作座谈会，组织开展3次代表组活动，将全区29个代表组组成10个联合组，围绕区委的中心工作、政府重点项目，有针对性地提出活动主题，激发代表履职活力。建立2014年代表履职活动台账，记录代表学习培训、参加活动、走访选民、提出建议、批评和意见等执行职务情况，代表发挥作用。在市人大十三届四次会议期间，组织市人大代表提出批评、建议和意见23件，并且转办十六届四次会议123件代表批评、建议和意见。牵头组织贵阳市十三届人大代表花溪代表组两次小组专题调研活动；向省、市人大报送11篇代表履职风采稿件，协助市人大调研代表辞职制度及代表履职方式研究课题的调研。

（区人大办）

【内务司法工委】　一是重点对《中华人民共和国未成年人保护法》《中华人民共和国禁毒法》《贵州省禁毒条例》等3部法律法规的贯彻实施情况进行执法检查。二是组织对区人民法院执行工作情况的调研，区人大常委会听取对区人民法院执行工作情况的汇报。三是区人大常委会听取区人民检察院预防职务犯罪进重点工程项目情况的汇报。四是对区民政局班子及主要领导的德、能、勤、绩、廉等方面进行评议，在评议中肯定其工作取得的成绩，指出存在的不足，要求该局汇报整改措施。

（区人大办）

区人大常委会主任任渝生（左三）视察燕楼阳光家园（区人大供稿）

【财经工委】　一是对花溪区2013年度区本级综合财政预算执行情况和其他财政收支情况的审计工作、2013年区本级综合财政决算，2013年区财政综合财政决算、2014年上半年国民经济和社会发展计划执行情况、2014年上半年区本级综合财政预算执行情况预算执行情况等方面的工作调研，撰写调研报告，提出建议，为人大常委会审议提供资料，拟写《关于批准花溪区2014年区本级综合财政预算调整的决议（草案）》，为常委会审议相关议题做好准备。二是配合市人大财经委北京·贵阳区域合作创新驱动系列活动106个重点项目实施工作情况评议，了解花溪区产业园区建设发展情况，摸清花溪辖区内的项目建设情况，组织工委委员进行调研，撰写调研报告。三是为区人大常委会听取区十六届人大一次会议以来，区政府提请人大常委会审议通过的贷款资金到位及使用情况做好会前准备。

（区人大办）

【教科文卫工委】　完成区人民政府义务教育均衡发展情况的自查

工作，并对义务教育存在的问题进行分析，提出继续加大教育投入、加强师资队伍建设、注重资源整合等建议；按照年初计划，在分管领导的带领下，认真组织办公室、各委室及相关部门视察区农村寄宿制中小学建设情况，针对教师待遇、食堂管理、安全保障等方面提出可行性建议。

（区人大办）

【农经民宗工委】 一是牵头组织区人大常委会进行“创建全面小康社会工作”的情况进行调研。区人大常委会第22次会议听取《区人民政府关于同步建成小康社会工作开展情况的报告》，通过多种形式助推“创建全面小康社会工作”圆满完成。二是组织区人大常委会组成人员对区政府执行2011年区人大常委会通过的《花溪区人大常委会关于进一步加强森林资源管护严格控制砍伐火烧迹地林木的决定》情况进行检查。三是组织区人大常委会组成人员对区民族宗教工作进行视察。提出要加大对党的民族宗教政策的宣传力度，正确稳妥处理好民族宗教问题，在全区营造“各民族共同团结奋斗，共同繁荣发展”的和谐氛围等建议。

（区人大办）

【城建环保工委】 对区创模工作研究处理情况开展调研，通过实地查看、走访了解、召开座谈会、听取工作汇报等方式对相关工作情况进行全面了解，形成调研报告，总结花溪区在创模工作的成绩，并指出存在的问题和不足，为区人大常委会审议相关工作提供依据，助推全区创模工作。牵头完成区人大常委会对区交通局工作评议。

区人大常委会检查木材加工厂木材来源情况（区人大供稿）

（区人大办）

（责任编辑　周年辉）

花溪区人民政府

5月28日，贵州省大数据产业发展应用研究院落户花溪(董仁海 摄)

综　述

【概述】　区政府坚守发展和生态两条底线，围绕全面建成小康社会的目标要求，抢抓机遇，克难攻坚，经济社会发展全面提升。全年实现生产总值362.52亿元，比上年增长14.8%。全社会固定资产投资完成581.54亿元，比上年增长10.1%。区域规模以上工业增加值完成243.66亿元，比上年增长17.2%（其中，花溪片区32.91亿元、比上年增长16.5%；经开片区210.75亿元、比上年增长17.3%）。财政总收入完成54.18亿元，比上年增长29.7%（其中，花溪片区26.59亿元、比上年增长40.1%；经开片区27.59亿元、比上年增长21.1%）；公共财政预算收入完成29.46亿元，比上年增长27.2%（其中，花溪片区15.29亿元、比上年增长36.1%；经开片区14.17亿元、比上年增长18.8%）。招商引资引进省外到位资金368.5亿元，比上年增长36.2%（其中，花溪片区133.9亿元、比上年增长43.5%；经开片区234.6亿元、比上年增长32.3%）。社会消费品零售总额完成183.95亿元，比上年增长11.1%。城镇常住居民人均可支配收入24374元，比上年增长9.2%。农村常住居民人均可支配收入11327元，比上年增长11.5%。从产业结构看，三次产业结构比例为4.1∶54.3∶41.6。从投资结构看，全社会固定资产中，产业投资占比39.3%、基础投资占比60.7%、民生及公共投资占比55.5%。

成功举办第九届省旅发大会，实施田园南路和青岩北部环线、北门旅游综合体、南门文化旅游产业区等项目48个，完成投资额49.5亿元。推进天河潭旅游综合体和十里河滩湿地公园景区、孔学堂二期建设。经贵州省旅游景区质量等级评定委员会评定湿地公园景区（孔学堂）获得国家4A级旅游景区称号。加快推进以青岩古镇为核心，联动湿地公园、孔学堂的国家5A级旅游景区创建。全年旅游接待人数1387.3万人次，比上年增长20.6%，实现旅游总收入118.42亿元，比上年增长20.3%。加快推进孟关国际汽贸城、孟关汽配城物流信息平台建设，启动全省首个无水港——西南商谷·贵州孟关国际物流城建设。推进泰邦生物科技园、燕楼循环工业园区建设，完成贵阳三圣特种建材基地项目、贵州泰邦生物制品公司新GMP生产线。完成花溪云顶风电场二期项目。培育贵州星天电线电缆有限公司、贵州泰邦生物制品有限公司2家高新技术企业。加强对高耗能、高污染企业的监管力度。全年园区工业总产值70亿元，固定资产投入62亿元，新建标准化厂房5.18万平方米，新入园企业15家。推进久安茶产业园、黔陶生态蔬菜现代高效农业园、马铃生态农业产业园、青岩特色农业产业园等建设。申报省级农业产业化龙头企业3家，培育扶持农产品加工企业7家、农业专业合作社14家、家庭农场15家，农业增加值实现14.88亿元，增长6.6%，其中现代农业占比达30.5%。

基本完成花溪公园大门地下通道建设及清溪路、明珠大道等城市片区道路升级改造。完成孟关老富源路、杨孟二路、汽贸城红星路延伸段道路等路网建设。实施高坡至甲定道路改造工程。大力开展村容村貌、整脏治乱、节能减排、生态建设“四项整治”，改善城乡环境，基本实现“乡乡通油路、村村通公路”目标。加快实施万达棚户区、云上棚户区、洛平新城棚户区等10个棚改工程。推进青岩镇省级示范小城镇、石板镇市级示范小城镇和孟关乡区级示范小城镇建设，完成投资额42.68亿元。全区共成交商品房3595套，成交套数增长108.04%，成交金额33.67亿元。加快推进“四在农家·美丽乡村”六项行动计划，完成投资5062.78万元。实施农村危房改造200户，建成小康房500户。根据同步小康创建达标县认定办法，省全面小康办认定花溪区为2013年度贵州省同步小康创建达标区（县）。

引进实施浙江传化物流公路港项目、泰坦集团花溪智慧旅游项目、北环卫集团环卫服务外包产业发展项目等重点工程项目。参加北京与贵阳区域合作创新驱动活动，开展京筑合作系列活动4次，共签约项目16个，总投资85.6亿元，已开工项目13个。在北京、上海、南京、深圳、重庆等地开展自主招商推介活动3次，共签约项目4个，总投资14.1亿元，项目已全部开工建设。邀请80余家企业赴花溪投资考察60余次，洽谈项目37个。编制完成《花溪（经开区）发展战略规划》和《贵阳市花溪区产业布局规划方案（2013－2020年）》，按照“一体、两核、三带、四组团、十园区”的产业空间布局，优化大花溪产业发展格局。花溪区、经开区实施“双轮驱动、优势互补、深度融合”战略。加强与贵安新区、双龙临空经济区以及龙里、惠水、长顺等周边区域合作力度。加快完善物流市场、物联网配套建设，着力构建花溪与周边区域大商贸、大物流体系，实现资源共享、合作共赢。落实小微企业减免所得税、增值税、营业税等优惠政策，全区共减免企业77户，奖励141户、73万元。简化审批程序，鼓励居民多元化发展小微企业，充分享受“三个20万”扶持微型企业的优惠政策。全年工商注册登记1202户，比上年增长52%。鼓励企业自主创新，帮助小微企业实现产业升级，全年共补助资金164.05万元，安排支持企业科技创新研发资金955.12万元，争取企业技改、贴息、项目资金535万元。申报贵阳市工程技术研究中心企业10家、申报高新技术企业3家。

2014年，以“十里河滩”、花溪水库、阿哈水库、松柏山水库流域等水源保护区的综合整治为重点，实施“治水”工程，地表水达标率、集中式饮用水达标率均为100%。实施花溪河环境综合整治及清淤工程，完成石板井六组、董家堰村麦达、麦翁寨污水收集管网等建设。加强阿哈水库保护区内石板、麦坪、久安三个乡镇村寨生活垃圾收集、清运系统建设。实施清洁能源工程，新建商品房统一安装清洁燃气，城市片区新建建筑气化率为100%。倡导使用环保节能设备，淘汰高耗煤电设施设备。开展扬尘治理专项行动，督促企业完善相关环保设施，确保污染物稳定达标排放。环境空气质量指数（AQI）优良率85.6%，环境空气污染指数（API）优良率98.1%。实施村寨环境综合整治工程，启动农村环境综合整治项目等。实施“绿地保护计划”，新增绿地4.6万平方米。落实天保工程森林管护60万亩，石漠化综合治理营造林2.2万亩。全区

11月21日，区生态局开展环境突发事件应急演练（区生态局供稿）

森林覆盖率达44.13%，建成区绿化覆盖率达49.53%，人均公共绿地面积15.2平方米。

按照市委、市政府《关于支持花溪建设文化旅游创新区的意见》，编制花溪区总体规划、总体城市设计导则及迎宾馆片区、大学城周边、甲秀南路等“两路六区域”详细城市设计，启动《花溪文化旅游创新区空间发展战略规划研究》。编制青岩镇水系景观规划、花溪河规划及水源工程项目实施方案、花溪河保护和污染防治规划方案、十里河滩国家湿地公园、天河潭等景区景点提升方案。根据《支持花溪建设文化旅游创新区三年行动计划》，开工路网建设、区域整治、生态建设、文化旅游四个方面的32个项目。与京溪公司合作，启动中心城区和青岩、孟关、石板部分区域环卫工作社会化服务。建立“市区联动，以区为主”，形成区、乡（镇、社区）、村（居）三级违法建筑防控体系。全年拆除违法建筑1424户共47.13万平方米，仅文化旅游创新区建设启动后就拆除违法建筑744户共31.2万平方米。利用市、区两级融资平台，为文化旅游创新区建设项目提供资金保障。

加大对教育的投入，实行“控辍保学”工作一级考核联动机制，全区小学毛入学率为150.1%，初中毛入学率为128.4%，小学辍学率为-0.47%，初中辍学率为0.43%，9年义务教育巩固率为96.72%。新建和改扩建公办幼儿园6所，实现每个乡（镇、社区）都有一所公办或普惠性幼儿园，新增学前教育学位1440个，新增学前教育建筑面积1.27万平方米。北京161中学贵阳分校（溪南高中）建成并投入使用。引进北京中关村三小分别与花溪二小保利溪湖校区和经开区第一实验学校万科校区合作办学。城镇新增就业18948人，城镇登记失业率为2.73%，失业人员实现再就业3906人，农村劳动力转移就业3454人，职业技能培训3623人。乡（镇）劳动和社会保障所、社区服务中心、居委会（村）劳动保障工作服务站就业服务信息网联网率达82.68%。社会保险覆盖率达90.8%，新农合参保率达98.63%；基本竣工公租房608套，发放公租房租赁补贴3383户、519.96万元。打造贵州省首家基于数字病理的远程服务平台，建成北京301医院病理远程平台贵阳分中心，引进慈铭健康体检管理集团股份有限公司在花溪设置体检分中心。开展“规范药房”标准化建设，达标验收95家。实现计生“双降”目标，出生率为8.44‰，自然增长率为3.04‰，符合政策生育率为98.68%。兑现奖励扶助资金1236万元。开展“两严一降”专项行动，开展禁毒的人民战争”。全区刑事发案3936起，比上年下降20.17%。安全生产事故起数和死亡人数继续实现“双降”。落实信访维稳“一号工程”，化解省、市交办督办及自行排查的信访案件351件，化解（办结）率100%。创建黔江、清浦、航天、溪北、清溪5个“新型社区·温馨家园”。

2014年成功应对“7·16”特大洪水等自然灾害和突发事件，解决“用水难”2300户，完成区直部门机构改革工作。在国防、双拥、人防、国家安全、司法行政、民政事务、民族宗教、移民、史志、档案、侨务、对台、气象、老龄、工青妇、关心下一代、慈善、残疾人、红十字、爱国卫生等工作方面全面发展。

开展党的群众路线教育实践活动，整治“四风”问题，加强政府自身建设。全年党政纪立案37件，涉案人员43人。公开部门预算和“三公”经费预算，压缩行政经费8%用于教育。办理人大代表建议123件、政协委员提案50件，办结率100%，满意率98.37%。依法办理各类行政复议27件。

存在的问题和不足：一是对全区经济形势预判不充分，产业发展仍不均衡，虽然在2014年全省经济发展综合测评预排名中列第11位，但部分指标未达到年初市里下达的力争目标。二对如何着眼全省和全市大局，发挥自身资源优势不够，旅游文化产业培育不足，新兴产业发展动力不强，产业转型升级步伐亟需加快。三是在区划调整后，全区总规和控规不符合发展需求，基础设施规划滞后，空间布局不科学，城市概念规划空缺。四是重城市建设、轻城市管理，基础设施不完善、路网结构不合理、管理体系不健全，一些地方“脏、乱、差、堵”现象仍较严重。五是仍然存在“重城市、轻农村”的情况，城乡基础设施建设投入不均衡，城乡二元结构矛盾还未得到根本化解。六是政府自身建设在统筹力、执行力、落实力有待进一步提高。

（区政府办）

机构编制管理

【概况】 区编委办按照省编委办《关于严格执行机构编制管理规定的通知》和《关于严格控制机构编制总量的电话通知》要求，制定花溪区《关于新增事业单位机构编制消化工作实施方案》，明确指导思想、目标任务和具体措施。制定《花溪区编委办审核机关事业单位编制使用申请工作规程》，严格用编审批；利用事业单位分类改革工作的契机，冻结跨类别事业单位之间的人员流动，并根据工作需要实时地对编制进行动态调整，确保人员编制的良性循环等5个方面，多管齐下，全面完成全区控编减编和消化2013年新增事业编制工作，实现2013年事业编制零增长目标。

按照中央、省、市关于开展机构编制核查工作的要求，区编办业务科强化对实名制网络系统的管理。一是对照部门的三定，核对和完善系统中的部门机构信息，确保不缺项、不漏项。二是对照手工台帐，并根据组织、人事部门的人员审核意见，在系统中对人员信息进行修改补充。三是根据省、市编办的要求，对系统中的部门人员进行排序，并分配编制序号。

按照《花溪区机构编制委员会工作规则》的审批权限和工作程序，共完成机构设立4项、机构整合设置1项、机构撤销2项、机构更名1项、加挂牌子7项、机构编制调整事项168项。共办理人员变动用编140人。办理人员上编674人，人员下编510人。加强与人事、财政的协作，配合做好话费补贴、医疗保险、奖金的审核工作。全年共审核医疗保险225次19003人，话费补贴审核82次482人。统一公开招聘中小学幼儿园教师用编174名，贵阳市2014年市县两级机关（单位）人员公开招考用编46名，引进高层次人才用编41名，公开招聘乡（镇）事业单位工作用编141名。招聘结束，办理事业单位招聘人员上编343人。

完成全区2013年政务和公益域名的注册及续缴费工作，全年全区成功注册政务和公益域名、发布网络红页的单位共377家，续缴费207家，续缴率100%，网络红页更新100%。全面完成机构标识的申领和挂标工作。

5月，区编委办制定下发《花溪区深入开展机构和人员编制核查完善机构编制实名制管理的实施方案》，并召开机构编制核查工作培训动员会，5－7月，各部门（单位）按照核查要求，完成整理机构编制审批文件，查阅干部人事档案和工资发放人员名册等资料的建档基础工作。同时，结合公务员和干部人事管理、财政预算等工作，采集和填报核查信息数据。7月，全区430家部门单位完成实名制网络管理系统的补录、修订和数据更新，并生成机构和人员编制核查信息上报采集表册。8月，编办、组织、人社、财政等部门全面完成各相关部门信息采集表的汇审工作。完成178家实地核查工作，实地核查比例达41%。由区编委办牵头组织通知已通过联合汇审的部门（单位）梳理解决好存在的问题，做好公示预案后，在公示栏进行公示。公示期间未收到任何举报电话。9月，核查工作进入收尾阶段，建立核查档案200余件，查阅机构编制文件1000余件。

9月，市编委办核查验收工作组第三小组到花溪区进行核查验收，核查小组在肯定花溪区核查工作的同时提出整改意见。花溪区立即组织相关部门集中力量对实名制信息系统及核查资料进行订正和补充完善。10月17日，省编委办秘书长朱江一行对全区核查工作进行检查验收。省编委领导对全区机构编制核查工作给予充分肯定。

年底全区登记管理事业单位法人总数170家。其中：2014年新增登记3家。2013年度应年检155家，不需年检15家（注：上年7月以后核准登记的不列入本年应检对象），实际通过年检单位155家，合格100%。办理事业单位法人变更登记50件；办理证书补领2件；整理事业单位法人登记管理档案209盒；开展实地检查24家，实地检查合格率100%。

（区编委办）

【党政机构改革】　按照《中共贵州省委、贵州省人民政府关于市（自治州）、县（市、区、特区）政府职能转变和机构改革的指导意见》（黔党发〔2014〕5号）、《中共贵阳市委、贵阳市人民政府关于区（市、县）政府职能转变和机构改革的指导意见》（筑党发〔2014〕23号）文件精神，自5月起全区开展政府职能转变和机构改革工作。

按照精简统一效能的原则，推进大部门体制改革，强化机构和职责整合，规范机构设置，区政府设置工作部门24个。其中，保留的政府工作部门19个：区人民政府办公室、区发展和改革局、区教育局、区旅游局、区民族事务局、区监察局（与纪律检查委员会机关合署办公，列入政府工作部门序列，不计入政府机构个数）、区民政局、区司法局、区财政局、区人力资源和社会保障局、区生态文明建设局、区住房和城乡建设局、区交通运输局、区农业局、区商务局、区审计局、区城市管理局、区统计局、区文体广播电视局、区安全生产监督管理局。涉及名称、职责等机构编制事项调整的政府机构7个：区文体广电局、区发展和改革局、区农业局、区商务局、区生态文明建设局、区住建局、区城市管理局。调整重组的政府机构5个：

1. 花溪区卫生和计划生育局。将区卫生和食品药品监督管理局的卫生行政管理职责、区人口和计划生育局的计划生育管理及服务职责整合，组建区卫生和计划生育局，不再保留区卫生和食品药品监督管理局、区人口和计划生育局。

2. 花溪区市场监督管理局。将区食品安全委员会办公室的职责、区工商行政管理局的职责、区质量技术监督局的职责、区卫生和食品药品监督管理局的食品药品监督管理职责、区商务局的酒类流通监督管理职责整合，组建区市场监督管理局，挂区工商行政管理局、区质量技术监督局、区食品药品监督管理局牌子；区食品安全委员会办公室设在区市场监督管理局。

3. 花溪区水务管理局。将区水利局的职责，区城市管理局承担的城市供水、排污工作、河道管理、城区防汛职责和对城市供水、污水处理及回收利用等市政公用事业特许经营方面的监管职责，区住建局承担的污水处理的管理职责，区生态文明建设局承担的节约用水职责整合，组建区水务管理局，不再保留区水利局。

4. 将原区工业信息化和科学技术局的工业和信息管理职责、科学技术管理职责分别划入区工业和信息化局、区科学技术局，均为区政府工作部门，区科学技术局加挂区知识产权局牌子。不再保留区工业信息化和科学技术局。

在上述区政府组成部门的调整中，对其相应的下属事业单位也进行适当调整。

1. 将原计生局和原卫生局的下属事业单位整体划转区卫生和计划生育局。将各乡镇卫生院与乡镇人口和计划生育服务中心进行整合，设立乡镇卫生计生服务中心，为各乡镇人民政府所属的副科级事业单位。

2. 将原工商行政管理局和原质量技术监督局的下属事业单位整体划转区市场监督管理局。

3. 将原水利局下属事业单位整体划转区水务管理局。将区住建局所属的花溪区污水处理站划转区水务管理局管理。

4. 将原区工业信息化和科学技术局所属事业单位花溪区煤炭生产安全技术管理站更名为花溪区中小（民营）企业服务中心，整体划入区工业和信息化局管理。将原区工业信息化和科学技术局所属事业单位花溪区生产力促进中心（花溪区科技服务中心）、花溪区防震减灾中心整体划入区科学技术局管理。

（区编委办）

【事业单位改革】 根据贵阳市分类推进事业单位改革工作领导小组办公室（简称市事改办）召开的关于事业单位分类改革调整会的有关精神，以及市事改办《关于转发省事改办相关文件的通知》（筑事改办发〔2014〕1号）文件，对原事业单位分类改革中的事业单位分类作适当调整，并拟定《花溪区2013年度事业机构编制变化情况说明》《关于花溪区承担行政职能事业单位备案的报告》《花溪区关于开展事业单位分类工作的总结》等材料，按程序上报市事改办。11月，市事改办下发《关于花溪区承担行政职能事业单位备案等事宜的函》（筑事改办〔2014〕3号），按照文件精神，区编办草拟《关于花溪区事业单位分类批复的请示》，向区事改工作领导小组和区编委请示有关的事业单位分类批复工作事宜。11月14日，以区事改领导小组的名义对本级及所辖乡镇事业单位的类别进行批复。此次事业单位分类批复工作，除不纳入分类的9家事业单位外，全区参加分类的事业单位共315家，按照市事改办备案文件和区事改领导小组的审核意见，划分为行政类的事业单位5家；划分为公益一类的事业单位261家；划分为公益二类的事业单位22家；划分为经营类的事业单位1家；暂未明确类别的事业单位26家。

（区编委办）

政务服务中心

【概况】 2014年政务大厅共受理行政审批和管理服务事项48722件，办结48205件，办结率为98.94%。区政务服务中心对全区的行政审批和行政服务事项进行清理，完成《花溪区行政审批事项目录库》工作；完成对各乡镇（社区）行政服务事项的目录库工作，为社区（乡镇）便民服务信息系统平台建设奠定基础。按照“应进必进”的原则，会同、督促各相关部门事项全部纳入政务大厅集中受理、办理。启用行政审批专用章，杜绝体外循环。要求进驻政务大厅的部门对其服务窗口办理事项充分授权，使不需要现场勘察、集体讨论、专家论证、听证的一般性审批事项能在窗口受理后直接办结。实行“一个窗口受理、一个窗口办结、一站式审批、一条龙服务”的运行模式，解决群众“多头跑、无处找”的问题，杜绝“门难进、脸难看、事难办”的衙门作风。

针对群众反映办事流程繁琐的问题，中心着力督促各窗口单位精简优化审批流程，压缩审批时限，最大限度提升办事效率。由原来的“受理、承办、审核、批准、办结”五个环节简化为“受理、审批”两个环节。对行政审批事项的办理时限压缩为50%，实现由“慢”向“快”转变。如质监局窗口办理“组织机构代码证”，原来需要3个工作日，现在资料完备30分钟即可办理完毕。要求全体窗口工作人员树立“能一次办完的，决不让群众跑第二次，杜绝第三次”的服务理念，把“群众满不满意”作为工作标准，推行“不让公务在我这里延误、不让差错在我这里发生、不让工作在我这里中断、不让前来办事的同志在我这里受到冷遇、不让政府形象在我这里受到损害”；推行“一张笑脸迎人、一声您好待人、一杯热茶稳人、一个满意答复人”。针对老、弱、病、残等特殊群体，开通绿色通道，推行延时服务、上门服务、预约服务。取消午息时间，在午休时间段实行AB岗轮流制度，确保群众午休时间都能正常办事。取消每周五下午关门搞学习，每周五下午向群众开放办公。由“群众找”向“干部跑”转变。将服务下沉，建立为民服务全程代理工作机制，将老年证、残疾证、独生子女证等事项列为代理范围，由村干部、社区网格员为群众代办事项，切实解决服务群众最后一公里的问题。

（区政务中心）

法治政府建设

【概况】 2014年区法制办共承办省市人大代表批评建议和政协委员提案共计64件，其中：省人大代表建议2件、省政协委员提案9件（含党派团体提案2件）；市人大代表建议18件；市政协委员提案35件（含党派团体提案21件）。办理区十六届人大四次会议代表建议120件和区政协九届四次全会委员提案50件。省、市、区各级人大代表建议、政协委员提案答复率均达到100%。全区通过新闻信息中心对外公开政府信息3903条。其中，通过赠阅政府公报公开信息141条；通过网站发布信息3650余条；还通过其它便于公众知晓的方式公开信息112条。政府信息公众查阅点共接待人数约3000余人（次）。网站中政府信息公开专栏页面访问量12000余人（次）。全年共收到政府信息公开申请30件，主要涉及房屋征收、拆迁、学术研究等，答复率100%，办结率100%。制定《花溪区人民政府关于推进政府法律顾问工作的实施意见（暂行）》，挂牌设立区政府法律顾问室，聘请专职执业律师组成法律顾问团，与法制办合署办公，建立健全法律顾问工作规则，推动政府法律顾问工作规范化。《实施意见》对乡、镇人民政府及区各社区、各单位相应设立法律顾问室进行安排和部署。

区法制办制定依法行政工作要点，调整花溪区全面推进依法行政工作领导小组，组长由区长担任；年终，向各行政职能单位印发依法行政考核指标体系进行责任分解，做到年初有安排部署，年终有总结考核。要求各行政执法单位加大行政执法队伍建设，规范行政执法行为。11月，区法制办印发《关于开展行政执法案卷评查工作的通知》，组织全区各行政执法单位按照《花溪区行政处罚案卷质量评比表》《花溪区行政许可案卷质量评比表》的要求实施案卷评查工作，加强行政执法主体资格管理。区法制办于上半年为各行政职能单位新申领贵州省行政执法证52个，下半年再次上报36个。组织参与宣传推进依法行政、建设法治政府，宣传新颁布的法律、法规、规章和新出台的规范性文件，区法制办参加年终迎检、“六五普法”法律资料整理等。开展下乡帮扶、违法“种房”“三禁止”法治宣传、历史遗留问题、群体性事件处置、群众来访法律问题释明等工作。

（区法制办）

【行政复议与应诉】 全年区法制办收到行政复议申请13件，经审查不予受理3件，内容为不服具体行政行为；依法受理10件，已办结9件，内容涉及征收、拆违及劳动争议等，剩余1件正在办理之中。全年参加行政应诉12件，内容分别是合同债务、政府信息公开和拆迁补偿历史遗留问题等，未出现败诉情形。

做好法律顾问工作，全年共对200余件合同协议进行法律审查，接受群众来访、提供法律咨询120余人次。区法制办专人进驻创新区工作领导小组法律服务办公室，随时提供合同审查、法律咨询等服务。

（区法制办）

【行政调解】 2012年正式挂牌成立花溪区行政调解协调委员会，并在全区共设立7个专业调解委员会，30余个行政调解工作室，印发《花溪区行政调解工作实施方案》（花行调〔2012〕1号）和《关于调整花溪区行政调解协调委员会和各专业行政调解委员会的通知》（花行调〔2012〕2号）等指导性文件。

8月，区政府办公室印发通知，对行政调解协调指导委员会和7个专业行政调解委员会组成人员进行调整，并新增成立食品安全纠纷调解委员会和学生权益保护纠纷调解委员会。2014年，共成功调处行政纠纷162起。其中物业纠纷50件，拆迁安置纠纷10件，劳动人事争议纠纷29件，林业纠纷1起，道路交通纠纷72件。

（区法制办）

【行政职权清理】 2014年由区法制办牵头，再次组织全区各部门对行政职权进行清理，整理出现行的区级行政职权目录（2014版）。此次目录中包含区级行政许可59项，非许可类行政审批16项，行政服务82项，以及2011年以来承接上级下放的各类行政审批、行政服务共计57项。另外还拟对7项行政审批事项或行政服务事项予以取消，对16项行政审批事项转变管理方式。

根据《贵阳市人民政府办公厅关于开展2014年行政职权清理工作的通知》的要求，区法制办对现有行政职权事项进行全面清理，清理出区级行政职权事项共计182项（其中行政许可项目60项、非许可类行政审批事项14项、行政服务事项108项）；通过清理承接上级下放行政职权事项，共清理出上级下放的行政职权75项。区法制办编写《区人民政府保留实施的行政职权目录（2014版）》等4个行政职权目录，经区政府第85次区长办公会议审议，并报区委同意。区人民政府以（花府发［2015］4号）文件将区级相关行政职权事项目录予以公布并施行，凡未纳入本次目录的行政职权事项，一律不得实施。因法律法规变动，必须调整或新增、取消的，由主管部门提出，报区政府确认后向社会公告。2014年1月8日公布的《区人民政府关于公布花溪区行政审批项目及管理服务事项的通知》（花府发〔2014〕1号）同时废止。

（区法制办）

信　访

【概况】 2014年，全区发生进京访案件2件12人，均为非正常访，比上年件数和人数分别下降66.67%和14.29%。到省访案件120件685人，比上年件数下降18.37%，人数上升25.46%。其中到省群访20件506人，比上年件数下降31.03%，人数上升16.86%。到市访案件147件1185人，比上年件数下降3.29%，人数上升28.39%。其中到市群访36件901人，比上年件数下降7.69%，人数上升14.19%。到区访案件925件4118人，比上年件数上升102%，人数上升76%。其中到区群访138件2680人，比上年件数上升48%，人数上升108%。区群工中心共受理省长信箱信访件21件，比上年上升40%；受理市长信箱信访件123件，比上年上升8.85%。办结率100%。

全区“一号工程”交办督办案件共351件，

已全部化解（办结）。仅第四季度交办督办的98件“一号工程”案件，区群工中心督查督办，于12月上旬在全市率先完成。

按照省、市对信访工作的要求，群工中心对排查出来的重点人员、重要群体以及进京、到省上访的信访人建立“三个四级个案台帐”，进行动态管理。全区共建立“个案台帐”达258个，比去年多建62个，确保花溪区的社会和谐稳定。

区群工中心组织力量，进村入户，深入信访人家中，化解周作振、汤育贤、罗顺华等共计7件多年累积的“骨头案”“钉子案”。

（区信访局）

【完善信访工作机制】 区群工中心把积案化解、办结率作为各级领导干部的考核指标。建立奖惩和责任追究制，提高服务质量，群工中心实行接待来访群众“六个一”（即一张笑脸、一声问候、一把椅子、一杯热茶、一次沟通、一次说清），营造门好进、脸好看、话好听、事好办的和谐环境。开展县级领导大接访活动。2014年，下发《中共贵阳市花溪区委办公室关于继续开展县级领导大接访活动的通知》，每天安排一名县级领导在区群工中心接访。全年县级领导接待来访群众925批4118人。同时，各级领导干部严格执行包保责任制度，进村入户，变接访为下访，变被动为主动，做到“干部在一线服务、政策在一线落实、情感在一线交流、问题在一线解决”。

全区各级各部门定期开展矛盾纠纷“大排查、大调处、大化解”活动，对上级交办督办和自行排查出来的重大疑难信访积案，按照“七个一”（即一个案子、一个包案领导、一个工作班子、一套化解方案、一套稳控措施、一个化解结果、一个后效益评估报告）的工作落实化解责任单位、责任人，并由县级领导包案督办，定时进行化解。区委、区政府下发《关于进一步加强县级领导干部包保督办“一号工程”信访积案的通知》，明确花溪区、经开区信访化解工作由花溪区委书记、经开区党工委书记钟汰甬负总责，区人大、区政府、区政协主要领导对本单位县级领导包保信访问题工作负分管责任，要求每个县级领导干部对自己包保的案件在化解时限内研究不少于3次，实地到现场化解、调解不少于3次，严格县级领导的包保责任，确保351件“一号工程”信访案件在规定时限内得以全面化解（办结）。

区群工中心细化内部督查督办责任，局长徐群红、副局长刘华兴负责花溪片区信访积案的督查督办工作，经开片区由副局长王大清、张家华负责，“一号工程”专班工作人员全力配合，定期到各责任单位了解案件的化解进度，上门到信访人家中进行现场调处，适时对各责任单位的化解工作进行通报。按照“属地管理”“谁主管，谁负责”和“小

5月20日，燕楼司法所对务工者杜相芝与花溪和顺机制木炭厂工伤事故纠纷进行调解（黄渊 摄）

事不出村、大事不出乡、难事不出县、矛盾不上交”的工作原则，推行工作重心下移。一方面是建立健全信访工作长效机制，另一方面推行重大事项社会稳定风险评估机制，共制作风险评估报告40余个，推动信访工作科学化管理。

（区信访局）

【典型案例】 ①经开区党工委书记、花溪区委书记钟汰甬在了解到群众反映小河西南环线立交桥噪音扰民的情况后，亲自到现场听取群众的意见，实地进行调处，筹集资金安装隔音墙，赢得群众的理解和支持，使信访人员彻底息诉罢访。②“三跨三分离”人员周作振夫妇多次到省、市和进京非访，反映其在小孟社区付官村修建的养殖场被强拆并要求进行补偿问题，徐群红局长多次组织相关责任单位召开专题协调会，并深入到信访人家中，与信访人进行沟通，通过反复做信访人的思想疏导工作，信访人于12月5日签订息诉罢访协议书，该案彻底化解。③平桥社区罗顺华反映其儿媳在小孟社区修建的房屋被征用，但未得到合理补偿问题，王大清、张家华多次到信访人家中，做信访人的思想工作，通过协商，信访人同意接受帮扶协议，保证息诉罢访。

（区信访局）

【信访工作不足方面】 一是排查稳控不到位，非访问题较突出。2014年，全区发生进京非访2起12人，到省群访20起506人，到市群访36起901人，非访、群访总量在全市排名靠前，其原因在于个别责任单位对信访工作的重视不够，对重点人员和重要群体缺乏有效的稳控措施，对信访信息的收集、梳理、研判、报送工作存在疏忽，导致非访、群访问题十分突出。

二是基础工作不牢固，群众上访总量大。2014年，全区到省、到市访总量在件数上虽然比2013年有所减少，但上访人数有增无减，尤其是到区访，达925件4115人，件数和人数与2013年比都成倍增长。其原因是部分责任单位对初信初访问题重视程度不高，没有认真开展初信初访和到区访案件的化解工作，存在敷衍塞责的情况，群众反映的问题没有在第一时间得到解决，进而引发群众上访，信访总量居高不下。

三是化解工作不扎实，案件化解率较低。2014年，省、市和区交办督办的“一号工程”信访案件共351件，全部上报化解（办结），但尚有42%的案件只作程序性办结，并未真正化解。其原因在于部分责任单位化解工作措施单一，只停留在书面汇报，未真正与信访人面对面沟通或进行实地调解，涉及的配合单位未能协调联动，加之部分案件年限跨度长、信访诉求高、政策支撑不足、化解难度大，导致案件化解率较低。

（区信访局）

机关事务

【概况】 区机关事务局负责对区行政办公中心范围内的园林绿化管护、卫生保洁、警卫安全、消防安全、公共设施设备设施维护和秩序维护。重点是行政中心供配电系统、消防系统、给排水系统等9大系统的设备进行设施安全检查，排除隐患，确保系统正常运转；完成对行政中心各大楼及设施设备维护维修，全年报修次数2357次，产生材料次数1121次；完成对外围垃圾箱、栏杆护手、配电箱及行政大楼各玻璃顶入口的钢架进行除锈刷漆；完成对各大楼天面进水管、室外消防栓进行防冻处理以及700平方米的防腐木进行翻新刷木油处理工作，完成行政中心12台电梯的年检工作。完善《会议服务制度》和《会议服务规范》，对会议服务内容、服务标准、服务要求作更加详尽的规定，对服务程序作更加明确的要求。

在确保7个公共会议室正常运转和高效服务的同时，完成花溪区委全会、区党的群众路线教育实际活动动员、总结大会等各种大、中、小会议406场，配合有关单位和部门，完成全区重大节日、大型会议、庆典活动的会场布置、会务筹备、会议协调工作。按照全区公共机构人均综合能耗比上年下降3.2%、人均水耗比上年下降3.2%，单位建筑面积能耗比上年下降2.5%的节能目标要求，机关事务局开展公共机构节能宣传和节能统计工作，实现人均能耗、单位面积能耗、水耗总量同比总体下降的目标。人均综合能耗、人均水耗和单位建筑面积能耗从原来的78.66、15.41和2.97分别下降至53.93、14.84和2.88，下降率分别达到31.43%、3.6%和3%。完成实施7个公共机构节能技改项目，投入资金144.20万元，完成年度目标任务的200%。

（龚　琴）

档案工作

【概况】　2014年，花溪区档案馆馆藏全宗117个，档案38673卷（册），132832件；声像档案182张，照片档案10637张。按照《贵州省档案资料目录中心数据采集标准》《档案著录规则》《纸质档案数字化技术规范》的要求，完成馆藏档案案卷级、文件级条目录入46.8806万条，全文扫描档案6261卷。接收花溪区人力资源和社会保障局1967年——2007年文书档案2524卷。5月20日，获得“贵州省县级档案馆档案资源数据库建设示范点”。制定《花溪区创建“全省社会主义新农村建设档案工作示范县”实施意见》，区档案局成立区创建工作示范县领导小组，开展创建工作。12月22日，获得省档案局、省民政厅、省农业委员会颁发的“全省社会主义新农村建设档案工作示范县”称号。

（刘　婷）

【重点档案抢救和保护】　8月，对馆藏民国档案800卷进行摸底、清查，对卷内邮票、印花税票、徽章、照片、信封等珍贵的实物档案以及破损、脱页、霉烂、粉化、虫蛀的章页进行逐一登记，及时更换破损档案装具盒。输入文件级目录96902条，建立民国档案专项数据库和检索工具，采用光盘等存储介质对已数字化扫描的民国档案进行异地备份。

原花溪、小河两区合并，1月10日小河区档案转存花溪区档案馆（罗志慧 摄）

（刘　婷）

【区档案馆档案资源数据库通过省检查验收】　5月20日，花溪区档案馆档案资源数据库工作通过省档案局检查验收。区档案馆重视资源数据建设工作，严格按照省级中心数据标准，加强资源数据库建设工作，选派专人负责档案资源库的管理和维护。截至2014年5月19日，共录入档案目录数据47万余条、扫描档案全文24万幅，扫描照片档案553幅暨导入音频视频档案20兆，

7月25日，区档案局指导青岩小学创建贵州省事业单位档案工作管理三星级单位，通过省级验收（青岩小学供稿）

超过示范点建设的相关标准，达到示范标准要求。

验收组一致认为花溪区档案馆已满足县级档案馆档案资源数据库示范点创建工作要求，希望该区进一步拓宽工作思路，更新理念，把取得的成绩作为工作的新起点，创新工作方法，使档案工作更好地为花溪经济社会发展服务。

（区新闻信息中心）

【2014年区政府文件目录】 区人民政府关于公布花溪区行政审批项目及管理服务事项的通知（花府发〔2014〕1号）

区人民政府关于城南公司法人变更的通知（花府发〔2014〕2号）

区人民政府关于兑现2013年度安全生产目标责任奖的决定（花府发〔2014〕5号）

区人民政府关于表彰2013年度全区安全生产先进集体、先进个人和安全生产先进单位的决定（花府发〔2014〕7号）

区人民政府关于表彰2013年度气象工作先进集体和先进个人的决定（花府发〔2014〕8号）

花溪区人民政府 花溪区人民武装部 关于表彰二0一三年征兵工作先进单位和个人的决定（花府发〔2014〕9号）

花溪区人民政府关于燕楼乡、麦坪乡撤乡设镇的通知（花府发〔2014〕10号）

花溪区人民政府关于贵州汽车运动产业基地项目办理征收征用林地手续的批复（花府发〔2014〕267号）

花溪区人民政府关于省第九届旅发大会主会场及相关配套项目办理征收征用林地手续的批复（花府发〔2014〕268号）

花溪区人民政府关于青岩古镇旅游文化产业区迎宾大道（古驿道步行街）项目办理征收用林地手续的批复（花府发〔2014〕269号）

花溪区人民政府关于确定花溪区农产品加工管理服务中心为久安古茶农产品地理标志登记申请人的批复（花府发〔2014〕274号）

花溪区人民政府关于更换贵阳北控城市开发建设有限公司董事、副总经理人员的批复（花府发〔2014〕294号）

花溪区人民政府关于贵州凯利德市场管理有限公司（贵州凯利德汽车城）重大火灾隐患整改销案的批复（花府发〔2014〕295号）

关于贵阳市花溪十里河滩湿地公园综合整治工程开展房屋征收工作的批复（花府发〔2014〕321号）

区人民政府关于同意更换贵阳城南地产（集团）有限公司理事会成员的批复（花府发〔2014〕331号）

区人民政府关于区城南公司申请成立贵阳城南环境绿化建设有限公司的批复（花府发〔2014〕366号）

（区政府办）

（责任编辑　周年辉）

5 月 30 日，东亚次区域禁毒备忘录高官会议 代表到燕楼阳光就业家园参观（黄莒仙　供稿）

政协花溪区委员会

9月2日，区政协主席谌业华(右二)到花溪广场建设工地视察(区政协供稿)

综　述

【概述】　2014年，区政协组织开展专项视察活动11次，形成视察报告8份，提出工作建议60余条，区委书记钟汰甬对《关于对花溪区档案馆建成搬迁及相关工作开展视察的情况报告》作出“请政府安排相关部门，要高度重视档案工作，帮助其解决问题，落实好区政协视察的建议和要求”的重要批示。

区政协组织开展专题调研活动7次。围绕“两区融合”、文化医疗教育、社会治安综合治理、历史文化传承等问题开展调研，向区委、区政府报送调研报告7份，提出建议40余条，为区委、区政府科学决策提供参考。全年区政协共召开1次全体会议、7次常委会议、14次主席会议，专题协商17次，专委（办）对口协商10余次。协商内容涵盖全区经济、政治、文化、社会、生态文明建设等领域。组织协调9个委员小组到久安、马铃、青岩、高坡、燕楼、金竹社区、经开区等开展11次视察活动，提出50余条建议和意见，发挥政协委员参政议政、建言献策的作用。

区政协主席谌业华担任石板镇区域整治指挥部指挥长，统筹协调指挥部各项工作；牵头组织周钟瑄文化交流中心项目建设。副主席孙剑和民建花溪总支继续做好10名大、中学生帮扶工作。副主席李瑾协调区水利、交通、民政、文广、农业等部门拟定发展目标，帮助关口村发展生产，担任天河潭景区及周边区域整治指挥部副指挥长。副主席李莎积极参加“7+2同心扶贫工程”，协调筹集资金，帮助扰绕村、五寨村、批林村发展生产；协调民革贵阳市委到花溪区开展挚爱风范·情系贫困母亲活动。副主席何勇担任天河潭景区及周边区域整治指挥部指挥长工作，协调的南环线与贵安大道联络线项目。副主席吴同恒担任石板镇区域整治指挥部、天河潭景区及周边区域整治指挥部副指挥长工作。副主席邹吉鸿担任花溪久安现代高效茶叶示范园区工作领导小组常务副组长，高坡、马铃两乡“7+2同心扶贫开发工程”指挥部指挥长，花溪文化旅游创新区中心城区指挥部常务副指长等工作。

区政协领导班子成员协调化解信访案件34件。谌业华、吴同恒化解信访积案6件；李瑾化解信访积案5件；孙剑化解4件上访案件；李莎化解信访积案2件；秦永康化解信访积案7件；何勇化解信访积案4件；吴同恒联系石板镇，化解信访积案3件；邹吉鸿联系花孟社区，化解信访积案3件。从办公经费中挤出21万元，支持联系的7个乡（镇）、社区，作为抗洪抢险经费。

区政协拟定花溪区、经开区各民主党派、工商联、界别“7+2同心扶贫工程”工作方案，区政协班子成员带领相关专委（办）共协助市政协相关领导以及市各民主党派、市工商联的领导到高坡乡、马铃乡等5个贫困乡18个贫困村开展帮村扶贫、调研活动40余次。完成高坡、马铃两个乡“美丽乡村”建设的规划编制工作；完成所涉及的贫困乡（村）及人均年收入低于2736元的贫困家庭的调查摸底工作及所涉及的贫困乡（村）拟申报实施项目表。市政协领导带领各民主党派、市工商联部门，到花溪区5个贫困乡18个贫困村开展帮村扶贫工作20余次，协调各方帮扶资金共计180余万元，计划拟实施的项目22个，已经实施或正在实施的项目13个，涉及金额85万元，正在协调的项目有9个。高坡乡批林村成立草地鸡养殖合作社，高坡乡扰绕村成立果蔬种植专业合作社，以“商会+项目公司+农民专业合作社+农户”的形式，发展种养殖产业，带动当地农户发家致富。马铃乡集镇立面改造已基本完成。选派机关干部到杨眉村、摆早村、谷通村、北街村开展驻村帮扶，协调市工商联帮助解决资金8.8万元，用于石板一村大、小高寨组人饮工程；协调资金10万元实施石板中学进校道路硬化建设。协调民建花溪总支筹集近6万元助学金，帮助企业解决22万元项目物资。协调民进贵阳市委、民进花溪总支向高坡、马铃捐赠8万余元物资。协调爱心人士分别与12名贫困大学生（帮扶资金5000元/人/年）、5名贫困小学生（帮扶资金1200元/人/年）达成结对帮扶。邀请心理专家到贵阳第二十五中、青岩贵璜中学等学校举办2期中、高考心理辅导讲座，参加讲座的师生超过200人。加强与区农业部门的联系，协同开展5期农技培训，培训农户350余人次。

2014年，区政协共接待全国政协到花溪区视察1次；外省、市、县政协到花溪区视察14次；圆满完成第12届全国政协副主席徐匡迪一行到青岩古镇、湿地公园、天河潭等视察调研的接待工作；完成贵阳市《百科全书》编撰工作组到花溪区进行调研采访的接待工作；完成省、市政协领导到花溪视察、调研的接待工作。先后接待中央党校考察团、北京市朝阳区书画学院考察团、吉林省长春市宽城区政协、湖南省芷江县政协、遵义市政协、遵义市红花岗区政协、安顺市普定县政协、黔东南州丹寨县政协、黔东南州剑河县政协、黔南州惠水县政协、息烽县政协、乌当区政协、观山湖区政协到花溪考察交流。同时，按照省政协要求，区政协参加全国政协培训中心举办的专业知识学习培训。前往惠水县、修文县学习考察完善协商民主制度方面和农业产业园区建设的先进工作经验。

圆满完成区政协第九届委员会委员届中调整增补工作，增补25名区政协委员。完善《花溪区政协委员履职管理暂行办法》。10月，区政协在贵州省社会主义学院举办一期有138名政协委员参加的培训班；聘请省内专家学者对委员的提案撰写、如何当好政协委员、协商民主相关知识进行专题培训。

区政协共征集并采写稿件9篇，其中，《花溪城镇建设今昔观》《花溪消失的三栋名建筑》《一个永远忘不掉校园规划》《我目睹花溪镇街道60年变迁》等文章被市政协《城市建设发展历程》一书采用。编辑出版《花溪文史资料第十五辑》，将征集到的花溪区工业、商业、交通方面的文史资料30余篇、共10余万字、50余幅图编辑成册，达到“存史、资政、育人”的目的。2014年，区政协在《贵州政协报》发表稿件5篇，其中，1篇稿件在头版头条刊登，1篇稿件在二版头条刊登。区新闻信息中心刊播政协工作新闻60余条，编发《政协简报》43期，政协工作的正能量得到有效发挥。

（王　茜）

【政协花溪区第九届委员会常务委员名录】

谌业华	李　瑾	孙　剑	李　莎	秦永康
何　勇	吴同恒	邹吉鸿	吴　硕	池晓静
王家才	廖俊文	蒙秉中	陈天耀	朱恒锋
师予华	盛亚平	李　琛	曾志云	卢云辉
徐国霞	练余天	释祖传	邹　霞	杨正德
崔进平	曾佑华	谢　远	谢湛馨	潘　军
戴吉洪	黄　伟	袁　洁	孔恩兴	何　禯
周　海	周红静	王晓宇	曾少海	项彦丽
徐　辉	何　江	邓怀中	喻　明	

（王　茜）

【政协花溪区第九届委员会第四次会议】　2月17日至20日，政协花溪区第九届委员会第四次会议在花溪行政中心举行。出席委员287人，列席58人，特邀27人。

会议审议并同意主席谌业华代表政协花溪区第九届委员会常务委员会所作的工作报告，审议并同意副主席李瑾代表政协花溪区第九届委员会所作的九届三次会议以来提案工作情况的报告。会议期间，委员们列席区十六届人大四次会议，认真听取并讨论向子琨区长所作的《政府工作报告》及其他有关报告。

（王　茜）

【委员提案办理】　区政协九届四次会议共收到经审查立案的委员提案50件。其中涉及交通管理建设类17件、建设规划类8件、文教体卫类10件、生态文明建设类4件、经济建设类3件，其他类8件。区政协从中挑选4件作为主席会副主席领衔督办提案、5件作为专委会跟踪视察督办提案，与区政府签订《督办提案交办书》，分别由区政协6名副主席领衔督办和5个专委会跟踪督办，变过去“文对文”为现在的“面对面”督办提案，确保提案办理工作取得实效，提案办复率达100%。在办复的提案中，非常满意的有5件，占办理总数的10%；满意的有41件，占办理总数的82%；基本满意、较满意的4件，占办理总数的8%；没有不满意件。50件提案中已经得到解决或基本解决的共有12件，占总数的24%；正在解决或列入规划逐步解决的共有27件，占总数的54%；因目前条件限制或其他原因需待以后解决的共11件，占总数的22%。

（王　茜）

区政协常委会议

【政协九届11次常委会】　1月17日召开，会议对《花溪区人民政府工作报告》《花溪区人民法院工作报告》和《花溪区人民检察院工作报告》征求意见稿进行讨论。会议听取区政府办汇报区政协九届三次会议以来提案办理情况。会议传达中共花溪区委《关于欧阳桂枝同志任职的通知》，按照《政协章程》规定，欧阳桂枝任区政协人口资源与环境委员会副主任。会上，区委统战部常务副部长王家才就政协花溪区第九届委员会委员调整情况进行说明。审议通过政协花溪区第九届委员会届中增补委员的名单（草案）。调整增补后，政协花溪区第九届委员会委员规模为324名，实际安排委员294名，缺额30名；常委会组成人员为56名，实际安排43名，缺额13名。会议对政协委员王治前因涉嫌受贿被区人民检察院批准逮捕的情况进行通报，根据《政协章程》规定，决定暂停王治前政协花溪区第九届委员会委员资格。会议确定政协花溪区第九届委员会第四次会议于2014年2月17日—20日召开，会期三天半。会议审议通过政协花溪区第九届委员会常务委员会工作报告（草案）和政协花溪区第九届委员会关于九届三次会议以来提案工作情况的报告（草案），同意提交政协花溪区第九届委员会第四次会议审议。

（王　茜）

【政协九届13次常委会议】　2月18日召开，会议听取委员讨论组对政协花溪区第九届委员会第四次会议选举办法（草案）的讨论情况汇报。会议议定提名邹吉鸿为政协花溪区第九届委员会副主席候选人建议人选，提名邓怀中、何江、喻明为政协花溪区第九届委员会常务委员候选人建议人选，同意将政协花溪区第九届委员会增补副主席、常务委员候选人建议人选提交委员协商讨论。会议听取讨论政协花溪区第九届委员会常务委员会工作报告和提案工作情况报告的情况汇报。会议审议政协花溪区第九届委员会第四次会议提案审查情况报告（草案）和审议政协花溪区第九届委员会第四次会议决议（草案），同意将提案审查情况报告（草案）和会议决议（草案）提交委员讨论。会议听取讨论花溪区人民政府工作报告、花溪区2013年国民经济和社会发展计划执行情况及2014年计划草案报告、花溪区2013年综合财政预算执行情况及2014年本级综合财政预算草案的报告的讨论情况。

（王　茜）

【政协九届15次常委会议】　2月20日召开，会议听取总监票人对选举情况的汇报，对选举结果进行审议，会议审议并通过邹吉鸿以236票当选为政协花溪区第九届委员会副主席，邓怀中、喻明、何江分别以239票、239票和238票当选为政协花溪区第九届委员会常务委员会委员，同意由大会总监票人将选举结果向大会宣布。

（王　茜）

【政协九届16次常委会议】　8月28日召开，会议通报区政协党组班子专题民主生活会情况。会议认为，区政协党组在党的群众路线教育实践活动中，召开专题民主生活会，开展批评与自我批评，聚焦“四风”，挖根源，找症结，明确整改方向。市委第五督导组组长朱启樯同志全程指导区政协党组班子专题民主生活会。会议听取《花溪区人民政府2014年上半年经济运行情况》通报。会议建议：一是做好招商安商和税收征收管理工作，统筹协调“多规融合”，为投资商提供便捷、高效的优质服务。二是发挥区位优势，重视第三产业发展的环境和空间，从根本上提高第三产业的层次和质量。三是积极创造条件引导工业企业加快技术创新和商业模式创新，促进传统工业企业转型升级。四是加快推进花溪区城市生活垃圾综合处理工程，实现垃圾“减量化、无害化、资源化”。五是尽快启动青岩、石板污水处理厂的配套系统工程和营运管理问题的研究部署，服务地方经济社会发展。六是进一步细化各项经济指标，促进地方经济发展。会议听取区综治办关于花溪区2014年上半年开展“两严一降”工作情况汇报和区政协上半年工作情况汇报。区政协常委实地视察青岩古镇项目建设情况，听取青岩镇相关领导介绍开展情况。

（王　茜）

【政协九届17次常委会议】　10月21日上午召开，会上传达中共贵阳市纪委《关于给予田健党政纪处分的决定》（筑纪〔2014〕32号）。要求区政协机关干部要吸取教训，严格遵守廉洁自律的各项规定，树立风清气正的良好形象。会上传达中共花溪区委《关于赵欣同志任免职的通知》（花委干字〔2014〕95号），赵欣同志任花溪区智力支边联系领导小组办公室主任。会上书面传达学习《习近平总书记在庆祝中国人民政治协商会议成立65周年大会上的讲话精神》《赵克

2月17日，政协委员讨论政协常委会工作报告（区政协供稿）

志书记在贵州省庆祝中国人民政治协商会议成立65周年大会上的讲话精神》《钟汰甬书记在花溪区庆祝中国人民政治协商会议成立65周年座谈会上的讲话精神》。会议审议区政协1—10月工作情况，通报区政协党组开展党的群众路线教育实践活动工作情况，区政协党组中心组集中学习30余次，通过群众提、自己找、上级点、互相帮、集体议等方式，共征求意见建议92条。党组成员开展30余人次谈心谈话活动，认真撰写对照检查材料，召开专题民主生活会，开展批评与自我批评，制定《政协花溪区委员会全体会议工作规则》等十六项工作制度和规定。会议审议通过《政协花溪区委员会全体会议工作规则》（讨论稿）《政协花溪区委员会常务委员会工作规则》（讨论稿）《政协花溪区委员会关于常委会组成人员出席常务委员会会议的规定》（讨论稿）《政协花溪区委员会专门委员会工作通则》（讨论稿）《政协花溪区委员会全体会议请假规定》（试行）（讨论稿）《政协花溪区委员会常务委员会会议请假规定》（试行）（讨论稿）和《花溪区政协委员履职管理暂行办法》（讨论稿）。

（王　茜）

区政协调研建议

【区政协对“两区”深度融合的工作建议】　建议花溪区委、经开区党工委联合召开推进“两区”深度融合工作动员大会，引导两区干部职工主动思考、扎实工作。建议建立两区区委常委（党工委委员）交叉联系部门、乡（镇）、社区制度。建议建立两区科级干部互挂制度。建议深化两区职能部门工作对接。建议相关职能部门严格按照“机关为窗口服务，窗口为群众服务”的原则，向服务窗口充分授权，方便群众在服务窗口办事。建议在经开区公安分局增设出入境管理科（室），就近受理经开片区群众的出入境业务申请；建议花溪区司法局增加公证处的人员编制及经费预算，在经开片区设立公证处分支机构，为群众办理司法公证业务提供便利。

建议开展各级各部门对“工作进社区”事项的全面清理整顿，为社区减负增效提供制度保障。建议新建楼盘就近划归相邻的城市社区管辖，回迁的村民仍由原村委会管辖，购房入住的城镇居民归城市社区管辖。建议减少预算外资金的审批程序，在涉及经开片区民生事务开支中，如未列入年初预算需使用资金的，建议由资金使用单位直接向花溪区人民政府请示批准后使用，减少审批程序，提高工作效率，年终两区据实结算。建议减少项目建设资金的审批程序。花溪区、经开区两区深度融合是一个综合性的重大课题，涉及到两区的顶层设计、产业规划、经济发展、社会事务、组织人事、综治维稳、宣传报道等多个方面。

（王　茜）

【提案法制委员会调研建议】

1. 建议区政府成立城市管理委员会，由分管领导任主任，政府办副主任、城管局局长等领导任副主任，公安、住建、规划、工商、环保、卫生和交通运输等部门为成员单位，负责全区城市管理宏观决策和组织指挥。相关部门协同配合，联合执法工作，形成城市管理合力。按程序、按制度，依法依规查处城市管理领域的违法违规行为。

2. 建议区城管局根据发展需求，整体规划，报区委政府列入年初预算，同时申报项目，以争取各级资金投入，用于环卫、市政设施设备的修复和提升。

3. 城管队伍人员编制建议参照公安人员比例配备（当地总人口万分之十），适当提高。

4. 建立诚信记录管理工作机制。一是科学建立诚信档案库。二是启用依法登记不良记录。三是建立不良信用预警机制。四是建立不良信用约束机制。五是建立诚信激励机制。

5. 实施城市管理与司法、宣传、媒体互动宣传。

（王　茜）

4月16日，区政协主席谌业华率政协委员视察区档案馆搬迁新馆后的工作（刘婷 摄）

【文史宣传学习委员会调研建议】

1. 开展对“国民党中央防空学校在花溪”有关史料的收集论证工作，挖掘其历史文化内涵。省史学家史继忠说：抗战时期，真正内迁的学校只有防空学校，是整个学校搬迁至贵阳，可见其重要性。防空学校内迁花溪时期，花溪的规划建设、学校教育、百姓生活等方面都与之息息相关。在史料收集中，要拓展思路，与省市有关部门联系，征集有关资料，与北京抗战纪念馆、上海淞沪抗战纪念馆等加强联系，征集防校将士的相关资料，为防空学校在花溪史实提供更多的历史文化支撑。

2. 加强对现存实物的清理和保护。如大寨村内及花溪公园内有关防校的碑刻、防空学校抗日殉难将士公墓等都要进行抢救性保护。政府有关部门要高度重视，加以清理和登记，采取措施加以保护。在修缮公墓时，建议将原公墓的碑文等进行还原。要有专项资金，组织专业队伍抓落实。

3. 对防空学校现存和已采集到的图片、文字等相关资料，区档案馆要加以收藏和保管，以便今后研究花溪相关历史查询。

（王　茜）

【人口资源与环境委员会调研建议】

1. 建议花溪区污水处理厂建设工作，由分管区领导牵头，区城投公司，住建局、生态局、创模办、石板镇、青岩镇等单位组成污水处理厂建设推进工作小组，负责完善相关手续办理。尽快确定运行管理团队，使两个污水处理厂及时营运，发挥效能。

2. 建议加快古镇至青岩堡之间主管网及分管网以及石板污水处理厂的污水管网建设，最大限度的实现污水收集，确保污水处理量达到污水处理设备设计规模要求，减少污水处理成本。建议区政府尽快协调贵安新区落实石板污水处理厂尾水排放事宜，加快石板污水处理厂尾水排放建设。

3. 建议青岩项目建设指挥部协调市旅文公司尽快组织资金到位，完成青岩污水处理厂剩余管网工程和进厂河桥等收尾工程。建议区政府多渠道融资，解决石板污水处理厂建设资金。

4. 建议尽快修建石板污水处理厂沿山坡面防洪沟，防止山水流入污水处理厂，造成该厂设备设施损坏。建议在污水处理厂和污水净化池四周安装安全防护栏或防护网，防止闲杂人员和牲畜进入，避免出现安全事故。建议在污水处理厂存在危险的地方设立标识标牌，进行安全提示。建议强化安全值守，合理配备值班人数和班次，加强值班人员安全意识教育，提高应急能力和自身安全防范。

5. 建议区政府要加强后续设施建设和完善，同时对已建好的设施、设备进行监管，实行建管并重，不能顾此失彼。建议对污水处理开征污水处理费，采取污水处理费与自来水费收取进行捆绑实施，确保污水处理费应收尽收。建议区生态局监察大队明确专人定期和不定期对污水处理厂尾水排放、污水处理设施运行进行执法检查，检测，污水处理尾水排放监管，确保污水达标排放。建议区政府出台污水处理厂管理、污水处理费收取相关政策，加强统筹协调和组织领导，推进污水处理厂发挥作用。

（王　茜）

【教文卫体委员会调研建议】

一、花溪电影院线建设的工作建议

1. 建议行业主管对招商项目强化跟踪指导，搞好协调服务，为企业排忧解难。

2. 对全区院线建设进行科学规划，加强准入管理，按照行业管理标准，引导社会各界投资数字影院建设，培育合理有序的影院市场。

3. 针对影院具有易于形成周边公众集聚的特点，加大对花溪区原有影院和新建影院项目日常监管巡查，治安防范。定期进行各类安全检查，杜绝隐患，保证影院安全健康运行。

4. 借助溪城时代国际影城团队熟悉花溪市场，富有专业精神的特点，支持其按更加专业、更具规模、更高层次的理念，在花溪区打造一所贵阳市顶级专业影院，为花溪区文化产业发展升级作出贡献。

二、全科医生签约服务的工作建议

1. 采取多形式、多渠道宣传全科医生执业模式和服务方式改革工作，让群众更多的了解公共卫生服务情况。同时加强健康教育，推广科普知识，使广大群众树立科学的保健意识。

2. 加强全科医生人才培训培养力度和人才引进力度，按照社区卫生服务机构编制和岗位设置方案配备社区卫生专业技术人员，加强全科医生执业培训，提高全科医生技术水平。

3. 规范“全科医生团队”签约服务工作。以全科医生、社区护士、预防保健、公卫医师组成的团队服务，以块为主、分片包干、责任到人，建立社区卫生服务的规章制度，推进整体服务水平，引导各社区卫生服务机构开展特色医疗服务活动。如推广中医中药在社区康复中的应用等。

4. 完善和巩固“双向转诊”制度。畅通分级医疗的“双向转诊”渠道，有序分流病人，降低医疗费用。

5. 健全完善政策补偿机制。增加对签约患者的优惠政策。目前全区仅有瑞华、清溪、清浦三家社区卫生服务中心为城镇居民门诊统筹定点医院，一定程度上限制此项工作在其它社区卫生服务机构的推广，加之签约服务费80元/人仅能在城镇居民中得到补偿，这也让社区医疗机构在选择签约对象倾向性选择城镇居民，而无法体现对城镇居民和农民均等化服务宗旨。

6. 全科医生执业模式和服务方式改革工作是医疗改革中服务下沉的新东西，在工作实践中要制定严格的资金使用制度，确保资金使用安全。

（王　茜）

【经济科技委员会调研建议】

1. 花溪区“两港一中心”项目建设工作，建议加快推动投资方主要负责人与项目负责人进行坦诚交流，达成共识，共同做好项目对接、协调、建设、服务、监督等工作；加强与市直相关部门的对接，争取早日签订《合作协议》和《补充协议》。

2. 建议各方求同存异，加快推进项目建设。

3. 建议协调投资方落实项目资金。指挥部要加大协调力度，做好各方的交流与沟通，促成投资方尽快落实项目资金，抓好资金的到位及统筹，加快完成项目区征收工作；做好项目投资时序论证，抓好各地块时序开发，尽快启动各功能板块建设。项目负责单位防范因土地征收和房屋征拆引发的矛盾。要密切与地方村、组的联系，化解不稳定因素。

4. 建议加强各级指挥部与项目部的无缝对接，强化指挥部工作目标，切实提高服务质量和工作效率。

5. 科学规划物流园区建设，提升区位地域优势，适应大流通、大辐射、大发展的需要。建议：(1) 加大基础设施投入，尤其是要尽快建成花溪区东西向主干道，完善花溪区路网结构。(2) 尽快编制全区物流业产业发展规划；(3) 制定物流业规范发展的措施；(4) 建立和完善人才引进培育机制。为物流业的长远发展提供保障。

（王　茜）

（责任编辑　周年辉）

青岩古镇赵彩章百岁坊（刘满堂 摄影）

民主党派

十里河滩（秦刚摄）

6月1日，民革花溪支部到燕楼乡旧盘村扶贫，向旧盘小学捐赠图书500册（民革花溪支部供稿）

【概况】 2014年，区委统战部制定《中共花溪区委统战部关于进一步加强民主党派干部队伍建设的工作方案》，成立民进花溪总支部委员会，全年为九个基层民主党派组织发放调研活动经费4.565万元，支持民主党派开展组织活动、调研、民主监督及智力支边、社会服务等活动。

（曾　菲）

中国国民党革命委员会花溪支部

【概况】 2014年，民革花溪支部参加市、区统战部举行的“戴安澜将军亲属在花溪的清明扫墓纪念活动”；3月周明在省社院参加民革全省基层组织负责人培训班；5月，多名党员在民革贵阳市委参加“五学三贡献”学习实践活动；9月周明、莫莉、杨燕参加花溪区2014年党外干部、党外人士培训班；9月参加市政协“贵阳市教育工作情况通报会”；多次参与市委会主委、副主委等领导率领的旧盘村扶贫工作小组到旧盘农户家中问寒问暖，与贫困村民探讨生产、生活，送去慰问金和物品；在燕楼乡旧盘村小学捐赠图书500多册。参加民革贵阳市委与北京民革朝阳区委在燕楼乡旧盘村的对口扶贫、物资捐赠活动。坚持“同心同行助教育”活动，11月对帮扶花溪海洋民办学校捐赠课桌20套。支部党员周明、田毅在2014年花溪区宣传部、统战部举行的“党外人士书画、摄影作品展”上获优秀奖。

（周　明）

【参政议政】 2014年，贵阳市“两会”上，周明递交《规范4S店汽车保养，给车主一个消费明白》提案，区“两会”上，李莎递交《关于在清华中学大门外设立交通减速带的建议》《关于加大清华中学周边饮食摊点整治力度的建议》提案，田毅递交《关于降低花溪区空气污染指数的对策》《关于改变花溪工行营业网点工作作风》《关于发展花溪旅游示范区的几点建议》提案，涉及经济发展、行风建设、教育等诸多领域。其中田毅的《贵阳市公交汽车的公共安全及对策》提案得到民革市委会的高度重视。《对花溪区民办学校的办学现状调研及反思》调研报告，在区政协会上首席发言，得到区政协领导和政协委员的好评 。

（周　明）

中国国民党革命委员会小河支部

【概况】 2014年，小河民革支部组织生活会4次，支委会2次，发展黄磊为正式党员，徐越为入党积极分子，副主委戴吉洪及校长付殿君被选举为本届企工委的副会长。举办迎新联欢活动，召开参政议政工作会，向红星、星新两校品学兼优的20名学生每人捐赠学费人民币300元，共计6000元，根据市委“7+2”工作要求到花溪区旧盘村调研，参加樱花学校校庆活动。副主委戴吉洪给花溪合朋村60岁以上老人（300余人）每月按时发放生活补贴费，全年共40余万元。组织委员李坤益，在四川雅安发生7.0级地震后，购置3万多元的物品，亲自赴雅安灾区，抗震救灾。2014年李坤益加入壹基金组织，多次参加云南景谷、鲁甸抗震救灾及贵州石阡、余庆、桐梓抗洪救灾工作。9月，党员徐影在第六届世界传统武术锦标赛上荣获形意拳第一名。12月应国家体育总局邀请参加中华全国体育总会中日交流访问团赴日本交流中华武术及书法。徐影在日本访问期间其书法作品，作为国礼赠送给日本。党员屠国成无偿为花溪第五小学培训农民工子女合唱团。11月，由他辅导培训的合唱团在花溪区“班班有歌声”合唱比赛中获三等奖。付殿君作为樱花培训学校的董事长，在校庆活动中出资3万元购置暖手宝赠送给农民工学校的师生。

（屠志微）

中国民主同盟花溪总支

【概况】 2014年，民盟花溪总支组织开展活动4次，做好春节对老盟员的走访慰问工作，关心慰问生病住院盟员吉小琴、朱来云、彭光喻和陈锦文。将青岩贵璜中学作为支教学校，在市政协支边办立项，民盟市委捐赠一批价值约16万元的物理实验设备给贵璜中学。特邀北京四中家庭教育指导专家张建军到贵阳市清华中学为高一年级的学生和家长作“助孩子成才励志教育专题报告”。吉小琴、陈向阳被评为2013—2014年度花溪区先进教育工作者。

（吉小琴）

【参政议政】 坚持每年重点完成一个调研课题，并写出调研报告《花溪区中等职业教育存在的问题与对策》上报盟市委、花溪区委统战部。吉小琴提出的“关于将花溪第二小学旁空地（老人大办公楼原址）划给花溪第二小学作为学生活动场地的建议”“关于加快建设进度，确保西南高中按期交付使用的建议”被列为区人大常委会主任督办件。政协委员罗锦国“建设平安小区，构建和谐花溪”的提案被评为区政协的优秀提案。2014年吉小琴提出关于建立“花溪区两馆一院一中心”的批评建议和关于在花溪贵筑路、松涛路路口设置红绿灯的建议。

（吉小琴）

中国民主建国会花溪总支

【概况】 2014年，民建花溪总支组织全体会员活动二次，部分会员活动5次，参加市委会老年节、三八节活动，两节期间对老会员进行慰问。选派7名会员参加区委组织部、区委统战部党外干部培训班学习，发展新会员3人，考察新会员4人。做好5名大学生、5名中小学生帮扶工作，为贫困大学生苏国燕协调安装电视机、学费、电脑等计1万元，为贫困大学生李中原协调三年助学金1.5万元，为青岩贫困学生唐芳芳协调办理户口、孤儿证、助学金计2万元，为学生肖景文协调助学金5000元。春节、儿童节、中秋节期间慰问学生4000元，为黔西县贫困大学生孟丽协调助学金5000元，生活用品1000元。配合市委会到高坡乡开展“7+2”脱贫帮扶工作，帮助克里、平寨、大洪三个村制定扶贫方案，提供技术咨询，投入教育帮扶资金及设备等40余万元。与贵大南区九三支社联合开展《关于加强民主党派建设的调研》。

（孙　剑）

【重要参政议政】 提交人大批评建议、政协提案6件。其中党派提案1件，反映社情民意6条，向省、市政协、市委统战部反映民生问题和社会发展问题4件。组织部分会员对“花溪微小企业发展状况”进行视察。

（孙　剑）

中国民主建国会小河支部

【概况】 2014年，民建小河支部组织会员学习3次，9月进行支部换届工作，会员37人，选派5名会员参加市、区组织的基层组织负责人培训班。调动会内力量参与社会公益活动及捐赠活动，全年捐助金额达20余万元。

（赵　杰）

【参政议政】 在两会期间提出《关于改造小河松花江路枫阳桥人行道的建议》并受到重视；在鼓励小微企业发展上，给经开区管委、工商局、烟草专卖局提出建议并受到采纳。

（赵　杰）

中国民主促进会花溪总支

【概况】 民进贵阳市委会决定整合原花溪支部、小河支部，在花溪组建花溪民进总支，6月18日召开民进花溪总支成立大会，产生民进贵阳地区的第一个总支委员会。总支荣获民进贵州省委会先进基层组织表彰，会员项彦丽、冉茂志、朱林、何文先分别荣获优秀会员、参政议政、社会服务先进个人。支部班子成员项彦丽、黄伟、曾志云爱岗敬业，率先垂范。会员樵晓岚所带班级再次培养出贵州省高考文科（裸分）状元，会员李梅、刘霞在青岩旅游景点的历史文化布展工作受到各级好评。会员朱林、冉茂志、何文先作为企业家，致富不忘扶贫，扶危济困做了大量工作。会员罗显华、杨榜华虽已退休，但长期参与区域文化体育事业发展，担当各种文体活动的重任。编写《加强理论学习 提高履职能力》《立足党派特色关注区域发展》等简报3期，向《贵阳民进》投稿1篇。撰写《关于加强我区民办教育工作》的调研报告。

（项彦丽）

【参政议政】 支部有区政协委员8人，其中常委3人；区人大常委1人，在两会期间，总支在政协大会上作《加强文化遗产保护，助推文化大区建设》的发言获得好评。总支主任项彦丽带领专委会及会员完成多项调研视察，10月17日总支组织部分教育系统会员视察花溪区新增教育教学资源运行现状。实地察看北京161中学贵阳分校（花溪溪南高中）和花溪第二小学保利分校，并形成报告5篇。

（项彦丽）

中国农工民主党花溪支部

【概况】 农工党花溪支部共有党员32人，其中副高7人、中级13人，市人大代表1人、区人大常委1人、区政协常委2人、区政协委员4人。围绕民生到高坡乡进行义诊义治、健康咨询服务70余人次，发放健康宣传资料约220份，免费赠送价值500余元的药品。撰写《多措并举全面提升花溪区农村环境质量》的调研报告。

（曹　珺）

【参政议政】 在市、区两会时支部的人大代表、政协委员分别提出《关于花溪至孟关公路拓宽改造的建议》《关于对贵州大学花溪南校区（贵州农学院）南湖路进行改扩建的建议》《关于花溪城区交通拥挤的民意调查报告》《关于花溪磊花路口煤巴场路修建人行天桥的建议》等提案、建议。支部中的人大代表、政协委员发挥自身优势，参与人大、政协组织的青岩古镇改造、道路改扩建、城镇化建设等各种社会调研活动，参观中国人的家国观念、北京与贵阳大数据应用展示中心等现代科技展览，利用各种平台，为花溪区经济、社会建设建言献策。

（曹　珺）

中国致公党花溪支部

【概况】 致公党花溪支部开展坚持和发展中国特色社会主义“五学三贡献”学习实践活动，组织骨干党员、新党员6人参加致公党省委、贵州省社会主义学院、花溪区政协、区委统战部组织的省内培训学习。撰写《关于加强花溪区景区食品安全监督管理的建议》调研报告。围绕“7+2同心扶贫工程”，与帮扶村和有关单位共同签订《久安乡吴山村道路改建项目脱贫帮扶协议》《久安乡打通村沟渠维修项目脱贫帮扶协议》，完成引进道路改造资金100万元，致公党朝阳区党员捐款18万元，分别为久安乡打通村、吴山村修建引水工程和农田灌溉工程，多年的农业灌溉和人畜饮水等困难得到解决。帮扶久安乡打通村、吴山村19名贫困学生，每人每年1200元的“致公助学金”，共2.28万元；在久安乡打通村成立蔬菜专业合作社——贵州卉雨山野菜种植合作社，为农户提供发放辣椒种子补助款7000元；引进龙头企业——贵州常吃常想食品公司进驻打通村，实施订单农业，带领农民增收致富，并为该企业争取项目资金50万元，流转土地500亩，订购3.5万株樱桃树株苗，开始实施惠及农民1521人（其中贫困农民152人）的果树野菜立体种植项目。引进北京环卫集团，建设垃圾收集系统等。

（邓怀忠）

【参政议政】 参加区委、区人大、区政府、区政协组织的协商会、通报会、征求意见会、座谈会10次，对全区经济、政治、文化和社会生活的重大事项建言，提出建议5条。

（邓怀忠）

九三学社花溪支部

【概况】 2014年，九三学社花溪支社组织社员先后参加由区委统战部和政协主办的各类培训班。撰写《关于花溪区养老产业发展道路的思考与建议》的调研报告。被社市委评为“学习践行社会主义核心价值体系活动先进集体”，支社主委何江被九三学社贵州省委评为“九三学社贵州省先进个人”。

（何　江）

【参政议政】 参加政协组织的各次委员视察活动，分别到红岩水库施工现场，马铃乡绿色蔬菜产业化基地，久安乡古茶树茶叶种植繁育基地参观考察，完成《关于花溪区养老产业发展的思考和建议》的提案。

（何　江）

（责任编辑　周年辉）

4月5日清明节，抗日名将戴安澜之女戴藩篱（右4）到父亲墓前祭扫（统战部供稿）

群众团体

5月30日,团区委组织"浓情端午节 敬老送温暖"志愿服务活动(团区委供稿)

花溪区总工会

【概况】 区总工会配合区人力资源和社会保障局开展就业招聘会1次，职业培训700余人，职业介绍700余人，实现700余人就业。到石板镇镇山村为计生困难10户送上帮扶金5000元、留守儿童2户送上帮扶金400元，对镇山村计生协会70个会员发放价值11000元的纪念品。“两节”期间，慰问困难企业12家，发放慰问金5万元；慰问困难职工家庭260户，发放慰问金7.95万元。全年帮扶重大疾病困难职工（农民工）4户，发放慰问金1.2万元。帮扶81名困难职工和困难农民工子女，其中：省外大学39人，省内大学22人，大专职高20人，共发放帮扶助学金11.26万元。在“六一”儿童节期间，前往石板镇二手车市场、贵州星天电线电缆有限公司、贵阳正邦畜牧有限公司等单位对留守儿童、农民工子女以及单亲子女进行慰问，共慰问19名困难儿童，发放慰问金0.38万元。参与区禁毒委牵头阳光家园建设工作，利用“两节”为阳光家园送上慰问金5000元和乒乓球桌、电脑、围棋、象棋等职工文化娱乐用品；帮扶阳光家园困难职工2万元。

（区总工会）

【指导厂务公开】 指导企业以职工（代表）大会为主渠道，凡属职代会职权范围内的事项，必须向职代会报告，分别由职代会审议、通过或决定，成为职工行使民主管理、民主监督的有效阵地。职代会闭会期间，指导企业发挥职工代表团组长联系会议的作用，适时研讨、审议有关事项，使应公开的内容得到广大职工的认可。重点督促企业公开职工普遍关心的财务、工程建设招投标、物资采购、工资、福利、奖惩、劳动纪律、职工聘用、车辆管理等涉及企业发展和职工切身利益方面的内容。

（区总工会）

【职工权益维护】 参与工伤事故赔偿3起，维护职工依法获取赔偿金的权利。与区人力资源和社会保障局劳动监察大队开展职工“维权月”活动。督促正常经营企业主与企业工会签订“集体合同、工资集体协商协议、女职工特殊权益保护专项集体合同、劳动安全卫生专项集体合同”等四项合同，覆盖率达90%。

（区总工会）

【劳模管理】 代行政府管理国家级、省级、市级劳模113人，并按时足额发放劳模津贴。开展省“五一”劳动奖章的推荐评选工作，劳模休养通知和“三金”审批工作。全年“劳模爱心协

6月27日，贵州省首家“花溪劳模爱心协会”在花溪农商银行挂牌，副区长秦永康（左三）前往祝贺（严尧供稿）

会”开展2次活动，组织劳模学习党的十八大精神，参观全国文明单位花溪农商银行，共同庆祝党的生日。

（区总工会）

花溪区工商业联合会

【概况】 2014年区工商联完成省级“五好”工商联创建工作，并顺利通过省委统战部、省工商联验收。按照工商联章程和会议制度，召开2次主席会、2次常委会、1次执委会。区政府制定《花溪区人民政府部门联系工商联制度》，成立“花溪区工商业联合会（总商会）人民调解委员会”，共为企业服务解决相关问题15件，帮助申报技术职称75人。2014年会员队伍总数从951个发展到2940个，年均增长率达到44.2 %，其中团体会员35个，企业会员2291个，个人会员614个，会员结构逐年优化。开展非公经济人士“四信”教育，利用区工商业联合会（总商会）执委会议及座谈会开展社会主义核心价值观、非公有制经济人士理想信念教育讲座、“微型党课”、专题培训等学习教育活动。区政协九届四次会议，非公有制经济人士委员提交提案12件。宣传动员非公有制经济人士开展光彩事业活动，向社会捐款资金46.02万元。组织成立“花溪区小微企业联合商会”。制定相关措施办法，组织培训、帮助商会建章立制，完善商会管理。成功举办第三届“工商联杯”篮球赛。制定《中共花溪区委统战部 花溪区工商联关于乡（镇）、社区基层工商联建设工作方案》，指导基层工商联建设工作。2014年新建燕楼乡、马铃乡、黔陶乡、高坡乡、阳光社区、明珠社区、金欣社区、小孟社区、花孟社区9家基层工商联。

（区工商联）

中国共产主义青年团花溪区委员会

【概况】 全区有33个直属基层团委，其中18个社区团委，9个乡镇团委，6个机关团委；181个乡镇实体化“大团委”，青年团员8154名。

6月14日，志愿者展示废旧报纸制作的时装作品（团区委供稿）

2014年，团区委认真履行“组织青年、引导青年、服务青年、维护青少年合法权益”四项基本职能。

（岑福妹）

【共青团基层组织建设】 5月15日，组织召开共青团花溪区十七届二次全委（扩大）会议，区委书记钟汰甬出席并讲话，审议通过《共青团花溪区五年规划纲要（2014—2018)》。全年开展团干培训4次，185名团干部参与，提升团干部的综合素质。加强政策的支持，为直属基层团委落实每年2万元的工作经费，提供有力的工作保障。依靠“党建带团建”的精神，在区属各社区全面推进区域化团建工作，打造明珠社区和兴隆社区2个城市社区作为区域化团建的精品示范点。2014年，明珠社区团委被评为全省“五四红旗”团委。

（岑福妹）

【青年志愿者工作】　全年共组织近1600名青年志愿者开展环境保护、爱心助困、文明引导等方面的志愿服务活动105次，服务群众2万人。其中，服务区、市举办的大型活动28次，包括“第九届贵州省旅游产业发展大会”“十八而志　青春飞扬”成人礼等；开展环境保护活动26次，包括文明祭祀宣传、植树造林、节能宣传周等；开展爱心助困活动21次，包括慰问困难青少年家庭、结对帮扶留守儿童等；开展青少年权益保护活动13次，包括未成年人保护法宣传、禁毒和反邪教宣传等；以“我们的节日”为主题，在春节、端午节、七夕节等开展“送春联、三下乡”、为孤寡老人送粽子、青年交友联谊会等活动7次；开展文化传播活动5次，包括“青春微视　灵秀花溪”青年微视频创作大赛等；开展爱心公益活动5次，包括“6·5鲁甸地震捐款、爱心书画认捐”和“12·9爱心捐赠暨文艺汇演”等。携手省青年志愿应急救援总队到花溪一小，为近2000名师生开展防震应急疏散演练活动，提高应对突发事件的避险自救能力。

（岑福妹）

【少年先锋队】　全区共有129支少先队，20000余名少先队员。2014年，通过开展“快乐成长　放飞梦想——花溪迎春少儿书法、绘画展览”“学习模范　净化思想　洗涤心灵——团区委开展2014年道德模范进校园”“祖国好·家乡美”暨“中国梦·我的梦”书画大赛、纪念革命烈士、组织青少年参与第11届“未来之星”全国特长生文化艺术周等活动，加强少先队员的思想教育，促其健康成长。

（岑福妹）

【青年工作】　抓好“新媒体”工作，开设“我的青春我的团”主题短信平台、团区委官方微博和微信平台，每天向200余名青年代表发送团讯、要闻、创业就业信息等。搭建大学生到机关企事业单位、社区和学校实习的平台，服务青年就业实习，累计推荐120名大学生开展就业实习。打造一支200人的青年志愿者网络宣传员队伍，运用网络宣传科学，弘扬社会主义核心价值观，构建良好的社会舆论环境。在青岩镇南街村开展驻村帮扶工作，支持5000元建设村青少年活动中心。关爱农民工子女留守儿童志愿服务行动持续开展，在马铃乡建立留守儿童自立自强中心，为其筹资2万元作为中心运转经费。结对3所农民工子女集中的学校，为500余名农民工子女开展送书籍、送表演等形式多样的志愿帮扶活动。服务指导青年在区民政局注册成立贵阳市花溪区青年志愿者服务协会，探索建立以共青团为主导的青年社会组织建设。

（岑福妹）

【未成年人保护】　与花溪区人民检察院共同制定《未成年人讯（询）问工作制度》，聘请6名区检察院的工作人员担任未成年人法律保护工作志愿者，为全区未成年人违法犯罪讯问工作、询问未成年人工作提供志愿服务。联系贵州大学法学院，开展未成年人讯（询）问的志愿帮扶工作。

（岑福妹）

【希望工程】　通过“宏立城直通车”“习酒·我的大学”“芙蓉学子”“国酒茅台·我的大学”等助学项目，经学校推荐，团区委实地走访调研，为区属52名家庭贫困、学习优异的二本以上大学新生提供35.5万元助学金，帮助贫困家庭的孩子享有公平学习的机会。

（岑福妹）

花溪区妇女联合会

【概况】　区妇联发挥妇联枢纽型社会组织的作用。协调爱心人士，对弱势群体进行关爱帮扶。抓好妇女之家示范点建设和基层妇干的培训。指导相关单位完成妇女儿童规划监测评估工作。引导广大未成年人自觉践行社会主义核心价值观，继承革命先烈遗志，增强爱国主义观念。指导帮助妇女创业就业，推荐妇女参加家政培训，推动男女平等基本国策的贯彻落实，维护妇女合法权益。

3月5日，区妇联开展花溪区“法律温暖 幸福家庭 三·八维权周宣传活动”（区妇联供稿）

（区妇联）

【妇联基层组织建设】　花溪区妇联以第九届村（居）换届为契机，推进农村妇女进村委会班子。全区121个村圆满完成换届任务，妇女进村委会比例达到100%，达到每个村至少有1名妇女进入村委会的目标。区妇联组织妇联主席、妇委会、妇代会主任以及妇女骨干等300余人次先后参加各类培训、讲座。9月，区妇联举办由全区200余名各级妇女干部参加的业务工作培训班，邀请贵阳市妇联主席朱勤、贵州大学资深教授谢平为女干部们授课，为开展妇女工作奠定理论和思想基础。创建久安村、锦江居委会、改毛村3个市级妇女之家。在久安乡久安村，指导妇女之家负责人依托该村茶园建设项目，推动妇女参与茶园经济的建设，实现妇女经济独立。指导久安村将原有的苗族芦笙舞队伍发展壮大，并结合妇女姐妹爱好广场舞的特点，聘请巾帼志愿者教广大妇女姐妹跳广场健身舞，强化精神文明建设。

（区妇联）

【文明家庭创建】　组织40名社区、居委会妇女干部参加全国妇联关于“寻找最美家庭”电视电话会和现场讲座，印发关于“寻找最美家庭”宣传资料1000份到乡镇、社区；拟写贤惠美德耀筑城——明礼知耻·崇德向善在家庭倡议书，在各乡镇、社区张贴宣传画，利用网络平台以及花溪电视台播放“最美家庭”宣传片开展“寻找最美家庭”宣传。联合区总工会、清浦社区在浦江广场举办主题为“贤惠美德耀筑城、明礼知耻·崇德向善在家庭”的社区健身舞展演活动，明珠、阳光、清浦等18个社区的18支代表队参加活动。区妇联与兴隆社区分别在锦江居委会和淮河居委会开展“最美家庭”“好母亲”“好妻子”“好媳妇”宣传表彰活动，对辖区中涌现出的家庭感人事迹进行宣传表彰。指导各乡镇、社区开展生态文明家庭的创建活动，安排、指导、督促完成贵阳市妇联下达的生态文明家庭创建任务70780户。向贵阳市推荐四、五星级生态文明家庭10户，在贵阳市妇联和市生态委的工作检查中受到好评。开展最美家庭评比，家庭才艺推评以及家风家训征集等活动。共推选出最美家庭54户，贤妻之星21名，孝女之星13名，慈母之星12名；科学家教好爸好妈21名。向贵阳市推荐最美家庭5户以及各类之“星”8名；向区文明办推荐“感动花溪人物”7名。向省级推荐三八红旗手2名，三八红旗集体1名。收集家风家训86条。

（区妇联）

【帮扶贫困妇女、儿童、空巢老人】 区妇联深入小孟社区付官村罗飘组、沙戈组、垄头组、花溪湿地公园、青岩镇杨眉村、西街村、高坡乡克里村、溪北社区竹林村、吉林村、阳光社区棉花关居委会、航空社区红林居委会、麦坪乡牛庄村、久安乡久安村等十多个村组的贫困户家中以及久安小学等，对困难妇女、留守困难儿童、残疾人等进行帮扶慰问76人次，帮扶资金、物资3万余元。争取上级妇联的两癌救助资金11万元发放到11名困难两癌妇女手中。全年共录入贫困“两癌”妇女16人。

（区妇联）

【妇女儿童维权】 区妇联利用“三八”节、“六一”节、5月综治宣传月、“6·26”禁毒日以及文化三下乡等活动契机，开展各类法规、文明家庭和平安家庭创建宣传，促进社会和谐进步。区妇联对来访人员笑脸迎接，热情接待，将来访妇女的疑难和问题解答清楚，做到不留下后遗症。指导妇女加强与乡、村或社区妇女工作负责人的对接联系，以便遇到问题就近处理。区妇联与乡镇（社区）、村（居）联系，针对家庭矛盾和家暴问题，开展联合调处，涉及妇女需要通过司法程序维权的，支持按司法程序办理。2014年区妇联共接待妇女群众来访来电72起，通过正确引导，依法维权，化解家庭矛盾，保护妇女儿童的合法权益。

（区妇联）

【“三八”节活动】 “三八”节开展社区妇女健身舞展演、拔河比赛活动和机关女职工趣味运动会，18支队伍、400余名妇女群众参与展演；在拔河比赛中，12支队伍约200人参加；与工会、文广局联合举办的机关女职工趣味运动会，28支队伍400多人参加活动。同时融入“最美家庭”“法律温暖，家庭幸福”维权知识、法律法规以及党的群众路线教育实践活动宣传等。

（区妇联）

【“六一”节慰问活动】 做好“六一”节四大班子对12所学校的慰问活动。为12所小学、幼儿园送去慰问金12万元。慰问付关小学、孟关乡幼儿园，组织巾帼志愿者爱心人士慰问久安乡31名留守困难儿童，为她们送去衣物、大米、食用油等，共计资金1.4万元。开展文明礼仪宣传和有益于孩子身心健康的“亲子园”活动。

（区妇联）

【“祖国好·家乡美”活动】 区妇联与区教育局联合，在各中小学校组织开展“祖国好·家乡美”主题活动之“明礼知耻在校园——中小学生文明礼仪知识竞赛”活动，与贵阳市三十八中学联合举办“中小学生文明礼仪知识竞赛”决赛、在花孟社区付官小学举办《国学经典》颂文明活动，组织带领花溪一中及花溪实验小学的孩子们参加贵阳市妇联举办的中小学生文明礼仪知识竞赛等活动。

（区妇联）

花溪区残疾人联合会

7月22日，区残联开展特奥培训并筛查特奥运动员（区残联供稿）

【概况】　2014年，区残联在春节、五月助残日期间走访慰问全区贫困残疾人，慰问贵阳广航铸造有限公司和贵阳依科达制衣厂，分别发放慰问金1万元。开展"扶残助学"活动，关爱残疾学生，开展"六一"儿童节慰问残疾儿童活动；组织开展残疾人专项就业培训，举办一期SYB（创业就业）培训；补助残疾人自主参加机动车驾驶培训；在伊科达进行一期岗位职业技能提升培训；开展2014年"阳光家园"居家托养工作，重度残疾人发放托养资金；完善和谐家园5个点所有残疾人的资料。

开展精防医生和社区康复协调员、残疾人专职委员培训和残疾人法制培训。办理免费乘车卡；2014年共办理二代残疾人证6424个。全年共接待残疾人来信来访34件；处理人大代表建议1件，书记市长交流台信访件2件，来信来访办结率达100%；启动残疾人超标三轮车收缴工作，监督回收公司对收缴的超标车辆进行切割，并全程录像；开展为贫困残疾人家庭无障碍改造工作。

（赵福梅）

【残疾人基础信息调查】　制定和下发《区人民政府办公室关于印发〈花溪区残疾人基础信息调查工作实施方案〉的通知》，并申请资金53万元用于基础信息调查工作。区残联领导班子带队，组成三个督导组对全区27乡镇社区开展培训、督导，保质保量完成省、市残疾人基层信息调查工作。调查率达到100%，录入率达到100%，其中持证残疾人的调查率和录入率达到100%。

（赵福梅）

花溪区科学技术协会

【概况】　2014年，区科协以"三服务一加强"为工作宗旨，围绕"五大人群"开展科普活动。全年开展大型宣传活动15场，举办科普讲座10场，发放各类科普资料6.5万份，义诊1860人次，科技咨询2300人次，送春联1500余副，受益人数达5.8万人次。利用农村公益电影开展送科普电影下乡活动，区科协8个科普电影队全年共放映科普电影1920场，受益人数达7.8万人

5月25日，区科协联合阳光社区开展科普宣传走进小区活动（区科协供稿）

次，覆盖全区村（居），小区院落。区科协、教育局、政法委联合开展“反邪知识进校园活动”，组织部分中小学生参加贵阳市防邪征文活动，共推荐183篇，20多篇获奖，两个获得省级优秀奖。科普日活动期间组织城区部分中小学参观贵州大学自然博物馆6次，参观学生780人；花溪五小和花溪小学分别获得市级省级科普特色示范学校称号；6月成立一支来自医疗、卫生、科技等领域的35名老年科技工作者科普志愿者服务队，在贵阳市志愿者网站完成注册，到高坡乡克里村、石板镇龙山村开展种养殖培训2期，培训150人；组织全区各乡镇、社区服务中心、区属各部门、企事业单位开展“百万公众网络学习工程”活动，到11月，全区参加网络答题人数为32719人次，完成贵阳市下达给花溪区的任务。11月在明珠社区和阳光社区举办“新型社区网格人员如何运用信息手段开启精准科普新时代”讲座2期，培训200人；为高坡乡克里村困难群众、计生帮扶户送化肥和慰问金，共计1万元；在元旦、春节期间慰问计生贫困户、残疾人、贫困党员，送去慰问金共2400元。11月26日区科协被中国科协评为“2014年全国科普日优秀特色活动”单位；3月组织学生参加《贵州省青少年科技创新大赛》被贵州省科协、贵州省教育厅、贵州省科技厅等单位评为“优秀组织奖”；11月，开展“防邪知识进校园”征文活动被贵州省科协、贵州省教育厅、省防范邪教办评为组织奖；9月刘敏获得第四届贵州省科普工作先进个人称号。

（刘　敏）

花溪区文学艺术界联合会

【概况】　2014年，全区有五个协会一个学会及一个书画院。其中：作家协会有会员152人；书法家协会89人；美术家协会91人；摄影家协会150人；音乐舞蹈家协会150人；诗词学会183人。出版文艺综合季刊《花溪艺苑》4期。9月《花溪艺苑》杂志由贵阳经济技术开发区党政办公室协办，页码由56页增加到112页，字数由5万余字增加到10万余字。四期共刊登诗词86首、小说10篇、散文46篇、报告文学1篇、歌曲4首。介绍画家2人、剪纸1人。出版《灵秀花溪》报一期。4月，领导班子购买近2000元的高档轮椅送到区文联帮扶的三江社区毛寨村残疾人吴秀庆家中。5月，邀请省文联《南风》杂志社总编、著名作家冉正万，省政协《文史天地》杂志社编辑部主任、贵阳市作家协会副主席姚胜祥商讨《花溪艺苑》改版事宜。6月，区文联负责人石文辉率职工会同贵州兴中泰房地产服务有限公司、贵州碧云世和房地产有限公司领导及员工到石板镇花街村进行计生帮扶慰问，送去价值近5000元的生产物资和大米、食用油等。区文联、区团委、区教育局、区文化馆等单位共同举办“墨润乡村孩子 传承传统文化”活动走进高坡乡中心完小。8月，区文联与团区委、区文化馆等组织花溪书协、美协会员开展向云南鲁甸地震灾区书画认捐活动，共募捐10440.8元。9月，花溪区文联经开片区分会授牌仪式暨经开片区首届书画摄影展览在经开区举行。

（夏荣富）

6月19日，区文联会员赴水场堡水库、红岩水库采风（董仁海 摄）

【区美协】 2014年区美协举办一期暑假教师美术培训；杨弼伦的国画作品《和协清风》入选纪念邓小平诞辰110周年全国名家邀请大展中，荣获佳作奖。会员唐泽亮国画作品“山水图”入展第三届花溪区中青年书画作品邀请展，“苗乡清新图”在贵州经济文化促进会首届书画大赛中获得铜奖。元月，区委宣传部、文联、阳光社区服务中心等单位联合主办的“花溪区庆元旦第三届中青年书画作品邀请展”在金世旗举行。2月，由区文联、阳光社区、贵州省青少年活动中心艺术宫等单位主办的“快乐成长 放飞梦想”“贺新春”少儿书法、绘画展览在阳光社区金世旗举行。团区委、区教育局和区文联在孟关乡中心完小举行花溪区2014年“祖国好·家乡美”暨“中国梦·我的梦”书画大赛活动。

（区文联）

【区书协】 2014年区书协在“三下乡”“四进社区”暨我们的中国梦文化进万家活动中，为马铃乡等9个乡镇、14个社区义务书写春联5000余幅。在全省职工“中国梦·劳动美·幸福路”书法大赛中，姜华获得二等奖，陈曦获得三等奖，王小云、杨伟勇获得优秀奖；在贵州省第三届“恒安杯”篆隶篆刻大赛中，陈曦作品入选、李劲松作品获奖；在区统一战线“与党同心·共筑中国梦”书画摄影展中陈曦作品获书法一等奖；在贵州省首届中小学师生书画大赛中，王小云的书法作品获三等奖。10月，区委宣传部、区文联携手保利贵州置业集团有限公司承办的第十七届“花溪之夏”艺术节——首届花溪保利·溪湖杯全省少儿美术书法大赛颁奖仪式暨书法作品展览开幕式在保利·溪湖售房大厅隆重举行。

（夏荣富）

【区音舞协会】 2014年区音协会员郭炼获庆祝中韩建交22周年暨欢聚首尔·2014中韩国际合唱艺术节最佳指挥奖；葛蔚撰写的《浅谈器乐教

学对小学心理健康发展的重要性》荣获贵州省教育科学院、贵州省教育学会2014年教育教学科研论文、教学设计评选三等奖；郭炼指挥贵阳市教师合唱团成员参赛，在“相约多彩贵州，为祖国放歌”第五届中国魅力校园合唱节活动中，荣获教师组混声合唱一等奖。

（夏荣富）

【区作协】　区文联组织区作协到黔陶乡的水场水库和马铃乡的红岩水库、久安乡贵茶基地采风。6月，区委宣传部原理论科科长赵开舟组织区作协名誉主席夏秦豫，主席程韵，副秘书长、文联文艺创作室主任夏荣富对全区干部职工创作的《雷锋在1959》《焦裕禄》《苏联亡党亡国20年祭》《生死牛玉儒》《杨善州》等72篇观后感进行审阅评奖。

（夏荣富）

【区摄影协会】　6月，区摄协会员董宁、王新、周廷碧等5人赴遵义市余庆县参加由省文联《南风》杂志等单位举办的“印象龙家·梦幻仙峰”全国原创征文摄影大赛创作采风活动。11月，由区委宣传部、区委统战部主办，区民宗局、文联等单位承办的“花溪区统一战线‘与党同心·共筑中国梦’书画摄影展”在花溪行政中心举行，区委常委、宣传部部长、统战部部长吕念东参观作品展。

（夏荣富）

【区诗词学会】　4月，诗词学会组织学会会员在麦翁寨王登德家开展诗词楹联创作交流活动。5月为清华中学编辑出版《清华诗刊》，在花溪二中作诗词创作讲座。7月，原诗词学会会长陈世知到贵安新区作诗词创作讲座。参与黔陶乡水场堡水库和马铃乡的红岩水库基地采风。8月，编辑出版《高原明珠花溪吟诗人》一书。10月，召开第三次会员代表大会，选举出理事会理事8名、主席1名、副主席3名、秘书长1名、副秘书长2名，完成换届选举工作。11月，编辑出版会刊《花溪诗词》第十二期。

（夏荣富）

花溪区关心下一代工作委员会

【概况】　2014年区关工委抓好创建“五好”关工委活动，巩固提高创建成果，在已创建达标191个的基础上，新增16个村（居）关工委，完成全部创建达标工作。在公安、文广、教育、区属机关、厂企退休的干部、教师中选聘50名“五老”义务网吧监督员（花溪片区30名，经开区片区20名），负责监督全区现有的69家网吧（花溪片区43家，经开区片区26家）。全区从事关心下一代工作的“五老”志愿者达到1288人。为调动“五老”人员的工作积极性，3月19日区关工委召开“五老”人员培训暨表彰会，对48名优秀“五老”人员颁发荣誉证书和奖品，并对100余名“五老”人员进行业务知识培训。11月4日，由区关工委、区文明办、区教育局主办，青岩贵璜中学、青岩菊林书院承办的花溪区《弟子规》赠书仪式上，来自云南省昆明市的关爱青少年志愿者李岩松、王馨以向花溪区贵璜中学、花溪小学、花溪二小、溪北小学、漓江小学、青岩完小、高坡完小等7所学校捐赠3500余册图文并茂的《弟子规》。全区关工委共开展“送温暖、献爱心”活动5次，关爱留守儿童110人次，为留守儿童捐款2500元，捐赠图书1180余册，书包30个，学习用具30套。

（区委离退休干部工作局）

3月3日，区关心下一代工作委员会主任冯增才到花溪阳光小学参加开学典礼（关工委供稿）

【区关工委辅导员到学校活动情况】 2014年区关工委在清华中学、花一中、花三中、花一小、花二小、溪北小学6个校外辅导组的基础上，又新组建青岩贵璜中学、青岩中心完小、阳光实验小学三个校外辅导组，全区已有9所学校成立校外辅导组，70名校外辅导员。校外辅导员坚持每年参加学校的开学典礼、“六一”儿童节、清明节祭扫烈士墓、10月13日少先队建队日和秋季运动会等活动，送去节日的祝福和慰问。清华中学校外辅导员用百余张老照片以投影方式给高2级学生上课，讲解“自强不息，厚德载物”的清华精神，同学们要求改天再上一次。“六一”前夕，区关工委辅导员先后到杨眉幼儿园、阳光实验小学、花溪小学、溪北小学、育蕾小学等5所学校看望少年儿童，进行节日慰问，每所学校给予500元慰问金，共计2500元。

（区委离退休干部工作局）

（责任编辑 杨 琴）

8月5日，区劳模爱心协会换届选举（严尧　摄）

法 治

9月9日，区人民法院石板人民法庭到湖潮乡开展巡回审判(区法院供稿)

综 述

【概况】 区政法委坚持从严治警、从优待警，加强政法机关领导班子建设和制度建设，组织开展“党的群众路线教育实践活动”，提升队伍的整体素质。严格执法、公正执法，组织政法各家和相关部门研究涉法涉诉工作，强化执法监督。加强隐蔽战线斗争，维护国家安全和社会政治稳定。在重大节日和敏感时段开展工作调研，对存在的问题及时发现、及时上报。以降发案为重点，全面提升人民群众安全感。全年，共立刑事案件3936起，比上年下降20.18%，完成市下达的全年降发案20%的目标，单月发案量、累计发案均未超过控制目标数。2014年贵州省群众安全感测评结果，花溪区群众安全感为96.21%，比去年92.22%上升3.99个百分点，位列全省第56位，比上年排名71位上升15位。全年完成600个“平安在线”视频监控探头的安装工作。免费更换“超B级锁芯”4464户。全年将居委会综治工作站建设纳入十件民生实事工程，财政累计投入经费208万元，4月完成建设居委会综治工作站52个，完成各项配套设施建设。2014年共申请创建市级“平安社区”10个，经考核验收全部创建达标。全区已累计创建市级“平安社区”17个，完成创建目标。落实维稳工作领导责任。建立重大突出矛盾纠纷调处机制，使矛盾化解率大幅度提升，完成省联席办交办人的5件重大突出矛盾纠纷的化解工作。做好重大政治活动期间维稳工作。在全国“两会”“生态论坛”、重点项目建设、各个敏感时段、中央领导来筑考察等重大政治活动期间，精心组织，确保安全稳定。深入开展矛盾纠纷排查调处。做到底数清，情况明，工作措施有针对性。3月成立花溪区维护稳定工作指挥调度中心。

（区委政法委）

公 安

【概况】 区公安分局辖区面积891.56平方公里，户籍人口265991人，辖5个社区服务中心、4个镇5个乡。2014年，分局开展“两严一降”“雷霆行动”“打一场禁毒人民战争”、派出所建设三年攻坚战等专项行动，实现发案比上年下降20.18%，群众安全感达96.21%，全省排位比上年提升15位，群众对公安机关满意度达91.73%的工作目标。开展党的群众路线教育实践活动、公安机关正风肃纪活动，贯彻执行公安部“三项纪律”、省政法委执法办案“五严禁”规定，以“两严两服务两提高”“五去五求”为目标要求，提高民警政治素质、执行能力、服务质量、规范意识，树立花溪公安队伍良好形象，切实为“平安花溪”“和谐花溪”建设、完成各项公安工作提供保障。

2014年全局30余家单位集体获得上级表彰，120人次民警获上级表彰奖励。其中马铃乡派出所“留守儿童之家”的成功案例荣获中央综治办、共青团中央、中国法学会“全国未成年人健康成长法治保障制度创新”优秀事例奖；高坡派出所“双语民警”杨家发被授予全国公安机关爱民模范及第三届贵州省“我最喜爱的人民警察”荣誉称号，荣获省五一劳动奖章、荣立个人一等功；石板派出所女民警耿方曦成功入选中国好人榜爱岗敬业候选人。

（刘昌彦）

【刑事侦查】 分局辖区共立刑事案件1802起，比上年2257起下降20.16%；“两抢一盗”案件立案1454起，比上年1854起下降21.57%。全部案件中：现行案1994起，盗窃案1487起，抢劫案102起，抢夺案44起；全年共破案1345起，比上年1086起上升23.85%（其中破现行案763起，盗窃案785起，抢劫案76起，抢夺案53起），刑拘635人，比上年528人上升20.27%。共破获刑事案件1296起，比上年1142起多154起，上升13.49%，刑拘600人，比上年533人多67人，上升12.57%。“命案”侦破立5破6（破积案1起）。排查涉恶案件线索10起，打掉涉恶团伙2个。侦破清华中学门口群殴伤害致死案、班芙小镇保险柜被盗案、“7·13”六人团伙抢夺金项链系列案、“8·13”花溪工行杀人案等一批大要刑事案件。开展对敌斗争工作，对“两非”等重点人员实施全方位管控，严厉打击“法轮功”等邪教组织违法犯罪活动，全年侦办“法轮功”邪教组织案件3起，“爱的团聚”非法传教1起。抓获逃犯50人，其中外省逃犯23人，省内逃犯27人。共勘查现场1651起，现场勘查率达85.20%以上，刑事案件现场痕迹物证提取率达85%以上，开展被盗抢汽车信息录入工作，实现在案发24小时内及时录入全省被抢机动车信息，上网率达100%，合格率达95%。

（刘昌彦）

【经济犯罪侦查】 受理经济案件193起，立案190起，破180起，其中破获假冒注册商标案7起，传销案件1起，信用卡诈骗案3起，强迫交易案2起，非法经营案5起，侵犯财产案1起。百名民警破经济犯罪案件46起。

（刘昌彦）

【治安管理】 2014年分局共立行政案件8249起，查处7515起，其中调解3951起。打击处理各类违法人员1235人（其中行政拘留530人）。

开展严厉打击卖淫嫖娼、赌博、制贩毒等专项行动，破获容留妇女卖淫案7起，刑事拘留13人，查处卖淫嫖娼案35起，处罚74人（行政拘留49人）。破获涉赌刑事案件6起，刑事拘留20人，收缴赌资100余万元，打击违法电玩33家，收缴赌博机145台。查处涉赌行政案件27起，处罚145人（行政拘留117人）。完成毒品案件93起，抓获毒品犯罪嫌疑人99人，缴获毒品5615.9克，完成公开查缉案件32起，确立省级目标案件3起，抓获吸毒人员549人，其中强制隔离戒毒339人、社区戒毒210人。缴获毒品数完成112.3%，省级目标案件、抓获吸毒人员和强制戒毒数完成目标均在250%以上。

规范危爆物品管理，保证“不流失、不炸响”，检查危爆物品、涉暴从业单位及施工工地760家（次），发现安全隐患471处，督促落实470处，审查检查从业人员310人。查处违法违规案件8起，行政拘留违法人员9人，罚款5万元。收缴各类枪支7支、子弹470发、管制刀具1450把；销毁过期炸药997.5公斤、雷管5470枚。

全面加强行业管控，全年检查旅馆2385家次（含桑拿浴室），处罚262家，处罚量比上年上升94%，整改163家，整改量比上年上升108%，利用旅馆业系统红色预警抓获网上在逃人员11名。动态管控系统中有吸毒人员1143人，录入并审核毒品案件信息84条、嫌疑人信息91条，吸毒人员查获信息481条。

全年主动盘查38000余人次，查处各类案件72起，抓获嫌疑人128人，制止打架斗殴事件63起。

分局19个派出所所长全部进入5个社区、9个乡镇和1个公园管理处党委任党委委员；26个社区民警脱离110值班，担任村（居）两委副支书或副主任，全力下沉村居开展社区警务工作。以“两个议事会”为载体，织牢五张防控大网（电子眼、小区防控、行业管控、网格员、四级巡逻)。完成视频监控点2500余个(公共部分1000个,非公部分1500个)。推动“平安小区”创建工作,增加背街小巷路灯385盏,安装单元防盗门342扇,安装超强B级锁芯1548户;为“梦溪笔谈”“麒鑫艺苑”“兰馨桂馥”、春风巷等小区落实物管值守等一系列安全防范基础问题,全区共有楼栋1116栋,有人值守789栋。推动派出所特色防控和与社区、乡镇建立巡逻防控奖励工作。阳光所院落警务议事会、明珠所楼栋长现场会、溪北所分色管控、石板所警务进项目、久安所微信流管都取得明显工作成效,仅阳光社区服务中心巡防队员就抓获现行116起兑现奖励金额27300元。

(刘昌彦)

9月29日,区公安分局开展“严打”专项行动(区公安局供稿)

【互联网管理】 加强网络舆情监测,做好互联网时代的网络安全工作。完成手机MAC地址采集设备及上网热点行为管理器的选点安装工作,采集各类基础数据130万余条。加强网吧日常管理,开展网上巡查工作180次,各类集中清查24次,共查获未实名上网16起,查获黑网吧6家,通过网吧布控抓获各类违法犯罪人员31人。在舆情监控方面,严格落实“属地监控”与“指定监控”双责制,发现上报QB信息233条,舆情信息193条,处置本辖区的互联网舆情32起,编辑舆情快报29期,落地调查11起。

(刘昌彦)

【户籍管理】 深化户籍制度改革,推进流动人口管理服务工作,打造窗口服务工作标兵。共接待服务群众33000人次,办理户口1900余起,其中农迁农580起,农转非66起,非迁非635起,出生、收养入户421人,更改年龄、性别、民族126人,办理临时身份证4731份,居住证15038份。

(刘昌彦)

【出入境管理】 全年办理出入境证件26826本(港澳通行证12164本、护照11456本、大陆证3206本),比上年上升281.65%,上报临时来区住宿的境外人员1042人次,比上年上升51.7%。完成生态文明会议、东盟会议及十八届四中全会会议外国人临时住宿登记、涉外案(事)件等各类数据信息。

(刘昌彦)

【交通管理】 实施“保畅通·惠民生”工程,疏导城区交通拥堵,解决无人看守路段停车安全和秩序问题,全年花溪分局组织警力4536人次配合运管局及交管分局合力整治交通安全,转接交通事故警情183起。参加7月15日洪灾和1月12日雨雪天气交通疏散工作。

(刘昌彦)

【消防安全管理】 全年共接警479起（含增援），抢救被困人员93人，疏散人员167人，抢救财产价值411.6万元。市政消火栓建成309个，比上年增加104个。重新列管调整80家消防安全重点单位，制作完善重点单位防火档案。消防安全检查单位1262家次，发现火灾隐患662处，下达责令整改通知书518份，下达《公安行政处罚决定书》32份（“三停”4家、行政拘留4人），下达《临时查封决定书》35份。

（刘昌彦）

【警卫安保】 完成“A101”“910”一级警卫等系列警卫安保任务198起，其中一级警卫6起，二级警卫11起，三级警卫4起，生态论坛年会警卫安保、省第九届少数民族传统体育运动会安保、孔学堂“我们的节日”系列安保、花溪之夏艺术节安保、“两会”安保及其他安保任务177起。全年110报警台共接收各类警情12685起，签收四色预警指令53916条，接听群众各类报警电话31178起。

（刘昌彦）

【科技强警】 警务保障和科技强警工作获公安部装务财务局颁发的公安部“210工程”示范单位奖。分局增发移动警务终端30余台，高清二期监控视频投入使用375个，在建500个，信息化采集水平得到提升。强化技术勘验室建设，提升刑事技术勘验能力，成立技侦专班，服务“科技战”。

（刘昌彦）

【突发事件处置】 按照反恐防恐“控源头、守重点、全覆盖、强指挥、快作战、重统筹”18字方针，成立区反恐防恐领导小组、分局指挥中心和国保大队牵头的反恐办，狠抓街面犯罪实时控制和主动进攻性巡逻盘查，建立78人的一二级反应梯队和反恐防恐1、5、10、30分钟4个层级（核心处置、现场封控、外围警戒、远端封控）封控圈，确立湿地公园南广场、清华中学、徐家冲市场、中心菜场、区行政中心、青岩水电站、中巴车站、石油管线、加油站等关系国计民生命脉的水、电、油重点部位96个，“串点巡线、以点控面、以面保点”常态化开展工作。拟定各类专业反恐防恐方案17个，建立专业档案8个，组织反恐防恐演练2次。完善《花溪公安分局处置重大案（事）件工作预案》，修订《花溪公安分局I号预案》，突出处置工作的快速性和准确性。构筑专门信息网络，在全国“两会”、省九届旅发会、十八届四中全会等特定期间采取维稳专班工作制，通过提前预警工作化解可能激化的群体性纠纷130余起。妥善处置“2·17”涉军群体、孟关五星村堵路、“4·24”围堵燕楼乡政府等50人以上群众聚集事件30起，20人以上的群众聚集事件180余起。投入专项资金60万元，打造一支服务花溪文化旅游工作和应急处置工作的生态巡逻队，不断提升快速应急处置能力。全年收集各类情报信息240余条，汇总编报《情况反映》99期，敏感期《每日工作情况》各类情报信息研判80期。

参加安全生产事故处置、自然灾害防范、抢险救援、拆违控违（保障拆除违章建筑348975.7平方米）等维稳处突260次。市域范围警务协作用警27次，其中市西路业态调整维稳现场待命19天，中超等体育赛事安保5次，增援贵安新区、经开区3次。全局着眼于服务经济社会发展大局，切实履行“兜底”责任，集中规模用警476次（不含备勤），投入警力54061人次，车辆6600台次。

（刘昌彦）

【治安专项整治】 有针对性的开展重点区域集中整治工作，全年开展全局性集中统一行动17次，区域性警区联动出击24次，警种联动出击6

次，派出所小出击行动78次。清查行业场所2600余家次，出租屋5920间，人员10658人次，打掉犯罪团伙2个，破获各类案件84起，抓获违法嫌疑人58人。

（刘昌彦）

【重大案件破获】　侦破“1·06”清华中学门口群殴伤害致死案、“2·25”新牛马市场商业街门面被盗系列案、高坡抢劫摩托车杀人案、“4·08”班芙小镇保险柜被盗案、“4·17”校园周边系列抢劫案、“7·13”六人团伙抢夺金项链系列案、“8·13”花溪工行杀人案、“12·06”抢劫杀人案等重大案件。

（刘昌彦）

【公安队伍管理】　全年共举办、送训各类民警培训班65期，培训民警980人次，大讲堂21期1100余人次。市局内网对花溪采稿量月均100条

3月21日，区公安分局“大练兵 大培训 大比武”实弹射击训练（区公安局供稿）

以上，在省、市主流媒体开展公安新闻宣传358次，杨家发、耿方曦等先进典型和生态自行车巡逻队等创新工作法得到上级公安机关肯定，被《人民公安报》、中新社、《当代贵州》、腾讯网等中央、省级主流媒体进行大篇幅、长时段的报道。2014年制定14项工作考核机制，全年共发放奖励工作经费100余万元，以绩效考核推动各项工作向前发展。落实生日慰问、民警子女升学奖励、洗衣卡等从优待警10项措施，全年发放各类慰问金38万元，在经费紧张的情况下，专门筹措160余万元的资金，建设完成分局健身房和各楼层洗浴室、洗衣室、洗车场，为分局民警的工作和生活提供便利条件。协调有关部门，及时对15名在工作中受伤的民警开辟绿色通道，确保这些民警第一时间得到有效救治。全年办理民警维权案件7起，处理涉案人员11人。在警营开展与青春相结合的“五人制足球赛”、才艺大比拼、“压力下的沟通与配合”实弹对抗、反恐拉练拓展等。

（刘昌彦）

【禁毒工作】　截至11月底，全区登记在册吸毒人员共计2233名（已上网1869人、未上网364人），其中：社会面916人（自愿戒毒13人、社区戒毒263人、社区康复422人、未落实社区戒毒社区康复措施218人），回归社会491人，在场在所526人，死亡172人，下落不明127人，转介转出1人。筑好四张网，建立以居（村）委会为网底的党、政、警、群工作网，确保居（村）人力物力。搭建社会力量参与禁毒工作的平台，开展禁毒人民战争动员、禁毒宣传和“七进”活动。筑牢以公安民政为主体的大社会戒毒治理网。加快贵阳市戒

毒中心扩建工作。开展“小手牵大手”活动。完善打击毒品犯罪的立体管控网。强化“打”、联合“控”、重点“管”。建立禁毒专业情报信息网和社会管控信息网。加强组织领导，成立机构，健全管理，多渠道进行安置，切实落实爱心帮教和美沙硐维持治疗延伸工作。严打涉毒违法行为，集中整治娱乐服务场所，开展禁种铲毒工作，强化易制毒化学品和精麻药品管理。

（区委政法委）

【流动人口服务管理工作】　2014年，花溪区调整充实流管领导小组，将流管办由计生局划转至政法委进行管理，加大统筹协调力度；明确住建局、人社局、公安分局、人口计生局为“以房管人、以业管人、以证管人”的牵头单位，齐抓共管流动人口服务管理工作；开展流动人口犯罪调查47人次，问责问效社区干部、村（居）干部、派出所民警共计21人次，通过严格考核问责，全区流管工作成效明显；全年共计采集、录入、比对185418条流动人口基础信息，筛出重点对象951人，列管流动人口中的重点人口379人；登记出租房屋97444间，自建房屋23425间，录入流动人口就业人数47807人；办理“贵州省居住证”21342个，新增流动人口办证率达98.09%。

（区委政法委）

检　察

【概况】　2014年受理提请批准逮捕案件和移送审查起诉案件1508件2255人。开展“打苍蝇”专项工作，全年共立案查办贪污贿赂、渎职侵权犯罪案件24件32人，为国家挽回直接经济损失240余万元。开展案件质量评查3次，评查案件22件，提高执法公信力。接受人大、政协监督，向区人大常委会专题报告项目建设专项预防工作，邀请人大代表、政协委员参与案件质量评查。坚持纪检组参加不立案、不捕、不诉等案件讨论，对办案重要节点进行监督。开展办案安全、赃款赃物管理、财务管理专项检查和检务督察，督促干警切实遵守中央“八项规定”、政法机关执法办案“五严禁”、党员干部打麻将“三不许”等规定。开展案件信息网上公开，自觉接受人民群众监督，在互联网上公开程序性案件信息931条。区检察院作为司法体制改革试点院，在省市检察院的指导下制定《花溪区人民检察院司法体制改革试点实施方案》和《检察人员分类过渡工作方案》等改革试点工作配套子方案，推进以检察人员分类管理、主任检察官办案责任制、检察人员职业保障、省以下检察院人财物统一管理为主要内容的改革试点工作。

2014年，区检察院获最高人民检察院记集体一等功，院党组被省委党的建设工作领导小组命名为全省党建工作先进党组。

（张翠蓉）

【刑事检察】　受理公安机关提请批准逮捕各类案件657件1004人，比上年件数和人数分别上升2.3%和11%，批准逮捕620件909人。受理移送审查起诉案件851件1251人，比上年上升5.2%和11.3%，向法院提起公诉695件1008人，不起诉10件12人。依法严厉打击严重暴力、“两抢一盗”、毒品犯罪等严重危害群众安全的犯罪，增加人民群众的安全感。共批准逮捕故意杀人、故意伤害、强奸等严重刑事犯罪案件79件97人，“两抢一盗”案件299件426人，毒品案件130件153人。提起公诉故意杀人、故意伤害、强奸等严重刑事犯罪案件79件94人，“两抢一盗”案件293件465人，毒品案件130件144人。开展打击赌博违法犯罪专项行动，批准逮捕赌博犯罪案件8件32人，提起公诉3件11

人。制定《公诉案件风险评估预警工作实施办法（试行）》，对办理的案件可能引发缠诉闹访、个人极端行为、群体性事件等不稳定因素、激化社会矛盾的涉检风险隐患进行预测、评估，提出防范处置措施。为教育挽救未成年犯罪嫌疑人，与花溪区团委共同制定《未成年人讯（询）问工作制度》，并聘请六名工作人员担任未成年人法律保护工作志愿者，为未成年人违法犯罪讯问、询问工作提供志愿服务。开展“小手牵大手、家庭助廉”主题班会、专题法制讲座等多种活动，教育未成年学生远离犯罪，受教育学生达2000余人。

（张翠蓉）

【反贪污贿赂】　开展“打苍蝇”专项工作，成立专项工作领导小组，制定工作方案，细化工作措施，积极投入“打苍蝇”专项工作。共立案查办贪污贿赂案件17件20人，其中，大案15件，要案2件，立案率为94.4%。侦查终结并移送审查起诉16件19人。为国家挽回直接经济损失200余万元。办案中，重点查办违法建筑、征地拆迁领域的职务犯罪案件12件15人，如查办花溪区、南明区城管人员与村支两委人员、违法建筑承建人、违建户、居间介绍人相互勾结，放任违法建筑蔓延的窝案串案9人。

（张翠蓉）

【反渎职侵权】　受理渎职犯罪案件线索8件，经初查决定立案侦查7件12人，全部为重特大案件，案件涉及违法建筑、征地拆迁、招生考试、司法等领域。涉及的罪名包括：滥用职权、受贿、故意泄露国家秘密、民事枉法裁判等，立案人数位居全市各区（县、市）院第一，通过办案为国家挽回经济损失41.7万元。查办的张某某等6人故意泄露国家秘密案为贵阳市检察机关近年来查办的首例故意泄露国家秘密案。

（张翠蓉）

【预防职务犯罪】　全年预防工作突出两条主线，一是狠抓基层基础法制宣传警示教育，二是重点在“两重两收”领域开展专项预防工作。制作“一书两碟”，即选取本院查办的50例典型职务犯罪案件编成《职务犯罪案例汇编》一书，以近年查办的征地拆迁及违法建筑背后的典型职务犯罪窝串案为素材，制作成两部“实案警示”系列教育片，作为基地开展警示教育活动播放的重要内容。警示教育基地全年接待152次，受教育人数达6911人，对象范围涵盖省、市、区机关单位部门、军队和高校。复制警示教育基地展板流动宣传，在经开区、贵安新区大学城以身边人、身边事开展流动警示教育活动。加强检校合作，搭建新的预防工作平台，与贵州大学建立检校预防工作合作机制，并挂牌成立“贵州大学廉政教育基地”。针对辖区内重点工程项目建设点多面广任务重的实际，一是成立专项预防工作领导小组，采取党组成员分片包干的方式，落实预防责任，实现重点工程项目预防工作全覆盖。在贵安新区、高校聚集区、中关村贵阳科技园、轻轨建设、孟关新城、十里河滩一二三期、大学城各高校等12个重点工程项目设立检察室，派驻预防工作人员，建立工作联系制度。二是派纪检组长兼任第九届旅发大会花溪筹备领导小组监督检查办公室主任，对项目建设涉及的重大经济活动全程进行监督。三是打造行贿犯罪档案查询服务平台，坚决杜绝不合格主体参与重点工程项目建设。受理行贿犯罪档案查询941次，涉及549家单位、1118人次。

（张翠蓉）

【监所检察】　全年花溪区看守所无实质性超期羁押发生。提请预警催办134件233人，其中公安机关21件53人，法院94件157人，检察机关

19件23人。开展罪犯交付执行与留所服刑专项检查活动，共清理留所服刑人员10次180人，均为余刑三个月以下罪犯，无违法留所服刑情况。加强对重点人员的监督。对职务犯罪、留所服刑罪犯等建档建卡，实行动态监督。充分发挥监控联网的条件，对看守所监管教育活动实行动态监督。在“两严一降”“筑网底”社会治安综合治理专项活动中，与区司法局社区矫正办工作人员联合走访花溪区、经开区的清溪、贵筑、三江、兴隆等13个社区9个司法所，对这些社区的109名矫正人员档案进行检查，了解和摸清社区矫正人员情况，建立“社区矫正监督档案”，杜绝脱管漏管，减少再犯罪发生。

（张翠蓉）

【诉讼监督】 刑事诉讼监督立案18件，监督撤案33件，纠正漏捕24人，追诉漏犯17人，追诉漏罪11桩。对不构成犯罪或事实不清、证据不足的不批准逮捕73人。向公安机关发出《纠正违法通知书》30份，发出《逮捕案件继续侦查取证意见书》75份。对刑罚执行和监管活动违法情况及时提出纠正意见28次，开展罪犯交付执行和留所服刑清理10次。进行社区矫正核查，发出纠正违法通知书1份，纠正社区矫正人员脱漏管6人。民事行政检察监督办理执行监督案件35件，法院采纳回复35件。充分发挥检察职能，开展生态保护检察工作。针对花溪区涉及破坏生态环境的相关单位发送督促令12件，采纳回复12件。对具有行政执法权的区生态文明建设局发送督促令2件，采纳回复2件。对人民法院在诉讼过程中的一些程序性、规范性的问题提出工作检察建议2件，法院已改正并回复。

（张翠蓉）

【民事行政检察】 共受理民事行政申诉案件16件，其中建抗10件，市院采纳5件，省院采纳2件；不支持监督申请3件，终止审查2件。办理督促起诉案件46件（国土领域13件，人防领域3件，计生领域30件），采纳48件（国土领域11件，人防领域3件，环保领域4件，计生领域30件），共计挽回损失3733万元。为更好地服务大局，维护国家和社会公共利益，防止国有资产流失，积极开展督促起诉专项工作，与相关行政执法单位签订工作联系制度，加大支持、督促起诉的力度。

（张翠蓉）

【控告申诉检察】 建设视频接访室，畅通信访渠道，接待群众来信来访313件次，处理率为100%。受理举报线索38件；转反贪局18件；转反渎局5件；转外单位4件；存查处理2件；直接答复2件；控申初核11件。受理刑事申诉案8件，审查结案1件，立案复查7件。办理司法救助案件10件，发放救助金额共计32000元。开展举报奖励5件，发放举报奖励金5000元。开展“积案化解年”活动，建立来信、来访、电话、网络“四位一体”的群众诉求表达机制。落实检察长接待日、下访巡访等制度，在全区27乡镇社区设立检察工作联系点，聘请联络员，妥善化解信访积案3件。

（张翠蓉）

法 院

【概况】 区法院全年共受理案件5085件，审结4719件，收结案比上年分别上升16.49%和24.05%；强调审限内均衡结案，实施审限预警、催办制度，杜绝年底人为控制收案、季末年底突击结案，审限内结案率98.66%；服判息诉率85.95%；一线法官人均结案148件；结案标的额6.12659亿元。上诉案件二审维持率60%，比上年上升6.76%；发回重审率9.01%，比上年下降3.38%，在案件大幅上升的情况下，案件质量稳步提升。2014年度群众满意率96.89%，比上年上升2.22个百分点，为历年最高。2014年共审理刑事案件727件1066人，审结706件1016人，判处罪犯933人，其中判处五年以上有期徒刑的罪犯76人，重刑率8.15%。开展专项审判，审理贪贿等职务犯罪案件17件22人；开展“两严一降”“打一场禁毒的人民战争”专项行动，审结“两抢一盗”案件291件459人、毒品犯罪案件137件150人；全力支持花溪文化旅游创新区建设，依法严厉打击涉及拆违控违中的刑事犯罪18件32人。全年召开5次宣判大会，对53案74人进行公开宣判。正确把握宽严相济刑事政策，落实量刑规范化，依法从轻、减轻处罚，全年适用缓刑32人，缓刑适用率3.95%。完善与检察机关的监督制约机制，规范刑事诉讼行为，全年向检察机关发出司法建议4份。民商事审判注重调解优先妥善化解纠纷，协调解决多起在湿地公园二期升级改造、青岩古镇改造建设、贵州大学扩建工程等省市重点项目建设中引发的土地征收、房屋拆迁纠纷，未发生一起群体性事件或非访事件，为区域经济社会发展保驾护航。民商事审判坚持平等保护原则，依法保护各类市场主体的合法权益，全年受理案件3422件，审结3095件，比上年分别上升34.25%和23.06%；贯彻“调解优先，调判结合”工作原则，调撤率50.6%，比上年上升1.09%，高于全市法院平均调撤率0.51个百分点。行政审判继续推行行政首长出庭应诉制度、审判机关和行政执法单位联席会议制度、行政纠纷诉前介入工作机制，全年受理案件50件，审结43件；加大释法析理工作力度，行政审判服判息诉率63.26%，比上年上升5.82个百分点，协调撤诉率21.42%，依法完成审查行政非诉案件34件。执行工作不断加大工作力度，着力提升执行案件质量效率。全年受理执行案件842件，执结832件，比上年分别上升5.78%和5.45%；实际执行率82.69%，实际执行标的到位率85.51%，实际执行到位金额2.0059亿元。全年收到群众及企业送来锦旗8面，先后涌现出“贵州省三八红旗集体”“全省法院党建先进个人”“百佳效能科室”“百佳服务标兵”等一系列先进典型，最高人民法院周强院长亲临区人民法院视察工作，各项工作的有序推进特别是党的群众路线教育实践活动开展得到了最高人民法院和省、市法院的肯定。

（陈君梅）

5月16日，区人民法院公开开庭审理王真勇涉嫌贪污罪一案（区法院供稿）

【涉民生案件审理】 全年审结涉民生案件580件，比上年上升39.20%，涉案标的额9757.59万元，切实保障人民群众合法权益。开通维权“绿色通道”，审结案件260件，当庭裁判率达97.31%。开展“涉民生案件专项集中执行”活动，清理追索劳动报酬、赡养费等案件25件，执行到位金额225.06万元。

（区法院）

【诉讼服务中心建设】 推行“三个到位”，设置导诉台、便民服务台和案件查询系统提供服务逾7200人次，开通诉讼费缴纳窗口，减少前来立案、缴费当事人的诉累，实现一次性诉讼引导到位、一次性信息查询到位、一站式服务到位。规范“三个流程”，推行案件内部移送制度方便群众诉讼，实现信访工作与诉前调解相分离，规范立案服务流程、立案材料审查流程和立案信访工作流程。坚持立案信访接待“零距离”，来信来访“零障碍”，诉讼救助“零盲区”。加大司法救助力度保障诉权，让经济确有困难的人打得起官司，全年办理减、免、缓交诉讼费案件29件，为48名经济困难的当事人缓、减、免诉讼费21.7万元。

（区法院）

【破解“执行难”】 落实失信被执行人“黑名单”制度，将120名失信被执行人信息纳入最高人民法院失信被执行人名单库，通过媒体曝光、网上公布、限制高消费、限制出境等措施，对失信债务人形成强大威慑。加大对规避执行行为的惩治力度，对2名被执行人实施司法拘留。通过刑事制裁、司法制裁、信用惩戒相结合构建多层面失信惩戒机制，树立人民法院生效判决权威。

（区法院）

【人大监督联络】 主动增进与人大联络，研究出台《花溪区人民法院关于加强与人大联络工作的规定》和《关于开展定向结对联络全国和省、市人大代表工作的实施意见》。11月18日，区人民法院举办“人大代表法庭行”活动，邀请省、市、区三级人大代表10余人视察石板人民法庭，通过亲身旁听一次庭审、考察一次法庭基础设施情况、举办一次座谈、征求一次意见的“四个一”环节，征求到人大代表对法院工作意见建议17条。

（区法院）

【法院开放日】 举办“法院开放日”中学生专场，公开开庭审理王真勇涉嫌贪污罪警示教育专场，100余名党员干部、人大代表、政协委员和270名来自省市区纪委、扶贫办等机关部门的干

4月26日，区人民法院举办“法院开放日”中学生普法专场（区法院供稿）

部、群众及贵州大学、贵州民族大学等高校的370余名师生、清华中学、花溪二中的130名中学生先后走进法院，通过旁听庭审、观看宣传片、开展座谈交流、举办法制课堂等形式揭开法院神秘面纱，推进司法公开。

（区法院）

【裁判文书上网】 区人民法院作为贵州省及贵阳市第一批裁判文书上网公开试点的基层法院，结合实际制定《花溪区人民法院裁判文书上网公开实施细则》，通过全面推进裁判文书公开形成“倒逼”机制，提高审判质量和司法文书制作水平，增强法官的办案责任心，维护法院生效裁判文书的严肃性。2014年在《中国裁判文书网》公开生效裁判文书2046份，上传文书量居全市十家基层法院第一位，在全省基层法院名列第三。

（区法院）

【法制宣传教育】 利用新闻平台宣传法院动态，在贵州省法制频道播出法制宣传专题片《法官断案之地沟油案》，为省市区三级媒体的《法治第一线》《法治直通车》《花溪新闻》等栏目选送新闻47期。探索推进法制宣传教育工作，选取辖区具有普遍性和代表性的案例，编辑制作《案例选编及诉讼指南》和《调解案例选编》，用简单生动的语言诠释法律法规，全年发放300份，读者涵盖人大代表、政协委员、村委干部、人民调解员、群众等。开展“法律六进”活动，深入高坡乡发放便民诉讼宣传资料1000余份；走访马铃乡“留守儿童之家”和辖区中小学，以《青少年的成长与自我保护》为题举办“法制课堂”；主动到村间地头开庭，以案说法增强群众法制观念，达到“审理一案，教育一片”的效果。

（区法院）

【与高校共建合作】 推进与高校间的交流合作，依托花溪区文化区、高校集聚区的区域优势，先后与贵州大学、贵州民族大学、贵州师范大学、贵阳医学院等院校开展“卓越法律人才教育培养基地”“医事法学专业实践教学基地”共建活动，并借助教育基地共建平台，与贵州民族大学等高校共同开展课题研究，为全面推进法院与高校联动合作、建立资源共享机制奠定坚实基础。

（区法院）

【司法能力建设】 建立院领导带头办案制度，区人民法院党组书记、院长吴莎及分管审判业务的三位副院长先后担任审判长开庭审理案件。开展以“坚定信念 公正司法 践行理想”为主题的青年法官司法技能大比武活动，对青年法官进行

7月15日，区人民法院党组书记、院长吴莎带领党员志愿者来到高坡乡红军墓前重温入党誓词（区法院供稿）

岗位培训，提高青年法官队伍的综合素质和业务技能。组织开展以“提高开庭质量，落实庭审中心”为目的的刑事庭审调查评比活动，促进刑事审判队伍能力素质整体提高。

（陈华伟）

【司法体制改革试点】 区人民法院作为贵州省高级人民法院确定的司法体制改革试点法院，全院干警积极投身到司法体制改革工作中，对外主动加强与党委、人大及相关部门的汇报和沟通，听取社会各界的意见建议，努力营造良好外部环境。对内统一思想，提高认识，推进试点工作，通过改革试点探索出一套符合基层法院实际，特别是符合基层法院审判工作规律的审判权运行机制，为全省法院系统下一步司法改革工作当好铺路石作为首要任务，在法律规定范围内还权于法官，做到权责统一，着力解决全社会、各阶层都关注的司法能力和司法公正问题。根据中央和省委有关司法体制改革工作的精神和要求，制定区人民法院司法体制改革先行试点工作方案，制定和完善包括《审判执行工作流程管理办法》《案件质量评查办法》《办理案件全程留痕规定》等11个系列配套制度。通过“以主审法官为中心”的审判权运行机制改革试点，按照“大立案、精审判、强执行、重监督、严奖惩”的司法体制改革工作思路，推行“主审法官＋法官助理＋书记员”的办案团队管理模式，共选任出29名主审法官，组建包括立案团队2个、刑事审判团队3个、民商事审判团队9个、行政审判团队1个、执行团队4个、审判监督团队1个在内的20个办案团队。所有团队人员全部到岗到位，司法体制改革新机制正式运行。

（区法院）

【经典案例】 原告雷某系贵定县人，常年在外务工，2013年8月受马某雇佣，到花溪区高坡乡为李某提供劳务，施工中不慎从二楼摔下，造成身体多处受伤，仅医疗费花费30000余元。事情发生后，马某和李某共同垫付医疗费用。雷某出院要求二人支付误工费、护理费、营养费等费用，马某李某置之不理。雷某不顾摔伤的腿没完全恢复，就到区人民法院孟关人民法庭提起诉讼，请求判令被告马某、李某支付误工费、护理费、营养费、精神抚慰金等共计14900元。法官了解到雷某的生活困境，立即拨打被告马某电话，但无法取得联系，法官又通过公安机关查询到马某的住址及相关线索，采取邮寄送达方式通知开庭。几经周折，案件于5月7日上午开庭，庭审现场，案件当事人全部到齐，但二被告仍然互相推诿，原告被告再度发生争吵。针对情况，法官及时疏导对立情绪，释明各方应当承担的法律责任。最终双方当事人当庭达成调解协议，由被告马某李某按比例支付雷某因伤造成的各项损失共计人民币8000元，并当场兑现。调解结束后，雷某又向法官反映，马某拖欠其5040元工资未付，可否由法官一并进行处理。法官根据区人民法院《关于进一步加大力度执行拖欠农民工工资案件的意见》精神，区人民法院孟关人民法庭当即为雷某当场立案，受理其口头起诉，立即调解。马某当场向雷某全额支付拖欠的工资。雷某激动说：“感谢国家，感谢党，感谢人民法院！”

（朱鑫婷）

司法行政

【概况】 全区共有17个司法所，司法助理员32名，律师事务所3个，执业律师76人，法律服务所4个。2014年共调解纠纷2060件，成功2048件，调解率为100%，成功率99%。完成法律援助案件303件。加强公证工作，拓展公证服务领域，办理各类公证763件。接收社区矫正人员117人，解除社区矫正58人。党的群众路线教育实践活动，使干部作风得到有效转变，司法职能服务水平有效提高。2014年花溪区司法行政工作群众满意度上升12名排至全省第30名。

（区司法局）

8月19日，区流管办到村（居）督查婚育证办证工作（政法委供稿）

【人民调解】 按照企业自主建立、司法局给予指导的原则，分别建立《贵阳石板物流园人民调解委员会》《中国人民财产保险有限公司贵阳分公司理赔中心人身伤害事故人民调解委员会》《贵阳毕节商会人民调解委员会》《贵阳市机动车流通行业商会商事人民调解委员会》《花溪区工商业联合会（总商会）人民调解委员》五个行业性人民调解委员会。9月组织全区人民调解员工作培训会，邀请石板法庭庭长卢文军、同心律师服务团律师李志刚以调解中应注意的法律问题及常用法律讲解作为重点，对全区近200名专职的调解员进行培训，将“石板镇人民调解委员会”及“孟关乡人民调解委员会”作为学习示范点，组织各调解委员会与其学习交流。提高“以案定补”案件质量，加强对案件卷宗审核把关，与区财政局协调，将案件补贴金额，从口头调解提升至50元每件，达成书面协议提升至100元每件。2014年黔陶司法所获得省司法厅规范化司法所称号。

（区司法局）

4月22日，区委常委、政法委书记宋力（右二）与乡镇、社区签订流动人口专项目标责任书（政法委供稿）

【法律服务】 法律援助中心全年共完成法律援助案件303件，其中刑事案件152件，民事案件151件。诉讼案件75件，非诉讼77件，接待来电来访800人次，其中“12348”及电话接待咨询211人次，来访589人次。区司法局抓好全区4家基层法律服务所执业人员的年检、注册资料的报送工作，督促各所对基层法律服务工作者办理案件的情况是否超过业务范围、执业收费等问题进行自查和清理，同时与各法律服务所签订目标责任书，2014 年基层法律服务所接受法律援助指派 31 起，为基层群众解答法律咨询 2658 人次。

（区司法局）

【公正办理服务】　2014 年共办理各类公证 722 件，其中民事 712 件，经济 10 件，接待群众来访 4200 余人次。牢固树立服务意识，公证服务做到“简化、明确、快速、高效”，对外公开工作职责，办事流程、服务承诺、公证收费标准和投拆监督电话，开展为老、弱、病、残等弱势群体，办理上门公证服务活动，加强与法律援助中心的合作，针对经济困难的群众，予以减免公证费用，使群众切实感受到法律的公平正义。为政府的重点工程建设提供全程的公证法律服务。2014 年明珠公证处除参与青岩、经开区等重点项目建设外，还多次参加政府组织的拆除违章建筑行动，使公证业务在政府领域得到认可。

（区司法局）

【律师事务所建设】　全区有贵州黔鹰律师事务所、贵州群众律师事务所、贵州民光律师事务所。各律师事务所严格执行统一收费制度和收费标准，无违规收费情况。对实习律师进行规范管理。业务档案归档及时，装订规范，符合卷宗归档相关规定。3 家律师事务所承办法律援助案件并组织本所律师参加社会公益活动。其中贵州黔鹰律师事务所全年承办法律援助案件 152 件。定期开展法律进高墙义务咨询活动，与王武监狱服刑人员进行面对面的咨询、交流和解答，深入社区开展法律服务活动。无偿提供法律宣传指导 40 余次，无偿为当事人提供法律咨询服务 400 余人次。2 月 20 日，贵州民光律师事务所参加市律协与贵阳晚报共同组织的“5861111”律师热线电话，回答 20 余名打进热线电话的咨询问题，并将 11 名听众提出的法律咨询问题写成书面材料刊登在贵阳晚报上。

（区司法局）

【社区矫正工作】　2014 年接收社区矫正人员 117 人，解除社区矫正 58 人，现有在册社区矫正人员 187 人，其中缓刑 107 人，管制 25 人，假释 51 人，暂予监外执行 4 人。对生活困难的社区矫正人员发放困难补贴 30 人次，10 月 31 日上午联合区人力资源和社会保障局举办花溪区特殊人群就业、创业培训班。开展非监禁刑审前调查评估，对社区矫正人员是否适用社区矫正进行评估，2014 年开展非监禁刑审前调查评估 87 例，经调查评估适宜纳入社区矫正的 62 例；不适宜社区矫正的 25 例，所有调查评估意见均被法院

阳光妈妈为阳光家园员工上国学文化课（黄莒仙摄）

采纳。按照社区矫正宣告“五化”的工作要求，在全区有计划、分步骤地全面推进社区矫正宣告场所规范化建设，目前条件成熟的溪北、黔陶、青岩司法所建成“社区矫正宣告室”。启用社区矫正信息管理平台，出台《花溪区司法局社区矫正人员手机定位管理办法》，对社区矫正人员实行定位信息管理。发放定位手机并定位监管170人，通过手机定位系统，实现对社区服刑人员及时有效的监管，有效预防他们重新犯罪，防止脱管漏管现象的发生。

（区司法局）

【刑释解教人员安置帮教工作】 2014年，共接收刑释解戒人员341人，其中监所评估为重点帮教人员的刑释解戒人员121人，现在安置帮教期内的刑释解戒人员804人。所有刑释解戒人员都建立一人一档的安置帮教工作档案，落实帮教责任，做到人员底数清，情况明。2014年为刑释解戒人员办理低保1人次，给予困难补助16人21次，帮助介绍就业1人次，帮助办理建房手续1人次，组织刑释解戒人员参加就业、创业培训15人次。

（区司法局）

【普法宣传】 开展“法律进机关”“法律进学校”“法律进企业”“法律进单位”“法律进乡村”“法律进社区（居委会）” “送法进社区”“法律进家庭”活动，营造良好的学法用法氛围。在“花溪司法局”网站、“花溪司法行政”政务微博、手机短信宣传等新兴媒体开展严打违建专项行动、禁毒等宣传并制作199块法制宣传栏，图片内容覆盖花溪区20个乡（镇、社区服务中心）174个村居，向外宣传司法行政工作，为开展法制宣传、司法行政信息公开等方面起到引导作用。

（区司法局）

（责任编辑 杨 琴）

武 装

7月10日，花溪武警执勤(武警中队供稿)

花溪区人民武装部

【概况】 2014年，区人武部按照两级军区和警备区党委的要求，部党委委员走访地方部门及驻军单位26家，个别谈话63人次，发放调查问卷97份，召开由干部职工、地方部门领导、基层专武干部、民兵连长骨干和驻军单位代表等5类人员参加的座谈会12次，根据征求的74条意见建议查找“四风”问题48条。对照检查情况，研究细化5个方面共21条整改措施，修订规章制度7个。抓好教育实践活动与“坚定信念、铸牢军魂”主题教育、党委中心组学习习近平系列重要讲话精神和上级指示，到花溪区反腐倡廉警示教育基地进行警示教育、到高坡乡红军标语墙重温入党誓词、到贵阳市烟草公司配送中心参观。《抓好三个结合提高学习质效》一文被《省军区党的群众路线教育实践活动情况反映》刊用，《以身作则践行“三严三实”》论文荣获省委教育实践活动办、省委宣传部等单位共同举办的“坚持群众路线 践行‘三实三同’”征文活动三等奖，并入选全省党的群众路线理论研讨会。对荣誉室、阅览室进行改造规范，制作强军目标宣传栏，提升军事文化建设水平。依据警备区《思想政治教育计划》，开展党课教育、形势政策教育、“每月一课”法纪教育和经常性思想教育，打牢官兵职工的思想基础。2014年在《解放军报》《中国国防报》等中央级、大区级、省级和市级新闻媒体上稿38篇（幅），政研文章16篇。

结合新的形势任务，组织修订完善各种战备方案预案。投入20余万元对作战值班室、战备器材室、作战室进行规范，改造升级会议视频系统，补充完善战备物资器材。全年，召开11次党委会专题议训，开展4次战备形势教育，开展8次紧急拉动、抢险救灾、防暴恐袭击等演练。把城市民兵建训观摩演示活动作为提升花溪区城市民兵应急应战能力的有效途径，完成上级赋予工程抢修分队和网络分队的观摩演示任务。在贵州四扬汽车销售有限公司成立武装部，组建民兵汽车维修分队。集中现役干部开展“六会技能”和业务基础训练。完成专武干部、民兵干部、应急分队、储备分队、空军勤务保障分队、工程抢修分队、网络分队、高炮分队训练。围绕“一个核心” （以兵员质量为核心）、突出“两个重点”（征集应届毕业生和在校大学生）、坚持“四个贯穿始终”（质量征兵、宣传发动、廉洁征兵和安全征兵贯穿始终）的工作思路，完成征兵工作任务。贵州财经大学、贵州民族大学分别被成都军区征兵办、省征兵办表彰为征兵工作先进单位。

9月11日，新兵欢送大会（区国防办供稿）

结合下连当兵、蹲点住班和教育实践活动挂钩帮带工作，部党委委员先后到35个乡镇、社区、高校和企业武装部调研，召开基层专武干部、民兵连长骨干座谈会8次。在巩固溪北社区、明珠社区、小孟社区、财经大学等先进典型规范化建设的基础上，建立党委委员挂帮联系点制度，将10个社区、乡镇武装部作为教育实践活动帮带联系点。为贵阳矿山机器厂武装部、贵筑社区、马铃乡武装部解决装备及经费共计10万余元，确保基层规范化建设水平稳步提升。

围绕两级军区纪检政法工作会议和安全稳定工作会议精神，修改完善《干部管理教育规定》《干部职工私家车管理规定》《民兵应急队伍骨干队员管理规定》等规章制度，组织干部职工签订《履职尽责遵纪守法承诺书》《遵章守纪保证书》并集中保管，实行干部留营制度，解决“走读干部”问题。投入5万余元对营区监控系统进行改造，规范营区秩序。开展保密教育和网络安全排查活动，消除隐患问题10余个。召开家属座谈会2次，个别谈话54人（次），有效化解不和谐因素，协助地方党委、政府做好重点人员稳控工作，全年组织召开军地联席会5次，走访慰问企业军转干部、“两参”人员38人次，参加地方应急维稳工作8次。

贯彻落实《省军区系统地方拨入经费管理规定》，坚持党委集体理财和定期议财制度，坚持“双主官”审批制度，严格执行警备区资金集中支付管理规定。压缩装备物资采购项目3个，行政消耗开支比上年减少82.7%，其中公务接待费减少10.8万元，比上年减少120%。投入10万余元对营区环境进行改造。规范后勤给养物资室，做好民兵训练、比武竞赛、征兵工作的后勤保障工作。严把车辆派遣审批关，严格私家车管理，私自出车和干部开车等问题得到有效控制。

（区人武部）

【军民融合发展】 到13个驻军单位收集需要地方政府解决的困难，协调地方有关部门为驻军解决用电用水、子女入学和家属调动等实际困难8个。结合春节、“八一”等节日，投入资金8万余元对贫困群众、复退军人和军烈属进行走访慰问，召开退伍军人座谈会3次。为帮扶点久安乡拐耳村协调资金5万余元，与高坡乡杉坪小学开展军民共建文明学校活动，每名干部帮扶一名贫困儿童。组织民兵在青岩镇龙井村植树造林20余亩，组织民兵参加“两严一降”专项活动治安巡逻，300余人次参与森林防火巡逻。组织干部职工和民兵骨干分队队员先后来到麦坪、马铃和久安等乡镇，采取组织募捐活动、慰问烈士亲属、走访贫困群众、看望留守儿童、帮助抢收水稻等形式，开展“扶贫帮困，践行宗旨”活动，推进“四项工作”的落实。

6月8日，区民兵应急分队与警察在清华中学高考点执勤（武警中队供稿）

（区人武部）

消防大队

【概述】　花溪消防大队结合支队部署党的群众路线教育实践，开展“增强党性、严守纪律、廉洁从政”等专项教育活动。开展“安全年创建”“百日安全会战”活动，突出抓好人、车辆、酒和八小时以外、双休日、节假日等部队管理，严格车辆派遣、查铺查哨、请销假等制度，杜绝各类事故的发生。组织官兵熟悉辖区水源、道路、小区及重点单位内部环境，学习消防设施的操作使用方法，对辖区水源及现有装备性能进行测试。抓岗位练兵，大队在参加支队装备比武和专职队比武中集体荣获第三名，在参加支队第四季度片区比武中集体荣获第一名。2014年共摸底排查和修订完善消防安全重点单位各类灭火救援预案80份，提请政府组织演练4次，大队级演练11次，中队级演练86次。

消防大队共接警465起，出动消防车946辆次，出动警力5605人次，抢救被困人员84人，疏散人员169人，抢救财产价值579.5万余元。

落实消防责任，提请政府召开花溪区年初消防工作会议和季度消防工作联席会议，与区政府签订目标责任书，对2014年度消防工作进行安排部署，与9个乡（镇）、5个社区服务中心、行业部门签订《2014年度消防目标责任书》共101份。抓好城乡火灾防控体系建设，全区共有市政消火栓309个，新增104个，投入建设、维护资金60万元，确保消火栓完好率达到100%。依托区消防安全委员会，召开4次季度消防工作联席会，解决青岩古镇火灾高危区域、市政消火栓欠账等问题。提请政府下发《花溪区2014年社会消防工作考核方案》，对9个乡（镇）、5个社区服务中心、行业主管部门责任目标完成情况进行检查，区政府组织考评2次。

2014年区政府挂牌督办重大火灾隐患单位共有1家，10月大队干部定期到重大火灾隐患单位现场指导，开展各项消防安全专项治理工作，消除火灾隐患，完成“贵州省‘两会’”“贵阳市‘两会’”“贵阳市2014年高考和中考考点”“生态文明贵阳国际论坛2014年年会”等以及党和国家领导人来筑视察花溪的保卫任务。全年花溪区共发生火灾43起，直接经济损失1326163元，与上年同期相比，火灾起数下降12.24%，直接经济损失上升421.10%。全区乡镇、社区服务中心落实“网格化”管理，100%的消防安全重点单位落实“户籍化管理”，“四个能力”建设100%达标。采取“大队驻园、中队结户”的形式深入园区大力开展上门服务指导，大队深入派出所指导工作180余次。全年大队共检查单位1160家，下发《责令改正通知书》427份，下发《行政处罚决定书》28份，下发《临时查封决定书》30份，其中责令“三停”5家、行政拘留3人，共处罚款231500元。

加强多种形式消防队伍建设，青岩镇政府在原有的条件上，招聘政府专职队员20人，更新60余件装备器材，购置3辆水罐消防车和3辆消防摩托车（180余万元），营房建设项目现已启动；完成执勤中队专职消防员和文员招录工作。在孟关、燕楼、黔陶、高坡四个乡镇分别组建志愿消防队，成立消防办公室，配备一定数量的消防器材。在常住人口1000人以上的村寨，成立消防志愿队，配备“2池2泵”。将阳光社区徐家冲居委会打造成“网格化”试点，规范“网格化”管理工作，各乡（镇）、社区“网格化”已全部验收达标。

大队围绕《纲要》要求，共开放消防科普教育馆11次；以“学生消防安全月”“5·12”防灾减灾日、“六月安全生产月”“九九平安消防”“119宣传”提高群众的消防安全意识及自防自救能力，先后发放消防宣传资料25000余份（册），悬挂横幅160余条，发送消防安全提示短信40000余条，普及群众达50000余人。完成派出所、在建工地、劳动人员密集场所、行业部门、娱乐场所、农村、乡（镇）、社区的消防培训工作。

12月5日，区人防办到溪南中学开展火灾逃生演练（区人防办供稿）

2014年区财政拨付经费407.2万元（其中消防业务经费335万元，专项经费72.21万元）。大队营区完成总队财务规范化建设验收和推进孟关消防站建设。

（公安消防支队花溪区大队）

武警花溪中队

【概况】 中队支部班子调整后，支委成员之间特别是正副书记之间加强磨合沟通，统一思想，组织学习《条令条例》《政工条例》《党支部工作条例》《新党章》和新《纲要》以及《贵州总队加强基层党支部建设措施》，提高支部“一班人”的工作能力。加强三大组织建设，召开团员大会和军人大会，改选三大组织。加强对团支部和武警委员会的领导，发挥其纽带作用，调动官兵参与管理和建设的积极性。落实七项组织生活制度，坚持每周五下午的党团日活动，组织党团学习有关制度，形成靠制度管党员的良好氛围。在全体党员队伍中开展“讲党性、守党规、严党纪”学习教育活动，严格按照党员发展实施细则做好党员发展工作，中队13名党员在工作中模范带头明显，完成任务出色。

中队落实每月“四课”教育，在支队担负总部“牢记强军目标、献身强军实践，永远做党和人民的忠诚卫士”主题教育活动先行试点期间，购买强军目标专柜图书，出好板报橱窗，营造良好教育氛围，运用网络互动式教学系统，探索思想政治教育新形式、新方法，让官兵共同走上讲台，增强政治教育的吸引力和感染力。开展党的群众路线教育实践活动，组织官兵观看法制教育警示片，引导广大党员干部深入纠治“四风”等问题。中队发挥“三互”“双四一”等载体作用，党支部重视做好心理疾患人员、学技术未如愿、家庭变故、单亲家庭、身体患病人员的教育引导工作，缓解战士精神压力，减轻心理负担。组织干部定责定人，一对一的开展谈心和心理疏导工作，使战士心态积极健康，努力投身到工作上来。开展“好读书、读好书、书读好”“人人讲”“读书、评书、演书”活动，提高官兵文化素质和思想境界。创办自身网页，加大新闻报道力度。

落实执勤“三项纪律”“八项制度”和“四全”要求，定期进行执勤形势分析，查找问题、部署对策。建立每日汇总、每周总结、每月奖惩的管理措施，落实中队主官随时查、网络查勤员覆盖查、勤务值班员实地查的“三查”制度。组织“执勤隐患大排查、执勤岗位大练兵”活动，提高哨兵处置突发情况的能力。针对社会形势严峻、敌社情复杂的特点，坚持武装设卡、武装工作，并进行专题研究部署，开展思想教育严格政治审查。中队利用早操及每周一开展勤务训练，提高哨兵执勤、自我防范和中队应急处置能力。严格奖惩制度。设立训练指标，中队组织会操、评比和考核，评选训练标兵、龙虎榜上亮相，激发战士训练热情，提升训练质量，开展“学指示、学法规、学方法”安全常识教育和争做“有心人、明白人、尽责人”活动，开展学用条令，突出常用、实用内容，逐条学，饭前练队列、哨位练形象、平时练礼节，官兵始终保持良好精神状态。全年四次开展密切内部关系教育，干部以身作则做表率，士官与义务兵每周进行一次双向讲评，每月第三周组织集体生日晚会，干部坚持每月与士兵家人打一次问候电话，利用文体活动在中队开展小活动、小比赛，干部带头参与，有效预防“离兵”现象的产生；严格“六个到位”（动员部署到位、氛围营造到位、教育训练到位、问题排查到位、整改治理到位、措施防范到位），采取逐人逐物、逐房逐库、逐部位逐环节的方法进行“拉网式”排查，抓好手机和移动存储介质保密管理，累计收缴手机20余部。全年排查出执勤安全隐患7处，已治理5处，需长期关注的有2处。

中队注重把技术强、思想好的战士选拔到后勤岗位上工作，组织后勤人员进行技能培训和业务学习。结合“伙食管理年”活动，坚持支部理财、落实联签。落实伙食管理制度，在饭菜质量上下功夫。对营产营具的管理，中队成立领导小组，制定管理措施。加大武器常识教育和操作技能训练，使全体官兵熟悉手中武器和质量。按照支队要求，及时完善应急预案，坚持谋划在先，准备在先，使部队保持良好的战备状态。

（武警花溪中队）

人防战备

【概况】 区人民防空指挥所建设项目上报市人防办，在区发改局登记立项。组建抢险抢修、医疗救护、运输等7支人防专业队伍进行应急救援训练。各乡镇、社区组建群众防空组织和志愿者队伍，建立防空组织联络员制度。9月18日，区

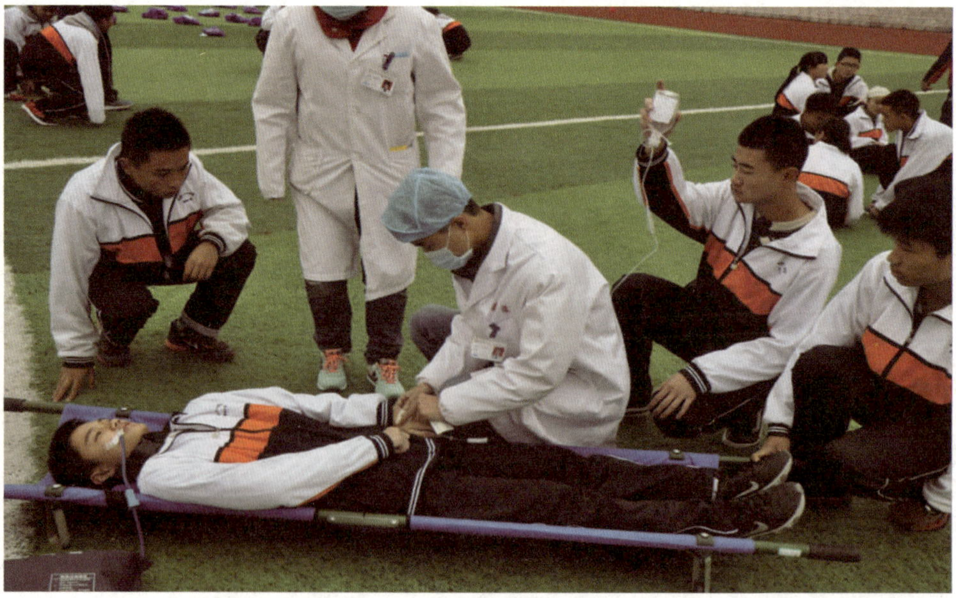

12月5日，区人防办到溪南中学开展急救演练（区人防办供稿）

人防办、国教办、司法局、教育局等单位，在花溪公园广场开展宣传，发放宣传资料3000余份，接受市民现场质询300余人次。上半年对115名教师进行人民防空知识教育培训，确保各中、小学开设人防知识教育课的教材、教师、课时的落实，完成全区5000名中小学生的人民防空知识教育任务，12月5日在溪南中学进行一次人防应急救援防灾演练。参加演练的有区专业队伍、消防、区救护队、防化、通信、治安、机关人员，共1500人，组织区委干部、教师300余人进行现场观摩，省、市、区电视台分别进行现场报道。全年向市人防办报送信息五篇。完成《国防交通保障计划》和《民用运力国防动员预案》，做好民用运力潜力调查工作，建立本级运力动员潜力数据库。对本区域内现有公路，新建公路（高速、国道至乡道）进行战备勘察，收集数据资料并及时更新。在防汛抗旱中安排值班表，要求值班人员二十四小时信息畅通。结合实际，搞好战备物资储备工作，加强保密宣传教育，落实人民防空经费，人防办行政执法人员做到持证上岗，年终进行法律法规知识考试，参考率100%，合格率95%以上。

2014年全区办理报建防空地下室8件，全年收取人防工程预计易地建设费9399610元。与花溪检察院建立预防和查处联系会议制度，全年召开四次联席会议，对区人防系统行政审批和易地建设费收缴管理情况开展专项检查2次，对往年遗留的3家进行追缴，并向市人防办上报检查情况。完成本级人口疏散地域建设任务。

（区人防办）

【人防设施维护管理】 全区有警报器11台，每月对警报器进行一次维修，每季度一次大检查，9月18日全市警报器鸣响演习中，鸣响率100%。区人防办对人防工程进行四次维护、管理检查，完好率达到国家规定标准。落实人防工程使用证制度，管理严格规范，档案完整齐全，全区人防工程维护管理无重大责任事故。完成人防音响报警器中间站及辖区新增人防音响报警器2台建设任务，完成五年一次维护管理检查工作。

（区人防办）

国防教育

【概况】 区国教办组织开展纪念《国防教育法》颁布施行十三周年、第十四个“全民国防教育日”、第五个全省国防教育月和清明节期间祭扫革命烈士墓活动。区四大班子领导，利用“元旦、春节、八一”等节日深入驻区军（警）营地走访慰问，研究军地共建，双拥工作，参加军事日活动，组织召开国防动员暨武装工作会议，征兵工作会议。教育部门组织各级各类学校学生开展“缅怀先烈”主题演讲活动。人武部组织乡（镇）、社区、企业、民兵、高校学生实弹射击；开展民兵处置突发事件应急、水上救援训练；成立四扬汽车销售有限公司武装部，提高企业民兵队伍凝聚力，加强国防后备力量建设。

开展国防教育宣传活动。宣传维护海洋权益，建设海洋强国的思想，区新闻信息中心播放《关于安排传播海洋建设海洋强国公益广告的通知要求》，每天播出不少于3次。书写“关心国家安全、维护海洋权益”墙体广告一块。区发改局、总工会等单位组织机关干部学习《国防教育法》；教育局组织学校以班会、国旗下的讲话、学校广播、黑板报等形式宣传国防知识；人武部、航天社区等单位悬挂横幅。组织66家单位、200余人在行政中心礼堂观看电影《通道转兵》，进行国防历史教育。清明节全区百名师生和干部群众为戴安澜将军扫墓，区法院全体干警到市委党校向贵州省工委第一任书记林青烈士敬献花篮。区教育局组织开展“祖国好，家乡美”“我的中国梦，班级有歌声”比赛活动，激发学生爱祖国，爱家乡的情感。组织学习军训和防空演练等，提高学生军事技能和防护能力。9月18日，区人武部、人防办、国教办、清溪社区、新闻中心，在花溪公园大门设点宣传，向市民散发《贵阳建设生态文明示范城市国防教育宣传手册》和人民防空知识宣传材料，在广场摆放国防教育展板；9月19日，金竹社区、马铃乡、高坡乡利用赶场挂起横幅，开展“国防教育日”宣传活动；区投资促进局干部职工学习《关于新形势下加强国防教育工作的意见》并进行国防知识测试；区纪委开展国防教育讲座，播放电影《忠诚与背叛》；区妇联组织全体干部观看国防教育片《甲午甲午》；区统计局、区工商局、花孟社区等12家单位利用黑板报、标语等形式宣传国防教育；区移民局组织全局干部开展“全民国防教育日”签名活动。全区近80家单位发放《国防法规手册》《国防动员法手册》《全民国防教育大纲手册》《贵州省国防教育宣传手册》《贵阳建设全国生态文明示范城市国防教育宣传手册》共计1600册，发放各种宣传资料5000余份，悬挂横幅、墙贴标语50条。各单位学习贯彻《贵州省国防教育条例》，开展国防教育“六进”工作，完善孟关乡改毛小学国防教育设备、增加视频教育。启动企业国防教育试点，组织贵阳矿山机器厂、贵州红林机械有限公司、四扬汽车销售有限公司100余名民兵进行军训和实弹射击。

（区国防教育办）

8月1日，小孟社区老兵纪念“八一”建军节87周年（董仁海 摄）

（责任编辑　周年辉）

经济管理

1 月 14 日，区政府副区长马彪(前右二)率市场管理人员对花溪奶粉市场进行检查(区市场监督管理局供稿)

地方国有资产管理

【概况】 区财政局按照国务院《企业国有资产产权登记管理办法》和财政部《行政单位国有资产管理暂行办法》《事业单位国有资产管理暂行办法》《企业国有产权转让管理暂行办法》等法律法规关于国有资产管理使用规定，2014年度花溪区国有资产管理共办理相关处置事项37项，上缴国资收益5758.88万元。其中：国有产权备案6项，资产评估3项，行政事业单位资产变更13项，行政事业单位国有资产管理15项（公务用车报废处置7项，其他固定资产报废处置8项）。

（区财政局）

【社会保险基金管理】 花溪区已纳入财政专户管理的社会保险基金有企业职工养老保险、机关事业单位养老保险、失业保险、失地农民保险、新型农村养老保险、城镇居民养老保险、新型农村合作医疗保险，并实行收支两条线。

在社会保险基金的使用上严把审核关。每月初，根据社保经办机构报送的用款申请，对基金使用的合理性和手续的完备性进行审核，用款申请审核无误后，在2个工作日内及时将基金划入支出专户，社保经办机构将基金及时支付给保障对象。同时，区财政与社保经办机构密切配合，建立对帐、信息交换等工作联系制度，并分别与银行实行按月对帐，保证各基金帐户帐帐相符。在对基金收支进行清理核对的基础上，财政部门和人社部门及时编制月报、季报和年报。

在对社保基金实行动态管理中，促使社保基金保值增值最大化。按照“留足支付余地，操作合法规范，确保资金安全”的原则进行测算，将闲置基金及时按规定转存定期存款。

按照社会保险基金征缴管理部门职责划分，区财政、人社和审计部门与各乡镇（社区）及其他职能部门紧密配合，及时互通信息，反馈情况，解决管理工作流程中产生的问题，加大对基金使用的检查监管。

（区财政局）

【财政监督】 区财政局以规范制度建设为基础，建立健全预算编制、执行、监督、绩效考评四位一体的财政资金管理模式。以日常检查与专项监察相结合为手段，建立健全事前审核、事中监控、事后检查的全过程的动态监督机制，强化资金绩效管理，提高资金使用效益。完善内部监督和外部监督相结合的检查机制，充分发挥外部监督的作用。

（区财政局）

【政府采购管理】 根据《中华人民共和国政府采购法》《贵州省省级政府采购目录及限额标准》《贵阳市公共资源交易管理暂行办法》2014年区政府采购计划数为123390138.91元，实际采购数为109326676.94元，节约资金14063461.97元，节约率11.4%。

（区财政局）

花溪国有资产管理有限公司

【概况】 区国资公司于2010年8月经花溪区人民政府批准成立，注册资金100万元。2014年10月，根据花溪区第十六届人民政府第78号区长办公会议纪要和区人民政府专题会议纪要（花府专议〔2014〕169号）精神，明确区国资公司承担花溪区产业园区基础设施建设、土地一级开发、投融资、资产经营和管理、园区管理等职能，同意对区国资公司进行增资扩股。11 月，以花溪民航大楼评估作价 12113.78 万元和货币资产 5000 万元对区国资公司进行增资，增资后区国资公司注册资金为 16760 万元，公司经营范围更改为：国有资产经营、国有门面类资产租赁、国有股权管理、非金融性项目投资；公路、给排水、供电、厂房等基础设施项目附属设施管理经营；政府授权范围内的土地一级开发；产业园区企业的融资担保等金融服务；工程材料经营、工程咨询服务等其他业务。

（国资公司）

【资产租赁经营】 根据《区人民政府关于授权区国资公司管理区级行政事业单位经营性资产（第一批）的通知》和《区人民政府关于授权区国资公司管理区级行政事业单位经营性资产（第二批）的通知》，国资公司在授权范围内，充分考虑原经营户已形成的市场习惯和与原租赁合同的承接，依据市、区两级对国有资产租赁的相关政策和规定，开展资产管理经营工作，2014 年完成租赁收益 294.62 万元（其中：税收部分 54.55 万元，非税部分 240.07 万元）。

国资公司在资产租赁管理中，严格依法处置经营户在经营活动中的违约行为，2014 年对两户违约转租的经营户向区人民法院提起诉讼，其中 1 户已经依法院判决依法收回，另 1 户将于 2015 年 1 月底开庭审理。

（国资公司）

【股权管理】 根据区政府的授权，原花溪区相关单位持有的贵阳银行股份 97110 元已全部划转至国资公司，并办理相应的股权划转手续，2014 年已取得 2013 年度股权收益 10682.10 元，并作为国有资产经营收益上缴区财政。

国资公司代表花溪区持有贵州天河潭旅游有限责任公司 35% 的股份，2013 年年底完成股权挂牌交易，因仅大中华集团一家报名，市国资委已上报市长办公会批准，待市委常委会批准后，将以协议出让的方式将股权转让给大中华集团，完成股权交易后，根据 2013 年 8 月 21 日市政府专题会议精神，国资公司实际将取得股权交易收入 1600 万元。

2011 年 11 月完成贵阳农商行筹建股份认筹 6500 万元，为落实区委、区政府入股收益让利于干部职工的意见，至 2012 年 5 月 30 日，已累计完成职工认筹 2493 万元，该资金由区财政局和区国资公司共管，2014 年，国资公司取得分红收益 400 万元，其中，支付职工认筹的资金占用费 199.76 万元，上缴国有资产经营收益 200 万元。

（国资公司）

【花溪文化旅游创新区融资】 按照《中共贵阳市委 贵阳市人民政府关于支持花溪建设文化旅游创新区的意见》精神和区文化旅游创新区领导小组的工作安排，国资公司积极为文化旅游创新区融资。

一是完成国资公司增资扩股工作。为达到银行融资的准入条件，区国资公司经区政府批准，完成公司的增资扩股，其中，货币注资 5000 万元，实物注资 11000 万元，区政府安排划入土地资产 308021.7 万元，使区国资公司资产负债率等财务指标符合银行融资条件。

二是积极跟进，落实融资资金到位。以青岩龙井至燕楼道路项目通过银行表外直融方式向贵阳银行花溪支行申请的项目贷款到位资金 49000 万元，并在市城发公司、区城投公司的配合下，40000 万元资金已按照区政府的安排投入使用；以青岩龙井至燕楼道路项目和燕楼谷蒙至槐州道路项目向贵州银行总行营业部申请的 60000 万元贷款已通过审贷会，因录入政府债务系统的问题暂未放款；以大坝井安置房项目向农业发展银行花溪支行申请的 30000 万元贷款未获得总行审贷会通过。配合区城投公司完成25000万元资金的调度工作。

（国资公司）

【协税工作】 2014年，国资公司参与沪昆铁路项目税收引进工作，截至2014年12月31日，累计落实到位税收（合同印花税、注册资本金印花税、个人所得税、监理单位营业税及附加税种）共计6199.13万元。

（国资公司）

【债务清偿】 2014年，已归还原国投公司及其相关子公司银行贷款本金5363万元，并按期支付贷款利息481.89万元，原国投公司及其直管子公司在银行的债务额度降至861.5万元。

（国资公司）

【托管公司遗留问题的处理】 托管公司遗留问题主要集中体现在银行债务、欠付工程、农民安置、老国有企业职工安置等方面，根据区委、区政府的工作安排，区国资公司组织原公司负责人和项目经办人员，针对具体问题具体处理，银行债务基本通过纳入财政偿债体系和返还的土地成本费用解决，欠付工程款项也通过安排财政性偿债资金逐步得以解决。同时，国投公司原负责领导根据遗留问题类型和实际情况，重新明确遗留问题处理的牵头负责人，尤其针对拆迁安置（原国宾路拆迁农民安置）和老国有企业职工安置（主要是学府雅苑的原酿造厂职工安置）等可能引起社会稳定问题的项目，进行明确安排。

（国资公司）

国土资源管理

【地籍管理】 为加快推进包括农村宅基地在内的农村地籍调查和农村集体建设用地使用权登记颁证工作，区政府年初落实工作经费25万元，结合国土、集体土地登记监管系统建设，以省级示范小城镇（青岩镇）作为试点，开展农村地籍调查和农村集体用地、宅基地调查工作。2014年，已经将青岩镇政府所在地的1606宗登记档案扫描入库，完成175宗农村集体所有权数字化工作，并挂接到土地登记监管系统中运行。

（郭　伟）

【耕地保护和开发】 2014年，花溪区耕地保有量为35333.33公顷。花溪区在省国土厅和市国土局的安排下，对省、市级土地整治项目进行全面清理，基本完成花溪区永久性基本农田划定工作，全区基本农田保有量为27608.39公顷。

（张　琴　张纯洁）

【土地执法检查】 1. 区国土局2014年开展土地矿产卫片执法监督检查，对2013年度以新花溪区作为一个整体的监测图斑481宗，经最终核实，违法用地120宗、面积49.987公顷（耕地30.036公顷），农村村民建房156图斑，面积19.231公顷（耕地13.227公顷）；农业设施用地30宗（54个图斑），面积14.185公顷（耕地9.975公顷）；临时用地项目39宗（40个图斑），面积13.62公顷（耕地9.181公顷）。违法耕地面积占新增建设用地总面积的9%。花溪区涉及的5个疑似违法矿产图斑，经核实，仅5号图斑属花溪区现管辖范围，位于花溪区黔陶乡关口村，该图斑系贵阳花溪兴泰建材有限公司正在建设的有证矿山，采矿许可证有效期为2014年1月15日至2019年1月15日。

2. 针对花溪区违法建设、用地日益严重状况，区国土分局加大巡查力度，在全区范围内进行拉网式排查，2014年共出动巡查1100余次，出动人员500多人次，累计下发土地、矿产的

《责令停止违法行为通知书》或《责令改正违法行为通知书》400余份，制止土地违法行为100余起。根据《花溪区2013年度土地变更调查与卫片执法检查工作安排》要求，积极配合区城管等执法部门及各乡（镇）、社区，在全区范围内开展对违法违章建筑，特别是占耕地建房行为的打击查处专项行动，并做好对地类认定、面积测算以及参照卫片图斑判定违法事实的指导工作。

3. 为有效处置和充分利用土地，促进节约集约用地，对批而未供、供而未用、闲置土地进行专项清理。全面清理自2008年1月至2014年8月土地使用者依法取得国有建设用地使用权后，超过约定、规定的期限未动工开发建设的国有建设用地情况。未发现有闲置土地现象。

4. 对矿山越界采矿进行清理。经过对区内6家矿山企业进行核查，发现花溪狮子山水泥有限公司存在越界开采5000立方米的违法行为，依法立案进行查处，并以此为契机，规范花溪区矿山企业矿区范围设置界桩和采矿权标识牌工作。

（谭　鑫）

【查处违法用地】　区国土分局在开展执法工作中，共立案查处违法用地41宗，处罚金8030893元；及时将非法占用农用地涉嫌犯罪的案件向市生态公安和区公安进行线索移送，全年共移送6宗，主要是石板镇石板一村村委违法用地、贵州润远久安投资有限公司、青岩镇歪脚村倒土地场等项目。

（谭　鑫）

【土地资源调查】　2013年12月国家下发花溪区监测图斑1745个，监测面积1013.7公顷（包括贵安新区），调查成果已上报国土资源部审核通过。截至到2014年12月31日，花溪区（含经开区）土地总面积96414.66公顷。耕地面积34572.24公顷、园地面积1313.33公顷、林地面积36953.93公顷、草地面积7613.33公顷、城镇村及工矿用地面积9155.74公顷，交通运输用地面积2280.5公顷，水域及水利设施用地面积1523.28公顷，其他土地面积3002.31公顷。

（郭　伟）

【矿产资源管理】　由省、市国土部门牵头，组织开展花溪区矿产资源“圈而不探”“占而不采”专项治理行动，由贵阳市国土资源局公告废止已过期、已失效采矿权19家。加大对非煤矿山的清理整顿工作，使花溪区砂石土矿山在文件规定的控制数6家以内。并配合贵阳市国土资源局完成《贵阳市砂石土资源开发规划》编制工作。

（谢守锋）

【地质灾害防治】　2014年花溪区共有49个地质灾害隐患点，新增青岩高寨河、青岩思潜、久安乡雪厂村大树桩、麦坪乡大坡村三组洞边4个地质灾害点。在邀请专家对原有地质灾害隐患点进行安全评估，形成意见后，报区政府同意撤消孟关乡改毛村大兴田、石板镇镇山村长安营组、石板镇云凹村新寨组3个地质灾害点。针对上述地质灾害，区国土分局采取以下防治措施：1. 编制《花溪区、经开区2014年地质灾害防治方案》，并报区政府批准发布实施。2. 加大地质灾害隐患点的治理搬迁工作。久安乡打通村堵鲁组地质灾害搬迁项目，省市补助资金600万元已全部下达区财政，项目实施单位久安乡政府，正按照区政府的安排开展搬迁工作。新增地质灾害隐患点青岩高寨河滑坡，预计投入85万元资金进行治理；麦坪乡大坡村三组和五组滑坡两处，对危及的11户，按每户2万元的标准，由区财政安排资金补助，麦坪乡政府组织搬迁；久安乡雪厂村大树桩组滑坡地质灾害点，从地质灾害专项资金中补助久安乡15万元，由乡政府组织治理工作。3. 联合区教育局、住建局、发改局、地质灾害防治技术人员组成检查组，开展花溪区学校地质灾害防治工作检查。4. 由区政府主办，国土分局联合应急办、防汛办承办，于9月4日在青岩镇山王庙祥云水湾举行山洪地质灾害救助应急演练；联合经开区于11月21日在小珠显村开展地质灾害隐患点应急演练；采取多种形式组织燕楼、马铃、孟关、久安开展乡级50人以上、500人以下的6处地质灾害隐患点的应急演练工作；联合经开区组织各乡（镇）、社区分管领导及地灾防治工作人员、国土所全体人员、联络员、监测员于9月19日进行地质灾害培训。

在“7·16”强降雨期间，花溪区全区出现多处滑坡，区国土分局领导班子成员带队分片督促指导，协调地灾防治专家组成现场工作组赶赴各个地灾点开展应急调查，委托资质单位开展地质灾害应急调查，共编制8份应急调查报告，根据报告建议及巡查发现问题，及时下达《地质灾害隐患情况告知书》9份，《地质灾害隐患督查意见书》2份，督促指导有关责任单位注意地质灾害防范。

（谢守锋）

统计管理

【概况】 2014年，区统计局切实履行统计职责，提高统计数据质量和统计公信力，提高统计业务水平，加强对经济运行和社会发展的统计监测，不断创新工作思路，充分发挥部门职能，严格执行国家统计报表制度，加强对数据的评估审核，全面提高数据质量，准确、及时、全面、客观地反映全区经济社会发展情况。

一是及时发布《统计公报》和《花溪统计年鉴-2013》等统计资料和统计信息100余期，充分利用政府公众信息网和花溪统计信息网系统平台，及时向社公众公布真实、准确的统计数据和信息资料；二是按照区政务服务中心统一要求，进入数据处理系统统一管理，全年共为300余家机关、企事业单位办理统计管理登记证及年审手续。三是组织开展经开片区、花溪片区2014年统计从业资格培训，对208名统计从业资格继续教育和99名统计从业资格新证学习培训，不断提高基层统计人员的业务技能，夯实统计基础。四是加大基层调研工作，到乡（镇）、社区和企业调研，指导基层统计业务300余人次，通过调研，客观了解数据质量状况和基层统计工作实情，为全面反映区域经济社会发展水平提供保障。

（区统计局）

【统计调查】 2014年，区统计局开展各项统计专项调查。一是组织开展“三创一强一提升”活动知晓度、参与度和满意度民意调查，“返乡农民工在乡创业调查”和建成小康统计监测等多次社情民意调查，通过调查客观真实地反映全区群众满意度存在的问题，为区委、区政府掌握情况改进服务，提供可靠决策依据。二是深入推进“企业一套表”统计改革。按照“先进库、后报数，不在库、不出数”的统计原则，收集整理企业的入库审批资料，把符合标准的规上工业、限上商贸业、限上服务业及有资质的建筑企业及时增加到“一套表”字典库，及时纳入统计监测，夯实统计基础，不断壮大区域经济统计总量。三是组织实施第三次全国经济普查。严格执行《第三次全国经济普查方案》，做到普查机构、人员、经费和办公地点“四落实”，通过普查摸清家底，掌握发展现状，准确把握全区经济总量和布局，不重不漏、应统尽统，全面圆满地完成普查宣传、单位清查、入户登记、数据上报、数据审核、数据汇总、数据评估等各阶段工作任务。普查结果全区共有法人单位及产业活动单位5577户，个体经济23082户，采集数据已录入并审核上报。法人单位和产业活动单位比第二次全国经济普查时的2830户增加2747户，增长0.97倍。

（区统计局）

审计管理

【财政审计】 2014年区审计局对2013年度区本级综合财政预算执行情况和其他财政收支情况进行审计。主要审计区财政局具体组织实施的2013年度本级预算执行情况，区民政局2013年度预算执行情况；同时对2012年度区本级综合财政预算执行情况审计查出问题的整改情况进行检查。审计结果表明：花溪区财政收入质量稳步提高，民生支出和法定支出得到有效保障，区人大批准的综合财政预算基本完成。审计中发现以拨作支上级专项转移支付资金，虚增年度决算支出304.8万元；未按规定按月上缴污水处理费收入756万元；单位截留农村文化建设专项补助资金34万元；单位购服装4.25万元，未参加政府采购，且未入“固定资产”账等问题。

（吴 萍）

【领导干部经济责任审计】 2014年开展乡镇、部门领导干部经济责任审计6项。其中：科局主要领导干部经济责任审计4项，乡政府主要领导干部经济责任审计2项。通过审计，查出违规和管理不规范资金共计2518万元，根据审计发现的问题和被审计单位的基本情况，对被审计单位提出审计建议18条，被审计单位全部采纳。

（吴 萍）

【固定资产投资审计】 2014年区审计局加大对区重大项目和重点项目的跟踪审计工作。全力配合文化旅游创新区的打造工作，抽调工程项目审计业务骨干参与对文化旅游创新区建设项目的建设、管理、跟踪等工作进行审计监督服务。开展花溪区2013——2014年今冬明春农田水利基本建设专项资金审计。审计金额1150万元。抽查9个村冬修水利建设现场实施情况，项目资金率占33.05%。对第九届旅游发展大会、花溪公园地下通道建设、湿地公园改造提升、花溪农工商公司国有资产清查、碧桂园城市综合体、贵州大学二期建设等项目作为服务与监督重点，开展审计跟踪监督工作。2014年完成工程建设项目审计17个，提出审计建议19条，审计金额核减工程结算价款1299.98万元。

（吴 萍）

【专项资金审计】 2014年区审计局开展专项资金审计33个，涉及城镇保障性安居工程、“美丽乡村·幸福家园”建设、城市居民和农村居民最低生活保障、直播卫星“户户通”、石漠化、土地整理、移民“稳增长促改革调结构惠民生”政策落实、土地出让金、“小金库”等。审计查出问题资金89万元。发现问题18个，提出审计建议17条，均被审计单位采纳。

（吴 萍）

【内部审计管理】 围绕群众关心的教育、农业、水利、计生、民政等强农惠民政策，采取相互联动的方式，协助区农业局、水利局、教育局、财政局及区城管局等开展部分项目的检查工作。2014年区属各单位在区审计局指导监督下完成内部审计检查项目47个，内容包括财务收支审计、内控评审、专项资金审计，基本建设审计等多种类型。查出违规资金0.75万元，已上缴区财政0.75万元，提出审计建议1条被采纳。

（吴 萍）

质量技术监督

【标准化管理】 2014年区市场监督管理局开展企业标准备案工作，对9家企业19项产品标准进行登记备案。积极推进国家标准、行业标准、地方标准修订工作。组织贵州吉龙生态科技有限公司申报《商品蚯蚓粪》《蚯蚓育苗基质》两项贵州省级地方标准，已于2014年10月发布。

（区市场监督管理局）

【质量监管】 花溪区人民政府成立区质量强区工作领导小组，拟定《花溪区推进质量强区工作任务分工实施方案》，制定名牌发展培育实施方案，将辖区25家企业30个产品纳入名牌培育重点，组织18家企业23个产品申报贵州省、市名牌产品，6家企业10个产品获得贵州省名牌荣誉称号；2家企业2个产品获得贵阳市名牌荣誉称号。完成全区工业企业及机动车检测机构日常监管，对辖区90家工业企业130个批次产品监督抽查，录入工业企业信息档案共130家，完成11家工业企业年审工作。

花溪区纳入监管的重要工业品生产企业130余家，其中纳入工业产品生产许可证、强制性认证（3C）监管企业40家。全年花溪区工业产品抽查综合合格率91.20%，累计定检、监抽85家工业生产企业的130个批次的产品。全年共收到125个批次抽样检验报告，综合判定合格产品数为114个批次，11个批次不合格。

（区市场监督管理局）

【食品安全监管】 2014年，区市场监督管理局通过食品安全动态监管系统对花溪区全部获证84家食品生产加工企业和39家食品生产加工小作坊进行监管；对50家获证企业进行年审；食品监督抽查后有问题样品调查处置7起，立案查处违法行为14起；接到举报投诉8起，处理完结8起；办理食品行政执法案件16起，结案16起；对93个产品进行省级监督抽样，其中87个产品合格，6个产品不合格，合格率93.1%，对上述6家不合格产品进行处理并约谈生产企业负责人；提升食品安全风险防范能力，深化食品安全专项治理，完成辖区重大节假日及肉制品、桶装饮用水、标签标识、农村食品、儿童食品安全生产加工企业、食用油质量安全等专项整治。开展打击“两非一超”食品非法添加行为整治工作，加强食品添加剂监管。邀请贵州省质检院专家开展1期食品标准培训。64家企业68人参加培训，共发放标准400余份。组织83家生产企业培训，培训内容为：（1）GB7718－2011《食品安全国家标准预包装食品标签通则》；（2）GB280505－2011《食品安全国家标准预包装食品营养标签通则》；（3）《食品生产企业安全生产监督管理暂行规定》。组织辖区企业进行《贵州省食品安全条例》宣传培训，开展“食品安全我先行”大讲堂主题活动。

（区市场监督管理局）

【计量管理】 2014年区市场监督管理局完成检定衡器281余台件，加油机169把枪。免费对农贸市场、青岩食品示范街的计量器具（共700余台）和社区医院、居民使用的血压计（76台）和人体秤等进行检定。与5家农贸市场、16家加油站、7家餐饮企业、3家超市等单位签订诚信计量承诺书，组织对全区8家实验室进行专项检查，规范实验室管理。开展“2014年实验室资质认定专项监督检查工作”。组织辖区8家获得“实验室资质认定”的实验室进行自查，完善质量体系，提高各实验室检测工作水平。开展重点用能单位能源计量审查工作，监督相关单位进行能源计量器具送检工作、能源计量岗位设置、建立能源计量管理制度。

（区市场监督管理局）

【特种设备安全监察】 2014年，区市场监督管理局全年共出动检查人员696人次，检查单位231家，发放《中华人民共和国特种设备安全法》等相关法律法规200余份，下达特种设备安全监察指令书30份，全年治理超期隐患设备371余台，接受特种设备施工告知360件360台，办理特种设备使用登记476件476台，变更特种设备使用登记52台。与辖区重点监控特种设备使用单位100%签订《特种设备安全管理责任书》。完成元旦、“五一”节、“六一”儿童节、“中秋”“十一”等重大节日及重大活动期间人员聚集场所的安全专项检查，共出动执法人员110余人次，执法车辆40余次。受理投诉案件一起。完成特种设备“打非治违”工作，在全区范围内开展烟花爆竹销售企业专项执法检查行动。对辖区内两家花溪亿盛全烟花爆竹销售有限公司仓库、贵州省日用杂品公司仓库烟花爆竹销售企业的存放仓库进行重点检查。

（区市场监督管理局）

【执法打假】 重点围绕农资、建材、食品、计量开展专项整治行动，打击侵犯知识产权和制售假冒伪劣商品违法行为，加大对无证查处的工作力度，抓好信访维稳工作，及时处理各种投诉、申诉工作。2014年共立案16起，结案16起，上缴罚没收入19.2万元；成功处理投诉申诉17起。

（区市场监督管理局）

【组织结构代码管理】 区市场监督管理局加强对微型企业的扶持力度，在免收代码办证费、微小型企业取证培训指导上开通快捷通道，减轻企业负担，促进企业健康发展。2014年办理组织机构代码事项2266项，代码办证收入22.14万元，免费为微型企业办证216家，免收代码办证费2.3万元。

（区市场监督管理局）

药品食品监督管理

【药品安全知识大讲堂活动】 2014年区市场监督管理局以宣传贯彻《药品管理法》等法律法规为主线，坚持“贴近实际、贴近生活、贴近群众”的原则，强化科学监管理念，拓展药品安全宣传“进社区、进学校”载体，将药品安全法律法规和科学知识送入学校、社区。组织药品安全知识讲座2次，向100余人进行宣教，发放宣传资料600余份。在“药品安全知识大讲堂”活动中，执法人员介绍了药品、医疗器械、保健食品、药品不良反应，监测相关法律法规，药品基本知识，影响药物作用的因素，药品的合理选用，药品的正确使用方法，药品不良反应以及家庭保管药品注意事项等安全用药知识。针对少年的特点，利用真实生活案例，和同学们进行面对面的交流，形成学生和执法人员上下互动的热烈场面。针对社区药品协管员、信息员讲解定期清理家庭药箱，回收过期药品的重要性和保健食品“五大陷阱”。

（区市场监督管理局）

【药品安全社会监督员培训】 2014年，为加强农村药品监管队伍建设，强化村级药品监管网络建设，规范药品安全管理，保证农村广大人民群众的用药安全，用3天时间对一个乡镇及二个社区共计112名村级药品安全协管员及信息员进行培训。通过培训，提高药品协管员和信息员的业务知识水平，增强责任意识。

（区市场监督管理局）

【药品市场整治】 一是以落实质量管理规范为重点，强化药品生产全过程的监管。始终坚持把高风险和基本药物生产企业作为重点企业，把生产工艺和处方核查、完善质量管理体系作为重点环节，把基本药物和含特殊药品复方制剂等品种作为重点品种，增加对基本药物和高风险药品生产企业的检查频次，从源头上保障生产环节药品质量。二是对辖区内药品零售企业进行新版GSP帮扶及认证，统一硬件及软件资料，配备阴凉柜及电脑软件，使各药品零售企业达到规范化管理；三是以专项整治行动为契机，依法规范药品生产、使用、经营行为。按照市里的统一部署和要求，深入开展2014年药品流通领域特殊药品及含特殊药品复方制剂、食品市场非法经营药品行为、打击假药流向农村卫生室、打击假冒伪劣商品、中药生产中提取物等一系列专项整治活动。全年共出动执法人员1644人次，执法车辆548台次，检查涉药单位548家次，查办各类药品违法案件5件，立案查处率100%；抽验药品50批次；受理群众举报药品6件，均予以妥善答复、处理。

（区市场监督管理局）

【药品零售企业电子监管】 药品电子监管网络是促进药品安全管理的重要手段之一，是构建药品长效监管机制的重要举措。2014年全区191家药品零售企业全部纳入电子监管平台，通过电子监管实现对药品零售经营企业的购进、库存、销售和药师在岗等情况的实时监控，保障药物质量，提高监管效率。

（区市场监督管理局）

【医疗器械监管】 2014年，区市场监督管理局开展医疗器械虚假注册申报、违规生产、非法经营、夸大宣传、使用无证产品等五种行为（简称“五整治”）的专项整治行动。全区检查天然胶乳橡胶避孕套药店14家，成人用品店4家，隐形眼镜店10家，检查使用涉械单位诊所、社区卫生服务中心、乡、镇卫生院、眼镜店、成人用品店、生产企业4家，共计114家，约谈3家，出动执法人员228人次，出动车辆114车次。

（区市场监督管理局）

【保健食品监管】 2014年3月，区市场监督管理局检查福胰糖康苦瓜参芪胶囊等7种假冒保健食品，组织执法人员对花溪区保健食品经营企业35家进行检查。共出动执法人员70人次，出动执法车辆35车次。在检查中均未发现文件中假冒保健食品销售。

（区市场监督管理局）

安全生产

【概况】 2014年，贵阳市政府下达给花溪区的安全生产死亡人数控制指标为27人，较大以上事故控制指标为0起，其中煤矿死亡人数控制指标为0，道路交通23人，工矿商贸等其他行业4人。2014年度花溪区共发生安全生产事故43起，死亡23人，占全年控制指标85.2%，比全年指标少4人；事故起数较上年同期下降11.5%，死亡人数较上年同期下降4.4%，其中：道路交通事故42起，死亡23人，死亡人数比上年下降11.5%，实现“双降”目标；煤矿、非煤矿山、危化、烟花爆竹等行业（领域）保持“零死亡”；花溪区安全生产工作在全市目标考核中获二等奖。

（代　维）

【落实安全生产责任制】 2014年花溪区安全生产坚持“一岗双责”制度和区、乡（镇）领导包保煤矿安全、道路交通安全制度，区、乡（镇）政府分管领导均按照职责分工负责分管口的安全生产工作，层层签订安全生产目标责任书，并严格兑现奖惩，确保安全管理职责清楚、任务明确；定期召开安全生产工作例会，研究分析和安排部署安全生产工作，及时制发、转发文件120余件，确保上级精神迅速贯彻落实到基层；严格安全生产督导制度，区长办公会上每次均听取安全生产督导员检查工作情况汇报，针对突出问题研究解决办法，提出整改措施，确保各项安全管理措施得到及时有效落实，为推进安全生产工作提供有力保障。

（代　维）

【市民安全意识宣传】　扎实开展安全知识“五进五上”（进机关、进企业、进学校、进村居、进家庭，上电视、上媒体、上课堂、上宣传栏、上广告牌）活动。6月“安全月”期间，以电视、电台、报刊、简讯、横幅、标语、黑板报等为载体，广泛开展安全生产的宣传教育活动，普及安全生产知识。由区安监局牵头先后开展“安全生产咨询日”、宣传贯彻习近平总书记关于安全生产重要讲话精神专题活动；生产安全事故警示教育周，开展事故应急预案演练活动；企业安全生产诚信承诺安全文化周，开展知识竞赛、安全生产基层行和行业性安全主题宣传等系列活动。全年共开展“安全生产月”活动宣传50余次，发布公益广告60余条（次），张贴宣传画3000余张，悬挂标语300余幅，展出安全生产基础知识、安全使用易燃易爆物品等展板250余块；在人员密集场所及各乡镇流动播放安全生产相关知识光碟和宣传口号25场，开展现场咨询35次，向群众发放各类安全知识宣传资料65000余份，印有安全宣传标语钥匙扣5000余个，悬挂（书写）横幅标语200余条，受教育群众60000余人（次）；利用手机短信平台向重点企业管理人员、机动车驾驶人员等重点人群发送警示短信27629条；开展危化、煤矿、非煤矿山、烟花爆竹、冶金工贸等各类培训九次，培训人员766人；督促企业主要负责人、安全管理人员、特种作业人员及其他从业人员依法培训，持证上岗。

（代　维）

【安全生产专项检查】　2014年区安监局全面推进隐患排查治理长效机制，开展重点行业隐患排查治理，完善隐患排查治理台帐，确保各类隐患及时整改到位，对重大隐患实行挂牌督办。三条重大隐患挂牌督办，均已销号。对煤矿、危化、非煤矿山、烟花爆竹等重点行业开展“六打六治”打非治违专项行动和消除大隐患防大事故安全生产大检查活动，全年花溪区各行业管理部门出动安全检查人员23107人（次），对各行业累计检查7649家（次），查出隐患及其他违规违章行为74004条（起），整改74004条（起），整改率100%，最大限度地防止安全事故的发生。

（代　维）

【应急救援体系建设】　2014年区安监部门继续修订完善《花溪区突发生产安全事故灾难应急预案》，健全应急救援机制和体系，设立安全生产应急救援指挥机构，整合应急救援资源。在重点部门、乡（镇）、社区服务中心、企业组织开展生产安全事故综合应急演练30余次。

（代　维）

【矿山安全监管】　2014年花溪区有煤矿7家。2家“六证齐全”生产煤矿，1家整合待关闭煤矿，4家待关闭煤矿。在煤矿安全监管检查中共出动120余车次，600余人次，检查煤矿120余次，下达现场检查记录80余份，责令改正指令书40余份，整改复查意见书40余份，查出隐患

320余条，整改率100%。严厉打击私挖盗采违法行为，共检查矿山25个（次），对辖区范围非法矿山点进行不定期巡查120余次，出动人员300余人（次），炸封取缔私挖盗采点100余处（次）。全区有非煤矿山企业6家，全年检查企业176家（次），查出隐患312条，整改率100%。2014年开展矿山安全质量标准化建设，花溪新兴煤矿达到省二级安全质量标准化矿井；6家非煤矿山已完成质量标准化建设工作，完成1个示范矿区的创建工作。

（代　维）

12月15日，区市场监督局检查活禽市场（区市场监督管理局供稿）

【危险化学品监管】　2014年区安监局共检查危化企业435家（次），查出隐患325条，整改率100%。强化烟花爆竹安全监管。共检查烟花爆竹仓库及零售经营点312家（次），查出隐患93条，整改率100%。受理烟花爆竹无证经营举报3次，开展联合执法21次，检查烟花爆竹经营企业378人（次），收缴销毁烟花爆竹330余件，价值4万余元。

（代　维）

工商行政管理

【概况】　2014年花溪区新增市场主体3144户，其中新增各类企业1393户，注册资本576057万元；新增个体工商户1751户，3579万元；微型企业220户，注册资本2200万元；全区市场主体达到14056户，注册资本2033521万元，微型企业964户，注册资本9640万元。参与社会综合治理工作，深入开展防控禽流感疫情、黑网吧、校园周边环境、禁毒防艾、扫黄打非、创文创模、整脏治乱、安全生产等专项行动98次，制定方案28个，查处各类案件243件，一般程序案件39件，简易案件204件，有效净化辖区的市场经营秩序。2014年贵州省委、省政府评为2012—2014年度全省文明单位。

（区市场监督管理局）

【商标管理】　区市场监督管理局开展对获得贵州省著名商标企业的回访工作，2014年花溪区注册商标538件（不含经开区），全市排名第三。引导条件成熟的企业申报中国驰名商标，推荐10个商标参加“贵州省著名商标”评审，推荐8个商标参加“贵阳市知名商标”评审，8个商标全部评为“贵阳市知名商标”。现全区有1个中国驰名商标，20个贵州著名商标，8个贵阳知名商标。保护涉农商标、地理标志、食品商标、药品商标、驰名商标、著名商标、知名商标，加大商标行政执法力度，严厉打击商标侵权假冒行为。

（区市场监督管理局）

【广告市场监管】 区市场监督管理局强化对户外广告的监管，严把户外广告发布前的审查登记关，做到内容规范、程序合法、资料完整、一件一档。以直接关系人民群众身心健康、生命安全问题易多发的药品、食品、医疗、保健品、医疗器械、化妆品、房地产、美容服务等广告为重点，加大对虚假违法广告的整治力度，进一步规范广告市场秩序。加强公益广告宣传，联合贵州文意广告公司，利用其 LED 电子显示屏，播放“多彩贵州文明行动”“创模”等公益广告 14 条。

（区市场监督管理局）

【商品市场和合同监管】 区市场监督管理局做好省、市级“守合同重信用”单位的复核和新审报“守合同重信用”单位的确认工作。向市局推荐贵阳市方正涂料有限责任公司、贵州星天电线电缆有限公司等 25 家企业为“守合同、重信用”企业。25 家被评为市级“守合同、重信用”企业。做好动产抵押登记工作，办理动产抵押登记 63 件，主债权 82850 万元。

（区市场监督管理局）

【旅游市场监管】 2014 年花溪区成立旅游市场监管领导小组。制定了《花溪区工商局 2014 年旅游市场监管工作方案》《花溪区工商局 2014 年黄金周旅游市场工作方案》，明确春节、“五一”小长假、国庆节等假期期间日常旅游市场监管任务，细化工作、细化责任。以花溪公园、天河潭、花溪湿地公园、青岩古镇作为重点监管区域，开展旅游商品特别旅游工艺品、纪念品、农副特产品等的监管力度，检查旅游纪念品、土特产品是否属原产地产品，是否存在伪造产品，是否擅自使用知名商品特有名称、包装、装潢或者使用与知名商品近似的名称、包装、装潢，造成与他人的知名商品相混淆，是否经销“三期”不全商品。全年出动执法人员 214 人次，执法车辆 62 台次，检查市场 53 个次，检查景区 75（个次）检查经营户 568 户，督促办照 42 户，取缔无照经营 2 户。

（区市场监督管理局）

【行政执法】 区市场监督管理局按照“细化职能、精确监管、准确处置”的原则，坚持监管与执法相统一，突出三个重点强化办案：以强化执法监管为重点，集中精力拓宽领域查办案件；强化整治各种违法违规行为；以提高基层办案和科室执法办案能力为重点，强力推进基层办案和科室执法办案。全年查处各类违法案件 26 件，立案 26 件，结案 26 件。收缴罚没款 26.1 万元。

（区市场监督管理局）

物价管理

【概况】 2014 年，区发改局与财政部门密切配合，开展全区行政事业性收费单位收费年审工作，对收费项目及标准执行情况、收费票据使用情况进行年度审验，全年行政性收费年审、办证 77 家，办换证 67 家，年审率 100%。对取消和免征部分行政事业性收费项目进行清理，对涉及 10 个部门共计 18 项收费进行逐一检查，取消、免征项目收费和降低收费。对辖区内居民基本生活必须需品价格进行巡查监控，并以中心农贸市场、合力超市等为样本点，动态监测粮、油、副食品等市场价格，实时掌握市场价格变化情况，维护市场价格总体稳定。

对全区区属中小学、幼儿园教育收费，乡镇

卫生院的医疗收费和药品价格，农资价格收费情况开展专项检查，同时加大对花溪区窗口行业的整顿，先后对停车收费、旅游景区景点门票、各大超市、农贸市场等公共场所的收费情况进行整顿和规范，维护广大消费者的合法利益。

全年共收到价格举报投诉案件48件，其中：省长信箱转办件1件、市长信箱转办1件、市长专线转办3件、区政府公众信息网交办1件、市局转办3件、区群工中心交办3件、区信息中心交办3件、“12319”平台转办17件、电话举报投诉案件16件，办结率和回复率均达100%。

2014年完成刑事案件涉案财物价格鉴定261件，涉案金额350.18万元，无一例案件重新鉴定或者复核，鉴定完成率100%、准确率100%、办案单位和群众满意率100%。

依法按程序召开石板镇片区供水价格调整听证会，经区政府批准同意，石板镇片区供水价格调整从2014年7月1日起执行。

（邹亚东）

（责任编辑　姚　毅）

财政·税务

4月30日，区国税局第23个税收宣传月活动(区国税局供稿)

财 政

【财政预算执行情况】 2014年全区财政总收入完成265941万元（花溪区219734万元，贵安新区46207万元），比上年增长40.01%；公共财政预算收入完成152925万元（花溪区120025万元，贵安新区32900万元），比上年增长36.1%；公共财政预算支出完成378447万元（花溪区250384万元，贵安新区128063万元），比上年增长20.53%。

2014年全区政府性基金收入完成95944万元（花溪区44532万元，贵安新区51412万元），比上年下降85.83%；政府性基金支出完成97952万元（花溪区54430万元，贵安新区43522万元），比上年下降85.63%。

（区财政局）

【本级公共财政收支情况（不含贵安新区）】 2014年本级公共财政预算收入完成120025万元，比上年增长22.19%，完成年初预算的100.15%，完成调整预算的100.15%；区本级公共财政预算支出完成250384万元，比上年增长17.24%，完成年初预算的129.79%，完成调整预算的119.08%。

（区财政局）

【本级政府性基金收支情况（不含贵安新区）】 2014年本级政府性基金收入完成44532万元，比上年下降17.76%，完成年初预算的76.07%，完成调整预算的75.78%；区本级政府性基金支出完成54430万元，比上年下降8.35%，完成年初预算的50.71%，完成调整预算的50.36%。

（区财政局）

【着力保障和改善民生】 区财政局把改善民生作为财政支出的重点，在区级预算中足额安排配套资金99371.03万元，上级补助资金到位31537.21万元，共计130908.24万元，比上年增加19965.7万元，增长17.9%。一是支持教育发展。2014年投入教育经费80879.82万元，比上年同期增加10420.37万元，增长14.78%。二是支持推进医药卫生体制改革。投入医疗卫生经费30353.3万元，比上年同期增加8427.93万元，增长38.4%。三是加强社会保障。投入社会保障经费18073.25万元，比上年增加1256.22万元，增长7.46%。四是投入文化体育事业资金1601.87万元。

（区财政局）

【保障“三农”支出】 2014年区财政投入“三农”资金共计123210万元，比上年增长26%，其中：一是审核拨付涉农专项资金11748.58万元，主要用于标准农田建设项目、农业技术培训与推广、农田水利建设、农业综合开发建设、扶贫资金支出等。二是落实各项惠农政策。兑现农资综合和种粮直补1336万元。三是加强农村公共服务运行维护机制建设。争取上级村公共服务运行维护机制建设资金278万元。四是加强农业综合开发项目管理。实施完成2013年动工的燕楼乡思惹村片区、湖潮乡磊庄村片区农业综合开发土地治理项目；启动久安乡久安村农业综合开发高标准农田建设项目；申报2015年马铃乡凯坝村农业综合开发高标准农田建设项目。五是推进“四在农家·美丽乡村”建设工作。2014年全区206个小康寨建设项目全部完工，完成建设投资3896.27万元，完成投资任务129.32%；村以下小康路项目，建成通组路96.2公里，人行步道41.3公里，建设投资3318.5万元，完成投资任务的104.68%；5月7日《贵州日报》发表《扮靓美丽乡村——贵阳市花溪区“一事一议”项目 改善乡村基础环境》新闻特刊。

（区财政局）

【财政收入支出管理】 2014年花溪区继续推行财政国库管理制度改革，加强财政收支管理，财政收入直接缴入国库，区本级财政支出通过国库单一账户体系直接划拨到收款人账户，并对区本级预算单位公务消费试行公务卡结算制度改革，不断完善国库集中收付制度，加强银行账户及财政资金的管理，保证财政国库资金的安全高效运行。2014年花溪区（不含划转贵安新区的党武、湖潮两个乡）财政总收入完成219734万元，比上年增长28.25%；公共财政预算收入完成120025万元，比上年增长22.19%；基金预算收入完成44532万元，比上年下降17.76%。花溪区公共财政预算支出完成250384万元，比上年增长12.83%，其中：区本级支出239032万元，比上年增长12.87%，乡镇支出11352万元，比上年增长11.84%；基金预算支出完成54430万元，比上年下降8.35%，其中：区本级支出54428万元，比上年下降6.05%，乡镇支出2万元，比上年下降99.84%。

（区财政局）

【预算外资金管理】 2014年区财政专户管理的预算外资金收入完成2663万元，比上年增长83.66%，支出完成2748万元，比上年增长100.73%。财政专户管理的预算外资金年初合计208万元，年末合计121万元。本级国库年初预算外资产总额408万元，负债总额286万元，净资产总额122万元；年末预算外资产总额321万元，负债总额为285万元，净资产总额为36万元。

（区财政局）

【会计事务管理】 2014年，区财政局为加强会计队伍建设，根据省财政厅《关于做好2014年度会计人员继续教育指导工作的通知》（黔财会〔2014〕22号）精神，对全区762名会计人员进行继续教育培训。4月23日－24日，对全区区属行政事业单位296名会计人员进行会计基础规范培训。重点讲解《会计法》《会计基础工作规范》和《行政事业单位新会计制度》，并列举会计工作中经常出现错误的实例。

（区财政局）

【基层财政管理】 2014年，乡镇、社区完成财政总收入128600.79万元，比上年增长31.59%，公共财政收入完成57949.95万元，比上年增长33.91%。做好“乡财县管乡用”工作，加强强农惠农财政资金的管理和监督，强化资金管理的规范法、制度化。全面推行“村财乡代管村用”工作，规范村集体经济组织财务管理，维护广大农民的切身利益，促进农村经济和社会健康、持续发展。继续推进村级公共服务体系建设工作，投入资金278万元，建成项目195个。开展“四在农家·美丽乡村”一事一议小康寨建设工作。投入一事一议财政奖补资金4501.33万元，建成项目207个，建成示范村寨11个，修建通组公路59.1公里，沟渠4.6公里，兴建农灌小堰塘6处，农村人畜饮水项目5个，安装太阳能路灯1345盏，修建文化广场13处，安装文体活动设施7台/套。

（区财政局）

【财源建设】 区财政局一是狠抓常规性税收收入，做到应收尽收；二是培植新税源点，如加快推进燕楼循环工业园、泰邦生物科技园等建设，为后续税收增长提供源头；三是拓宽税源征收，逐年增加税收收入，如青岩旅发大会建设项目、文化旅游创新区项目、湿地公园景观提升工程项目等，对项目建设产生的建安税、耕地占用税等税收及时征缴入库，确保收入快速增长。2014 年全区公共财政预算收入 120025 万元，较上年增加 21795 万元，增幅达到 22.19%。

（区财政局）

【财政资金补助微型企业】 2014 年区财政局对 220 户微型企业进行扶持补助，补助资金共计 2200 万元。截至 12 月底共到位补助资金 2123 万元，其中省级补助资金到位 693 万元，市级补助资金到位 440 万元，区级补助资金到位 990 万元。拨付补助 95 户微型企业共计 916.75 万元，即每户微型企业获得 9.65 万元财政补助资金（0.35 万元融资担保风险基金留存省级融资担保风险基金专户）。

（区国资科）

4 月 16 日，区国税局为马铃乡牛皮箐村修渠引水，与村民讨论下一步的帮扶工作（区国税局供稿）

国　税

【概况】 区国税局组建于 1994 年 9 月，现有 9 个内设机构（正股级）、2 个派出机构（2009 年升为副科级）、1 个事业单位（正股级）。内设机构：办公室、政策法规科、收入核算科、征收管理科、人事教育科、监察室、办税服务厅、税源管理一科、税源管理二科。派出机构：青岩税务分局、石板税务分局。事业单位：信息中心。有职工 77 人，其中研究生 8 人，大学本科 40 人，大学专科 27 人，高中及以下 2 人，平均年龄 43 岁。2014 年，联合办税大厅办理国税税务登记 1719 户，发票发售 680294 本（份）。申报征收 30206 户（次），代开普通发票及增值税专用发票 6144 份，税款 581 万元。推行网上申报户数 2772 户次，比上年年底增加 1049 户次，超过一半成功网上申报，减少纳税人往返国税机关和办税服务厅次数，办理电子缴款三方协议 2098 户。完成内部流转文书 942 户（次），验旧手写发票 700 余本，完成发票评定 1200 余户，税务违法违章处理 500 余户，征管资料归集 2300 余户等工作，装订 2013 年征管档案 1000 余户。根据花溪区经济发展水平、税源的分布情况，区国税局以规模为主，兼顾行业、税种、风险和存续期等，将税源管理划分重点税源管理、专业市场管理、行业管理及属地管理四种类型。

（李颜利）

【征管体制改革】 2014 年，区国税局按照规定做好纳税服务规范指定工作，在执行省级要求升级规范 235 项的基础上，另执行总局规范 14 项，新增升级规范 10 项，共计执行升级规范 259 项，按《纳税服务规范》中文明服务规范的要求重新进行整合。即重新统一区划设置、重新统一形象标识、重新统一服务标准、重新统一设施配置和使用。做到“九个”到位，即政策法规公开内容到位、办税内容及流程示意到位、公开税务人员纪律规定到位、服务窗口设置规范到位、执法服务监督到位、人员分工职责明确到位、税务资料档案化管理要求到位、方便纳税人的具体要求到位、服务周全细致到位。结合文化建设助推《纳税服务规范》落地。形成具有花溪特色的国税文化理念体系，夯实国税文化建设的物质基础，打牢国税文化建设的思想基础。结合《纳税服务规范》相关内容提升税收征管质量，狠抓服务措施，提高纳税人满意度和税法遵从度。通过建立和完善联动机制、学习机制、激励机制、保障机制，巩固扩大税务文化建设成果。

（李颜利）

【国税收入基本情况】 2014年，区国税局克服各种困难贯彻组织收入原则，严格遵守组织收入纪律，做好组织入库工作，始终将收“过头税”作为组织收入工作带电的“高压线”，确保实现没有水分的税收增长，做到应收尽收。全年共计组织税收收入85900万元（含教育费附加），比上年增长38%，增收18491万元；入库区级地方财政11556万元，比上年增长24%，增收2378万元。继2013年突破6亿元后2014年再次突破8亿元，实现一年一个新突破。

（李颜利）

【税务检查】 2014年区国税局共评估企业30户，评估企业涉及房地产行业、医药制造行业、商业等，主要评估事由包括税负异常、申报数据异常等。共计评估税款718.86万元：其中入库增值税54.07万元；调减增值税留抵税额272.35万元，企业所得税入库272.98万元，弥补亏损折合企业所得税款119.46万元。

（李颜利）

6月12日，区国税局到农村帮扶返乡创业青年（区国税局供稿）

【依法治税】 2014年，区国税局一是严格执行《中华人民共和国行政许可法》，完成增值税最高开票限额行政许可193户。二是严格执行税收政策，落实各项审批制度，加强减免税的审批管理、日常监控和统计分析工作。落实各项税收优惠政策，全年各类增值税减免79户，减免增值税10695.74万元。三是开展税收执法检查，加强对税收执法权的监督，确保税务人员在税收执法过程中为政清廉。自税收执法管理系统运行以来，全年税收执法管理系统考核申辩调整后过错数量4户（次），经济惩戒1000元。四是加强服务意识，及时审核办理免抵退税，确保出口退税审核系统正常运行。五是组织管理部门加强增值税专用发票及“四小票”的管理和检查工作，并将检查结果按时汇总上报。

（李颜利）

【企业所得税汇算清缴】 2014年区国税局组织开展2013年度企业所得税汇算清缴工作，查账征收企业1271户、核定征收企业3户。参加汇算清缴企业的1274户企业中，盈利企业584户、亏损企业530户、零申报企业160户。

享受所得税税收优惠的企业66户次（其中小型微利企业40户），共计减免企业所得税4721.2万元，比上年增加1046.4万元；加计扣除452万元，比上年增加335.5万元；减计收入629.72万元，比上年增加135.94万元；减免项目所得427.86万元，比上年增加391.39万元；免税收入1289.73万元，比上年减少2225.21万元；弥补以前年度亏损企业35户，弥补亏损总额为3581.46万元，比上年增加895.16万元。

（李颜利）

地　税

【地税收入完成情况】 区地税局2014年累计组织两项收入128460万元，为贵阳市地方税务局下达年度任务数的105.90%，为区政府收入目标数的105.46%，比上年增长24.44%，增收25233万元。2014年税务登记户数为8985户，比2013年年末增加新办税务登记2262户，税务注销105户。

分行业看，农林牧渔业312户，采矿业62户，制造业560户，电力燃气及水的生产和供应业12户，建筑业240户，交通运输仓储和邮政业158户，信息传输和计算机软件服务业114户，批发和零售业4352户，住宿和餐饮业909户，金融业57户，房地产业165户，租赁和商务服务业596户，其他行业1448户。

分资本类型看，国有企业101户，集体企业74户，股份合作企业7户，联营企业2户，有限责任公司3070户，私营企业1095户，港澳台合作经营企业5户，港澳台独资经营企业9户，中外合资经营企业4户，外资企业5户，个体经营4113户，其他500户。

分税种2014年完成营业税收入56774万元，占两项收入总额的44.2%，比上年增长52.81%，增收19621万元。企业所得税收入15114万元，占两项收入总额的11.77%，比上年下降0.85%，减收130万元。个人所得税收入10448万元，占两项收入总额的8.13%，比上年增长32.88%，增收2585万元。城建税收入4132万元，占两项收入总额的3.22%，比上年增长21.07%，增收719万元。耕地占用税收入18017万元，比上年增长2.08%，增收367万元。契税收入7358万元，比上年下降43.92%，减收5763万元。土地增值税收入8468万元，比上年增长245.77%，增收6019万元。土地使用税收入1934万元，比上年下降19.95%，减收482万元。车船税收入336万元，同比增收199万元。房产税收入1701万元，比上年增长54.5%，增收600万元。印花税收入2305万元，比上年增长72.14%，增收966万元。资源税收入122万元，比上年增长64.86%，增收48万元。

（区地税局）

【地税征管改革】 2014年是花溪区地税部门“征管改革提升年”。成立深化征管改革领导小组，按照税源专业化管理要求，统一分局岗位设置。按照“抓大、控中、规小”原则及分类分级管理的税源专业化管理要求，结合花溪区的经济结构，将税源按照行业加规模划分为重点税源和一般税源。以税收风险控制为切入点，组建由各后勤科室负责人为成员的专业化的风险应对团队，并从基层分局选拔具有较丰富管理经验、较高税收分析能力的骨干力量，充实到区局税收风险管理队伍中来，专门负责高等级税收风险应对。按照信息采集、信息核实、风险识别、风险应对、绩效评估的流程设置工作节点，规范业务流程和分工协作，形成科学规范的内部动作机制。实行绩效联动，保障实体运行效果。将机关实体化运作情况纳入绩效考评体系，量化税源风险应对成果，被考核对象从税源管理单位延伸到归口管理部门。将纳税人所有申请事项全部前移到办税服务厅，集中受理纳税人申请事项，最大限度满足纳税人正当需求，进一步优化纳税服务。同时，给风险监控部门及税源管理部门腾出力量，集中精力，专门行使风险分析、纳税评估和风险应对等职责。调整征管机构职能，将税源管理职能在不同机构和岗位间进行科学分工，重置税收管理员的岗责体系，推进机关实体化运作，明确税源专业化管理流程，依托信息化支撑手段，建立健全一体化运行机制，提高征管资源配置效率，提升税源管理的针对性和有效性。

（区地税局）

【税收征管】 2014年，区地税局强化税务登记证的办理和其他税务登记事项的处理、管理以及发票领购、发售、缴销、存放及开具管理；落实好定期定额、非正常户认定、欠税等基础事务的办理程序及公告制度，结合实际制定公告办法；加强征管质量考核，采取系统考核和人工考核相结合的办法，有效提升征管质量；加强国、地税登记信息对比，对已在国税登记未在地税登记的纳税人进行风险应对，防止税款流失；摸清辖区内煤矿企业兼并重组情况及股权转让情况；开展出租户、承租户专项检查工作，摸清房土使用情况，完善房土登记信息，保证按期足额征收房土两税；推广网上申报和网络发票，采取多种方式做好网上申报和网络发票业务宣传，并对纳税人采取上门辅导，对纳税人电子申报、网报、网票系统操作培训3次，对税收管理员系统操作培训2次，上门解决网上申报问题68户次，上门解决网络发票问题59户次。

（区地税局）

【依法治税】 2014年，区地税局一是严格执行减免税政策，贯彻落实各项优惠政策372户，减免营业税额581.78万元；按照减免管理规定，对符合备案条件的25户进行备案类减免税管理，总计减免税金额1911.14万元。二是广泛宣传并深入企业开展“面对面”“手把手”的纳税辅导，形成双向交流的绿色通道，开展小型微利企业税源状况调查，及时为企业办理税收减免手续。三是严格贯彻执行关于“两个所得税”的各项制度、规定和要求，完成2013年度企业所得税自行汇算清缴工作，自行汇算户为543户，自行汇算率达100%，有208户企业进行自行汇算调整，共计调增应纳税所得额28218.151万元；个人所得税纳税申报期接听咨询52次，受理纳税人咨询48人次，受理年所得12万元以上纳税人申报357人次，年所得总额9480.54万元、应纳税所得额7548.21万元、应纳税额1493.34万元、已缴（扣）税额1488.74万元、应补税额4.6万元。四是对辖区内所有房地产开发企业组织开展一次纳税宣传辅导培训会，发放宣传资料，做好政策宣传解读，对符合土地增值税清算条件但未进行土地增值税清算的房地产开发项目，逐户登记，全面掌握未清算项目的情况；完善对花溪区在建、在售、已开工房地产项目从立项、施工、竣工、销售全流程的监管，建立一户式项目管理档案。2014年度共清算3户房开企业，清算税款470余万，对辖区内37户房地产项目进行登记。

（区地税局）

【纳税服务】 2014年区地税局共受理企业申报53513户次，开具各类税票，发票144万份，发售发票16万余份，办理各类涉税事项6700次。

拓展导税服务，将导税咨询变被动服务为主动服务。强化事前引导，通过主动地向纳税人介绍办税流程，答疑解惑，并引导到各受理窗口，帮助纳税人用最短的时间办理完涉税事宜；增强快速反应，成立纳税服务应急小组并建立科学有效的应急机制，应对办税服务厅内可能出现的各种突发状况，维护纳税人的根本利益；安装 pos 机，方便广大纳税人，提高工作效率，延伸服务空间。提高纳税服务水平，定期开展窗口岗位轮换，不断增加办税厅“多面手”型工作人员；开展评选“服务明星”活动，充分发挥典型作用；坚持晨会制度把工作中的意见和建议及时反馈；开展纳税服务规范培训，提升工作人员服务形象和办税效率。

（区地税局）

（责任编辑　姚　毅）

金　融

花溪农商银行董事长吴勇进村入户与农家交谈“小额贷款，发展生产”（花溪农商行供稿）

银　行

【概况】　2014年花溪区金融市场运行平稳，全区六家金融机构年末人民币存款余额578.53亿元，比上年年末增加84.71亿元，增长14.6%；年末各项贷款余额391.62亿元，比上年年末增加85.19亿元，增长27.8%。全年全区金融系统资金继续保持平稳运行状态。

（姚　文）

【花溪农村商业银行概况】　贵州花溪农村商业银行股份有限公司（简称“花溪农商银行”）前身为贵州花溪农村合作银行，是全国新体制框架下第一家农村合作银行。2013年12月29日，花溪农商银行正式开业，是贵州农信系统资产规模最大的县域农村金融机构和首家“破百亿”的县域农村金融机构。花溪农商银行金融服务覆盖30个乡镇、社区，172个村，1220个村民组，服务全区人口63.8万人、农户5.5万户32万人。

截至2014年年末，全行各项存款余额110.35亿元；各项贷款余额66.89亿元，继续保持全区银行业金融机构首位。各项收入7.39亿元，上缴税收1.8亿元。4月22日，国务院召开全国农村金融服务经验交流电视电话会议，花溪农商银行成为全国6家交流经验单位之一。在电视电话会作汇报发言，受到社会各界广泛关注和好评。荣获2014年度“全国文明单位”荣誉称号。2014年度“全国安全银行”“贵州省企业诚信文化体系荣誉成就奖”、2012-2014年度“贵州省文明单位”称号。学士路支行荣获2014年度中国银行业文明规范五星级营业网点暨千佳示范单位荣誉称号。

（农商银行）

【花溪农村商业银行助农行动】　2014年花溪农商银行全力推进“三大工程”，以“村村通”为抓手，将“三大工程”建设与“诚者信合·春天助农行动”深度融合，推动业务发展。对辖内的种养大户、小微企业、涉农企业、园区企业、市场商户进行全面调查，调查面达85%以上、评级面达60%。同时制定修改花溪农商银行的农户贷款管理办法、农户评级授信管理办法，农户联保贷款产品，进一步完善涉农信贷产品创新。

【花溪农村商业银行扶持小微企业】　2014年，全区小微企业（含个体工商户）总数9032户，农商行建档户数8225户，占91.07%，评级授信7840户，占已建档的95.32%。小微企业（含个体工商户）贷款户数1571户，贷款余额41.16亿元。小微企业金融服务支持领域遍及农林牧渔业、加工、流通、交通运输、农机制造、建筑等实体经济支柱产业和民生领域行业。随着“5个100工程”的实施，累计对辖内5个100工程中的金石产业工业园、孟关汽贸城、青岩小城镇建设、天河潭休闲旅游综合体、久安现代高效茶叶示范园区等市场提供信贷支持超过10亿元。同时，花溪农商银行针对园区市场，创新开发“商汇通”小微企业信贷产品，对石板、孟关涉及的13个园区市场的小微企业进行金融扶持，加大对相关产业、园区和小城镇的小微企业金融扶持力度，将有限的信贷资金重点向“三农”特色企业、小微企业、专业市场、产业集群、“3个20万元”扶持政策及“5个100工程”倾斜，及时解决实体经济困难。2014年，在花溪农商银行开户的“3个20万元”微型企业客户已达894户，其中2014年新增200户，目前已评级授信558户，授信金额7871万元，贷款户数112户，贷款余额3481万元。

（农商银行）

【花溪农村商业银行企业文化建设】　充分发挥

农村金融纽带和支农主力军作用，长期以来热心公益事业，宣传诚信文化，履行社会责任，形成独有的企业文化，使之成为团结全行职工，联系广大客户，宣传花溪农商银行形象的精神纽带，打造出花溪农商银行诚信经营、优质服务的良好企业形象，营造花溪区诚实守信、文明致富的社会氛围，努力实现自身发展和地方经济发展共赢。2014年，花溪农商银行向花溪区“碧水蓝天”志愿服务活动捐赠20万元用于支持生态文明建设工作，获得贵州省爱心企业、贵阳市五星级生态文明机关等荣誉称号。

（农商银行）

【花溪农村商业银行开拓农村市场践行普惠金融】 坚持以“小”为先、抓小不放大，立足小字做文章，创新开发“小康卡”农户贷款系列产品，用花溪区35%的存款资源发放全区90%以上的涉农贷款，取得小产品占领农村大市场、小机构搭建服务大平台的成果，实现地方经济、“三农”和自身的共赢发展。针对农民的不同需求，开发“小康卡”系列产品依靠农户信用发放贷款，无需农民提供抵押担保，信用贷款占比达到81.2%。贷款额度根据农户信用一次性核定，随到随贷，并可周转循环使用。该产品既能有效满足农民的常规生产、生活需求，满足农民应急、养老、危房改造、购房等民生需求。产品采取“金额可高可低、期限可长可短、押品可有可无、利率可上可下”的方式，贷款金额最小可低至500元；贷款期限从最短的1个月到最长的3年；最大限度让利于农民。在172个行政村均设立驻村金融服务办公室，配备专职服务人员，与“村支两委”配合，建立服务人员公示、服务承诺公示、贷款流程公示等制度，把贷款利率、额度、流程等信息送到田间地头，帮助农户选择适合自身发展的信贷产品。对地处偏远、交通不便的村寨，组织128名客户经理实施定点包户。他们携带办公电脑、照相机、无线网卡等设备骑车进村入户，了解农户信贷需求、采集农户基本信息、掌握农户信用状况，当场评级授信办理业务。

对辖区内所有农户进行建档、评级、授信，大力创建信用乡镇、村组，对信用乡镇的农户实施利率优惠政策，贷款平均年利率比市场利率低近3个百分点，每年为农户节约融资成本4000万元。在民族乡镇专门增设“少数民族语言服务窗口”，发放支农联系卡，悬挂“限时办贷”流程公示牌，农户贷款从受理申请到发放最快1个工作日内完成。灵活安排网点营业时间，上午可提前至7点营业，下午推迟到8点关门，让农户享受随到随贷的便捷服务。在行政村增设小额取款POS机200余台，向农民提供小额存、取、汇等基础金融服务，农民足不出村，即可享受到便利的金融服务。

（农商银行）

【花溪农村商业银行竭诚为实体经济服务】 花溪农商银行自成立以来深耕农村市场，坚持本土经营，服务实体经济，做实做好普惠金融，为花溪经济发展助推力量。以小微中心为枢纽，建立8个客户经理团队，管理辖内30个网点的80多名信贷员，为每个团队定工作量、定时间表、定责任人。实行“首问负责制”和“限时办结制”，推行小微企业信贷业务“一站式审批”模式，在客户手续完善的情况下，1至2个工作日即可发放贷款。开发出“金纽带”小微企业金融产品（“商誉通”“商富通”“商宝通”“商汇通”），产品具有“适应对象广泛，担保方式多样，还款方式灵活，手续简便快捷，期限较长的特点，满足各类客户群体，不同发展阶段、不同类型企业需求。对优质的小微企业进行适当的激励，强化贷款利率定价管理，主动让利，与担保公司、评估公司协商，对一些诚信度好的客户进行费用减免、费用补贴，对一些长期合作的优质客户下浮一定的贷款利率。

（农商银行）

【花溪农村商业银行保管箱中心开业】 2014年12月30日，花溪农商银行保管箱中心正式营业。可为个人和单位客户提供有价证券、古董字画、保密资料等贵重物品的保管服务。银行保管箱中心拥有安全牢固的标准库房和防爆、防磁、防水的坚固大门，保管箱设备配置精良，提供6种箱型共3054个保险箱，保管箱库内采用恒温恒湿控制，具有防盗、防水、防潮等特点，同时配备专业的管理员和工作人员。保管箱业务的成功开展，不仅为花溪农商银行带来新的利润增长点，同时也为贵阳人民开辟一处新的“藏宝地”，成为客户的“安全管家”。

（农商银行）

【国务院副总理马凯一行视察花溪农村商业银行】 2014年4月9日上午，中共中央政治局委员、国务院副总理、国务院安全生产委员会主任马凯，工业和信息化部部长苗圩，中国银监会副主席周慕冰等一行在中共贵州省委常委、常务副省长谌贻琴，中共贵州省委常委、省委秘书长廖国勋，中共贵州省委常委、贵阳市委书记陈刚等省、市领导的陪同下到花溪农村商业银行平桥支行、小微金融服务中心视察，调研花溪农商行支持“三农”小微企业发展情况。

马凯一行在视察过程中听取花溪农村商业银行党委书记、董事长吴勇有关服务“三农”、支持小微企业的情况介绍，并在视察过程中详细了解“三农”、小微企业金融产品，询问改制组建农商行后的困难，还亲切与客户交谈，了解农户、小微企业主生产经营情况。

马凯副总理对花溪农商银行“立足三农、面向社区、支持小微”的服务理念以及取得的成绩予以充分肯定，他强调，“花溪农商银行要在‘小’字上做好‘大’文章”，实现地方经济、“三农、小微”和自身发展的多方共赢。

（农商银行）

【中国建设银行花溪支行概况】 截至2014年年底建行花溪支行全口径存款贷款合计118.79亿元；税前利润1.39亿元；缴纳地方税收1291.95万元。依据企业交易结算记录，对结算频繁并形成一定资金沉淀的小微企业开展营销。12月25日实现首笔“结算透”信贷产品投放，为小微企业发放人民币小额透支贷款，满足其临时性融资需求，服务中小企业发展。建行花溪支行发挥区域优势，把握花溪农村城镇化现状，12月15日完成花溪城建客户信用评级，额度授信4.1亿元，顺利实现花溪区云上村上寨片区城镇化项目资金投放。全年

2月13日，花溪建行学士路分理处成功堵截电信诈骗案件27起，获花溪区公安分局表彰（花溪建行供稿）

完成贵州大学二期项目评估及固贷业务申报，成为首家为贵州大学二期投放固贷的银行；为贵州理工学院新增授信，实现首笔流贷3000万元投放。

（曾慧敏　吕红领　彭　璐）

【建设银行花溪支行办理跨境人民币结汇业务】

跨境人民币结汇业务是将客户外汇资金在境外结汇，然后换成人民币再进入客户人民币账户。2014年8月20日，通过营销和推荐，花溪支行办理首笔跨境人民币结汇业务，客户获得更多人民币实惠。9月26日，花溪支行开立首笔进口信用证，实现76.23万美元落户花溪支行。

（李　梅　陈思刚）

【建设银行花溪支行完成首笔“POS贷”业务投放】　“POS贷”是建设银行为适应市场和满足小微企业融资需求，由建总行创新研发的信贷产品。该产品基于大数据产品设计理念，依据小微企业特约商户收单交易情况发放信用类贷款。花溪支行成立专门营销小组，筛选优质客户，2014年9月22日实现首笔“POS贷”产品发放。

（张　洪）

【建设银行花溪支行学士路分理处获公安机关表彰】　花溪支行学士路分理处将电信诈骗“防控行动”与“平安建行”创建有机结合，2013年以来成功堵截电信诈骗案件27起，2014年2月13日因此获花溪区公安分局表彰，2月14日贵州电视台法制频道在黄金时间，《法制第一线》栏目播出对学士路分理处的采访报道。

（谢卫东）

【中国农业银行花溪支行概况】　农行花溪支行开办的业务种类齐全，除开办存款、贷款、结算等传统业务外，还开办票据贴现、银行承兑、代发工资、代理保险、代理基金、代理发行金融、政府债券、理财产品、贵金属产品等等。

2014年在行式和离行式ATM机有60多台。秋季农行出动160人次代收学费2亿多元，其中现金收款近5000万元，POS机收款近2亿元。

全年，各项存款完成年度计划的111%，业务收入完成年度计划的101.76%，其中个人业务收入完成全年任务的128.30%，信用卡活动客户净增完成全年任务的110.75%，电子银行业务收入完成全年任务的134.61%。农行花溪支行跨区域合作，对贵安新区的贷款及集团授信涉及路桥、电子信息产业、富士康在黔企业等项目60多亿，对北大资源集团营销取得好成绩；对小河缤纷广场提供按揭和项目贷款。

2014年4月获得贵阳市工商行政管理局授予的“2001年至2013年连续十三年市级‘守合同、重信用’单位”证书。农行贵州省分行授予“2014年度中国农业银行贵州省分行十优支行”荣誉称号。

（农业银行）

【农业银行花溪支行成功拦截多起电信诈骗】

2014年4月22日、9月24日支行营业部配合外地公安及客户成功将被电信诈骗的12万元、5万元资金安全转回到被诈骗客户的账户上；2013年9月11日某客户因轻信钓鱼网站，在互联网上泄露自己的信息及密码，导致自己的资金被犯罪分子通过网上第三方交易手段分批次转走，总计4.6万元。因数额较大，该客户来到营业网点时情绪非常激动，认为是农行泄露他的信息。网点工作员给他分析是受骗后，叫他赶快拨打110报警，同时与上级行联系，寻求帮助，通过努力，为客户挽回2万元的资金损失。2014年2月15日在贵州5套播报支行营业大堂经理的防骗经验。

（农业银行）

【农业银行花溪支行贵州民族大学校园一卡通项目】　2014年12月，农行贵州省分行营业部成功中标贵州民族大学校园一卡通项目，农行花溪支行将利用本行在技术上与其他高校合作一卡通的优势，拟投入450万元为民大免费搭建一卡通系统平台，为学校管理及师生工作学习生活提供最大便利。

农行花溪支行作为贵州民族大学多年合作伙伴，贷款余额3.4亿元，位列所有金融机构首位。自合作以来，累计为8000余人次民大学生发放国家助学贷款1.2亿元，竭力帮助广大学子完成学业。全年免费为民大上线代收学费，2015年可实现学生缴费系统代扣，实现非现场收费，减少学校财务部门收费工作量及降低财务成本，同时方便广大学生异地缴费。

（农业银行）

【农业银行花溪支行与贵州大学签订10亿元项目贷款】 农行花溪支行与贵州大学签订10亿元固定资产借款合同，将向贵州大学提供10亿元项目贷款，支持二期校园扩建。贵大新校区扩建工程（二期）项目总投资额43亿元，其中资本金8.85亿元，各家金融机构借款34.6亿元，农行支持额度10亿元，位列各金融机构之首。

（农业银行）

【贵阳银行花溪支行概况】 贵阳银行花溪支行成立于2001年4月17日，位于花溪区田园路673号，是贵阳银行的分支机构和服务窗口。支行主要办理的业务有：人民币存款、公司贷款、小微企业及个人消费贷款、结算业务，票据贴现，签发银行承兑汇票，代发工资，代理保险，代理发行金融债券，代理发行、兑付、承销政府债券，以及经中国人民银行批准的其他各项金融业务。

花溪支行2014年获得贵阳市“青年文明号”称号，被花溪区评为2014年度“文明单位”、被中国金融政策研究会评选为“2013－2014年全国金融系统企业文化建设先进单位、支行工会被贵阳市工会评为2014年“先进职工之家”。

花溪支行现有8个营业网点、1个小微支行、2个社区银行、2个助农服务点、11个自助银行，服务区域辐射花溪各社区乡镇、厂矿、企业。截至12月底，共有正式员工134人，其中本科以上学历109人，大专学历21人，中专及以下学历4人。

存款：以代发业务为载体，加大储蓄存款拓展力度，做好花溪区农户土地征拨款发放工作。为方便农民办理业务，支行长期提供上门服务，并在居民聚集区、校园、厂区、村委等地方设置11个24小时自助银行。

贷款：为支持花溪区经济建设，响应市委、市政府“打造文化旅游创新区”的号召，支行先后向花溪区及经开区基础设施及政府平台项目投入信贷资金60亿元；为更好地解决花溪区就业问题，下岗失业人员再就业贷款12亿元；为解决失地农民自主经营的资金需求，累计向农户发放信用贷款2亿元。此外还加大对中小企业的扶持，在花溪区设立小微企业及农村金融服务中心，成立以来已发放微小企业贷款5.6亿元。

代理业务：长期开展各类代收付业务，除现金收费外，还有银行卡代扣、手机银行、网上银行等缴费方式。2014年承接花溪区代收付业务共200多万笔，金额15亿元。

理财业务：理财产品种类繁多，有甲秀财富、本利保、稳利来、净值宝、活钱宝、金债通、信利丰、爽得很、直销银行理财等系列，“甲秀财富”获得2010年贵阳市最受百姓欢迎的理财产品，“活钱宝”定期收益、随买随赎，“爽得很”收益最高达30%。截至2014年12月，支行理财存续余额11.2亿元，累计销售理财产品24亿元。

（贵阳银行）

【中国工商银行花溪支行概况】 中国工商银行花溪支行成立于1989年，内设综合保障部、对公业务部、个人业务部，下设六个营业网点（营业厅、清溪路支行、中曹支行、望哨坡分理处、贵大分理处、贵大新校区支行)，在岗员工279人。

2014年个人贷款完成全年任务的320%。与汽车销售商合作，开展汽车销售分期付款业务，与某名车销售商组织客户举办“名车，雅生活”活动，为客户提供购车贷款，售后一条龙优质服务。全年完成分期付款任务的139%，拓宽代发工资客户资源，年末代发工资业务比上年增长3倍。

2014年2月，贵阳发生237路公交车烧毁多人伤亡的重大事故。工商行邀请泰康、新华保险专业人士，为客户举办“百万年价保险”的保险沙龙活动。开展“海外移民投资讲座”和以“珠宝·雅生活”为主题的沙龙活动。

为打造“安全银行”，多次邀请公安机关对支行、营业网点进行安全检查，综合评估，对支行安全管理存在问题提出指导性意见。强化“桌面推演+实战演习”，开展以防暴力抢劫，防挟持人质抢劫，防抢夺客户资金，防尾随闯入柜台，防火等应急处置为主要内容的演练。切实提高网点人员对突发事件的应变能力，2012－2014年连续两年获工商银行总行授予“最安全支行”称号，获花溪区“金融系统安全保卫先进单位”和“综合治理先进单位”。实现持续20年“零发案”目标。

(工商银行)

【花溪中小企业信用担保投资公司概况】 花溪中小企业信用担保投资有限公司是花溪区唯一一家国有担保公司。2014年担保公司继续与花溪农村商业银行合作，实现年在保余额3987.5万元，利用1800万元注册资本金放大2.28倍；新增贷款担保2392.5万元；解除担保责任2872.5万元；做好风险控制，客户按期履行责任，未出现代偿行为；客户主要为养殖、种植、餐饮、食品、纸业、建筑等行业；累计为区内47家小微企业融资7122.5万元，带动企业投资规模达2亿元，增加就业人数400人，增加财政收入700万元。

(王兴林)

保 险

【中国太平洋人寿保险股份有限公司花溪支公司概况】 中国太平洋人寿保险股份有限公司花溪支公司，位于花溪区清华中学旁清华小区，保险业务种类齐全，主要有：人身意外险、分红重疾险、分红年金险、分红万能险、企业年金险、养老年金险、学生平安险、车辆保险、企业财产、工程保险、责任保险、农业保险、国家特种政策险等，保障范围涵盖中国保险行业所有险种；中国太保通过个人销售渠道、团体互动渠道，店面销售渠道、电子商务渠道（电话、网络等）、国家金融渠道等多种营销渠道，24小时向广大客户提供全面、便捷、高效的服务，通过优化理赔资源配置，提升寿、产险简易案件处理能力，落实理赔服务承诺，并且是首家保险公司开通“重大案件绿色赔付通道”，针对VIP贵宾客户可以享受“SOS”全球救援尊享服务，不断提高客户满意度。中国太保贵州分公司连续2年在“中国质量万里行”暗访中获得最高等级3A级服务机构，也是贵州省唯一获得此荣誉的保险公司；2014年中国太保在花溪区完成寿险、产险、团险、银保等项目总保费收入3890万元，太保寿险与贵州省老龄委共同组织“银发安康慰问老人”把爱带到百姓家的主题活动。

(史 玉)

(责任编辑 姚 毅)

8月16日，青岩古镇游客摩肩接踵（区信息中心供稿）

城乡建设

3月,马岭乡红岩水库开工(董仁海 摄)

综　述

【概况】　2014年，区住建局以城镇基础设施建设、重点工程服务监管、房地产市场监督管理、房屋征收安置补偿、棚户区改造项目建设、保障性安居工程、示范性小城镇建设等工作为重点，举全局之力、攻坚克难推进文化旅游创新区建设。全年完成2423户公租房补贴的审核和复核，实施洛平新城等10个棚改项目，完成511户棚户区改造。启动征收项目69个，做到依法征收、阳光拆迁。扎实推进花溪区污水收集系统、省委党校围墙工程，贵州西部商贸城和贵州汽车城汽车超市城市综合体等城镇基础设施的建设工作。规范物业小区维修资金的管理，做好物业企业资质初审、小区业委会备案和指导、前期物业管理招投标的指导和备案、小区物业管理交接等工作。规范全区建筑市场和房地产市场的管理、严格按照招投标程序对大规模的建设工程项目严格执行公开招标，依法办理建筑施工许可证17个，加强对全区77个在建项目建筑施工的精细化管理，同时做好建设领域清欠工作，解决投诉工程款、农民工工资24起，追回工程款8760万元。完成200户农村危房改造任务、500户小康房建设任务和150户美丽乡村立面整治工作，全面完成旅发大会主干道沿线及会场外围环境提升工作。

（何　江）

城镇基础设施建设

【城市道路建设】　2011年10月启动改貌货运物流中心改貌大道、改貌二道两条道路建设工作。截至2014年12月，改貌大道完成160米（总长540米）水稳、双幅各160米人行道彩砖及树围；改貌二道起点段160米的挖方及人行道、路面、雨污管全部施工完成，其余段水稳层及人行道彩砖、灯杆、苗木全部施工完毕，沥青已铺设820米（总长1026米）。该两条路道建成后，将改变目前贵阳市铁路枢纽货运场站点多而分散，运输环节冗余等问题。

4月2日，改造中的清溪大道（区信息中心供稿）

（何　江）

【管网建设】　污水管网：2011年区住建局争取到中央预算内投资项目——花溪区污水收集系统工程，项目建设内容为：建设城区污水收集系统管网56.913公里，配套污水检查井1425座，管网设计规模：7.75万立方米/天。2012年10月通过公开招投标，完成花溪区污水收集系统工程两个标段施工招标。实施目的主要是加大沿线污水收集量，有效解决养牛大沟、洛平大沟沿线污水排放问题。截至2014年12月31日该项目养牛大沟段完成管道敷设6041米；洛平大沟段完成1548米。总计敷设管网7589米，设置检查井196个。完成一、二标段实际施工长度的96.3%。

（何　江）

【浪风关垃圾填埋场抢险】　2014年年初，区住建局负责浪风关垃圾场竖井抢险施工，深圳市盛业地下工程有限公司贵州分公司根据专家意见制定《浪风关垃圾场竖井工程施工组织设计方案》。共完成垃圾场8个孔的地勘钻探工作，完成一号孔（深48米）、二号孔（深48米）、三号孔（深49米）、五号孔（深50米）的钢管安装和碎石回填。工程实施有效起到引排垃圾深层的沼气、甲烷、二噁英等可燃有毒气体以及灌水灭火的作用。

（何　江）

【16天完成湿地公园改造拆迁合同签约】　花溪国家湿地公园改造提升（三期）建设项目涉及溪北社区上水村四个村组、两个传统的布依族自然村寨，人口2042人，房屋488个编号，面积19.67万平方米，土地征收面积1488亩。2014年2月18日启动拆迁工作，仅16天时间完成全部拆迁合同签约，拆除房屋390栋。完成土地征收、林木果树及坟墓迁移工作，丈量土地1070亩，清点林木2749株，果树2204株。

（杨玉屏）

【花溪公园一号门地下通道项目建设】　贵阳市2013年实事项目之一的花溪公园一号门地下通道项目由区国资公司作为项目业主，参照贵阳市建设地下通道的模式，与投资商签订项目投资合作协议，项目总投资14700万元。该项目于2013年11月15日零时进行全封闭施工，首先实施施工范围涉及地下管网迁改，项目区域地下管网情况复杂，因军用光缆、国宾馆重大接待等因素，对施工方案进行多次调整，较大的影响施工进度，至2014年1月26日零时，旧燃气管道迁改至项目红线外后，迁改工作全部完成。1月26日上午开始土石方大面积开挖，春节期间，施工单位也仅放假除夕和初一，初二上午即恢复施工，4月4日实现花溪大道主干道通车，5月16日实现溪北路和花溪大道连接处通车，为确保贵阳生态论坛和省旅发大会的召开，8月10日，完成花溪公园广场行道树栽种，8月15日完成花溪公园一号门广场、公园大门恢复。

至2014年年底，该项目未完工的工程是通道出口和地下人行道装修。该项目共有通道出口6个，其中，2号、3号出口（花溪公园一号门两侧）和4号、5号出口（原花溪大巴车站两侧）已经完成主体结构；1号出口（花溪桥北派出所）已经拆除完毕，正在进行通道出口开挖施工；6号出口（花溪车站出口北侧）房屋征收（私产）拟采用司法程序进行处理。

（区国资公司）

村镇建设

【概况】　2014年，着力保障民生，开创村镇建设工作新格局。实施农村危房改造、小康房建设等一系列民生工程，城镇综合承载能力显著增强。

（陈培红）

【农村危房改造】　2013年，花溪区各乡镇、社区对农村危房进行摸底调查，全区共有1386户，分年度实施。2013年完成587户房屋改造，2014

年完成200户。花溪区实施农村危房改造与小康房建设计划相结合，剩余危房计划2015年全部完成。

（陈培红）

【小康房建设】 2014年，结合美丽乡村、小康寨建设及农村危房改造等工作的推进，启动青岩、石板、黔陶、马铃等乡镇小康房建设提升。青岩镇、石板镇以实施小城镇建设农民新村安置房及省旅发大会景观整治为重点，黔陶乡、马铃乡以改善美丽乡村示范点农房居住质量为重点。全年完成500户小康房建设目标任务，有效地改善农民的居住条件和生活环境。

（陈培红）

城乡规划

【概况】 2014年，按照省、市关于打造花溪文化旅游创新区相关指示精神，围绕打造“文化旅游创新区”的总体定位，凸显“大花园”和“大溪流”的城市特色，通过对花溪文化旅游创新区的用地功能布局、产业发展布局、道路交通布局、重大基础设施布局、与贵安新区协调发展布局等进行总体安排和统筹规划，提升花溪的城市规划建设水平，推进花溪区实现“园区高端化、城区园林化、农村特色化、景区生态化”的发展目标。9月25日，贵阳市城乡规划局成立花溪文化旅游创新区规划设计工作领导小组，市规划局局长、花溪区政府区长为组长，市生态委、市水务局、花溪区政府及市规划局相关领导为成员。制定工作方案，对《贵阳市花溪区总体规划》《花溪区总体城市设计导则》及“两路六区域”进行规划编制。9月27日至9月30日，各规划编制单位对规划区域进行现场踏勘，收集规划编制资料，规划编制工作迅速启动。10月30日，省委常委、市委书记陈刚到花溪区召开花溪文化旅游创新区项目建设动员大会。同时，中共贵阳市委、贵阳市人民政府出台《关于支持花溪建设文化旅游创新区的意见》，该意见明确花溪文化旅游创新区的发展目标，要求花溪区一年内城乡环境取得明显变化，三年内文化旅游创新区建设初见成效，到2020年把花溪区建设成为发展特色鲜明、生态优势凸显、城乡环境优美、经济实力较强、人民生活殷实的文化旅游创新区。12月12日至13日，花溪区人民政府和贵阳市城乡规划局共同邀请浙江大学专家组到花溪，为花溪区打造文化旅游创新区建言献策。专家组通过现场调研、座谈研讨，研究花溪发展战略、发展定位、空间布局、风貌特色、规划建设等内容，提出指导性意

孟关乡改毛村安置房（孟关乡供稿）

见，明确规划的技术路径和规划控制要求，以指导花溪区城市规划和发展建设，推进文化旅游创新区前进步伐。

（蒋　蕾）

【规划编制】　2014年9月29日，贵阳市人民政府下达《关于贵阳市花溪十里河滩湿地公园提升工程规划（优化方案）等十个规划的批复》，原则同意《贵阳市花溪十里河滩湿地公园提升工程规划（优化方案）》《花溪十里河滩湿地公园综合整治工程新区一级园路、桥梁工程、给排水、配套公共服务设施方案》《诗意园及周边环境规划设计》《中华传统文化产业园——花溪山庄改造方案》《中华文化研修园道德模范路方案设计》《孔学堂无障碍礼仪扶梯设计方案》《南入口广场提升（陈毅广场）规划》《花溪大道两侧（太慈桥至花溪段）的提升、整治、规划》《孔学堂及十里河滩国家湿地公园范围停车场规划方案》。2014年完成《贵阳市花溪十里河滩提升工程景观实施方案》《孔学堂一期提升、二期优化规划方案》《塘边寨联络道路规划方案》的编制工作。

为推进花溪文化旅游创新区规划编制工作，《花溪文化旅游创新区总体规划》《花溪文化旅游创新区总体城市设计》《花溪大道（花溪桥至明珠大道段）街景综合整治方案》《甲秀南路及明珠大道沿线综合景观规划》《大学城周边片区城市设计》《金竹片区详细城市设计》《十里河滩湿地公园周边片区城市设计》《国宾馆周边片区详细城市设计》《天河潭及石板周边片区城市设计》《阿哈湖水库周边风貌整治规划》十个规划正在优化提升。为文化旅游创新区做好顶层设计，花溪区人民政府组织编制《贵阳市花溪文化旅游创新区空间发展战略规划研究》，拟编制《花溪文化旅游创新区城市形象设计》及《贵阳市花溪区十字街街区改造设计方案》。

（蒋　蕾）

【乡镇规划】　2014年区规划局完成《久安乡总体规划》《黔陶乡总体规划》《10个美丽乡村规划》《马铃乡凯伦历史文化名村保护规划》《石板镇镇山历史文化名村保护规划》《中关村贵阳科技园－经开园区燕楼产业园布局规划暨燕楼集镇控制性详细规划》《贵阳市环城高速公路南环线花溪段匝道口景观整治规划》《青岩镇总体规划（修编）》《青岩交通路“以街代墙”景观整治规划》《青岩水系景观规划》编制工作。正在编制《久安乡集镇控规》，正在优化《7＋2同心扶贫工程高坡乡、马铃乡整治规划》。

（蒋　蕾）

【规划审查】　2014年区规划局完成溪北片区安置点、云上村湿地阳光安置点、麦坪乡杉木农民新村安置房、贵州花溪机械厂工矿棚户区改造C地块及万达片区一期城中村改造等项目的审查工作。同时，完成澳马荟溪城、贵大南苑小区、贵州大学新校区、贵州大学新老校区连接部、贵州大学大数据创意产业园项目、贵阳思源房开童话故事项目、花溪移动数据中心项目、师大团购房一号地块项目、贵阳国际汽贸城汽车配件采购中心项目、贵阳国际汽贸城机械市场项目、贵阳国际汽贸城二期4S店项目、花溪碧桂园一期建设项目、贵阳国际汽贸城二手车市场建设项目等项目审查工作。

（蒋　蕾）

【燕楼集镇控制性详细规划】　2014年7月10日，区政府组织召开《中关村贵阳科技园—燕楼产业园布局规划暨燕楼集镇控制性详细规划》专家评审会。11月24日，区政府下达《中关村贵阳科技园—经开园区燕楼产业园布局规划暨燕楼集镇控制性详细规划》的批复。园区规划总用地面积6312.54公顷，建设用地面积2991.67公顷，非建设用地面积3320.87公顷。园区规划范围现状总人口数为2.2万人，将提供就业人口为12.5万人。规划形成“一城、两带、六核”的空间布局结构。

（蒋　蕾）

【马铃乡凯伦历史文化名村保护规划】　2014年9月3日，贵州省人民政府下达《花溪区马铃乡凯伦历史文化名村保护规划》的批复。规划的保护区范围主要是凯伦村第四村民组金家古寨及周边区域，即北至金家寨水井，南至老寨院与114县道交汇路口，西至金家寨环组路（老寨院路口至金家水井），东至114县道（马铃乡至林卡县乡油路）。规划总面积为14公顷。核心保护范围现状人口60人，规划人口50人。现存10余栋传统民宅，面积1.2公顷。

（蒋　蕾）

【石板镇镇山历史文化名村保护规划】　2014年9月3日，贵州省人民政府下达《花溪区石板镇镇山历史文化名村保护规划》的批复。规划的保护区范围主要是镇山村旧寨（上寨、下寨）及周边的区域，规划总面积为18公顷。核心保护范围现状人口550人，规划人口500人。核心保护范围为镇山村旧寨（上寨、下寨）所在区域，即北至上寨寨门旅游接待处；南至下寨游船码头；西至镇山村古屯墙；东至花溪水库河岸护堤，总面积为4.1公顷。

（蒋　蕾）

花溪城市建设投资发展有限公司

【概况】　花溪城市建设投资发展有限公司是由花溪区政府批准设立的国有独资企业，公司注册经营范围为房地产开发，城市基础设施及配套项目投资建设、改造、开发经营、园林绿化、物业管理、建材、销售。公司设董事会、监事会。公司董事会董事3名，监事会监事3名。公司内设机构为综合办公室、财务部、工程管理部、总工办、合同和资产管理部、前期工作部。公司现有员工32人，各种技术人员8人。全部为企业聘任制职工。

根据公司项目建设需要，对公司内部组织结构进行调整，优化项目建设管理方面的职能，强化项目建设中的内部监督机制，完善招标投标、合同管理、投资控制对原有管理制度进行修订，细化员工参与企业重大经营决策、资金调度使用联签实施细则、项目投资控制管理细则、档案管理、合同管理等有关制度，强化目标管理奖惩制度。

2014年，城投公司实施的花溪国宾大道党武乡大坝井农民新村拆迁安置点建设项目向贵阳银行申请贷款2亿元，落实到位资金2亿元；按照花溪区文化旅游创新区项目建设领导小组的总体安排部署，以花溪区花桐路道路建设二期项目向贵阳银行申请3亿贷款，落实到位资金3亿元；以贵州大学扩建工程农民新村安置点项目向贵阳银行申请3.75亿贴现商票贷款，以花溪云上村上寨片区土地综合整治项目向中国建设银行花溪支行申请4.1亿贷款，落实到位资金4.1亿元；以贵州大学扩建工程农民新村安置点项目向中国农业发展银行花溪支行申请2亿元贷款，并按《花溪文化旅游创新区项目建设资金使用管理意见》，将融资到位资金交由区财政统一安排使用，满足建设项目对资金的需求。全年花溪城投公司贷款融资14.1亿元，协调其他方面到位资金近1亿元。全年完成项目建设投资1亿元。

（区城投公司）

（责任编辑　姚毅）

城市管理

4月14日，区公安局领导在居民小区了解治安状况(区公安局供稿)

综合执法

【概况】 2014年，花溪区城市管理工作创新管理机制，确保城区道路“亮线、亮沟、亮护栏、亮道路本色”。抓好“两个提升”，即提升市政环卫基础设施水平，完善道路及配套功能，提高城市品位；提升城市管理信息化建设水平，实现“12319”公共服务平台纵向和横向全覆盖。开展打击违法建设行为专项整治，规范渣土运输车辆运输，开展乱到乱倾专项整治，制止占道经营，开展市容环境专项整治，不断巩固“创卫”“创文”“创模”工作成果，加强城市常态化管理，促进花溪文化旅游创新区建设。花溪区城市综合执法工作围绕建设“美丽、富强、宜居、幸福、阳光”新花溪的发展定位，围绕文化旅游创新区的功能定位，按照整体规划、分步实施的原则，对重点区域、重点道路、重点景区进行全面整治，完善基础设施，提升改造景区景点，加强市容环境专项整治力度，不断提高城市综合执法管理水平。

区城管局城市综合执法大队队列训练（区城管局供稿）

（王　雪　饶　兼）

【城市环境长效管理】 2014年，把城市市容市貌管控作为重点来落实，先后开展“门前三包”、门头牌匾、户外广告、文明施工、机动车占压人行道停放、乱贴乱画等专项整治活动，完成各项迎检接待工作中城市市容市貌的管控工作。以人为本，建立一支廉洁、勤政、务实、高效的城市管理执法队伍，努力实施城市综合执法长效管理机制，形成常态化管理。

（王　雪）

【整脏治乱】 花溪城市综合执法围绕以整治占道经营、野广告、落地广告、车辆乱停乱放为重点，强化措施、联合执法，推进整脏治乱工作深入开展。清除各种野广告共计20000余张（件）；制止经营户和行人乱丢乱吐乱放等不文明行为7550起；收扣经营性煤火炉灶86起；清理过街横幅、空飘365起。

（王　雪）

【整治占道经营】 不断加大市容管控力度，开展各种违法占道经营专项整治。对主干道严格实行定人、定岗、定责任、定路段、定标准、定奖惩责任包保管理，完善基础数字化管理平台联动服务建设工作，对市容环境、街面秩序进行有效监管，及时对城市秩序进行维护。2014年共制止各类违章占道经营、门面延伸占道经营16320余起，暂扣物品724件。

（王　雪）

【建筑拆除违法】 以花溪区十里河滩、大寨村、云上村等重点项目进驻区域为重点，协助各社区对项目区域及周边内违法建设行为的管控，2014年区域累计拆除违法建筑1424户，拆除面积47.13万平方米。

（王 雪）

市政设施建设与管理

【概况】 2014年，花溪市政管理所以实施市容市貌“美化、亮化、净化”工程为抓手，抓好市政基础设施建设，实现长效管理机制。一是全天候施工，逐步完成清溪路、明珠大道、贵筑路、田园北路、田园中路五条道路提升改造。二是对城区人行道牙、井圈井盖等市政设施及破损路面进行维修、维护。三是做好数字化信息案件的监管，按时完成接收的城市信息化管理案件，做到及时登记、整理、派遣、督办、销案，全年共完成126起。四是做好行政许可审批30余起，主要有洗车场新建申报、市政道路挖掘占用施工等，同时做好审批后的监管工作。

（赵 灵）

【人行道铺装】 2014年，花溪市政管理所对主城区主、次干道人行道进行维修维护，年维修、维护面积达10955平方米。对清溪路、明珠大道、贵筑路、田园北路、田园中路五条道路的人行道进行整体改造，确保人行道的平整畅通。

（赵 灵）

【市政设施维护】 2014年，花溪市政管理所维修维护市政道路车行道7135平方米、人行道10955平方米、路牙沿2804米，疏通主管84.2公里、支管38.7公里，更换维修雨篦子、井盖538套，维修更换市政护栏3000余米，清洗护栏每周2—3次，年清洗护栏100多次，长度达到150余万米，确保道路、排水设施畅通，市政护栏完好。对清溪路新安装LED路灯176盏，修复路灯1669盏、控制柜8个，更换灯泡865个、镇流器428个、触发器438个、钟控11个、灯罩9个、空开3个、交流接触器9个，确保道路的夜晚路灯照明，方便市民出行。

（赵 灵）

【街景整治】 花溪市政管理所为使街区景观协调，既要整体形成协调统一的风格，又要整体和谐美观的色调。一是深入研究不同街区的特点，配置相应风格的市政设施。二是明确各个地段户外广告设置的要求，采用什么颜色、如何布景等，都有一个统一而明确的规定，单位和企业要设立广告牌，均按该户外广告规定执行。三是在春节、国庆期间对城区主干道悬挂灯笼3000个，既增添了节日气氛，又美化了街区景观。

（饶 蓁）

【停车场点整治】 随着城市化进程加快，汽车保有量增加，停车难问题日益突出，而解决该问题最有效的手段就是规范道路停车位、统一管理、智能管理。目前已在清溪路、田园路、大吉路、溪北路安装403套智能停车设备，解决20多位下岗职工及低保户的再就业问题。从上年12月陆续使用智能POS手持机统一进行收费，现已经在所有收费路段启用。在收费路段更新贵阳统一标准的收费指示牌。严格规范收费员按物价局核定标准收费，持续保持零顾客投诉。

（周乐莉）

环境卫生

【概况】 花溪环境卫生管理所贯彻落实市政府

提出“改善环境空气质量”工作要求，实施清扫保洁工程，创建整洁有序卫生环境，巩固创卫、创文成果。在城市道路洗扫、降尘、保洁工作方面，加大机械化作业程度，对明珠大道、花溪大道等主干道道路的冲洗，坚持按环卫行业作业规范每天进行吸扫、冲洗、降尘等工作，每周清洗道路交通隔离护栏1次，确保达到“亮坎亮线亮护栏亮道路本色”的工作要求。在城区生活垃圾清运方面，做到按时清运，日产日清，运输过程中无撒漏现象。中心城区全年共清运垃圾6.58万吨，突击卫生死角25处，清运垃圾38车，计100吨。中心城区主干道进行降尘洒水及道路洗扫作业全年共计用水8401车计7.11万吨。

（蒋光辉）

【环卫设施建设】 花溪中心城区共有8座压缩式垃圾转运站（3座为垂直压缩式，5座为水平压缩式），设置垃圾斗收集点44个、小移动垃圾箱体收集点68个、垃圾间16间、果皮箱864个，共有垃圾清运作业车辆25辆，全年在转运站、垃圾间等环卫设施设置改造方面共投入资金39.225万元。具体如下：

1. 投资经费2万元改造贵州大学南校区操场、子校两座垃圾间。

2. 投入经费8.82万元。其中：投入经费5.02万元改造行政新区、学士路、公园2号门、竹林村、民族大学、溪北路花一小、贵大新区7座转运站垃圾渗滤液收集池；投入经费3.8万元对学士路转运站进行大修。

3. 投入经费19.905万元，更新安装果皮箱258个。其中：投入经费8.88万元，更新贵溪大道果皮箱111个；投入经费11.025万元，更新清溪路、田园路果皮箱147个。

（蒋光辉）

【垃圾场建设】 2014年4月16日，区人民政府与北京环境卫生工程集团有限公司签订《招商引资合作协议书》，合作项目内容中涉及投资花溪区浪风关垃圾填埋场的治理与开发，拟采用治理和开发相结合的方针来治理浪风关垃圾场。治理采用异味处理技术，内容包括：现场灭火、异味控制、场地污染土壤修复。将采取短期和长期治理相结合，主要治理措施包括堆体整形、覆盖、主动导气、加速稳定化、开挖分选、外运、土壤修复、土地开发。

（蒋光辉）

【垃圾处理】 2014年花溪中心城区（含青岩镇及驻区部分厂矿、周边村寨）日产生活垃圾280吨，所产生的生活垃圾，5月以前均全部运往花溪区清溪社区桐木岭村浪风关简易垃圾场倾倒作集中简易堆放处理。5月开始，区政府组织协调区住建局、区城管局、区生态委、清溪社区等单位对浪风关垃圾场场地进行整治，将中心城区生活垃圾在此进行集中倾倒堆放，然后由花溪区阳光公司当天用大型货车转运到白云区比例坝生活垃圾填埋场作正规无害化填埋处理。至12月，共清运垃圾7.33万吨，中心城区生活垃圾无害化处理率目前达100%。

（蒋光辉）

【环境卫生管理】 按照《贵阳市市容环境卫生作业规范》《贵阳市免费公厕管理办法》《贵阳市免费公厕考核标准》等规定，一是加强对公厕的长效管理，公厕管理做到干净、整洁，设施完好，无明显臭味，厕外环境整洁有序，四周无蚊蝇滋生。二是加强对果皮箱的检查维修工作，发现问题及时处理，全年维修国宾大道、学士路、清溪路等主次干道果皮箱共计500个。三是实施好清扫保洁工程，加大机械化作业程度，做好责任区域内的垃圾清运日产日清和所辖主干道路面洗扫降尘等工作，做到垃圾斗、移动垃圾箱体、垃圾间、转运站不积存垃圾，设备运转正常、环境卫生管理到位。四是每天对环卫作业车辆进行一次清洗保洁，保持车辆外观整洁，无积尘积灰，建立健全车辆管理制度，做到车辆由专人负责，做好环卫车辆行驶证、保险等档案归档管理工作，做到车辆不发生脱保、脱审现象。

（蒋光辉）

【环境卫生体制改革】　根据花溪区人民政府与北京环卫集团2014年4月14日签订的合作协议，区人民政府指定城南公司与北京环卫集团共同成立城市管理公司（京溪公司），逐步实现环卫市场化运作，全面保障花溪区环境卫生高效管理。

（蒋光辉）

供　水

【供水公司概况】　贵阳市花溪区供水公司投产于1978年10月，注册资金170万元。公司从建厂初期的日供水4000立方米发展到2014年的设计规模日供水为50000立方米，供水人口由2.5万人发展到现在的9万人，供水普及率达到95%。2014年，供水区域南到桐木岭收费站、机械厂廉租房，北到贵阳西站、穗黔物流、泰邦制药，东抵孟关改茅、汽贸城，西至尖山路口，形成南北长12.5千米，东西长11千米，近40平方千米的供水区域。拥有一级泵房1座，占地30亩的水厂（经絮凝、沉淀、工艺水回收、过滤、消毒后向城区供水）及南区、孟关、董家堰3个加压站。拥有较为先进的取水设施及水处理设备，出厂水水质100%达到国家饮用水标准，供水可靠性高，有较好的社会效益和经济效益。

（徐泽洱）

【市委书记调研解决市民用水难】　根据《中共贵阳市委 贵阳市人民政府关于印发＜贵阳市解决城市“用水难”问题攻坚工作实施方案＞的通知》（筑委办发〔2014〕83号）文件要求，按照省委常委、贵阳市委书记陈刚调研城市供水保障工作时的相关指示精神，经排查，花溪区涉及“用水难”问题的有园亭山小区、羊昌坝小区、梦溪笔谈小区、兰馨桂馥花园、贵州省水利基建二处、吉林花园、硕苑小区、四季花溪、吉林新村及金世旗一期等11例，以上项目被列为2014年年内必须完成的解决民生“用水难”中的“重、急”工作。在区委、区政府的支持和区解决“用水难”

7月16日，碧云窝水厂化验室工作人员正在进行水质检测（供水公司供稿）

区水利局在花溪供水公司花溪河取水点安装隔离栏（区信息中心提供）

办公室配合下，花溪区供水公司全面启动“用水难”系列攻坚工作，共耗资627.5万。截至年底，已解决问题10例，累计解决“用水难”户数3685户，完成花溪区“用水难”工作进度93%。

（徐泽洱）

【饮用水卫生】 供水公司碧云窝水厂化验室对水质检测均以国家《生活饮用水检测方法》GB/T5750－2006和《生活饮用水卫生标准》GB5749－2006为标准，每日对进、出厂水进行十项指标检测。指标检测如下：氨氮、二氧化氯、耗氧量、色度、肉眼可见物、臭和味、浑浊度、菌落总数、总大肠菌群、耐热大肠菌群。除以上工作外，月初、月末对管网水进行取样检测，对进、出厂水、管网水取样送贵阳市监测站进行全分析。率先获得贵州省第一批国家饮用水106项达标单位称号。

（徐泽洱）

【供水改造工程】 2014年，中央扩大内需项目贵阳市花溪区供水改造工程管网部分，全部完成并通水投入使用，共铺设DN200－600供水管道26044米。建筑物部分已完成水厂加氯加矾间、花二道加压泵站、栅条反应池、孟关加压泵站、董家堰高位水池建设工作。孟关高位水池建设进度完成80%，国宾大道加压泵站相关征地待区政府落实选址后再行实施，国宾馆取水泵房拟结合碧云窝水厂扩容建设同步实施。

（徐泽洱）

供　电

【概况】 花溪供电局为贵州电网公司下属单位，负责花溪区域（不含小河经济开发区）、贵安新区党武、湖潮乡域内党、政、军机关、企事业单位及居民安全供电任务。营业区域891.56平方公里。供电客户12.04万户。

花溪供电局辖区内有35千伏及以上变电站8座，主变总容量515.5兆伏安，35千伏输电线路10条共70.34千米，10千伏公用输电线路45条，共1053.43千米，公用变压器台区1102个。容量214.58兆伏安。2014年供电量9.94亿千瓦时（不含小河经济开发区，含党武乡、湖潮乡），比上年增长18.41%。

（供电局）

【电力设施建设】 2014年新增电网建设工程项目22个，投资额2782万元。往年项目中完成10千伏养董线建设并投运，解决孔学堂稳定用电问题；完成10千伏养旗线建设并投运，缓解花溪城区冬季用电高峰期线路超负荷运行的情况。配合美丽乡村建设工作，完成扬中七组、天街、黔陶老榜河等小康电配电台区建设工作。

（供电局）

【电力技术改造】 2014年检修技改新建项目共计11项，总投资574.87万元。包括10千伏东松线综合改造、10千伏养天线综合改造、10千伏溪郊线分支改造等工程。全部工程均已完成，改造完成后降低线路故障率，提高供电可靠率，减少停电时间。

（供电局）

【电力设施维护】 为保障辖区内党、政、军、企及居民用户安全稳定用电，花溪供电局2014年完成辖区45条10千伏公用线路周期巡视，同时还进行雷雨天气特巡64次。对电力设施进行计划检修、处理缺陷共计127次。全年进行电力设施抢修4175次，其中配电变压器低压出线烧断抢修1811次，10千伏公用线路断杆断线抢修工作73次。10千伏变压器抢修94次，一般低压线路抢修2197次。

（供电局）

供　气

【概况】 2014年贵州燃气集团投资7700万元，在花溪区建成贵阳燕楼门站，孟关、白蜡冲分输站并投入运行，使贵阳市管道天然气南、北贯通，为贵阳市南片区的居民用户提供充足的气源保障。从2011年起，先后在花溪区设立两处燃气供应服务站，分别位于花溪区朝阳村13号和经开区香江路明彩居117号。截至2014年12月，贵州燃气集团在花溪区天然气居民供应用户128472户。

（贵州燃气集团）

【液化天然气储配及汽车加气】 贵州燃气集团花溪区小河液化天然气场站位于小河开发大道49号，分为储配站和加气站两部分。小河储配站内含150立方米的液化天然气储罐12座、2500立方米的液化天然气子母罐1座，气态天然气储容共计260万立方米。小河储配站作为液化天然气的调配中心，在发生突发状况时，可作为应急气源向居民、公建、工业用户供应天然气。小河天然气加气站含液化天然气加气站、压缩天然气加气站各一座，目前液化天然气加气站每天向贵阳市公交车加气220余次，加气量为2.5万立方米/日，压缩天然气加气站每天为贵阳市出租汽车、驾校车辆及试驾车加气1000余次，加气量为1－1.5万立方米/日。

（贵州燃气集团）

（责任编辑　姚　毅）

8月9日，阳光社区居民自发整治环境卫生（戴亦供稿）

生态文明建设

环城林带孟关林场(区信息中心供稿)

综　述

【概况】　2014 年花溪区空气（IPA）质量优良率达 98.1%、空气质量指数（IQA）为 85.6%，地表水达标率 100%、集中式饮用水达标率 100%、工业固体废物处置利用率达 99.5%、城市生活污水集中处理率达 95%，森林覆盖率达 41.53%、城区绿化覆盖率达 48%，人均公共绿地面积达 15.15 平方米。

花溪水厂水源地监测断面为花溪水库大坝，中曹水厂水源地监测断面为麦达新桥，由贵阳市环境监测中心站每月进行 29 项指标监测，所有监测项目均达标，年度达标率 100%。

涟江出境水质（执行Ⅲ类标准）：贵阳市环境监测中心站每月对青岩河出境断面进行监测，所有监测项目均达标，水质达到国家《地表水环境质量标准》（GB3838－2002）Ⅲ类标准。

灵秀花溪 活力经开

环保言于心 创模践于行

——花溪区、经开区创建国家环境保护模范城市工作综述

6 月 19 日，《贵阳日报》载“花溪区经开区创建国家环境保护模范城市工作综述”（徐小平 摄）

（朱湘文）

【大气环境质量】　大气自动监测站建在花溪水厂，由贵阳市环境监测中心站负责运行维护，统计全年监测数据计算。2014 年 API 指数≤100 的天数为 98.1%，AQI 值优良率年均值为 85.6%；花溪区环境空气人工监测点设在花溪区水厂、农学院、西舍，上下半年各监测 1 次，每次采样 5 天。计算全年平均值，二氧化硫年均值为 0.026mg/m³，达到国家环境空气质量二级标准；二氧化氮年均值为 0.028mg/m³，达到国家环境空气质量二级标准；可吸入颗粒物年均值为 0.12mg/m³，达到国家环境空气质量二级标准，大气环境质量整体达标。

（朱湘文）

【声环境质量状况】　2014 年花溪区中心城区环境噪声等效声级平均值为 53.6 分贝，达到《声环境质量标准》（GB3096－2008）2 类标准。本次共测 122 个点位，其中花溪区的环境噪声中生活噪声源所占的比例最大，为 78.7%。道路交通噪声等效声级平均值为 54.3 分贝，达到《声环境质量标准》（GB3096－2008）4a 类标准。

（朱湘文）

水源环境管理

【地表水质量状况】

花溪河（执行Ⅱ类标准）：2014 年上半年和下半年对花溪河进行监测，共设花溪、贵大、麦达三个监测断面。所监测的 24 项指标中均达到《地表水环境质量标准》（GB3838－2002）Ⅱ类水质要求，水达标率为 100%。

青岩河：2014 年下半年监测一次。所监测的 24 项指标中，达到《地表水环境质量标准》（GB3838－2002）Ⅲ类水质要求，水达标率为 100%。

7 条支流水体：单月对花溪区七条河流进行监测，共监测 24 项指标。水质规定类别为：凯伦河新景断面、湾河巴茅冲断面、三岔河三岔河断面Ⅱ类水质，马铃河红岩断面、赵司河满天星断面、扬眉河杨眉村断面、老榜河山王庙断面监测Ⅲ类水质。报告显示：凯伦河新景断面、湾河巴茅冲断面、三岔河三岔河断面达到《地表水环境质量标准》(GB3 838－2002)Ⅱ类水质，马铃河红岩断面、赵司河满天星断面、扬眉河杨眉村断面、老榜河山王庙断面达到《地表水环境质量标准》(GB3838－2002)Ⅲ类水质要求，水达标率为100%。

(朱湘文)

【水源环境管理】 一是开展饮用水源地周边新增违法建筑巡查，依法拆除一、二级水源保护区违法建筑；二是大力实施花溪河环境综合整治，及时打捞水草、河面漂浮物；三是加强对重要饮用水源周边的农村环境综合整治，最大限度减少生活面源的污染；四是完成饮用水源一级保护区围栏和警示牌设置，提醒进入饮用水水源保护区的行人和车辆注意保护饮用水水源安全，禁止向水体排放污染物；五是实施花溪区饮用水源一级保护区村寨搬迁工作，共搬迁46户；六是加大对保护区水质监测频次，同时掌握水质变化情况，确保市民饮水安全。经监测显示，阿哈水库、花溪水库、花溪河水源地水质均达到二类标准，集中式饮用水源地水质达标率实现100%，达到相应考核标准并持续改善，饮水安全得到可靠保障。

(朱湘文)

拆除违章建筑，保护饮用水源（金竹社区供稿）

【完善一级饮用水源保护区巡查制度】 11月，花溪区针对6月份贵阳市在创模国检中，存在的一级饮用水源保护区巡查制度不规范，巡查记录不完善问题。区生态局、水利局和相关社区组成检查组，先后完成由花溪水库管理处管理的花溪水库库区范围内和由花溪国家城市湿地公园管理处管理的花溪水库中曹水厂取水口花溪河段的巡查工作；听取两单位工作汇报，查阅两单位巡查制度和记录，共同参与两单位对管理河段进行的巡查行动。巡查中，对沿河的垂钓者宣传国家环境保护相关法规，要求一级饮用水源保护区严禁钓鱼、划船、游泳，确保广大市民喝上干净水、放心水；两单位及时将每一次巡查情况记录在案，做到一日4次巡查和完善巡查记录的要求，确保此项指标达到国检要求。

(区新闻信息中心)

【城区污水收集系统工程完成72%】 截至11月下旬，作为区创模国检指标中一项重要指标，花溪城区污水收集系统工程一、二标段建设顺利向前推进，总计已铺设管网5704米，设置检查井156个，施工进度达到72%。花溪城区污水收集系统工程一、二标段，为养牛、洛平大沟段铺设7883米排污管道，所需资金1200余万元，由中央支持，地方财政匹配。养牛大沟段已完成管道铺设4362米，洛平大沟段已完成1342米管道铺设。

（区新闻信息中心）

【生态文明创建】 2014年，花溪区按照“建设生态花溪”战略目标和新农村建设“二十字”方针的总体要求，创建久安乡、马铃乡两个省级生态文明乡；久安乡雪厂、久安两个村被授予省级生态文明村。12月3日，马铃乡的马铃、谷中、凯坝三个村和久安乡7个村被授予市级生态村。

选定花溪区法院、花溪区检察院、花溪区国税局、花溪移动公司、花溪农村商业银行五家单位作为创建生态文明机关的试点单位。2014年12月22日，经市生态委、市机关事务局实地查看验收，花溪法院、花溪检查院达到四星级标准，花溪农商银行达到五星级标准。

按照《贵阳市妇联关于开展“生态文明家庭”创建工作的实施方案》要求，在全区13.73万户家庭，有7.07万户家庭参与生态文明家庭的创建活动，创建率为51.1%。

全区公办学校117所，其中100所学校申报生态文明绿色学校创建工作，创建率为85.5%；有88所学校达到标准成为生态文明绿色学校，创建达标率为75.2%。

（朱湘文）

【村寨人居生态环境改善】 2014年，久安乡牛昌坝、马铃乡盐井两个生态文明村寨创建成功。牛昌坝紧扣“富、学、美、乐”四大主旨精神，围绕35项考核指标，统筹项目23个，整合资金1055.21万元，发展以茶叶为主的生态茶园建设和庭院经济；马铃乡盐井向上级部门申请美丽乡村建设项目32个，争取资金1740.55万元，建成豇豆、黄瓜种植基地，发展冷水鱼养殖，同时发展乡村旅游。

（朱湘文）

生态文明科技

【节能降耗】 一是多措施加大节能宣传，大力提升企业、职工环境保护意识，在全区各行业中发挥示范作用；二是要求7家重点用能企业完善全年用水、电、气煤发票等能源登记、年度原材料台帐、年度产品台帐，完善能源统计，确保工业万元增加值能耗下降5.84%以上，2014年花溪区工业万元增加值能耗下降5.93%。三是对照《产业结构调整指导目录》开展自查，完善主要设备台帐，立即停止使用已到淘汰年限的落后产能、设备，对未达到淘汰年限的落后产能、设

7月4日，区生态局牵头开展“党员志愿者服务”队开展保护饮用水源行动（区生态局供稿）

备，及时制定淘汰方案，按期淘汰；督促贵州富民行包装有限公司完成4台退火炉改造。

（朱湘文）

3月29日，瑞华社区开展主题为“蓝天自造，熄灯一小时，低碳我先行”的“地球一小时”宣传活动（瑞华社区供稿）

【环境监测站能力建设】　花溪区环境监测站于2011年初启动建设。2011年8月完成实验室改造装修，并接受市环保局代理招标的第一批基础设备，共37类56件，价值54.83万元。2011年10月落实上岗人员8人，开始进行上岗考试和计量认证准备工作。2012年7月，9人通过考试取得省环保厅颁发的上岗资格证（含监察大队1人）。2012年9月，取得省级实验室计量认证资质，包括水和废水29项、环境空气和废气6项、噪声6项监测资质，共计41项，实现花溪区环境监测能力的突破性进展。

2012年6月，参加中央财政主要污染物减排专项资金项目申报，得到国家资金支持157万元，加上区级财政匹配39万元，共计得到监测能力建设资金196万元，其中省环保厅负责126万元大型设备招标采购，70万元拨回本区用于实验室改造和补充设备采购。

2014年省环保厅代理招标的126万元大型仪器设备逐步到位，本批次采购设备包括原子吸收、原子荧光、离子色谱、进口BOD5快速测定仪、固定底物酶底物法粪大肠菌群分析成套设备等。为充分发挥上述仪器的使用功能，监测站在多方面调研的基础上，一是拟定其配套设备的采购方案，按程序完成27.7万元共计19件配套设备的采购；二是投入4.3万元对上述设备的实验室进行升级改造。设备供应商顺利进行安装、调试，上述设备投入使用，预计2015年7月将实现水和废水22项、环境空气和废气5项、原煤单质硫1项环境监测指标增项认证，新增资质认证28项，进一步提升花溪区的环境监测能力。

（朱湘文）

生态环境保护

【环境保护执法】　2014年花溪环保部门通过“六个一律”环保利剑行动和“六个严禁”专项行动采取定期与不定期的检查方式，强化司法联动执法，加大执法力度，对饮用水源保护区、重要生态功能区、自然保护区、风景名胜区、基本农田保护区、人口集中居住区等重点区域，对化工、医药、矿山开采、煤矿、水泥等重点行业进行排查。一是严厉查处各类污染环境和破坏生态的环境违法行为，严惩环境污染犯罪，守住生态底线，保障广大群众的环境健康权益。全年共计出动358人，检查企业112家，立案11件，处罚金额共计53.2万元。结合花溪区林业相关数据资源，动、植物分布情况，林业产品生产经营加工销售情况，对破坏森林的行为，进行一次全面彻底地调查。共查处违法案件25起，涉及林地面积1.5公顷，罚款43万元。

（朱湘文）

【建设项目环保审批】 2014年受理285个申请建设项目（其中32个为省、市级项目），批准办理253个，其中202个全部通过环境影响评价审批，20个项目正在编制环境影响评价，区级项目已验收80家，有100家在建和未建，环境影响评价审批率及建设项目“三同时”执行率均为100%。

（朱湘文）

【空气污染防治】 重点对辖区内大气污染源开展专项执法检查，出动执法人员400余人（次），执法车辆100余台。一是开展工地、道路扬尘治理。采取不定时巡查方式，加强建筑工地车辆进出冲洗检查，督查建筑工地加强现场管理，文明施工作业，降低扬尘污染。二是加强工业废气治理。对贵阳闽达钢铁有限公司、新华義玻璃有限责任公司、贵阳久联化工有限公司等11家企业大气污染物防治设施进行检查，针对检查中发现的问题，要求企业及时进行整改，并督促企业加强厂区环境卫生管理，在生产过程中必须采取有效防尘、降尘措施，确保厂区100米范围内无扬尘，同时加强大气污染物防治设施的管理和维护，确保废气稳定达标排放。三是抓好饮食油烟治理工作。严把项目审批关，无油烟净化装置的餐饮项目不予立项。会同工商局、卫监局等多个部门进行联合执法，对国控点周边1公里范围内重点污染源的32家餐饮企业开展督察。

（朱湘文）

【噪声污染防治】 2014年对生产噪声、经营性噪声、建筑施工噪声、娱乐场所噪声等噪声污染源单位进行现场检查，要求噪声污染源单位做好噪声污染防治工作。在中、高考期间，安排专人在各考点蹲点值守，及时处理噪声污染问题；针对群众举报、投诉噪声扰民问题，第一时间安排环境监察执法人员到现场进行查处，全年共查处噪声扰民举报事件30起。

（朱湘文）

【固定废物与危险废物处理】 强化危险废物管理：一是要求区卫生和食品药品监督管理局、交通运输局、教育局、安监局、农业局、公安分局、工商分局制定危险废物处置经费年度预算，规范执法收缴危险废物规范管理，确保依法安全处置。二是督促产生工业危险废物的企事业单位，按照《国家危险废物名录》，做好本单位危险废物产生、处置台帐，完善标志标识，制定管理计划，强化危废环境安全管理；每年12月30日前向区生态文

5月9日，成立区公安分局生态巡逻队（区公安分局供稿）

明建设局做好申报登记。三是完善单位已处置危废档案、应急预案，完善处置单位资质（危险废物经营许可证）、处置合同、收费票据、警示标志照片，并列出详细清单（含单位名称、危险废物品名、产生时间、处置时间、物理化学性能、数量等）。四是督促单位制定处置计划（处置时间为当年12月30日前）、暂存库情况照片、列出详细清单（含单位名称、危险废物品名、产生时间、拟处置时间、物理化学性能、数量、处置经费准备情况等。五是督促所有医疗机构（包括乡镇卫生院）、诊所须完善应急预案、管理制度、标志标识、处置合同、台帐等。六是督促医疗系统依法处置过期药品（含药剂等），要求过期药品不能混入医疗垃圾处置，须按照工业危废完善处置。

截至2014年12月26日，全区依法转移危险废物（医疗废物除外）463家次，依法安全处置危险废物547.49吨，比上年增长284.6%。全区无危险废物导致环境污染事故发生。

（朱湘文）

【加大工业固体废物管理力度】 对固体废物暂存场所实行统一编号管理，同时完善标志、标识牌。规范固体废物暂存场所：要求所有固体废物暂存场所采取防扬散、防流失、防雨淋、防渗漏和其他防止污染环境的措施。完善固体废物管理制度，所有产生固体废物的单位，建立完善产生、处置台帐，严格按照规定、进行收集、处置、利用固体废物。实行固废申报：所有产生工业固体废物的单位按照规定，每年2月10日前申报一年工业固体废物的种类、产生量、流向、贮存、处置等有关资料。

2014年对全区工业固体废物开展专项调查：产生固废的企业有13家，产生炉渣、粉煤灰等0.946万吨，全部用于砖厂等企业生产使用；综合利用外单位固废企业11家，综合利用工业固体废物39.53万吨，工业固体废物综合利用率达77.6%。

（朱湘文）

【花溪河治理】 一是花溪水库一级保护区内有居民46户158人，采取集中安置的方式进行搬迁。二是推进饮用水源周边农村环境整治。完成阿哈水库、花溪水库饮用水源地周边垃圾清运设施全覆盖；修建垃圾中转站3座，购买垃圾转运车17辆、垃圾箱161个，完善垃圾收运和处置制度，确保垃圾日产日清；天鹅村摆克组修建一个日处理30吨生活污水的处理设施。三是花溪区水源保护范围10.9平方公里。为有效保护水源安全，警示游人，在花溪水库及花溪河饮用水源一、二级保护区按规范设置警示标牌170块，在一级保护区设立围栏4150米。四是水库管理处每天进行四次巡查，区生态局每周进行两次督查，对花溪水库一级保护区内游泳、垂钓、农家乐等污染饮用水水体的活动进行打击取缔，将花溪水库周围森林资源管护纳入重点管护对象，安排20个专职护林人员分片进行管护，护林人员每天对所管辖区域进行巡查，并做好巡查记录。

（朱湘文）

【农业面污染普查】 2014年区生态局、农业局共同督促贵州自然之园生态农业发展有限公司、贵阳花溪天顺生态农业有限公司、贵阳花溪国康生态农牧业发展有限公司、贵阳花溪金马生猪养殖有限公司、贵阳花溪立本生态养殖场、贵阳花溪宏兴养殖场、贵阳花溪鑫星畜牧有限公司、贵阳花溪艳鑫畜牧公司8家养殖企业采取工程减排措施，除贵阳花溪艳鑫畜牧公司已无养殖外其余7家单位均实现雨污分流及废物全部综合利用，年COD削减量为143.43吨、氨氮削减量合计为6.825吨。

（朱湘文）

【实施村寨环境综合整治】 花溪区大力实施村寨环境综合整治工程，截至6月，争取上级资金700余万元，在阿哈水库、花溪水库一二级保护区修建垃圾中转站3座，购买垃圾转运车17辆、垃圾箱161个，完善垃圾收运和处置制度，确保垃圾日产日清，完成两水库周边垃圾设施全覆盖。争取省环保厅、市生态委农村环境专项资金1500余万元，完成石板井6组，溪北社区董家堰村麦达寨、麦翁寨，阳光社区花溪村高车巷生活污水收集管网建设；争取省、市环保专项资金支持，在麦坪乡长坝村桃寨村民组、青岩镇龙井村、花孟社区杨中村陇头寨、燕楼乡摆古村、湖潮乡车田村、石板镇芦荻村等村寨实施农村环境综合整治工程，完善基础设施建设，建设人工湿地生活污水处理系统，保护农村生态环境。

（徐小平）

【全民植树活动】 3月17日，贵阳国家经济技术开发区党工委书记、管委会主任、花溪区委书记钟汰甬带领全区百余名干部职工到青岩堡植树点开展义务植树，为青山再添新绿。区领导任渝生、谌业华、张朝洲参加。经过大家的共同努力，千余株各类树苗被栽种下去。区生态局向社会各界发出倡议，邀请社会各界市民、大学生、绿丝带志愿者等在青岩景区周围义务植树。

（付启杨）

【花溪区成立专门机构治理浪风关垃圾填埋场】 2014年初，花溪浪风关垃圾填埋场发生持续性自燃，严重影响周边市民生活、工作。通过市场化运营和专业化管理方式，治理浪风关垃圾填埋场。为从根本上解决浪风关垃圾填埋场垃圾恶臭、自燃等问题。由区属国有企业城南公司与北京环境卫生工程集团有限公司共同出资成立专门机构。公司成立后，7月16日，贵阳京溪城市综合管理服务有限公司股东会召开第一次会议，商议公司相关事宜，任命公司董事，制定公司章程。经过一系列治理，填埋场明烟明火已完全熄灭，治理工作告一段落。

（区新闻信息中心）

林业管理

【森林资源管理】 2014年花溪区林木采伐限额18500立方米，其中：商品材采伐限额5740立方米，公益林采伐限额12760立方米。办理《林木采伐许可证》22份，采伐涉及面积41.6155平方

4月清明节前后，森防巡查卡点（森防办供稿）

公里，出材量4367.56立方米。办理《木材（林产品）运输证》120份。清理159家木材经营加工企业（含原小河区），其中：达到年审换证条件并经过年审的有136家，符合条件，新办证23家；经营、加工企业88家，经营企业71家。加强林地保护，严格按程序办理征、占用林地手续，对确需征占用林地的重点建设项目和公益性建设项目，依法按程序进行逐级审批，12个征、占用林地项目已经国家林业局和省林业厅审核同意，征收征用林地面积共计179.5281公顷，林木蓄积14665.8立方米，交纳森林植被恢复费2583.877万元。

（朱湘文）

【公益林建设管理】 2014年，花溪区完成58.2078万亩公益林的区划工作，完成纳入中央、省、市、区财政森林生态公益林补偿的公益林50.29万亩的界定工作，其中：国家级公益林界定5.29万亩；地方公益林界定45万亩，并签订22584份界定书明确林权，且将国家级公益林及地方公益林补偿基金拨付兑现到区属各乡镇。

（朱湘文）

【绿化造林】 2014年，花溪区完成环城绿化建设道路总长度29.46公里，其中行道树标全线计划实施面积65.41亩，完成任务数的100%。种植樟树、栾树、樱花、红叶石楠球、含笑、玉兰等苗木72418株，抚育管护3年，工程款在合格的基础上分3年付清。景观林标段建设：计划实施面积2276.99亩，完成率100%。设计总用苗量为75022万株，自查苗量为75959万株，完成率101.2%。自查树种为樟树、樱花、金桂等树种，符合设计要求；林相改造标段设计面积158.18亩，完成率100%。设计总用苗量3236株，自查苗量为3291株，完成率101.7%。种植树种为银杏、红枫、枫香、红叶李；经果林建设895.48亩，完成率100%。种植树种有桃、樱桃、李等，任务完成率100%。石漠化综合治理人工造林6516.45亩（区林业绿化局组织实施防护林1341亩，区农业局实施5175.45亩）、封山育林（管护）14694.6亩。项目区涉及燕楼乡、马铃乡，任务完成率100%。通过测算项目区涉及燕楼乡的新井、嘎多、摆古和马铃乡的凯伦、中寨、平山共6个行政村。完成土地治理总面积35平方公里，石漠化面积15.01平方公里。

（朱湘文）

【集体林权管理】 2014年，区生态局受理林权登记申请4起，核发林权变更登记申请确权发证1起，申请撤销林权登记1起。参与林权纠纷调处6起，其中：贵阳市经济技术开发区3起；青岩镇3起，成功调解3起。

（朱湘文）

【林业执法案例】 花溪区高坡乡水塘村“山碗井”森林失火案，2014年2月5日中午12时许，惠水县长田村九组37号，犯罪嫌疑人刘家凉（女，汉族，45岁）与家人到花溪区高坡乡水塘村“山碗井”森林地给家人上坟。在烧香蜡纸烛时，因疏忽大意引发森林火灾，森林失火过火面积有林地22.7公顷（340.5亩）。后逮捕犯罪嫌疑人刘家凉，羁押在花溪看守所，经审讯，其对犯罪事实供认不讳。

犯罪嫌疑人刘家凉已触犯《中华人民共和国刑法》第一百一十五条第二款之规定，涉嫌失火罪；根据《中华人民共和国刑事诉讼法》第一百六十条之规定，已将犯罪嫌疑人移送检查机关依法起诉。

（朱湘文）

（责任编辑 姚 毅）

花溪公园芙蓉洲（干亚芳　摄）

农 业

黔陶乡马场香葱喷灌设施栽培(区农业局供稿)

综　述

【概况】　2014 年，花溪区实现农业总产值 25.78 亿元，比上年增长 7.5%；第一产业增加值完成 14.88 亿元，比上年增长 6.6%；农村常住居民人均可支配收入 11327 元，比上年增长 11.5%；粮经比为 2∶8。

完成蔬菜基地建设 10 万亩，蔬菜播面 24.13 万亩次，产量 31.34 万吨，产值达 8.2 亿元；新增茶叶面积 1 万亩；水果产量 0.72 万吨，新增果树面积 1780 亩；生猪出栏 134800 头、家禽出栏 1205500 羽，肉类总产量 13280 吨、禽蛋产量 2230 吨。实现全区农机总动力 23.96 万千瓦。

全区 5 个“提高型”示范点（青岩镇北街村青岩堡、青岩镇山王庙村小摆托、黔陶乡马场村栗木寨、马铃乡谷增村盐井、久安乡久安村牛昌坝）实施 117 个项目，年底完成各类指标及资料收集归档。整合各类资金投入 5598.28 万元，其中：省级资金 1410.7 万元，市级资金 1495.98 万元，区级资金 545.74 万元，乡镇资金 16.17 万元，其他社会资金及农户自筹资金 1928.24 万元。

在全省率先实施农村土地承包经营权确权登记。原花溪区二轮承包户数为 40098 户（含花孟社区、党武乡、湖潮乡），征绝户（土地被征完户）523 户，申请暂缓确权户（因重大项目启动土地即将被征用）2223 户，应确权户为 37352 户，2013 年 4 月党武乡、湖潮乡划归贵安新区（二轮延包户为 6467 户，完成确权发证 1385 户，后续工作由贵安新区完成），原花溪区应确权户为 30885 户，2014 年 12 月完成颁证 30576 户，颁证率达 99%，超额完成市级下达的颁证率 4% 的目标任务。原小河片区辖区的黄河社区、三江社区、小孟社区因土地基本被征完已申请不进行确权，花孟社区已由原花溪区的清溪社区实施，需进行土地确权的金竹社区二轮延包户为 1206 户，12 月底已完成。

11 月 26 日，久安乡久安村九龙山茶园（区农业局供稿）

推进 10 个贫困村“减贫摘帽”，通过结对帮扶、产业扶贫、项目扶持等，完成贫困人口减贫 2585 人，占计划任务数的 100.6%。实施贫困村扶贫开发减贫摘帽工程，共组织申报项目 37 个，落实财政专项扶贫资金 717 万元，实施项目 13 个。整合落实部门资金 3500 万余元，巩固贫困村产业发展和基础设施建设。在高坡乡新增高坡草地鸡养殖 15 万羽、香葱种植 220 亩、蔬菜种植 1000 亩；在马铃乡新增蔬菜喷灌设施及配套建设 150 亩、新增豇豆种植 2000 亩；在燕楼乡新增豇豆种植 1500 亩，本地黑毛猪养殖 700 头及配套圈舍建设 500 平方米；在久安乡新增乡村旅游扶贫小康寨建设项目1个，巩固发展久安古茶园旅游基础设施建设，并支持久安乡贫困群众扩大茶叶种植规模2500亩；在黔陶乡支持发展土鸡养殖及乡村旅游建设，帮助贫困农户新增羊存栏582头，新增家禽存栏2万羽。引进扶持培育农业产业化龙头企业3家，扶持新建农民专业合作经济组织2个，扶贫家庭农场5个，扶贫专业大户20户。利用省安排小额到户贷款贴息资金，与花溪农商行合作，拉动金融资金1000万元投入帮助贫困农户增收。完成农村劳动力农业产业化技能培训1000人，绿证培训800人，普训1000人。

实施雨露计划农机、植保、畜牧、动物防疫、粮增工程、蔬菜保供基地建设等项目培训，在全区开展农技普及培训550场次，培训农民1.512万人次。开展阳光工程培训200人，其中蔬菜技术150人，农机维修50人。利用省级水稻象甲病虫害防控示范、基层农技推广建设、高效农业示范园区建设、阳光工程培训、粮增工程和测土配方等项目，共培训230场次，培训11014人次，发放技术资料20536份（册）。全区种植优质、高产、高抗病虫的水稻主推品种“两优”的面积达95%，软盘育苗抛秧面积达75%，化学除草面积达95%；推广应用测土配方施肥，在全区设立测土配方施肥示范片10个，示范面积4500亩，推广配方施肥面积45000亩。全区无公害蔬菜面积已增加到120000亩，水果标准化生产示范种植面积达13500亩。建立2万亩水稻综合防治示范区，组建应急防治专业队，编写农作物重大病虫害发生防治信息32期。

年初通过召开农机安全生产工作会议与各乡（镇、社区）农业服务中心签定《农机安全生产责任书》和《农机安全生产“包保”责任书》，签订率为100%，农机安全联组和农机操作手、农机车主、辖区行政村签订农机安全生产责任书。

抓好以防治水稻象甲、稻飞虱、稻纵卷叶螟和稻瘟病为主的病虫害综合防治工作，全年病虫发生程度为3，病虫害发生面积合计39.96万亩次，防治面积38.071万亩次，经防治共挽回损失1638.77吨。草害发生面积11.24万亩次，防治面积8.2万亩次，鼠害发生面积3.44万亩次，防治面积2.93万亩次。

完成2014年省级农业产业化龙头企业监测和申报工作，有6家产业化龙头企业接受监测，3家申报省级农业产业化龙头企业。争取区级财政资金15万元用于扶持3家龙头企业，每家扶持5万元。全年扶持发展农产品加工企业7家，完成家庭农场登记注册备案15个。全区共有家庭农场规模化经营户35户，省级现代农业园区1个，一村一品专业村2个，优势特色农产品基地已渐成规模并逐年扩展，全区城郊型农业基地总面积达到10万亩。无公害农产品认证9个；新建成水果标准化示范区1个，并计划在马铃乡建设一个面积500亩的精品水果标准化示范基地。

争取中央、省、市各类项目资金2000多万元，主要用于果林、蔬菜、茶叶基地、基本农田、畜牧业发展等方面建设，其中，巩固提升果树基地2000亩，蔬菜基地2000亩，建设基本农田1515亩。

（左明信）

【农产品质量安全监测】 2014年，花溪区农业局组织农业综合执法检查276次，出动执法人员634人次，开展市场检查96次，全区种子经营户89户、农药经营户65户、兽药经营户13户、饲料经营户105户、肥料经营户45户，未发现经营假、劣种子及未审先推、超范围推广现象。动物屠宰检疫率达100%，饲料转基因标识率也在95%以上。加强瘦肉精和孔雀石绿专项整治，累计抽取饲料样40个，经检测合格率为100%。加强剧毒、高毒、高残留农药的管理，抽样送检30个农药样品，经检验为合格农药，合格率100%。

屠宰场“瘦肉精”检测，抽检尿样3000份，检测结果均为阴性，养殖基地“瘦肉精”检测，抽检尿样1770份，检测结果均为阴性。合格率100%。加强蔬菜农残检测，搞好19个蔬菜农残速测站的建设，完成抽检蔬菜品种52个，抽检样品8650个，蔬菜农残合格率达98%以上；配合石板地利农产品物流园完成蔬菜抽检4530个样，蔬菜农残合格率达98%以上；完成食用菌抽检10个，蔬菜农残合格率达98%以上；省级送样20个、市级送样85个、县级定量自检130个样，蔬菜农残合格率达98%。水果检测省级送样5个、市级送样20个、县级定量自检10个样，农残合格率达98%。茶叶检测省级送样2个、市级送样3个，农残合格率达100%。畜产品检测省级送样1个、市级送样2个，肉禽市级送样5个，鸡蛋省级送样2个、市级送样20个，猪肉自检50个样，检测合格率达98%。水产快速检测70个样、市级送检30个样、定量检测10个样，检测合格率达97%。预计农产品检测合格率在98.5%，全年完成“三品一标”认证9个。

（左明信）

【农村清洁工程】 2014年，贵州省农村清洁工程示范建设项目在花溪区黔陶乡马场村小马场组建成生活污水处理系统1处。内容包括生活污水收集管网建设51户，埋设管道2400米，修建格栅池6个共40立方米、厌氧处理池3个30立方米，人工湿地280平方米。修建道路花池150米。

（罗　锐）

种植业

【种植业结构调整】 2014年，区农业局按照“扶茶、促果、扩菜、扶特”的发展思路，推进农业产业结构调整，发展“一乡一业”“一村一品”特色农业，通过思想发动、市场拉动、典型带动、行政推动等形式，已基本形成久安—麦坪、黔陶—高坡万亩茶园、青岩—燕楼—马铃蔬菜产业带，黔陶万亩香葱生产基地、小河、青岩杨梅生产基地、麦坪布郎李万亩基地的产业格局。到2014年，完成蔬菜种植面积24万亩次，占任务的100.2%，新增蔬菜基地面积1.1万亩，比上年增长9.6%；产量达30.2万吨，占任务的100.3%，比上年增长9.8%；产值25100万元，比上年增长8.9%。推广特色蔬菜品种2万亩，蔬菜良种覆盖率达90%以上；完成果树产量0.71万吨，占任务的101%，比上年增长11%，产值1555万元，比上年增长12.4%，新增果树面积1780亩；全区种植茶叶5.22万亩，其中：新增1万亩茶叶，产值9580万元。

（左明信）

【种子管理】 2014年，花溪区农业局组织参加全区“3·15”宣传活动，并利用各乡镇赶场天，开展种子法宣传活动3场次，发放《种子执法年法律知识宣传册》《农产品质量安全法》《假劣农资识别方法》等宣传资料3000多份，现场接受咨询154人（次）。举办种子经营户培训会1期，培训种子经营人员105人次，发放资料300份。种子市场监管实行种子备案登记，全年共备案种子企业30个，两杂种子代销户89户，备案两杂种子130684公斤，其中水稻40310公斤、玉米90374公斤，水稻品种102个、玉米品种163个。蔬菜种子登记户数13户，种类41种，数量25000袋。开展全区种子市场联合检查，重点检查种子质量、品种真实性、种子标签、种子经营许可证、经营档案、品种审定及授权情况等，在全区评比出10家优秀种子经营门店。全年共开展种子执法检查23次，出动执法人员81人次，检查种子市场12个，经营户89户。通过检查，查处种子违法案件2起，罚没收入19825元。

（龙步芝）

【植物保护】 2014年，花溪区农作物病虫草鼠发生面积达54.64万亩次，防治面积49.201万亩次，总防治率为90.05%，挽回粮食损失1972.67吨。花溪区植保站全年共发出病虫简报39期1350份（其中趋势预报8期180份），农业简报18期440份，指导全区开展病虫防治工作，准确率达91%以上。全区发生水稻象甲疫情3.617万亩，共出动技术人员和行政干部2269人次，对辖区内的19个乡（镇、社区）143个行政村开展疫情普查，累计普查面积19.27万亩次，投入防控经费87万元，开展防治12.47万亩次，疫区均重复防治2—3次以上，防效达82%以上。全年开展植保技术培训39期1445人次、技术咨询10期430人次。开展植物种子产地检疫5批次39500公斤、市场检疫种子99批次71950公斤、调运检疫种子1438批次294340公斤。

（陈 亮）

【农药监督管理】 2014年，区农业局对辖区内农药经营单位进行专项检查22次，共出动检查人员62人次，检查农药经营户34家，杀鼠剂定点经营单位17个，检查农药品种416个5387公斤。对其中33个过期农药和标签不合格农药进行处理。

（郑晓芳）

【果树管理】 2014年，花溪区完成经果林种植6950.93亩，其中退耕还林项目在马岭乡种植780亩的甜柿，通道绿化种植995.48亩。全区果树面积为5.5477万亩，水果产区涉及小孟社区、青岩镇、金竹社区、久安乡、麦坪乡、石板镇、马铃乡、清溪社区、燕楼乡、孟关乡、花孟社区、高坡乡、黔陶乡13个乡镇（社区），主要树种有板栗、布朗李、柑橘、梨、李、桃、樱桃、杨梅、柿子、葡萄等23个品种。全区现有规模化果树种植面积4万余亩，总产量0.78万吨，总产值0.42亿元，涉及农户1万余户，主要种植品种梨6845.14亩、李3961.5亩、桃2442.7亩、杏481.1亩、杨梅3695.21亩、板栗370.1亩、柑橘438.9亩、樱桃2246.3亩、葡萄120.5亩等。种植面积较大的乡（镇）主要是青岩、麦坪、孟关。

（何 娟）

【蔬菜生产】 2014年，花溪区蔬菜现代高效农业示范园区、青马线万亩瓜豆产业带示范基地建设及贵阳花溪珏玲种植园、贵州民远华慧、小河阳光种植园、小河苦乐种植等重点蔬菜生产企业示范带动，全年完成蔬菜基地建设10万亩，蔬菜生产24.13万亩次，产量达31.34万吨，总产值82005.28万元。无害蔬菜产品申报认证3个，主要为黔陶蔬菜园区、马场和关口香葱、小河金山菠菜，蔬菜抽样检测13180个（其中本区域基地蔬菜抽检样品8650余个，对地利农产品物流园抽检4530余批次），抽检合格率达100%。

（穆志国）

【茶叶生产】 到2014年花溪区有茶园5.22万亩，主要分布在久安乡、黔陶乡、麦坪乡、高坡乡，种植品种有福鼎大白茶、石阡苔茶、黔湄601、云雾鸟王种、安吉白茶。加工茶类以绿茶为主，红茶、白茶为辅。区内现有贵州贵茶有限公司、贵阳花溪赵司古贡苔茶开发有限公司、贵阳花溪熙皇赵司贡茶茶场、贵阳黔之绿茶场有限公司等5家茶企业，有“绿宝石”“赵司贡茶”“久安千年古茶系列”等品牌。2014年全区茶叶产量602吨，产值上亿元。

（张 倩）

【贵州贵茶有限公司概况】 贵州贵茶有限公司是一家集种植、生产、加工、销售为一体的外资企业，同时为国家级农业产业化龙头企业和贵州省最大的有机茶生产企业，注册资金1.9亿元。公司目前拥有贵州省首家引进的与国际接轨、集清洁化、全电能、环保型有机茶生产于一体的流水线两条，并拥有贵州省最大的茶叶冷藏库，以及日加工鲜叶10000公斤的茶叶加工厂。所有生产设备、工艺流程和生产环境完全符合国家农业部有机食品生产标准。公司不仅拥有“中国富锌富硒有机茶之乡”贵州凤冈县通过国家环保总局南京有机食品认证中心“有机茶基地认证”和“有机茶加工认证”的6000多亩生态茶园，而且还拥有久安乡5万株千年古茶树居群。除了“贵茶”注册商标外，公司还拥有“久安千年红”“久安千年绿”“绿宝石”“春江花月夜”等多个国内外获奖的贵州知名茶品牌。“绿宝石”绿茶已申报2项独有专利技术。“绿宝石生产关键技术研究”已被贵州省技术厅列入为重点科技项目。公司获得香港建银国际和HAMax基金各出资3000万美金，共计6000万美金增资注入，2014年贵茶公司计划在3年之内建成20万亩自有茶园，合作毛茶加工厂70个。

（张　倩）

养殖业

【概况】 2014年，因区域规划的调整和贵安新区的成立，新花溪畜牧产业规模和产量缩减约60%，由传统畜牧业向现代畜牧业转变，2014年年末牛存栏3.12万头；猪存栏7.29万头，其中能繁母猪0.98万头；羊存栏0.11万只；家禽存栏74.35万羽，其中蛋鸡存栏43.52万羽。全年牛出栏0.96万头、生猪13.48万头、羊0.09万只、家禽120.53万羽。全年肉类总产量为1.33万吨，其中：猪肉为1.01万吨、牛肉为0.13万吨、禽肉为0.18吨；禽蛋产量为2227吨；牛奶产量为201吨。区域内有28家养殖企业，主要集中在麦坪、燕楼、高坡、黔陶、马铃五个乡（镇），其他乡零星分布，其中：猪场8家，蛋鸡场13家，肉鸡场5家，其他养殖2家；全区共有养殖户57户。畜禽养殖品种以三元瘦肉型猪、土杂猪、专用型蛋鸡、优质杂交肉鸡等为主，兼养有高坡黑猪、茶花鸡、瑶山鸡、本地土鸡等地方品种。

（王明福）

【畜禽疫病防治】 2014年，花溪区启动实施重大动物疫病常年程序化免疫，形成重大动物疫病防控工作的“花溪模式”，全区共免疫注射禽41.67万羽、生猪9.1万头、牛3.91万头、羊0.15万只、犬4179只，防疫密度均达到100%。全年共监测猪瘟776头份、牛口蹄疫108头份、猪口蹄疫1706头份、猪蓝耳635头份、鸡新城疫3141羽份、禽流感4188头份、布病510头份，其抗体水平均达到国家相关要求。

（吴亨进）

【饲料生产管理】 2014年，花溪区在执行新的《饲料和饲料添加剂管理条例》后，淘汰一批产能较小的，设备落后的企业，经重新审核、审批后，全区共有饲料生产企业7家，从业人员500余人，年生产能力5万吨，主要生产以猪料、鸡料为主的浓缩饲料和配合饲料。全年生产饲料15.09万吨，产值74943万元，其中配合料7.38万吨，浓缩料7.71万吨。饲料除供应贵阳各养殖场外，还售往全省各地。

（王明福）

【生猪生产】 花溪区生猪生产以三元杂交猪为

主，部分高坡黑猪和土杂猪，引进外来品种主要有大约克、长白、杜洛克等优良纯种猪，逐步形成三级良繁体系。2014 年有生猪养殖企业 8 家。全区年末存栏生猪 7.29 万头，其中存栏能繁殖母猪 0.98 万头，年末出栏生猪 13.48 万头。

（王明福）

【蛋鸡养殖】 花溪区蛋鸡养殖是近几年发展起来的畜禽产业，2014 年存栏蛋鸡 43.52 万羽，年产鲜鸡蛋 4000 余吨，其中养殖企业存栏蛋鸡 1 万羽以上 12 家，存栏 3 万羽以上 2 家。

（王明福）

【渔业生产】 2014 年，花溪区水产品产量 145 吨，开展大鲵养殖技术推广，在黔陶乡、石板镇已发展 9 户农户养殖大鲵 1900 尾。在马铃乡谷增村、革约村发展冷水鱼养殖 8 亩。实施水产品质量抽样快速检测 70 批次、水产品送样 30 批次，3 个检测样（孔雀石绿、氯霉素、硝基呋喃代谢物），检测结果全部为阴性，抽检合格率达到 100%。10 月 22 日在花溪湿地公园实施渔业增殖放流，共投放鲤鱼、草鱼、鲫鱼、鲢鳙鱼 5 个品种 18 万尾。

（杨惠珍）

【贵州自然之园生态农业发展有限公司】 公司成立于 2011 年，位于高坡乡水塘村，现主要发展高坡黑毛猪养殖、蔬菜种植和特色花卉树木种植。公司目前有圈舍 4100 平方米、隔离舍 500 平方米、生态种植地 200 亩，建有配套办公用房、消毒间、高位水池等，安装有消毒设施、产床、饲料加工设备，建有污水处理池及管网等环保设施。公司现存栏生猪 2000 多头，其中基础母猪 200 头。公司建有小型屠宰车间，实行黑毛猪屠宰分割配送，主要销往贵阳市。

（王明福）

【贵阳国康生态农牧业发展有限公司】 公司成立于 2011 年，位于高坡乡云顶村孟耳水库旁，主要以引进长白、约克等外来品种发展商品猪养殖。公司目前拥有猪舍 2000 平方米，配套建成饲料加工房、售猪室和办公用房等，安装有产床、高位保育床、供电系统、监控系统和消毒系统等设备。公司现存栏生猪 1800 头，其中母猪 150 头，计划在 5 年内建成年出栏商品猪 5000 头规模的中大型养殖场。

（王明福）

花溪天顺生态农业有限公司养猪场（区农业局供稿）

【贵阳花溪天顺生态农业有限公司】 公司前身为天顺养殖场，位于马铃乡凯坝村，主要从事生猪生产、饲料加工及配套技术服务等。公司占地面积 50 余亩，建有猪舍 13 栋 4500 平方米、饲料车间 400 平方米、高位水池 100 立方米，配套建有积粪池、污水收集池、沼气池等，购置安装有限位栏、产床、仔猪高位保育床、消毒设备。公司现有存栏母猪2500头，其中基础母猪180头。

（王明福）

【贵州金凤生态养殖有限公司】 公司成立于2013年，位于黔陶乡黔陶村，主要经营蛋鸡养殖及鸡蛋销售、农产品、粮食收购等。公司占地面积40亩，现有鸡舍3000平方米、蛋鸡2.5万羽，配套建有消毒室、鸡粪收集池、无害化处理池、兽医室、配电房、蓄水池、办公房等，配套有相应的饲料加工机械、消毒设备等。

（王明福）

【贵州创新科技有限公司】 公司位于麦坪乡杉一村，占地58亩，养殖场建筑物面积2.1万平方米，鸡舍26栋，配套建设有育雏舍、饲料房、库房和综合服务室等设施。公司是以研发绿色食品生产及农副产品销售为经营主线的新型公司，拥有绿色蛋鸡饲养、蛋白质提取、茶多酚提取等多项领先技术，创立全市有影响力的“爱极”牌鸡蛋，现有蛋鸡16万羽，年产销鸡蛋1700多吨。

（王明福）

农业科技

【概况】 2014年，花溪区发挥雨露计划、农机、植保、畜牧、动物防疫、粮增工程、蔬菜保供基地建设等项目培训，在全区开展农技普及培训550场次，培训农民1.512万人次，其主要培训内容为茶叶、蔬菜、水果、水产养殖、畜禽养殖及防疫、植保、农机维修等农业实用技术。创新阳光工程专项技术培训模式，采用课堂讲授、现场操作、疑惑解答等方式，阳光工程培训200人，其中蔬菜技术150人，农机维修50人。

（左明信）

【农民实用技术培训】 2014年，花溪区农业局以实施阳光培训工程、雨露计划、绿色证书培训为主题，共举办区级培训班55次，培训区、乡技术人员1500人次；技术人员入村举办各种类型的村级培训班20余次，入户咨询培训8000人次，重点培训600个科技示范农户，示范带动6000个农户，接受培训的农民累计22000余人次。主要培训以茶叶、水果、蔬菜种植与管

8月27日，区农业局种子管理执法人员在马铃乡谷增村实地查看杂交水稻种子大田长势（区农业局供稿）

理和生猪、蛋鸡养殖为主的农业实用技术及其他经济作物栽培技术，以及农业高新技术、农业标准化生产技术、农产品产销信息等。

（左明信）

【推广科学施肥】 2014年，区农业局推广测土配方施肥面积5万亩，开展“3414”试验及同田对比试验4个、中微量元素试验4个，培训技术骨干30人次、农户120人次。

（罗 锐）

农村经济

【概况】 2014年年初，区耕地面积31098公顷，辖7个乡（2014年12月麦坪乡、燕楼乡改为镇）、2个镇、8个涉农社区，122个村、9个农村居委会，农户69077户。2014年，花溪区一产增加值为14亿元，比上年增长6.6%，增速排全市第5位；农民人均纯收入为11327元，增速11.5%，增速排全市第5位，绝对值排全市第6位。

（肖光明）

【强农惠农措施】 2014年，区农业局五项措施确保强农惠农政策落实。一是加强组织领导。成立各项惠农政策的专门工作机构，由政府分管领导任组长，具体负责每项惠农政策的组织、实施、协调等工作。将落实各项惠农政策列入2014年度各乡镇农民负担监督管理的重要内容，强化减负工作党政“一把手”亲自抓、负总责的工作制度，对支农惠农政策落实情况实行“谁主管、谁负责”的责任制，严格实行“一票否决制”。省市资金下达后，召开专题会议安排部署宣传、测算、造册、公示、兑现等工作，为及时将各项惠农资金发放到群众手中奠定坚实的基础。二是营造舆论氛围。层层组织召开惠农政策专题会议，运用农业培训、电视、会议和印发通知书等宣传形式，广泛宣传各项惠农政策的测算依据、测算办法、发放程序等，让广大群众详细了解和掌握各项惠农政策的基本原则、要求和补助资金的申领程序，引导群众主动监督，积极配合。三是严格工作程序。制定详细的实施方案。对照每一项政策要求，结合实际制定工作方案，明确具体的工作细则，该到现场检查的现场核实，该公开的公开，该审核的审核，严格按政策、按程序、按步骤办事。层层把关，严格农机购机补贴、良种补贴、农业保险等资金拨付程序，资金发放过程中，由具体实施单位申报，农业部门和财政部门审核，政府分管领导审批后方可拨付，其中具体发放到农户的各种补贴资金，尽可能通过“一卡通”发放到位，防止资金被截留、挤占、抵扣和挪用。四是强化监督检查。在资金的审核和拨付工作中，严明工作纪律，加强对资金使用情况

区农业局对贵茶公司实施的农业产业发展项目进行验收（区农业局供稿）

的监督检查，确保资金落实到位。在资金发放上尽量减少环节和繁杂的手续，确保资金及时兑现落实到农民手中。组织监察、审计、财政等相关部门，对各项惠农政策落实情况进行专题督查，对执行不力，工作不到位，不能按期完成任务的乡镇和部门，严格追究工作人员的责任。五是加强协调配合。对每个部门落实惠农政策的责任都进行具体细化和明确。对各项政策兑现的原则性、准确性、真实性、基础数据收集、核实、资金核算分解到户等工作全面负责。乡镇对补贴花名册以村组为单位进行公示，确保花名册准确无误。农业、财政部门对乡镇开设的“农民财政性补贴资金专户”进行监督管理，严禁任何单位或个人通过专户支取现金。领导小组各成员单位对各种补助政策兑现的原则性、准确性、真实性进行分工负责，按政策规定将补助资金核算到受益农户，形成数据、汇总资料送财政部门审核，切实把各项惠农政策落到实处。

（左明信）

【农业产业化经营】 2014年，花溪区重点发展以久安乡、黔陶乡为主的茶产业带，以青马线（青岩镇—马铃乡）和青高线（青岩镇—高坡乡）为主的蔬菜产业带，以燕楼、马铃、高坡为主的畜禽产业带，以麦坪为主的果树产业带，建设久安省级茶叶高效示范园区1个、黔陶市级蔬菜高效示范园区1个。

（肖光明）

【农业产业化龙头企业】 2014年，花溪区共有农业产业化龙头企业18个，其中国家级2个（贵州同济堂制药有限公司、贵州贵茶有限公司），省级8个（贵阳花溪云上大牲畜批发市场有限公司、贵州北极熊实业有限公司、贵阳小河区金海农业科技开发有限公司、贵州金农科技有限责任公司、贵州中意食品有限责任公司、贵州老来福药业有限公司、贵州巨农肉业股份有限公司、贵州创新农业科技发展有限责任公司），市级8个（贵阳花溪鑫源养殖有限公司、贵阳市花溪牛郎关面条厂、贵阳金钰铮风味食品厂、贵州君之堂制药有限公司、贵州民远华慧生态农业有限公司、贵阳金洲牧业有限公司、贵州常吃常想食品有限公司、贵阳花溪赵司古贡苔茶开发有限公司）。区农业局组织辖区内龙头农业企业参加各种展会，其中4家龙头企业参加“2014迎新春农展会”，7家农业企业参加“2014中国·贵阳国际特色农产品交易会暨绿茶博览会”，3家龙头农业企业参加四川成都农展会。2014年，花溪区获得省级产业化经营专项资金扶持的省级龙头企

高坡乡水塘村沼气池建设（区农业局供稿）

业有2个，扶持资金20万元，其中贵州中意食品有限公司贷款贴息10万元、贵州金农科技有限责任公司农产品加工项目10万元。区农业局从区农业产业发展资金中安排15万元用于扶持龙头企业发展，各龙头企业以项目申报的形式获得扶持，贵州中意食品有限责任公司、贵州巨农肉业股份有限公司、贵州贵茶有限公司3家龙头企业获得扶持，每家扶持5万元。

（肖光明）

【农民专业合作社】 2014年，花溪区在工商部门登记并在农业部门备案的农民专业合作社共有78个。区农业局组织4个合作社参加贵阳市“2014迎新春农展会”，组织3个合作社参加“2014中国·贵阳国际特色农产品交易会暨绿茶博览会”。全区有3个农民专业合作社获得省级农民专业合作经济组织财政专项补助资金共60万元（贵阳花溪青岩富源果蔬专业合作社20万元、小河区美多果蔬专业合作社20万元、贵阳花溪久安农绿种植专业合作社20万元）。2个合作社获得市级农业产业化经营专项补助资金6万元（贵阳花溪新楼兴农种养殖专业合作社3万元，贵阳花溪黔山香葱种植专业合作社3万元）。区农业局从区农业产业发展资金中安排20万元用于扶持合作社发展，4个合作社符合扶持要求，其中扶持资金补助3个新成立的合作社3万元，土地流转补助2个合作社17万元。

（肖光明）

2014年省级龙头企业金农科技有限公司通过贷款贴息项目购置的选种设备（区农业局供稿）

【农产品加工】 花溪区农产品品种主要有辣椒制品、食用油、乳制品、鸡蛋、花生奶、糕点、糖果、蜂蜜、茶叶、面条、野生菌、山野菜、旅游休闲小食品等多个品种。在全省乃至全国具有一定知名度，也具有地方特色和民族民间特色，如：贵州天齐食品、叶大食品等产品曾多次获“贵阳市十大乡土特产”称号，夜郎蜂业、辣妈厨房产品、贵州天齐食品等产品获得“贵州省著名商标”荣誉，贵州天齐、中意食品曾获得“贵阳市名牌产品”称号。企业主要通过展销会、电子商务、批发零售等渠道销售产品，在展销售会上，这些产品得到省内外客商的好评。全区农产品加工企业有40余家，其中年主营业务收入100万元以上的农产品加工企业22家，集中在农副食品加工业、食品制造业、饮料制造业、医药制造业四大行业。其中，农副食品加工业有5家，食品制造业8家，饮料制造业3家，医药制造业6家。2014年全区年主营业务收入一百万元以上的22家农产品加工企业实现主营业务收入240514万元，总产值310611万元，利税总额62334万元。

（陈万坤）

【农村新能源开发利用】 2014年，花溪区农村新能源项目实施主要有小型沼气工程，完成高坡乡水塘村贵州自然之园生态农业发展有限公司（200立方米）和久安乡久安村花溪区久安农绿种植专业合作社（300立方米）2个小型沼气工程，共建成沼气发酵池500立方米，贮肥池350立方米，贮气柜50立方米，配套设备2套。总投资85万元，其中：省级资金40万元、市级配套26万元、企业自筹19万元。项目实际补助资金66万元。

（罗　锐）

【青岩富源果蔬专业合作社】　贵阳花溪青岩富源果蔬专业合作社成立于2009年5月，注册地点在青岩镇西街村，注册资金1万元，法人代表李培贵，现有社员113人，成立之初以种植西红柿、黄瓜、大蒜、茼蒿菜等蔬菜品种为主产业，基地面积500余亩。2010年年底开始，合作社引进外省优质无花果及紫薯新品种种植，并示范成功。经过对市场的调研，合作社从2011年就开发种植无花果100余亩，紫薯60亩，并取得较好经济效益。2014年，合作社种植的无花果取得丰收，种植户户均增收达5000元以上。合作社多次参加贵阳市“2014迎新春农展会”“中国·贵阳国际特色农产品交易会暨绿茶博览会”等，其产品深受广大市民青睐。合作社先后实施农民专业合作社远程教育站点建设，方便农户学习农业科技和了解市场供求变化。

（肖光明）

农业机械

【概况】　2014年，全区拥有农业机械总动力20.6368万千瓦。其中柴油机动力14.7813万千瓦，汽油机动力3.3699万千瓦，电动机动力2.4856万千瓦。全区拥有主要农机具1.7万台，其中各类拖拉机0.2008万台、耕地机械0.75万台，收获机械0.3164万台、植保机械0.0365万台、排灌机械0.2692万台、农副产品加工机械0.1340万台，农业机械原值达18322万元。2014年，全区水稻机械化插秧面积0.1万亩，机耕作业面积12.49万亩，其中春耕7.45万亩、秋耕5.04万亩，机电排灌面积3.1995万亩。全区农机化综合作业水平达32%。因行政区域调整，原花溪区湖潮乡、党武乡划归为新成立的贵安新区，所以部分统计数据较2013年减少。

（李　季）

【农机安全监理】　2014年，花溪区农机安全“四项指标”为零，区农业局开展农机安全专项整治和隐患排查治理，办理拖拉机（变型拖拉机）注册登记3台，变更登记47台，转入34台，转出11台，机车保有量较2013年增加26台，总计达到1492台。开展各类安全宣传活动10次，发放宣传资料8000余份，张贴安全警示标语10幅。全年开展农机安全生产教育培训12次，参与培训农机操作者2300余人次。

（李　季）

【农机购买补贴】　2014年，区农业局争取中央补贴资金500万元。办理农机购置补贴指标申请473份，涉及农户464户，机具478台/套，其中稻麦脱粒机38台、微耕机411台、塑料大棚11套147个、铧氏犁2台、茶叶揉捻机2台、轮式拖拉机2台、农用挖掘机3台、盘式拖拉机1台、破碎机1台、饲料混合机3台、旋耕机2台、连栋温室结构1套115个、颗粒饲料压制机1台。全年销售各种农机总值363.43万元，中央补贴72.178万元，占19.86%。

（李　季）

水 利

【水资源概况】 花溪区总面积964.32平方公里，耕地面积16.20万亩，有效灌溉面积10.57万亩，有效灌率为65%左右。水资源总量为5.053亿立方米，农村供水覆盖率达到98%。江河取水10处，主要为青岩水厂范围内村寨及部分沿河村寨。水库或湖泊取水41处，主要为花溪水库、松柏山水库周边村寨。地下水取水218处，涉及各乡镇。全区现有水库18座，总库容10915万立方米。中型水库2座（花溪水库3140万立方米和阿哈水库4450万立方米），总库容7590万立方米，均为II类水质，为贵阳市城区重要的饮用水源地。塘坝238座，有效库容133.7万立方米。堰闸（拦河坝）55座。泵站341座，装机容量11773千瓦，其中人饮兼农灌站33座。无农灌机井。水池2054座，容积5.135万立方米。灌溉渠道919公里，已防渗573公里。灌溉管道54.91公里，控制面积0.5万亩，排洪渠18.77公里。

（区水务管理局）

【水利建设】 2014年完成水利总投资达11795.77万元，解决农村34852人的安全饮水，新增、改善、恢复灌溉面积55337亩。全面完成花溪区2013—2014年度冬春农田水利基本建设计划项目56处，投资1043万元，实施项目完成后将新增、改善、恢复灌溉面积10663亩和解决13554人的饮水问题。启动实施南明河干流小黄河麦翁段及长蚱河、凯伦河段防洪工程，总投资2750万元，河道治理11.23公里，工程完成后可有效保护农田0.5万亩；投资51.64万元实施完成青岩河拦河大坝加固工程；投资184.06万元实施完成花溪区青岩河西门河清淤工程1.487公里。投资221万元完成黔陶乡马场村茶场水利设施配套工程和青岩镇新哨村饮水安全工程，解决600亩茶场的灌溉和0.21万人的饮水问题。投资37万元完成高坡乡高坡村地坝组和高坡村六方井2处渠道工程，恢复灌溉面积350亩。完成高坡乡石门村饮水安全工程，总投资40万元，解决该村848人的饮水困难。启动实施久安乡打通村赶泵组、堵鲁组及搬迁户人饮工程，总投资100万元，解决400余人饮水困难问题。启动实施2013年度小农水专项县项目，总投资3015万元，解决21310亩农田灌溉问题。启动实施2014年度小农水重点县建设项目，总投资2300万元，解决18729亩农田的灌排问题。实施完成2014年度青岩镇青岩堡及青岩镇山王庙小摆托2个美丽乡村水利设施配套工程，总投资

黔陶乡马场村冬修水利现场（区水务管理局供稿）

65.19万元，改造人饮设施2处，建设渠道1公里，解决712人的饮水及改善灌溉面积200亩。投资177.35万元完成久安乡茶叶产业基地供水工程，解决800亩茶叶基地灌溉问题。实施黔陶乡马场村、青岩镇南街村渠道维修养护项目，投资35万元，解决300亩农田灌溉。完成燕楼乡槐舟村人畜饮水改造工程，总投资40万元，解决1488人饮水问题。实施碧桂园排洪工程，投资714.53万元，已完工80%。

（区水务管理局）

【水资源管理】　为进一步提高广大市民的水法律法规意识，保护饮用水源，严格实施取水许可制度，花溪区水务局以“3·22世界水日”和“中国水周”的宣传为契机，深入到水库周边李村、天鹅村、松柏村、茅草村、龙井村、车田河、冷饭河、湖潮乡及大学城校区等地上门宣传，共计发放《水法律法规汇编》500本，张贴水法宣传画200套和印有“节约保护水资源，建设生态文明示范区”字样的环保袋1000个。依法严格管理水资源，完成2014年度取水计划审批，加强对取水单位节约用水检查，加大水资源费的征收，完成征费200130万元。为保障汛期河道行洪安全，开展河道清障专项执法工作，对发现的水事违法行为进行查处并责令整改。参加平桥景区综合整治，从6月16日起每天均派两名工作人员参与工作，严禁平桥景区至水库大坝烧烤、水上皮划艇、沙滩椅、骑马经营等破坏水源环境的行为，确保平桥景区成为环境优美，管理规范的旅游景点。及时准确向区创模办报送水利建设资料，迎接创模国家级技术评估。配合区发改局完成石板片区水价上调方案，新水价从7月1日起施行，改变过去水价过低，水厂经营亏损状态。开展南明河水环境综合整治工作，全年共完成清理垃圾632.8吨，清捞水草987.9吨，小黄河支流清运垃圾10.56吨，清捞水草8.86吨，花溪公园河段河道清淤7474吨，清运水草3672吨。

（区水务管理局）

【水土保持】　花溪区地貌以山地和丘陵为主，国土面积964.32平方公里。根据卫星遥感资料2002年全区水土流失面积318平方公里，占全区总面积33.20%。共治理水土流失面积127.875平方公里。行政区调整后，现有水土流失面积72.565平方公里。

（区水务管理局）

【防汛抗旱】　花溪区及时对区防汛抗旱组织领导进行调整和防汛抗旱预案编修。严格执行24小时值班制度和领导带班制度，抓好防汛抗旱工作的落实和山塘水库的隐患排查及治理。开展汛期安全检查工作，掌握区内各水库、山塘、河道、在建工程等运行情况，及早发现安全隐患并进行妥善处理，2014年累计开展各类安全检查70余次，出动检查人员100余人次，车辆80辆次，整改隐患2处，各水利工程汛期安全度汛，全年未发生水利安全生产事故。与区气象局联合建立重大气象灾害联席会商制度，由气象局牵头，区防汛办、国土、城管、教育、旅游等区防汛工作重点单位参加，对各单位的防汛抗旱信息共享，根据气象预测通过会议协商制定出防汛抗旱具体措施。为做好两座水库的汛期安全工作，按照“分级管理”原则，配合阿哈水库管理处、花溪水库管理处在汛前对水库放水设施监控调度系统进行检查，督促养护维修，确保两座水库的放水设施在汛期能正常运行，在汛期对两座水库的雨情、水情实行“一日一报”。全力确保阿哈水库、花溪水库安全渡汛。7月16日，花溪区遭受特大暴雨袭击，造成35568亩农作物受灾，经济损失9468.91万元。区防汛抗旱指挥部，共出动车辆500余车次、大型机械10台次，抽水机泵100余台次、冲锋舟一艘、橡皮艇一只，组织群众紧急疏散，全力确保人民群众的生命财产安全，全年未发生一起因灾死亡情况。

（区水务管理局）

水利工程移民后扶工作

【概况】 2014年，区移民局完成移民后扶项目32个，其中渠道建设项目4个，山塘整治建设项目3个，太阳能路灯项目2个，村寨道路项目18个，五小项目3个，村级综合楼改造项目2个。项目完成总投资947.95万元，惠及全区12个乡镇社区。完成4个渠道项目建设，其中久安乡雪厂村林东组渠道建设长3.8千米；麦坪乡落底村农灌沟渠建设长420米；麦坪乡刘庄村农灌沟渠维修长500米；马铃乡牛皮箐村组农灌沟渠建设长2千米，总投资119万元，解决农田灌溉近2000余亩。投资90.5万元完成3个山塘整治项目。其中麦坪乡戈寨村一组大树脚农灌水库清淤，总投资20万元，美化人居环境；青岩镇摆托村大寨组河道清淤及绿化，投资46.5万元，青岩镇摆托村山塘整修，投资24万元。对移民后扶项目中村寨道路建设，全长18.5千米，投资609.03万元。项目覆盖群众近2万人，投资54万元安装路灯120盏。为三江社区毛寨村、场坝村改善当地的基础设施，为移民群众提供有利的生产生活环境。

（陈 燕）

【红岩水库建设】 2014年，完成红岩水库实物指标调查。征收征用土地总面积2751.22亩（其中征收2119.31亩，征用631.91亩）。永久征收耕地1216.97亩、园地11.14亩、林地464.42亩、其他草地1.88亩、工矿仓储用地1.17亩、住宅用地101.65亩、军事设施用地49.8亩、公共管理及服务用地3.99亩、交通运输用地37.98亩、水域及水利设施用地206.97亩、其他土地23.34亩；临时征用耕地470.21亩、园地21.88亩、林地130.27亩、交通运输用地3.39亩、水域及水利设施用地6.16亩。涉及人口781人，房屋47697.64平方米，零星树木28672株（丛），坟墓336座；灌溉水渠18.1公里，拦河坝9座；通村公路3.2公里，进组公路3.62公里，人行桥2座，农村小学1所，军事设施1处以及部分电力、通讯设施及小型水利设施等。

（陈 燕）

（责任编辑 姚 毅）

久安乡现代高效茶叶示范园区先进生产线（区农业局供稿）

工 业

花溪云顶风电场一二期工程全部建成并网发电(区新闻信息中心供稿)

综　述

【概况】　《贵阳市花溪城市组团控制性详细规划》方案在中心城区未考虑工业用地，工业用地都在南环线以外。花溪未来工业向生态型工业发展，强力推进六大园区的规划建设。先行引入江苏IT产业等重大工业项目，发展高新技术。加快园区规划建设，打造以工业为主导、工贸并举、三次产业协调发展的外向型综合工业园区。2014年花溪区有口径500万元以上规模工业企业100家，完成工业产值156.23亿元，比上年增长12.5%，占GDP比重的53.1%；工业增加值完成32.6亿元，比上年增长16.5%；其中非公民营企业86家，完成工业产值134.2亿元，占全区工业总产值的85.8%。

（区工信科技局）

【工业重点项目建设】　2014年花溪区省重点项目共4个，其中：收尾项目1个：云顶风电场公司花溪云顶风电场项目，建设风机机组53台，架空线路53公里，110千伏升压站1座，综合楼1587平方米，场区交通道路（6米宽）54公里，9月项目全面完成投入使用。继建项目2个：花溪区黔峰生物科技园建设项目目前已完成招拍挂工作，完成土地征收和土地平整工作，进行规划设计。花溪久安古茶树综合开发扩建项目，已完成园区大门改造、园区主干道建设、设备安装，进行生产调试。新开工项目1个：花溪新型建材有限公司新型建材生产基地建设项目，总建筑面积17500平方米，包括厂房、职工宿舍及相关配套设施。

市新开工项目9个，分别是贵州常吃常想食品有限公司山野菜综合加工生产线，贵州星天电线电缆有限公司年产6000吨节能导线生产线，贵阳影虹塑料彩印包装厂高档软包装生产线（节能环保型），贵州佰利厨房设备有限公司厨房设备生产线，贵州泰达隆新型环保材料有限公司加气砼生产线，贵阳燎原电气设备厂（安徽燎原电器设备制造有限公司）高低压成套设备和控制设备项目，贵州恒成新材料科技有限公司聚烯烃复合功能母料项目、贵州天雅工贸有限公司汽车装饰部件生产线、贵州仁达装饰家具有限公司办公家俱生产线。

投产项目11个，已完成11个，分别是贵阳闽达钢铁有限公司生产线改扩建项目，永康市美斯乐工艺门厂生产线改扩建项目，贵州华仁万盛钢结构有限公司生产线改扩建项目，贵阳白云金阳砼预制构件厂生产线改扩建项目，湖南大北农农业科技有限公司生产线改扩建项目，贵州众汇水业联合有限公司生产线改扩建项目，贵州华工工具注塑有限公司一汽贵州汽车配件厂整体搬迁技术改造，贵阳麟山水泥厂年产120万吨新型干法水泥生产线建设项目，贵州科润华机电设备有限公司高桥墩用液压爬架生产线及配套设施建设项目，重庆三圣新型建材股份有限公司新型建材生产基地项目，贵州元业铝合金有限责任公司生产线改扩建项目。达产项目3个，分别是贵州久安古茶树茶业有限公司年产30吨茶叶生产扩建项目、贵州聚能艾佳电器有限公司取暖设备制造项目、贵阳宏彬食品有限公司速冻食品生产项目。

（区工信科技局）

【节能减排】　2014年对花溪区燕楼高发煤矿进行依法关闭。对花溪区燕楼新兴煤矿、花溪区燕楼长冲煤矿、花溪区燕楼仙人石煤矿、花溪区麦坪兴丰煤矿等保留煤矿进行引导，按照煤矿兼并重组的要求进入煤矿主体企业。

（区工信科技局）

工业企业简介

【贵阳闽达钢铁有限公司】 贵阳闽达钢铁有限公司是花溪区招商引资企业，公司占地面积100亩，现有员工600多人，其中专业技术人员100多人，拥有固定资产2.6亿元，现有全H钢结构的标准厂房31500平方米，一套70T电炉，一套80T精炼炉，配备三机三流150方连铸机，节能环保蓄热式加热炉，一条550连续式轧制棒材、线材两用生产线，形成年产35万吨钢材的生产能力。主要产品是一般建筑用螺纹钢和HRB400、HRB500型高强度螺纹钢。公司在历年贵州省定期监督检查和工业产品质量抽检中，全部检验合格，被评为“产品质量抽查合格企业”和“产品质量信得过企业”，是贵州省规模最大的民营钢铁企业。年产值10亿多元，年纳税4000多万元，成为当地龙头企业、纳税大户，为100多个下岗职工，300多个当地劳动力提供就业，为促进和发展地方经济做出重要贡献。2014年共完成工业产值11.05亿元。

（区工信科技局）

【贵州万达客车股份有限公司】 公司位于花溪区溪北社区，占地面积为14.5万平方米，建筑面积6.5万平方米。公司注册资本5801.65万元。主营：客车制造及销售。公司现有员工1100人，其中高中级管理人员和技术人员210人。公司建有冲压、焊接、喷涂、总装、检测等主要生产线及配套设施，形成单班年产6000辆客车综合生产能力。是集整车、专用车为一体的客车制造专业企业，系国家客车定点生产企业，贵州省客车生产骨干企业。主要生产车长为6米、7米、8米、9米、10米、11米、12米等七大系列内的普通级、中级、高级客车、城市公交车；目前公司产品WD6120C2分别被交通部评定为大型高一级客车；WD6840HC、WD6798HC被交通部评定为中型高一级客车；WD6120C3被评定为大型中级客车；WD6796HC2、WD6798HC1被评定为中型中级客车；WD6608C1、WD6608C2、WD6608C3、WD6608C6被评定为小型中级客车。公司自1994年起连续十二年被贵州省工商行政管理局评为“重合同守信用单位”。被国家工商行政管理总局首批命名为全国“重合同守信用”单位。企业信用等级为AAA级。被贵州省监察厅、财政厅、审计厅确定为第一批进入贵州省政府采购市场的供应商，获贵州省诚信信贷企业称号。为贵州省工商局连续三年免检企业。多次荣获铁道部、贵州省、中国铁路工程总公司授予的先进企业等多项荣誉称号。2014年完成工业产值11.06亿元。

（区工信科技局）

【贵州星天电线电缆有限公司】 贵州星天电线电缆有限公司创建于1997年，公司坐落于贵阳经济开发区合朋金石工业园。交通便利，厂区总占地面积6万多平方米。公司有固定资产3亿，有职工300余人，有8条先进的电线电缆生产线及配套设备350余台，年生产总值超过20个亿，有一套完善的质量管理体系及健全的科学管理制度，保障产品的合格率高达100%。公司除生产昊龙牌电力线缆、交联线缆、布电缆、钢芯铝绞线、铝绞线、铜绞线、镀锌钢绞线外还待开发生产航空专用、石油专用电缆及其他特种电缆。2014年完成工业产值5.12亿元。

（区工信科技局）

【贵州久联企业集团有限责任公司】 贵州久联企业集团有限责任公司（简称久联集团）是由原五家省属国防工业企业按母子公司体制组建的企业集团，现有在职人员4885人，久联集团资产总额为44亿元、净资产19亿元。经营业务包括：民爆器材生产、经营；建筑施工、爆破工程施工、爆破技术服务；房地产开发；包装材料生产销售等。现有工业炸药凭照许可生产能力18.3万吨，工业雷管凭照许可生产能力13000万发，工业索类火工品凭照许可生产能力5000万米。现场混装炸药分公司建有混装炸药系统中心地面站，拥有7辆混装车；新联爆破公司是国内规模最大的爆破工程施工企业。久联房开注册资本1亿元，二级开发资质，年开发能力50000平方米，年销售收入1亿多元。开发的遵义翠堤丽苑小区竣工面积12万平方米，正在开工建设的翠堤浅水弯小区4.7万平方米；开发的遵义南岭山水小区竣工面积10万平方米；开发的贵阳新添寨嘉馨苑小区3.7万平方米。轻化工业务主要从事纸箱、木箱、铁芯导线和塑料包装物生产，年生产销售产值1800万元。

久联集团在花溪区有6家公司：9844生产分公司、9855生产分公司、贵阳久联化工有限责任公司、贵州新联爆破工程有限公司、混装炸药分公司、贵州久联企业集团新联轻化工有限责任公司。2014年共完成工业产值6.57亿元。

（区工信科技局）

【贵州联洪合成材料有限公司】 贵州联洪合成材料有限公司是从事汽车用阻尼材料、补强材料、密封材料的研究、设计、开发和生产的跨省股份制联合企业，由一个研究所，四个生产厂组成，即：中国汽车工业协会贵阳汽车阻尼材料研究所、贵州联洪合成材料有限公司、广州联洪合成材料有限公司、马鞍山联洪合成材料有限公司、沈阳连洪合成材料有限公司。广州联洪合成材料有限公司注册资本300万，总投资额1000万，建筑面积7000平方米，年设计生产能力为：阻尼材料8000吨，丁基胶带200万米，补强胶片10万平方米。马鞍山联洪合成材料有限公司坐落在马鞍山市金家庄开发区化工路1号。占地面积4000平方米；建筑面积2200平方米；投资300万元。设计生产能力：阻尼板8000吨，粘性擦布50万块，丁基胶带200万米。沈阳连洪合成材料有限公司坐落在沈阳市经济技术开发区。主要产品有汽车用阻尼胶片、补强胶片、密封材料等3大系列38个品种，年生产能力：阻尼胶片20000吨，补强胶片200吨，密封材料800吨，粘性擦布100万块。受中国汽车工业协会委托，公司研究所正在牵头制定汽车用阻尼材料行业标准，标准已列入工信部标准制定计划，由全国像标委橡胶杂品分会归口管理，全权负责。

2014年完成工业产值0.92亿元。

（区工信科技局）

【际华三五三七制鞋有限责任公司】 际华三五三七制鞋有限责任公司（原中国人民解放军第3537工厂），是国内大型的橡胶鞋靴制造企业。公司始建于1966年，坐落在花溪区云上村，公司现有职工2000余人，专业技术管理人员500余人，具有年产7000万双各类鞋靴的生产能力，拥有资产近5个亿，主要经济指标位居国内同行业前列，是国务院国资委直接管理的新兴铸管集团有限公司（北京）在贵州的全资子公司，是全国胶鞋协会理事长单位，是全国胶鞋标准起草单位。公司核心业务是模压鞋、作训鞋、运动鞋、休闲鞋、水鞋、防滑鞋、解放鞋等300多个系列产品的制造与营销。公司技术力量雄厚，设备精良，管理规范。公司先后获得中国驰名商标、中央企业先进集体、全军先进企业、省级先进企业、科技开发先进集体、贵州省精神文明建设先进单位、贵州省重合同守信誉企业、全军优质产品、贵州名牌产品、中国消费者协会推荐商品、质量管理体系认证、职业健康安全管理体系认证、环境管理体系认证、ISO9001：国际质量体系认证企业等。2014 年完成工业产值 12.5 亿元。

（区工信科技局）

【贵州泰邦生物制品有限公司】 贵州泰邦生物制品有限公司（原贵阳黔峰生物制品有限责任公司）始建于 1997 年，是贵州省唯一一家集血液制品研发、生产、销售为一体的现代生物技术企业，1998 年在贵州省率先通过国家药品 GMP 认证。该公司地处花溪区竹林村，土地使用权面积 34556 平方米，厂房占地面积 2600 平方米，建筑面积 5200 平方米，建有符合 GMP 要求的生产车间，拥有血液制品生产及质量检测设备、仪器，包括压缩过滤系统、超滤系统、层析系统、自动化清洗及分装系统、工艺制水系统等。

公司注册资本 5500 万元，项目总投资 1.2 亿元，被列为省内后续支柱重点项目之一。公司现具备年投浆 400 吨的生产能力，依托血浆资源，公司规模及产值位居全国第五位，是全国唯一取得胎盘多肽注射液生产批件的生产企业。产品、技术符合《产业结构调整指导目录（2011 年本）》（国家发改委第 9 号令）的规定，属战略新兴产业范畴。主要产品有：人血白蛋白、人免疫球蛋白、静注人免疫球蛋白、乙型肝炎人免疫球蛋白、狂犬病人免疫球蛋白、破伤风人免疫球蛋白等血液制品品种，及胎盘多肽注射液。由于该公司产品均为救治危重疾患的重要药品，是战争和地震等重大自然灾害必备的战略储备物资，该公司还承担着卫生部和解放军卫生部多种紧急和战备储备药品研发和生产的重要使命，分别与中国医学科学院和军事科学院建立联合实验室，是贵州发展生物科技的龙头企业。

公司银行信用等级为 AAA，是贵阳市非公有制经济“十强”纳税大户。2014 年共完成工业产值 7.52 亿元。

（区工信科技局）

【贵州中意食品有限责任公司】 贵州中意食品有限责任公司创建于 1998 年，厂区占地 7000 余平方米，坐落于花溪区溪北社区，厂内设施整洁、厂外环境优美，是一座花园式的工厂，拥有一流的现代化设备，生产质量、卫生标准均达国家领先水平。贵州四季如春、气候宜人，优质的苦荞、野生核桃、花生等，为公司提供优质、新鲜的原料，为生产出具有天然、营养、保健、口感好，绿色健康食品创造了条件。公司生产“沛坤”牌中西式蛋糕及糖果、腌腊制品、风味便捷食品，畅销国内广大市场。2014 年共完成工业产值 2.58 亿元。

（区工信科技局）

（责任编辑 姚 毅）

5月7日，农民工在明珠大道路口待雇（杨玉屏　摄）

商　务

11月10日,西南商谷贵州孟关国际物流城签约暨开工仪式(区商务局供稿)

综　述

【概况】　2014年花溪区社会消费品零售总额指标118.38亿元，全年完成183.95亿元，完成目标任务的155.4%，全省排名第四。完成外贸进出口指标478万美元，完成目标任务的100%。完成培育10家批零住餐企业上限入统。强化市场运行监测与分析，做好监测数据统计上报和经济运行专项分析。孟关汽贸城、石板物流园、改貌货运站等大型物流网点的运营，商贸集聚效应不断增强。无水港和贵阳传化智能公路港的开工建设使全区生产性物流业进入快速发展的新阶段。辖区内已有沃尔玛、北京华联、菲翔购物、海纳广场、国美、苏宁、星力百货、合力超市等国内、省内知名大型商场超市，目前北京华联已明确入驻花溪贵筑路班芙小镇，正在开展商铺招商工作。新增限上入统企业10家，全区限上入统企业共计90家。牵头组织辖区内商场超市开展"公民道德宣传月""讲文明树新风""节能减排"等活动，提高商贸流通企业社会责任意识和履行社会责任义务。牵头组织孟关汽贸城开展购车节活动，3月27日，为期5天的汽车购车节实现销售汽车2521辆，销售额3.28亿元。

（梅桂飞）

【商业网点规划编制】　2014年，区商务局为推进文化旅游创新区建设，加快全区现代商贸服务业结构升级、转型发展，与贵州大学经济学校合作，开展《花溪区商业网点规划》编制工作。经过收集基础资料、实地调研等前期准备工作，年内已完成文本初稿编制。

（梅桂飞）

【商贸市场体系建设】　2014年，区商务局强化对商贸企业的营销监督管理，稳定"农超、农社"营销模式，着力发挥保障供应、平抑物价市场功能，确保2013年建设的15个社区生鲜平价店营销正常，未出现店面关闭、生鲜经营面积减少等现象，生鲜价格符合建设标准，在年内市商务局复检中全部达标通过。推动富华超市生鲜直销升级改造，生鲜经营面积由300平方米增至600平方米，生鲜品种由80余种增至120余种。引进家乐美生鲜购物超市入驻金世旗小区，于2014年8月开业，经营面积600平方米，生鲜面积80余平方米，生鲜蔬菜60余种。依托地利农产品物流园有限公司，整合物流配送资源，建立农产品配送为主的冷链物流配送体系，加快鲜活农产品流通现代化（"七化"即组织化、规模化、品牌化、包装化、规格化、冷链化、信息化）建设，降低农产品的流通成本。7层物流配送中心大楼已竣工，建筑面积32460平方米；目前已投入使用5层，其中4层用作常温冷库，1层用于低温冷库。

（梅桂飞）

【乡镇市场体系建设】　2014年实施完成孟关乡改毛农贸市场和青岩镇农贸市场升级改造项目，通过市商务局、市价调办等部门联合验收，青岩镇农贸市场已投入使用。协调辖区大型超市及区农业局等相关部门，与马铃乡、青岩镇、麦坪乡等乡镇农村合作社开展"农超对接"合作。推动富华超市生鲜直销区域升级改造的同时，与麦坪乡戈寨农村合作社、青岩镇思潜合作社达成供销商品合作关系。

（梅桂飞）

【规范市场经济秩序】　2014年区整规办成员单位完成对贵筑社区奶牛场、天鹅村砂厂旁、天绿山庄三处违规活禽批发交易网点的清理整顿。配合经开区相关职能部门完成经开区西江路违法违

11 月 19 日，区商务局与区工商局、区农业局、区城管局、贵筑社区工作人员对违法违规活禽交易网点经营户进行劝解工作（区商务局供稿）

规活禽批发交易网点强制清理整顿工作。

督促企业完善安全生产制度，指导企业编制完成《地震应急预案》《安全事故抢险救援预案》；定期开展安全生产检查，不定期进行暗访，督促企业分季度、按月份开展安全生产自查并上报安全生产自查情况；指导企业加强新《安全生产法》学习。实现辖区内大型商场、超市全年无一起安全生产事故发生。

（梅桂飞）

【现代物流业建设】 1. 贵阳传化智能公路港：由杭州萧山传化物流产业集团有限公司投资 50 亿元，选址于孟关乡上板村，建设第三代传化公路港，规划信息交易中心、管理服务中心、货运班车总站、司机之家、仓储配送中心、车源中心、商业配套服务区及物流总部基地、人才公寓区等功能中心。规划总用地面积 1450 亩，已完成 800 亩土地、房屋征收工作并于 2014 年 12 月 9 日开工建设。2. “无水港”：由贵州商储胜记仓物流有限公司投资 6. 8 亿元，建设内陆区域性港口，规划内陆口岸功能区、综合物流服务功能区、货运代理功能区、中转功能区、速递功能区及其他服务功能区等 6 个功能区。已完成土地招拍挂工作，于 2014 年 11 月 10 日动工。

（梅桂飞）

【市场价格波动】 以花溪区中心农贸市场、徐家冲农贸市场为样本点，重点选择青椒、黄瓜、白菜、萝卜等日常蔬菜；花生油、菜籽油、标准粉、粳米等日常粮油；猪肉、牛肉等日常副食品三大类生活必需品，平时按月监测，重点时节按旬监测。2014 年，全年价格因季节、重大节庆等情况出现波动外，整体价格稳定。相对 2013 年，蔬菜类价格小幅度范围内呈稳中有涨的态势，肉类、粮食类、食用油类、蛋类价格都在小幅度范围内合理波动，但波动幅度不大，总体保持平稳运行。

（梅桂飞）

粮油购销

【概况】 2014 年，全区粮食工作以稳价保供为中心，着力开展基础设施建设，推动粮食流通产业发展，加强粮食市场监管，构建粮食安全保障体系，全面完成年初确定的目标任务。国有企业全年共购进粮油 985 吨，全年销售粮油 817 吨，实现利润 30 万元。

（黄 飞）

【仓储设施建设】 根据省粮食局“危仓老库”维修改造相关精神，安排部署“危仓老库”维修改造工作。按照省、市粮食局的维修改造计划，2014年争取到专项资金10万元，全部投入麦坪仓库维修改造工程项目。在项目建设过程中，制订项目质量标准，从项目招标，确定施工队伍到组织施工都安排督导人员认真监督，确保工程质量。该项目于2014年4月底竣工并投入使用。

（黄　飞）

【粮油储备】　坚持安全储粮责任制，组织开展四季粮油安全大普查，巩固“四无”粮油质量，推广科学储粮技术，确保库存粮油安全。全区储备粮油“一符四无”率达到100%，科学储粮率达95%以上。建立防汛、消防组织机构和抢险突击队伍，备足消防器材和防汛物资，确保粮食、仓储设施安全。2014年全区粮食系统没有发生一起安全事故。

（黄　飞）

【低保粮油供应】　根据《花溪区2014年城乡低保户粮油供应工作方案》，指定区商务局下属国企贵阳花溪宏腾粮油购销有限公司为供应主体，负责花溪区城乡低保户粮油供应工作。为方便群众，确定供应网点，明确“花溪区放心粮油配送中心”、原小河区各社区服务中心为城区内低保户粮油供应点，各乡镇粮库为农村低保户粮油供应点，确保低保群众吃上特价粮油。全年共发放低保粮油684吨。

（黄　飞）

【军粮保障供应】　2014年花溪军粮供应站，严格执行军粮供应政策，健全完善各类规章制度，加强工作人员培训，为驻区部队官兵调剂优质粮油，对军粮的品种、质量、等级进行严格把关，确保部队吃上放心粮油。改进军粮统筹采购办法，建立粮源保障、质量管理、价格稳定、资金安全等方面的有效机制，得到驻区部队的肯定。

（黄　飞）

【放心食品工程】　加强对“放心粮油店”的检查和监管，多次开展粮油质量、卫生安全大检查，为经营户提供各种经营信息与服务，使“放心粮油店”得到健康发展。根据省、市、区要求，继续开展“放心粮油”进学校工作。在区教育局的协调下，贵阳花溪宏腾粮油购销有限公司已与辖区多所学校签订“放心粮油”供货合同。

（黄　飞）

【粮食流通监管】　2014年，开展粮食库存检查、政策性粮食销售专项检查、军粮购销专项检查、安全检查、药剂管理使用等检查工作。完成年度粮食收购资格核查。参与依法打击食品非法添加剂和滥用食品添加剂系列行动，做好夏、秋粮收购检查工作。加强粮食执法、队伍建设，建立执法制度、标准和规范，开展专项监督检查和集中整治活动，依法维护粮油市场秩序。

（黄　飞）

【重点粮油企业】　2013年，区粮食局把下属8个粮食购销公司合并，于2003年9月21日成立贵阳花溪宏腾粮油购销有限公司。2012年3月，原花溪粮油工业公司、花溪粮食公司也并入贵阳花溪宏腾粮油购销有限公司，使该公司成为花溪区唯一一个国有粮食购销企业。公司现有在职职工17人，内退职工25人，退休职工159人。其主要业务为承担全区县级储备粮存储、轮换和保管工作，辖区救灾救济粮供应，低保粮油发放，放心粮油网店建设等。

（黄　飞）

【生猪定点屠宰】　花溪区有2家生猪定点屠宰点，分别是位于陈亮牛场坡的贵州巨农肉业股份有限公司和党武生猪集中屠宰点。2013年4月，党武生猪集中屠宰点行政区划归贵安新区。2014年，贵州巨农肉业股份有限公司共屠宰生猪

268665头，检出病害猪1615头，全部按政府规定进行无害化焚烧处理，有效地净化全市的猪肉市场。同时，公司领导响应国家节能减排倡导，前后投入500多万元进行污水处理厂建设，将污水处理达到国家《污水综合排放标准》进行排放，污水可以循环使用，年末，污水处理厂已经建成且在试运行中。

供销合作

【概况】 2014年，区供销联社有直属企业6家，5家已停业（花溪区贸易中心、土产公司、农资公司、农产公司、车队），仅靠资产出租维持必要的开支。基层供销社有13家，其中：久安、燕楼、黔陶供销社已全部处置资产，仅有高坡、小碧供销社仍在开展业务，其他基层社均已停业或靠出租资产维持必要的开支，全区供销系统干部职工584人，其中：离退休人员228人。成立绿色再生资源公司和再生资源行业协会，分别建立10个绿色再生资源回收站。86个农家店营销网络遍及各乡、镇、村，农资配送中心1个，农民专业合作社1个。

（区供销联社）

【农用物资供应】 花溪区农资日杂公司是经营化肥、农药、农膜的单位。为更好服务“三农”，在全区发展农家店82个，现正常营业68个。2014年度共销售各种化肥7100吨，现有库存2000吨。农民专业合作社1个、综合服务社1个、庄稼医院挂牌5个。

（区供销联社）

【再生资源回收】 2014年，投入40000元组建两个分公司，即贵安新区湖潮分公司、贵阳花溪晨曦再生资源回收有限公司第二分公司；投资12000元统一挂牌4家；投资30000元处置危化物品、废氧气瓶、液化气瓶、灭火器150余个；联合商务局安全检查一次；投资6000元联合商务局、公安局、工商局、城管局对从业人员进行培训一次。

（区供销联社）

招商引资

【概况】 2014年，花溪区按照省市“万亿项目、千次对接”活动总体要求，坚持“走出去”和“请进来”相结合，通过领导带队招商、小分队招商等方式，加大招商工作力度。其中“走出去”，组织策划在北京、深圳、厦门等城市自主举办招商推介活动，参加“北京·贵阳区域合作创新驱动”系列活动，参加生态文明贵阳国际论坛、渝洽会、贵州医药产业招商推介会、酒博会、厦博会、东盟博览会、西博会等省、市举办的招商推介活动，通过项目推介、座谈交流、重点项目建设交换意见等方式，加强对外投资环境宣传，促进重点项目建设。“引进来”，全年共邀请80余家企业赴筑进行投资考察。全年共引进内资在建项目36个，其中新建项目19个，总投资126.9亿元；续建项目17个，投资总额323.8亿元。引进省外实际到位资金135.2亿元，比上年增长44.86%，完成市目标任务130亿元的104%；直接利用外资完成7290.04万美元，比上年增长20.05%，完成市目标任务7287万美元的100.04%。

（陈 兴）

【花溪智慧旅游项目】 该项目由珠海泰坦电力电子集团有限公司投资建设，项目选址位于花溪区青岩镇，占地300亩，建设周期1年、总投资额为5亿元，主要建设国际标准场地赛道2.284千米及越野赛道，汽车试验场地及相关智能配套旅游设施，以及信息化旅客服务中心、赛车俱乐部、赛事维修中心、指挥中心、行政中心、VIP俱乐部、主看台、区域内绿化、相关配套及沿街商业用房等。项目于2014年4月1日开工，现已建成试运营，8月成功举办“2014‘青岩古镇杯’全国汽车短道拉力锦标赛”。

（陈　兴）

【青岩北城门片区旅游综合体项目】　该项目由成都悠游三国文化发展有限责任公司投资建设，项目选址位于花溪区青岩镇，建设周期2年、总投资额为9.3亿元，主要建设高端星级酒店、旅游商业街、休闲酒吧会所、古镇民族特色餐饮、旅游文化体验区等为一体的、以青岩古驿道为轴线的古镇旅游商业区。项目于2014年1月21日开工，现主体工程已基本建成，部分项目开始运营。

（陈　兴）

【贵阳市汽配用品采购中心项目】　该项目由庞建平（自然人）投资建设，项目选址位于花溪区孟关乡，建设周期2年，总投资5亿元，主要依托贵阳国际汽车贸易城，延长汽车产业链，实现汽车产业聚集，重点建设汽车配件、汽车用品中心，汽贸城商贸服务中心等。目前主体工程已完成，部分场馆装修完成，进入试运营阶段，2014年11月成功举办“中国西南（贵州）汽车后市场产品博览会暨贵州省首届汽配用品交易会”。

（陈　兴）

【花溪青岩凡状元别院项目】　该项目由山西易海文化传媒有限公司投资建设，项目选址位于花溪区青岩镇，建设周期2年，总投资1.5亿元，主要建设超星级度假酒店、红酒庄、SPA养生会所等。项目于2014年5月7日开工，现主体工程已基本完工，部分场馆装修完成，进入试运营阶段。

（陈　兴）

【环卫服务外包及环卫产业发展项目】　该项目由北京环境卫生工程集团有限公司投资建设，项目选址位于花溪区清溪社区，建设周期2年，总投资4亿元，主要建设内容为浪风关垃圾场灭火、除臭、搬迁，花溪区垃圾收集、分类、处理，环卫设备生产等。项目于2014年6月10日开工，现正在进行基础工程施工，环卫外包服务工作已启动运行。

（陈　兴）

【花溪城市广场项目】　该项目由长沙二月花文化传播有限公司投资建设，项目选址位于花溪区溪北社区，建设周期2年，总投资6亿元，主要建设集旅游观光、文化休闲娱乐、购物停车、景观绿化为一体的城市综合广场，提供旅游配套服务。项目于2014年4月3日开工，现主体工程及广场绿化已完成，正在进行室内装修。

（陈　兴）

【花溪湿地旅游休闲配套建设项目】　该项目由陈书清（自然人）投资建设，项目选址位于花溪区清溪社区，建设周期2年，占地面积14亩，总投资5亿元，主要建设内容为围绕花溪十里河滩湿地公园、花溪公园等景点进行旅游产业链延长和商业配套，建设有星级酒店、停车场、文化娱乐、特色饮食等的旅游综合体。项目于2014年4月3日开工，现正在进行主体工程建设。

（陈　兴）

（责任编辑　姚　毅）

交通·邮政·电信

5月30日，改造后的清溪大道(区信息中心供稿)

公路建设

【道路建设及改造】 2014年，区交通局道路建设投入资金1029.77万元，其中：公路大修及安保工程投入731.87万元、农村公路建设及改建工程投入321.9万元。

按照“四在农家·美丽乡村”小康路建设要求，投入资金50万元，完成25个村级招呼站建设任务。按照“7+2”同心扶贫工作要求，对高坡乡石门至高坡中学道路2.7公里进行改造，项目总投资171.9万元，年底该项目形象进度已达70%。根据贵州省省道提等的工作要求，做好花溪一小至石板公路改扩建项目前期工作，已完成施工图初步设计。做好世行贷款农村公路改造项目，即：青岩至冒井公路、冒井至凯坝公路改造工程项目，已完成招标。

（秦秀琳）

【公路维修】 2014年，区交通局完成大修工程3个，安保工程4个，总投资731.87万元。项目分别为：青岩至林卡大修工程投资288.55万元、隆昌至天河潭大修工程投资125.74万元、岔路口至大坡公路大修项目投资133.58万元、隆昌至天河潭公路安保工程投资14万元、黔陶至赵司公路安保工程投资27万元、青岩至平伐安保工程投资95万元、桐木岭至羊洞安保工程投资48万元。筹措资金40万元对冷库至黔陶公路进行维修；筹措资金9万余元对邮电宾馆至马洞公路进行维修。

（秦秀琳）

【公路扬尘治理】 2014年，加强花溪区PM2.5治理，在花溪至石板公路吉林村路口路段设置大气扬尘治理检查点对过往的渣土车辆进行检查。向市公路局借用洒水车一台，对PM2.5监测点附近道路进行洒水降尘。全年共查处未按规定上路的渣土车辆400余辆，要求违规车辆进行整改。

（秦秀琳）

【孟溪路建设项目启动】 孟溪路东起孟关汽贸城，沿线与孟关大道、富源二路、贵惠大道、珠江路、开发大道、清溪路、田园路、花桐路等城市主干道相交，西至花溪生态新城，接至花桐路，并向西连接规划的思孟路，与贵安新区、大学城形成有效连接。孟溪路设计标准为城市主干道，设计时速60公里、双向六车道。道路全长9.74公里，是文化旅游创新区路网建设项目中长度最长、投资最多、建设期限最久的道路项目。道路全线设桥梁6座、立交7座、隧道2座，桥隧比达18.66%。孟溪路道路建设项目已于10月30日启动，目前正处于土地征拆和场地平整阶段。

（王文娟　杨小平）

公路运输管理

【运输市场管理】 2014年，与经开区建管局对接，由经开区宏达公司与花溪区万达公司共同经营，开通花溪至小河7路、9路、10路公交车，解决群众出行打车难问题。新增投放120辆出租车，至此，全区共拥有出租车240辆。要求出租车使用统一制作的专用座套，实行“一日一换”，发现车上放有烟灰缸的一律清除，对拼客、拒载等违规经营行为依法实行高限重罚。全年处理投诉800余起、教育驾驶员726人次、处罚出租车130辆。2014年区公路管理部门开展联合治理车辆超载行动，坚决查处侵害路产路权的违法行为。全年共查处超限运输车辆200余辆，罚款2.5万余元，收取公路赔补偿费用51.4万元。

（秦秀琳）

【清洁能源车推广】 2014年，推广使用清洁能源车，引导各运输企业加大节能减排投入，鼓励使用新能源、新技术，实现低碳交通、清洁交通。全年推广21辆公交、班线客运车辆LNG运用和新增120辆CNG清洁能源出租车。

（秦秀琳）

【打击非法营运】 2014年，区交通局联合区交管分局、区城管局、区残联制定下发《关于严厉打击非法营运的通告》3万余份，对非法营运的摩托车、客货两用车、残疾人专用车、伪造运营证的小客车、异地出租汽车和“黑车”等进行清理整治。全年共组织上路稽查人数2500人次，查扣非法运营车辆150辆、摩的120余辆，共处罚没款180余万元。

（秦秀琳）

【交通安全检查】 2014年，对辖区3个客运企业、4个危货企业、1个客运车站及8所驾校开展安全大检查。全年共出动执法人员512人次，巡查里程15000余公里，排除安全隐患40余起，下达整改6次、整改完善6次。印制10000份安全生产宣传资料发放到所有乡镇、社区以及辖区客运企业、驾驶员，通过宣传教育提高广大从业人员安全行车意识。

（秦秀琳）

【交通应急救援演练】 6月份，组织花溪安捷运输公司、贵州久联民爆器材炸药混装分公司2家危货企业进行应急救援处置演练。7月，花溪万达客运有限公司开展“花溪区客运行业安全月应急救援演练”活动，花溪区3家客运企业参加演练，组织4家危货运输企业、8家驾驶培训行业负责人、安全员、部分从业人员进行观摩学习，提升花溪区道路运输行业的安全生产应急救援能力。

（秦秀琳）

【营运车驾驶员培训】 结合“一创四办”工作及规范出租车行业文明行为的要求，花溪区交通管理部门分别于6月12日、13日和11月19日、20日组织对营运车辆驾驶员进行职业道德培训，参训的营运车辆驾驶员1040余名，提高驾驶员的职业道德素养，增进花溪旅游客运文明形象。

（秦秀琳）

【汽车维修市场管理】 2014年检查维修企业97家，发现违规经营行为63起，下达整改通知书63份，整改率达100%。对汽车维修企业质量信誉考核97户，其中一类8户、二类35户、三类54户。开展对无证经营汽车修理行为清理整治，全年到企业开展汽车维修安全生产专项检查96次，出动专项整治人员180人次，执法车辆70余台次，打击无证经营汽车维修、取缔汽车维修占道经营行为290余起。

（秦秀琳）

海事管理

【概况】 2014年4月下旬区海事部门对持证船员分批、分点进行培训，培训天河潭风景区、贵筑社区服务中心李村和石板镇镇山村乡管员、村支两委负责人，景区船员100余人，检验船只183艘，船检率达100%，合格率达100%。对营运船舶的浮性、稳性、抗沉性等技术指标进行严格检验，对花溪4个有船乡镇，6个有船单位，8

个船点，8道渡口进行技术性的安全检验。全年审验船舶营运证87份，完成航务客运量321294人次。

（秦秀琳）

邮 政

【花溪区邮政局概况】 花溪区邮政局是中国邮政集团公司贵阳市分公司下属单位。邮政局内设办公室、市场部和储蓄业务部。下辖客服服务部、代理业务部、营业部、投递部、清溪支行、青岩支行、孟关支行、兰馨支行、吉林支行、党武支行、桐木岭支行、石板支行12个经营服务机构。全局现有干部职工90人，职工平均年龄32岁，网点窗口营业人员都是大专以上文凭，在岗人员90%以上获本岗位职业资格认证。区邮政局设营业网点12处，委托代办营业网点29处，便民服务站10处，设置邮政书报亭10个。服务覆盖全区11个乡镇，人均服务人口达到2.2万人。除邮政传统业务（信函、汇兑、包裹、报刊收订）、邮政储蓄业务、速递物流业务、机要业务、集邮业务、分销业务外，还开办代收电信、移动、联通、电力、石油、有线电视、自来水费，代理保险、车证车辆年审、交通违法处罚、烟草代购等便民服务。区邮政局业务收入已由2001年前的规模不到500万元发展到2000万元的全省标杆局。业务收入较2001年翻4翻。全年储蓄余额已过5亿元，报刊流转额740万元。全局三大业务板块：储蓄业务快速增长，传统邮政邮务类业务，速递类业务稳步增长，实现业务收入连续七年的两位数增长。2014年花溪区邮政局被评为全省“先进集体”，青岩支局连续4年被评为“全省百强农村支局”，8个单位11人获26个奖项。2014年，投递邮路总长度达到148000公里，邮政投递路线总长度156000公里；投递覆盖全区11个乡镇143个行政村。城镇居民楼投递插箱到户，农村投递实现“村村通邮”。城乡邮件妥投率85%以上。城乡邮政所和邮筒（箱）设置密度达到国家规定的标准；邮政服务满意度测评平均得分87分。

（李艳明）

电 信

【花溪电信公司概况】 中国电信股份有限公司花溪区分公司是中国电信股份有限公司贵阳分公司分支机构，统一使用“中国电信”服务标志。公司设办公室负责公司管理制度的执行、监督和考核，拟定和安排工作计划，公司服务质量和安全生产工作管理及接待来客来访，协调各单位与电信公司的各项工作。销售服务部负责营业服务规范的执行和监督，业务宣传活动的组织安排，为客户提供售前、售中和售后服务及接受服务质量投诉。网络服务部负责社区经理、农村统包人员服务规范的执行和监督，光（电）缆、电信管线设施的维护，花溪区域内的管线设施、接入网的规划、迁改和工程实施的管理，协调与市政建设、施工单位的工作关系。下辖青岩、黔陶、孟关、高坡、燕楼、石板、麦坪、党武、湖潮9个支局。公司总经理贺军，副总经理徐荣、周舟、司迟。

花溪电信公司向党政军、企业、商业客户、公众客户提供固定电话、移动电话、互联网接入及应用、数据通信、视讯服务、国际及港澳台通信等综合信息服务。有“商务领航”“我的e家”“天翼”“互联星空”“号码百事通”等众多知名品牌。

2014年，花溪电信公司已经建成200多个

CDMA 基站，覆盖花溪绝大部分行政村，4G 信号已覆盖花溪镇、青岩镇、孟关乡、石板镇、羊艾、大学城等区域，下行速率最高达 150M，为用户带来不一样的感受。截至 2014 年年底，有职工 98 人，年收入 8000 万余元。拥有电话交换机 10 万门容量、拥有宽带用户 71716 户、固定电话用户 49462 户、手机用户 114940 户。

（电信公司）

【中国移动通信花溪分公司概况】　中国移动通信花溪分公司 1999 年 7 月成立，2014 年年底有员工 51 人，承载着花溪区内网络建设和维护，市场拓展、集团维系等工作。花溪分公司设综合部、网络服务部、建设维护部、政企事业部。主要经营移动语音，数据业务，固定电话，宽带互联网等业务。花溪 11 个乡镇共有渠道代理商 104 户，方便广大群众办理移动业务。2014 年花溪移动 4G 用户 4.29 万户，累计 4G 换卡数 18.3 万张，通话用户换卡率 42.11%。网络建设：花溪 LTE 二期工程，建设规模 271 个，宏站站点 229 个（其中，共址升级 77 个，共址新建 15 个，新址新建 137 个）。室分站点 42 个（其中，共址合路 8 个，新建 34 个）。中国移动除原有“动感地带”“神州行”“全球通”“动力 100”“G3”外，在 2013 年 12 月 18 日公布与正邦合作设计的 4G 品牌“And！和”，标志着中国移动 4G 业务的正式启动。

（移动公司）

【中国联合网络通信公司花溪分公司概况】　中国联合网络通信有限公司花溪分公司成立于 2004 年。主要经营移动电话、固定电话、宽带互联网等综合电信业务，下设 4 个乡镇办事处，公司人员 42 人，有 13.72 万通信用户。2014 年全年总收入 6588 万余元，其中移动网收入 4700 万元，在网用户数 8.9 万户，占总数的 65%；固网收入 1856 万元，固网在网用户数 4.8 万，占总数的 35%。

（联通公司）

（责任编辑　姚　毅）

7 月 17 日，花溪大桥下洪水淹没人行通道，警察立即设置警戒线（区公安局供稿）

旅游业

湿地公园牛角岛(秦刚 摄)

综　述

【独特的区位优势】　花溪区位于贵阳市南部，距贵阳市中心城区12公里，紧邻贵阳庞大的旅游消费市场。区内有贵阳环城高速、西南环线、迎宾大道、甲秀南路，紧邻龙洞堡国际机场（行车只需20分钟）。随着贵州境内航空、铁路、公路交通的日趋完善，花溪辐射连接全省交通的优势日渐凸显，使花溪连通省内外景区景点的交通更加便捷。花溪依托贵阳市建设成为全国生态文明城市和世界知名、国内一流的旅游目的地、休闲度假胜地及打造“爽爽的贵阳·中国避暑之都”城市品牌的目标，将建设成为全省旅游核心区。

（区旅游局）

【良好的旅游生态环境】　花溪区除秀美的自然景观以外，更具有得天独厚的气候资源优势。冬无严寒、夏无酷暑，空气清新，气候宜人。年均气温14.9°C，7月平均温度23°C，1月平均温度4.7°C。年均降水量1178.3毫米，年均日照1226.5小时左右。森林覆盖率41.53%，每立方厘米负氧离子2700个，达到国家二级标准。年平均相对湿度81%，饮用水达标率100%，空气优良天数340天，是一个具有天然空调效应的都市近郊城区，为旅游业提供得天独厚的气候优越条件。

（区旅游局）

【旅游资源】　花溪是贵州省第一批省级风景名胜区之一（1990年8月省政府批准），全区景区面积222平方公里，占全区面积的23%。有自然景观56个，人文景观25个，国家级特等景观4个，国内一等景观18个，二等景观32个，三等景观27个。集自然风光、生态环境、宜人气候、历史文化、古镇文化、民族风情、乡村文化、地质地理等为一体。2014年，花溪区有国家4A级旅游景区3家（国家旅游局2008年11月批准天河潭景区、2010年1月批准青岩古镇、2014年8月批准湿地公园<孔学堂>）；2009年12月，经住房和城乡建设部批准花溪十里河滩为国家城市湿地公园，并于2011年9月对外开放；2005年10月青岩古镇被建设部、国家文物局公布为第二批中国历史文化名镇。花溪区还有众多可供人们随意游览、休闲、娱乐的非旅游线路人文历史、自然风光旅游点，有大旅行家徐霞客走过的路、走过的桥，有掌修国史的周渔璜修建的蒙贡宫詹

花溪非旅游线路旅游点之一：清溪社区桐木岭村上板桥寨古桥旁驿站（杨玉屏　摄）

桥，有周边乡村的林场、河滩、田园、村寨等等。全区有四星级酒店1家（西苑镜润酒店）、三星级酒店2家（溪山、玉龙）、二星级1家（花溪7天连锁酒店行政中心店）、贵阳市精品特色客栈（银兰级）1家（彩歌堂）、旅行社2家（花溪国际旅行社、清溪旅行社）、旅行社门市部22家。全区有住宿业218家，共有房间数4464间，床位数6290个。

（区旅游局）

【旅游文化产业发展】 编制完成《青岩镇总体规划（2013—2030）》《青岩景区修建性详细规划》和《青岩镇概念性规划》。省旅发大会主会场项目48个，总投资49.51亿元（引入社会资金16.38亿元），其中道路基础设施建设项目5个，公共配套设施项目9个，旅游配套设施30个，招商引资项目4个。此外，筹备工作还涉及城市环境综合景观、文化产业提升、天河潭景区提升、湿地公园（孔学堂）提升及田园风光和美丽乡村建设等项目。

（区旅游局）

旅游景区建设

【概况】 围绕“全省100个旅游景区”建设，本着突出重点、突出特色、突出品位、突出精品的原则，天河潭旅游文化综合体、花溪青岩古镇、花溪湿地公园（孔学堂）三个景区均为全省重点示范旅游景区。青岩古镇景区2014年计划总投资为10.6644亿元，天河潭休闲旅游综合体2014年计划总投资为2.22亿元，花溪湿地公园（孔学堂）景区计划总投资为5.76亿元，截至2014年12月，青岩古镇景区已完成投资超30亿元，天河潭休闲旅游综合体已完成投资超3亿元，花溪湿地公园（孔学堂）完成投资超10亿元。争取“全省100个旅游景区”建设资金2300万元。其中湿地公园900万元、青岩古镇900万元、天河潭景区500万元。

（区旅游局）

【创建国家5A级旅游景区】 按照国家5A级旅游区标准，加快推进以青岩古镇为核心，联动青岩堡、花溪十里河滩国家湿地公园。8月14日，经贵州省旅游景区质量等级评定委员会评定贵阳市花溪区湿地公园景区（孔学堂）获得国家4A级旅游景区称号；围绕青岩古镇、湿地公园（孔学堂）、天河潭等旅游景区，按照国家5A级旅游景区标准，编制国家5A级旅游景区创建工作方案，逐步改造景区基础配套设施。

（区旅游局）

【旅游行业管理】 对辖区2家旅行社及22家旅行社服务网点进行规范管理。按照《旅行社管理条例》，对旅行社服务网点进行备案登记。区旅游局承担旅游服务质量和旅游市场秩序的监督检查等旅游行政执法工作；联合有关部门开展旅游市场综合治理；指导旅游投诉体系建设，处理、协调和督办旅游质量投诉，开展“安全生产月”及《旅游法》等宣传活动。对接涉旅企业，及时协调做好节假日期间的应急预案以及服务工作，开展春节、“十一”、“五一”等黄金周期间的旅游投诉案件查处工作，旅游投诉查处率100%。

（区旅游局）

【周钟瑄文化交流中心开工】 12月2日，“周钟瑄文化交流中心”在花溪区黔陶乡骑龙村开工建设。该项目设计用地6.526亩，投入资金600余万元，主体工程预计于2015年5月前完成。周钟瑄是贵州开发台湾第一人，历任福建邵武知县、台湾诸罗（今嘉定）县知县、山东高唐知州、荆州知府等职。为官数十年，政绩颇多，在邵武建文庙，修葺李纲祠，在高唐设尚志书院，在荆州兴修水利，积谷备荒，平反冤狱。周钟瑄在台湾政绩显著，在诸罗县建学馆，修城隍，摒陋规，教民耕作，筑塘堰，促进当地农业发展。人民感其德，称他所修的塘堰为周公堰，并建周公祠，为他塑像。他还著有《读史摘要》《劝惩录》等。“周钟瑄文化交流中心”项目的实施，丰富花溪区历史文化内涵，为花溪文化旅游创新区建设增添浓墨重彩的一笔。

（曾庆坤　孙鲁荣）

旅游活动

【旅游媒体宣传活动】　2014年区旅游局为推广宣传花溪旅游形象，围绕“灵秀花溪·高原明珠”旅游品牌，摄制《花溪旅游形象宣传片》《花溪旅游形象广告片》，开展“跟着亚姐游贵阳暨香港摄影名家贵阳作品展”、中央电视台科教频道科普类电视栏目《地理中国》、动车杂志《旅伴》、航空杂志《东方养生》等的宣传拍摄工作。《花溪旅游形象宣传片》《花溪旅游形象广告片》的宣传播出，得到省、市旅游部门的好评，提升“灵秀花溪·高原明珠”旅游品牌的知名度。

4月11日，曾分别在近几年国际旅游小姐大赛中获得亚洲总决赛冠军、中国总决赛冠军、洲际总决赛冠军、国际旅游小姐国标区冠军等奖项的9名佳丽到花溪青岩古镇采风拍照，为2014国际旅游小姐亚洲总决赛作造势宣传。此举不仅让各国佳丽更加深入地了解青岩古镇风貌，同时也有助于宣传花溪及青岩古镇旅游形象。

（区旅游局）

4月11日，国际旅游小姐到青岩古镇采风（青岩镇供稿）

花溪旅游文化投资开发经营有限公司

【概况】　花溪旅游文化投资开发经营有限公司系花溪区人民政府组建的国有独资公司，于2009年8月25日注册成立，2010年7月正式开始运营，注册资本人民币1.01亿元。区旅文公司设六个部门，分别为：财务部、办公室、项目部、发展部、经营管理部、土地开发部。主要负责花溪区旅游文化资源的整体运作。

为实现花溪区旅游资源统一管理，公司对区属旅游相关企业进行整合，设立二级公司。现有4个全资分、子公司，2个参股子公司，共有员工244人。分别为：花溪旅游文化投资开发经营有限公司青岩古镇分公司、花溪国际旅行社、花溪国家城市湿地公园建设经营管理有限公司、花溪青岩堡交通旅游置业有限公司、贵阳高坡峡谷旅游开发经营有限公司和花溪公园经营管理有限公司。

公司秉承统一开发、统一经营、统一管理、统一调度的原则开展工作，2014 年主要围绕整合景区旅游资源打造国家级旅游示范区，围绕创建国家 5A 级旅游景区的要求推进项目建设，围绕“五个 100 工程”“100 个旅游景区”“100 个示范小城镇”和“贵州省第九届旅游产业发展大会”展开景区项目提升建设，围绕发展旅游文化创新区创造性地开展景区宣传推广工作。

2014 年，青岩古镇景区解决就业人数（包括管理人员、售票人员、安保人员等）100 余人，比上年增长 150%。

2013 年 1 月 1 日，公司正式接管花溪公园的经营管理工作，经过两年的摸索与调整，花溪公园的各项工作已逐步平稳。公园综合收入呈逐步平稳增长状态，园区经营秩序良好，为下一步实施花溪公园地块整治开发项目打下基础。

（区旅文公司）

【贵州省第九届旅游产业发展大会项目建设】 2014 年，青岩古镇成为贵州省第九届旅游产业发展大会举办的主会场，公司围绕景区规划建设、青岩古镇外围环境提升、产业和文化提升及宣传等方面开展景区基础设施建设、景区景观保护提升改造、古镇管理升级及旅游宣传等工作。按照创建国家 5A 级旅游景区的标准和要求，顺利完成青岩南北门游客服务中心精装及展陈、青岩古镇景区内部交通（电瓶车、自行车慢行系统建设）、古镇夜景灯饰亮化、标志标牌建设、寿佛寺广场改建、两湖会馆装修、寻枪客栈及东街精品客栈、导游系统、监控与消防设施、古镇北城墙西段恢复、智慧旅游等项目建设，同时开展景区服务人员培训，打造景区优质形象，协力旅发大会圆满召开，助力青岩古镇景区“升级版”打造。

（区旅文公司）

【旅游项目招商引资】 在保护资源、传承文化的前提下，紧紧围绕打造“国家级旅游示范区”和创建国家 5A 级旅游景区的目标，公司完成花溪国家城市湿地公园游客接待中心项目，协助青岩镇完成青岩北门棚户区改造项目、龙井布依村项目的招商合作。其中青岩北门棚户区引进贵桥集团打造北门旅游综合服务区项目总投资 6 亿元，该区域建成后将有效连接青岩古镇与青岩堡，扩大古镇游览范围。

（区旅文公司）

【旅游景区宣传】 2014 年区旅文公司除利用电视媒体、报刊等传统媒体推介全国旅游交易会、全国旅游发展大会以及中国国际酒类博览会等大型旅游活动外，紧跟网络信息的发展步伐，将网络微博、微信、微信公众平台等方式融入到景区宣传中，使公司宣传推广方式更加多元化。2014 年，公司旗下景区已建有官方网站、腾讯微博、新浪微博、微信公众平台等。

（区旅文公司）

（责任编辑　杨玉屏）

高坡苗族“悼洞”仪式（区旅游局供稿）

建筑·房地产业

石板镇镇山村(石板镇供稿)

建筑业

【概况】　2014年，区住建局围绕工程质量专项治理两年行动计划，以开展“防扬尘治理”工作为重点，加强对全区77个在建项目建筑施工的精细化管理，开展节能减排、文明施工，保障花溪区“碧水蓝天”工作取得实效，继续做好安全施工、质量监管，保障工地施工安全，工程质量达标，同时开展建设领域清理拖欠工程款和民工工资工作，切实保障群众的合法权益。

（周云峰）

【建筑市场管理】　2014年，花溪区建管站对申请施工许可证的项目进行初审、对建筑市场进行严格管理，对项目竣工归档、备案严格把关，对申请施工许可证、竣工备案、归档的资料提供不完善的项目一律不予审核通过，对未取得施工许可证擅自施工的项目，一律以书面形式责令停工整改。全年合同备案完成施工合同26个、监理合同26个、设计合同4个、地勘合同4个、劳务合同4个。施工图审查合格项目21个，总建筑面积812070.99平方米，工程总造价为：124279.4万元。9月份，根据贵阳市住房和城乡建设局下放建筑施工许可证办理权限要求，至年底共办理建筑施工许可证17个，总建筑面积903824.07平方米，总造价136172.06万元。

（周云峰）

【建筑市场秩序整顿】　2014年，区住建局通过严把工程建设备案管理关、推行建筑市场诚信体系建设，全力维护本区建筑市场健康有序地发展。督促区境内从事建设活动的各单位办理《诚信管理手册》，并将各单位办理《诚信管理手册》的情况作为建设工程办理报备案的必要条件，同时配合贵阳市住房和城乡建设局不断完善诚信管理平台信息，更快更有效的进行打击违法分包、转包，违规托管、代管、挂靠，未取得相应证件及资质从事建筑施工等非法违法行为，不断规范建筑市场。配合区清欠办、区劳监、公安等部门多次对区内各在建项目全面开展农民工工资支付情况排查清理；开展维权普法宣传，提高建设领域农民工依法维权意识；加大建筑分包市场管理力度，着力消除矛盾隐患；开展工程建设项目立项和审批联动，建立和完善社会信用约束机制，提高失信成本，保障群众合法权益。全年共处理康城花溪居住小区、孟关汽贸城安置房等建设项目清欠纠纷24起，追回工程款及民工工资8760万元，其中农民工工资5378万元。

（周云峰）

【建筑施工管理】　2014年，花溪区建筑施工项目共142个（其中在建68个），总建筑面积746.63万平方米，合同造价约86.08亿元。其中，竣工项目10个，总建筑面积164万平方米，合同造价约5.08亿元。市政基础设施项目17个，面积12.45万平方米，总长度23.34千米。围绕工程质量专项治理两年行动计划，以开展“防扬尘治理”工作为重点，加强对全区68个在建项目建筑施工的精细化管理，开展节能减排，新增实施建筑节能建筑面积34.17万平方米，节能设计新增建筑面积68.9万平方米，节能实施验收新增建筑面积164万平方米，节能实施率100%。全年对全区建筑工地开展质量抽查218次，其中分项工程质量抽查175次，分部验收监督33次，竣工验收监督10次。分项工程质量抽查基本符合要求，无违反设计等重大问题。工程验收全部符合验收程序要求，验收结论为合格。工程一次性竣工验收合格率100%。开展建筑施工专项安全大检查21次，有效遏制建筑施工安全生产事故的发生，全年未发生一起安全生产事故。

（陈　宇）

【招投标管理】　2014年花溪区公开招投标工作以青岩旅游基础设施项目、贵州大学校园扩建二期项目和衍生安置房项目为核心，全年共有建筑工程公开招标报建工程136个，其中公开招标已完成交易74个，交易额169779.99万元，节约金额873.17万元。直接发包登记备案工程62个，备案金额126395万元；全年实施房屋征收竞争性比选项目11个，房屋征收量345.5万平方米。在招标投标实施中，严格执行《贵州省建设项目招标范围和规模标准规定》，对达到规定标准的建设工程项目（含勘察、设计、监理、施工、设备采购）均严格执行公开招标制，达到规模的招标工程招标率为100%，在实施房屋征收竞争性比选工作中，严格执行《花溪区选择房屋征收实施单位考核比选办法（试行）》，以公开招标方式选定房屋征收实施单位，规范房屋征收工作。

（邵　宁）

房地产业

【概况】　区住建局对房地产业的管理工作主要从房地产市场监管和房屋产权产籍管理两方面进行。房地产市场监管主要以对房开企业行为规范、预售资金监管核拨、违法违规销售行为查处、强化商品房交付使用备案管理等方面为主，加大对房地产市场的监督，保障房地产市场有序健康发展；房屋产权产籍管理工作主要是为广大群众办理房屋产权、变更登记、商品房买卖登记等相关事宜，保障群众切身利益。

（章宗婷）

【房地产开发投资】　2014年花溪区共有24个在建投资房开项目入库（其中：中心城区14个，各乡镇区域10个），截至12月底，全区累计完成房开项目固定资产投资47.74亿元（其中中心城区域完成23.19亿元，各乡镇区域完成24.55亿元），比上年增长43.61%，圆满完成全年的目标任务。

区住建局配合区政府、区发改局、区统计局抓好区域内房开项目的固定资产投资，按时督促房开公司及时报送投资数据入库，主动协调解决项目建设中遇到的困难和问题，协助统计局做好新项目入库。同时为保障花溪区经济运行情况的适时监控，还负责对全区房地产固定资产投资数据情况按月进行统计并按时报送市住建局和区发改局。

（章宗婷）

【房地产市场监管】　建立完善花溪区商品房预售资金监管系统，将商品房销售管理系统、房地产产权产籍管理系统、监管银行结算系统进行跨行业、跨部门链接，对预售资金从办理商品房预售许可证开始至完成房地产初始登记终止，实行全程网络信息化监管。推进开展辖区内房地产经纪机构备案工作，促进房地产中介服务市场平稳、规范、健康发展。4月，抽调区住建局系统业务骨干成立房地产开发项目巡查专项工作组，对花溪区2013年取得“商品房预售许可证”的房地产开发项目开展专项巡查，对花溪区“溪山御景”“明秀商贸城”“碧桂园”“贵阳国际汽配用品采购中心”“保利溪湖”“童话故事”的销售情况、资金监管情况、物业服务情况、建筑节能情况、商品房配建公租房落实情况、商品房交付等方面的情况实施专项巡查，对巡查情况存在问题较多、较严重的“童话故事”现场做出缓销售的决定，责令房开公司立即按照巡查要求限时整改，尽快完善售楼部和销售现场，规范商品房销售现场公示内容。重点督查开发企业在售项目销售现场信息公示，商品房预售、销售方案落实，预售资金和维修基金入账、使用情况及开发企业销售行为规范情况，清理出各项问题67条，对存在问题的项目下达限期整改通知书6份，通过开展专项巡查，进一步规范花溪区的房地产市场秩序，推动花溪区房地产市场秩序健康有序地发展。

（章宗婷）

【商品房销售与二手房交易】 2014年，区房地产权监理所共计办理区域内商品房销售的产权转移登记979件，建筑面积为105171平方米，交易金额为661523008元。共计办理区域内二手房交易的产权转移登记708件，建筑面积为81343.42平方米，交易金额为356043853元。花溪区房地产权监理所在花溪区政务大厅发放各类房屋产权证件7309件。

（李冬梅）

【物业服务管理】 2014年，完成碧桂园、七里香溪、中铁城·锦溪项目的前期物业管理招投标的指导和备案，全年实现招标率100%。完成花溪区明秀商贸城、溪山御景等项目交付备案前的物管落实情况审核工作。对住宅室内装饰装修过程中破坏房屋建筑结构的行为进行查处，全年共下达25个违法装饰装修整改通知书。接受市民投诉近百起，针对投诉进行逐一处理回复。

（范　春）

【维修资金监管】 花溪区住宅维修资金委托建设银行花溪支行及花溪农村合作银行作为住宅维修资金专户管理银行，并在两家银行开立住宅维修资金专户，以物业管理区域为单位设帐，按房屋户门号设立分户账。维修资金交存比例严格按照省、市标准执行，交存方式为由房开企业向业主代收后存入银行专户，或由业主直接存入银行专户。截至2014年12月，花溪区交存住宅维修基金的住宅小区共49个，资金总计15443万元，共有11个物业小区动用了住宅维修资金，共用维修资金179.8万元，均用于住宅共用部分、共用设施、设备保修期满后的维修、更新或改造。

（范　春）

保障性住房建设与管理

【概况】 2014年在各乡、镇中小学校和贵州大学、贵州民族大学以及花溪区上板组等地共计建成和基本建成159556平方米，2509套公共租赁住房。全年审核办理公租房租赁补贴保障的2379户保障对象，累计实物配租保障户数为921户。推进实施棚户区改造，完成511户棚改任务，切实落实“住有所居”的民生政策。

（万绍翼）

【公租房建设】 2014年青岩中学教师公租房项目1680平方米，48套住房建成；高坡小学教师公租房项目840平方米，24套住房建成；溪南高中教师公租房项目2520平方米，72套住房建成；马铃小学教师公租房项目945平方米，27套住房建成；久安小学教师公租房项目1015平方米，29套住房建成；燕楼小学教师公租房项目875平方米，25套住房建成；麦坪小学教师公租房项目1680平方米，48套住房建成；花溪甲定小学教师公租房项目980平方米，28套住房建成；花溪区上板组公共租赁住房项目36967平方米，608套基本建成；贵州大学教师公租房项目36000平方米，600套基本建成；贵州民族大学教师公租房项目76054平方米，1000套基本建成。

（万绍翼）

【公租房实物配租】 2014年贵阳市对全市范围内2011年12月31日前已纳入公共租赁住房租赁补贴保障的家庭进行两次公开摇号。在2014年两次公租房实物配租摇号现场，摇号家庭代表到场参加，贵阳市公证处的工作人员对整个摇号过程进行全程公证，新闻媒体现场直播摇号的过程，体现摇号公平、公开、公正的原则。花溪区两次摇号申报符合条件的保障家庭42户，31户保障户摇号中签，中签的房源包括二室一厅、一室一厅户型，单套建筑面积严格控制在国家规定范围，采取全市公开方式面向各区范围内保障家庭进行轮候配租。

（万绍翼）

【房改工作】 2014年共为花溪区房改房住户办理“房地产交易市场准入许可证”6个（累计3751个），收缴土地收益金144241.12元。为区属各机关单位职工兑现存量补贴3人，共兑现存量补贴资金59976元。为区属各机关164个单位职工共兑现增量资金131970580元。

（万绍翼）

【棚户区改造】 2014年花溪区列入贵阳市棚户区改造的项目共10个，分别是：2013年的洛平新城棚户区、关口寨集中安置点、花溪国宾大道棚户区、富源南路改貌棚户区、贵阳国际汽贸城棚户区、花溪孟关改貌棚户区、青岩市场（一期）棚户区改造项目，总占地面积2864亩，总建设规模450.67万平方米，计划总投资146.63亿元，涉及总改造面积178万平方米，总改造户数3112户；云上（湿地阳光）棚户区、万达片区棚户区、青岩市场（二期）棚户区改造项目，计划总投资24.2亿元，涉及总改造面积4.96万平方米，共完成改造户数511户。

（肖叔平）

4月16日，孟关乡改毛村安置房（孟关乡供稿）

【房屋征收】 2014年，花溪区房屋征收项目共计80个，其中已启动征收项目67个，涉及被征收户5525户，征收面积2093669.52平方米；已签4610户1820472.60平方米，签约率85%（按面积），较好地完成花溪十里河滩国家城市湿地公园提升二期、三期项目、青岩旅发大会及贵安新区骨干路网（7路）等项目征拆任务。

（周贵平）

【贵阳城南地产（集团）有限公司概况】 贵阳城南地产（集团）有限公司是2009年11月经区委、区政府批准组建而成的区属国有独资公司。注册资本金448826.34万元，其中：区发展和改革局注资200万元，区财政局注资448626.34万元。公司目前拥有各类专业人才70人。公司主要职责是为花溪区的土地整理开发、重大基础设施建设、安置房建设、重大产业发展、融资担保及经营性建设项目投资运营，发挥政府投资的引导作用。

（城南公司）

5月，区污水收集系统河滨街施工技术人员现场研究解决施工中遇到的管线阻隔问题（区住建局供稿）

【土地挂牌】 2014年成功挂牌出让土地共25宗，分别是：洛平水库A1地块、罗汉牛肉干地块、燕楼工业园13宗地块、吉林花园二期项目地块、青岩市场棚户区地块、青岩古镇主题文化设计酒店开发项目（小学）地块、青岩古镇主题文化设计酒店开发项目（中学）地块、青岩张公馆恢复重建项目地块、汽贸城4S店A地块、4S店B地块、4S店8号地块及工程机械2号地块、华融花溪02－05－17地块，出让面积1292亩，土地成本67645万元，成交价131007万元。

（城南公司）

【土地储备项目】 2014年正在实施的土地储备面积3594亩，土地成本314869.55万元，已投入93019.18万元（含企业拨入的土地开发资金）。其中：上陇头项目地块，21亩，土地成本525万元，已投入15万元，由于地块中尚有花溪区农资公司房产未拆除，摘牌企业未缴纳土地出让金，市国土局下发关于解除该项目国有建设使用权出让合同的通知；花溪广场项目，105亩，土地成本3150万元，已投入2900万元，土地征收及房屋征收已完成，已报请区政府协调签订征地四方协议；孟关生态新城二期（1号），360亩，土地成本27001万元，已投入28681.46万元，正在收集该地块成本资料、提取规划设计条件通知书、测算包干价；金石A，163.86亩，土地成本3285.62万元，已投入3285.62万元，金石B，68.10亩，土地成本888.66万元，已投入888.66万元，金石C，78.91亩，土地成本1048.25万元，已投入1048.25万元，红太阳A、红太阳B共170.34亩，土地成本1760.93万元，已投入1760.93万元，金石ABC及红太阳AB地块，正在收集整理土地成本资料，待生态新城控规审定后方可提取规划技术指标；花溪奶牛场1－4号地块，1104亩，土地成本208027.19万元，已投入17771万元，于2014年10月再次将挂牌资料报送至市土储，目前正在办理挂牌相关手续；险峰厂地块，120亩，土地成本12000万元，已投入3000万元，正在对其进行资产评估；两夹坡安置点项目，88.24亩，土地成本1447.69万元，已投入1447.69万元，土石方开挖机械设备已进场工作；师大团购房1号地块，186亩，土地成本12367万元，已投入4800万元，已请区政府协调尽快签订征地四方协议，编制开发实施方案及成本预算。

（城南公司）

【安置房项目建设】 2014年贵阳城南地产（集团）有限公司共计完成安置房建设76.4万平方米，完成投资30328.88万元，分别是：贵阳国际汽贸城农民新村安置房5500万元，一期1－7号已完成主体建设，正在进行装饰装修工作；孟关生态特色功能区农民新村安置房8256万元，一期已完成主体工程建设，正在进行装饰装修；富源南路改貌农民新村安置房8300万元，1号楼完成60%装修施工，2、3号楼完成主体施工，4、5号楼进行四层主体施工；关口寨农民新村安置房1795.88万元，02地块9、10、11、15号楼已完成项目建设；改貌安置点（一期）6477万元，一期已完成主体工程建设，正在进行装饰装修。

（城南公司）

【市政基础设施建设】 2014年贵阳城南地产（集团）有限公司共计完成道路及大沟1.4公里，完成投资1380万元。洛平水库市政道路、大沟施工进度：二号道路，完成电力管埋设150米，完成人行道透水砖铺贴640平方米，完成沥青路面铺筑280米，现有工作面雨污管埋设备已全部安装完毕；三号道路，完成道路全长路基土石方施工，道牙基础砌筑及道牙安装600米，人行道透水混凝土浇筑及透水砖铺设1200平方米，雨污管埋设备已全部安装完毕，完成沥青路面铺筑300米；四号道路，完成雨污管沟埋设80米、左侧人行道透水混泥土浇筑及透水砖铺贴50米；五号道路共完成路基170米，人行道透水砖铺贴1200平方米，雨污管埋设备安装完成300米；六号道路完成4米×2米盖板涵一座，路基施工700米，电力管道埋设500米，雨污水管埋设备200米，中央绿化带道牙基础砌筑300米，路缘基础砌筑及道牙安装450米，人行道碎石层铺筑1800平方米，人行道透水混凝土浇筑及透水砖铺设600平方米；洛平水库片区市政大沟工程，完成150米主沟（4米×3米）、300米支沟（2米×2米）工程施工和80米大沟水泥涵管埋设。改貌大道、二道因拆迁问题1月至12月处于停工状态。

（城南公司）

【融资工作】 为解决洛平新城项目建设资金，完成贵州农村合作银行花溪支行项目建设融资5000万元。完成清水城项目1.3亿元贷款的融资。完成花溪文化旅游创新区关口寨二期安置点项目向中国农业发展银行花溪支行贷款2亿元资料，完成两夹坡安置点一期项目向贵阳银行花溪支行贷款2.7亿元资料，以及万达片区小城镇建设项目向建行花溪支行贷款4.5亿元资料，其中贷款资金已通过银行审贷会通过的有贵阳银行花溪支行2.7亿元和中国农业发展银行花溪支行2亿元贷款。年末，银行贷款资金到位受限，落实贷款到位资金中国农业发展银行花溪支行关口寨二期安置点项目100万元，贵阳银行花溪支行两夹坡安置点一期项目500万元，剩余贷款资金争取2015年年初到位。为创建花溪文化旅游创新区项目建设筹集启动资金，贵阳城南地产（集团）有限公司协助文化旅游创新区工作领导小组土地开发办公室开展土储融资工作，与区土储分中心、区国土分局等部门对花溪区批而未供地块进行梳理，统计出可用作融资地块43宗并办理储备土地使用证，面积551.89公顷（8278.35亩），已用于融资地块16宗，面积287.57公顷（4313.55亩），剩余27宗可用作储备贷款，面积264.3144公顷（3964.716亩）。2014年度全市土地储备融资通过银行审贷额度200亿元，其中花溪区77.318亿元，占全市融资额度的

39%，目前花溪区土地储备贷款已签订借款合同46.818亿元，已到位资金12.568亿元。

（城南公司）

【协税护税工作】 2014年贵阳城南地产（集团）有限公司缴纳耕地占用税3319.54万元，协助区税务局、区财政局追缴土地交易契税2674.36万元，敦促协助安置房施工单位缴纳建安营业税8582.34万元，合计协税资金14576.24万元。

（城南公司）

（责任编辑　姚　毅）

马铃乡谷中村盐井寨近年兴起的小菜场（肖白兴　摄）

科技·社科

设在花溪围寨监测地震的贵阳基准地震台(区科技局供稿)

科技工作

【科技管理概况】　搭建科技咨询与服务平台，培育高新技术企业和企业研发平台。引导企业成立工程技术研究中心，企业技术中心，开展科技创新和科技成果转化服务。全区有高新技术企业10家，工程技术研究中心3个，企业技术中心（省级）5个。全年应用技术研发资金投入2489万元，比上年增加20.7%。安排科技项目9批，安排资金1637.8万元，计划安排项目资金2028万元。扶持区内企业单位申报上级科技计划项目工作，全年获得国家项目立项2个，资金120万元；省级项目立项6个，资金115万元。2014年花溪区专利申请比2013年增加127%。受理专利奖励36项，奖励金额24000元；在马铃乡、青岩镇开展辣椒种植（地理标志农产品相关知识）培训两次；与省局签订《花溪辣椒地理标志产品产业化推广项目》《花溪区县城经济知识产权战略推进工程》。

（曾　波　胡津菁）

科学普及

【科普宣传活动】　春节期间，区科协在马铃乡、燕楼乡、黔江社区和航天社区等地开展科普宣传，共发放各类科普资料3.5万份，义诊786人次，科技咨询360人次，送春联1200余副。3月23日，围绕2014年世界气象日的主题“天气和气候：青年人的参与”，区科协、区气象局、贵州大学在贵大南校区操场首次联合举办一场内容丰富、形式多样的科普宣传活动。活动现场有科普展板28块，向广大市民发放《气象知识》（专刊）200册、《贵阳市气象灾害防护指引》200册、《花溪气象灾害防御手册》200册、《雷电防御基本常识》200份、《贵州省新农村雷电防护手册》200册、自编《花溪气象科普——霾与雾问题应答》200份、《中国气象报》（3.23特刊）100份、《身边科学知识普及丛书》300册。3月29日，区科协与区发改局、区工信科技局、团委等单位联合举办“地球一小时”节能环保科普宣传活动，向市民发放《身边科学知识普及丛书——生活小窍门》《防雷减灾 利国利民》《花溪气象科普——雾和霾问题应答》节能环保科普小册子等。5月下旬，由区科协和区科技局牵头，有关部门参与，围绕“科学生活 创新圆梦”的主题，开展“全国科技活动周”活动。活动期间共展出各类科技展板36块、悬挂科技横幅3个、发放宣传资料及科普图书6000余（册）份，现场咨询人员1200余人次。9月22日，由区科协、工信科技局牵头，相关部门参与开展花溪区全国科普宣传日宣传活动。活动围绕“创新发展 全民行动”主题开展有奖科普知识问答、文艺演出、义诊、现场科普知识讲解、发放宣传资料等多种多样的形式进行，共发放公民科学素质知识200问、身边科学知识普及丛书（五）、贵州省公民科学素质先进县（市、区）创建工作、气象科普知识、防震减灾知识、生态保护知识等系列宣传资料3000多份，开展义诊200多人次，有奖科普知识问答发放奖品40多份，科普宣传气氛十分浓厚。

（刘　敏）

【青少年科普活动】　区科协与区教育局联合下文，要求各中小学校围绕“废物再利用，环保我先行”主题开展各具特色的科技活动。2014年，全区中、小学生参加各项科技活动的人数76333人次，其中：举办科技讲座360次，科技文艺活动145次，办科普墙报602期，科技竞赛157次，放映科普影片989场，撰写科学小论文18860篇，小发明、小制作18705件，读科普期刊、书籍4976本，学生参与率达98%。教师论文106篇，参加人数106人；11月28日联合区教育局举办花溪区乡村少年宫科技辅导员培训班1期，部分中、小学科技辅导员70人参加培训；9月在部分中小学开展“崇尚科学文明，反对迷信邪教”科普讲座10场，参与师生达1860人次。

（刘　敏）

青少年科技活动月期间，华阳小学的同学做科技实验（区科协供稿）

【公民科学素质先进县（市、区）创建工作】根据《关于开展贵州省全民科学素质先进县（市、区）创建工作的通知》（黔全科组发〔2014〕1号）文件精神，以及贵阳市人民政府与花溪区人民政府签订的《贵阳市“十二五”全民科学素质工作目标责任书》，花溪区成立由区委书记钟汰甬、区长向子琨为组长，各乡（镇）、社区党委书记、各成员单位主要领导任成员的创建工作领导小组。3月24日，根据《中共贵阳市花溪区委 贵阳市花溪区人民政府关于印发〈花溪区创建贵州省公民科学素质先进区工作方案〉的通知》（花党发办〔2014〕3号）和《中共贵阳市花溪区委 贵阳市花溪区人民政府〈关于开展贵州省公民科学素质先进区创建的实施意见〉》（花党发〔2014〕6号），明确工作目标和任务，保障措施，形成牵头部门主要负责，有关单位参与，共同落实相关任务的工作格局。9月30日，召开花溪区创建贵州省公民科学素质先进区工作推进会暨纲要工作联络员培训会，全区9个乡镇、18个社区和33个区属成员单位分管领导和联络员参加会议。

为提高“五大人群”科学素质，2014年，花溪区纲要成员单位协同，合力推进“五大人群”行动的实施。一是农民科学素质行动。在马铃乡、高坡乡、石板镇、麦坪乡举办农村适用技术、辣椒种植、农民科技致富、布朗李栽种技术培训班4期，培训200余人次；开展送科普电影下乡活动，全年共放映科普电影1920场，受益人数达7.8万人次。二是青少年科学素质行动。利用青少年科技月、科技周、科普日等，开展科技手抄报、科幻画、小制作、小发明、四驱车、橡筋动力飞机、航海模型、叠杯、建筑模型等科技活动9大项，1035名学生参加比赛，读科普期刊1213期，参加人数1560人次；播放科普电影20场，参加人数2870人次；举办“崇尚科学文明，反对迷信邪教”专题科普讲座10场，参加师生达6560人次。三是领导干部和公务员科学素质行动。2014年花溪区共培训各级干部

3715人次；举办专题讲座3期，共培训各级干部926人次；配合省、市委组织部开展各种培训，共完成181人次的干部抽调培训工作，其中涉及县级领导51人次，科（局）级领导112人次，一般干部18人次。各成员单位领导干部参与“百万公众网络学习”“干部在线学习”等培训活动。四是城镇劳动者科学素质行动。11月14日，区科协在明珠社区举办网格人员培训班，培训50人；与区人社局开展城镇劳动人员科学素质培训3623人，在岗职工培训1388人；城乡各类劳动者创业培训467人；应届高校毕业生创业培训180人，农村实用人才（农家乐）培训105人；“9+3”培训638人。五是社区居民科学素质行动。利用“幸福阳光”走进小区院落“法律进社区”“四进社区”活动，开展科普宣传15场，发放各类科普资料1.5万份（册）；全面开展“百万公众网络学习工程”，在社区张贴科普宣传画5条；在航天社区开展创业培训工作，通过引进社会创业培训机构，扶持和帮助有创业愿望并具备一定创业条件的人员成功创办企业和扩大经营规模，提升其创业技能和经营管理能力。在明珠社区和阳光社区举办“新型社区网格人员如何运用信息手段开启精准科普新时代”讲座2期，培训200名网格人员作为科普宣传员。

（刘　敏）

防震减灾工作

【概况】　按照国家对防震减灾工作的要求，各地应有横到边、纵到底的群测群防网络，2014年4月起，花溪区按照平时是“防震减灾工作宣传员、震时是地震灾情速报员”的目标，抓地震群测群防网络建设，制定《花溪区地震群测群防网络建设工作方案》，完成涵盖区抗震救灾指挥部成员单位、各乡镇、社区、中心城镇村居等单位的群测群防网络建设。5月，区防震减灾中心组织对区抗震救灾指挥部成员单位分管领导、防震减灾联络员和各乡（镇）、社区分管领导、防震减灾联络员共计128人进行培训。

（孙礼平）

7月24日，区科技局在高坡乡甲定村举办辣椒种植培训（区科技局供稿）

【防震减灾宣传】　5月12日所在周为全省防震减灾宣传周，制定《花溪区2014年防震减灾宣传周活动方案》，开展内容包括：花溪区中小学校防震减灾知识宣传教育和避震逃生应急疏散演练活动，确定花溪一中、花溪二小、高坡中心完小三所活动示范学校；由区工信

5 月 18 日，花溪区 2014 年防震减灾宣传周活动（区科技局供稿）

和科技局牵头，花溪区抗震救灾指挥部成员单位参加，在花溪国家城市湿地公园入口广场开展防震减灾知识宣传活动；在区新闻信息中心连续播放《防震减灾基础知识》电视宣教片；在石板镇、清溪社区、阳光社区开展防震减灾知识宣传活动。区工信和科技局向部分乡镇、社区服务中心、规模以上企业等分别赠送自行印制的《地震是怎么回事》《地震可以预报吗》等 9 种防震减灾宣传资料。在《高原明珠》报连载防震减灾知识问答九期。

（孙礼平）

【完善花溪区地震应急体系】　成立花溪区抗震救灾指挥部和防震减灾工作领导小组，指挥长由区人民政府区长向子琨担任，抗震救灾指挥部和防震减灾工作领导小组办公室均设在区防震减灾中心。9 月，组织开展《地震应急预案编制培训会》，对区抗震救灾指挥部全体成员单位、区教育系统、区卫生系统的部分法人单位、各乡（镇）、社区服务中心等，开展地震应急预案编制的培训工作，培训会邀请贵州省地震局监测预报处处长张川涛主讲。花溪区委、区政府将《花溪区地震应急预案》明确的十个专项工作组的地震应急预案编制工作列为组长单位的防震减灾工作任务，要求完成编制和备案工作；将全区学校的地震应急疏散演练和地震应急预案编制两项工作列入区教育局的防震减灾工作任务。

（孙礼平）

【贵阳基准地震台】　贵阳基准地震台建于 1964 年，有测震、地磁、重力、钻孔应变、水温等地震观测手段，属国家基本台，是全国最早一批参与地震国际数字资料交换的 24 个地震监测台之一。其中测震是记录大地的脉动，分析量算地震的时间、地点和震级，为政府等相关单位防震减灾及应急指挥提供准确的基础数据。地磁观测则是记录地磁场分布及其变化的基本规律，较细致地反映地磁场区域性特征，为国防军事、航空航天、电磁环境等研究提供参考数据。地震监测的主要目的是为地球科学、地震预报等领域研究提供基础性资料。

（孙礼平）

社会科学

【概况】　2014 年，花溪区政府根据与贵阳市政府的责任状，首次成功编纂出版《花溪年鉴》（2014 创刊号），并获得贵州省年鉴质量评比一等奖。区政协文史委向社会征集 30 余篇文史资料编辑出版《花溪交通、工业、商业发展见闻》，区委书记钟汰甬亲自为其书作序。其中部分稿件和区地志办征集的10余篇稿件送交市政协、市地志办，大都被采用并出版发行。区委党史办编辑出版花溪82岁老文史专家郑培光的“三亲”历史回忆录《亲历花溪》，区文联编辑出版4期《花溪艺苑》，区诗词学会编辑出版《高原明珠花溪吟诗人》和会刊《花溪诗词》第12期。区方志办开展向社会各界征集二轮修志史料工作，已收集近10万字《家谱》《族谱》、口述史资料及百余幅老照片。

（杨玉屏）

12月5日，《花溪年鉴》2014期专家评审会，市地方志办主任邓忠元（右1）参加（刘婷摄）

【方志工作】 花溪区地方志办以“收集二轮修志资料，完成首部《花溪年鉴》编纂工作”为目标，开展《花溪年鉴2014》创刊号的编纂出版工作，调整花溪区地方志编纂委员会人员名单和选聘年鉴编辑人员。全区各乡（镇）、社区、部门、社会团体、驻区部队、驻区企业共同参与撰写稿件。区地志办建立区地方志工作QQ群，上传有关地方志工作的法律法规、花溪年鉴编纂框架篇目和撰稿行文要求等，在线对各单位编纂人进行在线业务指导，接受咨询，编辑人员到重点供稿单位约稿、催稿、改稿，7月底完成资料的收集、整理工作，8月至10月完成组稿编纂，排版稿出来后，两次邀请市年鉴专家召开花溪年鉴评审会，12月5日通过专家评审，随后交付印刷出版。《花溪年鉴2014》创刊号报送省地方志办参加评比，获“贵州省年鉴质量评比一等奖”。启动二轮修志资料收集，其中征集到口述历史资料30余篇，图片千余张。

（刘　婷）

【《花溪交通、工业、商业发展见闻》出版发行】 2014年，花溪区政协文史委向花溪广大文史工作者征集花溪工业、商业、交通方面的口述历史资料稿件30余篇，共10万余字，图片50余幅。这些文稿的作者大都是亲历、亲见、亲闻的当事人，文稿从民间百姓的角度反映花溪交通、商业、工业的发展历程，是“存史、资政、育人”的宝贵文史资料。经区政协主席会议研究，决定作为花溪文史资料第十五集编辑出版。为此成立编辑委员会，政协主席谌业华担任编委会主任，文史委主任郭霞任主编。编辑人员经过近半年的辛苦工作，重新整理相关内容，增加并丰富有关资料，几经修改，终将完稿付印。

区委书记钟汰甬作序：“这本资料，以一种平实的口吻和现实的笔法，以对历史的客观尊重为出发点，通过一个个典型的生动故事，再现了花溪交通、工业和商业发展的历程，特别是新中国成立以来，在党和政府的关心支持下，花溪交通、工业和商业发展的历史。尽管篇幅有限，但是从点滴的记录中，从吉光片羽中，我们仍然感受到历史的厚重，感受到党委和政府带领人民群众创业的苦难与光辉历程，感受到花溪人奋斗的激情和对美好生活的向往以及为此所付出的艰辛努力，也让我们更加深切地体会到今天幸福生活的确来之不易”。

（郭　霞）

【郑培光《亲历花溪》出版发行】 区委党史研究室编辑出版花溪82岁老文史专家郑培光《亲历花溪》，引起花溪文化历史界较大反响。该书属作者“亲历、亲见、亲闻”的三亲作品，主要目录为：1940年7月29日日军飞机轰炸花溪纪实；“黔南事变”中的花溪；美军在花溪；贵璜中学与青岩中学的历史渊源及沿革；罗浮仙其人其事；爱国将领张学良游花溪公园；小镇的电灯；小镇的公共汽车站；我所见证的花溪公园；花仡佬场和花仡佬桥；抗日战争中花溪镇周边的村寨；大围寨的记忆；螺蛳冲的由来；记忆中的花溪小镇；亲历贵筑县的接管与社会改造；我在贵筑县（花溪）工作的点滴回忆；贵筑县的“三门”青年干部上山下乡；贵筑县的交通运输工作；花溪区的建置及主要机构的变化；改革开放以来的花溪；花溪将军路的由来；烈士赵玉珍、汪祖亮。该书出版发行，填补花溪近代史料的许多空缺遗漏，是区党史研究室创新工作思路取得的重大成果。

（黄依莉）

【罗浮仙《老子串解》现身】 2014年12月，罗浮仙生前撰写的《老子串解》文稿，41年后被其幼子罗江望在住宅故纸堆中发现。罗浮仙（1898—1987），生于四川合江，是熟读经史的旧式文人。2014年10月贵阳市委书记陈刚说“花溪的名字在10个区县市中最好听”，“花溪”名即出自罗浮仙之手。1973年，《光明日报》载文批判老子《道德经》是“唯心主义”，罗浮仙大不以为然，时遣送到党武公社翁岗河生产队已75岁的他，在无任何资料的的情况下，凭记忆“以老解老”，逐章对《老子》作分析，为老子摘“唯心主义”这顶帽子，故《老子串解》得以在花溪问世。

《老子串解》第41章载：“道生一，一生二，二生三，三生万物。”解析：“‘有物混成，先天地生’，此物即名之曰道。道生一，道所生之一，是个静体，由静而生动，又是一个，即一生二。从这个静与动的变化为气，气之清者上浮，浊者下凝，于是分出天地，把天地的形成列为第三。有了天地，便生长无穷的万物。”

（杨玉屏）

【点击量超过4.9万人的花溪口述史】 区方志办编辑徐开新创作的《我亲历的社会主义大集》文史资料，又名“青岩公社的社会主义大集”，由贵州省政协《文史天地》和贵阳市政协《贵阳文史》上网发布后，被中国论文网、凤凰网、中国知网、吾喜杂志网、维普网、豆丁网等多家知名网站转载。据不完全统计，截至2014年年底，该文点击浏览量凤凰网2.4万余人，天涯易读网2.3万余人，水煮百年0.18万余人，共计超过4.9万人。其中参与评论者130余人（评论者分两派，一派人因不了解荒唐年代的荒唐事，认为是胡说八道；另一派人则以亲身经历证明其史料的真实性）。《贵阳文史》编者提要“集场上人群熙来攘往，人数多时达三五百人，似有过节的气氛。但这种做法既违背商品交换的价值规律，又伤害了农民的经济利益，是不能长久的。”《文史天地》编者按：“1975年1月，毛远新在辽宁省彰武县炮制了‘哈尔套经验——赶社会主义大集’，并在全国迅速推广，地处偏远的贵州山区也概莫能外。本文作者以其亲历亲见，为我们娓娓道来。”

（杨玉屏）

（责任编辑　罗志慧）

区档案局开展国家重点档案抢救保护工作，7月29日业务技术人员指导大学生志愿者翻译、归纳、提炼、拟写民国档案文件目录（刘婷　摄）

教　育

11 月 13 日，花溪区第十七小学的学生排练《芦笙花鼓舞》(区文广局供稿)

综　述

【概况】　根据《中共花溪区委 花溪区人民政府关于加快教育改革与发展的意见》文件精神和花溪区行政区域变化，区教育局将青岩贵璜中学高中部撤并到溪南高中办学，将黔陶中学、马铃中学撤并到青岩贵璜中学，将花溪区第十一小学、第十二小学、第十六小学并入小孟工业园第一小学，将花溪区第二实验学校、第三实验学校、第四实验学校3所九年制学校进行剥离。引进北京161中学与花溪区溪南高中合作办学，打造北京161中学贵阳分校，引进北京中古友谊小学与花溪小学结成姊妹学校。下发《花溪区深入推进义务教育均衡发展的实施意见》，召开花溪区中小学义务教育均衡发展推进会，要求各中小学校对照《贵州省县域义务教育均衡发展督导评估实施办法》做好相关工作。推进教育“4+2”，改善学校办学条件，修建马铃幼儿园、明珠幼儿园、黔陶小学寄宿制学生宿舍、教师公租房，城镇义务教育学校、花溪第四小学、南溪学校、区民中、高坡中学塑胶运动场。

2014年全区有各级各类学校247所，其中：中职学校5所、高中12所、初中37所、小学85所、幼儿园107所、工读学校1所。

全区有在校学生104463人，其中：高中生11907人、初中生22628人、小学生44448人、幼儿园幼儿数19092人、中职学生6259人、工读学生129人。

全区有教师5939人，其中公办学校教职工3728人。

（区教育局）

【教育管理】　制定《花溪区创建区域教育特色改革试验区实施方案》。采取“分项实施、同步推进”方式，在孟关小学等8所学校进行“民族文化进校园”试验；在青岩镇、石板镇、贵筑社区等10个乡镇（社区）的10所中心完小和46所村级小学进行“中心校——村级小学分层同步管理”试验，在高坡小学、青岩中心完小等13所中小学进行留守儿童之家建设及管理机制试验。

制定花溪区《学籍管理实施细则（试行）》，加强学籍管理。学生入学时及时采集信息，建立学生基本信息表，录入学生电子学籍档案，全部实现电子学籍化管理。实施学区化管理，将全区学校共划分28个学区。破解全区教育管理面临点多面广格局的困扰，缓解择校热的难题，提升教育管理水平，提高管理效益，缩小校际间的办学差距，促进学区内学校优质均衡发展。

（区教育局）

【教育经费执行情况】　确保教育经费“三个增长”。一是预算内教育经费拨款增长高于地方财政经常性收入。2014年地方财政经常性收入109472万元，比上年增长16.53%；财政预算内教育经费支出39354万元，比上年增长16.54%，高出地方财政经常性收入增长比例0.01个百分点。二是生均教育事业费逐年增长。2014年在校小学生为18006人，预算内小学拨款18368万元，小学生均教育事业费10201元，比上年的8392元增长21.55%，在校中学生10152人，预算内中学拨款11746万元，中学生均教育事业费11570元，比上年的10724元增长7.89%。三是生均公用经费逐年增长。2014年小学公用经费支出1005万元，小学生数16250人，生均公用经费618元，比上年增长49.27%，中学生公用经费支出876万元，初中生数9690人，生均公用经费904元，比上年增长37.18%。

2014年共收到中央、省、市教育专项资金

5879万元，其中：工程项目建设专款480万元，义务教育经费保障公用经费补助2482万元，义务教育经费保障学生生活补助2079万元，其他补助30万元，职业教育款40万元，普通高中和学前教育593万元，其他175万元，实际拨付5879万元，到位上级补助资金拨付率100%。

2014年中央每年补助全区农村税费改革转移支付资金708.3万元（含小碧乡38.45万元），应安排用于农村教育50%即334.93万元，实际安排并拨付区教育局用于花溪区中小学校舍安全工程项目334.93万元，资金拨付率100%。

2014年共收取城市教育费附加1972万元，应安排支出1972万元，实际安排支出1972万元，当年全额投入教育使用。2014年收取县级地方教育费附加1334万元，应安排支出1344万元，实际安排支出1345万元，超计划安排1万元。2014年按规定比例应安排支出274万元，实际安排支出274万元。2014年下拨土地出让金按规定比例用于教育为1344万元，实际拨付1344万元。

（区教育局）

【中小学校校舍建设】 修建溪南高中、青岩贵璜中学、久安中心完小、燕楼中心完小、高坡中心完小、党武民小、高坡甲定小学、麦坪中学、马铃中心完小9所学校的教师公租房，共计317套。完成2013—2014年石板蔡冲学校、燕楼中心完小、高坡中学、高坡中心完小、高坡甲定小学、马铃中心完小、黔陶中心完小、区民中、南溪学校、久安中心完小的寄宿制工程（学生宿舍、食堂）建设。完成青岩贵璜中学、青岩中心完小、青岩幼儿园整体搬迁。修建明珠幼儿园、花五幼、马铃幼儿园。完成高坡中学、南溪学校、区民中、三十八中、三十六中、花五中的运动场建设。完成溪南高中、花二小保利分校建设并投入使用。

（区教育局）

【教育督导】 全区教育督导以《教育督导条例》为工作指导，完善教育督导机制，强化教育督导职能，促进全区教育科学健康协调发展，抓好专项督导检查和综合督导评估：一是统筹规划和组织实施教育督导工作，制定教育督导的指导性文件和工作制度；二是对本区贯彻执行教育法律、法规、规章的情况实施督导；三是对区政府有关行政职能部门和各乡（镇）、社区依法履行教育工作实施督导；四是协同配合有关科室对学校教育收费与管理使用、教育安全、规范办学、后勤保障等工作进行专项督导；五是加强督学责任区工作，健全督学责任区工作机制，促进全区责任督学挂牌督导工作规范、有序、高效运行。在做好专项督导工作的同时，年度教育督导工作围绕全区实现义务教育初步均衡为中心，制定全区义务教育初步均衡工作方案，协调各部门，做好全区义务教育均衡发展监测工作，深入学校对义务教育均衡发展工作进行评估和指导。

（区教育局）

【素质教育】 2014年，全区教育系统共建设完善“道德讲堂”53家。“祖国好、家乡美”系列活动在全区中小学覆盖范围达100%。通过开展征文、演讲等活动让社会主义核心价值观进校园、进课堂、进教材、进头脑。开展“学科渗透法制教育区级示范校”创建活动。共创建12所区级示范校。花溪小学、石板中心完小作为花溪区“减负增效提质”示范学校，以《贵阳市生态文明城市建设读本》为环境教育教材，搞好生态文明绿色学校建设。以学校阳光体育大课间活动为载体，确保学生每天课外活动时间达到一小时。2014年，全区7所学校申报市级体育、艺术特色学校，组建花一小、花二小少年足球队，花四小、实验中学田径队，花二小、清华中学、二十五中乐团（队）。花二小乐团代表贵阳市到北京参加全国比赛，到新加坡参加国际比赛获青少年组银奖。

（区教育局）

【学校健康教育】 将健康教育纳入学校教学计划，开足开齐课程，在各学科中有意识的渗透健康教育知识，做到开课率、课时、教材、教师和教案、考核和评价“五落实”，使健康教育开课率达到100%，健康知识知晓率和健康行为形成率达到95%以上。加强传染病防控知识、地方病防治、开展青春期健康、预防近视眼知识、心理健康、安全应急与避险、慢性病宣传、控烟健康等宣传教育，增加师生健康保护意识。2014年，创建2所健康教育示范校（花溪一中、花溪二小），2所学校示范食堂（清华中学），2所无烟学校（花溪一中、花溪二中）。

（区教育局）

5月30日，文化馆辅导的《苗族时尚鼓》展示（区文广局供稿）

【学校体育】 因材施教、因地制宜，整合教学资源，以“快乐、主动、健康、发展”为主题的阳光体育大课间活动为载体，确保中小学生每天校园体育活动时间达到一小时，开足体育课时（小学1－2年级每周4课时，小学3－6年级和初中每周3课时，高中每周2课时），保质保量上好体育课。以区级学生运动会为平台，开展2014年度全区中小学生运动会。开展学生体质健康测查，按时上报国家数据库；组织专职体育教师对全区小学六年级和初中二年级学生体质健康进行抽查，并对测试数据进行分析，找出薄弱环节，有针对性的制定锻炼计划，指导学生有效开展锻炼。

（区教育局）

贵璜中学男子足球队（吴忠丽　稿）

【学校艺术教育】 以“班班有歌声”活动为载体，深入推进“2＋1＋1”活动，营造校园艺术文化氛围，培养学生的艺术欣赏能力、创造能力，组织学校参加上级有关部门举办的艺术教育活动。花溪二小的王乐彤等13名同学参加贵阳市小学生乐童艺术绘画作品评选获得三等奖以上名次，青岩中心完小、花溪一中、清华中学学生参加贵阳市中小学生课本剧比赛获得名次。花溪二小学生管乐团参加广东省管乐协会主办的2014广东（国际）管乐艺术节暨“非凡杯”深圳龙岗首届交响管乐团队邀请赛荣获金奖。

（区教育局）

【教育合作与交流】 2014年，引进北京161中学与花溪区溪南高中合作办学，成立北京161中学贵阳分校，学校于2014年秋季开始正式招生开学，已面向贵阳市“三区一地”网上招生100名，面向花溪区网上招生100名，面向贵阳市各区（市、县）自主招生100名。引进北京中古友谊小学与花溪小学结成姊妹学校。引进北京中关村三小分别与花溪二小保利溪湖校区和经开区第一实验学校万科校区进行合作办学，将花溪二小保利溪湖校区和经开区第一实验学校万科校区打造为北京市海淀区中关村第三小学联盟学校。

（区教育局）

【学校收费情况与治理】 指导全区中小学认真执行收费政策，规范教育收费行为。配合纪检、监察、物价等部门加大对中小学乱收费的治理力度。对38所中小学、幼儿园进行清产核资。

（区教育局）

【护校行动】 落实学校校园安全防范措施，加强校园内部安全保卫，各中小学、幼儿园加强校园安全管理，落实领导带班和24小时值守制度，对重点部位和重点时段做好安全值守、巡逻和督查。做好校园周边综合治理，各中小学、幼儿园加强与当地公安部门、社区的联系与沟通，及时排查校园及周边可能引发的各类治安纠纷和安全事故，采取多种措施将其化解在萌芽状态。加强学生安全宣传教育，以“第十九个中小学安全宣传日”“消防安全宣传月”“安全生产月”等活动为载体，7月举行“2014年中小学生安全、禁毒知识区级竞赛活动”，全区中小学80个队伍参加比赛，竞赛内容涵盖消防、道路交通、食品、防溺水、体育活动等安全知识和毒品预防知识，通过竞赛活动，提高广大师生的防范能力。

（区教育局）

基础教育

【概况】 2014年全区有学校134所，其中：小学85所，初级中学16所，九年一贯制学校21所，高级中学4所，完全中学4所，十二年一贯制学校4所。在校学生78983人，其中：小学生44448人；初中生22628人；高中生11907人。中小学通过加强常规管理，搞好教育教学改革，实施素质教育，开展丰富多彩的文体活动，提高教育教学质量，促进学生全面发展。2014年，九年义务教育巩固率为96.72%。

（区教育局）

5月30日，贵阳市公安局到马铃小学关爱留守儿童（马铃乡供稿）

【小学教育】 全区小学实施以“凝心聚力，创办农村特色学校”为办学宗旨的“中心校—村级小学分层同步管理”教育改革试验，以学区化改革，推动学区内学校发展，逐步实现学区内的教育均衡发展。2014 年，全区小学毛入学率 150.1%，辍学率 0.01%，小学六年教育巩固率 101.5%。

（区教育局）

【初中教育】 以“生本教育”“梦想课程”为突破，教育内涵发展之路以质量兴校，提高中学教育教学质量，2014 年中考成绩优异。以学区化改革，推动学区内学校发展，逐步实现学区内的教育均衡发展。2014 年，全区中学毛入学率 128.4%，辍学率 0.90%，初中三年教育巩固率 96.35%。

（区教育局）

【高中教育】 注重高中教育发展，做好高中课程改革各项工作，发挥清华中学、贵阳二十五中作为省级二类示范性高中辐射带动作用。提高全区高中阶段教育的整体水平，引入教育发达地区先进的管理模式和教育理念，与北京市一六一中学联合办学，成立花溪区溪南高中，力争通过 3－5 年将溪南高中打造为省级示范性高中。完成普通高中招生 4165 人，抓好普通高校招生和高考各项工作，在 2014 年高考中，全区 600 分以上共有 236 人，其中，清华中学全校 600 分以上共计 228 人，名列全市第二。2014 年高中阶段在校生人数 11907 人，毛入学率 91.2%。

（区教育局）

【教学改革】 深化以“生本教育”“梦想课程”为突破的教育教学改革，提高中小学教育教学质量。华阳小学、花溪小学等以“思维导图”的方式对传统教学和备课方式进行改革。制定《花溪区创建区域教育特色改革试验区实施方案》，采取“分项实施、同步推进”方式，在花溪区孟关小学等 8 所学校进行“民族文化进行校园”试验；在青岩镇、石板镇、贵筑社区等 10 个乡镇（社区）的 10 所中心完小和 46 所村级小学进行“中心校——村级小学分层同步管理”试验，在高坡小学、青岩中心完小等 13 所中小学进行留守儿童之家建设及管理机制试验。实施学区化管理，将全区学校划分 28 个学区。缩小校际间的办学差距，促进学区内学校优质均衡发展。

（区教育局）

幼儿教育

【概况】 2014 年年底，全区共有 107 所幼儿园（含民办 81 所），679 个教学班，在园人数 20055 人。完成学前教育招生 11453 人，认定普惠性民办幼儿园 22 所共 146 个班，开办小小幼

区第四幼儿园开展亲子活动（周晓霞 供稿）

儿园3所。花溪幼儿园（省级一类示范）集团办园初具规模，领办3所分园，即花溪幼儿园航天分园、花溪幼儿园小孟分园、花溪幼儿园王武分园。新增1所市级示范幼儿园，即花溪区兴隆珠江湾畔中英文幼儿园，新增县级示范幼儿园4所，形成以省级示范及市级示范幼儿园引领，走以分类评估促规范、促提高的学前教育新格局。3周岁至6周岁适龄幼儿学前一年毛入园率151.7%，学前两年毛入园率为125%，学前三年毛入园率112.4%。

（区教育局）

特殊教育

【概况】 全区已建成特殊教育学校一所，招聘特殊教育学校教师3名，由于生源问题，无法开班。全区残疾儿童都是随班就读，小学随班就读学生117人。初中随班就读学生19人。2014年，全区残疾少年儿童入学率90.1%。

（区教育局）

中等职业教育

【概况】 全区现有中等职业学校5所（含民办4所），区属中等职业技术学校（花溪区职业教育培训中心）于2010年建成并投入使用。开设汽修、服装、酒店管理、电子技术等四个专业，与贵航集团高级技工学校合作，扩大办学规模。2014年，贵阳市给花溪区下达的中职招生任务数3539人，实际完成中职招生3543人。市下达的招师任务是15人，已完成15人，完成率100%。

（区教育局）

民办教育

【概况】 2014年全区有各级各类民办学校122所，学生28597人。其中幼儿园81所，在园学生12011人；小学13所，在校学生9748人；初中20所，在校学生529人；高中4所，在校学生1541人。民办学校按照教育教学要求，抓好常规管理，搞好教育教学改革，以小班化、艺术教育等为特色，实施素质教育，提高教育教学质量。

（区教育局）

教师队伍

【概况】 2014年全区公办学校有教职工3707人，专任教师3673人，其中幼儿园专任教师270人、小学专任教师1766人、初中专任教师1055人、高中专任教师（含职业学校）582人；具有中级专业技术职务1552人，占教师总数的42%；具有高级专业技术职务教师286人，占教师总数的8%；小学教师学历达标率为99%，初中教师学历达标率为99%，高中教师学历达标率为92%。

（区教育局）

【教师队伍建设】 加强师德师风建设，提升全区师资队伍整体水平，建立教师补充机制，多渠道补充新教师，足额配备学科教师。2014年，通过公开招聘、引进优秀教师、安排教育部直属师范大学免费师范毕业生就业、简化考试程序招聘音、体、美教师，共补充195名新教师到区属学校任教。2014 年，管理干部交流 26 人，交流率为 15.1%；教师交流 422 人，交流率为 11.7%，达到省定标准。

（区教育局）

【农村教师队伍建设】 按照按岗计发、离岗停发的原则，对在农村边远地区学校任教的教师每月按其基本工资的 20% 给予基层工作津贴；执行农村教师晋升专业技术职务计算任职年限提前 1 年、计算机考试不作要求的优惠政策；乡镇中小学教师获得高级职称、村小（教学点）教师获中级以上职称后可直接进行聘用，不受结构、比例限制，为农村边远地区教师晋升专业技术职务创造条件。

（区教育局）

【教师培训】 2014 年，组织 56 名中小学教师参加“千校万师”培训。580 名教师参加“国培”。开展《贵阳市国学教育读本》任课教师教材培训 255 人。中华优秀传统文化“道德讲堂”培训 10 名，在马铃乡举办有 147 名教师参加的师德师风及教学技能培训。组织 70 名中小学、幼儿园教师参加贵阳教育大讲堂，全区 77 名初中学校班主任参加《初中心理健康教育 24 课》培训。17 名班主任、心理健康教师、大队辅导员参加中小学心理健康教育培训。各工作室均已开展工作。加强省级、市级、区级骨干教师的培养，6 名民办学校骨干教师参加在贵州财经大学松风苑酒店举办的培训班。128 名中小学、幼儿园教师作为培训对象参加骨干教师培训。搞好农村学校教师培训，10 名创建区域教育特色改革试验区校长、教师参加在贵州师范大学礼堂举办的“课堂教学之‘五课’技能和管理能力提升”研修班。20 名中小学语、数教师参加全国中小学教育教学名师“同课异构”课堂教学展示贵州省首届专场研讨会。搞好校长培训依托“名校长”工作室，搞好校长培训，尤其是村级学校的校长培训。共培训中小学校长、幼儿园园长 196 名。开展教学点数字资源全覆盖项目应用培训，共培训教师约 400 名。开“生本教育”培训，共计培训教师约 612 人。启动中小学、幼儿园教师大练兵活动，共有 3401 名教师参加。

（区教育局）

【教师职称评聘】 规范专业技术岗位聘前、聘任管理。2014 年全区空岗补缺 668 人次；年审各级专业技术任职资格证书 650 本；初审各级专业技术职务社会化评审材料 447 份，送审中学高级、中级专业技术职务评审材料 212 份，组织中级专业技术评审答辩 185 人；申报认定报审基层乡镇学校（幼儿园）副高级任职资格材料 211 份。

（区教育局）

【师德教育】 一是积极发挥党、政、工、团、妇等部门作用，组织开展师德建设系列主题活动，提高广大教师的思想政治素质和职业道德素质，规范教师职业行为，塑造良好的教师形象；引导广大教师增强教师职业的光荣感、历史使命感和社会责任感，正确处理个人与社会，家庭与工作，育人和事业的关系，自觉履行教书育人的神圣职责。二是完善师德师风承诺和考核制度，不断规范从教行为，将师德师风考核作为评先评优、职务评聘、岗位设置、绩效考核的重要依据，实行“师德师风问题”一票否决制。三是加大师德师风先进典型宣传力度，通过组织师德演讲、巡回报告等形式，推出一批无私奉献、清廉自守、爱岗敬业的师德榜样。发挥报刊、网络等新闻媒体的舆论导向作用，弘扬优秀教师的高尚师德和先进事迹，树立师德先进典型，展现当代教师的精神风貌，营造师德师风建设的良好氛围。

（区教育局）

【优秀教师表彰】 2014年，受区级表彰奖励优秀教师236人、先进教育工作者104人、优秀班主任108人；受市级表彰奖励优秀校长4人、优秀教师31人、优秀班主任16人、先进教育者5人、“感动贵阳教育”优秀教师1人；受省级表彰优秀教师1人、先进教育工作者1人；1人获全国民族团结先进个人荣誉称号。

（区教育局）

招生考试

【概况】 制定《花溪区2014年秋季幼儿园、小学、初中招生工作方案》（花教发〔2014〕43号）和《花溪区2014年秋季小升初招生试点方案》，实行划片招生，制定《花溪区进城务工人员随迁子女入学办法》，确定17所公办学校作为接收进城务工人员随迁子女就读学校。让每个适龄儿童都能依法接受义务教育。2014年，学前教育招生11453人，小学招生8267人、初中招生6969人、高中招生4165人，中职1803人。

（区教育局）

学校选介

【贵阳市清华中学】 清华中学坐落花溪河畔，大将山麓。学校创建于1938年5月，是一所秉承清华大学血脉，有着悠久办学历史的全国中学名校。1951年8月由国家接办为公办学校，1956年2月更名为贵阳花溪中学，1985年12月恢复贵阳市清华中学校名。1982年12月明确为省重点中学，1992年被评为全国中学名校。2006年6月被授予省级二类示范性普通高中称号。先后被评为贵阳市重点中学、贵州省重点中学、全国中学名校、中国特色学校、贵州省科技示范特色学校、贵州省绿色环保学校、全国青少年科普创新示范学校、贵州省精神文明创建单位、贵州省中学校长调研学习基地、全国消防安全教育示范学校等。2011至2013年连续三年成为清华大学“新百年”领军计划优质生源基地，目前是同济大学“苗圃计划”基地，北京师范大学教育教学实践基地，南京大学、北京化工大学、华中科技大学优质生源基地。

清华中学拥有着一支师德高尚、业务精湛、勤奋工作、乐于奉献、敢于拼搏的教师队伍。现有贵阳市首批“三名”工作室4个，特级教师2名，省、市级骨干教师22名，高级教师67名。

学校校园面积128亩，交通便捷。建有教学楼、综合楼、实验楼、办公楼，学生公寓及学生食堂，各种教学设施齐全，校园环境优雅，人杰地灵。

学校始终秉承“自强不息，厚德载物”校训，为国家培养了诸如“两院”院士卢良恕、戴复东、萨之唐、曲梁生等科学家；朱厚泽、丁廷模、赵西林等各级领导干部；戴明贤、刘复莘、黎培基等艺术家以及哈佛大学、威斯康辛大学等国际名校博士、硕士等数万名优秀毕业生。历年来高考成绩斐然，2003年起在贵阳市普通高中“入出口”评估中连年荣获一等奖，2006年至2014年间出了4位全省文理科状元。谯晓南被评为贵州省先进教师。李彬、罗淑红分别获贵阳市“优秀班主任”和贵阳市“优秀教师”称号。陈向阳等10人被评为区级优秀教师；韦朝中等5人被评为区级先进教育工作者；刘建强等5人被评为区级优秀班主任。韦保学等5人荣获贵阳市第一届“教坛新秀”称号。英语教研组和数学教研组被评为贵阳市优秀教研组。

11月中旬召开学校教育工会第七次代表大会，换届选举产生教育工会新一届班子。12月被省教育厅评为贵州省中小学（幼儿园）校本研修示范学校。

2014年高考成绩获贵阳市第二，何千雨同学以685分获全省文科裸分第一，全校600分以上共228人，一本上线率61.5%；二本上线率91.6%。共有18位同学被清华大学、北京大学、香港大学等国内著名院校录取。组织学生参加各学科奥赛：获全国二等奖1人（次），三等奖6人（次）；省级一等奖16人（次），省级二等奖39人（次），省级三等奖38人（次）。学生设计的舒适性太阳能候车亭设计作品入选2014年贵州省青少年科技创新大赛，并有3名同学参加全国高校科技活动营。

8月22日，区政府副区长禄竹主持召开溪南高中第一次全体教职工大会（溪南高中供稿）

2014年2月，学生合唱团赴美国参加第四届文化中国·中国非物质文化遗产美国行暨第二届百花迎春·美国林肯中心星光盛典获最高奖项金奖和最佳组织奖，纽约最大的华人报纸《世界日报》的头版头条作出报道。5月，组队参加花溪区“祖国好·家乡美”合唱比赛获一等奖。6月，参加贵阳市第二届示范性高中足球比赛获第六名。9月，组队参加贵阳市第十二届运动会获团体二等奖。10月参加2014年贵阳市中小学乐团展演暨贵阳市第二届高中乐团大赛，获二等奖。11月，参加2014年贵阳市“我的中国梦”歌咏活动暨第十四届“班班有歌声”合唱比赛，获高中组二等奖。11月，参加花溪区2014年中小学生运动会获团体第一名。

（王　梅）

【溪南高中（北京161中学贵阳分校）建设概貌】

溪南高中是在贵阳市委、市政府“教育立市”战略背景下，引进北京西城区优质高中北京一六一中学与花溪区人民政府、贵阳市教育局合作办学而诞生的一所优质高中，是市委、市政府落实教育民生而为全市人民做的一件实事，学校由花溪区人民政府主办，北京西城区教委协办，贵阳市教育局督办的管理方式，学校秉承一六一中学红色的光荣传统，借助北京一六一中学雄厚的师资力量、严格的教育教学管理以及百年建校而积淀的深厚校园文化引领溪南高中，为贵阳市再创建一所优质高中（市、区要求三至五年要办为示范性高中）。

学校坐落于花溪区田园南路西侧，学校规划用地面积：6.5996公顷，建筑总面积：53077平方米，绿地面积：18295平方米，绿地率为31%。建校投资近2亿元，学校按60个班，3000人的规模建设，学校建有一个高标准400米8跑道塑胶环形运动场，塑胶篮球场8个和3个羽毛球场。室内体育馆有2个篮球场，2个健身房，一个能容纳1000人的礼堂。学校建有现代化的理化生实验室、计算机教室、电子备课室；2014年8月建设竣工综合楼、教学楼、行政办公楼、学生公寓、教师公寓以及风雨运动场，教室每间将配70英寸的触摸一体机班班通设备，构成多媒体双向教学系统。同时教室还装有电子监控设备；学校即将建设宽带数字化校园网络，教学办公室将实现自动化、信息化，学生宿舍安装IC卡电话。学生食堂近于宿舍，方便学生就餐。食堂餐厅可容纳3000人就餐，引进2个食堂，形成竞争；2家超市，商品齐全，更好服务全体师生。

（溪南高中）

【溪南高中开学】 2014年9月溪南高中开学，有高一年级12个班，高二、高三各4个班，共20个班级。专任教师共80人（含北京161中学派来的1名执行校长和3名教育专家）。

开学初制定工作大事表，8月学校选派一批教师到北京一六一中学本部参加岗前培训，8月28日，北京一六一中学派来的执行校长李淑芬和教师团队王文召、赵际学、黄坤抵达学校。9月执行校长、教学校长推门听课，深入课堂、了解教师、学生制定出相关的教学要求，提高课堂教学效率及上课质量。10月开展高一年级的教学视导课，让每一位教师展示个人教学风采，形成良好的教风，培养良好的学风。11月抓期中考试，严格按高考要求，规范考场纪律，养成诚信考试，同时选派一批以教研组长、年级组长为主的教师和部分学生代表到北京北京一六一中学本部参观学习研讨及游学活动，规范教师的教学。学校实行全封闭管理。

开学初由于设备不够完善，学校首先抓学生行为习惯的养成，每天在没有广播铃声的情况下，有值班教师和生活教师一同早锻炼，中午，班主任、值班教师宿管教师一同抓学生午休，晚上，晚自习教师指导学生自习到十点，值班教师值守学生上自习到十点四十五，督促所有学生回寝室洗漱就寝。学校利用北京一六一中学的优质教育、办学历史、办学成效、教学理念、教学模式、培养方向、教学管理模式，引领学生对课程产生兴趣、发现学生潜质，教会学生逻辑思维方法，激发学生积极向上的热情，学校选派优秀的学生到北京161中学游学，学生不出贵阳就能享受北京一六一中学教育，感受北京教育，拓宽视野。学校后勤社会化管理，逐步改善师生学习、生活环境。

（溪南高中）

9月1日，溪南高中开学典礼，区四大班子领导在主席台（溪南高中供稿）

【青岩贵璜中学概况】 学校坐落于历史文化古镇——青岩，始建于1930年，历经贵阳县中、贵筑县中、少璜中学、青岩中学、青岩贵璜中学五个阶段。2012年青岩贵璜中学获贵州省教育厅农村寄宿制中学项目建设机遇启动新校区建设，青岩贵璜中学寄宿制学校建设共获省、市、区资金投入近一亿二千万。2013年8月，学校迁至依山傍水，环境优美的青岩玉带河畔。青岩贵璜中学占地近70亩，学校拥有综合教学楼、行政办公楼、学生公寓、教师公寓以及风雨运动场加上室内运动馆，学校教学用房、功能教室、学生生活区、学生活动及运动区域科学而合理的分布，宽敞的学生食堂、温馨的学生宿舍以及配套的浴室让学生有家的感觉，学校建设开始就把学生学在校园、住在校园、吃在校园、乐在校园的“四在”融入学校建设之中，优美的生态绿化让整个校园犹如花园，形成校在林中、林在校中的格局。2014 年 8 月，花溪区委、区人民政府为整合花溪南部片区初中教育布局，推动义务教育均衡发展，将青岩贵璜中学高中部迁入溪南高中，将南片区马铃中学、黔陶中学整合到青岩贵璜中学，整合后的青岩贵璜中学，有学生 1816 人，住校生 723 人，教学班 32 个，教职工 116 人。青岩贵璜中学依托花溪区优质初中学校花溪第一中学，由花溪第一中学对青岩贵璜中学派出管理团队，探索学区化管理新模式。2014 年 8 月，马玲、黔陶两乡的同学到青岩贵璜中学时，采取多种方式做好学生的融合工作，培养孩子四海皆兄弟的宽阔胸怀。开学第一周对来自不同乡镇不同年级不同层次的学生家长召开家长会，第三周学校邀请青岩镇十七个村、两个社区的村和社区的领导、青岩镇派出所的管片干警进行座谈，聘请村、社区、干警为学校校风监督员，支持、指导学校工作。现在学生团结友好相处，卫生习惯、文明习惯有很大改观，让两乡一镇的孩子住在学校从一开始时的剑拔弩张态势逐步融合为亲情般的同学情谊，温馨家园的氛围正逐步形成。

贵璜中学 1310 个学生享受中午免费营养餐（吴忠丽供稿）

（吴忠丽）

【贵阳市林城苗苗学校】 林城苗苗学校于 1999 年创建，是九年一贯制寄宿制民办学校。学校位于贵州省农科院内。现有 11 个教学班，学生 228 人，教职员工 40 余人。学校实施“终身化、民主化、个性化”的教育；以“小班化、开放的语言教学和艺术教育”为办学特色。每班学生不超过 25 人。注重营造学习的氛围，激发学生学习兴趣，加强语言教学，提高语言素养，为学生的终身发展奠定良好基础。每周开设声乐、器乐、舞蹈以及书法、绘画等艺术选修课，每个学期还开展体育艺术节、英语艺术节等传统活动，丰富学生校园生活，培养学生兴趣，激发潜能，发展个性，实现学生全面发展。

（区教育局）

（责任编辑　杨玉屏）

文化·新闻

8月26日，老书法家龙源泉书法作品展(董仁海　摄)

文化建设管理

【概况】 区文广局开展全区文化市场、出版物市场288家企业的年审工作和新闻出版发行单位154家2013年度统计工作；推荐青岩镇龙井村、贵州福润德文化产业发展有限公司参加全省“三个一工程”评选。开展全区软件正版化迎国检工作，组织全区34家单位购买238套微软win8正版操作系统，价值34.66万余元；配送13家乡（镇）电子阅览室、社区文化室的相关设备。开展区文化馆免费开放工作，设有合唱、民乐团、舞蹈、模特、京剧等免费项目。

（区文广局）

【创建公共文化服务体系示范区】 开展文化产业和“同步小康”文化发展指数统计监测工作，共计登录700余家文化产业单位，全区文化产业增加值由2012年占GDP比重1.12%增加到2013年2.4%；更换全区文化市场经营许可证，共计涉及288家；启动花溪区“公共文化服务体系示范区”创建工作，拟定《花溪区创建国家公共文化服务体系示范区建设实施方案》，成立创建领导小组，完成国家、省、市上级部门中期督导的相关准备工作。

（区文广局）

【图书馆工作】 2014年，区图书馆接待读者36589人，其中未成年人30215人次，新办借阅证158个，图书借阅量达33465余册，其中：少儿借阅量达24896余册；开展“流动图书室”、咖啡点图书交换工作，共交换图书、杂志3000余册；开展交通安全知识宣传、节能减排宣传共3次；为广大读者播放30场视频讲座、举办3场大型讲座。

10月18日，在花溪图书馆阅读的读者（区文广局供稿）

（区文广局）

【农家书屋建设】 全区完成申报2014年市级农家书屋示范点19家；承办全市农家书屋管理员培训班，参加人数共计267人；完成7家农家书屋（其中3家为“美丽乡村”农家书屋）图书配送工作，价值4.9万元；完成全区33家村级农家书屋图书采购、配送工作，主要涉及8个“美丽乡村点”及“市级示范性农家书屋”，经费共计16万元；开展“农家书屋、我的梦”读书活动。

（区文广局）

【文化市场和“扫黄打非”执法工作】 重点围绕春节、全国“两会”“两节”“两季”等节日和时段对花溪区的文化市场消防安全生产开展检查，同时还做好“创模迎国检”“文明城市复

3 月 28 日，区文广局执法大队集中整治清华路兜售非法出版物（区文广局供稿）

出动执法人员 119 人（次），检查图书店 145 家（次），取缔 29 家无证经营书摊；出动执法人员 21 人（次），检查电影院 7 家（次）。

（区文广局）

【网吧管理】 召开“2014 年加强网吧市场管理暨安全生产工作会”，采取以会代训形式，完善网吧市场管理和安全生产管理。不定期、不定时重点对网吧开展错时

检”“卫生长效管理”“多彩贵州文明行”督查暗访等各项迎检工作。将消防安全工作纳入常规检查中，制定文化市场安全专项检查工作方案。加强市场检查，全年共出动执法人员 1389 人（次），其中开展“扫黄打非”联合执法行动 5 次。查处经开区黑网吧 2 家，收缴电脑主机 64 台。收缴非法小锅盖 66 套、高频头 39 个。收缴盗版光碟 3732 张，非法出刊 710 本；出动执法人员 645 人（次），检查网吧 1836 家（次），经查违规的网吧有 28 家，其中处罚 13 家网吧接纳未成年人、15 家人证不相符，共计罚款 21.9 万元，责令停业整改 8 家，违法案件移交率达到 100%；出动执法人员 173 人（次），检查游戏机室 87 家（次），取缔 1 家黑游戏机室，当场销毁游戏机 2 台；出动执法人员 55 人（次），检查歌舞娱乐场所 77 家（次），清理无证娱乐场所 11 家；出动执法人员 62 人（次），检查印刷企业 42 家（次）；出动执法人员 76 人（次），检查书报刊亭 139 家（次）；出动执法人员 106 人（次），检查音像制品店 95 家（次），取缔 43 家无证经营游商地摊；出动执法人员 105 人（次），检查复打印店 203 家（次），清理无证复打印店 2 家；

突击检查。聘请 50 名由退休老干部、老教师、老学者等组成的“五老义务监督员”参与网吧监督管理工作，完善网吧监管形式。建立安全生产自查台账，完成网吧、游戏机室等 2014 年安全生产责任书签订工作。

（区文广局）

【文化产业发展】 邀请湖南银辉影视文化投资有限责任公司共同拍摄微电影《缘来青岩》，获得东方骨科杯“追逐中国梦·筑梦贵阳”微电影大赛优秀奖。以第六次经济普查为契机，按照属地管理原则，由乡、镇、社区入户登记，部门审核上报，做到应统尽统。2014 年，全区文化产业增加值达 65935.57 万元，占 GDP 比重为 2.4%，文化产业单位数 296 个，个体户数 1140 户，从业人员 6110 人，排名贵阳市第 5 名。组队参加贵阳市第三届“百姓健康舞”展演比赛，经过初赛、复赛和决赛阳光社区和兴隆社区代表队均获三等奖，花溪区获团体三等奖。完成贵州省文化产业示范基地申报及 2014 年甲秀文化人才的申报工作；配合中央电视台完成《贵州省茶文化》专题片的取景拍摄工作；协调相关单位协助豪爵

公司顺利开展寻找最美丽的地方——花溪站骑行活动。

文化活动

【概况】 全年组织开展"送文化下乡"、摄影、书画等文化活动70场，其中有"2014年贵阳市春节筑城广场群众系列文化活动'花溪区优秀文化节目展演'""孔学堂春节文化庙会""花溪区2014春节我们的节日民族民间歌舞大联欢"、第十七届"花溪之夏"艺术节等活动；深入孟关中心完小、民族中学、第十七小学开展"民族文化进校园"活动35次，其中到孟关中心完小13次，民族中学12次，第十七小学10次；通过"党的群众路线实践教育活动"，开办一项"文化服务流动大篷车"的创新举措，以文化专干走进社区、乡镇，协助和指导乡、镇、社区开展群众文化活动，组织"文化演出小分队"和"花溪流动道德讲堂"一起走进社区、乡镇宣传社会主义核心价值观。组织"文化服务流动大篷车"进入航空社区、明珠社区、阳光社区、孟关乡、高坡乡开展辅导24次。

（区文广局）

11月21日，瑞华社区"久悦之春艺术团"到"2014年中国最美村镇"—乌当区新堡乡王岗村演出（瑞华社区供稿）

文物保护管理

【概况】 配合第九届省旅发大会花溪筹备组的相关工作，完成赵以炯状元故居陈列布展工程、青岩牌坊原址复建工程、青岩牌坊修缮保护工程、周恩来父亲曾居地陈列布展工程、青岩古镇历史文化展相关工作；做好贵州花溪镇山布依族生态博物馆的开馆工作，开展"5·18"国际博物馆日宣传活动和6月文化遗产日宣传活动。开展第一次全国可移动文物普查国有单位文物收藏情况的复查、普查宣传及文物数据登录工作。完成第七批市级文物保护单位申报工作。

（区文广局）

【文物安全管理】 开展文物保护单位的安全管理工作，组织安全检查40余次，联合消防、安监、青岩镇、旅文公司等单位开展安全联合检查4次，出动人员160余人次。针对文物安全检查工作发现的部分灭火器过期、电线裸露未穿管、文保单位内私搭乱建等问题，对照文物法律法规，现场下达《责令整改通知书》，做到严格整改，及时复查，确保文物安全工作落实到位，无安全事故发生。

（区文广局）

【非物质文化遗产管理】 开展花溪区非物质文化遗产传学基地建立工作；完成CCTV7对花溪区非物质文化遗产手艺人拍摄宣传工作；开展非物质文化遗产项目及传承人的挖掘保护工作；开展花溪区非物质文化遗产实物征集工作；配合做好市非物质文化遗产数据库和市数字博物馆建设工作；完成第四批省级非物质文化遗产项目申报基础资料调查、照片拍摄、声像片拍摄及制作工作；完成省市文化部门组织的非物质文化遗产数据库录入理论知识培训；组织开展非物质文化遗产生产性保护示范基地基础资料的收集工作。

（区文广局）

新闻媒体

【区新闻信息中心概况】 区新闻信息中心根据区编委《关于将花溪报社更名为区新闻信息中心的批复》（花机编〔2003〕52号），由原花溪报社（含贵阳晚报花溪记者站）、花溪有线电视台新闻部、花溪区信息中心于2004年3月合并组成。

区新闻信息中心是花溪区委宣传部管理的全额事业单位，核定事业编制50名。主要工作职责是，负责花溪区新闻宣传工作，办好花溪远程教育频道《花溪新闻》《民生连线》等栏目，办好连续性内部出版资料《高原明珠》，负责向贵阳日报花溪专版供稿，负责花溪的对外宣传工作；负责全区信息化建设工作，管理维护花溪区人民政府公众信息网。主要职能：1. 花溪区新闻信息中心开展的工作业务有电视《花溪新闻》和贵州数字电视《贵阳新闻荟萃花溪版》的采、编、播工作。2. 内刊《高原明珠》的编辑出版工作。3. 花溪区人民政府公众信息网管理、维护，行政大楼网络维护。4. 舆情处置工作。5. 花溪的对外宣传工作。

（区新闻信息中心）

【广播影视管理】 抓好国家法定节假日和国家重大活动期间广播电视安全播出工作，完成春节、两会、南京青奥会、国庆等重大节日和重要时期的安全播出任务，确保全区安全播出全年无事故；与区属相关部门联合行动，对全区非法销售、使用地面卫星接收设施的情况进行专项检查，主要针对非法销售地面卫星电视接收设施现象较为严重的田园路、将军路、徐家冲路、吉林村等范围进行打击。共收缴非法小锅盖66套、高频头39个，涉及店铺14家；通过招商引资，引进“溪城国际影城”落户徐家冲路，6月已正式对外营业。完成4079套广播电视村村通工程建设任务，入户率为100%，完成资料录入、收取自筹款40.79万元。完成行政村、社区公益电影放映2136场（次），完成率为100%，观众达1.43万人次，匹配资金27768元已纳入财政预算。

（区文广局）

【花溪区人民政府公众信息网概况】 花溪区人民政府公众信息网是花溪区政府主办的政府门户网站，建于2002年，2003年正式上线运行。网站前后经历5次较大改版工作，基本满足各阶段网站绩效考核指标的技术和功能要求。2012年，通过改版，在原来网站框架下，搭建乡镇、社区子网站模块，在网站管理系统平台集成乡镇、社区子站管理系统，进一步整合资源，实现资源共享。随着公众对政府门户网站综合服务质量要求的日趋提高，对网站框架、页面美工、栏目设置和功能组件提出更高要求。依靠现有的网站架构和技术平台，无法满足现阶段网站考核指标要求。由于网站只建立了乡镇、社区子网站，在栏目信息保障工作上，花溪区新闻信息中心既是网站的管理单位，同时也承担主网站所有栏目的信息维护工作。子网站由乡镇、社区指定专人负责对子网站栏目信息进行更新和维护。

（区新闻信息中心）

【花溪区人民政府公众信息网网页更新】 花溪区人民政府公众信息网现开设有“动态信息”“视频新闻”“通知公告”“领导信箱”“百姓书记交流台”“领导活动”“部门动态”“乡镇动态”“信息公开”“公共服务”“场景导航”“热点专题”“网上办事”“专题导航”“政府部门导航”“乡镇社区导航”等栏目。每周一至周五更新新闻，随时更新各栏目内容，年均发布各类信息1800条左右。

（区新闻信息中心）

【《高原明珠》概况】 《高原明珠》报创办于2008年1月，由区新闻信息中心主办，为全区工作交流用的连续性内部出版物，由区财政拨款，免费向全区部门、乡镇、社区赠阅。《高原明珠》报为四开四版，一周一期，一版是要闻版，主要报道区委、区政府中心工作，展示花溪改革发展重大成就；二版是综合新闻版，主要报道区级及社区、乡镇、部门、村（居）、单位经济建设的成绩、经验和典型；三版是民生新闻版，主要报道社会、教育方面的新闻、通讯、知识及理论文章等；四版是旅游文化版；每期约4万字，平均8幅图片，充分展示花溪生态、文化、旅游建设成果。在正常情况下，每年出刊50—52期。2013年5月，花溪区、小河区撤并成立新花溪后，曾更名为《新花溪》，其报道面和报道内容增加了经开片区，至2014年10月报刊名再改回为《高原明珠》，至今已出刊363期。

（区新闻信息中心）

【《高原明珠》专栏创新】 《高原明珠》开设了“创建国家环保模范城市”“党的群众路线教育实践活动”“喜迎旅发会”“美丽花溪人”“我们的节日”“平安花溪”“推进文化旅游创新区建设”等专栏，围绕全区各阶段工作重点进行宣传报道，为全区经济社会发展起到良好的宣传作用。

（区新闻信息中心）

【花溪远程教育频道概况】 花溪远程教育频道是2004年3月花溪报社（含贵阳晚报花溪记者站）、花溪有线电视台新闻部、花溪区信息中心合并组成花溪区新闻信息中心后，从原花溪有线电视台剥离出来设立的频道。设有《花溪新

5月7日，区档案馆获“贵州省县级档案馆档案资源数据库建设示范点”称号，中国档案报记者专程到区档案局采访（刘婷 摄）

闻》《民生连线》等栏目。2012年底实现对原小河地区覆盖花溪远程教育频道电视信号、在《花溪新闻》初步改版的基础上，2013年初进一步完善花溪电视新闻改版工作，增设栏目，使节目采编制作更稳定。

（区新闻信息中心）

【花溪远程教育频道专栏创新】 2014年新开设《扎实开展党的群众路线教育实践活动》《解读社会主义核心价值观》《记者在现场》《一把手上电视》等栏目，继续做好《文明花溪》《创建国家环保模范城市》《关爱未成年人》《我们的节日》《道德讲堂》《平安花溪》等栏目。制作《作风建设在路上》《发挥群众工作优势 实现社会治理创新》《花溪区双拥工作纪实》《花溪区小康创建工作纪实》《花溪区委党校以评促建工作纪实》《花溪区创建国家环保模范城市纪实》等专题报道近10部。制作并播出《创模知识》《9+3教育相关知识》《春季呼吸道传染病预防重点》《禽流感防治知识》《文明养犬知识 》等知识类节目以及动画片；新开设《健康教育》栏目，播出各类通知、公告、《捐赠倡议书》《社会承诺书》。此外，还配合播出干部任前公示、森林防火公告、拆迁启事等各类公告通知，围绕中心工作和社会主义核心价值观宣传，滚动播放以爱国守法、明礼诚信、勤俭节约、安全生产、征兵和双拥宣传、反邪教宣传，整脏治乱、“讲文明 树新风”等为内容的标语和公益广告。花溪远程教育频道正常情况下，每周一至周五编辑制作播出新闻，每期11至20分钟，约11条，年均240期。

（区新闻信息中心）

（责任编辑　杨玉屏）

“猴鼓舞”表演传承人唐仕富在为下一代传授技艺（区文广局供稿）

卫生·体育

10月16日，贵璜中学课间广播操(吴忠丽供稿)

卫 生

【概况】 2014年花溪区卫生与食品药品监管工作主要是引进北京优纳科技公司招商项目落地花溪，建成“北京301医院病理远程平台贵阳分中心”，打造贵州省首家数字病理远程服务平台；引进慈铭健康体检管理集团在花溪设置体检分中心，为辖区居民提供优质的健康体检品牌服务。投入1069万元，在区人民医院实施区急救中心建设项目，完成黔江社区卫生服务中心标准化建设和燕楼、孟关、高坡卫生院改造，新建村计生服务室7个、维修改造12个，为35个村卫生室配置医疗卫生设备。推进国家基本药物制度改革，在社区卫生服务中心和乡镇卫生院全面实施国家基本药物制度，实行零差率销售。引导社区卫生服务中心（站）使用国家基药，围绕“看病难”问题，着力提升医疗保障。妇幼保健卫生抓好“孕产妇死亡监测”“5岁以下儿童死亡监测”“贵阳市出生缺陷监测”及妇幼各项目工作，实行保健与临床相结合。2014年新农合参合率98.63%，全区共补偿8109.66万元，基金使用率为99.10%，门诊补偿34.53万人次、住院1.97万人次、大病补偿602人次。新农合的住院报销补偿标准从2013年的12万元提高到15万元，村民在新农合补偿的基础上，可获得商业医疗保险大病补偿不封顶。区政府加大对公共卫生的财政投入，9个乡镇、18个社区实现基本公共卫生服务工作100%全覆盖，辖区内村居民健康档案建档率71.14%，把儿童、孕产妇、老年人、高血压患者、糖尿病患者、重型精神病患者等特殊人群纳入健康管理，定期随访指导，不断提高辖区村居民的健康普及。在医院推行电话网上预约就诊服务、药房划价收费一站式服务、危重患者绿色通道服务、无假日门诊服务、亲情护理服务等五个便民措施，改善医院就医环境。组建党员志愿服务队伍，以“卫计下乡”“入户签约服务”“三关爱”“挂帮解困”等活动为载体，服务基层群众。制定出台医疗机构“五承诺五不准”行为规范，医院与患者签订拒收红包承诺书，收到感谢锦旗34面，表扬信16封，保障人民群众健康安全。开展国家级慢性病综合防控示范区创建工作，通过省级评估验收和国家级验收。开展“规范药房”标准化建设，年末，达标验收95家。监督检查药品经营户12432户次，督促指导经营户整改746户次。全

4月10日，省政府参事到黔陶乡调研食品安全工作（黔陶乡供稿）

年受理卫生许可1269件，许可1209件；对违反食品安全法和卫生法律法规的行为进行立案查处，共立案275件、结案268件、结案率97.46%、罚款金额65.62万元。全年未发生食品药品安全事故。

（区卫生与食品药品监管局）

【疾病预防控制】 2014年无甲类传染病发生与报告，乙丙类传染病总发病率448.65/10万，较上年同期539.20/10万相比较下降16.79%，无SARS、人禽流感病例发生，无甲乙类传染病暴发疫情发生，继续维持无脊灰状态。规范开展预防接种服务工作，国家免疫规划疫苗以区为单位，各单苗接种率均达95%以上。获得“贵州省慢性非传染性疾病综合防控示范区”称号。为创建国家级慢性病综合防控示范区，必须充分发挥健康社区、健康单位、健康学校、健康食堂、无烟单位等的示范引领作用，开展全民健康生活方式行动，组织开展健康巡讲、工间操大赛、职工篮球赛等丰富多彩的群众性健康活动。全年开展大型卫生主题日宣传活动14次，发放传染病、慢性病等健康教育资料76种85111份。调查显示，辖区居民健康知识知晓率为92%、健康行为形成率为89%、基本技能掌握率为87%。全区已建立死因监测、肿瘤随访登记和心脑血管事件系统，覆盖全区所有医疗机构及乡镇卫生院、社卫中心、站、村卫生室。花溪区作为“中国健康知识传播激励计划—吃动平衡走向健康”活动参与单位之一，分别于10月、11月在贵州大学举办两次大型“知识共享会”暨1次长走活动，完成示范创建7类15家：5家健康社区、2家健康单位、2家健康餐厅、2家健康小屋、2个健康步道、1家健康食堂、1个健康主题公园。

（区卫生与食品药品监管局）

【突发卫生事故应急】 2014年花溪区进一步完善各类突发公共卫生事件应急预案，及时更新应急物质储备，建立完善保障措施，开展突发公共卫生事件应急处置演练（模拟“埃博拉出血热”疫情处置），不断提高突发公共卫生事件应急处置能力和水平。9—11月，花溪区多部门组织综合防控应急演练，出色完成各项任务，获得上级部门一致好评。全年未发生突发公共卫生事件。

（区卫生与食品药品监管局）

【基本公共卫生服务】 规范化电子健康档案建档率达74.22%，65岁以上老年人建档管理率84.6%，中医保健指导服务率达30.05%。高血压管理数18905人，随访45592人次。糖尿病管理4436人，随访11000人次。重性精神疾病患者管理1131例，随访2896人次。0－6岁儿童健康管理率92.2%，孕产妇系统管理率97.1%。开展健康教育讲座947次，开展主题宣传活动349次，接受咨询人次达90260人，发放健康教育宣传资料22万余份，《中国公民健康素养66条》宣传普及率、居民健康相关知识知晓率不断提高。完成流动人口的基本公共卫生服务及登记管理。

（区卫生与食品药品监管局）

【社区与农村卫生】 2014年花溪区有社区卫生服务中心13个，社区卫生服务站11个，村卫生室146个。乡村医生152人，均达到中专及以上学历，并取得乡村医生资格证，其中取得执业医师或执业助理医师资格的有18人，占村医总人数的11.8%。组建社区全科医师服务团队，在溪北、清溪、瑞华、清浦试点签约服务11656人，建立“一对一”服务关系，为居民家庭提供以预防保健为主，连续性、主动性和综合性健康责任制管理。通过“12346”管理模式和驻村医生责任管理机制，在农村开展“紧密型管理”的乡村卫生服务管理。青岩镇、石板镇、孟关乡、小孟社区卫生服务站试先开展乡村医生签约服务。通过对口帮扶业务的开展，建立“县级医疗机构为龙头，乡镇卫生院为枢纽，村卫生室为基础”的县乡村医疗卫生服务一体化管理机制，不断加强乡村医疗卫生机构管理，规范医务人员服务行为，提升医务人员业务水平，推动农村医疗卫生事业持续发展，满足广大农民对医疗卫生服务的需求。

（区卫生与食品药品监管局）

【农村合作医疗制度】 2014年全区参合村民20.98万人，共筹集资金8182.94万元，参合率为98.63%。截至12月31日，全区共有36.5万人次获得补偿，补偿金额共计8109.66万元。以户为单位受益面达67.23%，基金使用率占全年可使用基金99.1%。对区、乡、村各级定点医疗机构一百余家进行检查督导，对存在问题的医疗机构进行处罚，并通报批评。乡镇、社区合管站加强对定点医疗机构的监管，执行新型农村合作医疗的各项规章制度，严把审核关，确保基金使用的安全性。同时为规范审核流程，安全有效使用好新农合基金，成立由内科、外科、妇科、中医科及检验科等科室专业人才组成的专家组，与合作医疗办公室定期或不定期对医疗机构进行审核督导。

（区卫生与食品药品监管局）

【卫生服务行风建设】 严格执行中央“八项规定”、省委“十项规定”、市委二十九条实施细则和市纪委“五大禁令”，扎实治理“吃拿卡要、慵懒散奢”等行为，全年无违纪违法行为发生。加强区政务服务中心卫生服务窗口派驻人员业务培训，提高政务服务能力和水平。严格落实岗位责任制、首问责任制、限时办结制，医疗机构窗口服务态度明显改善，患者就医排队等候时间不超过15分钟。自觉将办事流程、收费标准，药品价格、新农合基金报销补偿等上墙公示，自觉接受监督，群众满意度不断提高。

（区卫生与食品药品监管局）

【卫生监督】 2014年共出动执法车辆1457车次，监督人员4452人次，检查经营户16498户次（其中饮食11914户次、公共场所4356户次、生活饮用水75户次、医疗机构122户次、职业危害企业31户次）。处罚经营单位198户次，（其中医疗机构33家，公共场所19家、餐饮单位146家），责令改正178户次（其中餐饮138户次），停业整顿74户次，查封17户、取缔23户（餐饮17户）无证经营户，取缔无证行医12户次，没收药品器械11件。开展卫生违法案件查处，全年共立案275件、结案268件、结案率97.46%、罚款金额65.62万元。全面落实花阁路、学士路、香椿路、田园北路餐饮服务食品安全示范街的长效管理，选取大吉路创建“餐饮服务食品安全示范街”“学习双桂坊、诚信做食品示范街”，选取学士路创建“公共场所卫生安全示范街”。

（区卫生与食品药品监管局）

【红十字会工作】 花溪区共建基层红十字会组织61个，发展会员10034人，发展青少年会员5901人，发展红十字志愿者400人，全区红十字基层组织建设实现城乡全覆盖，在贵州省亚泰职业技术学院开展创省级红十字会示范校活动。开展红十字系列宣传活动，利用世界艾滋病宣传日、“5·8红十字博爱周”“无偿献血日”等宣传日，在城区和乡镇繁华地段，开展红十字工作宣传报道17次，先后发放红十字宣传资料等15000余份。积极开展无偿献血、捐献造血干细胞、捐献遗体“三献”的宣传活动，组织干部、职工、学生、军人、村民共804人参与无偿献血。累计为遗体捐献申请人办理纪念证书96人。

对乡镇、社区服务中心干部、村民、居民、学生、机关、企事业单位干部、职工1800人开展自救培训。组织全区广大干部职工为云南鲁甸地震灾区捐款255280元。广泛开展“博爱送万家”活动，在春节期间共计慰问走访辖区170户困难家庭，为他们送上米、油和衣物等生活用品，价值10800元。积极筹集资金为烧伤、白血病、孤寡、癌症、肾炎、特困人员进行救助，救助金额13000元。在辖区范围内共设立5个（青岩镇、花溪湿地公园、天河潭景区、溪北社区服务中心、阳光社区服务中心）红十字医疗急救点，为中外游客1824人提供人道救助医疗服务。

（区卫生与食品药品监管局）

【花溪区人民医院新技术开展概况】 医院引进新技术、新项目10多项，申报省级科研项目2个，市科研项目3个。2012年年底与杭州市萧山区第一人民医院结成对口帮扶医院，通过2年的帮扶，医院在管理及医疗技术水平有提升。外科系统先后成功开展开胸、开颅手术、微创脑出血血肿清除引流术、胰十二指肠切除术、胰肠吻合术、直肠癌、胃癌、乳腺癌根治术及各种腔镜微创等高难度手术；内科系统开展冠心病急性心肌梗塞超早期溶栓治疗、脑血管疾病、内分泌疾病等危重疑难病症的诊治。

心内科开展的市科研课题勺型非勺型高血压与左室肥厚，临床相关性研究，已通过市科技局结题验收。2月参与国家“十二五”重点专项，H型高血压比较效果学研究，8月该项目授牌，项目顺利进行，病例例数已达到近800人，在全省县级医院中处于领先。

手术麻醉科开展无痛肠腔镜诊疗的麻醉，新麻醉药瑞芬太尼在麻醉镇痛的临床观察。骨科开展腰腿疼痛的臭氧治疗以及微创手术治疗，成功完成几例超高龄股骨劲骨折髋关节置换手术，单纯胸腰段脊柱骨折，利用肌间沟入路微创手术。神经内科开展脑梗死的16层螺旋CT灌注成像特征，与临床检测指标及预后相关性的研究课题。

（晓　丽）

【花溪区人民医院基础设施建设】 2014年，新建的排污系统正式启用，医疗废水的排放符合国家创模要求。3月开通外科综合大楼和门诊楼的连接廊桥，方便外科住院患者到医技科室检查，确保就医安全。为适应医院的发展，满足病人的医疗需求。医院通过区政府采购中心购置设备原装进口全自动电化学发光分析仪、手术室对接车、原装进口臭氧治疗仪、原装进口颅内检测仪、射频热凝治疗仪、多参数监护仪、无创呼吸机等一批设备，为临床新业务、新技术的开展提供有力的支持。根据“创建生态文明医院”的标准，8月配合原职工车辆停车限号管理办法，增加职工车辆停车补贴，将更多的停车位置让位于就诊患者，停车更加有序；9月完成煤气供热改为天然气供热系统的改造；10月对旧住院部的内部装修、急救中心的改造和临街门面改建成体检中心的工程已进入施工阶段。

（晓　丽）

8月18日，“青岩古镇杯”全国汽车短道拉力锦标赛——贵阳站（董仁海摄）

体 育

【概况】 举办贵阳市第29届暨花溪区第22届冬泳表演赛、春节象围棋赛、第31届“小康杯”篮球赛、“三八节”女职工趣味运动会、经开区“三八节”拔河比赛、第三届“工商联杯”篮球赛、花溪区职工工间操比赛、2014年机关职工篮球赛等赛、花溪职工足球赛等。组织参加“贵阳市第十二运动会”；完成“全国第四次国民体质监测”工作；启动29个“村级农体工程”、16条“健身路径工程”工作；完成经开区来力台球室经营备案工作。

（区文体广电局）

【区老年体协】 组织参加贵阳市老体协“手杖操”培训活动、“5·1健身操、健步走”活动；承办区2014年“三八节”老年妇女门球赛活动；举办区老年节趣味体育活动；开展区2014年春季文体活动，参加活动的老年妇女同志达1000多名，表演人员共600多名，表演节目15个。区文联58岁职工夏荣富参加贵州多威长跑队组织的贵阳代表队，在厦门国际马拉松城市邀请赛（参赛运动员近7万人）中取得团体第23名成绩。

1月2日，区文联58岁职工夏荣富（右1）代表贵州省参加厦门国际马拉松城市邀请赛获团体23名（夏荣富 供稿）

（区文体广电局）

（责任编辑 杨玉屏）

精神文明建设

12月30日，阳光社区举办公益活动(阳光社区供稿)

精神文明创建活动

【精神文明建设工作概况】 2014年，区文明办开展社会主义核心价值观宣传教育，叫响社会主义核心价值观“24字”。大型户外广告宣传24幅（次）（含户外广告牌），面积达2600平米；公交站台30余幅（次），面积达1000余平米；制作宣传海报10000余幅；悬挂道旗420余幅。把黄河路打造成社会主义核心价值观主题示范街，把颐和花园打造成社会主义核心价值观主题社区，把区政府广场打造成社会主义核心价值观主题广场。在花溪电视台、高原明珠报、花溪区政务信息公开网、花溪宣传网等新闻媒体上进行以“社会主义核心价值观”为主要内容的宣传。邀请原省人大副主任、著名学者顾久作题为《优秀传统文化与核心价值观》的讲座，全区400余人参加。

在中秋节对全区29位各级道德模范及身边好人进行慰问，送去6000多元的慰问品；开展“明礼知耻、崇德向善，感动花溪”十大人物评选活动。区推荐身边好人饶昌东获中国好人榜“古镇文化轻骑兵”荣誉称号、雷月琴获“全国十大江河卫士”称号。刘林艳、饶昌东、杨家发、袁有梅、徐华等人获“贵州好人榜”身边好人称号。举办“学习道德模范先进事迹、弘扬中华民族传统美德”道德模范事迹巡演，机关干部、群众代表、驻区部队官兵500余人受教育；用“积德榜”对身边好人进行宣传，以一堂（道德讲堂）、一本（“道德讲堂”通俗读本）、一榜（“积德榜”）三位一体格局，推进社会主义核心价值观的宣传教育。2014年，全区共建有150余块“积德榜”，分布在7个乡镇、18个社区。在春节、元宵、清明、端午、中秋、重阳等传统节日，举办“我们的节日——民族歌舞大联欢”活动。

在贵阳市率先制定《关于进一步加强志愿服务工作的实施方案》和《花溪区志愿者招募注册制度》《花溪区志愿者培训管理制度》《花溪区志愿服务记录制度》《花溪区志愿服务激励回馈制度》4个制度。2014年全区新增志愿者注册人数7359人，志愿者人数总数达到44787。为保护“全国生态示范区”荣誉称号，开展“邻里守望”、文明引导、学雷锋活动、巡逻守护、关爱老人、妇女儿童和“碧水蓝天”志愿服务活动。

将流动道德讲堂与“五进五促”相结合，精心打造“讲、推、做、演”四位一体的道德讲堂“花溪模式”。2014年在阳光社区金世旗小区、孟关汽贸城开展流动道德讲堂活动，获得中央、省市媒体的广泛宣传报道。承办贵阳市首场“宣传部长上讲堂”活动，兰义彤到桐木岭村进行“百善孝为先”主题讲解，启动花溪区首场“宣传部长上讲堂”活动，全区177家道德讲堂累计开展道德讲堂活动800余期。

花溪第四幼儿园举办爱心义卖活动，善款用于购买玩具捐给帮扶的乡镇幼儿园（周晓霞供稿）

深入社区、校园、机关、家庭、乡村，开展“明礼知耻·崇德向善”活动，引导全区党员、

5月30日，区委书记钟汰甬（右一）观看小学生书画作品（区妇联供稿）

干部、群众以“仁、义、诚、敬、孝”为五礼，以“懒、贪、奢、浮、愚”为五耻。设计制作6000余幅文明餐桌提示牌在全区各餐馆张贴，组织149名志愿者利用网络宣传身边好人、身边好事，传递文明礼仪。“六一”前夕，区四大班子分别走进花溪第二小学、花溪第一实验学校、花溪航天幼儿园等12所学校，向少年儿童们送去节日的祝福，观看学生们的书画、手工作品和文艺表演。开展“我的中国梦”“文明祭祀”“向国旗敬礼·做一个有道德的人”“童心向党”“学习雷锋，做美德少年”网上签名寄语活动，全区共有5000余人次参加；花溪第二中学的《装扮蓝色的地球》获得二等奖、花溪第二小学的《共圆中国梦》获得三等奖。2014年新增久安中心完小、燕楼中心完小2所乡村学校少年宫，全区乡村学校少年宫数量达到9所。青岩中心完小的苗族刺绣、孟关中心完小的猴鼓舞等，获得省、市肯定。开展家庭、学校、社会教育“三结合”，全区共举办80余场，参加家长人数2万余人。开展社区教育，定期免费开放公共电子阅览室、图书室、道德讲堂、多功能活动室等场所。

组建创建省级文明城区工作指挥部，由区委常委、宣传部长、统战部长吕念东任指挥长，召开省级文明城区创建工作会，对测评指标进行细化分解，提出具体要求。黔江、航天、清浦、溪北、清溪五个社区成功创建贵阳市文明社区；青岩镇获得省级文明乡镇；青岩龙井村、马铃谷中村获得省级文明村；区委宣传部、明珠社区、阳光社区、花溪农商行等7家单位获得省级文明单位称号。

对全国文明城市测评体系263项指标（其中未成年人测评体系有25项指标）进行细化分解，完成涉及118个指标的资料报送工作。召开2014年全国文明城市常态管理工作推进会和全国文明城市实地考察迎检工作安排部署会。组建督查组，对全区公共环境、公共秩序、公共关系、公益广告出现的问题进行督查通报。

（区委宣传部）

【多彩贵州文明行动】 成立两区“三重”工作领导小组以及两区“巩固创文”迎检领导小组，设置花溪区整脏治乱办公室，经开区党政办“卫生长效管理”办公室。制定《贵阳国家经济技术开发区、花溪区“三重”工作联合督办督查和考核问责办法》《“多彩贵州文明行动”专项工作督查考核方案》。单月由区爱卫办、双月由区

“整脏治乱”办进行综合考评排位。

与花溪区、经开区90家单位签订《2014年“多彩贵州文明行动”目标责任书》，执行“一把手”负责制，落实“属地管理”原则。制定下发《花溪区2014年“多彩贵州文明行动”实施方案》《花溪区2014年“多彩贵州文明行动”考核方案》《花溪区2014年“多彩贵州文明行动”宣传方案》和《花溪区2014年“多彩贵州文明行动”督查方案》。充实城市管理队伍和环卫队伍，2014年共招聘城管协管队员588名，落实城市管理网格化、门前“三包”。引进北京环卫集团对两区环卫工作进行市场化运作管理。

2014年区整治办、经开区卫生长效管理办联合对城市顽疾和卫生死角开展大型综合整治共计31次，对花溪河边路开展卫生秩序综合整治，对经开区工厂开展卫生秩序综合整治，取缔徐家冲星期天农贸市场占道经营、取缔上花阁路段早市占道摊点，取缔经开区非法活禽交易市场，联合治理非法营运、开展门前“三包”宣传动员工作，综合整治行动共计收扣摩的130辆，黑的120辆，异地经营出租车8辆，违规出租车120辆，客运车辆违章查扣道路运输证130本，收缴残的出租车标志灯20个，查处违规营运车18辆；制止各类违章占道经营、门面延伸占道经营6130起，暂扣物品522起，清除和覆盖“野广告”共计13467张（件），销毁各类散发小广告15635张，制止经营户和行人乱丢、乱吐、乱放、乱穿人行道等不文明行为1896起，帮助流浪乞讨人员12人次，对占用人行道停放车辆贴单709起 。清理过街横幅空飘、落地招牌等100余起。检查渣土车辆8000余辆，批评教育劝返100余次；查处违章酒驾45起，收缴摩托车345台，查处交通违法违规69845起。

2014年联合区新闻信息中心在花溪电视台曝光脏乱差问题共计30条次，联合制作并在区委常委会上播放“镜头对准脏乱差”视频5期，曝光和跟踪督办严重问题共18个，同步播放和跟踪督办市级“镜头对准死角”视频5期共15个问题。对两区多彩贵州文明行动涉及各职能部门、社区、乡镇等责任单位开展联合督查及专项督查600余次，共同下发创模、创文环境卫生专项督查通报27期，反馈督办问题596个。下发《存在问题通知书》469份，反馈督办问题1500个。对70余家责任单位进行考评排位公示5次。上下协作，完成各项迎检工作。配置内部对讲通讯系统20余部，完成省、市多彩贵州文明行动及巩固创文重要检查共计21期。

（区委宣传部）

【志愿服务活动稳步发展】 一是加强志愿者队伍制度化建设。在贵阳市率先制定《关于进一步加强志愿服务工作的实施方案》和《花溪区志愿者招募注册制度》《花溪区志愿者培训管理制度》《花溪区志愿服务记录制度》《花溪区志愿服务激励回馈制度》4个制度。二是扩大志愿者队伍建设。形成区文明办牵头总负责，各相关单位组织、管理各类志愿者和志愿者队伍的工作格局。2014年花溪区新增志愿者注册人数7359人，志愿者人数总数达到44787，同时为加强志愿者队伍的管理，正开展花溪区志愿服务联合会筹备工作。三是开展多样性志愿服务活动。为保护“全国生态示范区”荣誉称号，打造花溪志愿服务品牌，在“邻里守望”、文明引导、学雷锋活动、巡逻守护、关爱老人妇女和儿童等志愿服务活动基础之上，启动“碧水蓝天”志愿服务行动。

（区委宣传部）

【青岩镇龙井村道德讲堂】 9月1日，青岩镇龙井村开展一堂“道德讲堂”。贵阳市委宣传部副部长陈萌与讲堂全体参会人员共同唱响一首道德歌曲《公民道德歌》，观看诚实守信道德模范人物事迹。主持人带领大家诵读一段道德经典——君子养心莫善于诚。参会人员讲述自己参加此次讲堂的道德感悟。在发善心的节目中，希望走进道德讲堂的人们在今后的日常生活中，做一个勤劳的人，做一个善良的人，全体人员一起大声朗读：存好心、做好事、当好人、有好报。最后以一句格言“积善之家必有余庆、积恶之家必有余殃”，送一个吉祥、送一份祝福“好人一生平安”和送一份小礼品，结束了本期的“道德讲堂”。

（青岩镇）

【贵璜中学学生学习文明用餐】 2014 年贵璜中学对来自两乡一镇的 723 个住校生进行文明用餐教育，不但让学生吃饱、吃好、吃得安全，还要吃出文明，吃出传承中华民族节俭文化，让食堂成为检验节俭文明养成的特殊“考场”，让用餐成为另一种学习的“课堂”，让卫生、节俭、文明、谦让、包容成为孩子们的课题。老师和学生同吃一锅饭，同在食堂用餐，坚持学校领导带班的陪餐制度，领导和老师作节俭的表率，纠正学生的浪费行为，并教学生用餐礼仪，经过一个学期的努力学生节俭已蔚然成风，光盘行动已成为学生的自觉行动。

（吴忠丽）

【花溪区青年微视频创作大赛】 12 月 5 日，“青春微视 · 灵秀花溪”花溪区首届青年微视频创作大赛颁奖暨交流会召开。10 部微视频作品脱颖而出，分获各类奖项。此次青年微视频创作大赛主要围绕花溪区的人文生态环境、经济发展和青年风貌为创作题材，广泛向高校和社会青年征集作品，充分发挥微视频短小、精炼、灵活的特征，为青年朋友们搭建一个展现热爱生活、追求梦想的平台。大赛由驻区高校专业教师及文化、宣传界相关专家组成评委，通过评选，高校学生徐昌海创作的《花溪好风光》荣获最佳摄制奖和最佳人气奖，高校学生罗晨创作的《水韵花溪 · 起航》荣获最佳创意奖，社会青年葛纬创作的《南乡》荣获最佳剧情奖。部分参赛作品将在花溪电视台进行展播。

（杨小平）

（责任编辑　杨　琴）

【图说花溪身边好人】

7月25日，阳光社区清华山庄堆积20多天的垃圾发臭、生蛆，身边好人李立昭（左2）、代方华（左3）、段开秀（左4）、朱保华等老阿姨挺身而出，挨家上门动员交费，组织清运垃圾。小区创卫成果得到巩固，群众拍手称赞（戴亦供稿）

重庆长寿县来的拾金不昧农民工张永明（右1）聂勤君（右2）夫妻俩。11月9日，清华中学一教师找夫妻俩修改裤子，1小时后转回取裤子，被告知裤子口袋里装有1050元钱（杨玉屏 摄）

清华小区身边好人于朝贵常年义务打扫、整理小区公共环境（戴亦供稿）

人力资源·社会保障

9月26日，花溪区2014年离校未就业高校毕业生专场招聘会在贵州大学举行。33家单位提供就业岗位800个，约2000多名高校毕业生入场求职，达成初步就业意向351人(区人社局供稿)

人力资源管理

【概况】 2014年，区人社局为深化事业单位人事制度改革，结合花溪区事业单位实际需要，落实新颁布的《事业单位人事管理条例》；按照《公务员法》要求，不断加强公务员队伍管理；进行4次事业单位公开招聘，在招聘工作中，坚持“公开、平等、竞争、择优”的原则，坚持公开报考条件、公开考试程序、公开考试结果“三公开”的原则，由区公开招聘办公室统一组织实施。

（区人社局）

【人事制度改革】 2014年8月区人社局邀请区属8家单位学习贯彻实施《事业单位人事管理条例》暨深化事业单位人事制度改革电视电话会精神，学习事业单位及其工作人员依法参加社会保险的规定，会议释放出“养老金并轨”的明确信号，标志着事业单位社保改革进入实质性操作阶段。《条例》的颁布实施为公开招聘、岗位管理、聘用管理、纪律处分等提供明确的法律依据，对编外人员、停薪留职人员、保留档案关系人员等特殊情况，提出有针对性的解决办法。

（区人社局）

【公务员管理】 完善公务员信息系统数据，新收录经开片区社区服务中心、划归区县管理的工商局、质监局，共15家单位数据。收录行政、参公人员数据1208人（其中政府系列868人）。搭建服务器，按要求形成季度更新人员信息的常态化工作，该系统为公务员日常管理发挥高效、便捷的作用；2014年完成公务员法执行情况检查工作，经自查，花溪区行政机关和参照公务员法管理单位均在规定编制限额和职位空缺范围内招录公务员，涉及录用、转正定级、工资套改等程序符合《公务员法》规定，无违规违法现象；全年完成67名公务员（参公人员）登记工作。

（区人社局）

【人才队伍建设】 2014年花溪区新招录公务员（参公）37名，其中6名为选调生、31名为参照公务员法管理的事业单位工作人员；下文聘用事业单位工作人员106人；指导、协助区教育局完成公开招聘中小学、幼儿园教师148人；指导区卫生局完成“招聘执业医师”项目，乡镇卫生院聘用执业医师5人；指导区教育局完成简化考试程序择优招聘农村中小学、幼儿园音体美紧缺薄弱学科教师1人。同时，通过第二届中国贵

4月27日，区人社局在贵阳华云汽车饰件有限公司举行在职农民工电工培训鉴定考试（区人社局供稿）

州人才博览会，为宣传、发改、生态、农业、投促、金融、湿地公园、新闻信息中心、中医院等部门引进21名优秀高层次人才。

（区人社局）

社会保险

【概况】　花溪区社会保险工作从1988年的国有企业城镇职工养老保险开始，发展至今经办的险种包含城镇职工养老、失业、医疗、工伤、生育保险、城镇居民基本医疗保险、城乡居民基本养老保险、被征地农民社会养老保险8个类别，保障范围包含机关事业单位职工、国有集体企业职工、非公有制企业职工、个体工商户、流动就业人员及城乡居民等各类人群，已基本形成覆盖全民的社会保障体系。截至2014年12月31日，花溪区参加社会保险的企业、机关事业单位、社会团体等共3098户，各险种参保人数累计达46.64万人次。其中：城镇职工基本养老保险累计参保87946人，收缴基本养老保险费35722万元。全年新增办理城镇职工养老保险领待人员2187人，为7382名退休人员发放城镇职工养老保险待遇10565.88万元。城镇职工基本医疗保险累计参保59892人，收缴城镇职工基本医疗保险费15256.26万元。城乡居民基本养老保险累计参保81309人，收缴城乡居民社会养老保险费914.62万元。全年新增办理城乡居民基本养老保险领待人员1998人，为24896名领待人员发放城乡居民基本养老保险待遇3952.22万元。失业保险累计参保40576人，收缴失业保险费3069.05万元。全年发放7078人次失业金711万元。工伤保险累计参保40663人，收缴工伤保险费920.85万元。全年受理认定工伤案件173起，参与调处重大伤亡案件18起，审核支付167人次工伤保险待遇613.99万元。生育保险累计参保48760人，收缴生育保险费736.81万元。

（区人社局）

8月17日，区人社局工作人员对申请小额担保贷款的商户进行入户调查，全年累计发放小额担保贷款2458.4万元（区人社局供稿）

【被征地农民养老保险】　截至2014年12月31日，花溪区累计审核认定被征地农民身份26823人，办理参加社会养老保险8094人（其中参加城镇职工养老保险3193人，办理退休2676人；参加城乡居民基本养老保险4901人，办理退休2073人）。全年核发被征地农民财政缴费补助2446.63万元。

（区人社局）

就业创业

【概况】 2014年，区人社局坚持“劳动者自主择业、市场调节就业、政府促进就业”的方针，紧紧围绕“促进就业、服务民生”工作主线，以稳定和多渠道扩大就业为中心，落实各项就业优惠政策，突出就业工作重点，为全区社会经济发展做出积极贡献。

3月，区劳动保障监察大队到用人单位开展清理整顿人力资源市场专项检查工作（区人社局供稿）

全年完成城乡统筹就业23811人，其中：城镇新增就业20825人（其中：下岗失业人员5021人，就业困难对象952人）；农村劳动力转移2986人，充分就业社区累计创建33个，新创建充分就业社区达标3个，充分就业社区创建率为75%，持续达标率为100%；就业失业登记证发放3049人，城镇登记失业率为2.81%，控制在目标任务4.5%以内；城镇“零就业家庭”、农村“零转移家庭”，期末动态为零。发放就业小额担保贷款357人，实际发放贷款2458.4万元。开展城乡统筹培训4206人，筹集创业引导资金250万元，征集创业项目24个；发放一次性创业奖励和自主创业场租补贴837人次，发放金额149.93万元。

（区人社局）

【就业培训】 2014年，区人社局实施职业技能培训，开展涉及汽车驾驶员、汽车维修、创业、企业在岗职工、失地农民、餐饮服务、农家乐等专业的培训。共培训4206人，完成目标任务的150.21%。其中农村劳动者、城镇登记失业人员培训948人，完成目标119%；“9+3”培训638人，完成目标213%；在岗职工培训1388人，完成目标278%；城乡各类劳动者创业培训617人，完成目标102.83%；应届高校毕业生创业培训510人，完成目标102%；农村实用人才培训105人，完成目标105%。

与贵州大学、贵州民族大学人文学院组织510名高校学生参加创业培训；组织一期贵州大学高校毕业生参加的营养师（中级）技能培训；为贵州省机电技工学校做好“9+3”培训宣传服务和培训监管工作。联系各大工业园区，为签订劳动合同并要求技能提升的员工开展培训和职业资格鉴定。与孟关汽贸城对接，通过汽贸城协会组织8期汽车维修工的初级培训；为提升花溪区旅游接待质量，针对大型餐饮服务酒店开展餐厅服务员、客房服务员等工种开展在职提升培训。10月还与十里河滩国家城市湿地公园指挥部、溪北社区服务中心组织针对167名失地农民开展为期10天的就业、创业政策性引导培训，促进失地农民就业。

（区人社局）

【高校毕业生就业创业】 2014年，区人社局共举办高校毕业生就业专场招聘会5场，提供就业岗位4934个，1459人初步达成求职意向。先后与贵州民族大学招生就业处、贵州大学招生就业处签订合作协议，为高校毕业生提供就业服务。编印《高校毕业生就业创业服务指南》《花溪区促进创业带动就业创业扶持政策100问》《致高校毕业生的一封信》等宣传资料，深入高校、深入基层、利用新闻媒体等宣传方式，多次开展高校毕业生就业创业政策宣传专项活动。针对基层服务大学生（“一村一名大学生工程”“一社区一名大学生计划”“到村任职大学生”），做好日常管理服务工作。全区在基层服务大学生20人，其中：“一社区一名大学生计划”4人，“到村任职大学生”16人。区人社局采取入户和电话跟踪调查的方式，对辖区内2013、2014届离校未就业高校毕业生进行实名登记，并通过快递方式发送《致高校毕业生的一封信》等宣传资料。全年2013届离校未就业高校毕业生实名登记33人，2014届登记214人。

（区人社局）

【返乡农民工自主创业】 2014年，区人社局鼓励更多的农村富余劳动力外出务工，学习、钻研技术，学有一技之长，积累创业资金，回乡创业，兴办经济实体。组织区内返乡农民工开展创业培训，做好创业项目的跟踪调查及服务工作，对有创业愿望的返乡农民工提供创业平台和落实各项优惠扶持政策，帮助他们解决就业创业中遇到的困难和问题，促进创业项目更具有抗市场风险能力，力争达到帮助一户带动一片的创业局面。全年为曾洪学、赵维忠等121名符合条件的返乡农民工成功申报返乡帮扶资金36.3万元。

（区人社局）

【复员退伍军人就业援助】 2014年，区人社局做好复原退伍军人就业创业摸底工作，并要求各乡（镇）、社区服务中心做好复原退伍军人，特别是“两参”人员就业创业服务工作，针对符合条件且有就业意愿的复原退伍军人，做好台账的收集和工作开展情况上报工作。在服务大厅设立军人优先和复原退伍军人咨询窗口，并在召开各类招聘会时，设立复原退伍军人政策宣传窗口，解答该类人群就业创业相关问题。配合区民政局，初步拟订《花溪区人力资源和社会保障局关于进一步做好复员退伍军人就业创业和技能培训工作的实施方案》，方案加大对复员退伍军人就业创业帮扶工作力度、鼓励支持复员退伍军人参加职业培训、落实复员退伍军人社会保险补贴政策。全年为复员退伍军人提供就业岗位510个，帮助15人达成就业，22人参加技能培训，23人参加创业培训。

（区人社局）

【戒毒康复人员就业援助】 2014年，区人社局制发《关于开展戒毒康复人员技能培训和就业扶持工作的实施方案》，围绕做好戒毒康复人员就业、职业技能培训和鉴定，鼓励企业吸纳戒毒康复人员就业、鼓励戒毒康复人员自主创业五个方面来推进戒毒康复人员就业创业工作，指导各乡（镇）、社区服务中心做好戒毒康复人员就业创业摸底工作，设立台账资料。在办事大厅，为求职者设立专门政策宣传窗口，加强戒毒康复人员就业创业政策宣传。全年为戒毒康复人员办理就失业登记14人，达成就业意向15人，创业咨询指导20人。

（区人社局）

劳动保障监察

【概况】 2014年，区人社局劳动监察大队年审各类用人单位4569户，涉及劳动者12593人。开展对用人单位非法用工、劳动用工、流动从业人员管理、劳动保障监察等专项检查930户。加强“两网化”（网格化和网络化）建设，按网格明确工作职责，10月启动网上办案。2007年以来，共完成务工人员工资支付保证金的收缴212个项目，收交5815.94万元；退还114个项目，退还2314.41万元；启动保证金项目5个，金额为129.9424万元，涉及人数131人。年终余额3371.59万元（不含利息）。受理劳动用工投诉案件234件，农民工2639人，金额4528.3457万元。全年备案用人单位213户，涉及人数2584人。对拖欠农民工工资2家用人单位进行行政处罚40万元，对2家用人单位拒不支付劳动报酬行为移交公安机关进行刑事侦查。

（区人社局）

【用人单位用工情况定期审查】 2014年，区人社局采取电话通知和主动上门审查的方式，审查各类用人单位4569户，涉及劳动者12593人，完成目标任务的456.90%。其中，应签订劳动合同12386人，实际签订劳动合同12386人，签订率100%；应参加社会保险11584人，实际参加社会保险10746人，参保率达93.00%。

（区人社局）

【劳动保障专项检查】 2014年，花溪区采取专项检查与劳动保障监察年审、劳动用工备案、流动从业人员信息采集等工作相结合的措施，有序推进劳动保障监察工作。全年开展用人单位非法用工、劳动监察年审与流动从业人员管理专项检查、劳动保障主动监察等共计930户，完成目标任务的155.00%。

（区人社局）

【“两网化”建设】 2014年，区人社局劳动保障监察大队按照上级“两网化”建设工作要求，不断充实队伍力量、加强基层劳动保障监察平台建设，提高劳动保障监察工作效能。将花溪区划分为三个中队八个网格，根据网格将责任明确到具体专职监察员及劳动监察协理员。10月底正式启动贵阳市劳动保障监察系统。同时，完成“两网化”指挥中心建立的招标，将“两网化”建设工作纳入本级财政预算。

（区人社局）

【农民工工资典型案例】 2014年8月25日，区劳动保障监察大队接到邓某某投诉，称由成都市第三建筑工程公司承建的碧桂园项目拖欠民工工资，区劳动保障监察大队接到投诉后，立即组织监察员到项目部进行调查核实。经查，成都市第三建筑工程公司（法定代表人：刘某某，住所：成都市锦江区东风路二段25号）系花溪孟关碧桂园项目一期的施工单位，王智成系该施工单位在该项目上的总负责人，路茜系该项目负责人，陈某系该项目的执行经理。该项目合同总金额为130995042.12元，施工单位已完成总产值为70969683.4元，而成都市第三建筑工程公司已得到工程款56775746.75元。该施工单位拖欠邓某某、周某某等班组的民工工资354.1万元情况属实。区劳动保障监察大队按照程序对成都市第三建筑工程公司下达《劳动保障监察责令改正决定书》，要求该施工单位在规定的时间内如实足额支付所有班组民工工资，但该施工单位未按照限期整改要求进行整改。区劳动保障监察大队根据《行政执法机关移送涉嫌犯罪案件的规定》（国务院令第310号）第三条之规定，移送公安机关追究其刑事责任。

（区人社局）

劳动人事争议仲裁

【概况】 从2014年1月起至2014年12月15日，区劳动人事争议仲裁院收到劳动人事争议案件165件，其中立案处理劳动争议案106件，不予受理案件59件。审理结案104件（含上年结转审结案件），结案率达98%，完成省市仲裁结案率达92%的目标。全区已建立基层调解组织124家，其中乡镇调解组织9家，社区调解组织18家，事业单位调解组织24家，非公企业调解组织73家。

区劳动人事争议仲裁院以构建和谐劳动关系为宗旨，坚持“预防为主、调解为主、基层为主、仲裁为辅”的原则，建立多层次、多渠道的劳动争议调解体系，加大劳动争议仲裁办案力度，维护用人单位和劳动者的合法权益，促进社会经济和谐发展。

（区人社局）

（责任编辑　姚　毅）

2月14日，花溪、经开两区联合在花溪农村合作银行大门口举办"春风行动"暨返乡农民工就业（创业）专场招聘洽谈会（区人社局供稿）

社会生活

4月18日，区计生局在高坡乡甲定村召开花溪区计生双诚信双承诺现场会(高坡乡供稿)

社会福利

【概况】 2014年花溪区有公办敬老院2所、民办老年公寓23所，有床位1434张，全年入住812人次。对经民政部门确定的失去父母、查找不到生父母的未成年人、社会散居孤儿以及已享受基本生活费的孤儿成年后仍在校就读的，发放基本生活费。社会散居孤儿月基本生活费标准800元。全年累计发放生活费的孤儿35人，发出32.56万元。建成城乡居家养老服务站67个（其中社区26个、农村41个），近1.1万名老年人享受各类居家养老服务。区财政投入10万元用于补助居家养老服务站的建设与运行。

（周用红）

社会救助

【城乡居民最低生活保障机制】 2014年1月起，按不低于10%的比例继续提高城乡低保标准，完成城市低保标准由425元/月提高到475元/月，农低保标准由180元/月提高到200元/月的提标任务。2014年，花溪区共有城乡低保对象4264户8234人，其中，城低保对象1929户3554人，农低保对象2335户4680人。全年足额发放42850户次84097人次城乡低保金共计2296.20万元，其中：城市低保对象23316户次44716人次，发放保障金1535.05万元，月人均补差336元；农村低保对象19534户次39381人次，发放保障金761.15万元，月人均补差136元。

（周用红）

10月25日，阳光社区邮政院落的居民参与公益建设项目讨论（阳光社区供稿）

【救助资金发放】 救助城乡低保家庭、农村五保对象、低收入家庭、因病返贫家庭、因学困难家庭、因灾（火灾）造成生活困难家庭、因各种突发性事故造成困难家庭、流动人口家庭在本区遭遇突发性无力自行解决的临时性困难等。开展城乡医疗救助费用即时结算“一站式”服务工作。扩大城乡医疗救助覆盖面，提高医疗救助的及时性。全年发放447人次医疗救助资金283.13万元（含一站式医疗救助64人，14.48万元）；代缴8543人城乡低保、五保、孤儿参保参合费40.72万元。直接救助发放447人次医疗救助补助金283.13万元。加大本级临时救助资金投入，对因学、因病及其他突发性意外事件导致家庭生活难以维持的城乡困难群众给予临时性救助，全年为311户次742人次困难群众发放临时救助资金共计66.11万元。全年发放自然灾害救助款157万元，救灾粮食13.3万公斤，救灾棉被1313床、棉衣（裤）1366套，救助困难群众2398户、8513人次。

（周用红）

【五保老人供养】 全区共有五保老人144人，其中：集中供养109人，标准270元/月·人，分散供养35人，标准230元/月·人。发放五保对象供养金、春节慰问金、冬季取暖费及中央财政一次性补贴资金50.6540万元。完成2014年农村五保供养提标工作。农村分散五保供养标准从人均每月190元提高到230元；农村敬老院集中供养标准从人均225元提高到270元。

（周用红）

【帮助低收入家庭学生入学】 配合市慈善总会开展慈善助学工作，争取10.8万元慈善助学金，帮助7名往届、27名新录取优秀贫困大学生解决入学困难。对554名符合“筑城教育救助”条件的学生发放“筑城教育救助金”20.79万元。

（周用红）

社会优抚

【军人抚恤优抚】 按规定比例增加在乡老复员军人等重点优抚对象抚恤补助标准，按时足额发放各类优待抚恤补助金，为1083名优抚对象发放生活补助927万元。确定花溪区人民医院、三00医院、四十四医院为重点优抚对象优抚医疗“一站式”即时结算服务点。为1037名重点优抚对象缴纳农村医疗参保费及居民医疗保险费9.212万元。在非定点医院看病的，审核相关发票后用手工报销，上半年兑现重点优抚对象医疗补助118人，补助资金13.14959万元。

（周用红）

【军队离退官兵安置】 对2013年度城乡退役士兵自谋职业、自主就业的168人，发放一次性补助资金30.79131万元。对2014年符合政策安置的城镇退役士官7人，发放待安置期间生活补助费1.9950万元。发放36名军休干部离退休金259.2173万元。发放59名无军籍退休职工退休金163.4453万元。组织军休干部体检及春游、秋游活动。

（周用红）

消费者权益保护

【概况】 2014年，区市场监督管理局开展“新消法 新权益 新责任”年主题宣传咨询工作；制定《开展快递行业的专项整治方案》《流通领域服装质量专项整治方案》，加强“12315”行政执法体系“四个平台”建设。全年共办结“12315”投诉、举报案件187件，办结率100%。及时办结各级转来12319平台案件15件，办结率100%。为消费者挽回经济损失20万余元，配合省市局定检商品20余批次。

（区市场监督管理局）

【消费维权】 为了加强消费维权，2014年区市监督局开展“新消法 新权益 新责任”年主题宣传咨询活动；制定《开展快递行业的专项整治方案》《流通领域服装质量专项整治方案》，并加强12315行政执法体系“四个平台”建设，依法保护消费者合法权益。严格按照《贵州省工商行政管理机关处理消费者申诉办法（试行）》的规定认真接待消费者的咨询、投诉、举报及建议等，全年共办结“12315”投诉、举报案件187件，办结率100%。及时办结各级转来12319平台案件15件，办结率100%。为消费者挽回经济损失20万余元，配合省市局定检商品20余批次。

（区市场监督管理局）

民间组织登记管理

【概况】　按照《行政许可法》和《民间组织登记管理条例》，开展社会团体登记和民办非企业单位登记管理工作。2014年年底，全区共成立285个社区社会组织，有登记的社会组织172家，其中社会团体55家、民办非企业117家。备案登记113个，现有各类社会工作人员6000余人。

（周用红）

婚姻家庭

【婚姻登记】　婚姻登记处设在花溪区及经开区政务服务中心，共有6人分别负责结婚和离婚登记工作。分设等候区、结婚登记区、离婚登记区、档案室等功能区域，各区域相对分开，充分尊重婚姻登记当事人的个人隐私。2014年办理结婚4878对，未婚证明7630份，补领结婚735对，离婚的2634对，补领离婚121本。

（周用红）

8月2日，团区委举办“爱在花溪·相约万科”第二届大型公益青年交友联谊会（团区委供稿）

计划生育

【人口出生比上年下降0.14‰】　2014年人口出生率8.44‰，比上年下降0.14‰；人口自然增长率3.04‰，比上年下降0.81‰；符合政策生育率98.68%，比上年上升0.003%；出生性别比105.73，一孩出生性别比103.83，保持在正常值范围。

（陈　娟）

【全区推迟政策内二孩生育881人】　按照计划生育“诚信受益、失信受制”的原则，强化党政重视、经费投入、严格程序，工作顺利推进。27个乡（镇、社区）开展该项工作率达100%，双方兑现率达100%，主动落实措施4186例，主动推迟政策内二孩生育881人，办理独生子女证126人。

（陈　娟）

【计生工作优质服务】　免费开展孕前优生健康检查4261人，为1万名农村妇女开展宫颈癌检查，全区孕产妇产前检查率98.63%，孕产妇系统管理率97.34%；奖励扶助扩标提面，完成奖励扶助资格确认42198户，1236万元；推进“三结合”帮扶，帮扶计生户1500户，投入资金、物资计267.9万元；多渠道募集“人口福利·生育关怀基金”50万元，发放11.6万元，帮助46户计生贫困户解决生产生活上的困难，建立“失独”家庭帮扶档案，发放抚慰金59.5万元，实施幸福微笑工程，对2名计生贫困家庭的唇腭裂患儿施行修复手术。

（陈　娟）

【流动人口管理】　设立石板、三江等7个流动人口服务站和经开片区流动人口服务窗口，配备工作人员40人。落实“以房管人、以业管人、以证管人”，探索流动人口服务管理新思路。2014年办理13553个居住证，新增流动人口办证率达98.21%；全员人口系统流动人口服务管理录入信息数达184070人，全部按时进行比对，新增列管重点人口33人。

（陈　娟）

【社会抚养费征收545万元】　整理规范申请法院强制执行卷宗50件，庭外达成调解15件，强制执行35件，社会抚养费征收545万元。接待处理群众来信来访480件，处理复杂积案3件，全区无因卫生计生工作引发的群体访、越级访、进京访。录入行政审批系统二孩准生证803件，其中单独二孩217件，独生子女证526件。开展“单独二孩”宣传30余次、发放宣传资料5万余份。

（陈　娟）

老龄工作

【概况】　全区60岁以上老年人6.8万人，占年末总人口的14.7%；80岁以上高龄老人6739人，占老年人总数的9.86%；100周岁以上老人有24人，最高106周岁。全区用于老龄工作的经费300余万元。有122个行政村、52个社区（居委会）建立老年人协会。完善80岁以上老人长寿补贴的审核工作，全年共计发放长寿补贴6744人，共计479.5万元。全区共有公办敬老院2所，共有床位200张；民办老年公寓和托老所等17所，共有床位1185张。

（周用红）

【居家养老】　全区共19个村建成农村福利院，申请上级资金65万元。完成市政府“十件实事”，在贵筑社区大寨居委会投资20余万元建成1所城市居家养老服务中心，在贵筑社区天鹅村投资30余万元建成1所示范性农村幸福院 。

（周用红）

【老年人救助慰问】　开展“敬老月”及“老年节”系列活动，区老龄办组织协调老龄委成员单位及各乡镇、社区开展系列文艺演出及慰问活动，共举办2场大型文艺汇演，重点走访、慰问特困、空巢、生活不能自理、百岁老人40余人，送去慰问物资及资金达4.2万元。做好特困、空巢、百岁老人慰问，共慰问267人，发放慰问金8.01万元，发放生活不能自理、半自理特困老人补贴104人24.96万元。与区老龄委等部门联合举办老年节文体活动。

（周用红）

殡葬管理

【概况】　全区共有经营性公墓1座，农村公益性墓地91座。实施殡葬惠民政策，免收遗体接运、遗体火化（普通火化炉）等殡葬基本服务费用。全年全区共计死亡1935人，死亡人口火化率100%；免除四项基本殡葬费用76.9495万元。在清明节期间围绕“生态殡葬、文明祭祀”主题开展宣传活动，引导群众移风易俗，文明祭祀，规范殡葬行为。花溪悼念馆新馆建设已完成主体工程建设。

（周用红）

残疾人事业

【残疾人康复】 区残联为贯彻落实中残联关于实施康复人才培养“百千万工程”精神，提高花溪区康复管理人员的业务素质和服务水平，5月举办一期精防医生培训班，有46名精防医生参加培训，邀请三00医院精神科主任王琳担任授课教师，讲述“精神病人发病状况及精神病药品的不良反应”等相关知识。区疾控中心刘靖在会上传达关于重症精神病人肇事肇祸加强管控相关文件精神。

争取国家项目资金实施精神病人免费服药和住院。全区经过住院治疗的精神病人60人，免费服药的病人100余人。出院病人得到有效监护，减轻精神病人家庭的经济压力。通过开展宣传、教育等工作，全区精神病检出率、建档率、监护率、显好率、社会参与率、肇事率等达到国家规定标准。实施基层精防医生年度绩效考核制度，稳定精防工作人员队伍。按规定搞好精防药品管理、处方规范；落实贫困精神病人住院补助政策，为每一位精防医生发放下乡补贴600元，市、区各300元。

巩固白内障无障碍区县创建工作成果。改变模式，由定点医院指派医生进村入户筛查白内障患者，通过省重点康复工程和百万光明行两个项目全区完成白内障复明手术69人。由区残联与区疾控中心、黔江社区和瑞华社卫中心联合开展“爱眼日”宣传义诊活动，为群众免费义诊、健康咨询和发放宣传资料。

完成低视力者配用助视器40个；完成听障患者验配助听器19台，折合金额20余万元；完成肢残矫治筛查4人，同时完成手术矫治、自闭症康复训练7人、脑瘫儿童康复训练4人和社区康复协调员培训53人。

7月，花溪区残联开展一期智力残疾儿童家长培训。邀请申桂华就培养智力残疾儿童的兴趣和爱好作相关的知识讲解。

9月，贵阳市残联康复中心工作人员及假肢安装站的医务人员一行，到花溪区为截肢患者开展安装假肢筛查取型工作。共为花溪区的15名贫困截肢患者制作了模型，其中大腿7例，小腿8例。

为多名残疾人发放辅助器具，进行康复训练、康复知识咨询等服务。发放轮椅25台、助听器19台、盲杖10根、手杖4根、腋拐5副、拐杖头5副。

新增黔江社区卫生服务中心康复示范点。在

7月30日，花溪区开展残疾人SYB创业培训工作（区残联供稿）

加大救治、救助力度的同时，开展“爱耳日”“麻风病日”“自闭症日”“爱眼日”“精神卫生日”等活动日的宣传。

（赵福梅）

【慰问残疾人】 开展“扶残助学”活动，关爱残疾学生，“六一”儿童节慰问77名残疾儿童，发放慰问金1万余元；全年贫困残疾人子女和残疾人学生就读共68人，其中本科25人，大专10人，中学33人，向区政府申请经费3.9万元，对不是低保户的残疾人子女及残疾学生就读给予补助。春节期间走访慰问全区27个乡镇（社区）的416户贫困残疾人，共投入资金8.44万元。5月助残日走访慰问全区100余户残疾人，发放慰问款2万元。

（赵福梅）

【残疾人就业】 推进残疾人就业工作，协调财政代征区属行政事业单位残疾人就业保障金，在地税大厅设置征收窗口，开征全区企业单位残疾人就业保障金，保障残疾人事业经费的投入。投入资金3万元，为高坡乡、马铃乡10户残疾人发放创业就业资金3000元。推荐1名残疾人到伊科达制衣厂就业。按单位职工总人数1.5%的比例安置残疾人就业25人，集中就业21，创业户就业10人，创业就业示范点就业5人，其他就业78人，均按规定签定就业合同，购买社会保障金，月工资在1030以上，工作持续稳定。举办一期SYB（创业就业）培训班，共培训33人；补助自主创业的残疾人10户，扶持资金5.5万元；补助26名残疾人自主参加机动车驾驶培训；在伊科达进行一期55人岗位职业技能培训；城镇残疾人培训共计114人。6月至11月在马铃乡（80人）和久安乡（第一期100人、第二期50人）共举办3期农村残疾人实用技术培训，共计230人，共用经费6.78万元。开展残疾人基础信息调查信息录入工作。开展就业残疾人就业年审及保障金征收的工作，全年共计征收360万元，就业年审单位300家。全年慰问残疾人5356人次，投入经费93.3万元。开展“阳光家园”居家托养工作，共为150户重度残疾人发放托养资金共计7.5万元。补助5户残疾人危房户，补助资金共计2.5万元。

（赵福梅）

【残疾人维权】 利用各种宣传活动发放《中华人民共和国残疾人保障法》《贵州省残疾人保障条例》等法律、法规资料。开展残疾人工作者和残疾人专职委员的培训工作，共计培训200余人。落实五个专门协会工作经费，开展五个专门协会活动。落实残疾人专职委员工作经费补贴，全年共发放补贴59.94万元（其中经开区残疾人专职委员按照公益性岗位工资发放，共计43.5万元）。开展“邻里守望”“志愿助残阳光行动”等扶残助残志愿服务活动。开展为残疾人办理免费乘车卡充值工作、办理免费乘车卡近1800个。

（赵福梅）

【残疾人文体活动】 组织残疾人参加贵阳市残联组织的各项活动10余次。组织残疾人参观孔学堂，开展残疾人健身周活动，组织20名残疾人到区残联多功厅进行残疾人体育健身活动。开展文化周美好中国梦“特奥日”宣传活动，邀请申桂华给参会家长介绍特奥知识。体育教师张德平对残疾孩子进行身高、臂宽测量和跳远、跳高等测试，向家长介绍平时在家中怎样训练孩子。

（赵福梅）

【全国助残日活动】 5月17日，在区残联多功能厅举办一场庆祝第二十四次全国助残日文化宣传活动，活动主题为“关心帮助残疾人，实现美好中国梦”。全区各乡（镇）、社区残联、贵州民族大学文学院戏剧影视文学专业志愿者、贵州大学南校区志愿者组织民族舞蹈、演唱、民族歌曲、相声、小品和诗歌朗诵等节目，活动中穿插残疾人相关知识问答，观看群众踊跃参与，达到寓教于乐的效果。

在助残日期间，区残联分组到全区27个乡（镇）、社区的贫困残疾人家中进行走访慰问，了解他们的生产生活及经济来源情况，对每户贫困残疾人家庭发放慰问金200元，共计发放慰问金1.62万元。慰问小河自然之声聋儿听力语言康复中心的残疾儿童26人，在校读书的残疾儿童47人，每人发放100元的慰问金，共计发放慰问金0.73万元。

（赵福梅）

村居民收支与生活状况调查

花溪区2014年农村村民收支与生活状况调查年报表（全年）

表2

指标名称	单位	代码	2014年	2013年	比2013年±	增幅（%）
第十一部分 可支配收入	元	3701	11327.00	10163.00	1164.00	11.45
一、工资性收入	元	3702	7853.76	6741.20	1112.56	16.50
二、经营净收入	元	3781	3832.08	3354.98	477.10	14.22
三、财产净收入	元	3861	10.58	216.93	-206.35	-95.12
四、转移净收入	元	3881	-369.42	-150.10	-219.31	146.11
一、消费支出	元	4202	10193.02	8538.81	1654.20	19.37
（一）食品烟酒	元	4203	2609.09	2491.63	117.46	4.71
（二）衣着	元	4241	710.45	471.50	238.96	50.68
（三）居住	元	4251	3329.51	2485.41	844.10	33.96
（四）生活用品及服务	元	4261	684.78	508.58	176.20	34.64
（五）交通通信	元	4271	1247.65	2052.64	-804.99	-39.22
（六）教育文化娱乐	元	4285	690.60	433.03	257.57	59.48
（七）医疗保健	元	4311	815.75	74.32	741.43	997.60
（八）其他用品和服务	元	4321	105.19	21.70	83.49	384.73

花溪区2014年城镇居民收支与生活状况调查年报表（全年）

表3

指标名称	单位	代码	2014年	2013年	比2013年±	增幅（%）
第十一部分 可支配收入	元	3701	24374.00	22312.00	2061.99	9.24
一、工资性收入	元	3702	14164.89	10366.26	3798.63	36.64
二、经营净收入	元	3781	3144.50	3075.98	68.52	2.23
三、财产净收入	元	3861	2148.68	4217.06	-2068.38	-49.05
四、转移净收入	元	3881	4915.93	4652.71	263.22	5.66
一、消费支出	元	4202	15197.23	15286.75	-89.52	-0.59
（一）食品烟酒	元	4203	5111.05	4386.80	724.25	16.51
（二）衣着	元	4241	913.49	961.78	-48.29	-5.02
（三）居住	元	4251	3335.96	5695.74	-2359.79	-41.43
（四）生活用品及服务	元	4261	986.33	762.85	223.48	29.30
（五）交通通信	元	4271	2426.27	1537.20	889.08	57.84
（六）教育文化娱乐	元	4285	1428.81	981.57	447.24	45.56
（七）医疗保健	元	4311	761.54	727.51	34.04	4.68
（八）其他用品和服务	元	4321	233.78	233.30	0.48	0.20

（国家统计局花溪调查队）

（责任编辑　杨　琴）

区文化馆舞蹈老师指导久安乡村民学习广场舞（区文化馆供稿）

节　庆

9月25日,"花溪之夏"艺术节闭幕(徐婷　摄)

“花溪之夏”艺术节

9 月 12 日，第十七届“花溪之夏”艺术节现场观众（徐婷 摄）

【第十七届“花溪之夏”艺术节开幕】 8 月 9 日，第十七届“花溪之夏”艺术节在区行政中心开幕。贵阳经开区党工委书记、管委会主任、花溪区委书记钟汰甬宣布艺术节开幕。区委副书记、区政府区长向子琨致开幕辞。区政协主席谌业华，区委常委、宣传部长、统战部长吕念东，区人大常委会副主任孙昕、吴治岑出席开幕式。

“花溪之夏”艺术节自 1980 年创办以来，历时三十四年。本届艺术节从 8 月 9 日至 9 月 25 日进行。在开幕式的当天推出青岩古镇·低碳骑行暨手机微摄影大赛，旨在倡导绿色、低碳环保理念和自然、健康生活方式。同时推介青岩古镇深厚的历史文化，以及低碳环保的绿色理念。

（徐海花　杨小平）

【“花溪之夏”艺术节节目】 “花溪之夏”艺术节历时 48 天，推出青岩古镇低碳骑行暨手机微电影大赛、灵秀花溪·流行手风琴“世界冠军之夜”音乐会、“群星闪耀”民乐与合唱专场音乐会、首届花溪“保利溪湖杯”全省少儿书画大赛、艺术节闭幕式暨贵州省第四届大学生艺术展演等节目。

8 月 9 日青岩古镇低碳骑行暨手机微电影大赛，近千名选手参赛，选手们骑着自行车从花溪区行政中心广场出发，经田园南路，到达青岩古镇北门，行程约 12 公里。8 月 22 日晚，由国内外知名演奏家表演的灵秀花溪·流行手风琴“世界冠军之夜”音乐会奏响花溪公园音乐广场。此次到花溪演出，除了中国首位职业手风琴演奏家刘昭是第二次之外，乌克兰手风琴大师瓦路让和北京大学手风琴乐团指导教师谭家亮都是首次赴黔。瓦洛让到中国 8 年，操着一口娴熟的普通话，会讲 4 种语言，在采访中他说：“观众的热情让我在演出中更有力量。”9 月 12 日晚，“群星闪耀”民乐与合唱专场音乐会又一次奏响花溪公园音乐广

9 月 12 日，第十七届“花溪之夏”艺术节花溪合唱团演出现场（徐婷 摄）

场，由国家一级胡琴演奏家、作曲家曾建雄编写的民族管弦乐曲《苗岭喜庆》《美丽的花溪》，著名合唱指挥石恩一指挥的《西部放歌》《娄山关》，洪建民指挥的《红花遍地开》《花溪辣椒红》等曲目以合奏、齐奏、重奏、合唱等形式为观众呈现一场新颖、时尚的音乐会，他们精彩的演出，赢得数千市民驻足欣赏。

（徐 婷）

【“花溪之夏”艺术节闭幕】 9月25日晚，第十七届“花溪之夏”艺术节闭幕式暨贵州省第四届大学生艺术展演在花溪公园音乐广场隆重举行。中共贵州省委教育工委副书记李涛出席活动并宣布第十七届“花溪之夏”艺术节闭幕暨贵州省第四届大学生艺术展演开始。贵州师范大学党委副书记李彦西、贵州民族大学党委副书记刘雷、贵州财经大学副校长徐大佑、贵州师范学院党委副书记严肃、区四大班子领导钟汰甬、向子琨、任渝生、宋力、张江华、吕念东、黄筱龙、陈龔卒、靳东风等出席闭幕式。

9月25日，第十七届“花溪之夏”艺术节贵州师范大学艺术学院 表演舞蹈《刺梨花红》（徐婷 摄）

区委副书记、区长向子琨为闭幕式致辞。他说，“花溪之夏”艺术节是深受广大市民喜爱的本土知名文化品牌。2013年10月获第十届中国艺术节“项目类群星奖”，获得文化部的高度肯定。在上级领导的关心支持下，在大家的共同努力下，区委、区政府将把“花溪之夏”打造成为“面向全国、走向世界”的知名群众艺术文化品牌。

2014第十七届“花溪之夏”艺术节在群众文化中开始，在大学生艺术展演中闭幕。

（徐海花）

春节民族民间歌舞大联欢

【概况】 2月12日正值农历大年十三，由中共花溪区委、区人民政府主办，区委宣传部、区文明办、区文体广电局、区民宗局共同承办，区文化馆执办的2014年“我们的节日——民族民间歌舞大联欢”在花溪公园大草坪拉开序幕，来自花溪区各乡镇、社区3000余名群众共庆新春佳节。燕楼乡女子地戏队演出《杨六郎点兵出征》，迎得全场喝彩。这支女子地戏队因为不甘心地戏的日渐衰落，自发组建这支队伍，希望把地戏传承下去。接着，由花溪文化馆红林舞蹈队、花溪阳光舞韵队、花溪阳光社区莲花舞蹈队、花溪区清浦社区绿丝带艺术团、花溪区九五舞蹈队共300人组成的“百姓健康舞”展演和具有浓郁花溪地方特色的民族民间节目展演后，各乡镇、社区服务中心的18支表演队再登台进行民族民间歌舞表演。经前期初赛，精选54个节目，在专家评审的基础上，最后脱颖而出的节目参加决赛。舞台上，芦笙吹奏，地戏、布依山歌、民族服饰表演等轮番上演，展示花溪独具特色的、多姿多彩的原生态文化，体现花溪苗族历史文化艺术的古朴性。此次活动邀请省音协和舞蹈协会的专家对节目的舞台形象、表演水平、台风等进行现场评分，最后评选出一等奖、二等奖、三等奖、组织奖。

2月12日，花溪区开展2014年正月十三民族大联欢，台上台下一起舞起来（徐婷 摄）

（徐　婷）

花溪民族节日

【布依族“六月六”歌节】　布依族人民十分重视这个节日，有过“小年”之称。“六月六”歌节来临，各村寨都要杀鸡宰猪，用白纸做成三角形的小旗，沾上鸡血或猪血，插在庄稼地里，传说这样做，“天马”（蝗虫）就不会来吃庄稼。节日的早晨，由本村寨几位德高望重的老人，率领青壮年举行传统的祭盘古、扫寨赶“鬼”活动。除参加祭祀的人外，其余男女老少，按布依族的习惯，都要穿上民族服装，带着糯米饭、鸡鸭鱼肉和水酒，到寨外山坡上“躲山”（当地汉族人民称为赶六月场）。祭祀后，由主祭人带领大家到各家扫寨驱“鬼”、而“躲山”群众则在寨外说古唱今，并有各种娱乐活动。夕阳西斜时，“躲山”的群众一家一户席地而坐，揭开饭箩，取出香喷喷美酒和饭菜，互相邀请作客。一直等到祭山神处响起“分肉了！分肉了！”的喊声，人们才选出身强力壮的人，分成四组，到祭山神处抬回四只牛腿，其余的人，相携回到家中，随后各家派人到寨里领取祭山神的牛肉。节日娱乐活动，以丢花包最为有趣。花包是用各种彩色花布做成形似枕头，内装米糠、小豆或棉花籽。花包的边沿缀有花边和“耍须”。丢花包时，男女青年各站一边，相距数米，互相投掷。其方法有右侧掷、左侧掷和过顶掷，但不准横掷。要求甩得远，掷得快，接得牢。花包在空中飞来飞去，煞是好看。如果小伙子将花包向自己心爱的人投掷，没有过肩，包就落地，姑娘向对方送一件礼物，如项圈、戒指、手镯等物，所送之物，被视为爱情的信物，小伙子将长期保存。

（区新闻信息中心）

【苗族“四月八”节】　高坡苗族的‘四月八’节是按照‘甲子’的算法，在每年农历四月初八前最近的一次赶场天举办。每年农历四月初六的高坡，显得分外热闹，忙着耕作的村民们，纷纷放下劳作的工具，女子头戴五颜六色的头花，身着黑色百褶裙，披上亮丽的挑花背肩，扎上刺绣花带，衣裳配戴亮丽的银饰。男子裹着头巾、穿着长衫，拿着长长的芦笙，大家三三两两，一路欢歌笑语。独特的高原台地地形，相对封闭的生存空间，造就了高坡苗族的背牌服饰、射背牌活动，以及较为少见的悬棺、洞葬的丧葬文化。

（区新闻信息中心）

【春节】　农历正月初一称为春节，从腊月30日（月小29日）到次年正月十五，俗称“过年”。腊月30日为“除夕”，俗称“三十夜”。除夕前，家家户户都要打扫室内室外的扬尘，门窗贴上大红春联、“福”字。大门、小门中间贴上门神（钟馗或唐代秦叔宝、尉迟敬德两位武将画像），以魇邪魅。街道张灯结彩，家家供奉祖宗，燃放鞭炮，渲染节日吉祥气氛。全家团聚吃“年夜饭”，餐桌上必有鱼，意为年年有余。吃过年饭要守岁，民间有“一夜连双岁”之说，当夜全家围着火炉而坐，吃糖果摆龙门阵，直到过零时，是为守“年老者”。农村有崇新之习，过年要置新碗、新筷等用具和添置新衣、新帽、新鞋，特别是儿童，初一要穿新、迎新。初一清早，点香烛于神龛，一家老幼集于堂，男女按长幼顺序下跪先告拜天地，再告拜先人。当天家中不能扫地、倒垃圾、倒水出门外，以免倒走“财运”。初二晚辈人出门给长辈、亲友拜年，长者在家等候亲朋。春节期间，各家都要去祖先坟上祭奠。新坟要在初一祭奠，称为“给祖宗拜年”。初一至初三，每天都要供奉祖宗。正月初九是春节中的重要一天，俗称“过上九”。早中晚三餐，家家都要做油炸粑、酒、肉、饭菜放在神龛前供奉祖宗。烧香点烛，化纸钱，燃放鞭炮。玩灯、耍龙的村庄，这天晚上要“开箱”“亮灯”。开箱后约定接灯、耍龙的村庄。玩过“十五”，方才将道具“收箱”存放。

正月十五元宵节，民间称为“过大年”，有“年小十五大”之说，家家灯火通明。故有“三十夜的火，十五的灯”。唱花灯，耍龙的村庄，一般都要玩通宵。十五早上以吃汤圆应节，中晚餐同除夕、上九一样隆重。过了正月十五春节才算过完，有“吃了十五饭，各人找事干”之说。春节除了是汉族的重要节日，其他民族也过春节。

（姚　文）

【端午节】　农历五月初五为端午节，又叫“端阳节”。端午节的由来，民间流传最广的是悼念战国时候的诗人屈原。因楚怀王听信谗言，将忠臣屈原罢官放逐，导至秦国灭亡楚国。屈原不愿做亡国奴，怀抱石块投汨罗江以示抗议。后人敬慕其气节和爱国精神，把他投江的五月初五作为纪念日，将包好的粽子、鸡蛋投进江里，驱赶鱼龙、虾蟹，这个传说充分表达人们对他的怀念和其爱国精神的崇拜。

这一天黎明，家家户户都要在门上插艾叶、挂菖蒲，取艾叶戴在衣扣间，以此辟邪。也有的把艾枝扎成“天虎”，悬挂于堂屋大门上端，两侧挂菖蒲似剑。用红纸写“端午节，五月五，天师骑天虎，手提菖蒲剑，扫邪归地府”。老人们要给子女送香包、棱角，穿新衣服。男孩子还要穿用糯米草心编的麻耳草鞋，孩子们高兴得活蹦乱跳。上午一般都吃粽子或糯米粑，中餐和晚餐都要用酒肉饭菜供奉祖宗，饮用雄黄兑的酒，并用雄黄酒擦皮肤，以防蚊虫叮咬。午后（青岩镇是晚餐后）家人郊游，称“游百病”，意为百病可在游走中清除。又意为为屈原驱除干扰的大游行，使之灵魂得到安息。青岩人游百病可谓万人空巷，人们扶老携幼，一路到北城门外张仙老祖坟墓处，一路出东门到新桥边，一路到歪脚村云龙阁。傍晚回到家，一家人将挂在门上的艾叶、菖蒲熬水檫身、泡脚。还有人家用雄黄、大蒜（捣烂）兑酒水，喷洒房前屋后，边洒边念“端午节、端午节，蛇虫蚂蚁山上歇。”意为避免蛇虫蚂蚁接近住房。民谚有“吃了端午粽，才把棉衣送”，意为端午节过后，气温升高，进入盛夏，棉衣用不上了。

（段开明）

【重阳节】 农历九月初九为重阳节。重阳节一般在二十四节令中的寒露前后，时进深秋，天高气爽。民间有郊游，登高赏景，观绽放菊花，饮菊花酒以延年益寿，捕茱萸以辟邪，打糯米糍粑食以养胃养神的习俗。三餐均要丰盛的酒肉饭菜。过了重阳节，气候渐冷，故民间有“九月重阳，移火进房”之说，意味天气寒冷，需要生火取暖了。

（姚　文）

【孔学堂春节文化庙会】 1月28日至2月14日，贵阳孔学堂春节文化庙会在孔学堂广场举行。本次活动由贵州省精神文明建设指导委员会主办，贵阳市精神文明建设指导委员会承办，贵阳市文明办及贵阳孔学堂管理处协办。庙会开展说书，猜灯谜，京剧折子戏，公益讲座，双簧、口技表演，写春联、送春联，锣鼓、腰鼓、秧歌民俗表演等多项活动，参加群众达数千人。

（杨玉屏）

（责任编辑　杨　琴）

2月14日，孔学堂春节文化庙会（董仁海摄）

民族宗教

花溪苗家女(秦刚　摄)

民　族

【概况】　花溪区是一个多民族聚居的地区，全区辖5乡、4镇、18个社区服务中心。其中：4个民族乡（高坡苗族乡、孟关苗族布依族乡、黔陶布依族苗族乡、马铃布依族苗族乡），64个民族村。根据第六次全国人口普查数据资料统计，

盛装苗家女（秦刚 摄）

全区有汉族、苗族、布依族等40个民族，少数民族39个。少数民族人口为151444人（原花溪区少数民族107836人，原小河区少数民族43608人），占全区总人口的31%。从民族成分来看，花溪区世居少数民族主要是苗族、布依族。其中：苗族人口5.88万人，占少数民族人口总数的39%；布依族人口5.76万人，占少数民族人口总数的38%。少数民族人口主要分布在4个民族乡（30个民族村）。

（区民宗局）

【民族经济发展】　2014年区委、区政府出台《花溪区关于支持民族乡村加速发展同步实现小康的实施意见》明确从2015年起，区级财政安排的民族工作经费由2014的110万元增加到120万元，以后每两年增加10万元。编制汇总并上报《花溪区民族乡村2015－2020年需市、区有关部门帮助协调解决项目表》，涉及项目74个，资金14279.1万元，进入贵阳市2015－2020年支持民族乡村加速发展同步实现小康的项目库。争取中央和省、市民族资金374万元，安排本级民族资金50万元，用于帮助民族乡村解决改善基础设施、完善民族文化设施、发展特色产业等，推动民族乡村加快发展。按照特色民族村寨推进计划，重点抓好青岩镇龙井村、高坡乡云顶村等特色民族村寨建设，青岩镇龙井村成为贵阳市8个获得首批命名挂牌的中国少数民族特色村寨之一。结合“四在农家·美丽乡村”建设工作，协调整合区级各部门资金6000万元，支持帮助民族地区交通、农业、水利、电力、农田等基础设施建设，增强民族地区经济社会发展后劲。加强对民族特需商品生产和贸易企业的指导服务。帮助1家民族用品生产企业（际华三五三七厂）获得生产经营性贷款贴息110万元。在春节前对全区少数民族困难户129户（含复退军人17人、贫困党员28人）、挂帮村困难群众10户（含残疾人2人）和4个少数民族百岁老人进行慰问，发放慰问金4.39万元。

（区民宗局）

【民族文化教育】　2014年区民宗局争取上级资金和本级财政资金40多万元在近20所中小学开展民族文化进校园、双语教学活动，使优秀的民族文化及濒临失传的传统工艺在民族中、小学得以发扬；争取省级资金20万元开办清华中学民族班，为培养少数民族优秀人才奠定基础。安排10万元，支持苗学会、布依学会及民族乡村举办春节民族文化活动、苗族“四月八”、布依“六月六”等节庆活动。组织开展对民族古籍的收集、整理、编撰、出版等工作，支持布依学会、苗学会出版《布依族谟经》《布依族丧葬文化》《苗族器乐》等书籍。做好贫困少数民族大

学生“助学”工程，全年资助高等院校录取的少数民族大学新生39人。

（区民宗局）

【民族文化活动】 花溪区的民族文化活动丰富多彩，大多数活动主要集中在春节期间，如，正月初四高坡乡杉坪村苗族跳洞（悼洞）、正月初六甲定苗族跳场（芦笙舞），正月初九桐木岭苗族跳花场、正月初九燕楼旧盘苗族跳花场、正月初九青岩龙井村布依联欢会、正月十二马铃水车坝布依族歌会、正月十五花溪大寨布依地戏，以及斗鸟、斗牛等活动。2014年的“四月八”、布依“六月六”活动，除马铃乡谷中村在盐井举行“布依民族风情节”外，花溪区没有举办大型的活动，区苗学会、区布依学会分别组织民族同胞参加市苗学会、市布依学会组织的相关活动。安排区级资金4万元补助民族乡村开展民族文化活动。

（区民宗局）

7月2日，区民宗局举办田园欢歌会——马铃乡“六月六”民族风情节（区民宗局供稿）

宗　教

【宗教在构建和谐社会中的作用】 以创建“和谐寺观教堂”为契机，指导和支持宗教界开展“宗教慈善公益”活动。2014年花溪区宗教界共捐款捐物合计人民币128000余元，支持贫困地区、云南鲁甸灾区开展扶贫济困、捐资助学、修桥补路以及祈福法会等，还通过参加花溪区和谐促进会等方式开展慈善公益事业。

（区民宗局）

【佛教重要活动】 佛教活动主要是念经做佛事。寺院住持组织信众参加各佛、各菩萨圣会。有每月初一（朔）日，十五（望）日，二月十九观音诞日佛会，四月初八释迦牟尼诞日大佛会，六月十九观音成道大法会，七月三十日的“地藏会”，九月十九日观音出家日，十一月十九日阿弥陀佛诞辰日，腊月初八释迦牟尼成佛纪念日。

青岩迎祥寺自创建380多年，一直香火不断，长盛不衰，是贵州唯一没有离开过住持僧侣的古刹。每年六月十九日，来自贵阳、花溪、龙里、清镇、织金、平坝、惠水等县的信众数千人，从早到晚香火不断，寺庙佛事安全有序健康进行。

《青岩镇志》载：“青岩宗教活动开展秩序较好，在贵阳市较为活跃，得到国家、省、市宗教部门的赞赏。迎祥寺住持通修是宣传党和政府宗教政策的典型”。

（姚　文）

【道教活动】　道教节日较多，有正月初九玉皇大帝诞辰日，正月十五日上元节天官诞辰日，正月二十龙门派祖师丘处机诞辰日，二月十五全真道太上老君诞辰日，三月三西王母娘娘诞辰日，三月十一张天师诞辰日，七月十五中元地官诞辰日，十月十五下元水官诞辰日，十二月十二祖师王重阳诞辰日。除上述全真道节日外，因受信众所请在各寺观、小庙做禳灾法事，涉及神最多，如太阳神、蛇神、牛王神、五谷神、树神、送子娘娘等。道教活动是“斋醮”，又称“打清醮”。“醮”是祭祀之意，“清”意吉祥平安。斋醮包含超度亡灵，祈求无瘟疫，无兵灾，无旱灾、水灾、虫灾等等，是汉族民间的一种祭祀风俗。一般春秋二季，在邻近庙宇举行，春醮一般七天，意求国泰民安，风调雨顺；秋醮五天，意求送瘟消灾。清水仪式有“清街”“扫荡”之举。道士先生做完法事后要手执令箭牌巡视街巷，沿家挨户送灵符，有数人抬着龙船挨家挨户收集垃圾送到野外烧掉意为送除一切瘟神。超度亡灵的法事活动，时间长短由丧家择日决定邀请。

（姚　文）

【贵州省祈福大法会】　2014 年 8 月 14 日至 16 日，区宗教事务局会同省、市道教协会，在省旅游发展大会期间，在青岩万寿宫举行主题为“弘扬华夏玄德文化，为和谐社会祈福”的贵州祈福大法会。参加祈福大法会的有来自四川、重庆、湖北、湖南、江苏、浙江、福建、辽宁、黑龙江、陕西、江西、广东、贵州等 13 个省、市的 50 多位高道大德。活动内容有道教音乐、武术、书法、绘画、国学讲经、生态保护等。

（区民宗局）

（责任编辑　杨玉屏）

乡 镇

花溪镇山村布依寨(干亚芳 摄)

青岩镇

【概况】 青岩镇位于贵阳市南郊29公里，距花溪12公里，是花溪区南郊中心集散地，贵州省四大名镇之一，始建于明洪武十一年（1378年），至今已有637年历史。在贵州历史上占有极其重要的政治、经济、军事地位，有“南部要塞”“筑南门户”之称。地处东经106°37′—106°44′、北纬26°17′—26°23′，南北长11公里，东西宽8公里，总面积92.3平方公里，东接黔陶乡，西与燕楼乡、马铃乡相连，南与惠水县接壤。地势东、西、北部较高，中部、南部较低，属丘陵河谷盆地，海拔1100—1300米，最高峰大苗山海拔1330米，最低处思潜村官塘河入惠水处1010米，镇政府驻地海拔1100米。

全镇辖17个行政村、2个居民委员会，106个自然村寨，131个村民组。总人口3万余人，有汉、苗、布依、侗、壮等11个民族。青岩镇主要公路有青高、青燕、青马线和贵惠高速公路，横跨东西，纵跨南北。210国道公路等级为2—3级。境内村村通公路，106个自然村寨也通公路，交通十分便利。

境内有慈云寺、定广门、北城门、万寿宫、赵公专祠、寿佛寺、赵状元故居、青岩堡等旅游景点。1991年省政府将青岩镇列为省级文物保护单位，1992年列为贵州省历史文化名镇，2006年被评为“全国历史文化名镇”，2010年青岩镇被评为国家AAAA级景区及“中华诗词之乡”，2011年被评为贵州省唯一的省级卫生镇和唯一省级食品安全餐饮服务示范街，2012年被列为“全国第三批次发展改革试点镇”，2013年列入全省“5个100工程”中的“全省100个景区建设”和“全省100个示范小城镇”。2014年，“青岩风景区”项目位列全省“100个旅游风景区十佳景区”第一位，2014年青岩镇被评为省级文明乡镇。

（姚桂冬）

【青岩镇领导人名录】

中共青岩镇委员会

书　记：孙　昕

副书记：蔡　舟　徐群红*

纪委书记：侯忠昶

政法委书记：刘兴吉*　邹建云

组织委员：李绍明

青岩镇人大主席团

主　席：杨炳祥

青岩镇人民政府

镇　长：蔡　舟

副镇长：刘兴吉*　邹建云*

欧阳宇航　危大勇

李雪斌

武装部部长：欧阳宇航

（姚桂冬）

【经济发展状况】 2014年青岩镇完成地方生产总值133900万元，比上年同期增长17.5%，其中：一产增加值21419万元，比上年同期增长7.5%，二产增加值19142万元，比上年同期增长18%，三产增加值93339万元，比上年同期增长22%，全社会固定资产投资359059万元，比上年增长67.7%；规模以上工业产值33150万元；招商引资到位资金43000万元，比上年增长4.65%。截至12月31日，完成财政总收入9414.75万元，占区下任务的118.27%，完成地方财政收入8041.13万元，农民人均纯收入12668元。

（姚桂冬）

【计划生育】 2014年青岩镇出生人口311人，人口出生率9.72‰，自然增长率2.57‰。全镇流入人口1958人。其中，流入18岁以上育龄妇女482人，办理婚育证明482人，办证率100%；流入已婚育龄妇女317人（其中：结扎158人，上环128人，用药具4人，待现孕12人，其他27人）。流入妇检对象124人，已检124人，妇检率100%。流入年度出生5人，政策内5人，符合政策生育率100%。流出省内人口2352人；流出省外人口1556人。其中，流出18岁以上育龄妇女1483人，办理婚育证明1483人。2014年共办理流动人口居住证390个，房屋出租286间，建筑工地7个。

组织技术人员到各村为育龄妇女进行妇科病普查及宫颈癌筛查，全年妇科病普查1000例，宫颈癌筛查990例。

全镇在家有生育意愿的待孕夫妇231对，本年度共有207对夫妇参加孕前优生筛查，筛查覆盖率达98%，其中在青岩镇筛查的有159对，到区站筛查的48对。

年度全镇活产306人，产妇306人，其中健卡306人，健卡率100%，住院分娩305人，住院分娩率99%，系统管理300人，系统管理率98%。7岁以下儿童2756人，已健卡保健2506人，儿童保健率达95%，无产妇死亡及婴儿死亡。

2014年开展的计生手术共计350例，其中，女扎26例，上取环324例。

每季度到各村为妇检对象进行B超查环查孕，全年共查环查孕11820人次。

对孕后、产后、药具后、术后及时随访，及时率均达到100%。全年共印发计生宣传资料10000余份，各村书写计生宣传标语100余条，宣传教育信息22篇。

完成年度政策外生育的社会抚养费卷宗9份，征收社会抚养费8万元，申请法院强制执行4户。报送50份社会抚养费征收卷宗，均通过审核。全镇19个村（居）经批准发放41个一孩生育证、84个二孩生育证，25个独生子女证。

协调上级部门帮扶资金6万元，帮扶摆早20户，大坝20户，谷通20户，每户帮扶1000元。

（姚桂冬）

【社会事务】 2014年青岩镇完成城乡统筹就业任务，城乡居民基本养老保险续保目标136万元，完成续保金额147万元。新型农村合作医疗目标97%。合作医疗住院361人次，报销金额122.65万元；门诊3845人，报销金额17.53万元。城乡医疗发放金额233819元，受益30人次。2014年全镇死亡178人，火化率达100%。发放救济粮7615公斤，受益人数418人。发放救济款14500元，受益人数121人。城低保发放金额454593元，受益户数90多户，160多人受益。农低保发放金额998736元，299户690人受益。

（姚桂冬）

【“三农”工作】 2014年，青岩镇春夏种植玉米4000亩，种植水稻9000亩，蔬菜8000亩。在全镇范围内开展农资市场整顿活动，督促全镇农资销售网点做好优质农资储备和供应，确保全镇范围内无假冒伪劣农资销售。秋收水稻9000亩，玉米4000亩。

动物防疫：全年共预防猪口蹄疫注射10085头，猪蓝耳注射11268头，猪瘟注射9956头，牛口蹄疫注6985头，鸡禽流感注射289520羽，鸭85044羽，鹅15562羽，鸡新城疫免疫280463羽。

扶贫：申报扶贫31户人口113人，已对贫困人口建档立卡，录入系统。

农机工作：配合区农机站在达夯村委会对农机驾驶员开展农机具操作培训，参训人数60余人，在思潜村委会开展农机具操作培训，参训人数50余人；深入田间地头宣传微耕机操作培训

10余次，发放宣传资料200余份。

涉农物资及涉农补贴发放：二关村发放肥料525包，西街村发放肥料450包，歪脚发放肥料500包，龙井发放肥料500包。通过一折通发放2014年水稻、玉米补贴178200元。

无公害农产品认证：完成无公害农产品认证3个，分别是贵阳花溪龙井鑫贸农产品专业合作社无公害玉米，贵阳花溪新楼兴宵种养殖专业合作社无公害玉米，贵阳花溪西街富源果蔬种植专业合作社无公害稻谷。

“菜篮子”“肉案子”“果盘子”保供计划：规范提升蔬菜基地3000亩，分别在思潜、新哨、达夯、谷通、新楼等村完成。水果产量3230吨。

生态文明建设：完成巩固退耕还林成果专项资金兑现，兑现退耕户885户，2849.67亩。完成技能性培训337人，绿色证书培训400人，普通培训200人。

森林防火：全年实行森林防火管控，在1—5月森林火险高峰期，组织扑救森林火情18起；消除火灾隐患30余起；组织森林防火应急培训5次。全年无一例重大森林火灾发生。

林业工作：（1）完成森林病虫害春季防治工作及松树线虫病引诱器布置工作及天保护林员监测巡查工作。（2）完成森林资源消长情况监控及涉木企业普查工作。（3）完成各个基础设施建设项目的林木、果树等调查工作。协助区林业派出所查处毁林开荒2处。

水利工作：完成2014年水利工程重点项目的申报工作，共申报资金700万元。

（姚桂冬）

【城乡建设】 2014年青岩镇完成古镇景区内165户的立面整治，完成全镇公路沿线613户立面整治；完成古镇内1356户民居的摸底调查及古镇内12户典型民居改造工作。完成山王庙村小摆托寨、北街村青岩堡示范点的美丽乡村建设项目12个，建设资金227.7万元，已通过市级验收。完成民宗局在青岩堡实施的环境整治项目，项目资金25万元，在山王庙村实施的环境整治及长廊建设项目，项目资金23万元，已通过验收。龙井村龙井寨荣获“贵阳市2013年美丽乡村建设示范点”称号。

（姚桂冬）

【财政奖补项目建设】 2014年青岩镇完成山王庙村、龙井村、谷通村、二关村、新楼村“一事一议”美丽乡村小康寨财政奖补45个建设项目。总投资881.83万元，其中财政奖补853.91万元，投工投劳5596个，投劳折资27.92万元。山王庙示范村寨建设投资209.14万元，谷通示范村寨建设投资209.54万元，龙井示范村寨建设投资209.26万元，山王庙追加投资53.14万元，二关村章家寨至朱家寨通组路建设投资74.45万元，新楼村二组至四组通组路建设资金72.04万元，谷通村二组至三组通组路硬化建设资金30.79万元，项目的建成，改善各村基础设施，改变各村的交通、环卫、景观面貌。

（姚桂冬）

【第九届贵州省旅游产业发展大会在青岩镇成功召开】 2014年8月15日第九届贵州省旅游产业发展大会在青岩镇召开。本届旅发大会主题为“开放引领，改革驱动，与时俱进打造贵州旅游发展升级版”。大会由贵州省委副书记李军主持，省委常委、贵阳市委书记陈刚致欢迎词。省委书记、省人大常委会主任赵克志，省委副书记、省长陈敏尔分别讲话。出席大会有：国家旅游局局长邵琪伟，省政协主席王富玉，省委常委、省委秘书长廖国勋，省委常委、省委宣传部部长张广智，省委常委、遵义市委书记王晓光等；参加大会的还有：省、市直单位主要负责人，地、州、市、贵安新区、县、区、市负责人及分管旅游负责人，100多个重点旅游景区、部分旅游企业、旅游院校、科研机构负责人，部分外国驻华使馆，世界银行负责人，文化界知名人士，旅游专家学者，新闻媒体记者等，多彩贵州网对本次大会进行图文直播。

（姚桂冬）

【第九届省旅游发展大会项目建设完成情况】

1. 新建和改造田园南路、北部环线、青燕线、东旱线、桐惠线和交通路、老青燕线、泰坦8号路等8条道路，总长约29公里，严格按照城市主、次干道标准，实现给排水、燃气、雨污管网、广电、移动、联通等综合管网下埋；同步实施电瓶车（11公里）、自行车（32公里）慢行系统建设，形成景区步行游览、景区慢行系统和景区过境交通环线的“三环”交通体系。青岩古镇景区面积从0.8平方公里扩建至5.8平方公里，为迎接“高铁时代”“快进慢游”奠定基础。2. 重点项目投资。北环线总投资81169万元，截至12月完成投资45000万元；东旱线总投资15942万元，至11月完成全部投资；青燕线总投资28042万元，至11月完成全部投资；贵惠线总投资33053万元，至11月完成全部投资。完成3个土地收储项目（青岩古镇主题文化设计酒店开发项目、青岩市场棚户区城中村改造项目、青岩赵状元街棚户区改造项目），三个项目申报已于2014年6月完成土地招拍挂工作。3. 引进贵州顺和古镇旅游投资开发公司、贵州启凡投资管理有限公司、贵州君紫堂文化传播有限公司和贵州创景旅游投资股份公司，总投资约16.38亿元，实施北门旅游综合体、南门文化旅游产业区、凡·状元别苑超五星级酒店和张公馆恢复重建项目。一批集文化体验、避暑养生、休闲度假等高端业态初步形成。4. 按照国家5A级旅游景区标准，完善青岩古镇景区功能布局，新建停车场3个（即北城门、北入口旅游停车场和栗木山自驾游停车场），总占地面积59823.8平方米，停车位1606个。修建和改造游客服务中心2个（即南、北门游客服务中心）。按照旅游公厕三星级标准，新建和改造旅游公厕12个。通过全面实施智慧旅游系统项目建设，实现青岩景区扩容增容和满足大数据时代下游客的旅游出行需求。5. 重点实施中学、小学、幼儿院、敬老院、农贸市场外迁和安置房建设等古镇稀化项目。新建青岩污水处理厂、给水系统和清洁能源项目，改善由于大量生活污水自然排放对青岩河流严重污染和给水供给不足的状况。恢复连通北城墙西段、西城墙延伸段共计575米，使城墙游线达到1645米，东城墙采取“以街代墙”方式整治交通路立面并改造景观道路2.2公里。重建药王庙、黑神庙，提升改造寿佛寺广场、两湖会馆，重新布展状元府、周恩来父亲故居，试点实施西下院街

4月25日，区政协主席谌业华（左1）视察青岩旅游发展大会主会场修建情况（区政协办供稿）

（古镇西北半环）和南、北门主会场可视范围内的景观提升工作。实施青岩古镇夜景灯饰亮丽工程。遵循古镇原有肌理，按照“成熟一个动工一个”的原则，对古镇内破损步道、房屋立面、公共休息设施进行修缮，选择性打造特色民居客栈7家。

（姚桂冬）

青岩镇2014年村级基本情况一览表

表4

村（居）名	户数（户）	户籍人口（人）	常住人口（人）	组数（组）	人均收入（元）	常年耕地面积（公顷）		劳动力（人）	自然村寨（个）	行政区域面积（公顷）
						总面积	其中：田			
歪脚	535	2445	2555	8	12877	92	59	1630	7	3.5
山王庙	170	800	778	5	12502	45	35	500	4	2.6
摆托	255	1116	1073	9	12155	53	37	680	8	3.6
扬眉	580	2651	2526	7	12953	71.5	63.5	1643	5	9.2
摆早	385	1961	1733	8	12249	76	60	1130	8	6.7
新哨	538	2437	2318	8	12770	112.37	74.8	1445	6	7.3
思潜	660	3075	2421	12	12785	136	98	1550	9	10.1
达夯	570	2650	2329	13	12354	182.6	82	1483	12	9.5
谷通	425	2013	1815	5	12253	110	59	1065	5	8.6
新楼	285	1285	1206	7	12106	69	40	752	5	5.7
二关	165	735	684	4	12125	41	23	440	6	3.9
大坝	180	844	811	7	13563	56	38	525	5	2.4
龙井	275	1223	1232	7	12674	52	35	803	5	5
新关	230	1076	1041	5	12416	38	23	678	5	6.2
南街	510	1695	1692	7	13185	58.97	7	1120	4	2
西街	299	1245	1260	7	13131	54	34	815	5	1.1
北街	630	2649	2768	12	13265	66.22	45	1760	7	4.1
东街	508	2103	2735	12				1723		0.5
明清	475	1663	2079	10				1309		0.3
合计	7659	33666	33056	153	12668	1313.66	813.3	21051	106	92.3

（沈忠菊）

青岩镇教育事业基本情况表

表5

项　目	单位	总数	女生数	少数民族	入学率（%）
幼儿教育					
幼儿园	所	5			
在园幼儿（含学前班）	人	843	401	468	78.5
教职工人员	人	71	63	31	
小学教育					
学校	所	8			
在校学生	人	2170	965	1013	

续表5

项　目	单位	总数	女生数	少数民族	入学率（%）
适龄儿童入学	人	1898	969	984	99.95
小学毕业学生	人	412	196	169	
小学毕业生升学数	人	412	196	169	
教职工人员	人	142	97	43	
其中：专任教师	人	138	94	43	
中学教育					
学校	所	1			
其中：初级中学	所	1			
在校学生	人	1816	886	724	99.2
其中：初中在校生	人	1816	886	724	
初中毕业学生	人	599	282	64	
初中毕业升学学生	人	599	282	64	
教职工人员	人	116	61	43	
其中：专任教师	人	108	59	39	
初中教师	人	116	61	43	

（周　俊）

青岩镇卫生事业基本情况表

表6

基本情况	卫生院	1
	床位（张）	40
	卫生人员数（人）	52
	其中：管理人员	2
	工勤人员	1
	卫生技术人员数	49
	其中：执业医生	4
	执业助理医师	2
	注册护士	8
	药剂师	7
	其他	28
	村卫生室	17
	乡村医生	20
医疗服务	诊疗总人次数	25863
	其中门诊人次数	24770
	入院总人次数	1093
	出院总人次数	1093

（郑茗予）

石板镇

【概况】 石板镇位于花溪区西北部，以产石板材而得名。石板镇东邻花溪布依族苗族乡的天鹅、养牛两村，南接党武乡的龙山、松柏山、茅草三村，西与湖潮苗族布依族乡的马路、车田、广兴、磊庄等村毗连。西北与麦坪乡的康寨村相邻，北与久安乡的打通、雪厂两村及金竹镇的金山、滥泥村交界。距贵阳25公里，距花溪8公里，属于花溪区中心乡镇之一。总面积51.6平方公里，地势较平缓，地貌以低丘为主，南北长11公里，东西宽4 .7公里，行政区域呈带状。通过境内公路有中（曹）广（顺）线、花（溪）石（板）线、花（溪）清（镇）线、花（溪）平（坝）线，以及即将建成的贵安大道，河流有芦荻河流入花溪水库。石板镇森林繁茂，气候温和，水源丰富，辖16个村（居），常住人口约2.3万人，其中农业人口1.8万人，流动人口逾万人。石板镇历史文化悠久，生态环境优美，民俗民风淳朴，辖区内有天河潭、镇山村、隆昌摆拢等旅游景点，是一个休闲避暑的好地方。石板镇交通便利，区位优势突出，是花溪区经济发展迅速的乡镇之一。

（欧广剑）

【石板镇领导人名录】

中共石板镇委员会

书　记：吴同恒

副书记：欧阳旭燚　黎世林

纪委书记：张　鹏*　赵福春

政法委书记：谢俭丽

组织委员：曾　敏

石板镇人大主席团

主　席：石　军

石板镇人民政府

镇　长：欧阳旭燚

副镇长：谢俭丽　陈　超

　　　　袁　辛　曾志云

武装部部长：陈　超

（陆　青）

【人口情况】 2014年年末，石板镇总人口数为25076人，全年出生人口279人，比上年度减少9人。其中男孩143人，女孩136人，性别比为105.15。人口出生率11.25‰，低于上年同期水平0.61个千分点；人口自然增长率3.22‰，低于上年同期水平2.27个千分点，

（潘　杨）

【国民经济主要指标】 2014年，石板镇国民生产总值（GDP）17.4亿元，固定资产投资30.4亿元，招商引资22.17亿元，全年财政总收入9260万元，地方财政收入5360万元，农民人均纯收入13060元。规模以上工业总产值从2009年的7057万元增加到2014年的36.4亿元，新纳入规模以上工业企业4家。其中500万元以上的3家：花溪新福塑料厂、贵阳华龙饲料有限公司以及贵州康琦药械有限公司，2000万元以上的1家：贵州蓝天钢结构服务有限公司，现有规模以上工业企业22家，二产从业人员2000余人。石板镇已经成为花溪区工业经济新的增长极。

（蔡石丽）

【社会事业】 2014年石板镇投入资金7.58万元解决大高寨、小高寨人畜饮水问题；着力推进贵安大道160万水利迁改项目的顺利开展；投入资金20.9万元对芦荻村坡三塘实施清淤工程；投

入资金4.48万元对盖冗村机泵进行更新；完成全镇13个村3823户农户参保基本信息统计，对全镇5421亩水稻实行政策性参保，下派防疫技术人员67人次深入村组开展动物防疫工作。抓好禽流感防控和监测等工作，未发生重特大疫情事故，让居民能够吃上放心食品。

（尚兴洪）

【社会保障体系建设】 2014年石板镇新农保总参保人数6879人，完成续保缴费65.32万元；完成合医参保19448人，实现合医筹资133.952万元。成功举办春季和夏季大型就业招聘会2场。创建充分就业社区一个；新增就业1003人，完成全年目标数的143.28%，农村劳动力培训50人，完成全年目标数100%；接访农民工讨薪投诉13起，为农民工追讨工资440万余元。

石板镇城乡低保粮油发放（石板镇供稿）

（尚兴洪）

【民生工作】 2014年石板镇各项民生事业稳步推进。严格落实各项补贴政策，全面落实城乡低保应保尽保。及时足额发放低保金，保证低保人员的正常生活。全镇城市低保户284户653人，发放低保金279.7635万元；农村低保户143户308人，发放低保金49.1545万元。全年救助困难群众551人次，累计发放救济粮13570公斤，救济款3.08万余元；帮助59户困难户申请医疗救助，救助金40.124万元；依法办理结婚登记200对，抓好殡改工作，火化率达100%。

（尚兴洪）

【境内建设管理】 石板镇配合区政府组建天河潭新城城管分局，继续保持打击违法建设行为的高压态势，坚持“强管控，重巡查”的工作原则，全年共拆除各类违法建筑110户62217平方米。数字化城市管理系统12319运营良好，全年累计收到投诉案件161起，处置率、回复率达100%，群众满意率达96%以上。强化领导干部安全生产“一岗双责”，狠抓安全生产落实，深入开展“百日整顿”行动，加强食品、药品安全监管，开展“打非治违”“食品安全整治”等专项行动，扎实推进企业安全生产标准化创建，积极开展隐患排查治理，加强重点危险危爆物品监管，严厉查处违法生产经营行为，加强应急管理机制建设，辖区内无重特大事故发生。

（尚兴洪）

【主要景点建设管理】 石板镇镇山村是一座具有400多年历史、以布依族为主的古老村落，是贵州省首批“民族文化保护村”。全村数百间大小石板房依山而建，层层叠叠，错落别致。该村位于贵阳市花溪区西部的一个半岛上，三面环水，与半边山和李村隔水相望，风景秀丽，环境优美，富有特色的石板建筑，浓郁的布依民俗，成为贵阳市具有特色的乡村旅游景点之一。村内有极具布依族特色的农家乐，依山傍水，气候宜人，真是一个休闲娱乐的好地方。

为把镇山村打造成一个“宜居、宜游、宜业”的富具民族特色现代民族村寨。在省、市、区各级领导的帮助下，勤劳淳朴的镇山村民通过不断努力，镇山村道路交通、给水排污、消防照明等基础设施完善，有养老院等民生设施。镇山村村务管理透明、工作制度健全，通过“镇山艺术家村”和书画艺术创作基地的建立，极大丰富和提升镇山村文化内涵。

（欧广剑）

【石板金石园区建设】　石板镇金石产业园区作为市政府竭力打造的民营经济百亿园区，于2010年10月开工建设，在核心区5平方公里的范围内，初步建成石材建材、钢材五金机电、二手车及轮胎（润滑油）、农产品物流、石文化观赏等几大产业板块。园区主要采取“政府引导、市场化运作、群众参与收益”的方式。通过三年的努力，园区已创造五个“贵州之最”：即贵州最大的农产品物流交易市场，最大的石材加工销售基地，最大的钢材五金机电市场，最大的二手车及轮胎（润滑油）交易集散基地。年产值及销售额150亿元，带动就业万余人。园区共有非公有制企业150家，个体工商户2300余户，从业人员15000余人。

园区安置小区、学校、医院、银行等园区配套设施逐步完善，初步解决园区企业、经营户、居民生产生活需要。2014年，新增规模以上企业5家，总数达到19家；在建项目16家，其中石材加工销售类3家、钢材五金机电及建材类6家、农产品物流类1家、商用车行业类2家、其他类7家，完成标准厂房建设40万平方米，建成投产项目3家，其中，西部建材城商业综合体项目建设步伐加快，标准厂房建设近25万平方米。

（蔡石丽）

【基础设施建设】　石板镇完成贵安大道、天河潭路、湖磊路、贵安路至天河潭联络线等辖区路网建设；完成久安路口至天河潭路口的道路维修改造；启动老中广线至贵安大道、产业大道等主干道之间的联络线建设，形成贯穿石板镇东西方向和南北方向的有效路网。配合区城投公司完成石板污水处理厂和污水收集排放系统建设，继续推进石板变电站及供水管网建设，不断完善基础配套设施，满足城镇扩容需要。

（尚兴洪）

【同步小康建设】　石板镇完成2015—2020年美丽乡村项目建设编制规划申报；2014年实施美丽乡村项目21个，争取财政奖补资金518.81万元；完成辖区内88户小康房建设验收工作；完成危房改造147户；完成448户公租房保障户的年审工作；在2014年省级同步小康工作验收检查中，全镇群众满意度达90%以上。

（尚兴洪）

【社会管理和群众工作】　2014年，石板镇社会管理和群众工作全面进步。一是深入开展“平安建设”及“两严一降”工作。全镇刑事案件比上年下降6个百分点，“两抢一盗”案件下降10个百分点；积极开展“平安和谐社区”创建，创建率达100%；社区矫正落实就业安置17人，落实率达70%，禁毒知识宣传，知晓率达到100%。二是认真落实维稳工作责任制，充分发挥村支两委、石板和谐促进会、司法调解和镇群众工作中心的作用，积极调解项目征地、拆迁、建设纠纷，妥善处理群众反映建房等诉求，维护社会稳定。全年共受理各种矛盾纠纷 99 起，调处 99 起，调处率达 100%，调处成功 99 起，调处成功率达 100%，没有发生因调解不力造成的重大群体性事件。三是提升群众文明素质，满足群众精神文化需求。农村卫生服务制度、疾病预防控制制度、医疗救治制度进一步完善，完成 4 次妇科常规免费检查。四是严格执行人口目标管理责任制，出生率、自然增长率维持在可控水平，提升流动人口管理和服务水平。五是抗灾救灾、民族宗教、科教文卫旅、监察、审计、武装、统侨、档案、保密、通信、工青妇等各项工作都顺利开展，为全镇经济社会发展营造良好的社会环境。

（冉　经）

石板镇干部为饮水困难群众送水（石板镇供稿）

【"一事一议"财政奖补项目建设】 2014 年，石板镇实施"一事一议"财政奖补美丽乡村小康寨建设项目 21 个，其中隆昌、芦荻两个村各 9 个项目；盖冗村 3 个，申请财政奖补资金共计 518.81 万元。其中芦荻村规划项目 9 个，财政奖补资金 209.71 万元，隆昌村规划项目 9 个，财政奖补资金 196.29 万元，盖冗村规划项目 3 个，财政奖补资金 112.81 万元，年底项目竣工验收。

（陈　超）

石板镇 2014 年村级基本情况一览表

表 7

村（居）名	户数（户）	户籍人口（人）	常住人口（人）	组数（组）	人均收入（元）	常年耕地面积（公顷）		自然村寨（个）
						总面积	其中：田	
摆勺村	360	2069	1814	3	11327	1200	680	4
羊龙村	340	1785	1749	4	11327	883	527	5
合朋村	800	3734	5081	7	11327	1545	660	5
花鱼井村	311	1170	1392	3	11327	615	290	3
云凹村	370	1358	1544	8	11327	1337	420	7
石板二村	360	1429	2272	4	11327	668	60	1
石板一村	655	2666	3106	6	11327	1323	375	5
隆昌村	321	1438	1372	5	11327	1205	610	3

续表7

村（居）名	户数（户）	户籍人口（人）	常住人口（人）	组数（组）	人均收入（元）	常年耕地面积（公顷）		自然村寨（个）
						总面积	其中：田	
茨凹村	340	1500	1402	3	11327	990	500	3
芦荻村	360	1625	1240	5	11327	980	430	3
花街村	280	1138	829	7	11327	746	300	4
盖冗村	360	1680	1416	11	11327	1015	500	1
镇山村	155	748	705	5	11327	707	303	2
第一居委会	126	559	368		24374			
第二居委会	218	498	501		24374			
第二居委会	700	2519	2290		24374			

（石板镇）

2014年度石板镇教育事业基本情况表

表8

项目	单位	学校名称	入学率（%）
小学教育	7所	石板镇中心完小（包括其附属小学）	100
学校总人数	1450		
在校学生总人数	1318		
适龄儿童入学人数	260		
小学毕业学生人数	260		
小学毕业生升学数	110		
教职工人员	110		
其中：专任教师	110		
中学教育	1所	花溪第四中学	100
初级中学	560		
在校学生	560		
初中毕业学生	221		
初中毕业升学学生	177		
教职工人员	46		
其中：专任教师	44		

（石板镇）

石板镇2014年度卫生事业基本情况表

表9

项目	单位	总数	与上年相比（ %）
医疗卫生机构	所	1	0
医院床位	张	20	0
医疗卫生人员	人	38	5%
其中：执业医师	人	9	0
入院	人次	911	105%
出院	人次	911	105%
诊疗	人次	24023	-18%
其中：门诊	人次	23112	-20%
急诊	人次	23112	-20%

（石板镇）

燕楼镇

【概况】 燕楼镇位于花溪区西南部，距花溪城中心14公里，距省会城市贵阳市中心27公里，东与青岩镇相邻，南与马铃乡接壤，西接平坝县，北与贵安新区党武乡相连。东西长约13公里，南北宽约5公里，总面积57平方公里，耕地面积10110亩（其中田4155亩，土5955亩），占总面积11.82%；森林覆盖率32.33%。全镇辖燕楼、谷蒙、思惹、坝楼、旧盘、摆古、槐舟、同心8个行政村，80个村民组，52个自然村寨，总人口1.4万人，其中农业人口占总人口的97.6%。少数民族以苗族为主，约占户籍人口的27%。2013年4月25日，贵州省人民政府批准撤销燕楼乡，设置花溪区燕楼镇。2014年12月11日，花溪区燕楼镇正式挂牌成立。2014年12月4日，按照区机构改革要求，将原燕楼镇卫生院与人口和计划生育服务中心进行整合，设立燕楼镇卫生计生服务中心。

燕楼镇党政机关行政编制25名，实有人员25人，机关后勤编制3名。内设党政办公室、社会事务办公室、经济发展办公室、人口和计划生育办公室、社会治安综合治理办公室5个行政部门。事业机构编制38名（不含财政分局7名），实有人员43人，分别为农业服务中心、宣教文化信息服务中心、人力资源和社会保障服务中心、卫生计生服务中心、安全生产监督管理站、村镇建设服务中心、林业绿化站、工业园区服务中心8个事业单位。镇党委下辖11个党支部，党员389名。

（白明波）

11月12日，燕楼撤乡设镇（燕楼镇供稿）

【燕楼镇领导人名录】

中共燕楼镇委员会

书　记：王效宇

副书记：周　治　陈　勇*尹　磊

纪委书记：曾志刚

政法委书记：吕　钢

组织委员：安　燕

燕楼镇人大主席团

主　席：魏绍伦

燕楼镇人民政府

镇　长：周　治

副镇长：刘明高　汪小波

　　　　魏华英　吕　钢

武装部长：汪小波

（白明波）

【经济发展情况】　2014年，全镇生产总值36821万元，比上年增长19.39%。其中，第一产业增加值6130万元，比上年增长21.55%；第二产业增加值18046万元，比上年增长14.42%；第三产业增加值12645万元，比上年增长26.13%。全社会固定资产投资83368万元；招商引资到位资金53000万元，占目标任务的132.5%；财政总收入7377万元，比上年增长3%。地方财政收入3800万元，比上年增长35%。农民人均纯收入11808元，比上年增长20%。

（白明波）

【工业园区企业情况】　2014年，燕楼镇完成园区控制性详细规划，一期规划2.56平方公里，二期规划3平方公里。4月，完成园区374亩土地的挂招拍工作。园区内共引进企业14家，其中：贵州麟山水泥有限责任公司已于2014年8月投入生产，当年产值1亿元；重庆三圣集团2014年产值1.2亿元。贵阳市花溪城市生活垃圾综合处理发电厂、贵州科润华机电设备有限公司、贵州泰达隆新型环保建设有限公司等企业正在进行基础设施建设。完成园区电力10千伏专线牵拉安装工作。从谷蒙村凉水井取水点新建一条输水管，暂时解决入驻企业的生活、生产用水问题。龙燕路、花燕路、园区2号路、园区6号路、园区7号路项目于2014年7月施工建设，总投资约94000万元，涉及农户290户，征收土地364亩，征收房屋39栋，迁移坟墓180座。

（白明波）

【减贫摘帽】　2014年，燕楼镇建成思惹村豇豆种植基地1200亩；碗豆种植500亩；西瓜种植100亩；旧盘村黄豆种植67亩，养鸡5400羽，养猪项目，涉及农户83户，养猪166头，蔬菜种植项目，涉及农户125户，种植面积210亩，种植豌豆500亩；同心村种植辣椒1000亩；完成12500棵核桃苗补种；坝楼村种植豇豆500亩；槐舟村种植豇豆78亩；坝楼村57万养猪项目；同心村种植豌豆500亩。旧盘村54户193人脱贫。全镇农民人均纯收入达到11808元。

（白明波）

【农业产业发展】　2014年，燕楼镇一是推广双杂良种水稻4125亩，杂交玉米4300亩，在思惹、同心村完成水稻旱育直插示范点各80亩，在同心村完成辣椒育苗移栽1000亩。在燕楼、槐舟村完成玉米示范种植各50亩。二是开展水稻病虫害防治3500亩，其中稻水象甲防治1900亩。三是推广优质辣椒育苗移栽450亩；推广玉米育苗定向移栽500亩；继续推广喷施叶面肥4500亩；农民技术培训10期1200人次，其中妇女650人次，发放技术资料950份，农业产业化技术培训315人，富余劳动力转移培训69人。四是思惹村完成标准土地治理800亩。

（白明波）

【民生事业】　2014年，燕楼镇完成城镇新增就业人数312人，城镇登记失业率1%，失业人员再就业5人，农村富余劳动力转移200人，小额担保贷款金额20万元。完成社保缴费人数2796人，缴费金额550100元，占任务数的100%。完成城镇居民基本医疗保险新增扩面15人，完成2015年度合医筹资849660元，12138人参合，参合率达97.22%。全年新农合累计报账1400983元，涉及24178人次，全镇基金使用率达到98.5%。全镇享受城市最低生活保障的有21户40人，发放低保金14.97万元，农村最低生活保障的有221户441人，发放低保金75.612万元；发放春荒期间困难群众救济款和临时救济款共168400元，发放救灾款48400元，救济困难群众77户317人，发放救济粮12995公斤，救济困难群众131户642人。发放防寒棉被35条。全镇优抚对象共有94人，其中：60岁以上复员军人46人，伤残退伍军人4人，两参人员35人，老复退军人11人。

（白明波）

【村级综合楼建设】　2014年，燕楼镇按照“规范、节俭、实用和量力而行”的原则，区委组织部下拨30万元、自筹资金20多万元修建占地面积135平方米、建筑面积405平方米的燕楼村综合楼，设立党员活动室、计生及卫生服务室、档案室、图书室和远程教育学习中心，并配备电脑、电视、网络等办公设备。同时，完成同心村级综合楼改造。

（白明波）

【“一事一议”财政奖补建设】　燕楼镇2014年“一事一议”实施3个大项目36个子项目，共投入资金575.64万元，其中财政奖补资金571.30万元，群众投工1090个，折资4.34万元。项目主要是燕楼镇思惹村大寨、谷蒙村大寨、柏枝路至对门院道路、谷蒙村小院寨三岔路口至燕鲁寨通寨道路建设；同心村嘎多虾二洞寨、新井大寨太阳能路灯安装建设。

（白明波）

燕楼镇2014年村级基本情况表

表10

村（居）名	户数（户）	户籍人口（人）	常住人口（人）	组数（组）	人均收入（元）	常年耕地面积（公顷）		劳动力（人）	自然村寨（个）	行政区域面积（公顷）
						总面积	其中：田			
燕楼	726	3039	3039	21	10890	445.05	143.95	2007	21	705.87
谷蒙	434	1739	1739	9	10345	355.53	98.17	1121	9	739.81
槐舟	420	1662	1662	9	10560	304.21	81.94	1072	9	575.7
思惹	310	952	952	9	10262	273.48	44.1	643	9	685.34
坝楼	381	1526	1526	11	10115	528.85	76.99	971	11	1457.63
同心	470	1839	1839	11	10760	341.26	84.63	1183	11	818.66
旧盘	306	1228	1228	7	10556	230.35	46	751	7	589.7
摆古	505	2065	2065	11	10804	371.78	84.4	1448	11	905.65
合计	3552	14050	14050	88	84292	2850.51	660.18	9196	88	6478.36

（吴玉蓉）

燕楼镇教育事业基本情况表

表 11

项目	单位	总数	女生数	少数民族	入学率（%）
幼儿教育					
幼儿园	所	3			
在园幼儿（含学前班）	人	315	153	180	97%
教职工人员	人	35	35	15	
小学教育					
学校	所	5			
在校学生	人	762	365	262	
适龄儿童入学	人	158	75	60	100%
小学毕业学生	人	135	66	117	
教职工人员	人	76	48	11	
其中：专任教师	人	75	48	11	
中学教育					
学校	所	1			
其中：初级中学	所	1			
在校学生	人	313	144	124	100%
其中：初中在校生	人	313	144	124	
初中毕业学生	人	129	45	28	
初中毕业升学学生	人	129	45	28	
教职工人员	人	27	8	2	
其中：专任教师	人	27	8	2	
初中教师	人	27	8	2	

（邓晓兰）

燕楼镇卫生事业基本情况表

表 12

基本情况	卫生院	1
	床位（张）	13
	卫生人员数	26
	其中卫生技术人员数	25
	村卫生室	8
	乡村医生	9
医疗服务	诊疗总人次数	19995
	其中门诊人次数	19761
	入院总人次数	234
	出院总人次数	234

注：卫生人员中：执业助理医师 2 人，注册护士 3 人，药剂 1 人，其他 18 人；管理人员 1 人，工勤 2 人。

（杨　霞）

麦坪镇

【概况】 麦坪镇地处贵阳市的西郊、花溪区的西北角、清镇市的东南面，东与久安乡、石板镇相邻，南接贵安新区湖潮乡，西与清镇市红枫湖接壤，北毗观山湖区。麦坪镇距贵阳市中心29公里、花溪区政府17公里、清镇市12公里，有贵安新区骨干路网金马路、百马路、贵红路、湖磊路、天河潭路贯穿境内，均为城市一级主干道；长昆快速铁路、市域快铁也路经麦坪，并将设客运站，交通十分便利。麦坪镇属于贵安新区规划区域，全镇总面积49.38平方公里。地势北高南低，北部为中山山地，田高水低，煤矿资源丰富；南部为丘原地带，低丘与缓丘相接，溪流浅，多为平缓耕地，土壤肥沃。境内海拔一般在1120—1350米之间，最低关音山口1119米，最高红岩大坡1460多米。

麦坪镇属亚热带季风温润气候，高原气候特点明显，气候温和，光、热、水同季，平均气温14℃，年均降雨量为1102毫米，无霜期270天。森林资源丰富，境内有2.2万亩生态林，森林覆盖率达37%；有6770亩荒山荒坡可发展经果林、中药材和畜牧业；矿藏丰富，已探明有煤炭、石灰石、重金石、铁矿石、黄沙等；麦坪毗邻天河潭4A级风景区，旅游资源优势明显，有以全省最大的戈寨村“布朗李”基地为主，辐射全镇发展布朗李、艳红桃等经果林2万余亩、新型生态观光农业基地600余亩，以及保存完好的康寨布依族民俗文化。

麦坪镇辖13个行政村（场坝村、麦坪村、新寨村、康寨村、戈寨村、施庄村、刘庄村、汪庄村、杉一村、杉二村、兴诚村、大坡村、彭官村）、87个村民组，境内居住的民族以汉族、布依族、苗族为主。2014年全镇有4594户，户籍人口19678人，出生人口383人，死亡人口88人。其中农业人口19239人，非农业人口439人。2013年4月25日，经省政府批准撤销麦坪乡置麦坪镇。2014年12月8日，麦坪镇正式挂牌成立。

（麦坪镇）

【麦坪镇领导人名录】

中共麦坪镇委员会

书　记：王明放

副书记：周晓强* 罗　宇 罗维佳
陈　勇 吴洪波（挂职）
陈　康（挂职）
汪圣洪（挂职）

纪委书记：罗维佳* 杨益翔

政法委书记：吴　波

麦坪镇人大主席团

主　席：罗　宇* 周晓强

麦坪镇人民政府

镇　长：罗　宇

副镇长：王成良 吴　波 杨益翔*
李平勇 姚金义

武装部部长：杨益翔* 姚金义

（麦坪镇）

【社会经济发展状况】 2014年，麦坪镇生产总值完成2.3亿元，比上年增长17%；固定资产投资7.36亿元，完成全年任务的100%；招商引资2亿元，完成全年目标数的100.5%。财政总收入4168.19万元，完成全年任务101.4%，比上年增长41.98%；公共财政预算收入3754.9万元，完成全年任务的127%，比上年增长84.21%。农民人均纯收入11176元。

（麦坪镇）

【乡村教育事业】 麦坪镇抓好控辍保学工作，使全镇小学阶段入学率控制在99%以上，辍学率控制在1.8%以内；初中阶段入学率在95%以上，辍学率控制在2.8%以内；协调资金7万余元改善中小学软硬件建设；继续开展贫困优秀学生帮扶工作，全年落实帮扶资金3万余元；召开“麦坪镇2014年度教育工作大会”，表彰10名优秀教育工作者和28名被高等院校录取的优秀学生，奖励资金5万余元。

（麦坪镇）

【特色产业】 继续加大全省最大的戈寨村万亩布朗李基地投入，2014年协调资金30余万元，建成500亩精品水果示范点。全年投入资金500余万元，打造500亩新型观光农业示范基地。完成茶叶种植750亩，预计到2015年年初可种植1500亩，全镇计划种植规模3000亩。

（麦坪镇）

【农牧产业】 2014年，麦坪镇完成全镇1500头生猪和78头牛的疫苗注射；向农户发放各类农具、农药、育苗等物资共计40余万元；安排镇财政专项经费8万余元，用于各村沟渠等基础设施的维修，确保春耕生产的顺利进行；争取上级部门资金，实施3处山塘整修、20口小水窖建设、5处机泵更新和2处泵房改造；及时上报“7·16”特大暴雨受灾情况，争取水利设施补助13.7万元，水稻受灾保险赔付60余万元；加强森林防火工作，全年未发生1起火灾；兑现2.1万亩公益林补助资金；完成10个村同步小康创建和成立13个村合作社；完成农村劳动力转移200人；完成小额担保贷款3人，贷款金额17万元；城镇新增就业120人。

（麦坪镇）

【民生事业】 2014年，麦坪镇完善273户低保户一户一档资料，完成农房保险登记台账5147户；冬春救助865人，发放救济款3.06万元，发放救济粮1.45万公斤；临时救助1人，发放救助款3000元；医疗救助13人，救助金额8万元；新增优抚对象1人。

（麦坪镇）

【“平安麦坪”建设】 麦坪镇开展创建“平安麦坪”宣传活动，入户宣传40余次，发放宣传资料1万余份，书写标语20余条；认真安排部署“两严一降”工作，切实降低“两抢一盗”案件，提升群众安全感，2014年全镇刑事案件33起，其中两抢一盗案件26起，群众安全感测评达98.39%；通过实行领导“包案”工作机制，全面化解全镇7件积案。创新开展“三色控毒”的管理模式，有效遏制吸毒、贩毒、因毒涉案等案件的发生。在2014年处理的社会治安案件中，查处涉毒案件5起，查处吸毒人员19名。

（麦坪镇）

【安全生产】 麦坪镇全年开展巡查60余次，查处私挖盗采煤炭56起，人工填封21处，机械填封24处；查处“三违”“三超”隐患，共开据现场笔录和指令单11张，存在问题30余条，已督促落实30余条，整改率达100%，有效消除安全生产隐患。

（麦坪镇）

4月1日，麦坪乡汪庄村煤气管泄漏，乡领导第一时间赶赴现场，疏散群众300余名（麦坪乡供稿）

【拆违控违】　2014 年，麦坪镇完成房屋摸底“一房一档”6396 户，录入系统 6396 户。投入资金 150 万余元，组织大型拆违 7 次、小型拆违 31 次，拆除违法违章建筑面积 60495 平方米，实现“控增量、消存量”目标。

（麦坪镇）

【麦坪镇项目建设情况】

1. 长昆铁路、贵安新区第一期、第二期路网等项目：全镇房屋征收完成 635 户，总面积 21 万平方米；土地征收完成总兑付面积 881.37 亩，总兑付资金为 5105.88 万元；完成坟墓迁移 42 座。

2. 农体工程项目：麦坪镇实施 300 户“户户通”和大坡、戈寨、康寨、汪庄、刘庄 5 个村篮球场；协调资金 4 万余元在戈寨村安装村民健身器材。

3. 美丽乡村建设：2014 年，麦坪镇完成戈寨村大树脚美丽乡村第一期建设项目；实施 91 户危房改造，每户补助金额 1.23 万元，改善农村居住环境。

4. 一事一议项目：麦坪镇完成 394 万元的“一事一议”项目，其中道路建设 9.1 公里；协调市交通局资金 87 万元，完成对大坡村十八块－彭官村段道路进行硬化改造；实施场坝、麦坪、戈寨 30 盏太阳能路灯安装。

（麦坪镇）

麦坪镇 2014 年村级基本情况表

表 13

村（居）名	户数（户）	户籍人口（人）	常住人口（人）	组数（组）	人均收入（元）	常年耕地面积（公顷）		劳动力（人）	自然村寨（个）	行政区域面积（公顷）
						总面积	其中：田			
大坡村	583	2328	2349	8	10066	73	52	1460	8	750
康寨村	398	1769	1798	8	10708	111	73	1048	8	680
兴城村	492	1824	1866	7	9667	80	32	1105	8	450
施庄村	167	760	776	4	9945	20	14	493	2	190
刘庄村	281	1232	1265	7	10612	59	32	855	8	538
彭官村	506	2244	2274	7	10506	40	50	1522	2	270
麦坪村	451	1924	1952	10	10815	68	36	1208	5	300
新寨村	247	1085	1100	6	10896	42	23	610	5	250
杉一村	155	712	722	4	14021	40	27	431	1	400
汪庄村	196	935	945	5	11096	34	13	556	3	350
杉二村	201	1010	1031	6	10635	54	24	601	1	410
场坝村	288	1299	1317	4	11378	62	30	722	4	220
戈寨村	426	1831	1844	8	12226	8	51	1023	5	503
合计	2427	18953	19239	84	11176	691	457	11634	60	5311

（陈庆宇）

麦坪镇教育事业基本情况表

表 14

项目	单位	总数	女生数	少数民族	入学率（%）
幼儿教育					
幼儿园	所	1			
在园幼儿（含学前班）	人	59	31	8	
教职工人员	人	2	2	1	
小学教育：					
学校	所	7			
在校学生	人	920	452	284	100
适龄儿童入学	人	778	383	242	100
小学毕业学生	人	145	69	42	100
小学毕业生升学数	人	145	69	42	
教职工人员	人	81	45	22	
其中：专任教师	人	74	39	19	
中学教育					
学校	所	1			
其中：初级中学	所	429	192	122	
在校学生	人	429	192	122	
其中：初中在校生	人	429	192	122	100
初中毕业学生	人	206	86	49	
初中毕业升学学生	人	206	86	49	100
教职工人员	人	44	23	9	
其中：专任教师	人	41	23	9	
初中教师	人	41	23	9	

（陈庆宇）

麦坪镇卫生事业基本情况表

表 15

基本情况	卫生院	1
	床位（张）	6
	卫生人员数	12
	其中卫生技术人员数	12
	村卫生室（个）	14
	乡村医生	14
医疗服务	诊疗总人次数	10164
	其中门诊人次数	10149
	入院总人次数	15
	出院总人次数	15

注：乡医院卫生人员中：执业医生 2 人，执业助理医师 1 人，注册护士 5 人，药剂 1 人，其他 3 人。

（陈庆宇）

孟关乡

【概述】 孟关乡位于贵阳市东南郊，是贵阳市中心城区规划范围，距贵阳18公里，距花溪10公里，是贵州省“黔中经济区”向南辐射的“前沿阵地”。东界龙里县水场乡，南与黔陶乡河西村、青岩镇杨眉堡村为邻，西与小孟社区傅官村接界，北与小碧乡接界。境内贵惠大道、孟关大道已建成通车，到贵阳城区仅需半小时；花孟公路的整修使孟关到花溪主城区仅需20分钟，完成付关路、老富源路、红星路、杨孟二路、杨孟路、汽贸城红星路延伸段道路建设等路网建设共计6462.159米，境内还有冷（贵阳冷库）黔（黔陶）公路、南环线绕乡而过，各村通车公路硬化，交通便利。全乡行政区划面积68.29平方公里，辖8个行政村，2个居委会，总人口38000余人，少数民族约占常住人口的43%，以苗族、布依族为主，森林覆盖率46.33%。随着“贵阳（孟关）国际汽贸城”“碧桂园”“西南商谷”（两港一中心）“市域快速铁路”“贵阳智能公路港”等省市重点项目的实施推进，全乡经济建设跨越提升，社会建设进步明显，2014年度目标考核获全区一类乡镇一等奖，

（罗明飞）

【孟关乡领导人名录】

中共孟关乡委员会

书 记：吴小强

副书记：简秀华 宫连虎

纪委书记：赵福春* 张 鹏

政法委书记：刘 飞* 金洪峰

组织委员：班 艳

孟关乡人大主席团

主 席：安能云

孟关乡人民政府

乡 长：简秀华

副 乡 长：刘 飞* 金洪峰* 杨佐荣 龙超林 谭永龙

武装部部长：杨佐荣

（罗明飞）

【国民经济主要指标】 2014年孟关乡工业总产值完成30亿元；固定资产投资64.87亿元，比上年增长22.5%；财政总收入完成48343.39万元，比上年增长78.35%；公共财政预算收入完成1.78亿元，增长45%；孟关汽贸城共进驻4S店54家，汽车超市进驻商户233家，2014年共销售车辆74662台，销售额102.6亿元，缴纳税收1.02亿元；招商引资完成42.5亿元；农民人均纯收入过万元，生活环境逐步改善。

（罗明飞）

【乡村建设管理】 2014年孟关乡实施危房改造任务数为20户，年底20户农户已经完成主体建设，正在实施立面整治及门窗安装。重点工程建设中损坏的老路（集镇X106道路、二号路、三号路、四号路）实施改造完毕。对集镇四号道路延伸段、付官路等集镇道路及贵化路口至万历田城镇支路实施改造；国际汽贸城安置点、富源南路安置点、改毛安置点总占地面积324亩，住房建设规模65万平方米，已建成13万平方米，受益家庭642户2000余人。此外，碧桂园安置点正按计划有序进行；维修改造孟关、沙坡、红星、谷立村级综合楼4个，新建五星、改毛、上板、石龙村级综合楼4个，总建筑面积9000平方米，其中，面积最大的五星村综合楼近4000平方米，累计投资1360万元。

（罗明飞）

【社会事业】 2014年孟关乡新增城镇就业835人，完成全年任务目标的119%，兑付返乡创业补贴8人共计24000元，场租补贴21户共计37800元；完成居民养老保险1626人，缴纳金额442900元，完成全年任务的100%，正常领取养老金人数1604人；办理失业登记证59个，2014年分别举办春季招聘会及应届高校毕业生招聘会，对辖区内600余家新增创业实体进行调查并向有需要的企业推荐用人；新型农村合医新参保人数1626人，缴费金额44.29万元，全乡共有合医保16200人，缴费113.4万元。

（罗明飞）

【民生工作】 2014年孟关乡有农低保对象90户194人，散居五保对象7户7人，集中五保户2户2人，城低保18户22人；民政救济57户328人，累计发放救济款34400元，发放救济粮57户，221人，发放救济粮39455公斤；办理3户城乡困难临时救助，发放救济款6200元；全年办理困难群众医疗救助对象7人，发放医疗救助金65602元；慰问：烈属1人，现役军人军属19户，老志愿军12人，"两参"人员70人，60岁农村籍老兵48人；发放农低保金30.8195万元，发放慰问金6300元；散居五保、集中五保，发放慰问金、两节生活补贴、冬季取暖费共计9800元；城低保18户22人，慰问金及两节物价补贴共计9800元，慰问品18份（每份为菜油1公斤、大米5公斤）；慰问20户残疾人贫困户，发放慰问金4000元。截至2014年12月孟关乡有残疾证235人，其中精神病患者19人，对11名残疾人发放"阳光家园"补贴5500元，在助残日对3名贫困残疾人进行慰问，发放慰问金600元；80岁以上老人175人，发放老年补贴134220元。

（罗明飞）

孟关乡政府向留守儿童赠送学习用品（孟关乡供稿）

【"三农"工作】 2014年孟关乡有378户农户参加退耕还林，退耕面积为1556亩，通过检查，合格农户为378户，合格面积为1556亩，合格率为100%；对全乡8个村进行二轮延包3013户，应确权3013户，完成勘界3383户，分户370户，完成确权面积12896.488亩，已确权2510户，暂缓确权873户；已颁发证书2510本。完成石龙村干坝到笔架硬化路、偏坡路硬化；安装石龙村路灯、上板村购置垃圾车，一事一议工程；完成石龙村马鞍组、围坡组、笔架组人饮改造、干坝组人饮管网改造，谷立村一、二、三组人饮改造等5个水利改造项目。

（罗明飞）

【汽车城项目建设】 2014年孟关完成贵阳国际汽贸城二期8号地块土地征收及补偿工作，共完成土地征收补偿125.423亩，其中，线内97.627亩，线外16.946亩，富源二路10.85亩，完成项目用地范围内地面附着物征收补偿工作；完成贵阳国际汽贸城汽配用品采购中心项目剩余4.33亩土地征收补偿，其中，线内0.542亩，线外3.788亩。汽配中心，项目总规划用地面积500亩，总建筑面积76万平方米，项目一期占地8.3万平方米，建筑面积15万平方米，共有12栋单体建筑，990套经营门店已经建设完成。年底已进驻汽车4S店54家，汽车超市进驻经销商233

家，几乎囊括国内所有汽车品牌和国外知名进口品牌。全年共销售车辆 74662 台，销售额 102.6 亿元，缴纳税收 1.02 亿元；西南国际二手名车市场，项目总投资约 5.8 亿元，占地面积 91 亩，总建面积约 19 万平方米，以二手车交易场地为主，涵盖汽车检测、汽车维修、汽车美容装饰、办公、汽车展会、4S 店汽车展厅、车友俱乐部、汽车酒店等，目前项目已基本建设完成。

（罗明飞）

【中国西南汽车后市场博览会暨贵州省首届汽配用品交易会成功召开】 2014 年 11 月 28—30 日孟关贵阳国际汽贸城成功举办“中国西南汽车后市场博览会暨贵州省首届汽配用品交易会”，展出面积逾 3 万平方米，上千家国内知名厂商参展，展位 2000 多个，6000 余件展品，观展 6 万余人次，一期 500 余家开业商户开业成交火爆，博览会三天成交额达 1.2 亿元。

（罗明飞）

11 月 27 日，中国西南汽车后市场博览会暨贵州省首届汽配用品交易会在孟关乡召开（孟关乡供稿）

【项目建设征地】

1. 市域快铁：孟关段红星村土地征地补偿兑现 120 亩、五星村土地征地补偿兑现 30 亩、石龙村土地征地补偿兑现 60 亩、谷立村土地征地补偿兑现 19 亩，征地工作基本完成。

2. 西南商谷：是省级重点项目，主要包括贵州国际“无水港”“西南商谷”和贵州国际“物流交易中心”三个板块。项目总规划面积 2600 余亩，计划建设规模概算总投资 120 亿元，预计 2017 年全面建成并投入运营，年吞吐量可达 1800 万吨。无水港地块完成土地征收补偿 276.332 亩，其中线内 274.109 亩，线外 2.223 亩；商业地块完成土地征收补偿 92.034 亩，其中线内 83.902 亩，线外 8.132 亩；无水港地块和商业地块完成软土补偿 14.856 亩并于 2014 年 11 月 10 日举行开工仪式，其他工作正在开展。

3. 碧桂园：完善项目首期建设的后续服务和协调工作，实现销售额约 23 亿元，完成碧桂园项目二期 362.788 亩的土地征收工作，完成房屋征收 71420.43 平方米，完成坟墓迁移 213 座，完成林木果树清点 10736 株。

4. 贵阳传化智能公路港：项目总规划 1200 亩，其中公路港用地 800 亩，商业用地 200 亩，项目计划投资 50 亿元，项目建成后，可容纳物流企业商户 3000 户以上，解决就业人数 500 人，每年上缴税收 5000 万元以上。2014 年 10 月 13 日开始进行土地及地上附作物征收工作，截至 12 月底，已丈量土地 810.028 亩、房屋拆迁 52 个编号共计 20521.82 平方米；清点林木 4822 株、果树 56298 棵。项目于 12 月 9 日举行开工仪式。

5. 完成改毛货运场安置回迁 220 户。

（罗明飞）

孟关乡2014年村（居）基本情况表

表16

村（居）名	户数（户）	户籍人口（人）	常住人口（人）	组数（组）	人均收入（元）	常年耕地面积（公顷）		劳动力（人）	自然村寨（个）	行政区域面积（公顷）
						总面积	其中：田			
孟关村	898	1855	2930	4	8000	40	33.3	1203	4	200
上板村	418	886	1536	6	10000	17.3	11.3	665	6	700
沙坡村	694	1992	1536	8	18000	133.3	100	1232	8	870
红星村	420	1346	1583	3	8000	98	71	800	3	1260
五星村	545	2122	2420	7	10000	100	43.3	1400	4	800
改毛村	1485	2817	4601	10						
谷立村	733	2413	2440	5	5000	340	224.4	1452	5	1200
石龙村	901	3436	2692	13	2368	153	102	1800	13	2980
九八四四社区	854	1424	1962	1	20000	0	0	698	0	88.7
轻机厂社区	72	214	140	1	20000	0	0	50	0	0.4

（罗明飞）

孟关乡卫生事业基本情况表

表17

基本情况	卫生院	1
	床位（张）	40
	卫生人员数	52
	其中卫生技术人员数	44
	村卫生室	9
	乡村医生	9
医疗服务	诊疗总人次数	35113
	其中门诊人次数	35113
	入院总人次数	465
	出院总人次数	465

注：乡卫生院卫生人员中：执业医生5人，执业助理医师5人，注册护士2人，药剂0人，其他2人；管理人员2人，工勤1人。

（罗明飞）

马铃乡

【概况】　马铃布依族苗族乡成立于1984年8月，距离花溪区政府所在地27公里，东与惠水县毗邻，南抵长顺县，西与贵安新区接壤，北与燕楼乡交接。乡域东西长14公里，南北宽9公里，全乡面积81.08平方公里，中低山地貌，最高海拔为1577米，最低海拔为999米。现有耕地面积9430.97亩，其中：田3153.96亩，土6277.01亩。森林面积29366亩，森林覆盖率60%。全乡2731户，9411人，少数民族5852人，占全乡总人口的62.18%；有劳动力7658人，占总人口的81.37%。全乡主要以农业生产为主。

马铃乡2013年实施行政村合并工作，由原来的8个行政村合并为3个行政村：新的马铃村由原马铃、革约、牛皮箐三个村合并而成。谷中村由原谷增、中寨两村合并而成。新的凯坝村由原凯坝、凯伦、平山三个村合并而成。

马铃乡境内现有青岩——马铃公路、马铃——林卡公路，分别可达长顺白云山镇和平坝县的马场镇林卡，沿着青岩——马铃公路沿线，通过"一园三区四基地"的打造，形成贯穿马铃的"青—马通道经济带"。"一园"——落实全市现代农业重点组团布局，沿谷中盐井至新村的马铃河沿线，规划建设5平方公里左右的"马铃现代农业产业园"；"三区"——衔接贵安新区黔中路和沪昆高速匝道，规划布局3平方公里左右的"凯伦农产品集散加工区"；依托红岩水库，与"马铃现代农业产业园"叠加，沿马铃河至革约龙耳朵片区，规划布局6平方公里左右的"马铃休闲度假旅游区"；以马铃集镇为基础，东连红岩水库安置点，西向水车坝延伸，规划布局3平方公里左右的"马铃集镇综合服务区"。"四基地"——突出马铃冷水鱼特色，在谷中盐井区域布局"马铃冷水鱼养殖基地"；承接湖潮片区养殖业，在平山上院至大坡布局"平山畜禽养殖基地"；强化特色种植业示范带动。规划布局海寨塘片区"特色经果林种植基地"和云上至中寨片区"谷中苗圃种植基地"。

（马铃乡）

马铃乡马铃村水车坝寨门（马铃乡供稿）

【马铃乡领导人名录】

中共马铃乡委员会

书　记：刘明福

副书记：班士秀　张顺忠

纪委书记：王　毅

政法委书记：安永德

组织委员：范如松

马铃乡人大主席团

主　席：罗　永

马铃乡人民政府

乡　长：班士秀

副乡长：安永德　杨佐荣*

王金礼　穆廷刚*

易思宇

武装部部长：杨佐荣*　穆廷刚

（马铃乡）

【经济发展状况】　2014年，马铃乡生产总值完成17684万元，比上年增长21.79%；固定资产投资26247万元，完成年度目标任务的113.1%；工业产值5528万元，工业投资完成3500万元，完成目标任务的100%。财政总收入3375万元，比上年增长63.2%；地方财政收入1474万元，比上年增长105.54%；社会消费品零售总额较上年增长17%；全年度招商引资企业5家，招商引资20100万元，完成年度目标任务的100%。

（马铃乡）

【农村经济建设】 2014年，马铃乡一是农村土地承包经营权确权登记颁证工作完成率为95%；二是新办马铃村山珍专业合作社、谷中村农业专业合作社、凯坝村蔬菜种植专业合作社等农村集体经济组织3个；三是依托“7+2”同心扶贫工程，完成马铃村“减贫摘帽”工作；四是完成谷中村马鞍山2.5公里进组路硬化建设及中寨下云组1公里进组路建设；五是完成牛皮箐石头组苗冲农灌沟渠2公里建设；六是实施“菜篮子”“肉案子”“果盘子”保供计划，全年蔬菜种植20800余亩次，水果种植3000余亩。

（马铃乡）

【社会保障体系建设】 2014年，马铃乡新增就业人数60人；城镇登记失业率为0；农村富余劳动力转移202人，完成目标任务的101%；农村劳动培训30人，完成目标任务的100%；完成就业小额贷款新增贷款12万元；农民医疗保险8166人，筹资571620元；完成新型农村养老保险4099人；参保金额350500元；乡劳动和社会保障所、村委会劳动保障工作服务站就业服务信息网联网率达100%。

（马铃乡）

【美丽乡村建设】 2014年，马铃乡推进“美丽乡村·四在农家”工作，申报项目32个，争取资金1740.55万元。一是创建谷中盐井提高型美丽乡村幸福家园示范点1个；二是整合资金完成谷中七一桥组公路沿线美丽乡村示范点房屋立面整治25户；三是完成“一事一议”美丽乡村示范村寨12个子项目建设。

（马铃乡）

【平安乡村工作】 2014年，马铃乡一是通过开展“大走访”活动，做好基础信息采集、民意收集、隐患排查、矛盾纠纷排查，了解群众的困难和需求，全年及时受理和排查矛盾纠纷27起，成功调解27起，成功率100%，无信访历史积案，社会秩序稳定有序；二是坚持“打防并举，以防为主”的原则，举行“阳光工程”“家庭拒绝毒品”等重点的活动，建立吸毒人员档案，全乡吸毒在册人员8名，并落实帮教措施，加强对吸毒人员的法律、法规和党的政策教育，推进“无毒乡”建设工作。

（马铃乡）

2月19日，马铃乡机关干部到平山清扫道路积雪（马岭乡供稿）

【生态文明建设】 2014年，马铃乡开展生态文明建设，一是抓好巩固退耕还林成果专项资金建设目标任务：完成退耕还林269户1203.9亩、完成圈舍修建4700平方米；二是完成农业技能培训300人，绿证培训300人，普培800人次；三是开展义务植树工作，完成义务植树38260株；四是加强水源保护，水体环境功能区达标率实现100%，集中式饮水源地水质达标率实现100%以上，环境空气质量达标率实现80%以上，生活垃圾无害化处理率实现30%。

（马铃乡）

【民生保障】 2014年马铃乡共发放社会救济款129100元，救济1058人次，发放救济粮10450公斤，救济691人次；全年共计发放农村低保救助金360840元，受益群众2886人次；现有残疾人613人，其中持证残疾人125人，开展残疾人就业培训2次，参加培训120人；对全乡80岁以上老年人办理老龄补助169人，发放老龄补助金11.252万元；发放复退军人慰问金49000元；开展拥军优属工作，发放现役军人家属慰问金2900元。

（马铃乡）

【驻村干部工作】 2013年，马铃乡在全区首先开展行政村合并工作，为解决合并新村后基层组织运行中的“六个不够好”（即：新村的深度融合不够好、资源整合不够好、相互协作不够好、工作落实不够好、服务意识不够好、经济发展不够好）。马铃乡派乡干部到村中担任村干事，充当“为民办事服务员”“农村纠纷调解员”“富民强村指导员”“党务村务监督员”，解决服务群众“最后一公里”问题。

（马铃乡）

马铃乡2014年村级基本情况表

表18

村（居）名	户数（户）	户籍人口（人）	常住人口（人）	组数（组）	常年耕地面积（公顷）		自然村寨（个）
					总面积	其中：田	
马铃	1299	4345	3596	37	4292.97	1419.74	37
谷中	699	2440	1833	21	2585.2	881.63	21
凯坝	733	2526	1800	19	2551.79	852.59	19
合计	2731	9411	7229	77	9430.97	3153.96	77

（周国斌　姚昌学）

马铃乡教育事业基本情况表

表19

项目	单位	总数	女生数	少数民族
幼儿教育				
幼儿园	所	1		
在园幼儿（含学前班）	人	30	13	14
教职工人员	人	4	4	2
小学教育				
学校	所	3		
在校学生	人	366	182	238
适龄儿童入学	人	66	34	47
小学毕业学生	人	33	17	30
小学毕业生升学数	人	33	17	30
教职工人员	人	48	20	18
其中：专任教师	人	47	20	18

马铃乡卫生事业基本情况表

表 20

基本情况	卫生院	1
	床位（张）	6
	卫生人员数	5
	其中卫生技术人员数	5
	村卫生室	3
	乡村医生	8
医疗服务	诊疗总人次数	6914
	其中门诊人次数	6914
	入院总人次数	15
	出院总人次数	15

（卢文贵　李国云）

黔陶乡

【概况】　黔陶布依族苗族乡位于花溪区东南部，距贵阳市 29 公里，距区政府所在地 19 公里。东西宽 11 公里，南北长 12.6 公里。全乡总面积约 74.8 平方公里，位于东经 106.43° 至 106.50°，北纬 26° 至 26.17°。地势东北面高，西南面低。最高处为皇帝坡，海拔 1655.9 米；最低处为骑龙底下寨，海拔 1060 米。境内公路有 100 县道（冷黔线），014 县道（青平线），河流有马场河、老榜河 2 条穿境而过，其中马场河发源于高坡红岩冲和龙里县摆东，到马场村汇合，流经赵司、骑龙，流入青岩，全长 10.5 公里，境内流程 3 公里，平均宽度 15 米；老榜河发源于龙里县水场乡，流经黔陶村河西组、坪子上组，流入青岩摆早村，境内流程 6 公里。黔陶乡森林资源丰富，气候宜人，森林覆盖率达 60.19%，有“天然氧吧”之称，水源丰富。全乡辖 7 个村民委员会和 1 个居民委员会，常住人口 7801 人，居住着汉、布依、苗、仡佬等 10 多个民族。辖区内有桐埜书屋、鬼架桥等旅游景点。黔陶乡是承接青岩——高坡南部旅游线路的纽带区域，辖区内环境优美、生态优良、交通便利、历史底蕴深厚，是一个休闲避暑的好地方，是花溪建设旅游区、生态区、文化区的重要部位。

9 月 22 日，黔陶乡召开第三批驻村挂职干部收队述职测评会（黔陶乡供稿）

（刘双琼）

【黔南乡领导人名录】

中共黔陶乡委员会

书　记：张　波

副书记：王明友　龙礼云

纪委书记：李　丹

政法委书记：卢兆亮

组织委员：陈春婕

黔陶乡人大主席团

主　席：李亦然*

黔陶乡人民政府

乡　长：王明友

副乡长：卢兆亮　徐明友
　　　　李利健　唐克昌

武装部部长：唐克昌

（罗正琼）

【社会经济发展状况】　截至2014年12月，黔陶乡生产总值28639万元，比上年增长18%。固定资产投资19940万元，比上年增长42.4%。工业产值26044万元，比上年增长160%；工业投资10500万元，比上年增长5%。财政总收入4715.66万元，比上年增长57.41%；公共财政预算收入1808.34万元，比上年增长82.02%。农民人均纯收入11584元。招商引资到位资金20000万元。

（张　东）

【黔陶现代生态农业高效产业示范园区见成效】　加强示范园区种植指导和对农户种植技术培训，促进农业增产增效农民增收。2014年黔陶乡种植香葱10300亩，香葱总产量25750吨（平均亩产2500公斤），总产值1.545亿元（平均单价为每斤3元），投入产出比1∶3，万亩香葱基地产生1.03亿元利润。

（罗正琼）

【美丽乡村建设】　2014年，黔陶乡投入资金18.3万元，完成10户农村危房改造；完成城镇居民公租房审核136户，配合完成黔陶村邮件接收场所工作并正常投入使用；完成创建马场村栗木组美丽乡村幸福家园示范点1个，并获市级优秀奖励；投入资金46万元，完成小康房立面整治60户；投入资金198万元，完成谷洒村、半坡村、马场村等11.3公里小康路建设；投入资金247万元，完成谷洒村等太阳能路灯、公厕、长廊、人行步道等小康寨项目建设。

（罗正琼）

9月30日，黔陶乡拆违控违工作会上党政领导与各村居签订目标责任书（黔陶乡供稿）

【落实各项惠农强农政策】　黔陶乡调整产业结构，持续扩大香葱、茶叶种植面积；强力推进农业基础设施建设；全面完成农村土地承包经营权确权登记试点工作，完成率达95%以上；培育农村合作经济组织10个；全面完成半坡村“减贫摘帽”工作；在马场村栗木寨组实施农村清洁能源工程；继续做好“三农”保险服务工作；组织做好农机管理及机械化的推广应用，全面开展基层农技推广、科普宣传及自然灾害、病虫害防治等工作；结合“阳光工程”“雨露计划”项目，对农民进行农业技术技能培训，已完成技能培训200人，绿色证书培训300名，普通培训300人；抓好禽流感防控和监测工作，全年未发生重特大疫情事故，让居民能够吃上放心食品。

（罗正琼）

【社会保障体系建设】 2014年，黔陶乡城乡居民养老保险续保任务600人，完成1312人，城乡居民社会养老参保数3172人，缴费金额为35.13万元，超出任务数4.23万元，城镇居民基本养老保险新增11人，超额完成6人。完成新增就业人数90人；失业人员再就业任务数15人，完成15人；就业困难人员任务10人，已完成10人；完成农村富余劳动力转移人数160人；完成城乡统筹培训30人、小额担保贷款4人；零就业家庭援助4户；城镇登记失业率控制在4.5%以内；完成8户新增创业实体入户调查，收集创业典型1个（黔栗竹鼠养殖）；关心关爱残疾人，全乡有残疾人600余人，目前已办二代残疾证有200余人，在全国助残活动日中专访部分残疾人，并送去慰问金；认真做好精神病防治康复工作，目前共有各种类型精神病人63人，监护率达100%；积极开展“阳光家园”工作，发放居家托养补助金额5500元；关心关爱老年人，发放80岁以上高龄补助132人，发放高龄补贴91620元；投入资金3万元，完成马场村农村互助幸福院建设。

（罗天英）

【文化事业发展】 2014年，黔陶乡完成“村村通”工程320户，目标任务300户，超额完成20户；完成送电影下乡84场的目标任务；完成区文广局下达的谷洒村农体工程项目，主要包括场地硬化、乒乓球台以及篮球架安装等；完成软件正版化工作；推进公民科学素质教育，在马场村、关口村、半坡村、黔陶村、赵司村举办农业科普知识培训，培训1300余人，完成“百万公众网络学习工程”网络测试1154人，完成率115.4%。建设乡级老年大学1所，建黔陶居委会、马场村、黔陶村3所村级老年大学。

（徐家英）

【民生事业】 2014年黔陶乡完善城乡低保、五保供养、城乡医疗救助、临时救助保障线，使全乡社会救助体系更加完善，惠及民生的政策措施得到有效落实，农村贫困户、弱势群体和孤寡老人得到政府和社会的关心和照顾，全年92户156人城镇低保户发放救助资金658211元，为218户439人农村低保户发放救助资金720445元；散养“五保户”10人发放五保供养金20400元；2014年共发放救灾粮5130公斤，救济92户，273人；发放救灾款10200元，救济22户，76人。城乡医疗救助16人，发放救助金101453元；为临时生活困难家庭2户申请临时救助5000元。依法办理结婚登记工作，登记合格率达到100%。抓好殡改工作，火化率达100%。

（罗天英）

【平安乡村建设】 2014年黔陶乡紧紧围绕“平安创建”完成综治、维稳、禁毒等各专项目标任务。全年开展禁毒宣传4次，播放禁毒宣传片3次。吸毒人员出所接回率达到100%，新出所强制隔离戒毒人员通过多种途径安置率达到90%，帮教率达100%，重口列管率达100%，定期尿检率100%，动态管控率100%，全年开展反邪教宣传工作4次。开展邪教组织和邪教人员的摸底排查工作，未发现邪教组织人员活动。全年开展国安宣传工作4次，做好涉日企业、涉疆、涉藏及地下宗教组织的排查工作，做好重大节点风险评估工作；抓好“两严一降”工作，按照社会治安工作“横到边、纵到底”的工作要求，明确责任领导，强化重点落实，围绕重点环节，加大巡逻力度，社会治安明显好转，发案率下降20%，人民群众安全感达到98.39%。扎实推进重大决策社会稳定风险评估工作，评估率达100%；严格执行人口目标管理责任制，人口出生率、自然增长率维持在可控水平，完成4次妇科常规免费检查。

（杨国琴　李　莉）

【赵司贡茶规模化生产】 赵司贡茶原名白杆茶，是当地百姓世世代代饮用的一种普通茶，曾任翰林侍读学士的周渔璜将家乡赵司茶献给康熙帝，康熙帝饮后，连声说:" 好、好、好!" 并赞曰："品尝周公赵司茶，皇宫内外十里香。" 从此，赵司茶名声大震，成为贡品故称“贡茶”。经省质监局检测，赵司贡茶氨基酸、咖啡碱、硒等均有较好含量，经久耐泡，香气清高，滋味鲜淳，汤色极佳，有减肥、利尿、抗衰老、防骨质增生等功能，为进一步扩大种植面积，实现深加工，乡党委政府研究，决定先行打造赵司村和马场村为万亩茶园专业村，辐射带动其他村发展茶产业，力争到“十二五”末，全乡茶叶种植面积达30000余亩，成为茶叶专业乡，目前种植面积已达1万余亩。

（罗正琼）

黔陶乡2014年村级基本情况表

表21

村（居）名	户数（户）	户籍人口（人）	常住人口（人）	组数（组）	人均收入（元）	常年耕地面积（公顷）		劳动力（人）	自然村寨（个）	行政区域面积（公顷）
						总面积	其中：田			
马场	401	1845	1413	3	12500	92.2	64.4	1112	3	430
骑龙	492	2319	1726	6	13000	123	86	1409	5	290
赵司	277	1235	1005	3	12000	62	36.2	731	1	416
谷洒	221	1065	621	5	9267	44.6	31	613	7	400
半坡	177	834	630	3	8267	46	31	497	3	320
关口	354	1583	1263	7	11540	109.7	68.43	987	7	300
黔陶	293	1314	1013	8	11597	80	58	801	6	300
居委会	405	878	1030	4	9760			889	4	50
合计	2370	11073	7801	35	11584	557.5	375.03	7039	32	2456

（罗正琼 刘双琼）

黔陶乡教育事业基本情况表

表22

项目	单位	总数	女生数	少数民族	入学率（%）
幼儿教育					
幼儿园	所	1			
在园幼儿（含学前班）	人	28	5	9	
教职工人员	人	8	8	1	
小学教育					

续表22

项目	单位	总数	女生数	少数民族	入学率（%）
学校	所	1 4所教学点			
在校学生	人	538	254	270	
适龄儿童入学	人	49			
小学毕业学生	人	88	35	42	
小学毕业生升学数	人				
教职工人员	人	37	21	13	
其中：专任教师	人	36	20	12	

（黔陶乡）

黔陶乡卫生事业基本情况表

表23

基本情况	卫生院	1
	床位（张）	6
	卫生人员数	10
	其中卫生技术人员数	9
	村卫生室	7
	乡村医生	8
医疗服务	诊疗总人次数	5869
	其中门诊人次数	5835
	入院总人次数	34
	出院总人次数	34

注：卫生人员中：执业医生2人，执业助理医师1人，注册护士2人，药剂1人，其他3人；管理人员1人，工勤0人。

（陈长征）

高坡乡

【概况】 高坡乡是花溪区最边远少数民族乡，位于花溪东南31公里，东部及北部与龙里县摆省乡和草原乡为邻，西接黔陶乡，南界惠水县甲烈乡、大坝乡。全乡平均海拔1500米，境内最高峰为大洪村西缘与黔陶乡共界的皇帝坡，主峰1655.9米，次为云顶大坡，1626米。气候温凉湿润，雾多，凝冻大，霜期长，谷底、坡腰、坡顶气候各异，为典型高原山地小气候，属高寒山区。

高坡乡境内主要公路为花溪——高坡公路，全长31公里，延伸到甲定，可通龙里县。分线连接全乡各村，现已实现村村通公路，并建成硬化路，与甲腊乡、大坝乡已通硬化路，交通便利。全乡19个行政村，87个自然寨，121个村民小组，5845户23535人。有耕地1309.6公顷，是典型农业大乡。

高坡乡是花溪区南线旅游的民族民俗旅游观光区。旅游资源有：自然景观——摆弓岩三叠瀑布，扰绕村播淼洞、红岩峡谷，石门梯田，云顶草原等，属高原台地景观，山高谷深，景观奇特；人文景观——石门“永镇边夷”石刻，新安安上灵应山寺，甲定洞葬，高寨营盘（古屯堡）等；民族风情——苗族“四月八”跳场，跳洞，射背牌，斗牛，敲牛祭祖等，布依族的“六月六”歌节。

2014年高坡正在修建完善高坡滑雪场，该滑雪（草）场占地面积约480亩，已建成初级滑雪（草）道两条，中级滑雪（草）道两条，雪圈道8条，雪地摩托区约3000平方米，雪地面积约70000平方米，能同时接待2600人。雪场共配置美国SMI进口雪炮12台，瑞士ARECO雪炮8台，大型进口压雪车一台，建成后将给游客提供良好的滑雪运动度假场所。

（王琦菲）

3月6日，区委群众路线教育实践活动组到高坡乡调研（高坡乡供稿）

【高坡乡领导人名录】

中共高坡乡委员会

书　记：杨通强* 赵福兰

副书记：杨　洋　刘　飞

纪委书记：田　晓*　罗　刚

政法委书记：徐　金

组织委员：刘海峰

高坡乡人大主席团

主席：李灵英

高坡乡人民政府

乡　长：杨　洋

副乡长：徐　金　王　青*

王家乾*　赵黎波

唐家贵

武装部部长：唐克昌*　王家乾

（高坡乡党政办公室）

【社会经济发展状况】 2014年高坡农村经济持续增长。完成一产增加值9200万元，比上年增长7%；农民人均收入8836元，增长16%。农业产业结构进一步优化。立足市场需求，大力发展“草地鸡、黑毛猪、红米、冷凉蔬菜、辣椒、小茨菇、苦蒜、香葱”八大产业，粮经比为6:4，种养比为4:6。实现蔬菜总产800吨；出栏生猪28900头，肉类产量2427.6吨；肉禽出栏385532羽，禽蛋产量36吨。完成云顶、摆龙、平寨三个村的土地整理3300亩，新增农灌沟渠3500米，新建机耕道，人畜便道6500米，建设成新安村机耕道3500米，全乡新添农机具161台（套），农机总动力新增1127千瓦，农机安全事故零发生；新建贵州自然之园生态农业发展有限公司200立方米中型沼气池一口，新建新安村圈舍1000平方米，实现标准化示范场畜禽粪便综合利用率达80%以上。农业实体经济发展加快。扶持和引进种养殖龙头企业4家；发展农民合作社（协会）19家。水利工程建设投资500多万元，新建维修山塘6处，新建改建提灌站3处，总装机150千瓦，新建水池12个，渠道防渗8公里，安装供水管网11里，新增、改善和恢复灌溉面积1500亩。

（王琦菲）

【民生事业】 高坡乡2014年农村低保户为376户，保障人口728人。发放保障金1467650元。城镇低保现有户数为14户，保障人口26人，全年发放保障金93113元。农村五保分散供养31户，35人，发放五保金66500元，为低保、五保户代缴农村合作医疗筹资款1001人，资助金70070元。全年为406户1483人发放救灾救济粮31035公斤，为316户1197人发放救灾救济款187413元，发放棉被233床，棉衣215套，保暖内衣324套，单衣8件，大衣7件，胶鞋250双。精神病人救助工作全面铺开。免费药物救助，全乡共有42人次领取价值21894元的药物，送贵阳市精神病康复中心医院治疗3人，解决费用3万余元。新型农村合作医疗参保人数4585人；新型农村社会养老保险续保1244人。全年为农民报销合医金额401.59万元。认真落实殡改工作，全年死亡人数143人，火化143具，火化率100%。

（王琦菲）

【拥军优属工作】 2014年高坡乡开展以“办实事、解难题、做贡献”为主要内容的双拥共建活动。做好部队退役士兵的安抚工作，做好优抚对象的调查摸底，走访特困对象，为他们答疑解难。落实优抚政策，将优抚对象享受的各项抚恤、补助、优待政策落到实处，全年发放两参人员补助48人，补助金190080元。老复员军人10人，补助金147000元，60岁以上农村籍退伍老兵47人，上半年发放补助金38205元，春节、“八一”重点优抚对象106人发放慰问金53500元。

（王琦菲）

【村镇建设概况】 2014年，对全乡发展进行全面规划，严格管理，制止非法乱建、乱占，指导做好乡内集镇、村庄各项建设。安装大洪村至高坡村地坝组，高源加油站到中心幼儿园路段的照明路灯；对市场大棚进行翻修更新；清理维修集镇排污沟；成立环卫保洁队伍和城管队伍，保障集镇环境卫生。政府制定农房建设申请报批程序，规范农村建房。实施24户危房改造工程，2014年3月开工，11月竣工；144户人居环境改造工程，新建部分12月份完成。完成平寨村中院寨“一事一议”示范村建设，修建龙云村2.2公里和硐口村九组1公里进组路，修建硐口村至惠水县甲烈乡2.2公里串村路，批林村硬化道路1.2公里，修建石门村文化广场400平米，街上村道路硬化，云顶村小云顶组特色民居改造、庭院整治、环境整治，安装甲定村、高寨村太阳能路灯100盏。

（钟光泉）

【平寨村美丽乡村建设】 平寨村位于高坡乡南面，距乡政府所在地3.5公里，总面积9.2平方公里，其中，耕地面积4881亩。7个村民小组，户籍人口347户，1740人。2014年“一事一议”财政奖补“美丽乡村”建设项目花落该村。村两委积极组织实施，集中安排到中院寨，涉及5个村民小组。该项目总投资352万元，3月动工，主要建设项目有房屋立面整治200户，铺设缤纹串户路4290米，修建排污沟2500米，文化墙

1000平米，民族文化广场1200平米，仿古寨门1个，寨内绿化1000平米，四角观光亭子1个，太阳能路灯150盏，迎宾长廊30米及公厕等。全部项目12月已竣工并通过验收。

（钟光泉）

【高坡乡捐资人居环境改造工程】　由于受自然、交通、历史、经济等因素的影响，高坡乡落后于周边其他乡镇，至今仍属于省级二类贫困乡。部分贫困家庭居住条件较差，影响他们的生活质量和健康状况。乡党委政府决定实施人居环境改造项目工程，得到区委、区政府大力支持，发动区属各部门及经开区各企业帮扶捐资534万元，改造144户人畜混居困难户，其中新建住房40户，每户60平米，维修住房85户，新建牛圈132个（每户15平米）。该项目从2014年11月启动，2015年2月初新建住房竣工（部分改造户搬进新房过年），维修户在2015年3月完成。

项目参照区危房改造的方式和程序组织实施，新建住房由区住建局委托有资质的单位进行设计。对新建牛圈和维修住房的改造户，由区住建局下派施工预算员逐户进行预算，由改造户委托村两委，按照区住建局的预算和提供的设计图和施工图来组织实施，并按预算和设计图进行验收。

（钟光泉）

【甲定村发展规模农业有成效】　甲定村位于高坡苗族乡南面，距乡政府所在地11公里。2014年，该村开启乡内有史以来的农业种植订单销售模式。依托种植场和合作社，村两委提供农民手中丢荒的大量土地规划成片流转给合作社和返村创业村民，盘活生产资源；党员干部带头做给村民看，带着村民干。连片发展种植辣椒120亩，村民参与种植60亩。产品订单销售给重庆鑫甲乙生态农业开发有限公司，价格每斤2.1元，主要销往重庆、西安、深圳一带。村民和合作社总销售量达16.3万斤，单户纯利2800元，实现“辣椒种植产业化，土地亩产增千元”。

（钟光泉）

【批林村草地鸡养殖合作社挂牌】　8月13日上午10点，批林村草地鸡养殖合作社正式挂牌。这是“7+2同心扶贫工程”在花溪区启动后，市工商联多次组织市果蔬商会农业专家到批林村进行调研，结合村民生产生活实际和调研成果，决定成立合作社。以“商会+项目公司+农民专业合作社+农户”形式，发展养殖业，带动老百姓发家致富。参加这次挂牌仪式的有市政协、市工商联、市果蔬商会及区、乡有关领导。

（钟光泉）

【选派村党支书】　高坡乡水塘村是5个软弱涣散基层党组织之一，支部成员年龄老化，文化水平低等因素，影响支部工作开展。乡党委通过调查研究，在外出务工党员中开展村级党组织回引工作，2014年11月成功选派一名外出务工党员回水塘村担任党支部副书记。

（钟光泉）

【甲定村银行开业】　10月26日，花溪农商银行甲定便民支行在甲定村开业。花溪农商银行高坡支行设立在高坡乡集镇中心，是乡内目前唯一的一家金融机构。由于高坡乡地域广阔，群众居住分散，南部10个村的村民存贷款不便。为解决联系服务群众，经过精心策划，花溪农商银行决定在甲定村开设便民支行，方便老百姓办理存贷款业务。参加这次开业庆典的有高坡乡党委书记赵福兰、花溪农商银行董事长吴勇、行长江弘。

（钟光泉）

【高坡乡开展社会治安整治集中统一行动】 为确保生态文明贵阳国际论坛和“旅发会”的顺利召开，保一方平安。7月4日晚8点，由乡党委书记组织，区公安分局领导指导，乡政法委、综治办、安监站和政府当班人员参与，开展集中统一行动，清查流动人口，为预防和打击流动人口犯罪营造良好氛围。

（钟光泉）

3月18日，高坡乡平寨村“一事一议”美丽乡村建设开工仪式（高坡乡供稿）

（钟光泉）

【高坡乡民生监督员视察美丽乡村项目】 为发挥民生监督特派员的职能作用，12月4日，乡纪委书记、乡民生监督工作组组长罗刚带队，由各行政村村组干部、包村干部、民生监督员组成的19个民生监督小组，共计30余人，到高坡乡平寨村视察2014“一事一议”美丽乡村·四在农家示范村项目建设。实地查看寨内亭子、长廊、民族文化广场、人饮管网、寨门及排污沟、缤纹串户路、文化墙、房屋立面整治、绿化等项目。项目投资352万元，是高坡乡美丽乡村建设的示范点。

【高坡乡苗汉双语广播站建设】 高坡苗族乡有线“苗汉双语（应急）广播站”项目建设方案于3月通过评审验收。该项目建设是目前全市唯一审批通过试行建设的基层广播站。建成后，高坡少数民族群众可以通过苗汉双语广播站及时掌握领会党的路线方针政策，国家惠民政策以及相关法律法规等。目前，广播站建设选址和建设布局设计已完成，正在进入设备采购建设。

（钟光泉）

高坡苗族乡2014年村级基本情况表

表24

村名（19个村）	户数（户）	人口（人）	常住人口（人）	组数（组）	常年耕地面积（公顷）		劳动力（人）	自然村寨（个）
					总面积	其中：田		
石门村	216	876	658	4	22.1	20.3	569	3
扰绕村	120	376	279	4	46.7	39.3	272	2
大洪村	423	1742	1209	9	61.8	52.8	1144	6
高坡村	520	1642	1460	10	73.1	58.7	1098	5
新安村	216	905	675	4	38.4	28	612	3
街上村	430	1586	1253	11	74.3	58.7	1049	4
摆龙村	277	1186	657	4	54.5	42.4	812	3
平寨村	329	1693	1168	7	325.4	282.1	1170	4
云顶村	330	1271	770	5	64	59.7	780	4
水塘村	149	526	233	3	22.3	20.3	369	3
杉坪村	384	1686	882	5	50	38	973	3
批林村	264	1084	558	6	48.3	17.5	757	6

续表24

村名（19个村）	户数（户）	人口（人）	常住人口（人）	组数（组）	常年耕地面积（公顷）		劳动力（人）	自然村寨（个）
					总面积	其中：田		
五寨村	700	2675	1511	13	107.5	63.9	1761	9
掌己村	138	528	270	3	43.3	23.3	377	3
高寨村	130	624	472	4	33.9	16.9	427	2
甲定村	365	1705	1058	7	67.1	40	1082	3
克里村	166	823	573	6	33.4	16.7	560	9
硐口村	365	1338	748	10	55.6	27.9	939	8
龙云村	323	1269	948	6	87.9	16	841	7
合计	5845	23535	15382	121	1309.6	922.5	15592	87

（钟光泉）

高坡乡教育事业基本情况表

表25

项目	单位	总数	女生数	少数民族	入学率（%）
幼儿教育					
幼儿园	所	1			
在园幼儿（不含学前班）	人	207	96	43	
教职工人员	人	15	14		
小学教育					
学校	所	8			
在校学生（不含学前班）	人	1649	804	1279	99
适龄儿童入学	人	436			
小学毕业学生	人	314			
小学毕业生升学数	人	314			100
教职工人员	人	121			
其中：专任教师	人	120			
中学教育					
学校	所	1			
在校学生	人	720	396	574	
初中毕业学生	人	213			
初中毕业升学学生	人	128			60.1
教职工人员	人	44	23	20	
其中：专任教师	人	43	22	19	

（钟光泉）

高坡乡卫生事业基本情况表

表26

基本情况	卫生院	1
	床位（张）	20
	卫生人员数	21
	其中卫生技术人员数	18
	村卫生室	18
	乡村医生	20
医疗服务	诊疗总人次数	16852
	其中门诊人次数	16852
	入院总人次数	0
	出院总人次数	0

注：1、卫生人员中：执业医生4人，医士2人，注册护士2人，检验师1人，其他9人；管理人员 2人，工勤1人。

2. 乡村医生中15人取得中专以上学历。

（钟光泉）

久安乡

【概况】 久安乡距贵阳市城区17公里，距花溪区23公里。东邻金筑社区、南靠石板镇和贵安新区、西接麦坪镇、北连观山湖区的金华镇及云岩区的大凹村。境内地势西高东低，群山起伏，为低中山丘陵区。平均海拔1250米。最冷月（元月）平均气温4℃，最热月（7月）平均气温22℃，年平均气温15.3℃；无霜期260天，年平均降雨量1150毫米。东北有断陷盆地，属亚热带气候。

久安乡辖小山、雪厂、打通、拐耳、巩固、久安、吴山7个行政村，60个村民组。全乡总面积48.66平方公里，有耕地708公顷，林地2200公顷；总人口14227人，总户数4151户，少数民族人口2639人，占全乡人口18.55%，全乡党员370人，9个党支部。

2013年8月久安乡被评为第二届“贵州省十大最美茶乡”，2014年2月中国茶叶流通协会授予久安乡“高原古茶树之乡”称号。2014年8月久安乡被评为“贵州省十大茶旅目的地”“贵州省十大古茶树之乡”。

（敖　灵）

5月12日至13日，久安乡久安村举办广场舞培训班（区妇联提供）

【领导人名录】

中共久安乡委员会

书　记：张君发* 　赵　蓉

副书记：杨　云　王洪斌

魏建华（挂职）

纪委书记：罗　刚*
政法委书记：李　军
组织委员：赵　伟

久安乡人大主席团

主　席：罗孝伦

久安乡人民政府

乡　长：杨　云
副乡长：李　军　姚金义*　王晓友
　　　　刘　龙　罗　军
武装部部长：刘　龙

（敖　灵）

【经济发展状况】　2014年全乡生产总值完成19624万元，比上年增长17.53%；工业产值34000万元；一产5428万元，比上年增长10.02%；二产9968万元，比上年增长28.14%；三产4228万元，比上年增长5.82%。全社会固定资产投资完成30100万元，比上年增长21.21%。财政总收入5669.28万元，地方财政收入（公共财政预算收入）2120.86万元。社会消费品零售总额比上年增长17%；完成20000万元的招商引资项目；完成久安古茶树综合开发扩建项目，完成投资10000万元。

（敖　灵）

【久安茶叶农业示范园】　2014年久安乡建成规范化茶园14000余亩，加上古茶树分散占地，现在久安乡种茶面积已达到20000亩；12月已启动公路沿线茶叶补植补种工作。久安古茶树茶叶有限公司从日本引进年产一千吨以上红茶、绿茶生产线各一条，建成自制精品茶生产线，占地6000平方米，厂房两栋；建成4500立方米冷库、职工宿舍、接待中心投入使用；完成久安古茶QS认证工作；通过引进龙头企业入驻久安乡，成功带动其他中小企业纷纷进驻。建成400亩地膜覆盖示范试验区、400亩滴灌技术示范试验区、100亩古茶树母本园、50亩良种茶苗圃、启动450平方米古茶树快繁温室；建成1500平方米质检中心及500平方米红茶研发中心。园区新增合作社两家，分别是贵阳花溪久安平安生态种植专业合作社和贵阳花溪东阳种植专业合作社。贵阳市城发公司入驻久安，投资建设“毛栗坡匝道服务区”“贵阳城发久安生态文化园”项目。

（敖　灵）

【美丽乡村建设】　2014年久安乡紧扣“富、学、美、乐”四大主旨精神，围绕35项考核指标，统筹项目23个，整合资金1055.21万元。一是实施道路硬化，新建通组道路硬化3.52公里，升级改造路面0.26公里，实施3.7公里人行步道，铺设青石板5550平方米。二是实施村庄美化，新建景观亭3个和寨门1个，修建文化墙共400米，实施进村主干路造林植树11070株。修建村内公共厕所3个，完成2个村内垃圾房建设，完成村寨内500米排污沟建设，配置垃圾车1辆，垃圾斗4个。新建2个文化广场共2000平方米、1座观光长廊，增设2套农民健身设施，搭建文化小舞台和宣传栏。三是实施村庄亮化。依托“一事一议”项目，在进村主干路两侧、村寨内安装太阳能路灯62盏。建成牛昌坝美丽乡村。

（敖　灵）

【社会事业发展状况】　2014年久安乡完成城镇新增就业60人，农村富余劳动力转移220人；职业技能培训完成35人；城镇登记失业率为1.6%；完成劳动保障检查年审10户。全乡农村合作医疗共4958人参保，对60周岁以上农村居民实行应保尽保、动态管理，征缴金额43万元；全乡共有城市低保户16户，发放金额累积达8.18万元；农村低保户188户，发放金额累积达32.07万元。全乡在册优抚人员共计81人，春节、“八一”建军节期间，发放37.96万元慰问金；全年救助困难群众480户，共计1321人次，帮助困难群众19户，共计57人，累计发放救济粮19550公斤；累计发放救济款1.99万元，；发放老龄人口补助资金12.30万元。对粮食增产工程水稻示范户60户，发放肥料1250包；发放粮食补贴17.63万元；发放农药补贴4000余包。完成扶贫建档工作，精准识别贫困户384户，818人。

（敖　灵）

【生态文明建设】　2014年久安乡加大对阿哈湖饮用水源保护区的保护和治理，加大各村环境卫生整治力度，及时清理清运生活垃圾。经过全乡的努力，久安乡被授予省级生态乡镇荣誉称号，同时雪厂村、久安村被授予省级生态村荣誉称号，全乡7个村都被授予市级生态村称号。

（敖　灵）

【平安乡村建设】　2014年久安乡全年信访案件37件，做到件件有回复，事事有说法，实现信访总量比上年下降15%的目标；全年派出所共立刑事案件16起，比2013年同期31起下降15起，降幅达48%；破获3起，抓获犯罪嫌疑人2人；立贩毒案件2起，破2起，抓获犯罪嫌疑人2人，缴获毒品海洛因0.3克，抓获吸毒人员13名，强制隔离戒毒8人，社区戒毒3人，移送其他单位处理2人。严格落实刑释解教人员、强制隔离戒毒人员无缝对接，共接出所人员16人，刑释解教人员必接率达到100%；落实教育矫治和社会适应性帮扶2人，针对闲散青少年、具有肇事肇祸倾向精神病人等特殊人群，加强管理和监督，加大帮扶力度，到全乡各重点人员家庭送诊上门2次，帮扶2人，有针对性地对流入流出人员进行禁毒宣传和法制教育，巩固“无邪乡镇”成果。群众安全感测评实现连续两年全区排名第一的好成绩。

（敖　灵）

【计划生育工作】　2014年久安乡出生122人，符合政策生育率98.36%，其中：一孩符合政策生育率100%；二孩符合政策生育率95.65%；流动人口符合政策生育率100%。人口出生率为9.65‰，人口死亡率7.76‰，人口自然增长率为2.01‰。符合政策生育率高于区下达的95%，落实综合长效避孕措施节（绝）育率100%。全乡符合政策生育的独生子女户155户，发放计生各类优惠、奖励费共计220460元。2014年度久安乡享受奖励扶助对象188人，其中省级奖励扶助条件对象24人、市级奖励扶助条件对象2人，已享受关爱男孩奖家庭112人、女孩奖家庭136人，少生快富19人，新增办理独子户21人、独女户11人，少生快富2人；落实“三结合”帮扶户150户；免费孕前优生检查目标任务66对，已完成73对，100%超额完成任务；全乡住院分娩率99.18%；制作宣传品10000份，共计20000余元，在全乡7个村及公路沿线写规范化永久性标语56条共计15000元。

（敖　灵）

【久安历史文化】　久安乡有悠久的产茶历史，《贵州志》里曾有“煤炭窑”茶叶上贡朝廷的记载，久安“煤炭窑”茶叶至今还有着广为流传的经典歌谣。久安乡千年古茶树群为中国大唐茶业兴旺发展之珍贵遗产，被称为中国古茶树和茶产业的活化石。境内茶马古道全长1000米，是目前保存较为完整的中国茶马古道，目前已初步挖掘茶马古道等茶文化，出版描述久安古茶树历史的《人行草木间》一书。久安是民国初年“画坛领袖”、颖拓艺术创始人“茫父”姚华的故乡，打通村保存有茫父祖屋、祖坟及具有文化故事的石柱。久安拥有历史悠久的跳场文化，有二月十四未婚青年男女吹芦笙、苗族二月跳花场，有每年农历十九、二十、二十一日少数民族纪念苗族巾帼英雄鲁占妹的巩固金银山跳云场。

（敖　灵）

久安乡2014年村级基本情况表

表27

村名	户数（户）	户籍人口（人）	常住人口（人）	组数（组）	人均收入（元）	常年耕地面积（公顷）		劳动力（人）	自然村寨（个）	行政区域面积（公顷）
						总面积	其中：田			
小山村	320	1130	1003	5	12690	52.29	35.3			3.31平方公里
雪厂村	602	2317	1638	7	13620	94.41	45.89			7.24平方公里
打通村	628	2105	1813	11	5960	92.46	52.95			7.53平方公里
吴山村	881	3323	2933	11	6300	149.6	70.6			10.6平方公里
拐耳村	378	1407	1218	8	13474	69.6	38.83			5.47平方公里
久安村	568	2162	1825	10	5880	118.96	60.01			8.38平方公里
巩固村	516	1895	1877	8	15520	98.75	49.42			6.13平方公里
合计	3895	14339	11210	60	10492	676.07	353			49.06平方公里

（敖　灵）

久安乡教育事业基本情况表

表28

项目	单位	总数	女生数	少数民族	入学率（%）
幼儿教育					
幼儿园	所	1			
在园幼儿（含学前班）	人	303	149	90	
教职工人员	人	3			
小学教育					
学校	所	5			
在校学生	人	650	281	185	
适龄儿童入学	人	151			100%
小学毕业学生	人	121			
小学毕业生升学数	人	121			
教职工人员	人	65			
其中：专任教师	人	64			

续表28

项目	单位	总数	女生数	少数民族	入学率（%）
中学教育					
学校	所				
其中：初级中学	所	1			97%
在校学生	人	252	133	79	
其中：初中在校生	人	252	133	79	
初中毕业学生	人	103	60	28	
初中毕业升学学生	人	95	38	25	
教职工人员	人	30	17	3	
其中：专任教师	人	29	17	3	
初中教师	人	29	17	3	

（敖　灵）

久安乡卫生事业基本情况表

表29

基本情况	卫生院	1
	床位（张）	9
	卫生人员数	10
	其中卫生技术人员数	10
	村卫生室	7
	乡村医生	11
医疗服务	诊疗总人次数	3260
	其中门诊人次数	3238
	入院总人次数	22
	出院总人次数	22

注：1. 乡医院卫生人员中：执业医生2人，执业助理医师2人，注册护士2人，药剂1人，其他2人；管理人员1人，工勤0人。
2. 乡村医生中1人具有执业助理医师资格。

（敖　灵）

（责任编辑　姚　毅）

社　区

9月24日，黔江社区庆祝新中国成立65周年纪念活动(黔江社区供稿)

明珠社区

【概况】　明珠社区位于花溪区中心城区，地处花溪北大门，距市中心约17公里，距区行政中心1.2公里。毗邻花溪国家级城市湿地公园，面积5.1平方公里，总人口10.44万人，其中流动人口3573人。辖溪北、朝阳两个居委会，共37个网格，12个成型小区，152个楼栋，4个党支部。社区下设党政工作部、群众工作部、城市管理部、社会事务部。

明珠社区第三届“同一明月同一明珠”文艺汇演（明珠社区供稿）

社区内有贵州省职工疗养院、省军区花溪干休所、区计生局、区城市管理综合执法大队等单位。社区整合驻区单位、社会力量成立社区“大党委”，做到“资源共享、社区共建”，实现“小机构、大服务；小资金、大民生；小社区、大能量”。

社区内有贵州大学、贵州民族大学、花溪小学等院校。贵州大学校园扩建工程规划总面积约3200亩，建筑面积124万平方米，总投资36亿元，建成后可容纳学生3万人。辖区内有花溪人民医院、明珠社区卫生服务中心、溪北社区（居委会）卫生服务中心、朝阳居委会健康保障园等专业卫生医疗机构。累计为辖区老人免费体检1000余人次，为婴幼儿义务计免200余人次，累计发放药品价值2000余元。

社区现有注册志愿者1400余名，社会服务组织28支（个），涉及人数300余人，累计义务、低偿服务600余次，为辖区群众节约资金20余万元。通过“新型社区·温馨家园”公益项目共争取惠民工程资金近600余万元。涉及路面硬化、围墙加高、下水道改造、节能路灯安装等多个方面，修建社区文化休闲小广场等。社区先后荣获“贵州省五好基层党组织”“贵州省同步小康社会和谐示范社区”等荣誉。创建“贵州省民主法治社区”“贵州省科普社区”“贵阳市道德讲堂示范点”等16个省、市、区级示范点。完成市委市政府提出的“三创一强一提升”创建工作，被授予全市首批“新型社区·温馨家园”。社区团委被授予“全省五四红旗团委”荣誉称号。社区被授予“贵州省同步小康创建活动示范单位”。

先后接待人社部副部长、国家公务员局局长信长星，原人社部副部长、中国就业促进会会长张小建，中央活动办综合组成员梁小强，贵州省政协副主席、党组副书记黄康生等各级领导的调研指导。被经济日报、当代先锋网、贵阳日报、贵阳广播电台等媒体正面报道50余次。社区荣获“贵州省民族团结进步示范社区”“网民最爱的贵阳十大‘生态文明社区’”等多个荣誉称号。

（明珠社区）

【领导人名录】

中共明珠社区委员会

书　记：杜凤琴

副书记：钟　浩

纪委书记：钟　浩

组织委员：钟　浩

政法委书记：钟　浩

明珠社区服务中心

主 任：单长发

副主任：徐 昕 冯 莹

武装部部长：钟 浩

（明珠社区）

【组建青年工作共建委员会】 7月24日，明珠社区青年工作共建委员会成立并召开第一次会议。委员会成员单位涵盖贵州大学、贵州民族大学等16家辖区团组织，按照轮值主席制、联席会议制等机制开展日常工作，负责组织辖区青年开展活动或工作。

（明珠社区）

【全省第一家社区统战工作站成立】 5月23日，明珠社区在省、市、区统战部门的指导下建立全省第一家社区统战工作站。社区内居住着民主党派人士31人，政协委员18人，工商联会员5人，归侨侨眷22人，并驻有贵州大学、贵州民族大学等院校和单位。统战工作站成立后，将发挥统一战线人才荟萃、智力密集的优势和作用，整合社区资源，掌握统一战线的成员的思想状况、意见建议，协调社区统一战线成员间的关系，调动积极性，发挥统一战线成员在协调关系、化解矛盾、加强联络、招商引资等方面的优势。

（明珠社区）

【社会事业发展状况】 全年累计帮助创业223人，就业1862人（其中残疾人5人，吸毒人员12人），开办微企及SYB培训班3期，家政服务培训班1期。新增医疗保险参保人员412人，参保率达100%。新增参加养老保险324人，协调成立社区卫生服务中心，探索居委会+公司的居家养老服务模式，免费为600余人义务体检，50余名婴幼儿免费计划免疫，孕前优生健康检查33例，婚检45例、特殊救助163户5.3万元。投入低保、助残资金18万元，帮助28人增收脱保。

（明珠社区）

【省级充分就业社区】 明珠社区通过网格人员对辖区人员做到“六清”，即家庭情况清、就业情况清、技能特长清、就业愿望清、培训需求清、创业情况清，组织居民参加家政服务员培训，帮助他们建立各类失业人员的台账20本，发放宣传资料2000多份。2014年社区帮扶就业困难群体实现就业45人，保持“零就业家庭”动态为零，达省级充分就业社区标准。辖区溪北居委会荣获花溪首家“省级充分就业星级社区”

（明珠社区）

【“四型社区”“七个工程”建设】 2014年，社区干部职工利用节假日、晚上等时间，入户走访831户、2327人，分析社区民生突出问题，建立民情台账。通过“院落连心会”、社区便民“三趟快车”、入户大走访等了解群众需盼。在巩固“一厅两园三快车”“三创一强一提升”等工作成果的基础上，结合民情需求，提出创建“四型社区”，实施“七个民生工程”的工作目标。即创建堡垒型社区、学习型社区、高效型社区、示范型社区“四型社区”。推进“两严一降”的“攻坚工程”，建设“平安民生”；推进活动丰富的“乐民工程”，建设“多彩民生”；推进就业增收的“利民工程”，建设“富裕民生”；推进多元信息的“畅通工程”，建设“贴心民生”；完善居民自治的“善治工程”，建设“幸福民生”；改善人口卫生的“健康工程”，建设“健康民生”；改进社区治理的“绿色工程”，建设“生态民生”，以系统化、科学化、正规化、制度化、精细化的要求，全面提升社区各项工作。

（明珠社区）

【为民办实事】 投入4万元用于武装规范化建设及应急物资配备。安装高清公共摄像头136个，安装单元防盗门180道，安装率达94%，安装超B级防盗锁342户，平安e家158个，宜居通127个，修建治安岗亭2个，修缮小区院落大门6道，设置平安广播宣传点10个，购置对讲机45个，化解矛盾纠纷225起；社区登记上网吸毒人员81名，吸毒人员增长率低于2%，复吸率低于3%，通过有效稳控，保持零作案。投入资金50万元改造园亭山小区水网，通水率达100%；社区入学率达100%（含流动人口），指导溪北居委会开设“爱心午托园”，解决双职工后顾之忧；争取资金160余万元用于贵州大学菜场改造；硬化路面5292.5平方米，改造下水道507.5米，疏通化粪池30个，安装节能路灯42盏，新增垃圾回收装置20套，修建文化休闲小广场1个，开设多功能活动中心；印制发放便民利民工作资料10000余份、便民联系卡5000余张、《网格之星报》8000余份；帮助18户符合条件的家庭申报公租房；社区违章建筑零增长，累计拆除951平方米，新增公共绿化面积590平方米。

7月17日，明珠社区工作人员搬运沙袋填漏补缺，抗击洪水（明珠社区供稿）

（明珠社区）

【“五清五化”夯实流动人口管理】 为弥补流动人口“以业管人、以证管人、以房管人”的盲点，明珠社区结合城市特点探索出一条以“建筑物”管理流动人口，实现网格社工“五清”及社区“五化”的兜底工作模式。“五清”即人口的住址清、人口的家庭人员关系清、人口就业清、人口变动清、人口中重点人员清，确保辖区居民变动及各项信息的动态管理。“五化”即终端反应灵敏化、数据管理信息化、全景展示生动化、服务管理联动化、社区服务精细化。通过“五清五化”工作的有序开展，做到流动人口“来有登记，走有核销”，出租房屋“租有登记，停有核销”。2014年上半年明珠社区在流动人口管理考核中得98分的好成绩，受到省、市、区领导的肯定，并在全区各乡镇社区全面推广，被市委党刊《今日贵阳》登载报道。

（明珠社区）

【发现明珠社区群众艺术家活动】 2014年，明珠社区结合“四型社区·七个工程”建设，举办歌唱类、书画类、舞蹈类比赛，开展“发现明珠社区群众艺术家”系列活动。12月，社区组织优秀选手在花溪公园大门举办总结汇报演出，现场书法受到群众的称赞，被贵州广播电台、贵州民族报、贵州都市报、贵阳电视台、贵阳日报等多家媒体宣传报道。

（明珠社区）

阳光社区

【概况】 阳光社区地处花溪城市中心，辖区总面积11.46平方千米，北起花溪大桥，南至区行政中心，西起田园北路，东至大将山山脊，辖清溪、清华、花溪、仙人洞、棉花关、贵筑、望哨坡、徐家冲8个居委会，划分为120个网格。辖

9 月 29 日，阳光社区举办“我们的节日”活动（阳光社区供稿）

区总人口 9.5 万人，其中，少数民族人口 5299 人，2014 年新生人口 456 人，自然增长率 3.949‰，符合政策生育率 99.34%。辖区楼群院落 148 个，主次干道 16 条、背街小巷 33 条、2 个中心农贸市场、个体工商户 2956 家，汇聚花溪区行政中心、贵州大学（南校区）、湿地公园、红阳厂、清华中学、花溪一中、二中、二小、一至四幼，中医院，以及多家银行、超市、培训中心等，是一个人口众多、商业聚集的综合型社区。社区服务中心内设党政工作部、社会事务部、群众工作部、城市管理部，核定正式编制 26 人，岗位在编人员 21 人。社区党委下辖 10 个党支部，24 个党小组，有共产党员 554 名。2014 年，阳光社区围绕群众路线教育实践活动的开展，结合“服务群众、凝聚人心、优化管理、维护稳定”的职能定位，巩固“新型社区·温馨家园”创建成果，荣获“全省文明单位”、贵阳市“五好基层党组织”“第三次全国经济普查先进单位”、花溪区“拥军拥属拥政爱民先进单位”“尊师重教先进集体”“充分就业社区”等称号。2014 年，阳光社区的特色亮点工作被贵州日报、贵阳日报、贵阳晚报、贵州都市报、花溪电视台等新闻媒体报道 47 次。与 9 家区级相关部门联合，举办阳光社区贯彻党的十八届四中全会精神暨“灵秀花溪·幸福阳光”大型志愿公益活动，11 支文艺队伍参加公益演出，有 22 家热心企业向 100 户辖区特殊群体、困难群众进行慰问。

（阳光社区）

【领导人名录】

中共阳光社区委员会

书　记：朱洪峡

副书记：刘家庆

　　　　冉茂山

纪委书记：冉茂山

组织委员：冉茂山

政法委书记：冉茂山

阳光社区服务中心

主　任：刘家庆

副主任：林芝国　周恒莉

武装部部长：冉茂山

（阳光社区）

【社会事业发展状况】　办理城乡居民养老保险参保 585 人次，累计参保人数 1241 人；办理失地农民城镇职工养老保险参保 28 人；办理城镇居民医疗保险参保 492 人，办理新型农村医疗保险参保 3043 人；城镇低保户 544 户、993 人；农村低保户 22 户、39 人；办理医疗救助 83 户，临时救助 42 户；受理上报公租房申请户 148 户，发放公租房补贴 63 户；办理发放高龄补贴 718 人；城镇登记失业率控制在 1.97%；城镇新增就业人数 1201 人，失业人员实现再就业 150 人，办理小额担保贷款 10 人，新增贷款 40 万元。完成第三次全国经济普查工作。巩固“平安社区”“绿色社区”“文明社区”建设，实行流动人口分类分层管理，发挥社区警务联席会、警民议事会作用，强化社区治安志愿巡逻队伍建设和安防类项目的投入力度，2014年安全感测评满意率98%，比2013年的95.33%上升3.67个百分点；修缮城区老旧下水管网，实施亮灯工程，整体提升改造老旧院落，2014年辖区新增和提升绿地建设20103平方米，绿化率达48.04%；社区搭建“六个平台”，促进区域联建共建文明、和谐社区，在辖区金世旗小区挂牌成立居民活动中心，丰富群众文化生活，全年开展各类宣传活动60余次，新建宣传文化墙120米，利用积德榜、道德讲堂、宣传媒体等宣传途径，宣传志愿活动典型事例和先进个人，增强居民群众的主人翁意识和志愿服务意识，2014年社区新注册志愿者620人；利用宣传栏、宣传画、黑板报、网络宣传等方式，开展人防、国防教育，发动群众参与“百万公众网络学习”，提高群众科学素质，推动大科普工作格局的形成。

（阳光社区）

【为民办实事】 组织申报实施“新型社区·温馨家园”社会公益项目14个，涉及垃圾分类装置、文体设施、安保工程、老旧小区整体提升打造等方面，批复资金860万元，直接受益群众1578户，5049人。实行社区服务大厅同一岗位AB角，大厅周六正常上班，并将工作日的上岗时间调整为上午8：30至下午18：00。社区服务大厅六个服务窗口全年共接待服务人数12410人次，其中对工作服务质量和态度表示满意的12315人，满意率达99.6%。特色服务窗口代办人次5752人。加大对安防类项目的建设，落实辖区内机关、企事业单位及职工住宅区的24小时值守，值守率达100%；加强技防、物防设施建设，安装超B级锁483个，安装单元防盗门398个，争取公益项目资金大力实施“亮灯工程”，解决背街小巷、通道、楼道的照明问题。开展“幸福·阳光”关爱老年人健康免费体检，建立健康档案、开展健康咨询，完成老年人健康体检563人。成立贵阳市科普大学阳光社区分校，该校是全市第一批、花溪区首家科普大学分校。按照市、区科协的办学要求，以居民群众对科普文化需求，喜闻乐见的形式，开展各类讲座和培训21次，全面提高居民科学文化素质。

（阳光社区）

【筑牢网底建设，打通服务群众最后一公里】
阳光社区在群众路线教育实践活动中，回应群众诉求，筑牢网底建设，以“二走一帮三改”为载体的整改机制，打通服务群众的“最后一公里”。“二走”即一是社区服务走进基层，在8个居委会建立“五站两室”即：全程代理服务站、综治服务站、流管服务站、网格服务站、戒毒康复站、律师会客室、群众说事室。“五站两室”全年共接待群众1256次，全程代理、调解各类事项3065项。二是社区各级干部走进群众，社区、居委会干部每两月一次“大走访”，覆盖社区120个网格2万户居民，按照“意见收集→整改落实→效果反馈”三个步骤立行立改。“一帮”即通过社区班子成员及部门与困难群众结对子，为困难群众解难事、办实事、做好事。“三改”即一是以改善民生为己任，运用好“4321”项目建设运行模式，为居民群众好事办好、实事办实。二是以改“务虚”为“务实”，转变发展模式，不仅要抓好区域规范化建设，还要根据社区的实际情况和社会的综合发展，着力解决当前群众迫切，矛盾集中的问题。社区组建11支志愿巡逻队伍，坚持每天晚7—9点在辖区背街小巷巡逻值守。三是以改社区评为群众评的工作考评机制，通过聘请党的群众路线教育实践活动群众监督员，对社区的群众教育实践活动、及各项工作进行监督考评，并形成长效机制。

（阳光社区）

【流动人口管理】　全年共计采集流动人口信息17770条、出租屋信息2844户，登记准确率和房东登记报告率达95%以上；在8个居委会设立房屋租赁和就业信息咨询点，为辖区居民提供房屋信息412条、就业信息1388条；建立流动人口慰问机制，向248户落实节育措施的对象发放慰问品；在3个居委会设立幼儿代管点，服务流动人口家庭241次。

（阳光社区）

【完善“4321”管理模式】　社区将“三年百院”行动计划与“筑坚强堡垒、树阳光形象、促和谐发展”相结合，完善“4321”管理模式，辖区群众满意度从2013年的90.06%上升到2014年的91.39%。“4”，即项目进展周例会、项目信息日报告、项目管理结对包保、项目跟踪协调处理四项制度，保障项目实施；“3”，即社区服务中心、辖区居民群众、“七彩阳光”社会工作服务社三方参与，共建温馨家园；“2”，即监理单位质量监督、群众民生效果监督二个监督，确保项目实效；“1”，即一院一策，加强院落管理。

（阳光社区）

【花溪首家居委会戒毒康复站成立】　望哨坡居委会于12月25日挂牌成立花溪首家居委会戒毒康复站。建立“4321”阳光禁毒、康复工作机制等4个机制、落实3个台账、强化2项措施、实现1个目标。即：建立党政负责、部门包保工作责任机制，建立社区月例会、居委会周例会调度机制，建立分级分类管理联动机制，建立派出所、居委会动态管控4项机制；建好定期尿检、戒毒帮教、跟踪服务3个台账；强化打防结合、整体推进，摸清底数、动态管控2项措施；实现“降低刑事发案、提高戒断巩固率”的工作目标。

（阳光社区）

贵筑社区

【概况】　贵筑社区位于花溪区中心区域，是花溪区政府所在地。社区由尖山、天鹅、马洞、洛平四个村和云上、大寨两个居委会组成。辖区面积31.58平方公里，东临阳光社区，东南与清溪社区接壤，西至党武乡，北抵溪北、明珠社区，总人口28491人。区域内有小学6所，中学2所，农贸市场2家，有贵阳麟山化工有限公司、贵州中意食品有限公司等规模以上企业14家，以及花溪红科生态农业有限公司阳光水乡餐饮分公司等一批优秀非公有制经济实体。借得天独厚的环境资源，保利、恒方、铭星等大型房地产开发公司相继进驻打造新型人居空间。2012年4月，根据《贵阳市城市管理体制改革扩大试点工作的指导意见》要求，贵筑社区服务中心正式挂牌成立。围绕市委、市政府关于加快城市社区建设、创新现代文明社区的总体要求，履行服务群众、凝聚人心、优化管理和维护稳定四大功能，以城市基层管理体制改革为契机，以面向群众开展贴心服务为宗旨，打造新型社区服务中心。在2014年春节联欢会上，贵筑社区民族歌舞荣获一等奖。

（贵筑社区）

7月4日，贵筑社区对辖区流动人口进行登记清理（贵筑社区供稿）

【领导人名录】

中共贵筑社区委员会

书　记：沈　鹏

副书记：周春成　吴洪刚

纪委书记：吴洪刚

组织委员：吴洪刚

政法委书记：吴洪刚

贵筑社区服务中心

主　任：周春成

副主任：宋云仙　王　欢

武装部部长：吴洪刚

（贵筑社区）

【社会事业发展概况】　完成第三次全国经济普查。贵筑社区普查完成单位197家，其中法人单位169家，产业活动单位28家；个体户完成1067户。完成2014年1%人口抽样调查。抽样调查户共483户，人口1391人。协调资金3万余元，对贵筑社区天鹅村提灌站进行维护，汛期期间社区垫资28万元修复7个破损提灌站，解决农业灌溉问题，保障春耕生产正常进行。化解一号工程督办案件6件、程序办结9件。完成2014年流动人口管理工作任务。

全年依法办理一孩生育服务证178人，二孩生育证141人。出生人口258人，政策生育符合率为98.45%。完成应参保缴费人数7015人，征缴金额604300元。城镇居民办理基本险扩面完成30人，目标数10人，完成率300%。参加新型农村合作医疗12403人，筹集资金868210元，社区报销医疗费269人次，费用899208.46元，报销10674.06元，报销住院医疗费79人次，发生费用536953.68元。

城镇新增就业完成数687人，目标数620人，完成率110%。失业人员就业完成数145人，目标数80人，完成率181%。就业困难人员就业完成数11人，目标任务数9人，完成率122%。农村富余劳动力转移就业完成数120人，目标数120人，完成率100%。职业技能培训130人，目标数50人。完成率122.00%。零就业家庭动态为零，累计援助户数3户，累计援助人次3人。农村“零转移就业家庭”，完成100%。期末从业人员总数11026人，城镇登记失业率2.5%，“贵州省就业失业登记证”发放222本。小额担保贷款10人，贷款金额60万元，目标任务10人，40万元。完成目标任务的120%。新增创业实体入户调查共计105户；上报经营场所租金补贴共计77户，创业培训人数21人。采集创业项目1户，创业典型2户，完成辖区内58位戒毒康复人员的摸底及就业援助工作。完成辖区内21位复员退伍军人的摸底及就业援助工作，建立118家用工单位台账，收集流动人口就业人数511人。

（贵筑社区）

【项目服务工作】　2014年，完成贵州师范大学附属中学花溪校区土地勘丈面积225.8亩。贵州师范大学花溪校区教职工商品房项目共征地136.63亩，迁出坟墓19座。贵阳中医学院一附院花溪分院项目征地面积约234亩。配合大学城征地303.604亩，思杨路征地22.765亩。完成华融花溪项目征地185.54亩。完成田园南路项目、师大团购房3号地块征地。完成溪南高中、关口寨农民新村安置点01号地块、丹麦童话项目、西南环线市域快铁等项目征地、房屋拆迁等工作。配合处理浪风关垃圾填埋场整治项目工作，完成被掩埋和污染土地的丈量及坟墓果树清点工作（土地面积17.569亩，坟墓26座）。配合完成保利溪湖A2地块、印象花溪项目一组团房前屋后土土地丈量和房屋征收工作。大寨地块整治项目涉及972个编号，确权724个小户，354个编号。云上上、下寨地块整治项目涉及438个编号，已签107编号，290个小户，签约面积：

74112.47 平方米。确权 32 个编号，送审 9 个编号，21 个小户。尖山地块整治项目涉及254 个编号，签约236 户，确权233 户。

（贵筑社区）

【为民办实事】 配合区住建局完成云上棚户区改造项目。完成社区 2014 年教育目标任务，贵筑辖区共有民办幼儿园 13 所，在园幼儿达 1457 人，确保学前三年毛入学率达 90% 以上。小学入学率达 99% 以上，初中入学率达 95% 以上。辍学率小学控制在 1.8% 以下，初中辍学率控制在 2.8% 以内，九年义务教育巩固率达到小学 96%，初中 95%。5 月 30 日，社区领导向辖区内六所小学分别送去“六·一”儿童节慰问金 1000 元。在教师节贵筑社区被区政府评为“尊师重教”先进单位。完成软件正版化相关工作，完成洛平安置小区和云上阳光花园安置小区两条健身路径相关健身器材安装工作。完成贵阳市“十件实事”中的两件实事：大寨居委会居家养老服务中心 1 个、天鹅村幸福院 1 个。配合“美丽乡村·四在农家”“两严一降”工作，每天坚持 3 辆治安巡逻车和 2 辆巡逻电瓶车 24 小时进行街面、背街小巷和自然村寨巡逻。招募党员群众为“治安巡逻志愿者”，加强白天值守、夜间巡逻。在羊昌坝小区、矿灯厂家属区、险峰苑小区免费安装超“B”级锁芯 454 把。悬挂“平安贵筑”宣传标语 70 条，55 名网格员入户发放宣传品 38000 份、宣传册 20000 余份。2014 年社区刑事发案 251 起，比上年下降 20.32%。

（贵筑社区）

贵筑社区 2014 年村级基本情况

表 30

村（居）名	户数（户）	户籍人口（人）	常住人口（人）	组数（组）	人均收入（元）	常年耕地面积（公顷）		劳动力（人）	自然村寨（个）	行政区域面积（公顷）
						总面积	其中：田			
大寨	928	4936	4642	3	7859	55	24	3017	3	4.54
云上	956	5550	4718	6	8961	30	23	3066	6	5.79
洛平	1032	4905	4846	5	12641	42	21	3149	5	5.1
尖山	381	2013	1907	3	7569	42	24	1239	3	4.1
天鹅	397	2015	1989	6	4356	96	29	1292	6	7.19
马洞	298	1498	1493	6	4657	78	20	1011	6	4.86

（贵筑社区）

贵筑社区教育事业基本情况

表 31

项目	单位	总数	女生数	少数民族	入学率（%）
幼儿教育					
幼儿园	所	13			
在园幼儿（含学前班）	人	1457	728	582	93%
教职工人员	人	139	111	55	

续表31

项目	单位	总数	女生数	少数民族	入学率（%）
小学教育					
学校	所	8			
在校学生	人	2542	1271	1016	
适龄儿童入学	人	2591	1290	1025	99.93%
小学毕业学生	人	584	296	235	
小学毕业生升学数	人	584	296	235	
教职工人员	人	136	108	36	
其中：专任教师	人	128	108	36	
中学教育					
学校	所	2			
其中：初级中学	所	2			
高级中学	所				
在校学生	人	967			
其中：初中在校生	人	967	483	386	98%
高中在校生	人				
初中毕业学生	人	193	96	76	
初中毕业升学学生	人				
高中毕业生	人				
教职工人员	人	90	78	35	
其中：专任教师	人	87	75	35	
初中教师	人				
高中教师	人				

（贵筑社区）

贵筑社区卫生事业基本情况

表32

基本情况	床位（张）	61
	卫生人员数	63
	其中卫生技术人员数	15
	乡村医生	7
医疗服务	诊疗总人次数	16235
	其中门诊人次数	15600
	入院总人次数	635
	出院总人次数	635

（贵筑社区）

清溪社区

【概况】 清溪社区服务中心于2011年6月30日挂牌成立，地处花溪区城市中心东片区，距省会贵阳市城市中心17公里，总面积25.9平方公里，辖清溪、清华、仙人洞、棉花关4个居委会，花溪村、麦乃村、杨中村、把伙村4个行政村。2012年4月，清溪社区与原贵筑办事处、溪北办事处整合成5个新型社区，总面积35.39平方公里，辖麦乃、杨中、把伙、桐木岭4个行政村。2012年10月11日，杨中、把伙、麦乃三个行政村托管到原小河区，清溪社区现辖桐木岭村，面积15.39平方公里。机械厂和幸福小区2个居委会于2014年2月25日正式选举。总人口11510人（其中流动人口2248人），4153户，其中农村人口3930人，796户。共有驻辖区单位79家，其中企业71家（规模以上企业7家），学校5所。

2月25日，清溪社区成立机械厂居委会（清溪社区供稿）

（越 航）

【领导人名录】

中共清溪社区委员会

书 记：刘宝菊

副书记：周森林 程华强

纪委书记：程华强

组织委员：程华强

政法委书记：程华强

清溪社区服务中心

主 任：周森林

副主任：黎 茵* 汤锡伟 何爱国

武装部部长：程华强

（越 航）

【社会事业发展状况】 2014年，按程序取消8户的低保资格，有9户、13人继续享受待遇。城镇低保有收入超标的，取消11户的低保资格，有21户、33人继续享受待遇。辖区内有2名五保户，社区及时把补助款发放到他们的手中；辖区共受理2户居民的临时救助申请，共计发放临时救助款2000元。受理4户村（居）民的医疗救助申请，共计发放医疗救助款7842元；按时发放在乡老复员人员（2人）、两参人员（14人）的补贴，其中在乡老复员人员共发放补贴30096元，两参人员共发放补贴47520元。及时发放60岁以上的农村籍退役士兵（14人）每半年一次的生活补贴，全年共发放补贴10790元。开展“八一”“春节”期间的慰问活动，对辖区内的所有退伍军人大走访，收集资料建档，共收集到资料400多份，将所有优抚对象个人情况录入到复员退伍军人信息管理系统。老龄工作，全年上报264人，发放补贴95700元。春节慰问上报特困老人13人，生活不能自理老人4人。为年满60岁以上的老人办理老年优待证102个。全年共出生113人，其中政策内112人、政策外1人，符合政策生育率达99.1%，出生率达9.3‰，自增率达5.3‰；长效避孕1805人，落实率95.4%。妇检工作应检1151人，已检1151人，妇检率达100%。城乡统筹就业目标300人，其中城镇新增就业250人，完成369人，完成率123%。控制城镇登记失业率在4%。失业再就业目标20人，完成24人，完成率达120%。农村富余劳动力转移目标50人，完成50人，完成率达100%。小额担保贷款目标6人，金额42万。完成城镇职工基本养老，城镇居民基本医疗保险新增扩面25人（目标任务10人），完成率250%；城乡居民社会养老保险应参保2040人，已参保2120人，参保率103.92%；城镇基本医疗、失业、工伤、生育保险参保人数的完成率均为100%。社区劳动保障工作站就业服务信息网联网率达100%。

（越　航）

【项目服务工作】　10月花溪区板桥综合开发项目启动，社区共计征收土地987亩，涉及农户323户；清点果树42000余株，涉及农户245户；清点林木23431株，涉及农户188户；清点坟墓1400余座。

（越　航）

【流动人口管理工作】　一是按照流动人口“来有登记、走有注销”“租有登记、停有核销”的要求，做到“以房管人”。推动落实《贵阳市房屋租赁管理办法》，提高房屋租赁管控率。二是加强企业、单位用工监管，实行用工实名登记备案制度，建立用工台账，社区社保、派出所、群工部联合，不定期的对辖区内企业及单位实行检查，切实加强辖区内流动人口的管理。截至9月，辖区共流入流动人口2801人，其中男1651人，女1150人，育龄妇女733人，已婚育龄妇女542人，应验流动人口婚育证542人，贵阳市全员人口平台流入新增流动人口1935人。

（越　航）

【开展“一中心，四服务，四提升”活动】　社区党委以开展党的群众路线教育实践活动为契机，开展“一心中，四服务，四提升”活动，得到市、区领导的肯定。一是心中装着群众，简化办事程序，提升服务质量。以前“合医报销”要经过7道程序，现在只需将报销凭证交到社区全程代理点就可办理。二是开展“两提醒”服务，对到期需缴费社保、医保的群众，主动打电话提醒，方便群众及时缴费。三是开展民生服务“十上门”活动（办理残疾证、居住证、生育证、独生子女证、流动人口婚育证、计划生育奖励扶助、城乡低保、发放救济粮、发放衣物、发放棉被等十个项目）。四是与信访人员沟通到位，服务到位，思想关怀到位，提升案件化解率。由于历史等多种原因，辖区矛盾多、情况复杂，特别是原花溪机械厂破产倒闭后，多种矛盾凸显。通过不懈努力，花溪机械厂退休职工增量上访群体、浪风关垃圾场周边桐木岭村民不稳定群体、凤鸣林场被征拆群体等基本稳控。花溪机械厂破产后，片区社会事务无人管理，基础设施缺失，垃圾无人清扫、清运，排水沟阻塞、污水四溢，社会治安混乱等。社区在市相关部门未拨经费的情况下，利用节假日或双休日，组织干部职工及桐木岭村两委人员等，在片区义务清扫垃圾、清理野广告和疏通排水沟，垫支聘请6名人员负责片区的环境卫生清理清扫工作等，申请“温馨家园”项目（60万元）为该片区改善基础设施，使该片区的环境条件得到改善；针对社会治安问题，社区为机械厂职工家属安装50余道单元防盗门，入户宣传安全防范知识。设立6个警务工作站，增设1辆警务巡逻车，增强片区巡防队力量。提高群众的安全感，提高群众的满意度。

清溪社区部分民生服务项目实行“代办制”（清溪社区供稿）

（越　航）

辖区项目建设情况表

表 33

序号	项目名称	项目情况
1	田园南路及其相关项目（25 号地块安置点、弃土场等项目）	完成土地征收 900 余亩，房屋征收 100 多户，合计 30000 多平方米建筑面积；顺利完成各项目的施工协调服务工作。
2	青岩北环线的相关电力迁改、弃土场等项目	顺利完成土地、房屋征收工作及施工协调服务工作。
3	大学城周边整治项目	桐木岭板桥综合体 1 号、2 号、3 号、4 号地块共计 1100 多亩的土地征收工作。
4	田园南路至溪南高中道路项目	土地及房屋征收工作，配合完成道路施工。其中完成土地征收约 90.748 亩、其中补差 67.1574 亩，房屋征收 2 户约 300 平方米。
5	“大唐高鸿”项目	土地及房屋征收工作，其中土地征收 40 余亩，房屋征收 2 户约 500 平方米。
6	贵阳市国安局花溪分局业务用房项目	完成红线内新增土地 14.11 亩、线外 0.517 亩的土地征收，涉及补差 5 户农户土地 9.245 亩（含线外）。

（越 航）

为民办实事表

表 34

序号	村（居）	拟办实事	完成时限	累计情况	涉及金额（万元）
1	桐木岭村	在桐木岭村四组修建文娱小广场 1 个	2014 年 9 月底	完成小广场的选址和地面硬化工作，安装健身娱乐设施及封顶工作	9
		建设便民设施	2014 年 9 月底	修建桐木岭村一组农灌沟渠，修建清水池、洗菜池、洗衣池各一个	11
2	机械厂居委会	改善环境卫生条件	2014 年 9 月底	增加机械厂片区环卫工人 6 人，加强卫生保洁力度	1/每月
		清理排水沟、新建垃圾池、安装路灯、配套环卫设施、安装防盗门	2014 年 3 月底前完成	修理、修建排水沟 550 米，新建垃圾池 12 个（10 平方米/个）、安装照明路灯 80 盏、配套环卫设施 10 套、机械厂家属区 51 道防盗门	50
3	幸福小区居委会	基础设施建设	2014 年 10 月中旬	协调市相关部门为机械厂、公租房片区翻修、平整道路 600 米	/
		精神文明教育	2014 年 9 月底	联系电影公司到九八五、机械厂、公租房小区播放禁毒宣传片	0
		安装照明路灯	2014 年 3 月底前完成	安装照明路灯 20 盏	7

（越 航）

清溪社区 2014 年度人口基本情况表

表 35

总户数（户）	总人口								
	合计	男	非农业人口	当年出生人口	死亡人口	迁入人口	迁出人口	出生率（‰）	自然增长率（‰）
5478	16418	9098	13405	105	13	2991	2754	6.40	5.61

（越 航）

溪北社区

【概况】 溪北社区地处贵阳市二环城市带南段，坐落于花溪大道、甲秀南路两条主干道花溪北段，西抵石板镇，东、南与原小河区平桥、金竹、小孟、金欣社区接壤，是原花溪区的北大门，总面积22平方公里，辖吉麟、养牛、竹林、上水、石板井、董家堰6个居委会，5.59万人（常驻人口3.73万人，流动人口1.86万人）。辖区内有泰邦生物制药有限公司、穗黔物流、高原矿山机械有限责任公司等13家规模企业。辖区有全国“211”重点大学贵州大学、贵州民族大学两所重点高校和贵阳孔学堂，贵阳十里河滩——国家级城市湿地公园贯穿溪北全境，文化、旅游资源得天独厚。

9月26日，溪北社区服务中心到溪北完小开展送法进学校活动（岳莉 供稿）

（谭森亮）

【领导人名录】

中共溪北社区委员会

书　记：李　智

副书记：余光平　孙定学

纪委书记：孙定学

组织委员：孙定学

政法委书记：孙定学

溪北社区服务中心

主　任：余光平

副主任：谭　梅　陈　洋

武装部部长：孙定学

（谭森亮）

【社会事业发展状况】 农业人口参合人数9696人，参合率达100%，核报基本医疗9802人次，核报金额192.61万元。农村低保家庭和低收入困难家庭93户共157人，发放低保金30.54万元。发放特困户临时救济13户、32人，发放救灾粮480公斤，发放救济资金1.18万元、59户、158人。按时足额发放在乡老复军人、两参优抚对象的定期定量补助。城镇居民养老保险参保人数为122人，新型农村养老保险参保人数为4161人。到辖区企业上门进行社会保险政策宣传率达100%。符合条件的被征地农民参保率达100%。完成城乡统筹就业895人，其中：新增城镇就业650，失业人员再就业90人，就业困难人员5人，农村富余劳动力转移126人，职业技能培训63人。农村“零转移就业家庭”动态援助达100%，控制城镇登记失业率为4%，完成小额担保贷款金额38万。

（谭森亮）

【为民所办实事】 （1）配合完成溪北安置点、贵大一期安置点项目。（2）“三创一强一提升”工作成功通过市级验收，获评文明社区、绿色社区、平安社区、建强基层党组织称号。（3）申报贵阳市2014年度第一批“新型社区·温馨家园”社区公益事业项目，获批并实施项目两个，一是吉麟、石板井、竹林安装6米高太阳能路灯149盏。二是养牛村小广场配置文体设施项目，新建小广场配置一套（12件套）健身器材、一套篮球架。（4）做好“两严一降”工作，提升人民群众安全感。社区全年共发“两抢一盗”案件218起，控制在目标数235起以内，发案率比上年下降20%的目标，比上年下降22.6%。

（谭森亮）

【重点项目建设工作】　1. 湿地公园三期涉及上水大寨、团寨共计488栋房屋，建筑总面积163820.65平方米，按规定时限完成征收；个人土地涉及溪北社区上水、竹林、董家堰土地共计927.683亩，其中上水村684.123亩，竹林村71.341亩，董家堰村172.219亩，个人部分已经基本完成征收，集体部分正在配合国土进行测算；红线范围涉及坟墓359座坟墓，已迁移257座，还有102座还在动员迁移。2. 玉蝶项目：玉蝶项目涉及房屋124栋，其中农房103栋，企业21栋，目前已签约77栋60989.86平方米；土地涉及上水村和竹林村，已完成上水村和竹林村土地的测量工作，涉及上水村69户24.225亩，竹林村59户51.754亩，正在公示；配合区农业、林业局完成林业果树的清点，迁坟总307座，已迁4座。3. 凤鸣商务中心：凤鸣商务中心涉及房屋四栋，约1200平方米，房屋及地面附作物征收及拆迁工作基本完成；完成土地丈量工作，涉及村民土地面积421亩，其中公示345亩，已兑现2000余万元，剩余68.84亩正在处理中；果树调查全部完成，涉及5881株，补偿资金已经拨付到村，正在组织发放；坟墓完成清点，共有150座。4. 董家堰一、二组地块涉及510户，175228平方米，房屋征收工作已基本完成，剩下12栋未签；已完成个人土地的测量，共128块32.487亩，正在审核整理公示，完成林木果树及坟墓的清点，涉及坟墓311座。

（谭森亮）

人口基本状况

表36

社区	总户数（户）	总人口								
		合计	男	非农业人口	当年出生人口	死亡人口	迁入人口	迁出人口	出生率（‰）	自然增长率（‰）
溪北社区	15021	37326	19605	13562	251	119	77	9	7.82	4.48

（谭森亮）

教育事业基本情况

表37

项　目	单位	总数	女生数	少数民族	入学率（%）
幼儿教育					
幼儿园	所	5			
在园幼儿（含学前班）	人	853	399	385	85.50
教职工人员	人	77	54	37	
小学教育	所	8			
学校	人	2665	1257	807	

续表37

项　目	单位	总数	女生数	少数民族	入学率（%）
在校学生	人	452	217	261	98.70
适龄儿童入学	人	928	476	517	
小学毕业学生	人	901	475	483	
小学毕业生升学数	人	148	125	45	
教职工人员	人	125	95	57	
其中：专任教师					
中学教育	所	0			
学校	所	0			
其中：初级中学	所	0			
高级中学	人	3712	1716	1750	
在校学生	人	1047	459	943	97.20
其中：初中在校生	人	563	277	263	
初中毕业学生	人	554	265	258	
初中毕业升学学生					

（谭森亮）

卫生事业基本情况

表38

项目	单位	总数	与上年相比（±%）
医疗卫生机构	所	6	
医院床位	张	70	
医疗卫生人员	人	18	
其中：执业医师	人		
入院	人次	12	1.52
出院	人次	2332	0.75
诊疗	人次	2201	-0.21
其中：门诊	人次	5061	-0.24
急诊		4651	-15.2
		410	

（谭森亮）

黔江社区

【概况】 黔江社区服务中心成立于2010年3月16日，辖云凯、黄河、长江、珠江4个居民委员会，共90个居民小组。服务区域内有中海城市花园、云凯熙园、十里江南、江南苑、家和花园、乐街小区、榕筑大厦、小城故事、兴隆珠江湾畔等9个大型居民商住楼盘。社区服务中心设有党政工作部、社会事务部、城市管理部和群众工作部4个部室和1个便民服务大厅。服务大厅设有党员（报到）服务、民政、住房建设、技能培训、失业和暂住证办理、计生和流动人口服务等类别共6个综合服务窗口。社区党委下辖5个党支部，有党员286名。2014年社区荣获“五好”基层党组织、创建“五好”基层关工委先进集体和“新型社区·温馨家园”等称号。

（赵 灵）

11月11日，黔江社区第十六届人大代表补选投票（黔江社区供稿）

【领导人名录】

中共黔江社区委员会

书 记：曾 军

副书记：肖明珠 冯 霞*

纪委书记：冯 霞*

组织委员：冯 霞*

政法委书记：冯 霞*

黔江社区服务中心

主 任：肖明珠

副主任：曾 挺

武装部部长：冯 霞*

（赵 灵）

【社会事业发展状况】 社区有文化馆1个，图书馆1个，有花溪区第一实验幼儿园、华烽幼儿园、贵柴幼儿园、精英第九幼儿园、黔江幼儿园、兴隆珠江湾畔幼儿园，入园入托率100%；花溪区第一实验学校，入学率100%；培训类社会组织有：CC英语学校、飞舞艺术培训学校、阳光文化培训学校、樱花青少年业余培训学校。社区建立文化活动队伍28支，创作一批贴近生活的优秀节目，2014年为辖区居民义务演出10余次。社区阅览室、青少年活动室、远程教育活动室，配备电脑15台，图书室藏书3000余册，为居民免费开放。

社区城镇居民最低生活保障户数107户（185人），支出低保金79万元；发放临时救助金3.16万元；发放80岁以上492人高龄补贴33.44万元；发放两参人员16人生活补贴及慰问金2.24万元。城乡统筹新增就业人员1677人，失业再就业人员601人。城乡统筹培训40人，其中3人是创业培训。城镇居民医疗保险参保483人，城镇居民养老保险参保25人，灵活就业医疗保险参保48人，灵活就业养老保险参保34人。

（赵 灵）

【为民办实事】 社区利用贵阳市“新型社区·温馨家园”社区公益事业项目申报安保类项目，完成老旧居民楼安装防盗门89扇和背街小巷安装太阳能路灯19盏。申请经开区资金补助为华烽家属区改造防盗门149扇，为辖区居民更换“超B级锁芯”395把。配合经开区安装“天网”监控工程，将社区范围内主次干道纳入监控，动员有条件的企业、物管公司、沿街商铺安装监控，提高自我防范级别。

组织社区卫生“突击队”累计清理卫生死角15处，清运暴露积存垃圾87余车；发动志愿者、协管员清理野广告36800余处；整治华烽、黔江厂家属区公共绿化带种植、养殖100余平方米；增设移动垃圾斗4个；清掏疏通纺纱厂、淡水巷电机、贵柴等工矿企业家属区化粪池9处；清除黔江厂501栋旁绿地种菜，修复破损路面、疏通被堵沟渠；整治清理黔江厂大门口外环境，设置黔江社区临时摊区；向小区物管公司及相关责任主体部门下达12份整改通知书，督促其及时整改居民小区存在的环境卫生问题。

（赵　灵）

1月20日，“三下乡”“四进社区”暨我们的中国梦文化下乡进万家活动走进黔江社区（区文广局供稿）

【人口基本情况】 辖区总人口16593户48329人，非农业人口25356人，2014年出生人口373人，死亡人口235人，迁入人口1860人，迁出人口250人，出生率9.2‰，自然增长率3.4‰。居住以汉族人口为主，城镇化率100%。辖区面积约3.06平方千米，人口密度每平方千米约15793.79人。

（赵　灵）

清浦社区

【概况】 清浦社区是贵阳市首批开展城市基层管理体制改革试点工作的社区之一，是以永红厂、电杆厂、西工厂、柴油机厂和轴承厂等企业职工家属聚居区为主体的“单位型社区”。有清水江、浦江、盘江3个居委会，面积约1.28平方公里，总人口为33321人，流入人口7778人，流出人口924人。区域内有城管局经开区执法分局、经开区公安分局等机关单位；有二甲贵航300医院和清水江、浦江社区卫生服务站等医疗机构；有贵阳市三十四中、浦江小学、花溪区四小、南欣中学、田田英语培训学校等教学机构；有中行、建行、交行、信用社等金融机构；有毕节商会、律师事务所、会计师事务所、维修行业协会等社团；有小型酒店、超市及零商铺面1000余家。有大型楼盘南山高地小区、亚太青年动漫交易中心、在建楼盘亚青城、东方时代广场等。社区党委有4个基层党组织（其中中心党支部1个、居委会党支部3个），党员216名。服务区域内有各级党组织136个（其中党委9个、党总支2个、党支部117个、非公经济党组织7个，流动党员党支部1个）。

社区内设党政工作部、群众工作部、社会事务部、城市管理部4个部门，社区居民王丽萍荣获“2014年度全国孝亲敬老之星”荣誉称号。清浦社区老年志愿队队长韩仁芬在给奥运小区安装一户一表时，带领党员上门给业主做思想工作，顺利完成安装工作，受群众好评。

（王　胤）

【领导人名录】

中共清浦社区委员会

书　记：彭　薏

副书记：梁洪峰　黎　茵

纪委书记：黎　茵

组织委员：黎　茵

政法委书记：黎　茵

清浦社区服务中心

主　任：梁洪峰

副主任：王丽珍　胡　亮

武装部部长：黎　茵

（王　胤）

【为民所办实事】　清浦社区联合小区物管于4月对永红小区居民在绿化带内种菜现象进行综合整治。居委会对小区居民摸底排查、上门劝解、宣传教育等形式化解居民不满情绪，联合经开区综合执法分局印发《公告》张贴小区内，给小区居民一定时间自行拔除。社区工作人员听取居民意见，与群众沟通，经过三天的清理，小区菜地全部清理干净，物管对小区进行绿化栽种工作，归还居民优美的居住环境。

金竹苑小区系盘江居委会管辖小区之一，共有2栋楼，住户120余户，小区物管撤出，卫生无人管理。脏乱差现象严重，居民怨气较重，为做好服务群众的工作，盘江居委会暂时接手管理该小区卫生，派出专人按每户10元/月收取卫生费。6月在治理好卫生的同时，居委会介入处理小区内停车问题。居委会在金竹苑小区组织召开有车业主20余人的会议，协商小区停车管理问题。选出小区各楼栋单元组长7人，成立居民自治小组。在城管、公安、社区及居民自治小组等联合执法下，拆除私自圈定的停车位，解决金竹苑乱停车问题。

（张　姝　杨发熔）

瑞华社区

【概况】　瑞华社区于2010年3月16日正式挂牌成立。辖瑞和、华阳、大兴3个居委会，面积2.68平方千米，总人口26574人，有苗族、布依族、侗族、回族、土家族、蒙古族等31个少数民族。社区内有多家央属、市属企事业单位，是集商务、文化、宜居等为一体的“综合型社区”。社区服务中心内设党政工作部、社会事务服务部、城市管理服务部、群众工作部、网格办和便民服务大厅。便民服务大厅以综合业务受理模式提供党务服务、城市管理服务、劳动就业服务、社会保障服务、民政服务、警务服务、计生卫生服务、志愿者服务和社区服务，并实行首问责任制。自试点以来，多举措齐抓社区建设，使社区得到发展，也极大的方便了群众。

（瑞华社区）

1月23日，瑞华社区联合区文化馆等单位举办“四进社区”活动（瑞华社区供稿）

【领导人名录】

中共瑞华社区委员会

书　记：王轶楠

副书记：刘　松　单文梅

纪委书记：单文梅

组织委员：单文梅
政法委书记：单文梅

瑞华社区服务中心

主　任：刘　松
副主任：徐　亮
武装部部长：单文梅

（瑞华社区）

【社会事业发展状况】　2014年，完成城乡统筹就业1472人，完成率达102%。其中城镇失业人员再就业28人；农村劳动力转移就业人数0人。城乡统筹培训中心完成培训11人，占全年目标任务50人的22%。2014年华阳和大兴星城充分就业社区持续达标。社区城镇登记失业率控制在4%以下；为社区居民办理“就失业登记证”128本；全年小额担保贷款中心完成1人，占全年目标任务10人的10%；为社区居民办理城镇居民医疗保险349人，办理城镇居民养老保险2人。保持社区“零就业家庭”动态为零。场所经营租金补贴申请人数23人，创业奖励申请人数2人，办理完结人数23人，奖励补贴发放金额共计44900元。

社区参加创业培训人数共40人，创业成功人数23人。新增创业企业91家，对企业入户调查成功74家，特殊原因和搬迁未成功入户17家；入户成功74家企业中，属第三产业74家，私营企业39家，个体工商35家；新增企业创业人数74人，其中女性28人、农村户籍11人；新增企业带动就业人数88人，其中女性41人、农村户籍23人；新增注册资金4803.8万元。

社区接管托管在册人数1275人，其中参加社保补贴人数45人，有8名重点稳控对象，探望生病住院托管人员141人，死亡悼念13人，上门帮助看望及电话慰问托管人员868次，参加城镇医疗保险349人。

社区有低保共25户45人，共发放城市最低生活保障金134622元；春节慰问金21600元；发放低保户大米105公斤、油84公斤；对未参加养老保险集体企业退休职工26人，发放生活费148200元。新增公租住房低收入认定4户，完成公租房年审47户；完成低保户年审25户45人。发放“两参”人员生活补助金103920元，发放医疗保险补贴4320元，烈军属慰问金12000元。办理老年证183人；申报80岁以上高龄长寿补贴233人，发放高龄补贴156380元。办理临时救助7人，救助金额10100元。办理医疗救助9人，救助金额131861元。出具各类证明212个。

共张贴计生墙报7期、黑板报9期、横幅5条，各类计生宣传资料3500余份。组织辖区育龄妇女参加免费妇科体检974人，发放计生宣传品1300余份，发放避孕药具30件。常住人口符合政策生育率99.43%，流动人口符合政策生育率100%。育龄妇女人数6638人，已婚育龄妇女人数5074人，手术数181人，流出办证率100%。办理一孩生育证61人，办理二孩生育证18人，办理独子证53人。

（瑞华社区）

2月18日，瑞华社区开展铲雪除冰保畅通活动（瑞华社区供稿）

【为民所办实事】　在“新型社区·温馨家园”社区公益事业项目建设中，为华阳小区新增健身器械24件，石坐凳4个。为方便居民安全出行，在华阳小区部分斜坡、台阶处安装扶手护栏，共计安装约50米。解决群众“用水难”问题，开展螺栓、华阳、瑞和自来水网改造工作。

（瑞华社区）

【网格化管理工作】 瑞华社区划为三个网格片区，共26个网格，有楼栋251栋，房间数10349套，总户数8153户。

为实现“排查全覆盖，管理无缝隙，服务全方位，有问题及时发现，有矛盾纠纷及时化解，有需服务及时到位”的网格管理要求，成立瑞华社区网格办，居两委会成员任网格组长，每格网格配备“一格五员”，构建以社区为统揽，居委会为基础共同参与的网格化管理，实现“社区有网、网中有格、人尽其责”的网格管理模式。制定网格管理员工作职责、入户走访制度、考勤制度和督办制度，制定网格管理员考核管理办法和考核细则等，保障社区网格管理工作有条不紊的进行。社区对网格员的考核，每周进行一次检查督办，每季度考核评比一次，考核结果纳入社区网格管理员的绩效考评，评定结果在辖区进行公示，对评定为优秀的进行表彰奖励，对工作不积极、责任不落实、群众满意度低的进行问责整改，确保网格管理服务取得实效。

（瑞华社区）

【社区文化生活】 开展“激情五月、和谐社区”文化演出，6月“夕阳红小河片区门球比赛”，7月“集群众力量、吹响征兵号角”征兵宣传活动。9月“文化惠民行”活动。10月“金秋送爽，瑞和欢歌”文化演出及“金秋十月，轻舞飞扬”广场舞比赛。11月“王岗村结对活动”文艺汇演。

（瑞华社区）

【人口基本状况】 2014年，辖区总人口26574人，其中：户籍人口15132人，非户籍人口11442人。现居住人口情况（人户同在、人在户不在）：现居人口数：24332人，常住人口21732人，暂住人口2594人。未居住人口情况：户在人不在：1901人，人户均不在342人。总人口中以汉族为主，少数民族占总人口的13.4%。总人口中男13414人，占50.5%，女13160人，占49.5%。

（瑞华社区）

卫生事业基本情况

表39

项目	单位	总数	与上年相比（±%）
医疗卫生机构	所	4	50%
医院床位	张	20	5%
医疗卫生人员	人	25	32%
其中：执业医师	人	11	9%

（瑞华社区）

兴隆社区

【概况】 兴隆社社区服务中心成立于2010年3月，是以自然道路、河流、街道、巷道形成的地块划分的城市社区，面积约1.96平方公里，驻贵阳市花溪区漓江路85号，辖兴隆、锦江、淮河、香江4个居委会，66个居民小组。有汉、苗、布依等31个民族。

社区服务中心设有党政工作部、社会事务部、城市管理部、群众工作部4个服务部门，1个便民服务大厅，现有社区工作人员82人。社区党委下辖9个基层党支部，有党员374名。其中社区服务中心党支部1个、居委会党支部4个。2014年，社区党委获贵州省“五好”基层党组织称号；淮河居委会荣获区“模范居委会”的称号；徐强胜、陈正华被评为花溪区好爸爸、好妈妈称号；崔艳芬被评为花溪区孝女之星称号；彭红被评为花溪区最美家庭称号；杜举兰被评为花溪区五星文明家庭称号。

（兴隆社区）

【领导人名录】

中共兴隆社区委员会

书　记：倪笑波

副书记：张海波　张　伟

纪委书记：张　伟

组织委员：张　伟

政法委书记：张　伟

兴隆社区服务中心

主　任：张海波

武装部部长：张　伟

（兴隆社区）

【社会事业发展状况】　完成新增就业岗位任务1308人，占全年目标任务1308人的106%，其中，完成下岗失业人员就业645人；完成下岗失业人员培训50人；发放小额担保贷款5人。社区城镇失业率控制在1.4%以下，三个充分就业社区达标巩固率达100%，就业转失业人员同比增幅也控制在15%以下。新增城镇居民医疗保险参保337人，为辖区96名60周岁以上城镇居民申报城镇居民社会养老保险。拨付公益性岗位人员岗位补贴共计287600元（其中，扣除社会保险个人部分实发补贴235897.68元，缴纳公益性岗位人员社会保险共计228177.34元）。中心原有公益性岗位40人，已退休15人，辞职4人，新增15人，清退2人，在岗公益性岗位人员33人。

对24户公租申请家庭进行收入调查核实；办理老年证205本；发放“两参人员”中央一次性补贴3960元，春节一次性慰问3300元，全年生活补助43560元；发放困难侨眷慰问金500元；为服务区221位（其中百岁老人2人）80岁以上高龄老人发放高龄营养补贴160580元（男124人，女97人）。上报60岁以上困难老人8人，半自理和不能自理老人2人发放慰问金7200元；对辖区移民进行排查，共1户，3人。其中2人为原住地扶持人口，属于移民的外嫁子女。

辖区低保户24户，45人，发放城镇低保救助金共计210541元。其中：发放城镇低保金181398元，发放中央一次性补贴45人，29143元；“两节”慰问金25户，7500元；春节慰问金45人，9200元；慰问品米185公斤，慰问品油37公斤（折合人民币金额2394元）；统计困境儿童5人；完成城乡精神病患者人员信息采集，共计23人，其中残专工作人员1人。残疾人家庭子女就读助学经4户：2800元，残疾人基础信息录入1051户。辖区共有总人口35601；出生人口324人，其中：常住人口284人、流动人口40人，一孩226人、二孩58人、多孩：0人、男孩165人、女孩159人，政策外出生4人、政策外多孩0人；人口出生率为8.1‰，比上年下降1.4‰；人口自然增长率为1.7‰，比上年下降0.6‰；流动人口符合政策生育率为95%，比上年上升0.5%；常住人口符合政策生育率99.5%，比上年下降0.5；出生性别比为104%，同比相等。

（兴隆社区）

【为民办实事】　两节期间，走访、慰问贫困残疾人及困难家庭17户，发放慰问金3400元；慰问烈军属210人，发放慰问金32050元；全年享受城乡临时救助6户，8人，共计10800元，享受城乡医疗救助3户，4人，共计30143元，发放民政救灾物资米300公斤。上报“阳光家园计划”残疾人托养服务（家庭）资助申请表19份。

全年开展环境卫生集中整治30余次，出动工作人员及“卫生整治突击队”人员400余人次，劝阻、制止占道经营及门面延升占道60余起次，清除“野广告”7500余张。在全区爱卫检查中，每季度均排名全区第一。

（兴隆社区）

平桥社区

【概况】　平桥社区服务中心成立于2011年4月29日，含五山、北门、中曹三个居委会及以上地域内的企事业单位、社会团体。辖区面积1.9平方公里，人口1.9万人（长住人口1.6万人，流动人口0.3万人）。中心设立党政工作部、社会事务部、群众工作部、城市管理部四个部门。辖区内有凯宏家居超市、黔城华联生活超市、中建四局施工公司、致远城达出租汽车有限公司、中建四局二公司、东风液压厂、矿山机器厂、贵阳市三十六中、小河区第三实验小学、馨苑幼儿园等三十多家企事业单位。社区党委下辖5个基层党组织（中心党支部1个、“两新”党组织3个、居委会党支部1个），现有党员65名。其中平桥社区服务中心党支部，党员8名；中曹居委会党支部，党员32名；贵阳致远城达出租汽车有限公司党支部，党员15名；贵州高山贸易有限公司党支部，党员5名；贵州润通有限公司党支部，党员5名；预备党员6名，入党积极分子9名，流动党员3人。五山、北门居委会党支部隶属于贵阳矿山机器厂党委。社区党委实行区域化大党委制，兼职委员8名，其中兼职副书记由中建四局黔局总经理和贵阳矿山机器厂党委副书记担任，兼职委员由3个居委会党支部书记或主任及辖区企业党支部负责人担任。平桥社区荣获花溪区2014年度目标绩效考核一等奖，社区服务中心党政工作部临时负责人袁庆梅荣获2013－2014年度“尊师重教”先进个人。

（平桥社区）

【领导人名录】

中共平桥社区委员会

书　记：万红梅

副书记：王治前*　王定忠*

蔡　强　朱　雷

纪委书记：朱　雷

组织委员：朱　雷

政法委书记：朱　雷

平桥社区服务中心

主　任：王治前*　王定忠*

蔡　强

副主任：吴永斌

武装部部长：朱　雷

（平桥社区）

【社会事业发展状况】　一是全年完成城乡统筹就业1520人，完成率100%，其中失业人员再就业380人，完成率100%；二是城镇登记失业率控制在2.67%；三是充分就业社区持续巩固率达100%；四是完成就业小额担保贷款新增32万元；五是完成职业技能培训20人，办理“就业失业登记证”32本，新增实体入户56户，带动就业56人；六是做好城镇居民的基本养老保险、医保工作，全年为居民办理职工养老保险120余人、城镇居民医疗保险140余人，城乡居民养老保险新增扩面6人，城镇居民养老保险缴费180000元，完成率100%；七是社区服务中心劳动保障工作服务站就业服务信息联网率达到100%。

（平桥社区）

【为民所办实事】　按照市区文件明确居委会主

任为网格长，牵头开展网格人员入户走访房屋租赁户，清理服务流动人口的专项工作，5月完成社区流动人口信息采集工作，织牢网底。开展“平安楼栋”“平安小区”“零发案小区”创建工作。以“我们的节日”开展群众性精神文明创建活动，践行社会主义核心价值观。围绕“访民情、办实事、促发展、建和谐、强组织”五项任务，中心党员干部、网格人员分片到每个居委会，联系困难群众、维稳对象、特殊人群，每周向社区活动办报下居纪实表，创建和谐社区。对刑释人员必接必访，做到不抛弃，不放弃，让刑释人员感受到家的温暖。2014年社区上报第一批项目3个，涉及项目资金50余万元，改善社区环境。社区加强就业指导、落实创业扶持政策，多渠道扩大就业，重点抓好零就业家庭、困难弱势群体就业再就业工作。

社区以中心职工食堂为载体的“文明餐桌”活动，使文明用餐按食取量成为每位员工的自觉行为；组织辖区志愿者包粽子，送给辖区低保户、空巢高龄老人、孤寡老人、留守儿童等。全年共计花费万余元用于公益事业，增强居民对社区的认同感、归属感。

（平桥社区）

【平安社区建设】 2014年，为辖区三个居委会组织三支巡逻队伍、建立综治工作站。组织综治巡逻队、中心户长、低保户等进行巡逻防范，对辖区楼群、院落、散居户巡查率达100%，楼院守护率达98%。开展“邻里情、粽子香、邻里守望共话平安”活动、“中秋座谈会”“迎国庆、庆重阳”文艺汇演、“鑫聚辖区治理坝坝会”“两严一降”巡回宣传等活动近20场。全年三个居委会共发案61起，较2013年同期105起下降41.9%。制定《平桥社区2014年依法治社区工作要点》，并纳入年度工作安排部署。3月社区组织各成员单位开展平安社区建设、禁放烟花爆竹、交通安全百日专项整治活动。结合“弘扬雷锋精神·践行公民道德”绿丝带志愿者示范活动，开展平安社区法制宣传教育活动。

（平桥社区）

人口基本状况

表40

单位：人

居委会	总户数（户）	总人口							
		合计	男	非农业人口	当年出生人口	死亡人口	迁出人口	出生率	自然增长率
中曹居委会	3392	7685	3888	5710	62	47	31	8.39‰	2.52‰
五山居委会	1620	3345	1718	2626	25	29	10	5.56‰	-0.29‰
北门居委会	2837	5334	2747	3973	38	41	1	6.65‰	-1.30‰

（平桥社区）

教育事业基本情况

表41

项目	单位	总数	女生数	少数民族	入学率（%）
幼儿教育					
幼儿园	所	2			

续表41

项目	单位	总数	女生数	少数民族	入学率（%）
在幼儿园（含学前班）	人	293	151	26	
教职工人员	人	42	40	7	
小学教育					
学校	所	1			
在校学生	人	843	396		
教职工人员	人	31	25		
中学教育					
学校	所	1			
其中：初级中学	所	1			
高级中学	所				
在校学生	人				
其中：初级中学	人	955	497		
高级中学	人				
教职工人员	人	51	34		

（平桥社区）

卫生事业基本情况

表42

项目	单位	总数
医疗卫生机构	所	2
医院床位	张	70
医疗卫生人员	人	47
其中：执业医师	人	23

（平桥社区）

航天社区

【概况】 航天社区服务中心成立于2011年4月29日，面积约1.8平方公里，驻贵阳市花溪区漓江路141号，辖滨河、漓江、航天园3个居委会，有蒙古族、苗族、回族、朝鲜、布依族、水族、白族、壮族等31个少数民族。社区党委辖4个党支部、直管党员154名。全年共组织政治理论集中学习40次，开设业余党课3期。社区开展安全生产、防汛抗旱工作，在辖区内先后进行数次排查，强化24小时值班制，确保辖区安全工作万无一失。2014 年招募志愿者 500 余名，为志愿者队伍补充新鲜血液。定期和不定期由志愿者服务队开展关爱他人、关爱社会、关爱自然“三关爱”活动，科教、法律、文体、卫生“四进社区”活动，排队日、步行日、无车日、让座日等交通引导志愿活动。

辖区人口 7900 余户、2.3 万人。辖区内有中国航天科工集团第十研究院等大型国企和数十家民营企业，有漓江小学、航天园幼儿园、贝蕾中英文幼儿园、金博士幼儿园等教育机构，有贵阳银行、农村商业银行等金融机构，有经开区建设管理局、国税分局、小河供电局、漓江卫生服务站、航天园职工医务室等行政事业单位，有小型酒店、超市及零商铺面数百家。

2014 年共开展环境卫生集中整治活动 13 次，出动工作人员 200 余人次，取缔违章占道经营 80 余起，清理野广告 300 多处，清理流动摊贩 100 余起，在历次的卫生检查中，成绩均名列前茅。

（航天社区）

航天社区进行低保户登记（航天社区供稿）

【领导人名录】

中共航天社区委员会

书　记：王尤平

副书记：唐　玲　颜　奇

纪委书记：颜　奇

组织委员：颜　奇

政法委书记：颜　奇

航天社区服务中心

主　任：唐　玲

副主任：王建敏

武装部部长：颜　奇

（航天社区）

【社会事业发展状况】　全年共办理窗口业务 856 人次，完成统筹就业 1083 人，办理“就失业登记证”49 本；城镇登记失业率控制在 4% 以内；上报新增实体入户 107 家，采集到新增实体带动就业人数 194 人；办理城镇居民医疗保险 208 人，完成城镇居民养老保险应参保人数 102 人；办理离退休人员纸质认证 192 人；通过经济普查工作，共计上报 138 家单位，541 家个体经营户信息。

（航天社区）

【为民办实事】　2014 年，接待居民办事来访 224 人；新增 3 户 4 人低保户，上半年共计发放低保金 28.6972 万元；发放“两参人员”两节补助 1200 元，医疗保险补助 710 元，全年共发放两参人员生活补助费 15360 元；发放“两节”烈军属慰问金 12750 元；办理临时救助 13 户、发放救助金 25000 元；申报符合条件的高龄老人 217 人；为辖区老年人办理老年证 101 本；20 户 39 人进行穿青人族称认同意愿登记。上半年共接待受理保障房咨询及申请 71 人次，审核并通过 2 份公租房申请、2 份经适房申请，通过市统一摇号，对辖区 6 户公租房保障户进行实物配租。通过协调、争取资金，完成航天园小区公厕改造；对漓江花园、金碧湾等辖区老旧居民小区的排污管道进行更换，完成漓江广场管道疏通、绿化补种、休闲椅安装和 12 套 144 件体育健身器材和 153 盏节能路灯安装。

（航天社区）

航天社区发放高龄补贴（航天社区供稿）

【人口基本情况】 2014年，辖区总人口22945人，总户数7922户，完成手术数276例，符合政策生育率达99.40%，和上年同期相比，符合政策生育率持平；计划生育居民自治率达100%；出生率为7.30‰，人口自然增长率为1.98‰，流动人口符合政策生育率94.44%；流动人口登记准确及时率100%；无“两非”案件发生。

（航天社区）

航空社区

【概况】 航空社区服务中心于2011年5月1日成立，位于花溪区松花江路，辖区总面积约1.26平方公里，社区辖枫阳、松花江、红林居委会。辖区总户数4566户，总人口11086人，常住人口10343人，暂住人口743人。辖区主要由贵州红林机械有限公司、贵州枫阳液压有限责任公司、贵州省王武监狱三家企事业单位组成，是典型的单位型社区。航空社区党委有党员59名，下辖社区服务中心党支部、松花江居委会党支部、枫阳居委会党支部。其中社区服务中心党支部党员10名，松花江居委会党支部党员23名，枫阳居委会党支部党员26名。2014年，社区为创建“平安社区”大力开展各种文体活动，加强精神文明建设。依靠社区文体协会、书画协会，全年共举办书画、摄影展2次，象棋比赛1次，联合住辖区武警九中队及企事业单位开展“我的社区·航空之夏”大型活动1次，开展“道德讲堂”活动10余次，大力宣传社区爱岗敬业、孝老爱亲先进人物等5人，参加活动居民300余人。出版《航空社区人》报10期，党的群众路线教育实践活动教育专刊7期，“两严一降”专刊2期，元旦、春节专刊1期，共计发稿200余篇，被市、区级报刊转载5篇，省级报刊转载3篇，其中，反映巡逻队员事迹的通讯“小区平安的守护神”、孝老爱亲事迹的“一个生命的奇迹”、反映社区文化建设的长篇通讯“弦乐飘香”在省级报上刊登后，受到广泛关注，取得良好的社会反响。

（航空社区）

【领导人名录】

中共航空社区委员会

书 记：王 军

副书记：刘 蓉 刘 涛

纪委书记：刘 涛

组织委员：刘 涛

政法委书记：刘 涛

航空社区服务中心

主 任：刘 蓉

武装部部长：刘 涛

（航空社区）

【为民办实事】 完成“温馨家园”项目4个，投入资金40万元。对松花江小区广场进行修缮、红林小区门球场建设、为居民安装路灯80余盏。为小区居民安装晾衣杆，解决居民的晾衣乱问题。开展“我的社区·航空之夏”群众性文体系列活动，健康舞展示、“迎国庆·庆重阳”社区门球赛等大型群众文体活动，丰富辖区居民业余文化生活。加强对社区低保金、救济救助金等督查4次，确保及时发放到居民手中，对居民反映的民生问题及时处理，并向相关部门反馈。开展元旦春节慰问城镇低保对象36户54人，及时发放慰问金及各种补贴、慰问款物共计2.86万元。其中：发放城市低保对象元旦、春节期间慰问金200元/人共计1.08万元；发放“两节”物价补助300元/户共计1.62万元；发放“两节”一次性生活补贴150元/人共计0.81万元；春节慰问物资36户54人，每人大米5公斤，菜油1公斤，慰问物资折款0.3916万元。按照“十二五”期间城乡低保年增长12%以上的要求，2014年城市低保标准由人均425元/月提高到475元/月。按照新标准足额发放城乡低保金共计21.5966万元，保障城乡困难群众的基本生活。

（航空社区）

【社会事业发展状况】 办理城镇居民医疗保险87人；死亡人员累计登记51人；城镇新增就业782人；就业困难对象就业91人；充分就业社区3个，持续达标率为100%；职业技能培训申请15人，创业培训申请3人；城镇失业人员26人，城镇登记失业率控制在1.09%；咨询各类相关政策累计1138人；出具各类证明累计143份；办理就业失业登记证39人；累计办理IC卡94人；累计指纹认证7人；落实一次性自主创业奖励和自主创业就业场所租金补贴政策，自主创业就业场租补贴申报7人，已拨付7人；新增创业实体入户调查12户，创业项目征集1家；小额担保贷款入户宣传3家，小额贷款申报1家；城镇居民养老保险累计87人，城乡居民80人已领取养老待遇，城乡居民7人参保，参保率100%；累计缴费金额6700元，缴费率100%；申请公益性岗位补贴152463.08元，社保补贴91238.35元。申请劳动协理员补贴167370元，社保补贴94887.69元；单位调查、流动人口调查：企业31家、个体52家、事业单位3家；上报就业各类报表328份，发放城镇居民医疗保险宣传资料400份，张贴城镇居民养老保险公示36张，就业困难人员认定公示15张；退休公示5张，各类招聘公示30张；异地居住离退休人员领取养老金资格认证7人；城镇居民养老保险待遇领取人员资格认证累计80人；城镇居民养老保险待遇领取350元人员资格认证2人；办理退休人员5人。

办理和上报公租房相关材料13户，经济适用房7户，为50多户更换房租补助存折。对患各类重大疾病或一般性疾病的城乡困难群众严格按照政策规定比例给予医疗救助。对4人发放医疗救助资金共计8.6252万元，对因学、因病及其他突发性意外事件导致家庭生活难以维持城乡困难群众给予临时性救助，为14人次困难群众发放临时救助资金共计2.5万元，共11.1252万元。

全年共承接区住建局报送的申请公共租赁低收入认定共11户，对符合条件的6户进行认定，其余5户还在进行信息比对，并对81户公租房家庭进行年审。对672户社区的残疾人家庭进行入户调查，并建立台帐，录入残疾人系统。成功为1个残疾人推荐工作。为157位老年人办理老年证，为549人发放高龄补贴192780元。元旦、春节为军烈属发放慰问金10200元，为两参人员发放生活费26880元，医疗补助1280元，为伤残军人发放医疗补助1576元。对辖区内50人死亡人员进行登记并上报。2014年出生数67人，其中常住人口出生数为58人、流入人口出生数为9人。符合政策内生育100%。

（航空社区）

【社区环境卫生治理】 组织辖区居委会、公岗人员、志愿者和武警六中队100余人次开展辖区的整脏治乱专项行动5次，共劝阻车辆乱停150

次、清理张贴大小野广告1000次、清理乱涂乱画200余次、清理暴露垃圾20余吨、清理卫生死角20处；开展对散放家禽、乱堆乱放进行整治，共清理散放家禽住户26户、乱堆乱放50起、劝导乱挂80多起、与沿马路边和各居委会生活小区内更换经营户的商户签订“门前三包”责任书15份、劝阻摆摊设点行为100多次、取缔马路市场；治理化粪池1个；阻止焚烧垃圾6起，向三个小区共投放鼠药50多公斤、喷洒药剂5瓶；预防疾病传播，保护人民的身体健康，制作健康教育宣传栏5期。

为王武监狱7栋公租房配置7辆清洁车，更换公厕水箱2个、水管4根，在三个小区共安装晾衣杆80副、路灯49盏、健身器材2.5套共计30件，改建枫阳小区舞台、红林小区门球场钢架棚，购置防汛物资，为制止枫阳小区的占道经营，协助枫阳居委会成立枫阳便民服务区。

对松花江路段、松花江居委会办公楼、枫阳小区7栋住宅楼、红林小区垃圾房、花溪区第二实验学校化粪池堵塞存在的安全隐患及时上报相关单位。做好“创模”迎检工作，共制作创模宣传栏21块，悬挂创模宣传横幅15条，对辖区的200多户进行满意率和知晓率的调查并填写调查问卷表，发放创模宣传手册、《贵阳市创建国家环境保护城市知识问答卷》、张贴宣传画共计2000多份。排查违章建筑83户，约2682平方米，自拆乱搭乱建2000多平方米。

（航空社区）

【“两严一降”工作】 社区聘用8人组建专职巡逻队，在辖区开展治安巡逻。自筹资金2万余元，配备巡逻摩托车2辆、服装、手套及对讲机等设备。各居委成立共30人的“红袖标”楼群院落值守队伍并配备强光手电等器材。协调公安、居委会、物管等综治工作力量，全面建立出租房屋及流动人口综合信息管理平台，全年共搜集比对流动人口986人，划定重点人口3人，落实专人进行管理。

在各小区、楼栋群分别制作宣传栏12块，温馨提示牌26块，投入资金4万余元，印制楼层提示贴、安全感宣传提纲以及安全感宣传纸杯、文化衫、安全感测评纪念品等，利用各小区广场舞队伍开展群防群治宣传。坚持每周2次专项宣传活动，累计发放宣传资料6000余份，现场接受群众咨询170人次，搜集处理群众建议10条。采取入户大走访发放宣传提纲和宣传品5000余份。入户发放便民联系卡2000余张，“企业平安创建温馨提示桌牌”770份，电话征求意见3200余次，征求到居民意见96条；电话入户1567户，征求居民意见96条，并转达有关单位、部门进行整改。深入辖区中小企业、个体工商户发放《致辖区企业公开信》36份、《治安内保整改通知书》2份，宣传企业内保知识，加强对企业的安保工作监督。对被盗户回访、慰问率达到100%。申报新装单元防盗门12扇，小区路灯25盏。针对183厂家属区案件高发的情况划定重点整治区域，联合派出所、武警九中队、小区物业及居委会退休职工展开巡逻防控。辖区内共有刑释解教人员22人，其中戒毒出所5人，刑满释放3人。社区做好安置帮教工作，帮助2名刑满释放人员就业，确保全年列帮率达100%，转好率达90%以上，重新犯罪率为零。2014年社区共发生各类刑事案件24起，与上年同期41起相比下降41.5%，其中6、7、8三个月实现“零发案”。在贵阳市2014年群众安全感调查中得分98.97，名列花溪区群众安全感总体评价第二名。

（航空社区）

【社区禁毒工作】 社区党委落实禁毒工作经费3万余元，服务中心与辖区各包居领导签订禁毒目标责任书。慰问社区康复人员4人，帮助社区康复人员回归社会，主动通过“阳光工程”帮助解决工作1人。

辖区内登记在册56名吸毒人员，新增人数为0，社会面吸毒人员有14名，定期参加尿检5人（其中由社区财政帮扶就业康复人员1名），死亡7名；在场在所6人；脱毒27人；建立帮教档案27份，帮教建档率达100%。

2014年在辖区主要通道悬挂横幅9条，出宣传栏3期、黑板报6期，发放禁毒宣传资料2000余份、《花溪区禁毒工作手册》3000余本，禁毒倡仪书1000余份、禁毒宣传画册6套，在红林、枫阳广场开展大规模禁毒展板宣传3次。

（航空社区）

【维稳工作】 1. 社区党委重视“三调联动”工作机制，由群众工作部牵头，驻区143、183单位、武警六中队、辖区物业管理公司、各居委会参与的维稳协调联动机制，形成全社会化解突出矛盾纠纷、解决重大不稳定问题、防范群体性事件发生的合力。实现“全国两会”、十一、十八届四中全会和省委十一届五次会议等重要时期无一起到省进京非正常上访群体性事件。无一起“法轮功”人员聚众滋事事件，辖区广播电视安全播出实现“零插播”的工作目标。2014年共调解民间纠纷60起，其中调解成功60起，成功率100%。全年辖区无各种上访事件发生。

2. 4月建立社区群众工作站，指导各居委会建立群众工作室。基层群众工作站（室）共接待群众112次，办理实事81件，解决群众反映的问题79个。其中社区中心工作站：共接待群众14次，办理实事11件，解决群众反映的问题有23个。枫阳居委会工作站共接待群众41次，办理实事29件，解决群众反映的问题有21个。松花江居委会群众工作站共接待群众39次，办理实事22件，解决群众反映的问题有19个。红林居委会群众工作站共接待群众18次，办理实事19件，解决群众反映的问题有16个。

3. 全年开展反邪教宣传活动4次，制作宣传横幅9条，发放各种宣传资料6000余份，制作宣传栏3期。对社区“法轮功”人员，做到“情况明、了解动向”，加大对10名“不放心”和“顽固痴迷”两种类型重点人员的监控，掌握其动态，防止因失控、脱管造成其在外从事违法活动。全年社区“法轮功”及其他邪教组织案件的发案均为零。

（航空社区）

金欣社区

【概况】 金欣社区是在城市基层管理体制改革中撤销街道办事处成立的新型社区。辖区有金溪、金农两个居委会。居住户3958户，居民11204人，其中：常住人口8078人，流动人口11204人。辖区内有贵州省农业科学院、贵州省地矿局物化勘院、贵州朝晖天力柴油机有限公司、大有风机厂等企事业单位；有玉蝶电缆、主力电器贵阳分公司、新昌公司、惠通塑胶、荣阳机电、三鑫工具、仁睦工贸、邦孚机电、力波机械等30多家非公经济企业；有贵阳经济技术职业学校、贵州省农科院附中、花溪区民族学校、林城苗苗中学、花溪区第二实验幼儿园等六家中、小、幼教单位；有贵阳农村商业银行一家金融机构；有超市、餐饮及零商铺面150余家。

（金欣社区）

【领导人名录】

中共金欣社区委员会

书　记：李承龙

副书记：徐　刚　马　剑

纪委书记：马　剑

组织委员：马　剑

政法委书记：马　剑

金欣社区服务中心

主　任：徐　刚

武装部部长：马　剑

（金欣社区）

【社会事业发展状况】　2014年新增就业人数目标任务550人，完成任务为568人，完成率103.3%；失业人员再就业目标任务为300人，完成任务为303人，完成率101.0%；城乡统筹培训目标任务为50人，完成任务为11人，完成率22.0%；小额担保贷款目标任务为6人32万元，完成任务为5人40万元，完成贷款金额率125%；"零就业家庭"保持动态为零。社区服务中心劳动保障工作服务站就业服务信息网联网率达到100%，金溪、金农居委会均获得"充分就业居委会"称号。

受理阳光家园"残疾人托养服务（家庭）资助"申请3个，残疾人基础信息调查及录入338条、录入率100%，完成国家专项持证残疾人核查88个，为残疾人免费办理乘车卡充值39个，受理贵阳市贫困残疾人学生，残疾人子女就读申请1人。按照区残联要求发放"花溪区第二十四次全国助残日"活动慰问金3人600元，统计持证精神残疾病人8个，非持证精神残疾病人13个，并在辖区广泛宣传和发放（2014年残疾人文化周培训班）通知50余份，向区残联申请"假肢矫形器"装配服务2个。办理老年证50人。

（金欣社区）

【为民办实事】　全年共对59户，132人次发放低保金36.2894万元；发放低保春节慰问金、慰问物资补助共计6.81509万元。对辖区老党员、困难党员和老干部16人，送去慰问资金8000元。全年审低收入户79户，200余人；对16户28余人处于临时救助生活困难群众发放救济金32900元；对辖区80岁以上的老人，发放长寿生活补贴95620元。"两节"（元旦、春节）期间对军烈属、"两参人员"等特殊群体发放慰问金和生活补贴27810元。

共处理"12319"城市公共服务热线案件65起。完成金竹派出所门前下水道维修和疏通、鑫中路及金溪路路面修复、辖区主要路段路灯的安装、电线厂及金勺路垃圾池清运等工程，协调供水公司在电线厂三、四楼区安装供水加压泵，解决居民长期停水的问题；借助"温馨家园"平台，安装66盏路灯、修建朝晖厂1－10栋间人行道、修建垃圾池2个和排水沟2条，提高群众的安全感和满意度。对金农居委会"温馨广场"的路面进行填补和硬化，对进出广场的梯坎加装防护栏，确保锻炼群众的安全。在国庆节和重阳节，组织离退休托管人员开展书画展和棋类竞技活动，为辖区500余名离退休托管人员送上节日的祝福，丰富他们的业余文化生活。

（金欣社区）

【"平安社区"创建】　社区完善守楼护院队伍建设，组建辖区单位和群众的常年巡逻队伍两支30余人，白天夜间巡逻于社区的大街小巷，提醒居民注意安全，防火、防盗。对辖区有条件的居民小区落实专职值班人员，对基础较薄弱的小区和楼栋，修建7个治安巡逻值班室，发动群众组织邻里守望。对辖区出现损坏的40防盗门进行维修，更换超B级锁芯110多个；安装343台平安E家防盗报警电话；在辖区企事业单位开展"天网"工程，共计安装摄像头301个。配发500个红袖套，组织治安积极分子、志愿者、低保人员、经营户佩戴，营造群防群治的社会氛围。结合2014年度"新型社区·温馨家园"社区公益事业项目建设，在辖区安装路灯66盏、修建排水沟4条、健身场地1个、垃圾池1个，道路硬化500平米，共计投入资金57万元。

利用社区宣传栏、横幅和海报宣传“两严一降”工作。印制发放“两严一降便民服务卡”10000多张，宣传纪念品70000份，张贴“两严一降”宣传单1100多张，营造和谐平安金欣的良好氛围。

社区每月27号组织召开辖区警民联席会，全年共召开12次警民联席会，社区领导班子、派出所领导班子、社区群工部、居委会党政主负责人、治保主任、网格信息员、辖区企事业单位、学校单位管安全维稳的负责人参加会议，累计参会人数达360余人。收集整理辖区群众对治安防范建设性的建议和意见90多条，并逐条落实。

（金欣社区）

黄河社区

【概况】 黄河社区成立于2011年4月29日，面积约5.2平方公里，辖中院、大坡、洛解、珠显4个行政村，共30个村民组，13725户，总人口41671人，城镇化率50%左右，区内居住有汉族、布依族、苗族、土家族等民族。

社区设有党政工作部、社会事务部、城市管理部、群众工作部和1个便民利民服务大厅。服务大厅设有民政民族事务、劳动和社会保障、人口和计划生育、家电下乡、城市管理和住房建设、综治调节和法律咨询服务7个窗口。社区党委辖六个党支部，共有党员264人。配合区相关部门完成辖区轻轨修建所需征地共计16219.64平方米，拆迁工作平稳和谐，完成对辖区4个村村级综合楼改造工作。

（黄河社区）

【领导人名录】

中共黄河社区委员会

书　记：黄筑东

副书记：高　伐　宋弗曦

纪委书记：宋弗曦

组织委员：宋弗曦

政法委书记：宋弗曦

黄河社区服务中心

主　任：高　伐

副主任：屠　波　何　禯

武装部部长：宋弗曦

（黄河社区）

【社会事业发展状况】 辖区全年“零就业家庭”新增为零、动态为零；新增就业人员860人；就业登记41人，失业登记69人；就业困难人员认定15人；开展辖区内167家新增创业实体的入户调查工作，对新增企业的生产类型、注册资金、新增创业人员以及录用人员等情况进行入户调查，新增企业新增注册资金共计10753.4万元；2014年辖区“城乡居民基本养老保险”参保53人，总参保人数达到1529人，其中625人享受养老金待遇；辖区就业困难人员申报灵活就业社会保险补贴50人；场租补贴申报155户。

2014年社区人口出生率5.46‰、人口自然增长率2.88‰。常住人口出生数146人，一孩政策外生育0人，符合政策生育率99.3%。落实手术291例，共计发放独生子女奖保费57650元，关爱女孩奖励64800元，关爱男孩奖57000元，农村计生节育奖9000元，少生快富奖21000元。奖励扶助新养老应领取养老金21600元，“圆梦小康”伤残补助一户5000元，农村独子、双女结扎户参加新型合作医疗23030元，特别扶助9600元。推进双诚信双承诺工作，“双诚信 双承诺”的签约率达到99%以上。全年辖区就业困难人员申报灵活就业社会保险补贴50人（已发放101778.72元，90988.25元待发），发放公岗两补

402225.39元，劳动协管员两补110317.03元，失地农民老龄生活补贴206940元，场租补贴225246元；发放农村低保金31839元，城镇低保金42405元，临时救助金26000元，医疗救助10人20199元，高龄补贴49420.00元；发放两参人员生活补贴104040元、医疗保险补贴2930元。发放伤残军人“八一”慰问金800元、在乡老复员军人1200元、两参人员5400元、60岁农村籍退役士兵3000元；发放优抚对象医疗救助8763元，农村义务兵家庭优抚金75119元，60岁农村籍退役士兵生活补贴11560元；发放老人慰问800元，“两节”贫困残疾人慰问1400元，助残日慰问600元。

（黄河社区）

【为民所办实事】　社区专门下派中层干部到辖区四个村挂职驻村，以入户走访、宣传政策法规、收集社情民意、排查调处矛盾纠纷等为重点工作，共进行政策宣传500次，涉及3258人次，收集到民意122条。参与接待来访村民22起，排查化解矛盾纠纷7起，为群众办理实事12件。化解省、市集中交办案件9件。启动社区网格化管理试点工作，通过进村摸底，辖区共有房屋1246栋，23143间房屋，住户11380余户。在贵州安联捷迅网络公司的指导下，社区按照200—400户划分一个网格，将辖区划分为42个网格，其中珠显村11个，大坡村14个，中院村9个，洛解村8个。成功补录25名网格管理员，为辖区筑牢网底提供坚实的基础。在各村制作黑板报、宣传栏55块、标语100余条，印制并发放法制便民服务卡、温馨提示及公开信宣传单约20000余份。组织村民代表、小组长、各村沿街铺面470人参与“红袖套”项目，调动辖区群众积极参与平安社区创建工作。推进“物防、技防”安装工作，共安装防盗门104扇、监视器152个、照明路灯70余盏、门锁插销500个，治安岗亭9个，报警灯箱39个。预防入室盗窃等案件的发生，提高群众安全感，全年辖区发案率比上年下降36%。全年共计拆除31户7764.74平方米违章建筑，另有22户已按程序上报经开区执法分局进行拆除。巩固“创卫”成果，全年共计清理卫生死角800余处，清除野广告30000余张，清除暴露垃圾6200余吨，清除辖区“牛皮癣”6000余平方米，有效净化辖区环境。针对食品质量、道路交通安全、企业安全生产等工作加强宣传和督查力度，在村寨巷道危险处，设置相关警示标牌（已设置7处），张贴宣传标语40张。做好汛期安全工作，对珠显村小麻窝地质灾害隐患点加大监测、巡查、整治，在滑坡地段修筑隔离带400米，设置警告警示标牌10余块，对小麻窝地质灾害点周边企业工作人员进行安全生产培训，并发放《地质灾害明白卡》40余张。辖区未出现安全事故。

（黄河社区）

人口基本状况

表43

单位	常住人口	流动人口		育龄妇女	已婚育龄妇女	一孩		二孩		多孩		出生率	常住人口政策生育率	常住人口年初以来死亡人数	手术数
		流入	流出			政策内	政策外	政策内	政策外	政策内	政策外				
黄河社区	40162	33784	157	13360	9646	88	0	58	0	0	0	5.46%	99.3%	103	291

（黄河社区）

三江社区

【概况】　三江社区辖龙王、尖山、大寨、场坝、毛寨和周家寨6个行政村47个村民组，地处城郊结合部，总面积约6.72平方公里，属于典型的农村社区。全社区总人口51520人，其中户籍人口12981人，非户籍人口38539人。三江社区现有12个基层党组织（其中社区党委1个，中心党支部1个，非公企业联合支部1个，非公企业党支部2个，村党支部6个，供销社党支部1个），党员385名。

（三江社区）

【领导人名录】

中共三江社区委员会

书　记：田　野

副书记：蒋顺强　杜昌云

纪委书记：杜昌云

组织委员：杜昌云

政法委书记：杜昌云

三江社区服务中心

主　任：蒋顺强

副主任：赵　杰　莫　飞

武装部部长：杜昌云

（三江社区）

【社会事业发展状况】　2014年，城乡统筹就业全年目标为1115人，其中城镇新增就业900人，完成945人，完成率105%；农村富余劳动力转移全年目标为215人，完成216人，完成率为100%，城镇登记失业率为3.68%。再就业扶持政策得到落实，为符合条件的下岗失业人员发放《就业失业证》60本，新增小额担保贷款28万元，完成城乡统筹培训50人，完成率是100%。社区开展职业技能培训与职业鉴定工作，城乡统筹培训全年任务为50人，完成62人，完成率是124%。三江社区累计参保人数3988人，参保率94.5%，累计缴费金额735100元，完成应征缴金额的186.8%。社区所辖6个村均建立劳动保障工作服务站就业服务信息网，联网率达到100%。按照每月的新增创业实体名单进行入户调查核对。做好社区企业离退休人员托管工作，配备专门的托管工作人员，建立健全离退休人员信息库及服务台帐，做到每月至少入户一次。严把低保审核关，使辖区弱势群体“应保尽保”。协助区民政局，完成全国“爱耳日”“防灾减灾日”等活动的宣传工作，完成“春风行动”就业援助月、民营企业暨高校毕业生招聘周等活动的组织、参与工作。

（三江社区）

【为民所办实事】　社区为有效震慑犯罪，方便群众出行，在辖区背街小巷等易发案路段共安装路灯889盏；更换2000门超B锁芯。印制张贴“两严一降”工作宣传画600余张、设立墙体广告42处，悬挂横幅36条，书写固定标语24条，发放群众联系卡2000余张，宣传资料1000余册，在易发案地段区域设立治安防范点100个。

2014年社区共开展环境卫生专项整治50次，清理卫生死角105处，清理暴露垃圾130余吨和乱堆乱放230处，治理污水外溢115处，清理“野广告”700处、巡查河道300余次、批评教育乱丢乱弃、乱泼乱倒等破坏环境的群众20余人次、更新老旧垃圾斗7个、新增垃圾桶10个。

全年排查矛盾纠纷78起，调处率100%，接待来信来访38件次，处理回复率100%，做到件件有回应。全年共接到12319案卷总数300余件，回复率达到100%，有效的解决群众反映的各类问题。

（三江社区）

【人口基本状况】 2014年，全社区总人口51520人，其中户籍人口12981人，非户籍人口38539人，人口出生率4‰，人口自增率1.7‰。符合政策生育率99%；共完成节育手术433例，其中结扎34例，上环303例，补救64例，其他32例。

（三江社区）

【教育事业基本情况】 一是做好“控辍保学”相关工作，对辖区学校的学生辍学情况进行检查并登记，配合教育局，搞好辖区中小学生户籍情况核实表，在辖区悬挂“控挫保学”宣传标语，2014年三江社区控辍保学签订人数51人次。二是按照《花溪区关于进一步清理整顿非法办学机构的工作方案》的通知要求，对辖区所有学校进行逐一走访，检查各学校的安全情况，完成相关数据采集，针对存在的安全隐患提出整改意见，对无证办学的学校提出整改要求。三是完善留守适龄儿童、少年的相关信息的收集和取证工作，建立相应的台账，进行动态管理。四是签订《花溪区人民政府教育工作目标》和《花溪区人民政府2014年“9+3”计划目标》，做好相关工作。

（三江社区）

【卫生事业基本情况】 一是开展“拒绝陋习，维护城市形象”爱国卫生运动月宣传活动，组织辖区志愿者在辖区开展爱国卫生大扫除。二是制订《三江社区2014年巩固“创卫”成果实施长效管理的工作方案》，做好相关工作。三是开展病媒生物防治工作，对辖区鼠饵盒情况进行摸底排查，制定社区所需鼠饵盒统计表，对鼠饵统一编号。四是搜集完善相关爱卫资料，部署防控流行病工作，制定《三江社区防控流行病工作方案》，对辖区农贸市场进行动态监督，举办防控流行病健康教育知识宣传讲座。

（三江社区）

小孟社区

【概况】 小孟社区位于贵阳经济技术开发区东南部，面积29.68平方公里，交通便捷，贵惠大道、开发大道贯穿整个辖区，金戈路、科技路、3号路、5号路连接东西，下辖红艳、王宽、王武、丰报云、翁岩、付官、陈亮7个行政村，28个村民组，总人口19050人，其中常住人口11445人，流动人口7605人，以布依族、苗族为主的少数民族约占48.2%。社区党委所属基层党组织8个（含7个农村党支部；1个服务中心党支部），共有党员343人。拥有规模以上企业30余家，大数据产业、新医药产业、高端装备制造业共100余家，目前在建项目共有36个。

7月16日，小孟社区服务中心应急分队蹚水到王武村查看灾情（小孟社区供稿）

社区服务中心下设4个工作部门：党政工作部、城市管理部、社会事务部与群众工作部，现有在册干部职工23人。

（小孟社区）

【领导人名录】

中共小孟社区委员会

书　记：张贵昇[*]　徐书培

副书记：刘振宇　刘　伟

纪委书记：刘　伟

组织委员：刘　伟

政法委书记：刘　伟

小孟社区服务中心

主　任：刘振宇

副主任：曾　挺[*]　李　林

　　　　尹　华

武装部部长：刘　伟

（小孟社区）

【社会事业发展状况】　全年社区上报出生人口数211人，人口出生率10.75‰、人口自然增长率2.44‰，符合政策生育率97.9%。新型农村社会养老保险累计缴费2248人，完成缴费金额50.89万元；办理居民医保14人；失地农民身份认证72户，274人；失地农民增发养老金183人；农村养老保险以被征地农民身份转为城镇职工286人，新增60周岁申请待遇38人。城乡统筹就业892人，其中城镇新增就业609人，农村剩余劳动力转移283人，新增创业实体123户，发放场租补贴金额3.24万元；申报返乡创业资金补贴5户。发放60岁以上退役士兵补贴25780元、两参人员补贴191040元、农村义务士兵家属优待金143653元。元旦、春节慰问金113240元，“八一”慰问金20400元。农村低保新增3户、取消1户、调整2户，共43户94人，发放低保金共计83637元；冬季取暖费和一次性生活补贴共发放金额29400元；低保取消12户21人，现5户7人，共计36614元；发放136人高龄老人补贴46940元；“两节”一次性生活补助金14900元；五保老人补贴7500元；全年共发放保障金5000元；困难医疗救助2人17608元。持证残疾人共249人，发放“阳光家园”救助金5户2500元；春节慰问金10户，2000元；助残日慰问3户600元；办理残疾人乘车卡48人；残疾人就业创业培训1人。

（小孟社区）

【为民办实事】　2014年，小孟社区开展爱国卫生志愿大扫除活动20余次，1800余人次，取缔占道经营2300余起、延伸占道400余起，清理卫生死角、暴露垃圾500余处，清运垃圾400余吨，清除野广告3000余处。完成校园周边环境整治，加强治安巡逻，解决小孟一小交通安全隐患问题；配合完成小孟第五幼儿园的建立，帮助解决与所在村的有关问题，助其招生。社区发案数76起，比上年下降29.6%，社区群众安全感98.44%，在花溪各乡（镇）、社区中排名第2位。社区加强“四品一械”监管，督促各村按时申报农村集体就餐情况，对就餐情况安全监管，本年度未发生食品安全事故。在各村开展巡回法制宣传，共计涂刷宣传标语10张，悬挂宣传横幅18幅，发放宣传资料1000余份，安装“平安E家”36户、超B级锁61户，指导各村建立5至7人的巡防队伍。全年共排查矛盾纠纷52件，受理和调解矛盾纠纷203件，调解成功率100%。小孟社区利用墙报宣传、发放禁毒宣传资料1000余份，群众禁毒知识知晓率达90%以上，同时建立社区戒毒、康复人员档案。2014年，红艳村安装村村通17户，王宽村安装144户；配合区文广局完成送电影下乡工程；翁岩村、陈亮村安装健身路径。

（小孟社区）

【打造平安社区建和谐家园】　小孟社区借助“一二三四五工作法”打造平安社区建和谐家园。通过组建社区网格管理员队伍和村级巡防队伍，为“平安社区”创建提供人力保障；建立健全网格化服务管理信息平台、群众沟通交流平台和

"平安社区"创建宣传平台，为"平安社区"创建打下群众基础；发动基层群众、辖区企业、党员志愿者和驻辖区部队，为"平安社区"创建提供力量支持；完善突发事件、重大灾害事故预警机制，巡防联动机制，社区警务联席机制，群防群治网格机制，矛盾纠纷排查调处及帮扶机制，为"平安社区"创建提供制度保障。

9月22日，小孟园区小学开学，小孟社区组织党员志愿者在开发大道四号路口带领学生过马路（小孟社区供稿）

小孟社区通过建立社区义务巡逻队、呼喊队，维护人民生命财产安全。落实"四防"检查，发现问题及时整改。每月开展重大疑难纠纷和不安定因素排查，实行归口管理。开展有针对性的法制宣传。做好教育挽救和预防犯罪工作，预防和减少青少年违法犯罪。重视对刑释解教人员的安置帮教工作，明确专人负责。了解社区邪教信息，做好社区邪教信奉人员的转化工作。落实暂住人口和出租房管理的各项制度，将流动人口管理纳入社区治安管理的重要议事日程，发动治保委，小组长形成治安网络，反馈外来人员情况。

（小孟社区）

【民生项目】 小孟社区成立以社区党委书记为组长、纪委书记为副组长，各村党支部书记为成员的民生特派工作领导小组，不定期召开党委会研究民生项目工作。辖区7个村的包村领导作为民生监督员，加强对各村民生项目的监管。制订民生监督工作下访计划与接访安排，要求社区党委委员、各村民生监督员每周不定期到村下访，了解各村对涉及民生项目的惠民政策、项目建设资金等相关情况，收集各村有关民生案件线索。制订每周二、周四为民生项目监督组接访日，定期在社区进行接访。发现问题及时处理问题。

7月至12月，小孟社区共受理案件30件，其中上级转办件15件，下访件11件，接访件4件；直接民生项目案件12件，间接民生项目案件18件；立案2件，党纪处理2人。在民生项目百日督查工作中，督查组对辖区43户农低保户、12户危房改造户进行入户调查，对其低保金领取情况、危房补助金领取情况进行核实。对农村义务兵家属优待金、"60周岁退役士兵"下半年生活补助、农村合作医疗参保补助、居家托养重度残疾家庭补助等进行督查，加强党的惠民政策的落实。

（小孟社区）

10月21日，小孟社区纪委到辖区各村开展民生项目监督走访工作（小孟社区供稿）

【征地拆迁工作】 2014年完成汽零、园区五号路、桐荫路支线等共计18个项目的征地拆迁工作，涉及土地征收1853.503亩，农房征收50户，征收面积8203.74平方米，迁坟810座。调解处理汽零项目与班守诚户祖坟被施工单位填埋纠纷、布依新寨二期未征先用土地纠纷、贵航技校项目工程纠纷、园区五号路地界争议、塘边寨出行路村民与村之间土地权属纠纷、汽零项目红线内一养殖户搬迁费纠纷等引发的堵工堵路事件90余起。

（小孟社区）

金竹社区

【概况】 金竹社区位于花溪区西北部，距贵阳市中心11公里，总面积17.6平方公里（含阿哈水库水域面积5平方公里），金竹社区服务中心驻滥泥村（鑫中路）。辖金山、滥泥、竹林3个行政村，共47个村民小组，98%是布依族。境内地貌以丘陵为主，南部较为平坦，北部起伏较大，最低海拔1080米，最高海拔1300米，具有高原性和季风性气候特点，气候温和湿润，夏无酷暑，冬无严寒，基本无大的自然灾害，有利于农作物生长。

社区党委共有五个党支部，党员225名。村委会有“两委”干部23名，“两委”委员“交叉任职”5名；100%高中以上学历，35岁以下的3名。2014年“新型社区、温馨家园”项目申请4批，涉及21个项目（照明工程、环境整治、体育文体设施及串户路修建等）。已完成竹林小广场的修建和健身器材的安装竣工验收工作。社区服务大厅设有办理劳动及社保、创业扶持、库区移民扶持、农村低保、民政工作、流动人口服务及计生服务六个事项。2014年固定资产投资5941万元；完成地方财政收入1985万元。完成竹林村朱场坝、丫河寨155户涉及73254平方米生态搬迁。

（谢　勇）

7月16日，金竹社区滥泥村抗击水灾（金竹社区供稿）

【领导人名录】

中共金竹社区委员会

书　记：梅　丽

副书记：周忠林　黄元鸿

纪委书记：黄元鸿

组织委员：黄元鸿

政法委书记：黄元鸿

金竹社区服务中心

主　任：周忠林

副主任：王安华

武装部部长：黄元鸿

（谢　勇）

【社会事业发展状况】 新增就业岗位240个，农村劳动力转移就业202人，城乡统筹培训71人；新增参保人数131人，累计收费246947.64元。对2014年新增创业实体21户进行入户调查及创业扶持政策宣传，完成自主创业经营场所租金补贴材料初审及入户核实54户。无自主创业奖励资金申报人员；完成返乡农民工自主创业奖励资金申请4户，申报资金1.2万元。辖区内有

2 所小学，学生 410 人，教师 25 人。有 2 所社区卫生室，专业卫生人员 3 人。2014 年完成诊疗 3500 人次。

（谢 勇）

【人口基本情况】 2014 年，中心辖区内总户数 6296 户，总人口 17852 人，常住人口出生人数 136 人，符合政策生育率 98.5%；流动人口总人数 9754 人，新生 34 人，流动人口符合政策生育率 90%。手术完成情况：完成手术数 126 例、女扎 59 例、上环 49 例、甲乙手术 8 例、取消避孕措施 10 例。

（谢 勇）

【农户水淹地补偿工作】 水淹地补偿发放工作完成 450 户，涉及 182.7735 亩土地水淹补助 822480 元。水淹地测量已完成金山村、滥泥村、竹林村的工作。完成粮食农业种植保险 17 户 33.3 亩；解决移民存折账号遗失、错漏等情况的移民 62 户。完成移民老龄生活补助及移民大中专学生奖励的工作，发放 556000 元。

（谢 勇）

花孟社区

【概况】 花孟社区成立于 2012 年 10 月 12 日，3 个行政村（麦乃村、把伙村、杨中村），有 16 个村民组，总面积 20 平方公里，现有 2306 户，总人口 6601 人，其中流动人口 865 人，布依族、苗族占 80%，属纯农业村落。党委下辖 4 个基层党支部，党员 205 名。生产作物以水稻和玉米为主，局部村组种有草莓，村集体经济发展和村民收入处于低水平阶段，没有规模化、专业化的种植、养殖业，村民仍秉承着单家独户的传统农业。

4 月，社区村两委补选妇女成员完成，全社区第九届村两委换届选举工作圆满结束，整个选举过程依法有序、和谐稳定，选举产生 15 名优秀村委会干部，其中妇女 3 人，高中文化 2 人，初中文化 13 人。30 至 40 岁 8 人，41 岁及以上 7 人。

（花孟社区）

【领导人名录】

中共花孟社区委员会

书 记：张 恩

副书记：杨 艳 胡 乐

纪委书记：胡 乐

组织委员：胡 乐

政法委书记：胡 乐

花孟社区服务中心

主 任：杨 艳

副主任：袁耕耘

武装部部长：胡 乐

（花孟社区）

【社会事业发展状况】 2014 年度城镇新增就业人员（含流动人口）共计 147 人，完成目标任务 373%；农村劳动力转移 40 人，失业再就业 5 人，均录入贵州省劳动保障系统；辖区登记注册的单位用工 33 户；技能培训、创业培训共计 32 人，完成目标任务 106%；新增创业实体共计 16 户，创业带动就业 34 人，使用创业资金 547 万元；享受返乡农民工奖励资金 3 人，推荐创业项目申报 1 个；树立创业典型 2 例，小额担保贷款落实 1 户，完成全年目标任务；举办富士康现场招聘宣传 3 场，12 人报名。2014 年辖区城乡居民基本养老保险参保人数 1514 人，完成目标数 99%。

社区总人口 6601 人，常住人口 5736 人，流动人口 865 人。死亡 47 人、人口出生率 11‰、人口自然增长率 2.8‰。常住人口出生数 63 人，符合政策生育率 98%。共落实手术 1028 例。共计发放独生子女奖保费14100元，关爱女孩奖励69600元，关爱男孩奖34200元，农村计生节育奖9300元，长效节育奖13100元，少生快富7000元，奖励扶助新养老应领取养老金21600元，“圆梦小康”伤残补助一户5000元，农村独子、双女结扎户参加新型合作医疗24640元，特别扶助9600元。“双诚信 双承诺”的签约率已达到100%以上。

（花孟社区）

【为民所办实事】 一是协调民生项目，累计投入360余万元完成麦乃村、把伙村安全饮水管网改造、麦乃村牛丫滂进寨路硬化、把伙村草莓批发市场路灯安装、杨中村小学教室地面平整及立面改造、杨中村小学公厕改造、把伙小学房顶漏水处理、把伙村进寨路危险路段改造、三个村的进寨路路灯安装（新型社区、温馨家园项目）、麦乃村村级综合楼历史遗留问题等等。二是落实低保户发放名额，全年累计发放低保补助261318元，低保户政府补贴的低价粮油票2080张；发放高龄补贴48160元，办理老年证50本；向区民政局老龄办申报特困老人8人，生活不能自理老人1人，发放困难补贴4800元；受理10户村民的临时救助申请，共计发放临时救助款27000元；为辖区在册的24名两参人员建立个人档案和资料，并录入退役军人管理系统。全年发放“两参”人员生活补助92169元，春节慰问金7200元，“八一”慰问金4800元；为辖区15名60岁以上退伍军人发放各项补贴及慰问金14150元；为辖区因7月16日暴雨受灾群众发放3万元救灾款和20套棉被、衣物以及830公斤救济粮。三是及时处理辖区卫生举报案件5起。针对公共卫生影响，向大商户发放搞好环境卫生的通知书200余份。全年出动600余人次，清理卫生死角300余处，清运暴露垃圾250余吨，清除野广告2000余处。四是成立森林防火应急分队，实行领导带班制度，对各卡点进行巡查，按照工作实绩与出勤发放辖区33名森林防火巡防队员78680元补助。组织4次（150人次）扑灭森林火灾，保卫人民生命财产。

（花孟社区）

【项目服务工作】 抓好开发大道五期、市域快铁、区委党校、清华中学分校项目征地拆迁工作，共完成征地约360亩，迁坟30座。蔬菜、花卉大棚14个。调解征地拆迁产生的矛盾纠纷30余起，其中多次到杨中村七组入户走访，听取群众意见，化解矛盾纠纷，确保区委党校顺利开工建设；调处市域快铁项目征地过程中9户村民侵占村集体土地6.7亩，为村集体挽回损失70余万元；到麦乃村入户走访，听取群众对征地补偿款的分配方案的意见，及时通过村民代表大会，确保清华中学分校项目征地工作顺利进行。

（花孟社区）

人口基本状况

表44

单位	常住人口	流动人口		育龄妇女	已婚育龄妇女	一孩		二孩		多孩		出生率	常住人口政策生育率	常住人口年初以来死亡人数	手术数
		流入	流出			政策内	政策外	政策内	政策外	政策内	政策外				
花孟	5736	773	92	1578	1209	31	0	31	0	0	1	11‰	98%	47	1028

（花孟社区）

（责任编辑 周年辉）

人　物

青岩古镇百岁坊(区旅游局供稿)

先进人物

全国公安机关爱民模范

杨家发

杨家发，男，苗族，中共党员。1964 年 11 月生，1989 年参加公安工作。现为贵阳市公安局花溪分局高坡派出所民警，分管甲定片区社区警务工作。入警 25 年来一直坚守在高坡苗族乡。杨家发自学苗语，扫除与少数民族同胞沟通障碍，成功为苗族群众调解纠纷 1000 余次，帮助村民购买碾米机、发展蔬菜养殖为民创收，“赡养”服刑人员生活困难父母 18 年，救助留守儿童 10 余人，其中长期接济的 3 名女学生现在均已上大学或工作。把百姓冷暖放在心间，以自身行动落实党的民族政策，促进少数民族地区社会和谐稳定和经济发展。杨家发多次被评为“先进工作者”“优秀党员”，荣立个人二等功 1 次，2014 年被评为贵州省“我最喜爱的十佳人民警察”，获贵州省“五一劳动奖章”“全国公安机关爱民模范”称号。

全国孝亲敬老之星

王丽萍，女，1947 年生，原为贵州建工集团第六建筑工程有限公司职工，担任过教师。在从江县光辉乡光辉小学支教期间，为光辉乡的学生和其他困难村民寻求帮助。在清浦社区党委的帮助下，募捐到衣物两千余件，米、油、药品、日

王丽萍（右一）

用品等若干。带 4 个光辉小学的孩子来贵阳寻找可以长期帮扶他们的好心人，当即有两名学生已与爱心人士结成长期帮扶对子。听到云南鲁甸发生地震消息的第二天，便只身前往灾区参与抗震救灾志愿服务，白天，为大家做饭，晚上，为大家讲故事。2014 年底荣获由全国老龄办、民政部、教育部、国家新闻出版广电总局、团中央、全国妇联和中国关心下一代工作委员会七部门联合评选的“全国孝亲敬老之星”荣誉称号。

全国十大江河卫士

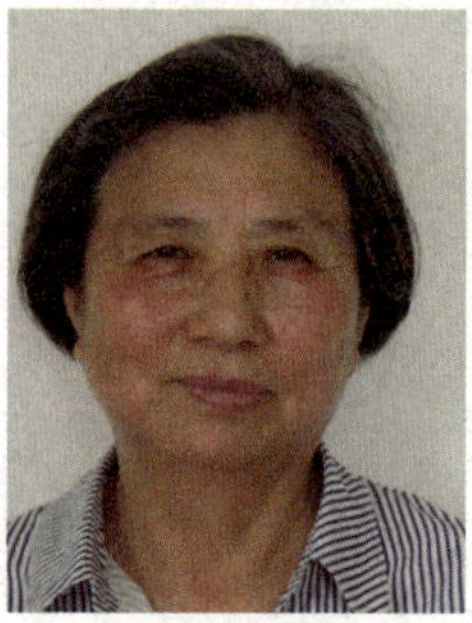

雷月琴

雷月琴，女，1937 年 11 月出生，退休工人、贵阳市两湖一库环保基金会环保志愿者、也是贵阳市第一个注册环保志愿者。退休 20 多年来，足迹踏遍了贵阳的山山水水，只要看见有污染河流、水库、湖泊的行为，她就会上前劝阻和制止，宣传水资源保护的重要性，她在南明河边“巡查”时，发现哪里有垃圾，不仅自己动手清除，还给主管部门打电话，或者亲自上门找领导反映。为此，她得罪了少数人，但赢得绝大多数人的支持和赞赏，《贵阳晚报》曾以“7 旬老太‘守护’母亲河 20 年”为题报道，《贵州都市报》以“退休 20 年‘巡查’山水间”为题报道。雷月琴 被人们称作“环保老人”，清华社区的居民说，雷阿姨是个实实在在的环保志愿者，对破坏水环境的行为嫉恶如仇，有时甚至冒着生命危险去保护水资源。

全国民族团结进步模范

刘 娟

刘娟，女，苗族，大专，中共党员。1968年6月生于花溪区青岩镇，1988年7月毕业于贵阳市师范学校，分配到花溪区高坡中学任教，至今一直在边远苗族乡工作27年。其间，1993年9月至1995年7月在贵阳市高等师范专科学校英语系进修，担任过教师、班主任、教研组长、副校长、校长，曾多次被评为花溪区先进教育工作者、贵阳市优秀班主任、贵阳市好老师、高坡乡英语学科优质课教师；2014年9月被评为全国民族团结进步模范。

中国好人榜“古镇文化轻骑兵”

饶昌东

饶昌东，男，汉族，贵州大学退休教师，曾任贵州大学艺术学院电影部主任。现任花溪区菊林书院院长 、青岩诗词学会会长、贵州大学诗词学会顾问，牵头成立“菊林书院”并由几兄妹奉献家宅提供场所。带领乡亲学诗词、楹联为青岩镇成功创建为贵州省第一家“中华诗词之乡”。牵头成立“老年电影队”多年来走遍大小村落，免费为群众放映露天电影上千场。多次率先力行义务为花溪区多个乡村绘制文化墙，义务写春联。积极投身公益事业和志愿者服务活动，慰问汶川地震伤员，担任青岩中心完小、青岩贵璜中学校外辅导员，出任道德讲堂、国学堂义务讲师。2014年入榜“中国好人”“全国学雷锋优秀自愿者”“ 古镇文化轻骑兵”。

全省法院党建先进

杨 志

杨志，男，1976年8月出生，苗族、中共党员，审判员，现任院办公室主任、法院第三党支部书记、党总支副书记等职务。他从事党建工作以来，围绕办公室工作承上启下、联系左右、协调内外、沟通四方，履行机关党建的工作职责。深化思想政治工作内容，注重抓党员干部的学习教育，以座谈会、知识竞赛、演讲比赛和微型党课等为载体，对法院党建工作进行大胆的创新和探索。关心年青干部的成长进步，发现他们的缺点和不足，及时谈心，指出问题，耐心教育，鼓励上进。杨志工作中从不突破廉政防线，不接受因案件说情或其他涉廉的吃请、送礼、娱乐等，也从不利用手中的权力伸展职务消费，更不利用职务便利向办案干警打听案件审理意向或施加个人主导意见，展现了新时期一名基层法官司法公正、廉洁、为民的良好形象。

贵州省五一劳动奖章获得者

吴 勇

吴勇，男，汉族，1965年10月出生，贵州贵阳人，研究生文化，高级人力资源管理师，中共党员，现任贵州花溪农村商业银行党委书记、董事长。1983年进入花溪农村信用社工作，历任花溪区青岩信用社主任、马铃林信用社、燕楼信用社主任，历经二十余年的磨练，逐渐成长为中国农村金融体制改革的先行者。先后当选贵阳市花溪区第八、九、十届党代会党代表，贵阳市花溪区第十四、十五、十六届人大代表；多次被评为省、市、区级优秀共产党员；被省银行业协会评为“银行之星”全省十大优秀支行长；农村金融风云人物，被中共花溪区委授予其“特殊贡献奖”；获贵州省“五一劳动奖章”；“2014年度品牌人物——贵州十大品牌人物”奖；2014贵州省“明礼知耻、崇德向善”行业道德标兵等。

贵州省先进教师

谯晓南

谯晓南，男，汉族，1970年2月生，1992年6月毕业于贵州大学英语系，现任贵阳市清华中学一级英语教师、贵阳市名班主任。班主任工作细腻到位，因材施教，与学生良好沟通，教学成绩显著。所带的班级2009年高考，7名上600分，57人超过500分以上，其中王秋豪以653分获全省文科状元，王秋豪、陈星睿被北京大学录取。2012年高考，所带班级四位同学分别名列全省文科第一名、第四名、第十一名和第十五名，全班平均分602分，获“状元班主任”称号。被贵阳市人民政府授予“贵阳市先进工作者”，贵阳市教育局授予“贵阳市优秀班主任称号；2014年被贵州省人民政府授予“贵州省先进教师”称号。

贵州省先进教育工作者

刘秀丽

刘秀丽，女，汉族，中共党员，生于1963年8月，本科文化程度，现任贵阳市花溪区华阳小学党支部书记、校长、小中高级教师。从事教育工作30年，在全面深化教育领域综合改革等方面做出突出贡献。主持研究的课题、论文多次获得全国一、二、三等奖，其中“书香校园”“有效推进区域教师发展”荣获全国教育科学“十五”教育部规划课题成果一等奖。华阳小学教学质量监控在市、区名列前茅，被评为全省“校园文化先进学校”“安全文明校园”“家长学校示范校”“绿色学校”“课改先进集体”“农村教师素质教育提升工程基地校”等。2012年，华阳小学成为全国梦想课程示范校，刘秀丽被真爱梦想公益基金会聘为“公益讲师”，被四川、云南聘为“国培”专家。2014年被评为省级先进教育工作者。

第四届贵州省科普工作先进个人

刘　敏

刘敏，女，1976年生，汉族，2003年到科协工作以来，兢兢业业，执着与追求，认真学习科普业务，及时进入角色。在近几年来负责的信息上报工作中，撰写各类工作简报，被中国科协网、中央文明网以及省、市各类网站所采用，花溪区科协在2012年至2014年被省科协评为信息上报先进集体，她本人被评为信息先进个人和贵州省科普工作先进个人。

“感动贵阳教育”优秀教师

胡桂兰

胡桂兰，女，苗族，中共党员，生于1979年9月，本科文化程度，贵阳市花溪区华阳小学高级教师。1997年8月参加工作，多年来，积极参与学校的教育教学改革，一直从事梦想课程教学研究，把先进教学理念传授到全国各地。2011年，加入“上海真爱梦想公益基金会”的志愿者队伍。每年利用暑期到全国各地传播“多元、创新、宽容”的《梦想课程》新教学理念，给乡村教师带去新的教学理念，帮助孩子们自信、从容、有尊严地成长。2014年被评为“感动贵阳教育”十大人物之一。

“贵州好人榜”身边好人

刘林艳、饶昌东、杨家发、袁有梅、徐华

贵阳市第三次经济普查先进个人

杨立荣　花溪区瑞华社区

贵阳市第三十个教师节尊师重教先进个人

罗　倩　花溪区财政局

贵阳市优秀校长

吴和平　花溪区青岩贵璜中学
王　强　贵阳市第三十六中学
李建英　花溪区花溪小学
李建华　贵阳市第二十五中学

贵阳市优秀教师

张昌彦　花溪区实验中学
罗淑红　贵阳市清华中学
袁　芳　花溪区第二小学
裴　蕾　花溪区华阳小学
王东亮　贵阳市第三十六中学
王建勇　花溪区第二中学
付家林　花溪区第五中学
代维明　花溪区第二中学
朱建刚　花溪区麦坪中学
吴　薇　花溪区第四小学
李　羚　花溪区第五小学
杨清昌　花溪区高坡乡中心完小
肖　敏　花溪区第四幼儿园
陈正举　花溪区黔陶民族中学
陈沫君　花溪区第一实验幼儿园
罗香红　花溪区第三中学
罗超慧　花溪区第十六小学
郑兴毅　花溪区金竹民族学校
郑丽娟　花溪区第二幼儿园
郑志慧　花溪区麦坪乡彭官小学
胡秋兰　花溪区第三幼儿园
赵宇锌　花溪区第一实验学校
唐兴兰　花溪区青岩镇中心完小
唐志坚　贵阳市第三十八中学
夏　骎　花溪第十四小学
徐贵荣　花溪区南溪学校
袁其春　花溪区第四实验学校
高志刚　花溪区第一中学
曹　晶　花溪区第九小学
曾　珍　花溪区民族中学
熊　挺　花溪区久安中学

贵阳市优秀班主任

龙　瑶　花溪区第一中学
吴晓琼　花溪区青岩贵璜中学
姜了元　花溪区实验中学
王仕江　花溪区孟关乡中心完小
王　芳　花溪区华阳小学
冯贵龙　贵阳市第二十五中学
龙大琼　花溪区漓江小学
龙超菊　花溪贵筑社区尖山小学
刘孝丽　花溪区第六小学
向　梅　花溪区青岩镇中心完小
吴秀楠　贵阳市第三十四中学
李　彬　贵阳市清华中学
杜　英　花溪区金竹民族学校
杨　岚　花溪区幼儿园
陈红菊　花溪区黔陶乡中心完小
莫荣华　花溪区高坡乡中心完小

贵阳市先进教育工作者

白　凌　花溪区浦江小学
余晓奇　花溪区教育培训研究中心
吴钟丽　花溪区第一中学
沈廷惠　花溪区第三实验学校
班红菊　花溪区溪北小学

（年鉴编辑部整理）

2014年度百岁老人基本情况统计表

表45 单位：花溪区老龄办 2014年2月21日

序号	姓名	性别	民族	出生年月	年龄	家庭住址
1	郭淑贞	女	汉	1911.3.24	103	花溪区阳光社区清溪路6号4区6栋2单元
2	谢家兰	女	汉	1913.6.20	101	花溪区阳光社区松涛路8号3单元附3号
3	吴明英	女	汉	1914.9.28	100	花溪区阳光社区民主路18号
4	范学珍	女	汉	1913.3.25	101	花溪区马铃乡革约村猫脚组
5	杨陈氏	女	汉	1914.3.29	100	花溪区马铃乡革牛皮箐村团冲组
6	陈时珍	女	汉	1914.8.1	100	花溪区孟关乡改毛村9组106号
7	吴乔珍	女	汉	1909.9.16	105	石板镇合朋村黄土坡组5
8	班德昌	男	布依	1914.4.14	100	花溪区石板镇镇山村三组68号
9	陶学兰	女	汉	1911.3	103	花溪区燕楼乡思惹村八组
10	张必珍	女	汉	1909.1	105	花溪区贵筑社区天鹅村一组
11	王国香	男	苗	1908.9	106	花溪区高坡乡五寨村甘素组
12	王欠库	女	苗	1910.9	104	花溪区高坡乡高寨村三组
13	许元秀	女	汉	1913.3.4	101	花溪区黔陶乡关口村猪场组8号
14	丁五妹	女	汉	1912.4	102	花溪区清浦社区浦江社区浦江路26号
15	韩惠秋	女	汉	1908.10	106	花溪区清浦社区清水江居委会（现住济南天桥区东工商河路102号）
16	刘传绍	男	苗	1908.3.5	106	花溪区清浦社区清水江路94-1-6号，现居住湖南省张家界市桑植县澧源镇文明路居委会
17	居茂松	男	汉	1912.4.20	102	花溪区清浦社区清水江路84-1-8号，现居住贵州省安顺市西秀区西航办事处飞机制造厂宿舍401-30号
18	秦绍周	男	汉	1912.10.13	102	花溪区黄河社区大坡村四组349号
19	赵世芬	女	彝族	1913.5.6	101	花溪区三江社区大寨村235号
20	李树珍	女	侑依	1910.3	104	花溪区金欣社区农科院新滥泥
21	李茂昭	女	汉	1912.1	102	花溪区兴隆社区黄河路205-2-12
22	王德	女	汉	1914.3.19	100	花溪区兴隆社区漓江路57号采云谷1栋1单元3号

花溪烈士名录

表46

姓名	性别	出生年月	籍贯	参加革命时间	入党团时间	牺牲年月	牺牲地点	牺牲时所在单位	牺牲时职务	备注
瘳崇美	男	1925.10	南明区博爱路	1947		1949.10	贵阳关刀岩	贵筑县清华中学	教员	
孟安德	男	1914	湖潮乡上午村	1949		1950	湖潮乡硐口	贵筑县孟寨剿匪队		
陈定邦	男	1921	惠水县	1949		1950	马铃乡固增	贵筑县青岩镇征粮队	队员	
杨和群	男	1921	贵阳市	1949.12		1950.2	惠水县冷水河	省人民政府财政局	科员	
王　斌	男	1930	小河镇朱显村	1949.12		1950.2	开阳县羊场高寨	贵州省革命干部学校贵阳分校	学员	
徐　荣	男					1950.2.16	燕楼乡摆古村	平坝县马场区	征粮队员	知姓不知名为纪念而取名
曲志民	男	1917	黑龙江省哈尔滨市	1949.12		1950.2.24	小河镇周家寨	贵筑县文萃乡	工作员	
李殿柱	男	1916	山东曹县	1937	党员	1941	花溪	贵筑县抗联	主任	在抗日战争中因叛徒出卖被活埋
车善益	男	1923	青岩镇南街			1950.2.27	贵筑县白云区鸡场仓库	贵筑县白云区鸡场仓库	工作员	
刘登云	男	1919	青岩镇西街村	1950		1950.2.27	贵筑县白云区鸡场	贵筑县鸡场仓库	主任	
张会武	男		麦坪镇			1950	麦坪乡堡子	贵筑县征粮队	队员	
刘泽立	男	1931	麦坪镇刘庄村	1951.1		1951	朝　鲜	志愿补训团11师52团2营	战士	
姜玉明	男	1929	孟关谷立村	1949		1951	朝　鲜	志愿军后勤部	战士	
唐国清	男	1927	花溪乡陈亮村	1950		1951	朝　鲜	志愿军某部	战士	曾用名唐有才
车永华	男	1929.1	青岩镇东关	1951.8		1952.1.2	朝　鲜	志愿军铁道兵桥梁四团四营十二连	战士	
魏焕荣	男	1934	麦坪镇大坡村	1951		1953	朝　鲜	志愿军某部	战士	

续表46

姓名	性别	出生年月	籍贯	参加革命时间	入党团时间	牺牲年月	牺牲地点	牺牲时所在单位	牺牲时职务	备注
陈德明	男	1929.1	马铃乡革约村	1951.2		1953.2.11	朝　鲜	志愿军某部	战士	
赵玉新	男	1934	小碧乡下坝村	1953.2		1953.5	朝　鲜	志愿军某部	战士	
孔令昌	男	1930.5	麦坪镇落底村	1951		1953.7	四川省黑水县	解放军147团	战士	
班光华	男	1923	花溪乡大寨村	1953.3		1954	朝　鲜	志愿军某部	战士	
向朝贵	男	1933	党武镇摆牛村	1951		1958	解放军锦州航站	解放军锦州航站	战士	
李洪胜	男	1936	石板镇茨洼村	1956	1954.8入团	1958.7.31	青海西藏平叛	解放军923部队	战士	
王正祥	男	1950.4	金竹镇阿哈村	1969.3		1970.3.22	云南省东川市	解放军7586部队	战士	
陈占书	男	1945	久安乡久安村	1969.4		1971.4.7	云南省禄丰县罗次乡	解放军7655部队	班长	
黄贵发	男	1948.3	久安乡吴山村	1971.1		1971.10	晴隆县	晴隆县中队	战士	
尤来兴	男	1951.3	党武镇党武村	1968		1972.3.16	山西省紫阳县毛坝区	解放军8715部队	战士	
陈　定	男	1949.4	小河镇毛寨村	1969.3	中共党员	1974.5.14	普安县	解放军7586部队	战士	
刘必云	男	1952.2	黔陶乡骑龙村	1971.1	1974.12入党	1975.4.7	云南省沧源县	解放军0302部队	战士	
王国栋	男	1952	青岩镇新楼村	1971.1	1971.4入团	1975.9.9	毕节城关	贵州省军区独立第八营一连	战士	
韦玉发	男	1945.2	麦坪镇戈寨村	1970.1	1971.3入党	1976.10.17	吉林省红石乡	解放军89203部队	副排长	
何华洪	男	1958.9	马铃乡中寨村	1978.4	1979.2入党	1979.2.17	对越自卫还击前线	解放军35503部队62分队	战士	
陈学清	男	1958.11	马铃乡新寨村	1978.4	1979.2入团	1979.2.17	对越自卫还击前线	解放军35503部队	战士	
代善进	男	1957.10	石板镇合朋村	1976.3	1979.2追认为中共党员	1979.2.17	对越自卫还击前线	解放军35105部队	副班长	

续表46

姓名	性别	出生年月	籍贯	参加革命时间	入党团时间	牺牲年月	牺牲地点	牺牲时所在单位	牺牲时职务	备注
魏玉笋	男	1955	小碧乡小碧村	1976.3	1978.1入党	1979.2.17	对越自卫还击前线	解放军35113部队	班长	
储昌华	男	1959.2.27	高坡乡摆桑村	1978.4	团员	1979.2.28	对越自卫还击前线	解放军35504部队61分队	战士	
陈光军	男	1960.5	花溪镇新民路	1980.1		1980.2.7	云南省祥云县	解放军35404部队	战士	
周述刚	男	1960.0	久安乡拐耳村	1979.11	1978.8入团	1980.3.30	云南省元江县	解放军87300部队	战士	
曹绍祥	男	1962.8	党武镇党武村	1983.1	1983追认为中共党员	1983.4.30	云南者阴山	解放军35105部队42分队	班长	
王忠学	男	1946	湖潮乡	1973.12	1967.4入党	1984.2.24	花溪化工厂	贵阳市花溪化工厂	干事	
罗昌	男	1968.10	麦坪乡彭官村	1987.1	1988.5.12		云南老山	解放军步兵111团	副班长	
朱兴伦	男	1972.11	湖潮乡	1989.9	1989.5	1991.7	花溪水库	贵阳市警察学校	学员	
刘西贵	男	1968.7	花溪镇	1988.11	1990.7	1996.7.21	花溪河中	贵阳市花溪公安分局	侦察员	
冯昌	男	1973.3	河南省许昌市	1992.7	1994.6	1996.7.3	省防疫站辣椒洞	云岩区公安分局宅吉派出所	侦察员	
王贵祥	男		花溪区麦坪镇			2004年4	花溪区云上村无间坡	花溪区花溪乡	花溪乡武装部长	
王凤芝										
谭桂珍										
汪祖亮	男	1929	江西省湖口县城关区杨尤乡	1949		1950.3	花溪乡陈亮村猪下巴	贵筑县花溪区人民政府	通讯员	
赵玉珍	男	1933	河南省清丰县旧城村	1949		1950.3	花溪乡陈亮村猪下巴	贵筑县花溪区人民政府	通讯员	
罗某某	男		江西省			1950				葬于花溪乡把伙村生平不祥

注：花溪区有各类烈士纪念设施22处，安葬烈士23名（有名烈士20名，无名烈士3名）。

（周用红）

逝世人物

李合珍：副地级离休干部，生于1927年7月，1942年9月参加革命工作，1946年9月加入中国共产党，离休前为花溪区政协副主席，于2014年3月8日逝世。

李树芳：正县级离休干部，生于1927年2月，1947年6月参加革命工作，1950年10月加入中国共产党，离休前任花溪区政协副主席，于2014年9月4日逝世。

（区老干局）

戴壮强：1944年生于花溪街，1969年毕业于贵阳师范学院中文系，当过教师、花溪文化馆馆长、《花溪报》编辑、贵州省史学会会员，中国近现代史史料学学会会员。撰写、发表各种文体作品达数十万字，其中，出版过《古诗讲解》、花溪长篇史话《大将山下》、小说散文集《红崖碑传奇》；主编过《花溪乡志》、花溪旅游文史丛书《高原明珠—花溪》《明清古镇—青岩》《洞桥天生—天河谭》《夜郎古国—燕楼》《神奇苗乡—高坡》等。2014年清明节因病逝世。

（姚　文）

（责任编辑　杨琴）

10 月 29 日，黔江社区人大代表调研便民服务大厅工作状况（黔江社区供稿）

统计资料

花溪湿地公园一角(区信息中心供稿)

2014年花溪区国民经济和社会发展统计公报

花溪区统计局　国家统计局花溪调查队

2014年，全区上下认真贯彻落实中央、省委、市委的一系列决策部署和区委十届五次全会精神，始终坚持生态文明和可持续发展理念，坚守生态和发展两条底线，紧紧围绕全面建成小康社会的目标要求，坚持全面深化改革，积极抢抓发展机遇，统筹做好稳增长、促改革、调结构、惠民生等各项工作。经济社会发展呈现运行平稳、质量提升、转型加快、民生改善的良好态势，各项工作取得新业绩。

一、综合

经济保持平稳较快增长。初步核算，2014年全区生产总值362.52亿元，比上年增长14.8%。其中，第一产业增加值14.88亿元，比上年增长6.6%；第二产业增加值196.84亿元，比上年增长14.3%；第三产业增加值150.80亿元，比上年增长16.3%。人均生产总值达57351元，比上年增长13.7%。

结构调整持续推进。三次产业结构比为4.10:54.30:41.60，与上年相比，第一产业比重下降0.01个百分点，第二产业比重提高了2.40个百分点，第三产业比重下降2.39个百分点。

表1　2014年花溪区生产总值

单位：万元

指标	绝对数	比上年增长（%）
花溪区生产总值	3625211	14.8
第一产业	148772	6.6
第二产业	1968386	14.3
#工业	1562351	12.5
建筑业	406035	21.2
第三产业	1508053	16.3
#交通运输、仓储和邮政业	173958	17.3

续表

指标	绝对数	比上年增长（%）
批发和零售业	192645	12.3
住宿和餐饮业	109230	9.6
金融业	296829	20.5
房地产业	139773	23.6
营利性服务业	134639	9.5
非营利性服务业	460979	16.2

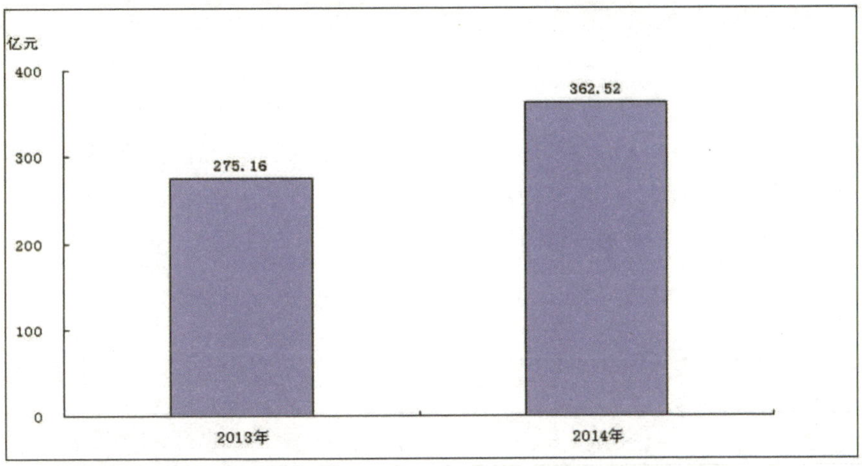

图 1　花溪区生产总值

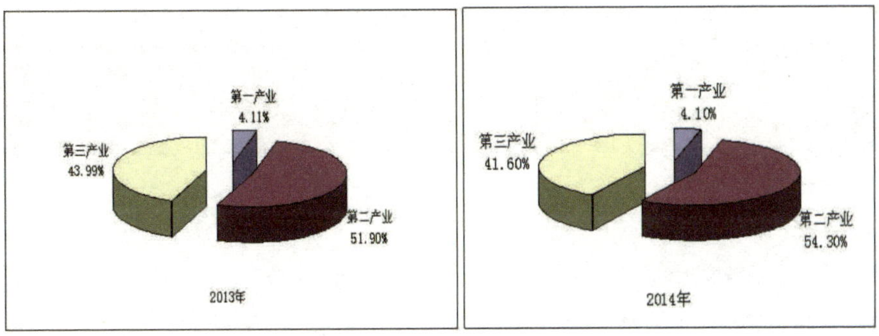

图 2　三次产业增加值占生产总值比重

二、农业

农业生产形势总体稳定。全年粮食作物播种面积 9203 公顷，比上年下降 13.7%；油菜籽种植面积 2455 公顷，比上年下降 15.4%；蔬菜种植面积 16198 公顷，比上年增长 7.5%。

全年粮食总产量 45888 吨，比上年下降 7.8%。油菜籽产量 4061 吨，比上年下降 15.2%；蔬菜产量达 390220 吨，比上年增长 7.4%。

表2　2014年主要农产品产量及其增长速度

指标	绝对数（吨）	比上年增长（%）
粮食	45888	-7.8
#夏粮	3674	-48.1
秋粮	42214	-1.1
蔬菜	390220	7.4
油料	4399	-17.8
#油菜籽	4061	-15.2
水果	5086	5.4
茶叶	942	-0.3

畜牧业平稳增长。全年畜牧业增加值3.24亿元，比上年增长3.8%。年末生猪存栏109147头，比上年下降2.0%；家禽存栏117.25万只，比上年下降4.2%。全年生猪出栏14.20万头，比上年下降8.4%；肉类总产量17651吨，比上年增长0.3%；牛奶产量681吨，比上年下降59.8%；禽蛋产量4975吨，比上年增长5.3%；家禽出栏117.38万只，比上年下降17.1%。

表3　2014年主要畜产品和水产品产量

指标	单位	绝对数	比上年增长（%）
肉类总产量	吨	17651	0.3
牛奶产量	吨	681	-59.8
禽蛋产量	吨	4975	5.3
猪出栏数	万头	14.20	-8.4
家禽出栏数	万只	117.38	-17.1
水产品产量	吨	55	-34.5

三、工业和建筑业

工业保持较快增长。全年规模以上工业（统计口径为年主营业务收入500万元及以上工业企业）增加值243.66亿元，比上年增长17.2%；工业总产值694.44亿元，比上年增长23.0%。其中，年主营业务收入2000万元及以上规模以上工业企业增加值184.56亿元，比上年增长12.5%；工业总产值511.32亿元，比上年增长16.9%。

表4　2014年规模以上工业（500万元及以上口径）分行业增加值及其增长速度

指标名称	单位	绝对数	比上年增长（%）
烟草制品业	万元	1115414	7.8
卷烟制造	万元	1115414	7.8

续表

指标名称	单位	绝对数	比上年增长（%）
汽车制造业	万元	287679	50.7
改装汽车制造	万元	106918	98.3
汽车零部件及配件制造	万元	180730	31.9
铁路、船舶、航空航天和其他运输设备制造业	万元	75832	20.0
制鞋业	万元	125417	-6.1
橡胶鞋制造	万元	125417	-6.1
医药制造业	万元	142378	14.8
中成药生产	万元	67124	6.6
生物药品制造	万元	75254	23.1
金属制品业	万元	195824	81.9
计算机、通信和其他电子设备制造业	万元	87271	35.7

表5 2014年规模以上工业（500万元及以上口径）企业主要产品产量及其增长速度

指 标	单位	绝对数	比上年增长（%）
自来水	万立方米	1069.40	4.9
供电量	万千瓦时	196421	21.0
软饮料	吨	227755	-19.4
钢材	吨	377015	7.8
中成药	吨	1188.59	9.1
玻璃容器	吨	16156	-60.3
卷烟	亿支	395.34	-
饲料	吨	145067	9.2
彩色电视机	万台	115.68	-5.2

建筑业继续呈现较快发展。全区建筑业增加值40.60亿元，比上年增长21.2%。年末具有资质等级的建筑业企业26家（专业报表口径，下同），完成建筑施工总产值27.01亿元，比上年增长20.7%。

四、固定资产投资与房地产开发

投资规模持续扩大。全年全社会固定资产投资（统计口径为计划总投资50万元及以上固定资产项目投资和房地产开发项目投资）581.54亿元，比上年增长10.1%。其中，项目固定资产投资473.57亿元，比上年增长10.1%；房地产开发投资107.97亿元，比上年增长10.4%。分产业来看，第一产业投资3.36亿元，比上年增长4.2%；第二产业投资173.48亿元，比上年增长6.5%；第三产业投资404.70亿元，比上年增长11.8%。

表6　2014年全社会固定资产投资及其增长速度

指标	单位	绝对数	比上年增长（%）
全社会固定资产投资	亿元	581.54	10.1
#固定资产投资	亿元	473.57	10.1
房地产开发	亿元	107.97	10.4
按城乡分			
城镇	亿元	519.19	11.2
乡村	亿元	62.35	1.7
按三次产业分			
第一产业	亿元	3.36	4.2
第二产业	亿元	173.48	6.5
第三产业	亿元	404.70	11.8

全省重大工程和重点项目33个，开工建设并入库统计（含续建）的项目30个，完成固定资产投资120.78亿元（统计口径），占全区固定资产投资完成额的20.8%。全年工业投资（含工业基础设施）完成228.49亿元，比上年增长5.7%。

全年房地产开发投资107.97亿元，比上年增长10.4%。房地产开发房屋建筑施工面积789.45万平方米，比上年增长14.3%；房屋建筑竣工面积40.93万平方米，比上年下降27.9%；商品房销售面积103.54万平方米，比上年增长72.4%；商品房销售额64.11亿元，比上年增长107.3%。

五、消费品市场与物价

市场消费总体稳定。全年社会消费品零售总额183.95亿元，比上年增长11.1%。其中：限额以上企业实现零售额135.13亿元，比上年增长5.0%，所占比重达73.5%。从限额以上企业分行业看，批发业零售额3.95亿元，比上年增长21.8%；零售业零售额130.34亿元，比上年增长4.7；住宿业零售额0.39亿元，比上年下降1.8%；餐饮业零售额0.45亿元，比上年下降19.3%。

表7　2014年社会消费品零售额及其增长速度

单位：万元

指标	绝对数	比上年增长（%）
社会消费品零售额	1839475	11.1
#限额以上企业	1351307	5.0
限额以下企业（含个体）	488168	32.3

物价水平总体平稳。全年居民消费价格指数102.7%，比上年上涨2.7%。扣除食品和能源价格指数101.4%，比上年上涨1.4%；服务项目价格指数103.1%，比上年上涨3.1%。消费品价格指数102.5%，比上年上涨2.5%。其中，食品类价格指数105.5%，上涨5.5%；烟酒及用品类价

格指数97.4%，下降2.6%；医疗保健和个人用品类价格指数101.1%，上涨1.1%；娱乐教育文化用品及服务类价格指数100.9%，上涨0.9%；商品零售价格指数101.2%，上涨1.2%。

六、对外经济

对外贸易快速增长。全年外贸进出口总额37966万美元，比上年增长27.4%。全年实际直接利用外资14459万美元，比上年增长20.1%。引进省外到位资金368.50亿元，比上年增长36.2%。

七、交通、邮电和旅游

交通基础设施持续改善。加快推进燕楼工业园道路交通配套基础设施建设，建成田园南路、青岩古镇配套路网等城镇交通设施，配合开展贵阳（花溪）至安顺高速公路建设等工作。持续加大“四在农家·美丽乡村”小康路等农村路网建设，完成25个村级招呼站建设任务。运输保障能力不断提高，开通了花溪片区至经开区的7路、9路、10路公交车，积极解决群众出行难问题；全年新增投放120辆出租车，全区出租车保有量240辆，基本满足群众出行需求。

邮政电信业稳步发展。全年花溪片区邮政业务收入1836万元，比上年增长15.6%。全区电信业务收入71169.02万元，比上年增长14.0%。全区年末固定电话用户170933户，比上年增长4.1%；移动电话用户136.29万户，比上年增长17.3%；计算机互联网宽带接入用户24.08万户，比上年增长23.4%。

旅游业保持较快发展。成功举办第九届贵州旅游产业发展大会，进一步完善青岩古镇等景区的基础设施，丰富旅游业态，优化旅游功能。不断提升青岩古镇核心区的保护、开发与利用，辐射带动全区打造旅游发展升级版，加快推进花溪文化旅游创新区建设步伐。全年接待旅游总人数1387.3万人次，比上年增长20.6%。全区旅游总收入118.42亿元，比上年增长20.3%。

八、财政与金融

财政收支较快增长。全年实现财政总收入54.18亿元，比上年增长29.7%。在财政总收入中：国税收入20.37亿元，比上年增长32.9%；地税收入29.46亿元，比上年增长30.0%。公共财政预算收入29.46亿元，比上年增长27.2%。公共财政预算支出52.00亿元，比上年增长16.6%。

金融市场运行平稳。全区年末金融机构人民币各项存款余额578.53亿元，比年初增加83.21亿元。

年末金融机构人民币各项贷款余额391.62亿元，比年初增加80.56亿元。

九、教育和科学技术

教育事业健康发展。积极推进教育“9+3”行动计划和教育“4+2”工程，有效促进教育健康发展。2014年结合行政区域变化的实际，进行新一轮学校规划布局调整；进一步整合教育资源，引进北京161中学与花溪区溪南高中合作办学，打造北京161中学贵阳分校。

全区中学49所（其中：高级中学4所，完全中学4所，初级中学16所，九年一贯制学校21所，十二年一贯制学校4所），招生数11134人（其中：高中招生数4165人，初中招生数6969人），在校生数34535人（其中：高中在校生数11907人，初中在校生数22628人），毕业生数10905人（其中：高中毕业生数3498人，初中毕业生数7407人）；普通小学85所，招生数8267人，在校学生数44448人，毕业生数7437人；幼儿园107所，在园（班）幼儿数20055人。采取各项措施不断强化“控辍保学”工作，2014年，全区小学毛入学率达150.1%，初中阶段毛入学率为128.4%；小学在校生辍学率控制在-0.47%，初中辍学率控制在0.43%，九年义务教育巩固率达96.72%。

2014年，花溪片区完成专利申请1210件，比上年增长23.8%；专利授权量563件，比上年增长30.6%。经开区新增贵州勤邦食品安全科学技术有限公司、奇瑞万达贵州客车股份有限公司等8家企业获得科技部的认定，贵州航天电器股份有限公司、贵州西南工具（集团）有限公司等5家通过复审，高新技术企业达38家；新增省级创新型企业4家、市级创新型企业6家，拥有2家国家级创新型企业（试点），17家省级创新型企业和19家市级创新型企业；批准贵州凯博机电科技有限公司建立“贵州精密转台千人计划工作站”，并承担“超精密、高刚度气浮转台关键技术研发及产业化”科研项目；贵州劲嘉新型包装材料有限公司获得省级企业技术中心的认定。经开区全年获得国家、省、市科技项目立项40个，立项资金1257万元，其中：科技部立项2个，立项资金130万元；省级各类立项24个，立项资金1023万元；市级各类立项14个，立项资金104万元。2014年完成专利申请量730件，比上年增长20.4%；专利授权量453件，比上年增长20.5%。

十、文化、卫生和体育

文化事业稳步发展。组织开展“送文化下乡”、文化活动、摄影、书画等活动，全年举办文化活动70场。开展“2014年贵阳市春节筑城广场群众系列文化活动‘花溪区优秀文化节目展演’”“孔学堂春节文化庙会”“花溪区2014春节我们的节日民族民间歌舞大联欢”、第十七届“花溪之夏”艺术节等系列活动，扎实推进区文化馆免费开放工作，设有合唱、民乐团、舞蹈、模特、京剧等免费项目；深入孟关乡中心完小、花溪民族中学、第十七小学开展“民族文化进校园”等活动35次；通过“文化服务流动大篷车”的创新举措，以文化专干走进社区、乡（镇），协助和指导社区、乡（镇）开展群众文化活动，组织“文化演出小分队”和“花溪流动道德讲堂”一起走进社区、乡（镇），宣传社会主义核心价值观。

区图书馆接待读者36589人，其中未成年人30215人次。新办借阅证158个，图书借阅量达33465册，其中：少儿借阅量达24896册。开展“流动图书室”、咖啡点图书交换工作，共交换图书、杂志3000余册。

医疗卫生服务体系进一步健全。全区年末拥有卫生机构51个（不含诊所等），其中：医院18个、乡镇卫生院9个、社区卫生服务中心13个、妇幼保健服务中心（站）10个、卫生监督所1个。全区有卫生技术人员4077人，其中：执业医师1074人，执业助理医师72人，注册护士1623人。卫生机构编制床位3165张，实有床位3154张，其中：医院实有床位2465张，乡镇卫生院实有床位129张。

体育事业不断发展。举办贵阳市第29届暨花溪区第22届冬泳表演赛、春节象围棋赛、第31届“小康杯”篮球赛、“三八节”女职工趣味运动会、第三届“工商联杯”篮球赛、花溪区职工工间操比赛等赛事；组织参加“贵阳市第十二届运动会”，完成“全国第四次国民体质监测”工作；建设29个“村级农体工程”、16条“健身路径工程”。组织全区老体协离退休干部职工开展2014年春季文体活动，组织参加贵阳市“5·1健身操、健步走”活动，举办全区老年节趣味体育运动等活动。

十一、人口与就业

根据贵阳市2014年1%人口抽样调查数据，全区常住半年及以上年末总人口为63.34万人，比上年末增加0.26万人；常住半年及以上平均人口为63.21万人。2014年全区人口出生率11.09‰，人口死亡率5.07‰，人口自然增长率6.02‰。

就业持续增加。全年城乡统筹就业23811人。其中，城镇新增就业18948人。充分就业社区累计创建33个，新创建充分就业社区达标3

个，充分就业社区创建率为75%，持续达标率为100%。就业失业登记证发放3215人，城镇登记失业率为2.93%；城镇“零就业家庭”、农村“零转移家庭”期末动态为零。发放就业小额担保贷款396人，发放贷款2714万元。

十二、人民生活、社会保障与安全生产

居民收入保持较快增长。根据国家统计局花溪调查队住户调查资料，全年城镇常住居民人均可支配收入达24374元，比上年增长9.2%；城镇常住居民人均消费支出15197元。农村常住居民人居可支配收入达11327元，比上年增长11.5%；农村常住居民人均消费支出10193元。

社会保障不断完善。2014年，城市低保标准由425元/月提高到475元/月；农村低保标准由180元/月提高到200元/月。全区共有城乡低保对象4264户8234人，其中，城低保对象1929户3554人，农低保对象2335户4680人。全年足额发放42850户次84097人次城乡低保金共计2296.20万元，其中：城市低保对象23316户次44716人次，发放保障金1535.05万元，月人均补差336元；农村低保对象19534户次39381人次，发放保障金761.15万元，月人均补差136元，有力保障城乡困难群众的基本生活。不断加大五保供养资金投入，农村五保供养标准逐年提高，分散供养由原190元/月提标到230元/月；集中供养由原225元/月提标到270元/月，年人均增加540元，全年发放供养金50.654万元。

全年下拨自然救助资金157万元，乡（镇、社区）发放40余万元救助了926户3236人（次）；救灾粮食13.3万公斤，救助了2398户8513人；发放救灾棉被1313床、棉衣（裤）1366套，棉鞋722双等救灾物资，切实保障了受灾困难群众基本生活。

全区城镇职工基本养老保险累计参保80582人，失业保险累计参保40576人，城镇职工医疗保险累计参保59892人，工伤保险累计参保40663人，生育保险累计参保48760人，城镇居民基本医疗保险累计参保107204人，城乡居民社会养老保险累计参保81309人，社会保障持卡人数19.3万人。

安全生产形势总体稳定。全年共发生安全生产事故43起，比上年下降4.4%；死亡23人，比上年下降11.5%。其中：道路交通事故42起，死亡23人。总体实现了“双降”目标。

公报注释：

1. 本公报中所列数据为初步统计数。

2. 公报所列数据按行政区统计，如无特殊说明统计口径均包括经开区和贵安新区直管区。

3. 部分数据因四舍五入的原因，存在着与部门统计数据不完全一致的情况。

4. 生产总值和各产业增加值绝对数按现价计算，增长速度按可比价格计算。

5. 2014年城乡常住居民可支配收入为城乡住户新口径，上年同期数据已作相应调整。

6. 居民消费价格指数为贵阳市居民消费价格指数。

7. 部门统计资料来源于相关行业主管部门，经开区有关统计资料来源于经开区产业发展局。

（责任编辑　姚　毅）

贵阳晚报 2014年9月18日 星期四 全生活 编辑/版式 吴再忠 视觉设计/明镜 校对/王玲 C叠 1

小社区里有“大数据”

在花溪区小河瑞华社区，每个网格员手中都有一部安装了“社区网格化管理移动终端软件”的手机，有了这部手机，网格员们将每个居民的240多项基本信息、数据全部装进了口袋，社区居民要办理任何事情，他们轻点屏幕就可以立即查看并处理，工作效率瞬间提升成了“火箭级”。

C4 互动社区

C2 互动服务

《贵阳晚报》载瑞华社区网格化管理（瑞华社区供稿）

附　录

青岩定广门(信息中心供稿)

关于赴贵安新区学习考察的调研报告

花溪区人大常委会主任　任渝生

2014 年 8 月 21 日

为进一步解放思想，更新观念，学习先进，查找不足，探索花溪区后发赶超新路径，城市发展建设新模式，加强推进生态文明建设，促进区域经济社会协调发展。2014 年 8 月 20 日，花溪区人大常委会一行 30 余人赴贵安新区学习考察。在贵安新区相关领导的亲切接待和周密安排下，花溪区人大常委会一行先后参观了贵安新区电子信息产业园管理委员会、富士康（贵州）第四代绿色产业园、马场镇平寨社区、月亮湖生态砂基透水系统和雨水收集系统，并与贵安新区相关领导开展座谈，就贵安新区的发展理念、发展状况等问题进行深入学习和交流。现将学习考察调研情况报告如下：

一、思路明确，气势恢弘，发展态震撼人

贵安新区位于黔中经济区核心区、贵阳市和安顺市相连的中心地带，规划面积 1795 平方公里（其中直管区 470 平方公里），涉及贵阳和安顺两市的 21 个乡镇（街道办事处），交通区位优越，生态环境良好，旅游资源丰富，拥有国家级风景名胜区、重点文物保护单位和历史文化名镇 22 处。

自今年 1 月，国务院批复设立贵安新区后，贵安新区明确了三大战略目标：即西部地区重要经济增长极、内陆开放型经济新高地和生态文明示范区。今年 2 月，经国务院原则同意，国家发改委印发了《贵安新区总体方案》，明确贵安新区将建设成为五大功能区：即内陆开放型经济新高地、创新发展试验区、高端服务业聚集区、国际休闲度假旅游区、生态文明建设引领区。并要求到 2020 年基本建成功能完善、环境优美、幸福宜居、特色鲜明的国际化山水田园生态城市。

从贵安新区筹备成立到现在，短短的一两年时间，贵安新区的变化之大、发展之快，无不让人惊叹。花溪区人大常委会学习考察一行所到之处，无不感受到贵安新区涌动出的发展热潮和气势磅礴的发展态势。他们思想解放程度之高、经济发展势头之猛、发展思路规划之明确、基础建设程度之迅速，令人震撼，发人深省。总的来说，对于贵安新区的发展有以下几点感受：

一是干部群众思路明确，干劲十足。贵安新区的发展如此迅猛，除了国家相关政策的支持以外，首要原因就是领导干部和群众在发展思想上，高举中国特色社会主义伟大旗帜，以邓小平理论、“三个代表”重要思想、科学发展观为指导，着力推进体制机制创新，探索欠发达地区城市发展建设新模式；发展思路上，明确要把贵安新区建设成为经济繁荣、社会文明、环境优美的西部地区重要的经济增长极、内陆开放型经济新高地和生态文明示范区。领导干部们在贵安新区的建设上，都有一种不甘落后，不肯服输的劲头，都有一种居安思危，勇争一流的精神，都有一种干劲十足，超越自我的魄力。

二是发展观念新颖，定位准确。贵安新区根

据国家发改委印发的《贵安新区总体方案》，明确以建设内陆开放型经济新高地、创新发展试验区、高端服务业聚集区、国际休闲度假旅游区、生态文明建设引领区五大功能区，以建设产城一体的城市、城乡一体的城市、人才聚集充满活力的创新型城市为战略目标，最终打造出一个国际化山水田园生态城市。这样的战略目标定位，符合贵安实际，观念新颖，以高端产业、环保型、生态型制造业为基础；以国际化、一体化的旅游业为带动；以高端现代农业为支撑，既不破坏生态，又能重整山河，有效利用现有资源，建设出一座有山有水、有城有村、有田有园的城乡一体化城市。真正的做到了发展的同时，保住了生态，坚持低冲击开发模式，走山地特色新型城镇化道路。

三是发展势头迅猛，气势磅礴。贵安新区自2012年11月正式启动建设以来，以“贵安理论、贵安速度、贵安奇迹”为导向，以气势磅礴的势头，全速推进新区建设。基础路网建设上，已累计完成260公里骨干路网，投资286亿元，基本完成黔中大道、贵安大道、兴安大道、百马大道、金马大道“两横三纵”主骨架道路建设，新区主骨架道路框架基本形成。贵安新区直管区先期启动的32平方公里的电子信息产业园、22平方公里的高端装备制造产业园建设，在建厂房31万平方米，配套综合体15万平方米，富士康第四代绿色产业园、中国电信、移动、联通三大通信运营商数据中心等重点项目，已全面开工。考察人员一行所到之处，无不感受到热火朝天、干劲十足的大开发、大建设、大变化场面。

二、发展经验及模式可资借鉴

一是要有超前的思想意识，准确的战略定位。贵安新区立足资源禀赋和后发优势，重点发展大数据产业、高端制造业、生态旅游业，以打造成我国内陆开放型经济新高地。贵安新区按照“基础构建、集群聚集、创新突破”的思路，努力将贵安新区建设成为全国领先的大数据资源中心和大数据应用服务示范基地。数据仓库、数据安全、数据分析、数据挖掘等等围绕大数据的企业将聚集产业基地，通过自身的规模、品牌、资源等价值为区域经济发展和电子信息化发展起到了巨大的推动作用。例如考察点之一的富士康绿色隧道数据中心的规划建设，以隧道作为数据中心基地，一方面充分、合理规划利用土地资源；另一方面发挥了贵阳得天独厚的气候优势，自然风和恒温性为数据中心解决降温问题。超前的意识和准确的战略定位，对于区域经济的又好又快发展至关重要。

二是要有高起点的规划布局，系统性的建设思维。贵安新区更以高起点的规划布局，切实发挥主体功能区及土地利用总体规划、城市和镇总体规划、环境保护规划、水资源供求中长期规划的基础性、指导性作用，紧凑集约、绿色低碳、科学有序推进新区建设，推进科学发展。以系统性的发展模式，产业化带动城市发展、旅游产业促进生态平衡、人才引入加强创新发展。例如电子信息产业园、高端装备制造业产业园、富士康第四代绿色产业园等的规划布局，将充分带动城市的建设发展。又如考察参观点之一的马场镇平寨社区，是“四在农家·美丽乡村”第一批示范点，通过基础设施提升、旅游产业发展提升、文明素质提升、便民服务提升的“四个提升”，将打造成为贵安新区原生态、民族特色的旅游村寨，促进旅游产业的发展。

三是要有高科技引领、高效能管理，创新城市发展模式。贵安新区的建设，以高科技产业引领发展，无论是“大数据”产业，还是高端装备制造业、富士康第四代绿色产业园，都是高科技术为支撑，并且都是劳动密集型、基本无污染产业，对于贵安新区建设成生态文明示范区有着高标准的发展要求，是一个创新型城市发展的重要体现。另外，在城市建设规划上，高效能的规划与管理，更为这个生态之城增添了光彩。比如：新区在建设的骨干路网两侧开展了生态砂基透水和雨水收集系统示范建设，该系统净化后的雨水水质可达到地表水III类标准。一方面可以有效防止城市道路大量积水，引发城市内涝；另一方面，雨水收集净化后可用于补充月亮湖水源，亦可用于城市周边农业灌溉，减轻旱情。

三、对花溪区今后发展的建议

通过此次对贵安新区建设的学习考察，花溪区人大常委会一行无比震撼、感触颇多，对比和联系贵安新区的发展状况，对于花溪区今后的发展有以下几点建议：

一是进一步找准花溪发展定位，狠抓生态文明建设。花溪紧邻贵安新区，从目前看，生态新城、文化新城、旅游新城、工业新城的发展定位是准确的、科学的，“931”产业集群规划也符合实际，在具体工作中，与贵安的产业衔接互动、互补，应有长远思考。如：工业上，我们能做什么，根据经开区现有的基础，如何依托贵安新区发展；农业上完全可以联合，比翼齐飞，共同发展现代农业产业带。三产旅游上，应以青岩古镇、花溪国家湿地公园为核心，充分发挥它们的吸附作用，把来贵州的游客都吸引过来。生态上我们更应该向贵安看齐，以它的标准作为我们生态建设的标准。坚守发展和生态“两条底线”，既要金山银山，也要绿水青山。

二是进一步解放思想，切实转变发展理念。思路决定出路，观念就是财富。我们一直深受生态保护这一限制因素的影响，在发展速度上已经滞后贵阳相邻的其他区县。我们应学习和借鉴贵安新区规划建设的发展观念，进一步解放思想，切实转变发展理念，牢牢树立生态理念，把过去制约发展的生态环境因素变成我们的发展优势，树立为子孙后代负责、为大众服务的理念，树立主动融入、甘做“月亮”的理念，树立紧密结合、相互包容一家亲的发展理念。坚决摒弃照搬条文、自我设限的思维模式，认真研究政策，灵活运作，辩证思维，以生态建设为契机，大力发展二、三、一产业，促进我区经济持续健康发展。

三是进一步完善规划，加大基础设施投入。要致富，先修路。路通人通财富通。贵安新区从开始建设到现在，在短短一年半时间，260公里骨干路网已累计完成投资286亿元，黔中大道、贵安大道、兴安大道、百马大道、金马大道“两横三纵”主骨架道路基本完成，其余道路将于今年10月底全部建成通车。到贵安新区，给人眼前一亮的不是房地产“水泥森林”，而是畅通的道路，优美的绿化，是一个宜居宜业的好地方。花溪的建设与发展，在充分利用贵安路网的基础上，应营造宜居、宜业、宜游的环境，加大投入，把基础设施建设放到首位，才能避免不通路、不通水、不通气的“孤岛项目”出现。

四是进一步落实科学发展观，注重发展时序。贵安新区发展速度快，但不是盲目推进，它是在做好总体规划，加强基础设施建设的基础上，发展新一代电子信息技术、高端装备、节能环保、生物医药、高端服务业、休闲旅游等现代产业，重点培育大数据产业，同时扎实推进生态建设。我们应学习贵安的发展理念，立足当前，着眼长远，克服重显绩，轻潜绩的毛病，结合花溪实际，紧扣发展总体规划，稳步有序推进花溪的发展。

五是进一步加强交流与合作，实现共同发展。贵安新区发展理念新颖，发展势头迅猛，有很多值得我们学习、借鉴之处。如贵安有大数据、富士康等高新产业，上下游产业都符合花溪的产业定位，花溪区各部门应主动对接，承接其上下游产业，与贵安形成合力，联动发展。建议区委、区政府组织相关部门赴贵安新区学习考察，取人之长，补己之短，同时加强与贵安新区全方位的合作与交流，实现两区共同协作发展。

花溪区、经开区深度融合、服务民生专题调研工作报告

区政协调研组

市委第五督导组安排政协针对两区深度融合问题进行一次专题调研。经请示汰甬书记同意后，区政协成立调研组，用一个月时间，对两区深度融合的问题进行调研。现将调研情况报告如下：

一、“两区”深度融合的基本情况

花溪区、经开区在党的群众路线教育实践活动中，把促进两区融合作为重要抓手，努力打造两区发展升级版。一是成立了以经开区党工委书记、花溪区委书记钟汰甬为组长，经开区、花溪区各班子成员为副组长的两区深度融合工作领导小组，为两区深度融合提供组织保障。二是建立了经开区、花溪区联席会议制度，及时研究和解决两区产业发展规划、组织人事、社会事务、信访维稳等两区深度融合工作中存在的困难和问题。三是行政区划调整以来，两区将按照市委提出的以改革开放新举措打造发展升级版的要求，提出花溪区要树立“高原明珠、灵秀花溪”的品牌新形象，建设生态文明示范区，争做全省文化旅游领跑者；经开区要树立“创造之城”新形象，发挥在全省装备制造业中的领军作用，打造全省首家千亿级产业园区，争做贵阳发展升级版“主引擎”。目前，花溪区、经开区正在组织实施双轮驱动、优势互补、深度融合、创新驱动、对外开放、差异化竞争、企业培育、产城互动、绿色发展等十大战略，打造发展升级版。

二、“两区”深度融合存在的主要问题及原因分析

新的花溪区成立一年多以来，两区发展成绩显著，但由于没有实现很好的融合，随着发展的不断深入，工作中存在的问题和矛盾也越发凸显。为深入了解两区相关职能部门在服务民生、改善民生方面存在的困难和问题，提升服务群众的能力和水平，区政协成立了专题调研领导小组，对花溪区、经开区深度融合、服务民生开展专题调研。通过深入花溪区、经开区的相关职能部门、社区、村（居委会）走访调研，分别召开花溪区、经开区相关职能部门座谈会、社区座谈会、村（居委会）座谈会、政协委员座谈会等方式，梳理出两区深度融合过程中相关职能部门在服务民生、改善民生方面存在的主要问题以及原因分析：

（一）部分干部职工观念未转变，缺乏大局意识。两区部分干部职工没有正确处理好集体利益和个人利益的关系，对两区融合后体制机制存有疑虑，实际工作中更多只考虑局部利益、个人得失，没有把自己的工作与融合发展紧密联系起来，缺乏花溪区即是经开区、经开区即是花溪区的理念。

（二）部门之间沟通协作不够，缺乏整体观念。行政区划调整后，两区部分职能部门不同程度存在本位思想，缺乏大局意识和整体观念，部门与部门之间职责相互交叉，主动服务群众的意识不强，相互之间的沟通协作不够顺畅，在实际工作中，不同程度存在以邻为壑、推诿扯皮等现象。

（三）部分窗口部门授权不充分，群众办事不便。入驻两区政务中心的部分窗口单位没有认真落实行政审批“两集中、三到位”规定，不同程度的存在“只受不理”“两头受理”“多头办理”的情况，未能做到当场受理，当场审核，当场办结，群众办事不便。

另外，经开片区的群众在办理出国（境）证件、司法公证业务时，需要分别到花溪区公安分局、花溪区司法局公证处才能申请办理，群众乘车从小河到花溪来回奔波，意见较大。

（四）社区承担的行政性事务较多，工作疲于应付。部分职能部门将本应由自身承担的工作职责转嫁到社区，而相应的人员、工作经费、服务承诺却没有进社区。这给社区造成了人、财、物的大量负担。实际工作中，社区由于不断接到各种任务、检查、考核、评比，忙于上报各种材料、报表，致使社区不得不将大部分时间用在应付行政事务性上。

（五）经开片区社区管辖权属不清，新增楼盘漏管。经开片区农村社区服务村民及城镇居民，城市社区服务城市居民。而许多新建楼盘是在农村社区土地上建设，导致管理归属不清，户口迁移、子女入学等问题凸显，在综治维稳、安全生产、流动人口等方面也存在管理漏洞。

（六）专项资金审批拨付程序繁琐，影响工作开展。在涉及经开片区民生事务开支中，如未列入年初预算而又急需使用的资金，需要先由资金使用单位上报请示到经开区管委会审签后，资金使用单位再上报请示到花溪区人民政府，导致审批时间较长，不能及时拨付，影响工作正常开展。

三、“两区”深度融合的工作建议

（一）统一思想，对花溪区、经开区双轮驱动、优势互补、深度融合进行再动员、再部署。建议花溪区委、经开区党工委联合召开推进“两区”深度融合工作动员大会，引导两区干部职工牢固树立花溪区即是经开区、经开区即是花溪区的大局意识，主动思考、扎实工作。一是拓宽思路，大胆创新。鼓励两区干部职工进一步解放思想、开阔眼界，凡是有利于两区深度融合的事，就要大胆尝试，放手去干。二是善于总结，形成特色。对两区深度融合中好的经验和做法，要及时总结，上升为规律，形成制度，更好地指导工作。三是坚持高标准、严要求。两区各相关职能部门、乡（镇）、社区，都要自我加压，体现出跨越式发展的要求。四是任务要落到实处。要扑下身子，深入下去，用心去琢磨事，把各项任务抓紧、抓实、抓好。五是人大、政协要继续关注、支持两区深度融合工作，各民主党派和群团组织要切实发挥作用，为推进深度融合营造良好的环境。

（二）融合发展，进一步推动花溪区、经开区相关职能部门之间相互沟通、密切协作。一是建议建立两区区委常委（党工委委员）交叉联系部门、乡（镇）、社区制度。统筹考虑两区城市规划、土地规划、林地规划、生态规划以及产业规划，解决两区的功能定位、合理分区等问题，推动产业发展、基础设施、公共服务的合理布局和深度融合，实现城市功能资源最优配置和城乡建设一体化发展。二是建议建立两区科级干部互挂制度。两区科级干部轮流到相对应的职能部门挂职锻炼，进一步提高自身的工作能力和部门的工作效率，为两区深入融合奠定坚实基础。三是深化两区职能部门工作对接。组织开展“四多四少”系列活动，即：多联系，少隔阂；多包容，少计较；多协调，少摩擦；多理解，少埋怨。部门之间、干部之间要在两区深度融合的体制机制下密切联系、互相信任、互相支持，切实增强凝聚力和战斗力，实现两区大融合、大发展、大跨越。比如：针对两区信访维稳和安全生产工作，建议深化联席会议制度，组建花溪区、经开区信访维稳和安全生产委员会，成员单位包括两区各相关职能部门、乡（镇）、社区和重点企业等，负责统筹两区信访维稳和安全生产工作，协调开展两区矛盾纠纷排查化解、重点领域安全专项整治、突发事件应急处理等工作。

（三）积极采取措施，解决群众办事难的问题。目前，将社会服务功能延伸覆盖到经开片区的花溪区相关职能部门共有 12 家，其中：在经开片区设立业务分厅的有花溪区社保局、区残联；在经开区政务大厅设置常驻窗口的有花溪区民政局、区卫生局；设置综合窗口的有花溪区教育局、统计局、农业局、文广局、旅游局、民宗局、商务局、计生局。除办理出入境证件和司法公证业务需要到花溪片区申请以外，基本能够实现“群众在花溪区政务中心能够办理的事项，在经开区政务中心同样也能办理”的目标。鉴于部分职能部门向服务窗口授权不充分，部分服务窗口不同程度存在“只受不理”“两头受理”“多头办理”的情况，建议相关职能部门严格按照“机关为窗口服务，窗口为群众服务”的原则，向服务窗口充分授权，让群众在服务窗口办事可以得到现场受理、现场审批、现场办结，避免群众在窗口、单位两头奔波，充分体现党委、政府为民、便民、利民的执政理念。

另外，一是建议加大与市编委办、市公安局等相关单位和部门的对接力度，争取在经开区公安分局增设出入境管理科（室），就近受理经开片区群众的出入境业务申请；二是建议花溪区司法局将司法公证服务延伸至经开区，增加公证处的人员编制及经费预算，在经开片区设立公证处分支机构，为群众办理司法公证业务提供便利。

（四）积极为社区松绑减负，增强社区服务功能。为切实减轻社区工作负担，避免职能部门将职责范围内的工作随意下达到社区，建议研究制定“工作进社区”的准入制度，深入开展各级各部门对“工作进社区”事项的全面清理整顿，缩减各个职能部门进驻社区的“工作事项”“考核创建”“盖章事项”等，为社区减负增效提供制度保障。此外，规范性文件规定之外确需社区协助办理的事项，今后由相关职能部门采取购买服务的方式，与社区签订“项目协议书”，并按照“费随事转”的原则落实项目经费。这样做，是要充分为社区松绑，把社区从花费大量时间用在应付行政事务性工作上解放出来，增强社区服务功能，更好地服务群众。

（五）明晰经开片区城市社区、农村社区对新增楼盘管辖权问题。建议新建楼盘就近划归相邻的城市社区管辖，回迁的村民仍由原村委会管辖，购房入住的城镇居民归城市社区管辖。同时，加大工作协调力度，逐步化解新增楼盘业主的户口迁移、子女入学等问题凸显，堵住综治维稳、安全生产、流动人口等方面的管理漏洞。

（六）减少专项资金审批拨付程序，提高工作效率。一是减少预算外资金的审批程序，在涉及经开片区民生事务开支中，如未列入年初预算需使用资金的，建议由资金使用单位直接向花溪区人民政府请示批准后使用，减少审批程序，提高工作效率，年终两区据实结算。二是减少项目建设资金的审批程序。以花溪区名义申报、经开区组织实施的建设项目，建议减少项目资金审批环节，根据项目实施进度及时将建设资金拨付经开区的相关职能部门或项目业主单位。

花溪区、经开区两区深度融合是一个综合性的重大课题，涉及到两区的顶层设计、产业规划、经济发展、社会事务、组织人事、综治维稳、宣传报道等多个方面。由于时间关系，区政协选择从两区群众反映较为强烈的以上几个问题入手，向经开区党工委，花溪区委、区政府提出一些工作建议，供参考。下一步，区政协将一如既往的关注、支持两区深度融合工作，认真履行工作职责，充分调动政协委员的积极性和主动性，找准切入点，深入一线、深入基层、深入群众开展调查研究，积极为推进两区双轮驱动、优势互补、深度融合，打造经济社会发展升级版建言献策。

二〇一四年九月二十五日

推进“两严一降”工作　助推文化旅游创新区建设

——对经开片区2014年“两严一降”工作的调研报告

区人大常委会副主任　张贵昇

2014年以来，花溪区的政法综治工作在上级政法委和花溪区委的正确领导下，按照贵阳市的统一部署，不断推进“两严一降”工作，加强社会治安综合治理，助推花溪文化旅游创新区建设。经开片区将通过不断推进“两严一降”工作的深入开展，为确保实现刑事发案数在2013年的基础上再降20%，人民群众安全感稳步提升的目标而努力。

一、经开片区“两严一降”工作基本情况

经开片区2014年1－9月份，共立刑事案件1394起，同比2013年2059起，下降32.29%；其中，“两抢一盗”案件1139起，同比2013年1693起，下降32.72%。“两抢一盗”案件中，盗窃1052起，同比1519起下降30.74%，抢劫54起，同比109起下降50.46%，抢夺33起，同比65起下降49.23%。

共破各类刑事941起，与去年同期破794起相比，上升18.51%。其中，破“两抢一盗”案件809起，与去年同期破“两抢一盗”案件639起相比，上升26.6%（其中：破盗窃案件749起，与去年同期破585起相比，上升28.03%；破抢劫案件50起，与去年同期破32起相比，上升56.25%；破抢夺案件10起，与去年同期破22起相比，下降54.55%）。共破毒品案件56起，抓获涉毒犯罪嫌疑人73人，缴获毒品20988.9千克；查获吸毒人员359人，其中本辖区61人。共抓获网上逃犯37名，其中，外省网上逃犯31名，本省外地区逃犯18名；打掉团伙9个，抓获团伙成员44名，破获刑事案件138起。今年以来，经开片区案件发生率明显下降，破案率也有明显的提升，“两严一降”工作得到有序开展，呈现出了良好的态势。

二、“两严一降”工作主要做法

为确保社会治安综合治理及“两严一降”工作有条不紊地开展，花溪区及经开片区各相关单位部门根据职责细化分工，制定相关工作方案，各级层层签订目标责任书，明确工作任务及定居时限和进度，确保“两严一降”工作取得实效。

（一）充分发挥公安机关主力军作用，全力以赴“严打”犯罪

1. 强化情报研判精细化工作。由经开区公安分局指挥中心情报研判中心牵头，刑侦大队、国保大队、治安大队、禁毒大队、巡特大队、网安大队参加，组建情报信息研判专班，进行每日情报信息研判会商，建立健全日、周治安维稳形势研判工作机制，适时动态研判推送，指导开展精确巡控、精确打击、精确防范，切实发挥好情报信息主导警务的作用。

2. 强化多发性案件的专项打击。针对辖区盗抢摩托车案件多发的特点，自3月10日开展为期三个月的专项打击盗抢摩托车专项行动，由分局巡逻大队和派出所在辖区重点复杂地段和进出

区通道有针对性地设置治安卡口，对各种过往可疑摩托车进行盘查，及时发现和收缴辖区被盗抢摩托车和电动车。由刑侦大队各中队对每一起现发案件开展认真的侦查工作，充分利用发案现场及周边的“天网”视频资料，开展综合分析研判、串并案侦破，在易发案时间及地段开展便衣蹲点守候、抓捕现行，对已破案抓获的犯罪嫌疑人进行审讯深挖、扩大战果。

3. 强化多种侦查手段的运用。进一步强化侦查员破案“首接责任制”、现发案件适时研判串并案、重点人员动态轨迹分析研判、物建特情耳目、阵地和行业场所控制、被盗手机电脑信息采集、传统侦查手段与现代科技手段有机结合等方面的工作，特别是进一步健全完善视频侦控工作机制，充分发挥“天网”在防控犯罪和侦查破案中的重大作用，强化指挥中心和派出所两级监控平台全天候专人值守，指挥中心视频值守员加大视频侦控线索的推送时效性，及时帮助刑侦部门跟进破案。

（二）构建立体化社会治安防控体系，落实严防重点工作任务

1. 织密社会面巡逻防控网。提高街面见警率，加强街面和社区两级巡逻防控，对案件高发的重要地段、沿街铺面和重点时段开展精细化、关联性巡逻防控。合理部署巡逻警务车（室）和警力，增强机动能力。加强专业巡逻力量建设，配齐配全治安巡防队伍。完善公安与人武部、武警、自建巡防队伍的联勤巡逻排查制度，健全联勤巡防机制，整合各警种、综治志愿者、民兵信息员等力量，强化重点部位、治安复杂区域的巡逻防范。

2. 强化楼群院落值守。建立楼群院落管理台账，分类开展治安防范。引导业主委员会、物业公司履行好治安防范责任，督促物业公司加强保安力量配备和人员培训。物业服务的居民住宅区，由物业服务公司落实治安防范措施，其主管部门要牵头建立健全对其市场行为的监督检查考核机制，督促落实治安防控责任。无物业服务的居民住宅区，适合封闭管理的，由社区（乡、镇）筹资，修葺围墙和值班室，组织落实管理措施。

3. 严密农村地区防范。推进村民自治、民警包村、保安驻村、治安联防联治和治保组织负责制等做法，构建专群结合、警民联防的农村治安防范网络。加强农村偏远地区治安管理，严防隐匿在山区的流动赌博团伙犯罪。大力开展邻里守望、联户联防等工作，每个村均要成立专兼职巡逻队伍。大力推广适合农村特点的技防产品，严防偷牛盗马、盗窃摩托车、电缆等案件。加强治安卡口建设，堵住边、卡住口、控住面。

三、存在的问题与不足

（一）对于流动人口的管理力度还不足。今年以来，公安分局抓获的违法犯罪嫌疑人中，外来流动人口犯罪占已破案件比例达35.7%，通过整治排查清理，外来流动人口犯罪占比虽不断下降，但说明在对流动人口清理清查还有盲区和死角，需进一步把流动人口管理工作做深、做实。

（二）经济快速发展带来较大的维稳工作压力。花溪区及经开片区在大开发、大发展的格局下，矛盾纠纷日益增多，大量的维稳、控访、安保、处突工作，牵扯了公安机关大量的警力和精力，此消彼长之后，在治安工作方面的投入受到挤压，间接影响了对辖区治安局势的掌控力度。

（三）村、居综治基层荧薄弱。工作体制机制不完善，是社区防范工作薄弱，盗窃案件高发的主要原因。贵阳市基层城市管理体制改革，在原小河区先行试点，由于是先行先试，缺少借鉴经验，在试点时，社区服务中心的设置未按地域划分，与公安派出所设置交叉重叠，一个派出所对应几个社区服务中心和一个社区服务中心对应几个派出所的情况成为目前经开片区在贵阳市独有的特色，派出所与社区服务中心工作对接和配

合往往不能同步；行政区域调整带来的第二次冲击，不同社区服务中心对综治工作的重视程度不同，部分村、居两委的作用被弱化，村、居群防群治工作没人抓、没人管，公安派出所和社区民警的工作失去了村、居强有力支持和配合。基层村、居虽基本建立了综治工作站，但有些村居委会综治工作站没有真正发挥基层网底作用，存在“等、靠、要”的思想。

四、相关意见和建议

（一）加强流动人口清查与管理。在“两严一降”工作中，要紧盯流动人口这个发案重要“入口”，基层社区、乡镇和村居要时刻把对流动人口的清查和管理工作放到重要位置，可定时不定时地开展清查工作，创新管理思路，进一步把工作措施做深做实，逐步形成常态管理机制，有效控制减少流动人口的违法犯罪。

（二）加强基层基础防治网络建设。“两严一降”工作的开展，要充分发挥村、居委会的群防群治主导作用，加强硬件投入和软件建设，完善工作机制，充分发挥建立了综治工作站，筑牢“网底”。

（三）加强统筹，强化属地责任。进一步紧紧抓住强化属地责任这个节点，加强统筹，做好“两严一降”的社会发动性，通过强化各级各部门的重视程度和社会各界的参与度，着力提升群众“两严一降”工作知晓率和满意度，努力实现人民群众安全感、满意度逐年提升。

纪念邓小平诞辰110周年：小平视察花溪秋耕生产

发布时间：2014－08－22　来源：贵阳日报

摘要：花溪1958年9月发生了两件大事：一是全区实现人民公社化，二是全区实现农村吃饭集体化。我一边陪着小平等领导同志顺着黄泥沙公路往麟山方向走去，一边简要汇报花溪公社的秋耕生产情况。

花溪1958年9月发生了两件大事：一是全区实现人民公社化，二是全区实现农村吃饭集体化。10月秋收后，花溪在全民大炼钢铁运动中又掀起一个全民大搞深耕秋种的热潮。在这样的背景下，邓小平视察了花溪人民公社的秋耕生产。

1958年11月2日上午，中央委员会总书记、国务院副总理邓小平和政治局委员、西南局第一书记李井泉，中央书记处候补书记、办公厅主任杨尚昆来黔视察。据吴实1992年回忆，在去花溪的路上，邓小平说："贵州光山太多，要搞绿化；公路太窄，农村茅草房子太多，要改造。"

2004年8月13日，笔者为撰写"花溪区纪念小平同志诞辰100周年"的演讲稿，特地拜访已73岁高龄、享受副地级干部待遇的原花溪区委宣传部长张大才。以下是张大才的口述：

1958年，我担任花溪公社党委书记期间，11月2日下午3点左右，我正在吉林大队麟山旁的田坝里与社员一道深翻土地，突然电线杆上的高音喇叭响了："上级领导来检查秋耕生产，请花溪公社张书记立刻到碧云窝招待所汇报工作。"我急忙向碧云窝奔去。

1958年秋，正值全国搞大跃进的高潮时期，花溪区正在开展以深耕秋种为中心的生产突击运动，搞大兵团作战，全区组织了20多个深耕野战营到最需要深耕的地方安营扎寨，花溪公社吉林和大寨两个大队的田坝定为丰产坝，必须深耕，因而这一片田坝上有十几个野战营的民兵在深耕，只见满田坝红旗招展、热火朝天。

我刚赶到平桥头至碧云窝宾馆的半坡上，突然看到一行人往下走来，总书记邓小平走在前，随行的有当时的省委书记兼省长周林、市委书记伍嘉模、区委书记齐林阁等。伍嘉模书记把我介绍给小平同志，小平同志伸出手来，亲切与我握手，并说："辛苦了，看看你们的生产情况。"我才注意到小平同志着一身深灰色中山装，留着平头，一双擦得很干净的皮鞋，步履稳健，气度不凡。

我一边陪着小平等领导同志顺着黄泥沙公路往麟山方向走去，一边简要汇报花溪公社的秋耕生产情况。小平同志不时离开公路下到深翻的田土里仔细查看，还与正在耕种的社员群众交谈。小平说得较多的是："群众搞深翻干劲大，各级领导要爱惜群众的积极性，要劳逸结合，不能一干就是十几个小时，要注重实效，切实搞好群众生活。"小平同志特意询问区委书记齐林阁："你们去年每人产值是否有160元？群众的房子怎么修？托儿所怎么办？人家不愿入托儿所怎么办?”齐林阁一一作了回答。

小平同志又问我：“你们花溪的米多少钱一斤？菜多少钱一斤？盐巴多少钱一斤？一尺布、一斤肉要多少钱?”我那阵子整天忙于组织大炼钢铁，深翻土地，十天半月不回家，又从不过问柴米油盐的事，答不出来。小平同志转身问伍嘉模和齐林阁，他俩也不清楚。我们三人正窘迫，省委书记周林上前解围：“他们忽视了这个问题，今后要引起重视，这是关系群众生活的大事情。”

小平同志一行走到麟山脚下，穿过坝上桥，沿着花溪河南岸折回碧云窝，走到平桥附近，小碧公社深耕野战营正开晚饭，小平同志信步上前，揭开锅盖看了看，又问野战营的民兵们吃得饱不，多久吃一次肉。那天小碧野战营正打牙祭，吃的菜是萝卜炖肉，小平同志高兴地笑了。

与小平同志分别后，我在回公社的路上不断思考小平同志的话语。

11 月 3 日一早，小平同志一行驱车离开花溪，前往遵义。小平同志在花溪时间不长，但给花溪人民留下了难忘的印象。当时的社会盛行刮“共产风”“浮夸风”，订高指标，搞瞎指挥，但小平同志在花溪的言谈行动，却表露出他一贯坚持和倡导的实事求是的思想作风。

（徐开新）

花溪人写花溪事

——市级以上媒体发表文章简介表

篇名	作者	文章载体	出版单位	内容提要
以“四唯”破解“四不唯”提升干部考核评价科学化水平	张江华	《今日贵阳》2014年第2期	中共贵阳市委	通过分析“唯民主质量”“唯综合素质”“唯正确政绩观”“唯工作实绩”现象，着力破解“唯票”“唯分”“唯GDP”“唯年龄”的难题
漫步青岩古镇	兰军辉	《人文贵阳》2014年第三期	贵阳市地方志编纂委员会办公室	介绍青岩600年历史的古道、城墙、商铺、庙宇、美食及名人周渔璜、赵以炯等
贵阳市花溪国家城市湿地公园漫谈	曹如人	《人文贵阳》2014年第三期	贵阳市地方志编纂委员会办公室	花溪国家城市湿地公园的历史故事
贵阳私立清华中学轶事	徐开新	《人文贵阳》2014年第三期	贵阳市地方志编纂委员会办公室	学生厌恶土匪随地吐痰；三人行须纵队；省主席之子考不上清华中学等故事
邓小平视察花溪秋耕生产	徐开新	《贵阳党史》2014年第3期	中共贵阳市党史研究室	邓小平视察花溪，询问区委书记：“花溪的米多少钱一斤”
红军长征过贵阳（二）	夏荣富	《贵阳党史》2014年第3期	中共贵阳市党史研究室	红一方面军分三路进入花溪及其他红军军团在贵阳的故事
花溪军粮供应轶事	徐开新	《贵阳文史》2014年第二期	贵阳市政协	贵筑县军粮供应“吃空缺”“征粮工作队”“建立军供站”“送货上门”等故事
建花溪公园的几个历史人物	徐开新	《聚变——贵阳城市建设发展历程》	贵州人民出版社	介绍修建花溪公园的周奎、刘剑魂、李大光、童窩4个有历史功绩的人物
亲历营造花溪生态环境二三事	张文俊 晓 理	《聚变——贵阳城市建设发展历程》	贵州人民出版社	介绍花溪区历年植树造林、绿化生态环境及创建天河潭景区过程
我目睹花溪镇街道70年变迁	徐开新	《聚变——贵阳城市建设发展历程》	贵州人民出版社	介绍花溪镇街道上世纪40年代以来的发展和变化

续表

篇名	作者	文章载体	出版单位	内容提要
青岩镇古镇的修复	华　文	《聚变——贵阳城市建设发展历程》	贵州人民出版社	写青岩古镇文革中遭受破坏和上世纪八十年代开始的修复过程
一个永远忘不掉的校园规划	徐开新	《聚变——贵阳城市建设发展历程》	贵州人民出版社	介绍20世纪中国建筑四杰之一童寯设计清华中学规划的远见卓识
花溪城镇建设今与昔	姚　毅	《聚变——贵阳城市建设发展历程》	贵州人民出版社	介绍花溪镇的历史旧貌和20世纪70年代后的建设发展过程
花溪区麦坪乡村建设的几个阶段	姚　毅 王明放	《聚变——贵阳城市建设发展历程》	贵州人民出版社	介绍乡村早期建筑和近期住宅、交通发展变化
贵阳两个国家城市湿地公园建设简述	熊　峰	《聚变——贵阳城市建设发展历程》	贵州人民出版社	介绍花溪国家湿地公园和小车河城市湿地公园建设及概貌
《花溪区志》7个史料质疑	徐开新	《史志林》2014年第4期	贵州省地方志编纂委员会办公室	以历史图片或多个史料证实《花溪区志》7个史料错误和矛盾的地方
青岩班氏家族部分战事录	周天胜	《人文贵阳》2014年第一期	贵州省地方志编纂委员会办公室	介绍班氏家族创建青岩城从1623年—1860年参与省内战争出了8个将军
贵阳市花溪区生态文明建设显成效	徐小平	《西部开发报》2014年7月2日	西部开发报社	介绍花溪区注重生态文明建设，建设生态文明示范区所取得的成效
花溪区以创模为抓手推进生态环境保护工作侧记	徐小平	《贵阳日报》2014年6月5日	贵阳日报社	介绍花溪区强力推进生态环境保护的举措
花溪区、经开区创建国家环境保护模范城市工作综述	徐小平	《贵阳日报》2014年6月19日	贵阳日报社	花溪区、经开区创建国家环境保护模范城市工作综述
小社区 用上了“大数据”	苗国强	《贵阳晚报》2014年9月18日	贵阳晚报社	介绍花溪瑞华社区26个网格员管理2万多人
纪念邓小平诞辰110周年	徐开新	《贵阳日报》2014年8月22日	贵阳日报社	小平同志在花溪的言谈行动，表露出他一贯坚持和倡导的实事求是的思想作风

（杨玉屏）

（责任编辑　杨　琴）

索 引

条目索引

数字

A

B

C

D

F

G

H

J

K

L

M

N

P

Q

R

S

T

W

X

Y

Z

表格索引